서울대학교 교육학총서 2

학문과 교육【중 I】

교육이란 무엇인가

장 상 호

서울대학교출판문화원

본 도서는 서울대학교 사범대학 교육연구재단의 2004년도 저술 · 번역 연구비 지원을 받아 간행되었음.

간행사

대학에서 한 학문분야를 가르치고 연구할 수 있는 학과와 연구소를 설치한다는 것은 학문이 독립적으로 발전할 수 있는 기반을 마련하는 데 필수적인 요건이다. 서울대학교의 교육학과는 1946년 10월 서울대학교의 창립과 함께 사범대학의 한 학과로 설치되었으며, 교육연구소는 1963년 10월 교육이론 및 교육실제의 문제를 전문적으로 연구하여 우리나라 교육의 발전에 기여함을 목적으로 설립되었다. 서울대학교 교육연구소의 교육학 전문서 편찬사업의 일환으로 발간되는 "서울대학교 교육학총서"는 우리나라 교육학을 세계적인 수준으로 끌어올림과 동시에 교육학 분야의 지적 자산을 축적하기 위한 것이다. 이 총서는 단지 서양의 교육이론을 소개하는 책이 아니라 저자 자신의 연구·분석과 이론체계를 반영한 것으로서 우리나라 교육학의 발전과정을 여실히 보여줄 것이다. 따라서 이 총서는 교재용 개론서가 아니라 이론적인 포괄성을 지닌 연구서적인 것이다. 서울대학교 교육학총서가 우리나라 교육학 발전의 견인차 역할을 담당하고, 교육학에 관심 있는 사람들에게 필독서가 될 수 있기를 기대한다.

2000. 5.

서울대학교 교육연구소 교육학총서 기획위원

머리말

이 저서는 내가 10여년에 걸쳐 《학문과 교육》이라는 주제로 추진해 온 일련의 연구프로젝트에 대한 보고서의 일부이다. 〈중권〉인 이 책의 부제는 "교육이란 무엇인가?"이다. 이 질문은 평소에 그 해답을 이미 알고 있다고 자부하는 학도들에게 던져진 것이다. 이 질문이 요구하는 보다 근원적인 작업이 어떤 성질의 것인지를 말하기 위해 나는 〈상권〉에서 "학문이란 무엇인가?"라는 질문에 대한 해답을 추궁한 바 있다. 그것을 토대로 본서에서 얻어낸 해답은 〈하권〉의 질문, 즉 "교육적 인식론이란 무엇인가?"라는 질문에 대한 해답을 얻는 토대가 된다. 이로써 이 상·중·하의 시리즈는 학문, 교육, 그리고 그들 사이의 관계라는 항목들을 총괄한다. 이런 전체의 구도에서 〈상권〉과 〈하권〉을 매개하는 〈중권〉이 차지하는 비중은 매우 크다고 해야 할 것이다.

교육의 실제가 그 어느 때보다 위기로 느껴지는 오늘날 이런 이론적인 문제를 추궁하는 것이 일반 사람들에게는 한가하게 보일 수도 있다. 그러나 일견 한가해 보이는 그것이야 말로 학자에게 주어진 가장 절실한 실제의 문제이고, 그 문제가 해소되어야 비로소 교육학자로서 교육의 실제를 향도하는 임무를 수행할 자격을 얻을 수 있게 된다. 일반 사람도 어떻든 그들 나름의 교육에 대한 개념을 갖게 마련이고, 그들의 그릇되거나 혼돈된 개념에서부터 실제의 문제가 비롯될 수도 있다. 눈코 뜰 겨를도 없는 상황이 전개될수록 교육학도들은 교육의 실제와 일정 거리를 유지하면서,

그 안에 작용하는 온갖 통속적인 인식과 관념의 허점을 대체할 보다 심층적인 이론을 구축해 나가는 과제를 수행해야 할 것이다.

교육은 이제까지 상당부분 그것을 제대로 감식할 수 없는 사람들에게 맡겨지고 희롱을 당해 왔다. 자신이 쓰고 있는 개념에 대한 깊은 반성 없이 무턱대고 교육이 잘못되고 있다고 말하는 사람들이 많다. 주로 학교라는 제도에 의해 좌우되는 그들의 관심은 일류학교를 거쳐 출세의 길을 보장받는 것에 초점이 맞추어져 있다. 자신이나 자녀들에게 더 많은 진학의 기회가 주어지기를 바라고, 기왕이면 그 학교가 일류학교이기를 원하고 있다. 이 이외에도 각계각층이 학교에 주문하는 항목들은 다양하다. 그들에게 있어 그 잡다한 기대에 부응하면 “잘하는 교육”이고, 기대에 호응하지 못하면 “잘못된 교육”이 된다. 교육은 이와 같은 방식으로 세속의 온갖 기대를 충족시키는 것, 혹은 그 기대를 좌절시키는 온갖 나쁜 것의 대명사로 취급된다. 잘못된 개념에서 비롯된 불만은 문제를 더욱 가중시키며, 이에 따라 더 많은 불만이 표출된다.

개념적 성찰을 거치지 않은 불만은 소모적이고 분산된다. 단편적이거나 분명하지 않은 맥락 속에서 그 말을 흩뿌리고 있는 상황에서는 어떤 결실도 기대하기 어렵다. 문제의 뿌리가 이처럼 개념에 있다면, 건실한 학문적인 탐구에서 일차적인 해법을 찾는 것이 올바른 순서이다. 지도를 작성하는 것과 영토를 소유하는 것이 구분되듯이 교육학을 잘 하는 것과 교육을 잘 하는 것은 전혀 다른 목표이다. 교육학자가 교육이라는 사실을 만들지는 않는다. 그러나 그 사실을 발견하고 밝히는 작업은 어떤 시각으로 무엇을 어떻게 보아야 하느냐와 관련하여 선택을 요구한다. 이 점에서 교육적 사실은 우리의 논의와 인식과정에서 이론적으로 결정된다고 할 수 있다. 교육에 대해 논의할 때 혹은 우리의 삶에서 교육을 실현하려고 할 때, 먼저 교육 자체의 내재적 속성과 그에 대한 학문의 지원이 전제된다는 것은 말할 필요도 없다.

그러나 교육학자들은 그 기대에 못 미치고 있다. 이제까지 교육학자들의 현실참여가 부진했다고는 볼 수 없다. 사실을 말하면, 지금 진행되고 있는 학교교육의 상당한 부분은 교육학자들이 음으로나 양으로 관여해 온 소산이다. 그런데 아직도 사태가 개선되지 않고 있는 이유는 무엇인가? 하나는 전문가로서 그 처방에 참여하는 교육학자들 스스로가 개념상의 치명적인 범주착오에 빠져 있기 때문이다. 교육학자들은 일반 사람들이 교육의 실제적인 문제로 규정한 것을 의심의 여지없이 그대로 받아들이고, 그것을 기존하는 대학의 제반 분과학문, 즉 철학, 심리학, 사회학, 행정학, 공학 등의 개념을 빌어 해결하는 방법을 모색하여 왔다. 무수한 외래 학문의 개념들을 적용함으로써 막상 우리의 삶에 잠재된 교육현상은 단지 착각된 허구로 존재해 왔을 뿐, 그 실체 그대로 나타나거나 인정받지 못하고 외래적 사실로 왜곡되거나 억압되는 처지에 놓이게 된 것이다.

교육학도들이 잘못된 개념들을 가지고 현실의 변혁에 참여해서 개념적 오류를 더 가중시키고 있다는 충격적인 자각은 나의 학문생활에서 참으로 뒤늦게 찾아 왔다. 그 이전의 나는 학적 인맥이나 배경에 있어 남부러울 것이 없는 '교육심리학도'였다. 이 분야에서 높은 지식을 갖추는 것과 교육에 대해 이해하는 것 사이에는 아무런 상관이 없다는 것을 뼈저리게 깨달은 것은 불과 15~20년 전이다. 나는 심리학자는 될 수 있을지언정 결코 교육학자는 아니었다. 교육 자체가 무엇인지에 대한 체계적인 생각조차 갖추지 못한 내가 교육학자라고 할 수 있는가? 나는 단지 교육학과에 소속해 있다는 것만으로 교육학자로서의 정당성을 인정받고 있는 것이 아닌가! 그 점이 학자의 길을 택한 나에게 견딜 수 없는 양심의 가책을 안겨주었다.

심리적 사실을 교육현상으로 규정하는 것이 일차적으로 진리의 탐구에 어긋난다는 것은 너무도 분명하다. 더 이상 그 오류를 지연시키기 전에 모종의 결단을 내려야만 하였다. 고통을 피하는 가장 쉬운 길은 교육학과를 떠나 심리학과로 자리를 옮기는 것이다. 그러나 그 선택은 마치 자신을 나아준 부모나 고향을 떠나는 것 같은 배신처럼 느껴졌다. 자신이 탐구했던 학문에 문제가 있다면 그것을 개선하는 것이 옳다. 교육학자로서 잘못된 길을 걸어 왔다는 사실 자체를 깨달은 것만으로도 하나의 중요한 발견이 아닌가! 그렇다면 이제부터 옳은 길을 개척하는 데 앞장서 보자. 이것이 내가 학문생활의 후반부에서 가질 수 있었던 오직 하나의 희망이며, 해결해야만 하는 힘겨운 과제이었다.

오늘날 각종의 세계는 학문적 개념의 빛에 의해 점차 고유한 특성을 드러내고 있다. 학문이 탐구하는 사실들은 보통 사람들이 육안으로 볼 수 있는 것이 아니라는 점은 널리 알려진 사실이다. 학문의 역사는 일상적 삶을 영위하는 사람들의 시각에 의해 형상화될 수 있다는 생각이 끝났을 때 비로소 진정한 의미의 세계의 본질이 드러날 수 있다는 점을 보여주었다. 마찬가지로 교육도 추리의 대상이며, 이는 교육학도들의 끊임없는 반성적 사고를 통해서만 그 존재성이 드러날 수 있다는 것은 말할 필요조차 없다. 그러나 그것을 개념에 의해 포착하는 작업은 내가 길들여져 왔던 교육학적 전통과 역사를 해체하고, 그 위에 하나의 학문을 구축하는 이중의 부담을 주었다. 본 저서가 부제로 "교육이란 무엇인가?"라는 질문으로 표현된 것은 이 무지의 자각을 출발점으로 확보하기 위한 취지에서이다.

교육은 하나의 고유한 현상이다. 이것저것 교육에 대한 단편적인 생각을 한 바구니에 집어넣는다고 해서 교육학의 지식이 되는 것은 아니다. 생각의 단편들이 하나의 체제 속에 연대성과 통일성으로 흡수될 수 있을 때 비로소 하나의 현상으로 드러날 성질의 것이다. 많은 선별과 시행착오가 불가피하였다. 아무리 분명하고 그럴듯한 생각일지라도 하나의 체제 안에 자리잡을 수 없을 때 미련 없이 삭제되었다. 처음에는 좀 이상하다 싶던 생각이 의외로 빈 공간을 채우거나 여타의 개념과 연결되어 갔다. 이 과정에서 캄캄한 어둠 속에서 기적처럼 교육이 점차 분명한 현상으로 밝혀지기 시작하였다.

느긋하게 교육이 하는 말에 경청하면서 그것에 논리를 부여하는 작업이 한 동안 진행되었다. 그동안 은폐되거나 소외되었던 교육의 세계가 우리에게 하고 싶은 말이 너무도 많은 듯했다. 작업의 성과는 꾸준하게 쌓여갔다. 본서는 그 교육으로부터 청취할 수 있었던 끝없는 대화내용의 한 부분에 불과하다. 청취의 흥분을 마냥 즐길 수만은 없는 시간적인 촉박감은 다시 그것을 글로 옮겨 전달하는 데 봉착하는 좌절감과 겹쳤다. “새 술은 새 부대로!”라는 말대로 교육에 대한 이전의 용어로는 새로운 생각을 표현할 수 없었기 때문에 새로운 용어의 도입이 불가피하였다.

본서는 총 8개의 장으로 구성되어 있다. 제1장은 지금의 교육학이 어떤 연유로 잘못된 길에 들어서게 되었는지를 살핀다. 새로운 학적 체제가 정립되어야 하는데, 그것은 총체적인 접근을 요구한다. 이와 관련하여 제2장과 제3장은 교육연구가 확보해야 할 새로운 지평과 맥락을 제시한다. 제4장과 제5장은 그 터전 위에서 교육을 구성하고 있는 요소와 내재율이 무엇인지를 드러낸다. 제6장은 그렇게 드러난 교육의 세계가 여타의 세계 속에서 어떻게 유지되고 발전될 수 있는지를 논의하고, 제7장은 그 과정에 개입해야 할 평가의 범주를 새롭게 정립한다. 이런 일련의 논의는 이전의 교육학이 도외시하거나 충분히 감식하지 못한 교육의 윤곽을 파악하고 있을 뿐, 아직도 불분명하고 미해결된 문제들을 남기고 있다. 마지막 제8장은 그 빈 공간을 채우는 데 필요한 제반 연구영역들을 예시한다.

중권의 작업내용은 물리적으로 한권의 책으로 담아내기 어려울 정도로 불어났기 때문에 마지막 단계에서 〈중권 I〉과 〈중권II〉로 나누어 출판하기로 결정되었다. 이런 편법이 독자에게 특별히 불편하거나 불리한 결과를 가져올 것 같지는 않다. 우선 운반하기 간편하고, 또한 선택의 여지도 있을 것이다. 굳이 어느 것을 선택해야만 할 경우라면, 제1장에서부터 제4장까지로 구성된 〈중권 I〉은 지금의 교육학을 해체하고 새로운 교육관을 정립해 나갈 수 있는 정착지를 발견해 나가는 과정을 다루고 있다는 점, 제5장에서부터 제8장까지로 구성된 〈중권II〉는 하나의 분과학문으로서 갖추어야 할 기본적인 틀을 갖추는 구획설정을 포함하고 있다는 특징을 참조할 수 있을 것이다.

교육학을 자율화하는 과제는 멀고 험할 것이다. 그 과정에서 본서의 시도나 작업적 성과가 하나의 디딤돌이 될 수 있기를 희망한다. 탈고하고 있는 지금의 소감은 한 마디로 그동안 뱃속에 가득 채워졌던 생각을 배설해 낸 기분이다. 교육학자로서 늘 느껴 왔던 채무를 다소나마 경감시킨

느낌도 든다. 여기에 제시된 것이 최종의 것이 될 수 없다는 것은 말할 필요조차 없다. 오류나 문제가 드러날 수도 있다. 그럼에도 불구하고 본서는 교육학의 자율화가 실제로 가능한 일인가, 그리고 그 과제를 수행하기 위해 어떤 험난한 산을 넘어야 하는가 하는 문제와 관련하여 하나의 예외적인 범례가 될 수 있으리라는 확신은 가지고 있다. 적어도 이전과는 다른 방향의 진로선택이 가능하다는 것이 입증된 셈이다.

여기에 제시된 나의 개념이나 입장이 나의 것인 한에 있어서, 그리고 이 논의가 나 자신의 마음을 명료하게 만드는 것인 만큼, 하나의 분명한 증거로서의 가치를 갖고 있지만 지금의 단계에서는 어디까지나 개인적인 견해에 속한다. 이런 주관성을 극복할 수 있는 유일한 길은 논의를 통해 독자를 포함하는 다른 사람들과 더불어 공감적 현실을 생성하는 것이다. 이런 나의 시도가 얼마나 성공할지는 모르지만, 이 글을 통해 나의 체험적 근거가 독자에게도 재생될 수 있다면 교육에 대한 나의 새로운 논의는 단지 개인적인 것 이상의 것이 될 것이다. 이 점에서 나의 제안은 독자의 검증을 기다리고 있다.

학문생활에서 적당한 타협이란 있을 수 없다. 그런 것을 생각했더라면 이 작업은 처음부터 시작되지도 않았을 것이다. 나는 교육학의 미래에 참여하는 느낌으로 이 저서를 집필하였다. 이 말은 당장 지금의 단계에서 이 저서에 대한 관심이나 호평을 기대하지 않는다는 말이다. 교육학에 대한 남다른 애정을 가지고 이 작업을 했으나, 모든 교육학자들에게 당장 그 진의가 전달되기는 어려울 것으로 본다. 교육학 자체의 지식을 만드는 것에 주관적인 것 혹은 위험스러운 것이라는 딱지를 붙여 경계하거나 교육의 모든 것이 이미 자명한 사실로 밝혀진 것처럼 느끼는 독자는 무슨 엉뚱한 이야기인가 하는 의구심을 가질 수 있다. 더구나 우리나라의 경우에는 선진국의 학자들이 만들어 놓은 지식을 그대로 수입하면 된다는 또 하나의 종속이 작용하고 있다. 그들에게는 본서의 논의가 전혀 믿음의 근거가 될 수 없을 것이다.

새로운 대안이 나오기 전에는 자신이 늘 가졌던 생각이 기득권을 행사하기 마련이다. 진정한 창조력을 가진 학자가 경원받는 분위기도 있는 것이 사실이다. 나의 작업은 지금의 교육학을 믿고 있고, 그것을 기반으로 활동하고 있는 대부분의 교육학도들에게 받아들이기 어려운 고통을 줄 수도 있다. 개중에는 교육학에 대한 나의 비평이 자신이 거주하고 있는 동네에 대한 모독이라고 생각하거나 혹은 이 내용의 어떤 부분에 대해 적대감을 갖거나 혐오스러운 태도를 취하는 교육학자도 있을 것이다. 이는 이 작업을 수행하기 이전의 나를 상상하는 것만으로도 충분히 이해할 수 있는 부분이다. 그러나 그런 저항에는 한계가 있다. 기존의 교육학이 안고 있는 개념상의 오류는 교육의 위기와 더불어 점점 더 심각한 문제로 등장할 것이다. 이 역시 내가 거역할 수 없이 받아들여야만 했던 다른 하나의 중요한 경험이다.

이 저서에 대한 정당한 평가는 기존의 교육학을 떠나는 어느 정도의 비약이 있어야만 가능하다. 평소 교육에 관해서 뭔가 명백하게 보이던 것에 대해 깊은 회의를 갖고, 자신의 지식이 갖고 있는 한계를 절박하게 느끼고 있는 교육학자들에게 이 저서는 다소의 호감과 공감을 얻어낼 수 있을 것으로 본다. 외래학문의 개념이 결코 교육을 해명할 수 없다는 자각에 이른 교육학자, 선진 외국에 나가 재충전하려는 시도에서 신통수를 발견하지 못하고 신물을 느끼는 학자, 그리고 교육학개론의 강의에 대해 부담을 느끼고 그것을 기피해 왔던 교육학자에게 이 저서가 하나의 대안으로서의 가치를 어느 정도 인정받을 수도 있지 않을까 하는 낙관적인 기대도 해본다.

본서에서 차츰 밝혀지겠지만, 교육적인 삶은 그 내재율에 따를 용의가 있는 사람들의 것이다. 올바른 교육관이 올바른 교육의 충분조건은 아니다. 전자는 후자보다 더 많은 조건을 만족시켜야 한다. 그러나 그릇된 교육관을 갖고 있는 사람에게 올바른 교육을 기대하기는 어렵다. 교육에 대한 기존의 관점에 의문을 제기하고, 그것에 수반하는 오류나 편견을 교정하고, 더 나은 심층의 이해에 도달하는 것은 일반 사람들에게도 매우 중요한 과제이다. 그렇다면, 이 저서의 독자는 교육학도들이나 학교교사들과 같은 특수한 집단에 국한될 수는 없다. 이런 관점에서 나는 오래 전부터 교육에 대한 이해는 모든 사람들에게 필수교양이라는 입장을 견지해 왔다. 본서가 그런 취지에 동조하는 사람들의 것이 되었으면 하는 소망을 가져 본다.

그런 징후가 이미 〈상권〉을 읽은 독자들로부터 나오고 있다는 것은 고무적이다. 이들 가운데에는 교육학이라는 전공영역과는 직접 관련짓기 어려운 다양한 분야의 사람들이 포함된다. 어떤 연유로 본 시리즈 작업을 접할 수 있었는지 모르지만, 후속 작업에서 무언가 색다른 호기심과 기대를 갖게 한다는 반응이 많았다. 이것은 교육학이 단지 교직과목에 그치지 않고 모든 사람들의 교양과목이 될 수 있어야 한다는 앞선 소신과 일치한다. 그들이 저자를 후원하는 방식은 매우 특이했는데, 그것은 후속 작품이 언제 출간되어 나오느냐 하는 독촉이었다. 그것은 마냥 더뎌지려는 이 작업을 추진해 나가는 데 있어 활력소의 역할을 했다.

새로운 길을 개척하는 데에는 항상 모호함과 싸워야 하는 고달픔이 따르기 마련이다. 기존의 학문공동체에서 당연하게 받아들이고 있는 교육관에 도전하고, 남겨진 의문의 공백을 나름의 생각으로 짜서 채워 넣는 일을 감당하는 동안 '교육원형연구회'의 회원들과 나의 지도를 받았던 서울대 교육학과의 제자들이 마음의 후원자가 되어 주었다. 그들은 이 작업이 나의 것만이 아니라 우리의 것이 될 수 있고, 또한 되어야만 한다는 신뢰와 공감의 안온한 공간을 마련해 주었다. 일부는 좀 극단이라는 생각도 하고 있는 듯하고, 받아들일 독자를 고려하여 좀 더 완곡한 표현을 권장하기도 하였다. 이런 주위의 반응에도 불구하고 본서의 내용에 대한 최종적인 결정은 언제나 저자인 나의 것이었으며, 따라서 그 책임은 전적으로 본인에게 있다.

집필과 출판 사이에 또 다른 종류의 번거로운 작업이 개재한다는 것을 아는 사람은 드물다. 초고를 바탕으로 독자의 편에서 오해의 소지가 있는 원고의 내용을 바로잡고, 문장을 다듬고, 표현방식과 형식에 규칙과 통일을 기하는 것이다. 이 일을 김재웅 교수, 최성욱 교수, 양미경 교수, 김지

현 교수, 엄태동 교수, 그리고 신기현 교수가 기꺼이 감당하였다. 그 중에서도 신기현 교수는 《학문과 교육》의 모든 시리즈작업에서 출판사와의 접촉에서 색인에 이르기까지 시종 꼼꼼한 신경을 써 주었다. 이 외에도 본서가 세상에 나오기까지 음으로 양으로 공헌한 사람들이 많다. 실명이 생략된 그 모든 분들에게 진심으로 감사한다.

2005년 10월
관악산 기슭의 연구소에서
장상호

차 례

간행사 iii
머리말 v
일러두기 xxiii

〈중권 I〉

제1장 교육학의 근본문제 · 1

1.1. 교사양성과의 기연 5

1.1.1. 문제사태에 대한 깨달음의 계기 · 5
1.1.2. 계보학적 검토 · 15
1.1.3. 교직과목으로서 교육학 · 22

1.2. 정체불명의 학문 27

1.2.1. 분과학문의 조건 · 27
1.2.2. 외래학문의 무분별한 유입 · 37
1.2.3. 주인 없는 지대의 분쟁 · 45

1.3. 곤궁한 학문공동체의 지위 49

1.3.1. 정치적 장식물 · 49
1.3.2. 백화점 안의 잡화상 · 51
1.3.3. 대학공동체의 경멸 · 54
1.3.4. 교육학자의 대표적인 항변 · 60
1.3.5. 세 가지 오류의 유형 · 66
1.3.6. 고유한 이론의 부재 · 72

1.4. 응용의 저조한 실적 78

1.4.1. 야누스적 적응 · 78
1.4.2. 응용학문의 진로선택 · 83
1.4.3. 교사양성 · 88
1.4.4. 정책제안 · 93
1.4.5. 연구와 개발 · 95

1.5. 교육학과 교육의 대립 100

1.5.1. 잘못 끼워진 단추 · 100
1.5.2. 교육에 대한 개념의 왜곡과 혼란 · 104
1.5.3. 자율적인 교육학 출현의 억제 · 113
1.5.4. 원점에서 다시 시작 · 118

제2장 교육연구의 새 지평 · 129

2.1. 두 가지 연구영역의 구분 132

2.1.1. 학교와 교육의 범주적 차이 · 132
2.1.2. 차이에 대한 대표적인 관점 · 139

2.1.3. 자율적 개념정립을 위한 타산지석 · 148

2.2. 학교연구의 향방 154

2.2.1. 개별적 사실들의 존중 · 154
2.2.2. 야누스적 적응의 종식 · 157
2.2.3. 학교개선학의 가능성 · 161
2.2.4. 학교연구자와 교육연구자 · 166

2.3. 교육연구의 기본조건 170

2.3.1. 응용학문보다는 순수학문 · 170
2.3.2. 상식의 배제 · 177
2.3.3. 외래학문의 지식배제 · 182
2.3.4. 교육현상 자체의 드러냄 · 187
2.3.5. 구조의 탐색 · 193
2.3.6. 새로운 개념과 용어의 창조 · 198

2.4. 패러다임의 교체 209

2.4.1. 제1기 교육학과 제2기 교육학 · 209
2.4.2. 불리한 게임의 감수 · 214
2.4.3. 자율화를 향한 모험여행 · 222
2.4.4. 의문의 대상으로서의 교육 · 226
2.4.5. 고유한 방법으로서의 교육 · 232
2.4.6. 동지의식에 터한 새로운 연대 · 240

제3장 교육의 맥락 · 245

3.1. 정범모 선생의 교육론 249

3.1.1. 우리나라의 신학교 · 249
3.1.2. 초기의 삼부작 · 253
3.1.3. 후기의 삼부작 · 259
3.1.4. 극복될 과제 · 264

3.2. 교육의 총체적 차별화 280

3.2.1. 맥락의 차이 · 280
3.2.2. 세계구분의 개략 · 297
3.2.3. 사회화와 교육 · 308
3.2.4. 수도계와 교육 · 318

3.3. 교육의 이미지 339

3.3.1. 용어의 선택 · 339
3.3.2. 플라톤의 동굴의 신화 · 344
3.3.3. 니체의 짜라투스트라 · 349

3.4. 인간진화의 제반 측면 357

3.4.1. 형성과정 속의 존재 · 357
3.4.2. 생물적 진화 · 360
3.4.3. 문화적 진화 · 364
3.4.4. 교육적 진화 · 373

3.5. 교육적 시숙 386

3.5.1. 루소 · 387
3.5.2. 몬테소리 · 390
3.5.3. 듀이 · 394
3.5.4. 피아제 · 398
3.5.5. 비고츠키 · 403

3.6. 교육활동의 실천적 성격 408

3.6.1. 언어적 소통의 한계 · 409
3.6.2. 시범과 실습 · 417
3.6.3. 교육어의 활용 · 426

3.7. 교육활동의 가치 431

3.7.1. 내재와 외재의 구분 · 432
3.7.2. 내재적 학습과 외재적 학습의 대비 · 440
3.7.3. 교육의 내재적 가치 · 447

제4장 교육의 양상 · 459

4.1. 품위의 인식론적 측면 462

4.1.1. 실증적 측면 · 463
4.1.2. 개념적 측면 · 471
4.1.3. 현상적 측면 · 477
4.1.4. 해석적 측면 · 481
4.1.5. 구조적 측면 · 485
4.1.6. 변증법적 측면 · 488
4.1.7. 교육적 측면 · 495

4.2. 교육적 주체 504

4.2.1. 국가주의의 문제 · 504
4.2.2. 개인주체 · 511
4.2.3. 내재율에 대한 심열성복 · 521

4.3. 교육의 상황적 조건 530

4.3.1. 체험적 시간과 공간의 회귀성 · 530
4.3.2. 동체이품의 상황 · 538
4.3.3. 이체이품의 상황 · 553
4.3.4. 동일한 교육의 반복 · 564

4.4. 협동교육의 구조 569

4.4.1. 교육의 내용 · 569
4.4.2. 수레바퀴모형 · 576
4.4.3. 교육적인 삶 · 586
4.4.4. 교육의 놀이 · 599

참고문헌 605
찾아보기
인명 617
주제 623

〈중권 II〉

제5장 교육의 자율성
5.1. 교육본위의 삶
5.2. 교육의 내재율
5.3. 교육적 관계

제6장 교육계의 발전
6.1. 교육발전과 그 유토피아
6.2. 교육적인 삶의 역사적 전형

6.3. 교육공간의 확대
6.4. 교육발전의 두 가지 경로
6.5. 메타교육의 필요성
6.6. 메타교육의 제반양상
6.7. 사대 스승의 메타교육
6.8. 메타교육의 현대적 과제
6.9. 교육여건으로서 환경의 작용
6.10. 교육과 그 환경의 공존원칙
6.11. 교육과 세속계의 관계
6.12. 교육과 수도계의 관계

제7장 교육과 평가
7.1. "교육평가"의 평가
7.2. 교육본위의 평가
7.3. 교육평가의 제반 국면
7.4. 품위의 평가
7.5. 교육평론의 활성화

제8장 새로운 탐구영역
8.1. 교육의 구조
8.2. 교육과 가치
8.3. 교육과 인간
8.4. 교육의 소재
8.5. 교육의 활동
8.6. 메타교육
8.7. 교육의 환경
8.8. 교육의 공간
8.9. 교육과 평가
8.10. 교육적 인식론

일러두기

1. 본 저서에서 번역된 외국의 자료들을 인용할 때에는 원래의 출판 연도를 먼저 표기하거나 생략하고, 그 뒤에 그것이 다른 나라의 말로 번역되어 출판된 연도를 병기하였다. 그리고 각 출판 연도 사이에는 빗금을 두어 구분하였다.
   예를 들어 헤겔 《정신현상학》의 경우 (1808/1988)이나 (/1988)로 표기되며, 1808은 정신현상학이 독일어로 출판된 연도를, 1988은 그것이 외국어로(이 경우에는 우리말로) 번역되어 출판된 연도를 나타낸다.
2. 본 저서의 각 장에서 외국학자들의 이름이 처음 인용될 때에는 우리말로 발음되는 대로 표기하고, 그 뒤에 원래의 이름을 괄호 안에 묶어 제시하였다. 단, 외국학자들의 이름이 많이 거론되는 경우에는 번거로움을 피하기 위하여 원래의 이름을 그대로 제시하였다.

제 1 장

교육학의 근본문제

처음에는 융합된 것처럼 보였던 것을 서로 다른 것으로 보아야 할 필요성에서 학문이 분화한다. 철학이라는 말로 막연하게 시작되었던 학문은 시대가 변함에 따라 동질적인 것으로 다루어서는 안 될 다양한 사실들에 주목하면서 점차 세분화의 길을 걸어 왔다. 오늘날의 각종 분과학문은 대부분 대학에 거점을 확보하려는 경쟁의 산물이었다. 그 경쟁에서 문제되는 것은 고유성이었다. 하나의 분과학문이 출현할 때, 이전의 것과는 중복되지 않는다는 원칙이 적용되는 것은 이 때문이다. 대학은 자율적인 분과학문들(autonomous disciplines)이 진열된 백화점에 비유할 수 있다. 서로 중복된 물건이 섞여 있거나, 있어야 할 물건이 없다면, 좋은 백화점이라 할 수 없다. 마찬가지로 각 분과학문은 다른 것과 겹치지 않으면서도, 꼭 있어야 할 이유를 가지고 있을 때, 대학에서 제 위치를 차지할 수 있는 정당성을 지닌다.

고유한 사실은 고유한 개념체계에 의해서만 포착될 수 있다. 넓게 보아 자연과학과 사회과학의 대상이 다르다는 것은 분명하다. 더 나아가 각각의 하위영역, 예컨대, 자연과학에서 물리학과 생물학의 경계, 인문사회과학에서 철학과 심리학의 경계가 분명하다는 것은 말할 필요도 없다. 철학에서 심리학이 분리되어 나올 때, 그리고 사회학이 심리학에서 독립할 때에도 두 학문은 학문적으로 상응할 수 없는 독자성을 가진 것임을 입증하고자 하였다. 교육도 다른 삶의 영역, 예컨대, 정치, 경제, 사회, 문화, 종교 등과 더불어 그 자체로서 고유한 총체성을 지닐 것으로 가정된다. 그러므로 교육현상을 제대로 이해하려면, 고유한 학적 체계를 갖춘 자율학문이 있어야 한다는 것은 당연하다. 정식으로 말한다면, 교육현상은 그 현상에 대한 독자적인 개념범주를 창안할 수 있는 학자들을 요청한다. 그들에 의해 탐구되어야 할 문제의 유형, 사용될 방법, 포함된 목적, 연구의 조직 등이 규정될 수 있어야만 한다.

그러나 불행히도 교육학은 그러한 경로와는 전혀 다른 맥락에서 형성되었다. 교육학은 '교육'이라는 말로 대표되는 세계를 심각하게 이론적으로 밝히고 해명하려는 호기심이나 문제의식에서 출현한 것이 아니라, 의심의 여지가 없는 상식을 받아들이는 전제 아래 성립하였다. 이처럼 교육학을 정상적인 학문의 발전경로에서 이탈시킨 것은 학교가 교육하는 곳이라는 사회적 제도의 강력한 자력이다. 양적으로 학교의 수는 엄청나게 늘어났고, 그 안에서 무수한 종류의 문제가 끊임없이 일어나고 있다. 따라서 그 안에서 생활해야 하는 교사를 어디에서든 양성해야 했고, 또 학교의 문제를 전문적으로 다루어야 할 학문분야가 필요했다. 이러한 우연한 역사적 계기가 오늘날의 교육학의 성격을 규정하는 데 결정적인 역할을 하게 된다.

국가적인 제도와 과제에 대응하기 위해 교육학은 학문의 일차적인 요건조차 고려할 겨를 없이 제도로서의 학교현상을 교육현상으로 받아들이고, 그것을 이론적으로 설명하거나 그 실제를 개선하는 일에 몰두하는 기형적인 분야가 되고 말았다. 이를 위해 철학·심리학·사회학·문화인류학·행정학·공학 등을 아무런 제약 없이 무분별하게 도입하고, 그것들을 산술적으로 합하는 양태를 취하였다. 상식적 의미의 '교육'이 규정되고 그것에 잡다한 외래 분과학문의 개념을 부과하는 식의 학문적인 성격은, 특정한 사실을 발견하는 개념과 방법론이 앞서 규정되고, 그 후에 그러한 관례에 동조하는 일단의 학문공동체가 생겨나는 일반적인 경로와는 정확히 반대되는 것이다.

현존하는 교육학을 유지하고 있는 것은 관습과 타성이다. 연원에 있어 상응할 수 없는 분과학문의 배경을 가진 이질적인 집단이 대학의 교육학과를 점유하여 중심적인 위치를 차지한 임시처방이 하나의 관행으로 굳어지게 되었다. 습관의 당연함은 과거를 현재와 미래에도 그대로 반복하게 하는 기계적인 관성을 갖고 있다. 잘못된 사고도, 자주 그리고 반복해서 강화하면, 진실인 것처럼 고착된다. 교육학자들은 자신들의 학문적인 정체성이 분명하지 않은 데도 불구하고, 그것이 이미 확립되어 있다는 오산을 하고 있다. 스스로 '교육학자'라고 자처하는 집단은 있지만, 사실상 개념체계의 면에서 자체의 동질성이나 정체성은 확보하지 못하고 있다.

전통은 반성의 계기가 없을 때 당연한 지위를 향유하기 마련이다. 교육학의 지위는 학문적으로 쟁취된 것이 아니라, 학교의 상황이 요구하는 급박한 상황에서 비롯된 것이다. 학교라는 생활공간이 차지하는 범위는 방대하다. 교육학은 그 생활공간의 문제를 전담할 수 있는 전문가를 양성하는 일에서 거의 독점적인 지위를 향유하고 있다. 그 전문가들의 수요만큼 교육학자들이 필요하다. 이에 따라 그들을 양성하는 대학의 수나 교수의 자리도 늘어난다. 이러한 "교육학의 전성시대"는 지금도 지속되고 있다. 그러나 지금의 상황은 잘못된 출발에서 잉태된 교육학의 근본적인 문제를 해결해 줄 수 없다. 교육학 내에서 '교육'은 허구 속에서만 존재한다.

지금의 교육학에는 고유한 의미의 개념체제나 방법이 존재하지 않는다. 이는 아직까지도 교육현상이 그것에 합당한 개념체계에 의해 조명을 받지 못하고 있다는 것을 의미한다. 자신들의 공백을 외래학문의 개념으로 메우는 것은 곧 교육현상의 왜곡을 가져온다. 그럼에도 불구하고 세상 사람들은 교육학을 교육을 이론적으로 연구하는 분야라고 생각하고 있다. 교육의 문제가 발생할 때, 사람들은 교육학자로부터 많은 지원을 받을 것으로 기대한다. 그리고 아직도 그 자체 안의 모순을 자각하지 못한 교육학자들은 일반 사람들의 교육에 대한 몰이해를 문제시하면서 그들을 교도하려는 소명감에 차 있다.

"잘못된 교육"에 대한 불만이 높다. 그러나 잘못된 사실이란 존재하지 않는다. 오직 잘못된 개념만이 있을 뿐이다. 아이러니컬하게도 교육의 개념상의 왜곡은 교육학자들에 의해 조장되었다. 교육학자들의 그릇된 관점의 부가와 그에 따른 처방은 오히려 일반인들로 하여금 교육에 대해 어둡게 할 뿐만 아니라, 어둡다는 사실조차 어둡게 만든다. 이러한 상태에서 교육학은 다만 학교라는 국가적 제도의 현상유지에 매달려 왔다. 자신들의 할 일이 별로 없고 분명하지 않을 때, 그것은 흔히 주의의 산만함으로 나타난다. 이론적 문제가 이미 해결되었다고 생각하는 교육학도들은 현실의 변혁과 실무적인 작업에 매진하지만, 학교에서 교육이 일어난다는 상식이 의문시되는 상황에서는 그들의 개입은 한계에 봉착할 수밖에 없다. 더구나 이들이 학교나 제도 밖의 교육을 주목하고 개선하는 데에 무력함을 보인다는 것은 말할 필요조차 없다.

문제의식이 있어야 그것을 해결하는 대책이 나온다. 교육학자들은 교육에 문제가 많다고 하면서 자신들이 그것을 해결해야 한다고 말하고 있지만, 정작 교육학도로서 자신들이 범하고 있는 범주착오를 해결하는 데에는 무관심하다. 교육의 진정한 이해와 관련하여 큰 잘못을 저지르고 있음에도 불구하고, 대부분의 교육학도들은 아직도 관습과 제도에 의해 보장된 신분에 도취되어 있다. 더러는 태생적으로 잉태된 문제를 인정하면서도 그것을 정면으로 해결하려기보다는 편의에 따라 이리저리 회피하는 전략을 취한다. 그러나 그러한 현상유지의 태도가 얼마나 유지될 수 있을지는 지극히 의문이다. 교육학의 정체성에 대한 의문은 꾸준히 제기되고 있으며, 그때마다 현존하는 교육학은 학문적으로 존립의 근거가 의심받게 되는 불안한 상황이 전개된다. 본 장은 그 상황을 오늘날 교육학의 성격과 경향을 주도하고 있는 미국을 중심으로 하여 드러내려고 한다.

문제를 은폐하는 시대는 지나가고 있다. 또한 숨겨서 해결될 문제도 아니다. 이제 누가 먼저 그 사실을 폭로하느냐 하는 문제가 남아 있을 뿐이다. 이렇게 지금의 사태를 규정할 때, 교육학의 진정한 적은 내부의 문제를 폭로하는 집단이 아니라, 은폐하려는 집단으로 보인다. 교육학의 내부의 고발은 현존하는 교육학의 존립근거조차 뒤흔드는 심각한 것이다. 이러한 입장은 교육학의 전성시대를 구가하며, 교육의 문제를 해결하기 위해 동분서주하는 동료들에게 생소하고, 황당하며, 귀에 거슬릴지도 모른다. 이 때문에 내부 고발은 깊은 고찰과 논거를 필요로 한다. 교육학은 어떻게 성립되었는가? 교육학이 교육현상을 소외시키거나 왜곡시킨다는 것은 어떤 이유에서인가? 이제부터 그 연유와 논리를 차근차근 정리해 보기로 한다.[1)]

1.1. 교사양성과의 기연

1.1.1. 문제사태에 대한 깨달음의 계기

교육에 대한 학문적 논의의 역사는 매우 깊다(신용국, 1993; Curtis & Boultwood, 1975). 오늘날 교육에 관한 문헌과 자료는 산처럼 날로 쌓여 가고 있다. 교육학은 대학에서 학부, 학과, 전공의 범주에서 학문공동체의 일원으로 널리 인정받고 있는 것도 사실이다. 어떤 다른 분야보다도 매년 교육학 분야의 석사 혹은 박사학위 소지자가 많이 배출되어 왔으며, 이들은 다시 대학이나 연구소로 비교적 쉽게 진출한다. 교육학도들이 거의 매년 한두 편 이상의 논문을 쓰고, 경우에 따라 한두 권의 저서를 발간하고 있는 것을 염두에 둔다면, 교육학의 전성기라는 말은 과장된 표현이 아닐지 모르겠다.

오류 속에 있을 때는 오류를 모른다. 그 오류를 자각하는 별도의 계기가 있어야 하는 것이다. 나도 한때 지금 교육학도들이 구가하는 전성기를 믿었다. 차츰 분명해지겠지만 그 자랑 가운데는 다양한 분과학문들에 대한 폭넓은 포용이라는 것이 포함되어 있다. 그 가운데 당시 나의 전공은

---

1) 아마 이 글을 읽은 교육학자가 사실과 다른 고발이라고 한다면, 나는 반론을 기대한다. 그 반론의 초청이 본 장이 기대하는 보다 실질적인 성과가 될지도 모르겠다.

'교육심리학'이라는 영역이었다. 다행히 나는 이 분야에서 가장 훌륭한 대학에서 가장 훌륭한 스승의 지도를 받을 수 있었기 때문에 자신의 전공에 대해 남다른 자부심을 갖고 있었다. 심리학을 깊이 있게 연구하면, 언젠가는 교육에 대한 남다른 수준의 지식을 갖출 수 있게 될 것이라는 기대는 중년의 나이에 접어들었을 때에야 비로소 착각으로 드러나기 시작했다. 그 계기는 1980년 초에 우연히 참가하게 된 두 개의 연구 프로젝트를 통해서였다. 하나는 교육학의 정체성에 근본적인 회의를 갖게 하였으며, 다른 하나는 현존하는 교육학은 표방하는 주장과는 달리 교육의 우군이 되지 못하고 있다는 사실에 대한 자각이었다. 당시 세상이 깜깜해지는 충격적인 경험과 절망감을 지금도 결코 잊을 수 없다.

교육학의 정체성에 대한 의심은 "한국교육학의 성장과 과제(신용국 외, 1983)"라는 연구 프로젝트의 일부를 진행하는 가운데 생겼다. 교육학분야에서 늘 있어온 이러한 종류의 연구를 나는 해방 후 국내에서 이루어진 연구물들을 접할 좋은 기회로 삼고자 하였다. 지금도 사정이 다를 바 없지만, 국내의 교육학자들은 미국편향의 연구를 그대로 인용하는 경우가 많다. 그러나 설사 이론의 일반성은 국경이 없다 하더라도, 그것을 입증하는 자료조차 미국의 것을 그대로 인용하는 것은 연구자의 정신에 위배된다. 그 문제를 이번 기회에 극복해 보자. 수많은 연구물들을 모두 다룬다는 것은 무리이다. 그 가운데 한정된 부분을 선택하는 것이 불가피하였다.

교육학의 연구는 대개 두 가지 특징을 갖고 있다. 하나는 기존의 외래학문으로부터 문제가 발원한다는 것이고, 다른 하나는 그 주제가 시세의 영향을 받는다는 점이다. 당대의 유행사조에 따라 교육에 대한 이런 저런 이슈나 입장의 정리가 이루어진다. 분석철학의 등장과 더불어 당시 주된 이슈의 하나로 등장한 것이 "자연주의적 오류(naturalistic fallacy)"였다. 이는 사실적 명제로부터 가치의 규정이 불가능하다는 주장에 근거한 것이다. 이와 관련하여 '교육이론(educational theory)'을 어떻게 규정할 수 있느냐 하는 주제가 '교육철학' 분야의 주된 관심이 되었다. 오류로 규정된 것을 교육학의 이론에서 수용할 것인가 말 것인가 하는 검토가 새삼스럽게 이루어졌다.

양론이 대립하였다. 오코너(D. J. O'Connor, 1957, 1972)는 교육학 분야에서 통상적으로 규정하는 '교육이론(educational theory)'을 자연주의의 오류를 피하는 방식으로 엄격하게 제한하고자 하였다. 가치규정을 포함하는 형이상학적 신념은 경험적으로 검증할 수 없는 성질의 것이기 때문에 교육이론은 타당성을 입증할 수 있는 명제의 체제에 국한되어야 한다는 것이 그의 취지이다. 이에 비해 허스트와 피터즈(P. H. Hirst & R. S. Peters, 1970)는 당시의 분석철학의 풍조와 이전의 교육학의 전통을 절충하는 입장을 택했다. 즉, 이들은 이제까지 교육학의 이론이 취해 온 역사적 관례에 비추어 교육이론은 교육실천 행위를 지원하고 정당화하는 일단의 원리와 원칙을 포함할 수 있어야 한다고 주장했다.

돌이켜 생각하면, 이들의 교육이론에 대한 논의는 핵심을 빗나가고 있다는 것이 너무도 분명해 보인다. 교육이론이 교육현상을 다루는 것이냐, 아니면 여타의 것을 다루는 것이냐 하는 것이 더 본질적인 문제이며, 사실적인 것이냐 혹은 규범적인 것이냐 하는 것은 어디까지나 부차적인 것에 불과하다. 전자를 도외시하고, 후자의 것만을 철학의 유행사조에 비추어 대단한 의미가 있는 것으로 치부했던 교육학도들의 태도는 결국 이 저서에서 드러내려는 주제의 내용이기도 하다. 아무튼 당시에 나는 그들의 교육이론에 대한 논쟁이 적어도 당시까지 이루어진 국내의 교육학 연구 가운데 나의 몫을 한정시켜야만 하는 필요성에 의미 있는 의거점이 될 수 있을 것으로 판단하였다.

논쟁을 쉽게 해결하는 방법은 절충적 입장이다. 나는 오코너와 허스트의 교육이론에 대한 입장을 모두 살려 전자를 '교육과학', 그리고 후자를 '교육실천학'이라는 범주 속에 넣을 수 있다는 입장을 제안하였다(장상호, 1983a). 그리고 그 중 전자에 속할 만한 국내의 연구들을 광범위하게 종합하고 분석하는 작업을 수행함으로써 "한국교육학의 성장과 과제"에 대한 모종의 결론을 얻고자 하였다(장상호, 1983b). 그동안 이루어진 엄청난 연구를 종합하고 분석해 나가는 가운데 나는 그것들이 진정한 의미의 교육학적 지식이 될 수 있는지에 대해 의구심을 갖기 시작했다. 한 마디로 "풍요속의 빈곤"이라는 느낌이 들었다. 그것은 두 가지 점에서 그러하다. 하나는 그것들이 최소한 연구로서의 자격을 부여할 만한 질적 조건을 갖추고 있느냐 하는 것이고, 다른 하나는 이들이 진정 교육에 대한 연구인가 하는 것이다.

학문의 우열을 판가름하는 기준은 전공영역에 종사하는 사람이나 연구물의 숫자가 아니다. 함량미달의 연구를 산더미처럼 쌓아 놓는다고 해도, 그 가치는 무게 있는 연구물 하나를 감당하기 어렵다. 그만큼 질의 관리라는 것에서 학문은 생명력을 갖는다. 하나의 경험적 명제의 타당성을 입증함에 있어서도 엄격한 절차와 원칙을 따라야 한다. 하나의 가설을 검증한다고 할 때, 그 가설이 도출된 이론적 논의가 충분히 이루어져야 하고, 또한 그것을 입증함에 있어서 적절한 표집, 측정, 통계 혹은 여타 요인들의 통제가 기본적으로 요청된다. 그것이 제대로 준수되지 못할 경우, 그 연구에서 얻어진 결론은 믿을 수 없게 된다. 그러한 방법적 측면이 당시 나에게는 중요한 기준이 되었다. 그런데 조사한 대부분의 연구가 기본적인 조건을 충족시키지 못한 것으로 평가되었다. 뿐만 아니라 새로운 이론을 모색하는 체계적인 연구는 없고, 지나가는 구체적인 현실의 문제들을 다루거나, 다른 나라나 다른 학문에서 유행하고 있는 사조들을 이차적으로 소개하는 것들이 대부분이었다. 그러한 이차적 해석이 원래 그 연구를 수행한 사람의 수준을 넘지 못한다는 것은 말할 필요조차 없다.

다음은 그 연구들이 얼마나 교육현상의 이해를 증진시킬 수 있느냐 하는 것이다. 어떤 현상에 대한 이해는 여러 연구들에 의해서 드러난 것들이 의식의 수준에서 하나의 구조 혹은 형태로 수렴될 수 있을 때 가능하다는 초보적인 생각도 있었던 것 같다. 바라건대는 당시까지 이루어진 국내연구가 이전에 알 수 없었던, 혹은 실체가 불분명했던 교육현상을 드러내 줄 것을 기대했다. 그것은 그들을 하나의 통일된 개념체제로 수렴시킬 수 있을 때에만 가능하다. 그 기준에 비추어 나는 당시 그것이 거의 불가능하다는 곤혹스러운 상황에 처할 수밖에 없었다. 당시 필자의 소감을 담은 보고서 일부를 인용해 본다.

> 무엇을 보든 간에 거기에는 모종의 관점이 작용한다고 보아야 한다. 한국교육학을 교육과학의 편에서 조사한다고 할 때에도 그 작업의 이면에는 모종의 범주설정이 전제되어 있다. 이 연구의 일부에는 그 분석체계의 탐색이 애초에 계획되어 있었다. 그러나 차츰 여러 가지 연구들을 접하여 보면서 나는 현 단계에서 어떤 고정된 분석체계에 집착하는 것이 시기상조임을 깨닫게 되었다. 애초에는 교육이라는 어떤 독립된 영역을 분리시키고, 한편으로는 그것과 그 주변의 다른 사회적인 제도간의 관계를 구명하는 연구의 영역과, 다른 한편으로 그 교육체계 안에 포함된 요소와 그들 간의 관계를 밝히는 연구의 영역을 상정하였으나, 교육이라는 현상의 외연을 설정하는 데 어려움이 있었다. 교육이라는 용어가 지칭하는 현실이 무엇이냐 하는 문제는 교육학에서 아직 해결되지 않았고, 또 그것을 여기서 조급하게 정하는 것도 탐구의 융통성을 스스로 제한하는 결과를 가져올지도 모른다는 우려가 따랐다. 그 대안으로 본 보고서는 애초에 계획했던 교육이라는 개념의 자리에 학교라는 개념을 당분간 집어넣는 편법을 택했다. 이 해결은 교육이라는 것이 학교체제 안에서만 진행되는 것은 아니고, 학교에서 진행되는 것도 모두 교육현상이라고는 볼 수 없기 때문에 최초의 의도에 비추어 볼 때, 불만스러운 것이다(장상호, 1983b, p. 404).

흔히 우리는 사실이 그것에 관한 연구와 독립해서 존재한다고 믿는다. 그것은 옳은 말이다. 그러나 학문의 탐구활동에서 그 사실을 드러내는 것은 바로 개념이다. 개념이 사실을 규정한다는 말이 있다. 사실의 실재가 인식론적 지위를 확보하는 것은 그것이 어떤 개념에 의해 포착되느냐에 달려 있다는 점에서 그러하다. 사실은 흔히 객관적인 관찰에 의해 밝혀진다고 하지만, 객관적 자료는 그것에 대한 우리 자신의 해석과 분리될 수 없다. 위의 인용은 당혹스럽게도 교육현상을 적절하게 포착하는 고유한 의미의 개념이 부재하다는 문제에 봉착했음을 지적하고 있다. 연구물들을 의미 있는 개념체제 안에 수렴시킬 수 없을 때, 그것은 단지 번잡스러움을 가중시킬 뿐이다. 이러한 종류의 "부재 속의 풍요"는 앞에서 지적한 방법상의 문제보다 더 심각할 수밖에 없다. 전자는 방법론의 발전으로 극복될 수 있는 부분이지만, 후자는 검토된 수많은 연구들이 애초부터 교육현상과는 별로 관계가 없다는 사실을 시사하기 때문이다.

교육학의 연구라고 하면 교육현상의 세부적인 사항들을 심도 있게 드러낼 수 있어야 할 것이다. 나는 그동안 이루어진 연구가 그러한 이해를 북돋는 방식으로 일목요연하게 정리될 수 있으리라 기대하였다. 그러나 기대는 충족될 수 없었다. 내가 수집해서 검토한 수많은 연구물들은 교육학의 이름으로 수행되었지만, 사실상 그들이 교육에 대한 이론인지가 분명하지 않았다. 이론적 맥락을 추적하는 가운데 그 연구들이 온갖 종류의 학문에 근거하고 있으며, 각각의 것이 서로 다른 개념체제를 갖추고 있기 때문에 하나로 종합될 도리가 없다는 것을 알았다. 그런 종류의 연구는 교육에 대한 이해를 돕기는커녕 오히려 개념적으로 혼돈으로 빠지게 할 위험이 많다.

그동안 국내의 교육학 분야에서 이루어진 엄청난 수의 연구가 대상의 면에서 범주착오를 범하고 있는 것이 분명하게 드러났다. 각 연구가 진행될 때 의존하는 것은 대부분 외래의 분과학문의 개념이었다. 그래서 나는 당시 임시방편을 쓸 수밖에 없었다. 학교체제(교육목표[2], 학교환경, 학생)에 관한 것과 그것에 영향을 주는 외부의 조건들(정치체계, 경제체계, 사회체계, 문화체계 등)을 나누어 정리했다. 이것이 방편일 수밖에 없는 것은 이들은 모두 외래학문의 바구니에 넣어야 할 것들이기 때문이다. 그것들을 외래학문들의 것으로 되돌려주고 나면, 교육현상에 관한 본격적인 연구는 아직까지도 거의 되어 있지 않다는 이야기가 된다. 앞의 글에서 "최초의 의도에 비추어 볼 때, 불만을 가졌다"는 말은 그런 기이한 상황에 접하여 갖게 된 일말의 비애감을 표명한 것이다.

하나의 분과학문의 사실을 그것과 다른 여타의 분과학문의 개념으로 파악하는 것은 불가능하다. 외래학문의 개념을 써서 교육을 설명하면, 그것은 교육을 이해시키기보다는 은폐하거나 왜곡시킨다고 보아야 한다. 당시로서 교육이라는 어떤 독립된 현상 안에 포함된 요소와 그들 사이의 관

---

2) 지금 생각해 보면 그것은 교육의 목표가 아니라 학교의 목표에 해당하는 부분이다.

계를 구명하는 연구, 그리고 교육현상이 주변의 다른 것들과 어떤 관련을 갖고 있는지를 구명하는 연구는 찾아보기 어려웠다. 이러한 자각은 교육학자로서 양심의 가책을 느끼기에 충분했다. 교육학의 고유한 개념의 탐구는 '시기상조'라는 말을 했지만, 그것은 문제해결을 단지 미래의 가능성으로 미루는 편리한 용어에 불과하다. 이것은 단지 불만으로 종결될 문제가 아니다. 만약 그것이 연구되지 않은 영역이라면, 그것을 하는 것이 교육학도들에게 주어진 사명이 아니던가! 이런 계기에 의해 나는 교육학의 전통과는 단절하고, 교육연구를 새로 시작해야 한다는 고통스러운 결의를 다지게 되었다.

나의 결의는 교육학도들이 표방하는 가치선별의 범주착오를 확인하는 다른 부류의 연구를 접하고, 그런 동류의 프로젝트의 추진에 저항하는 데 일익을 담당하면서 더욱 굳어졌다. 대부분의 교육학도들은 끔찍하게 교육의 이해관계를 대변하는 집단으로 자부한다. 교육의 중요한 문제가 제기될 때마다 마치 그것이 자신들의 문제인 듯한 태도로 임한다. 일반인들은 그들의 그러한 자임(自任)을 용인하면서 지켜보고 있는 편이다. 그렇다면 진정 교육학도들은 교육을 위하고 있는가? 그들이 말하는 '교육'은 무엇을 지칭하는가? 혹시 그 대상의 규정에 있어서 소홀한 점은 없는가? 이 부분은 앞의 경험을 통해서 부정적으로 드러났다. 그렇다면 이제까지 교육학자들이 교육을 위한 활동을 한다고 할 때, 가치판단의 준거는 어디에 두고 있는가? 인식의 오류만큼 가치선택의 오류는 없는가? 이러한 문제를 제기하고, 당시 진행되던 사태를 주시하는 가운데 엄청난 가치도착을 발견할 수 있었다.

이제까지 이루어진 교육학도들의 가치선별에는 앞과 뒤가 맞지 않는 구석이 너무도 많다. 이러한 단서는 특히 큰 규모의 '정책연구'에서 드러난다. 전형적인 사례의 하나로서 국내에서 문교부[3]의 요청으로 1978년부터 1979년에 걸쳐 이루어진 《교육발전의 전망과 과제(한국교육개발원,

3) 지금의 교육인적자원부

1979)》라는 프로젝트가 있다. 교육학의 연구진과 학교와 유관한 각 분야를 총망라하는 사람들을 동원해서 이루어진 이 연구 보고서는 문교부장관에게 보내는 답신의 형식으로 정리되어 있다. 그 서문은 이렇게 시작된다.

> 이 보고서에는 1991년까지의 한국교육발전에 대한 전망과 주요과제, 그리고 소망스러운 교육발전의 실현을 위해 극복되어야 할 문제점들이 부각되어 있으며, 앞날의 한국교육발전을 효과 있게 촉진시키기 위한 정책방향이 제시되어 있습니다. 복지사회의 실현이라는 궁극적인 목표의 조속한 실현은 정치·경제·사회·문화·군사 등 전반에 걸친 국제경쟁력의 배양과 국민의 정신적, 도덕적 성숙을 성취하는 데 있다고 봅니다. 그리고 그 성패는 우리 정부와 국민 모두가 얼마나 미래투시적인 안목을 가지고 다가오는 미래변동을 슬기롭게 계획하고 관리하느냐에 달려 있다고 봅니다. 그러므로 이 보고서에서는 우리가 실현하고자 하는 미래사회의 모습과 그러한 사회의 조속한 실현을 결정지을 소망스러운 인간변화를 주된 준거로 한 교육발전의 전략이 논의되었습니다(p. 3).

아마 이 글을 읽는 독자는 문제되는 내용이 무엇일지를 두고 의아해 할 것이다. 그만큼 이 보고서는 교육학도들의 통념과 관례를 잘 반영하고 있다. 그러나 이 사례의 심층적인 분석을 통해 우리는 많은 문제와 반성 거리를 얻게 된다. 이런 종류의 정책목표를 설정하는 것이 진정 교육을 위한 것이라고 할 수 있는가? 여기서 말하는 교육발전이란 무엇을 의미하는가? 이러한 질문을 던져놓고 보고서의 내용을 분석해 보면, 그 내용이 참으로 엉뚱한 방향으로 전개되고 있다는 것을 금방 발견할 수 있다. 한 마디로 정책연구가 지향하는 목표는 교육발전과는 참으로 거리가 멀다. 대신에 그것이 추구하는 것은 "정치·경제·사회·문화·군사 등 사회 전반에 걸친 국제경쟁력의 배양"이다. 여기에서 교육은 단지 교육 이외의 분야가 지향하는 목표를 실현하는 외재적 수단으로서만 의미를 지닌다. 이는 이제까지 교육학도들이 내세우는 교육을 위한다는 명분과는 정반대의 결론이다.

그렇다면 수단이 되는 교육이란 무엇을 의미하는가 하는 질문을 제기할 수 있을 것이다. 그 부분에서 정책연구자들에게 별다른 이론적 입장이 있는 것은 아니다. 그들에게 있어서 교육은 여러 분야의 발전을 가져오게 하는 소망스러운 인간변화라는 막연한 수준에서 정의되고 있다. 차츰 밝혀지겠지만, 그런 부류의 교육관은 교육의 실재를 구명하는 것을 회피하고, 그것을 단지 외부세계를 위한 수단으로 환원시킨다. 기실 이 정책연구자들이 생각하고 있는 보다 직접적인 의미의 교육은 이론적인 탐구대상과는 거리가 있다. 교육이라는 이름으로 그들의 마음속에 자리잡고 있는 것은 일반인들이 인식하고 있는 제도로서의 '학교'의 범주를 벗어나지 않는다. 그렇다면 학교에 대한 교육학자들의 이해는 어떻게 이루어지는가? 그것은 외래의 제반 분과학문[4]의 이질적인 개념을 빌어 포착되고 있으며, 그만큼 교육 외적인 사실들에 관한 것이다.

이 정책제안에서는 "교육 고유의 사실과 가치"는 철두철미하게 배제되어 있다. 고유의 사실규정이나 가치기준이 없다. 실상을 굽어다 보면, 기껏 철학, 심리학, 사회학, 문화인류학, 행정학이 관심을 가지는 가치나 목표, 혹은 사실에 관계되는 것이다. 그러니까 이 정책연구도 교육학이 학문으로서 범하고 있는 범주착오와 한계들을 한발자국도 벗어나지 못하고 있다. 그 도식에 따르면, 교육의 정책목표는 교육학도들이 모학문으로 삼은 대상세계가 추구하는 이질적인 가치들을 학교를 통해서 실현시키는 것이다. 그러나 정작 그런 성격의 정책연구를 청부받은 사람들은 그 사실을 알지 못한다.

무지는 그것에 대한 깨달음이 없을 때 반복될 수밖에 없다. 그런 종류의 정책건의는 이후에도 진행되었다. 1983년부터 시작하여 약 2년간에 걸쳐서 《2000년을 향한 국가장기발전구상(한국교육개발원, 1986)》이라는 프로젝트가 이루어졌었다. 규모의 면에서 이전의 것을 능가하는 이 프로젝트에는 필자 자신도 관여했다. 관여의 유일한 이유는 나 나름으로 당시에 깨달을 수 있었던 오류의 반복을 저지하고 교정하려는 데 있었다. 프

---

4) 이것을 교육학에서는 '모학문(mother disciplines)'이라고 지칭한다.

로젝트가 진행되는 시작부터 나는 이전의 "정치·경제·사회·문화발전을 위한 교육"이라는 전도된 목표를 바로잡기 위해 "교육발전을 촉진시키는 정치·경제·사회·문화"라는 목표를 세울 것을 주장하였다. 그러나 그런 목표설정은 프로젝트의 참여자들[5]에게 쉽게 납득되기 어려웠으며, 마지막 단계에서 단지 그럴듯한 "철학적 입장"[6]으로 받아들여졌을 뿐이다.

더욱 곤혹스러운 점은 새로운 정책목표를 주장하는 나 자신조차 그것을 구현시킬만한 아무런 이론적 관점을 갖고 있지 못하다는 사실이었다. '교육발전'이라는 말을 썼지만 그때까지 나는 '교육'이 무엇이며, 그 발전은 무엇을 의미하는지에 대한 반성이나 이론적 고민을 하지 못했다. 이 점에서 나는 다른 교육학도들과 다른 점이 없었던 것이다. 단지 그렇게 되어야 한다는 자각만이 앞서 있었던 셈이다. 이 때문에 나의 항변에도 불구하고 그 프로젝트를 통해서 얻어진 정책제안의 실질적인 내용은 전과 다를 바가 없이 외재적인 목표를 반영하였다. 그 시점으로부터 나는 마치 중요한 대결의 상황에 봉착하여 홀로 황야에 버려진 것과 같은 학문적 무지와 무력을 체험해야만 하였다. 그 이후 지금까지 나는 약 20년 동안 그 해답을 얻는 데 매달려야만 했다.[7]

한국에서 이루어진 각종 교육학적 연구가 가진 특징은 두 가지 점에서 외래적이라고 말할 수 있다. 하나는 그것이 외래학문에서 특별히 주목을 끄는 논쟁을 소개하고 있다는 것이다. 이것은 단지 한국이라고 하는 제한된 공간에 그치는 특수성은 아니다. 외국의 경우도 예외는 아니다. 여기에 또 하나의 특징이 한국의 교육학 연구에 첨가된다. 그것은 이미 선진 외

---

5) 당시 연구기획위원의 한 사람으로 일했던 사람으로서 경제학자인 박래영 교수가 있었는데, 그 분이 의외로 나의 입장을 지지했던 것이 인상 깊게 기억된다. 그는 경제를 연구하고 있지만 자기 자녀를 교육시킨다고 할 때, 돈을 버는 것은 극히 부차적인 것에 불과한 것이라고 하면서 "경제발전을 위한 교육"이라는 목표설정에 쉽게 동의할 수 없다는 발언을 하였다. 그에 의하면, 경제야말로 인간의 삶에서 그 자체로서 목적을 갖지 않고 오직 수단으로서의 의미를 지닌다는 것이다.

6) 교육학도들은 가치문제와 같은 좀 복잡한 주제를 '철학'이 다루어야 할 것으로 보는 습관을 갖고 있다.

7) 그 내용은 본서의 제6장에서 밝혀질 것이다.

국에서 유행한 조류를 얼마의 시간간격을 두고 재탕한다는 점이다. 전자는 외래학문에 종속하는 것을 의미하고, 후자는 국가 사이의 종속을 의미한다. 그러니까 한국의 교육학은 외국의 경우와는 달리 이중종속의 상태에 있다고 하는 것이 올바른 진단일 것이다. 그런 종속과 범주착오는, 이미 살핀 사례에서 분명해졌듯이, 단지 교육이 무엇이냐 하는 실재의 규정뿐만 아니라, 교육이 지향하는 목표나 가치선택에도 작용한다.

지금의 상황도 당시와 별 차이가 없어 보인다. 교육학전통을 고수하면서 연구의 노력을 지금보다 배가하면 장차 이런 사태가 개선될 수 있을까? 나의 해답은 부정적이다. 그 결론의 증거는 분명해 보인다. 방대한 양의 교육학연구가 진행되고 있음에도 교육에 대한 이해는 더욱 혼란스럽고, 교육을 위한다는 교육학자들의 열망은 높음에도 불구하고 가시적 성과는 별로 보이지 않는다. 이런 사태는 마치 방향을 잃은 배를 연상시킨다. 규모는 분명 더 커지고, 더불어 승선하는 사람들의 숫자도 점차 늘어나고 있다. 그러나 애초의 방향착오 혹은 범주착오는 더 심화되어 가고 있다. 여기에서 더욱 근본적인 의문이 제기된다. 무슨 이유에서 현존하는 교육학도의 연구들은 교육 본래의 것을 해명하는 것에 무관심한가? 더 나아가 교육학도들은 교육을 위한다는 명분을 세우면서도 왜 실제에서는 가치선별에 있어서 명분에 역행하고 있는가?

1.1.2. 계보학적 검토

우리는 흔히 어떤 현상의 전면만 바라보고 그 배면에 어떤 것이 있는지는 보려고 하지 않는다. 화려한 치장 이면의 실상을 외면하는 것이다. 이러한 경향을 극복하는 하나의 방법은 근원에 파고드는 것이다. 근원이란 쉽사리 벗어나기 어려운 법이다. 이런 점에 착안하여 니체(F. W. Nietzsche)는 이른바 계보학(genealogy)이라는 방법을 통해서 우리들이 갖고 있는 편견의 유래를 해명하였을 뿐만 아니라, 인식론이나 형이상학의 근거를 드러내는 데 큰 성과를 거둔 바 있다. 선과 악 혹은 우와 열을 말해 왔던 역사적 기원을 《도덕의 계보(1887)》에서 다루면서 그 후면에서 진행된 어두운 면을 들추어내었던 것이 좋은 예이다. 그 이후 많은 학자들에 의해 그런 접근은 허울만 그럴듯한 기존의 체제를 해체하는 데 적용되기에 이른다. 재건하기 위해서는 해체의 과정이 필요하다는 것은 말할 필요도 없다.

명분보다는 실상과의 직면이 진리와 동행하는 길이다. 지금의 교육학은 교육현상을 밝히기보다는 오히려 왜곡하고 소외시키는 듯이 보인다. 이는 진리탐구에 대한 역행이다. 더구나 지향하는 목표나 가치 역시 도착되어 있다. 어떻게 이런 역설적이고 기이한 일이 일어날 수 있는가? 제반 혐의를 확인하기 위해서는 교육학이 출범하여 오늘날 대학의 교육학과로 존립하게 된 역사를 원천적으로 소급하여 조사할 필요가 있었다. 이런 방법은 아무런 문제가 없어 보이는 교육학의 이면에 교묘하게 숨겨진 내적인 문제와 모순을 발견하는 데 큰 성과를 제공하였다. 그 실상을 진솔하게 드러내는 데서부터 우리의 논의를 전개해 나가기로 한다.

교육학은 처음부터 학문하기에 부적절한 풍토에 휘말렸다. 학문 자체의 발전을 두고 보면 엉뚱한 장소에서 엉뚱한 방향으로 규정되어 왔던 것이다. 물리현상이 있다는 것과 그것을 이해한다는 것은 전혀 다른 종류의 것이다. 이 때문에 물리학이 출현하였다. 마찬가지의 방식으로 교육현상 역시 그것에 대해 탐구하려는 학자들의 주목을 받을 수 있어야 했다. 동서양을 통틀어 교육은 항상 우리 삶의 일부를 차지해 왔다. 그것을 이론적으로 해명할 방도는 무엇인가? 이런 무지에 대한 자각에서 출발하여 점차 교육의 세계 속으로 안내하는 자체의 지도를 그려나가는 경로를 거쳤어야 할 것이다. 그러나 불행히도 교육학의 원조는 학구적인 사람들이 아니라, 다분히 실제 지향적인 사람들이었다. 그들에게 있어 교육은 애초부터 명백한 사실처럼 규정되어 있었다. 너무도 명백한 대상을 탐구한다는 식의 내부의 모순이 여기에서부터 배태하게 된다.

그들에게 명백한 교육이란 무엇인가? 그것은 바로 대중적인 학교체제다. 의무취학(compulsory schooling)이라는 것은 20세기적 현상이지만, 일반적인 형태의 연원은 18～19세기 서구의 국가주의의 출현까지 소급된다. 독일과 프랑스 등지에서는 민족주의 사상에 입각한 국가적 필요에 의해 자국의 국민의식을 높이고, 민족주의 사상에 기반을 둔 영토분쟁, 식민전쟁 등의 불안한 사회적 분위기를 극복하기 위한 수단으로 공교육제도가 도입되었다. 그 주된 기능의 하나는 국가체제의 강화, 그 중에서도 특히 국가에서 요망하는 인력자원과 시민들을 대량으로 생산해 내는 데 있었다. 산업화가 시작된 당시 '공장'이라는 곳에서 물품을 대량으로 생산하는 것이 가능했던 시대사조가 인간을 생산하는 데까지 확장되었다고 볼 수 있다. '공립학교(public school)'는 그 공장에 해당했다. 시대와 장소, 그리고 사회·문화적 체계에 따라 젊은이들이 갖추어야 할 특성에 차이가 있다. 국가는 학교를 그 특성을 갖추게 하는 가장 효율적으로 제도로 규정하고, 젊은이들에게 의무적으로 학교에 다니도록 요구했던 것이다. 이러한 국가 정책은 대개 "평등한 교육기회의 제공(Condorcet, 1795)"이라는 명분으로 추진되었다.

특권층에 국한되지 않고 모든 대중들에게까지 학교가 개방됨으로써, 그 안에서 주무를 담당할 교사가 광범위한 직업범주로 등장하였다. 이로써 당시 직업세계의 경쟁에서 불리한 지위에 있었던 유휴인구[8]가 이 직종에서 직업기회를 얻기 위해 몰려들었다. 이로 인해 신학자, 의학자, 법률가, 약학전문가, 공학자, 농업전문가, 경영자, 행정가 등을 양성하는 직업학교들과는 전혀 다른 규모의 긴급한 인력소요가 생겼다. 학교가 있는 곳에는 당장 교사가 필요하다. 수많은 교사를 일시에 확보해야 할 절박한 상황은 여타의 직업에서 흔히 요구하는 전문적인 자질을 따질 상황이 아니었다. 그에 대한 정책적 대응은 질보다는 양에 의존하는 것이었다. 당장 교사를 확보하는 일이 어려웠기 때문에 국가나 행정당국은 한편으로 채용기준을 최소한의 것으로 낮추면서, 다른 한편으로 그들에게 새로운 자격을 갖추게 하는 조처를 취해야만 했다.

8) 지금도 그러하지만 당시에도 여성의 교직 진출이 두드러졌다. 당시 초등학교의 경우는 거의 90%가 여성이었다.

교사양성은 당시 대학에서 이루어졌던 전문적인 직업교육과는 달리 대학 밖에서 진행되었다. 이는 당시 교사를 지망하는 수많은 사람들을 수용할 수 있을 만큼의 대학이 없었다는 이유만이 아니었다. 지망하는 사람들이 대부분 초등학교를 수료한 정도의 수준을 넘지 않았기 때문에 대학수준의 직업교육을 시키는 것이 불가능한 상태였다. 뿐만 아니라 이 집단들은 학구적인 관심보다는 남처럼 생업을 갖는다는 정도의 관심을 갖고 있었다. 이는 당시 대학에서 천체, 화학, 생물현상을 이해하고 연구하려는 사람들이 갖고 있었던 이론적 자질이나 태도와 크게 대조되는 부분이다.

대학 밖에서 단기간에 교사를 배출할 수 있는 표준적인 양성기관의 형태가 19세기말 혹은 20세기 초에 '사범학교(normal school)'[9]라는 명칭으로 나타나게 되었다. 그것은 서구의 제 국가에서 출발하여 세계 각국으로 전파되었다. 교사들의 훈련을 담당한 집단은 대개 오랫동안 교사생활을 했거나, 실무경험이 있는 사람이거나, 혹은 장학사 수준의 행정가들이었다. 이들에 의해서 교육학의 성격은 임시방편적으로 규정되기에 이른다(장상호, 1986; Schneider, 1989). 쉽게 말해 오늘날의 교육학자들의 원조는 바로 교사양성을 책임진 이 사람들이었다. 이론보다는 실제에 대한 관심을 앞세우며, 학교를 곧바로 '교육현장'으로 부를 정도로 특정한 시대의 제도에 교육을 밀착시키는 '교육학자들'은 이런 우연한 계기에 의해 출현하였다.

이러한 역사적 배경은 교육학공동체의 특성을 규정하는 데 부정적이고 치명적인 영향을 주었다. 초기의 교육학자들에게는 교육이 무엇인가라는 이론적 의문이 생길 여지가 없었다. 그들에게 있어서 교육은 이론 이전의 구체적인 일상사태 혹은 보다 구체적으로 학교를 중심으로 규정되는 제도와 상식에 의해 이미 주어진 것에 해당한다. 그렇다면 교육은 이미 규명된 사실이기 때문에 더 이상의 학문적인 탐구는 불필요한 것인가? 교사양성을 책임진 교사들은 그렇게 생각하지 않았다. 학교에서 진행되고 있는 것을 대학의 제반 분과학문들의 관점에서 탐구할 수 있다고 보았고,

---

9) 여기서 'norm'의 의미는 공통으로 인정된 이상적인 가르침의 스타일이라는 데 있다. 모든 새로운 입문자들은 이런 이상에 맞게 훈련되었다.

그것들을 전달하거나 응용하는 일을 병행하였다. 대학의 구성원이 아님에도 불구하고, 이제 자신들도 단지 실무적인 것을 떠나서 다양한 학문들을 배우고 가르칠 수 있게 된 것만으로도 그들은 자긍심을 느꼈다. 그러나 그들은 그렇게 도입된 교과목들이 교육학은 될 수는 없다는 것을 알아차릴 정도로 학문적으로 성숙하거나 현명하지 못했다.

어떤 학문이든 교육에 도움이 되는 것이라면 열심히 받아들이면 된다. 이렇게 교육현상을 미리 규정해 놓고 여타의 학문을 수용하는 무비판적인 집단으로부터 교육이 무엇인지를 해명하는 교육학의 학문적 자율성을 기대할 수 없음은 말할 필요조차 없다. 이로부터 사이비 교육학자들이 대량생산되는 역사가 시작되었다. 이후(1.3)에 곧 더 자세한 설명이 이루어지겠지만, 교사양성이 대학에서 이루어지게 되었다고 해서 우연한 역사적 계기에 의해 성립된 임시방편의 전통이 바뀌진 것은 아니다. 지금까지도 그 전통은 의심의 여지가 없이 끈질기게 지속되고 있다. 그 전통의 어떤 부분이 잘못된 것인가? 그 전통을 이어받은 지금의 교육학자들은 왜 사이비인가? 지금의 교육학은 왜 임시방편인가? 이러한 문제가 더 자세하게 검토되지 않는다면, 나의 고발은 잘못된 무고죄로 지탄받게 될 것이다. 그 부분에 대한 철저한 해명이 이루어져야 할 것이다.

먼저 지적할 수 있는 것은 대부분의 교육학도들은 상식과 제도에 기초를 둔 학교의 일상적 언어의 강력함에 압도되어 이론적으로 더 깊이 반성해야 할 문제를 당연한 것으로 치부해버리는 관습을 갖고 있다. 학교 안에서 어떤 실제적인 문제가 등장할 때마다 그들은 이론적인 입장에서 호응할 수 있는 위치에 스스로 서고자 한다. 지적 공백을 기존의 제반 학문을 토대로 임시방편적으로 메우면서 지적 기반이 되는 모든 것을 교육학으로 쉽게 규정해 버린다. 이 점은, 좀 심하다고 할지 모르겠으나, 마치 건달들이 제멋대로 서로 '사장님'이라는 말로 호칭하고 있는 실상에 비유하는 것이 이해에 도움이 된다. 첫째, 자신의 내실을 검토하지 않는다는 점에서 그러하고, 둘째, 자기 멋대로 자신의 실상과는 다른 외부의 명칭을 도용한다는 점에서 그러하며, 셋째 단지 이전부터 그렇게 해 왔다는 점 때문에 잘못된 상황을 당연한 것으로 치부하고 넘어간다는 점에서 그러하다.

근대에 많은 공립학교가 교육의 전문기관으로 창설되었으나, 그 '교육'의 의미에는 검토되지 않은 공동체적인 상식과 제도상의 가정이 작용하였다. 학문적인 깊은 탐구에 의해서 해명될 대상이 아니라, 단지 당시의 정치·경제·사회적 배경과 역사에 의해 미리 규정되어 버렸던 것이다. 학교생활은 거의 '교육'과 그에 유관한 언어로 지칭되고 있다. 학교는 교육기관, 학교가 지향하는 것은 교육목표, 교사는 가르치는 사람, 학생은 배우는 사람, 학교 안의 온갖 프로그램과 일정은 교육과정, 교실은 교육이 진행되는 곳, 강의 · 학습 · 교수는 교육활동, 그 안에서 이루어지는 모든 평가는 교육평가, 그리고 학교 안의 물리적 혹은 문화적 자료는 교육시설 혹은 교육자료 등등의 용어로 지칭되며, 여기에 사람들은 익숙해 있다. 그러한 특수사항들 가운데 어떤 것이 문제가 될 때, 라디오, 신문, TV에서는 그것을 교육의 문제로 보도하며, 그것에 대한 온갖 의견들과 평가가 세상사람들에 의해 이루어지기도 한다. 언어가 갖는 효과는 참으로 크다. 만약 어떤 것이 '자율학습'으로 지칭되면, 그것이 진정 자율적으로 이루어지고 있는지에 대한 의문을 억제하며, 설사 의문을 갖는다 하더라도, 논리적인 모순을 범하지 않고는 그 사태를 지적하기조차 어렵다. "자율학습이 자율적으로 이루어지고 있지 않다." 얼마나 혼돈스러운 말인가! 모순율 정도의 논리적 사고를 할 수 있는 보통사람들의 경우 이런 말은 그 사고의 한계에 따른 부담 때문에 금기의 항목에 넣어 자연히 기피할 것이다.

사회의 구성원들이 공유하는 상식과 학문적 지식은 동행할 수 없다는 것이 학문의 역사에서 오랫동안 증명되어 왔다. 물리학자들이 연구하는 물리현상은 사람들이 생각하는 것과 전혀 다르다. 후자의 피상적 인식을 가지고 전자의 깊은 인식을 대체할 수는 없다. 경제학자들이 생각하는 현상과 일반인의 인식 사이에도 엄청난 차이가 있다. 마찬가지로 교육현상에 대한 연구는 일반인들이 교육으로 규정하는 것에 대한 반성적 사고를 거쳐서 진전되었어야만 했다. 그러나 교사양성기관에 근거를 둔 교육학자들에게는 그럴 만한 이론적 역량이 없었다. 제도에서 주어진 사태를 바로 교육으로 규정해 버리는 편법이 통했다. 앞에서 지적했듯이 그들은 학교에서 일어나는 모든 사태, 약칭하여 '학교태(schooling)'를 '교육현장'으로 자연스럽게 받아들인다. 학교가 교육을 전담한다. 교사는 학교에서 젊은 이들에게 교육을 시킬 전문가이다. 훌륭한 교육이 이루어지려면 훌륭한 교사가 양성되어야 한다. 이를 위해서 학문적인 지원체계가 필요하며, 기존의 많은 분과학문을 수용하여 학교에서 이루어지는 제반 현상을 연구하거나 학교의 문제를 해결하는 처방을 찾아야 한다.

이처럼 대부분의 교육학도들은 제도에서 규정하는 개념 혹은 상식을 그대로 받아들이고 있다. 그들은 교육에 대한 이론적인 반성을 기피하고 있다는 점에서 보통사람과 다를 바가 없다. 제도와 공식에 따라 교육의 개념적인 문제들이 해결될 때, 별도로 교육학자들이 할 수 있는 일이란 무엇인가? 이 상황은 바로 학자로서의 권리의 박탈 혹은 실직과도 결부될 수 있을 것이다. 그러나 그런 고민은 교육학자들의 풍토에서는 아주 쉽고 간편하게 해결되고 만다. 그들의 관심은 이론적인 것에 있지 않다. 따라서 해법은 기존의 학문적 지식을 이용해서 학교의 실제문제를 개선한다는 도식에서 찾아진다. 학교 안에서 일어나는 모든 사태를 교육의 문제로 규정하게 되면, 그것을 이해하고 해결하는 데 도움이 되는 학문의 영역은 거의 무한대로 확장된다.

상식에 의해 이미 알려진 사태를 일단 교육현장으로 받아들이고, 거기에서 발생하는 모든 문제를 이해하고 해결하는 것이 교육학도들이 담당할 몫이다. 이 해결의 묘법은 기존의 학문을 응용하는 것이다. 이렇게 되면 실제로 교육학자들이 할 수 있는 일이란 기존의 학문들과 학교태라는 두 가지 항을 연결시키는 것뿐이다. 학교사태를 좀더 심층적으로 이해할 필요가 있을 경우, 대학의 제반 분과학문들을 초청해서 끌어들이면 된다. 실제로 흔히 말하는 "교육학적 혁신"이라는 것은 대부분 교육학자가 아닌 신학자, 철학자, 화학자, 생물학자, 의사, 심리학자, 사회학자 등에 의해 이루어졌다(신용국, 1993; Curtis & Boultwood, 1975; Morrish, 1967). 이들이 밝히고 논의하고자 했던 것이 학교에서 일어나고 있다는 것은 의심할 여지가 없다. 그들은 이에 대한 학문적 논의나 언급이 바로 교육에 대한 심층적인 이해에 해당한다고 보았다. 이러한 간편한 도식에 따라 다른 분과학문의 학자들이 만들어 놓은 지도 위에 아무렇게나 교육이라는 말을 붙이는 상황이 전개되었다.

제도는 일상세계가 습관적으로 유형화된 것으로서 일상의 언어에 의해 그 의미가 고착되는 경향이 있다. 현재의 교육학공동체는 학교체제에 기생하고 있는 특별한 이권집단의 하나라고 생각하는 것이 실상에 가깝다. 오늘날 학교체제는 날로 확장되고 있다. 문제는 끊임없이 발생한다. 과거나 지금이나 교사교육과 교직과목의 연수라는 과제는 여전히 중요하다. 교과서 만들기, 커리큘럼의 설계, 학생의 선발, 교사의 선발과 채용, 학교의 평가, 학교경영, 국가규모의 정책결정, 국민여론에 대한 대응 등 그 업무의 범위는 실로 광범위하다. 교육학은 그런 제반 업무에서 비롯하는 문제를 전문적으로 해결하는 독점적인 지위를 교묘하게 확보하고 있다. 교육학도들의 수요는 늘어나고, 할 일도 많다. 그것이 본 절의 서두에서 "교육학의 전성기"로 묘사한 양태에 해당한다. 세상에 공짜는 있을 수 없다. 그런 특혜에는 부대된 의무조건이 따른다. 그것은 그 숙주에 해당하는 학교사태, 상식, 혹은 제도가 노출하는 문제점을 방어하거나, 그것이 표방하는 명분론을 정당화하는 데 교육학도들이 앞장서야 한다는 것이다. 이것은 그런 명분론에 근거한 교육학 내부의 학문적 모순과 취약점을 은폐하는 최선의 방책이 되기도 한다.

1.1.3. 교직과목으로서 교육학

이제까지 우리는 현존하는 교육학이 역사상의 우연한 계기에 의해 임시방편으로 형성된 것임을 살폈다. 그것이 가진 내부적 모순은 심각하다. 아직 해명되지 않은 교육현상을 제도가 보장하는 확실성 혹은 외래학문의 사실들로 환원시켜 버린 것이 학문으로서 교육학이 가진 치명적인 모순이다. 이런 방식의 대응은 우리의 삶에서 보편적인 양상으로 존재하는 미궁의 교육을 본래의 것으로 이해하기는커녕 오히려 왜곡하거나 소외시키는 기능을 하고 있다. 그런 내부의 모순에도 불구하고 교육학을 아직도 온존할 수 있게 하는 강력한 방어벽의 하나는 교사양성이라는 특수한 사회적 필요성이다. 이제 이 부분에 초점을 맞추어 사태를 좀더 심도 있게 분석해 보기로 한다.

직업학교에는 대체로 두 가지 과제가 있기 마련이다. 하나는 도제관계를 통한 실무적인 기술습득과 훈련이고, 다른 하나는 학구적인 준비이다. 사범학교에서도 이 두 가지 전통 사이에 얼마만큼의 균형을 유지하는 것이 필요했다. 초기의 사범학교체제는 주로 실무적인 것을 시범하고 모방하는 식의 도제체제에 의존하여 운영되었다. 예외가 없었던 것은 아니지만, 주로 대학과는 거리가 있는 낮은 계급의 배경과 초등학교 정도의 학력을 가진 사람들을 상대로 가르치는 기술을 숙달시키는 것을 목적으로, 경험 많은 사범학교 교사가 가르치는 것을 시범하고 사범학생이 그것을 모방하고 실습하는 방식을 택한 것이다. 대학에서의 전문가 교육의 다른 전통과 접촉하기 시작한 것은 그 이후이다. 대학의 다른 직업학교의 경우처럼 점차 커리큘럼에 대학에서 가르치는 제반 학문들을 교과목으로 받아들이기 시작했고, 그것은 사회적 신분의 면에서 낮은 위치에 처한 사범학생들이 갖기 쉬운 '열등의식'을 감쇄하는 수단으로 인식되었다.

사범학교 가운데 비교적 자질이나 학력수준의 면에서 양호한 조건에 있었던 영국의 경우를 들어보자.

> 영국에서의 교사양성은 1840년대 교생(pupil teacher)의 봉급을 보조하기 위한 하사금제도 및 교사양성대학에 다니도록 보조해주는 왕립장학금제도, 그리고 한 두 가지의 전문적 준비과정을 거친 성인교사를 위한 자격시험제도의 설립과 함께 시작되었다. 교생제도는 원래 머리 좋은 초등학교 학생 중 14세가 되면 입학을 허가하는 도제제도였다. 그들은 풍부한 교사와 함께 학교에 머무르면서 계속해서 초등학교 교육과정상의 여러 과목들을 공부하고, 동시에 모방도 하고 참여도 하면서 학급을 운영하는 기술을 점점 배워 나갔다. 1872년에 발행된 교사자

격시험 요강을 보면 교사양성 코스의 성격이 대단히 실용적인 것을 알 수 있는데, 그것이 교사양성 코스의 교과과목이 되었다(Tibble, 1971/1981, pp. 9-10).

원칙적으로 보면, 교육학은 당시까지 여타의 학문처럼 자율적으로 정립된 상태가 아니기 때문에 그것을 미정의 학문으로 남겨 두는 편이 훨씬 옳은 선택이었을 것이다. 그러나 그런 희망은 지금의 생각이며, 당시는 지적인 공백을 어떤 것으로 채워 놓지 않으면 안 되었던 것이다. 실무능력과 더불어 다소나마 학문성을 띤 교과목이 도입되었다는 부분이 이후에 교육학의 성격을 규정하는 매우 중요한 계기로 작용한다. 자생할 능력이 없는 영토에는 항상 외세의 점령이 지속되기 마련이다. 대규모의 학교체계가 도입된 마당에 교사의 직업적 정당성을 인정받으려면 어떻든 모종의 지적인 체계가 필요했으며, 그 지적인 공백지대에 기존의 학문이 유입되는 것은 어쩌면 불가피하였다고 볼 수 있다. 이런 제반 분과학문이 이후에 '교직과목'의 명칭으로 탈바꿈되면서 다시 교육학이라는 학문의 모태가 되었다.[10] 이처럼 교육학은 제대로 형성되기도 전에 외래의 방식으로 규정되어 버리는 전통에 빠져들었다.

실무 이상의 교과목, 더구나 대학에서 인정받은 기존의 분과학문들을 예비교사들에게 가르친다는 것은 교사교육기관의 영광처럼 여겨졌다. 정확하게 말하면, 사범학교의 교과란 중등학교 교사의 경우 가르쳐야 하는 특수한 "교과에 대한 숙달"과 "일반 교양과목"에 해당한다. 이 후자의 교과목은 초기에는 주로 종교적이거나 도덕적인 내용 정도에 그쳤었다. 그러던 것이 이후 그 내용이 강화되는 과정에서 대학에서 가르치던 온갖 학문들이 무차별하게 도입되었다. 이런 경로를 통해 유입된 많은 분과학문들은 마치 자치능력이 없고, 외부에 대한 방어능력이 없는 영토에 들어온 외국의 용병들에 비유될 수 있다. 따라서 나는 이들을 편의상 '용병학문'이라는 이름으로 부르려고 한다. 그러나 이 명칭은 우리가 그 진상을 파악하기 위한 논의를 전개시키기 위해 만든 말이고, 실제로 불리어지는 명

---

10) 자세한 내막은 슈나이더(Schneider, 1989, pp. 211-241)를 참조하라.

칭은 이와 다르다. 당시 대학에서 연구하고 가르치고 있던 철학, 심리학, 사회학, 행정학 등은 이른바 "교육의 기초학문(disciplines of educational foundations)"이라는 명칭으로 통했다(Ornstein, 1977). 그 명칭은 차츰 '교육철학(educational philosophy)', '교육심리학(educational psychology)', '교육사회학(educational sociology)', '교육행정학(educational administration)' 등으로 바뀌게 된다(Hirst, 1983; Tibble, 1966, 1971). 어떻게 보아도 외래학문일 수밖에 없는 것들이 적어도 그 명칭에서는 의젓하게 교육학의 탈을 쓰는 데 성공한 것이다.

나머지는 외래학문들의 범위가 문제가 된다. 이 경우도 놀라운 것은 거기에 어떤 제한을 두지 않았다는 점이다. 포함시킬 것과 포함시키지 말아야 할 것의 기준이나 경계가 전혀 없었다. 원칙이라는 것이 있다면, 서로 중복되지 않은 분과학문이면 모두 교육학의 영역으로 포섭될 수 있고, 더 나아가 포섭되어야 한다는 것이었다. 학문공동체에서 여타의 분과학문이 자체의 고유한 지식을 생산하고 규정하는 어려운 과제를 수행하고 있을 때, 교육학은 자체의 고유한 지식을 확보하지 못한 채 그 빈 자리를 외래적인 지식으로 가득 채워 넣었다. 이런 상황은 마치 특정한 물건을 사러 백화점에 간 사람이 그것 자체는 잊어버리고 장바구니에 닥치는 대로 물건을 집어넣는 것에 비유될 수 있을지 모른다. 이 이면에는 외래학문들이 교육의 실질적인 내용을 설명할 뿐만 아니라, 그것 전체가 모두 교육의 이름으로 통합될 수 있다는 생각이 전제되어 있다(Cronbach & Suppes, 1969; Peters, 1977; Taylor, 1973). 이런 생각은 점차 의심이 없이 하나의 전통으로 고착되어, 교사교육자들은 타학문의 지식을 자기의 것이라 주장하면 언제나 그것들이 교육학의 지식이 될 수 있다는 안이한 착각에 젖어들게 되었다.

이를 "교육학자들의 대범한 관용"이라는 말로 지칭할 수 있을지 모르겠다. 교육학과의 문은 외래적 개념과 이론에 항상 개방되어 있고, 교육을 이해하고자 하는 신생 교육학도들은 수많은 학문들과 접촉할 기회를 갖는다. 말하자면 그 관용의 태도가 재생산되어 일종의 전통을 이루고 있는 것이다. 그러나 무차별성은 그것들을 받아들이는 특정한 부류의 학자들이 가진 사회적 태도이지, 받아들인 개념의 특성은 결코 아니다. 강조하건대, 교육학자들이 모든 것을 교육적인 현상이라고 말한다고 해서 그렇게 되는 것은 아니다. 그런 무차별적인 태도에 의해서 고유한 의미의 교육현상이 '교육학자들'에 의해 왜곡되고 무시되고 소외되는 과정이 전개되어 온 것이다.

교육학이 성립된 배경에서 분명하게 드러나는 것은 원래 다른 현상을 연구하는 학문들을 아무렇게나 교육학으로 치부하고 있다는 사실이다. 계보학적인 검토를 거친 이후부터 나는 그때까지 의심의 여지가 없이 믿어 왔던 교육학의 역사를 부인할 수밖에 없었다. 이는 교육에 대한 이해와 근본적으로 어긋나 있다. 그 이후 나는 학문적 진로에 관해서 심각한 고민에 빠졌다. 당시까지 내가 전공으로 삼았던 '교육심리학'이라는 학문은 바로 '용병학문'의 하나에 속했다. 더러는 '교육심리학'이 교육학과 심리학을 연계하는 학문이라고 변명하기도 한다. 그러나 그것은 자기기만이다. 그런 절충을 정당화하는 어떤 사실적 증거도 없다. 교육학은 애초부터 성립되지도 않았다. 기만은 기본적으로 진리탐구의 생활과 양립할 수 없다. 이것이 교육과 전혀 무관한 학문이라는 것을 알게 되고 나서 나는 심리학을 할 것인가 혹은 교육학을 할 것인가를 놓고 한동안 망설였다. 학문생활의 중요한 기로에서 중대한 선택의 결단이 필요했다. 심리학을 한다면 당연히 심리학과로 자리를 옮겨야 했고, 그렇지 않으면 교육학과에 남아 교육학을 새롭게 정립하는 일을 해야만 하였다. 나는 결국 그동안 몸담았던 교육심리학의 모든 것들[11]을 결연하게 포기하고 후자의 험난한 길을 선택했다.

---

11) 내가 애써 공부해 왔던 지식, 저서, 그리고 대학에서 교수로서 당시까지 담당하고 있었던 강좌들, 소속했던 학회 등이 여기에 포함된다. 학자로서 쌓아온 모든 것이라는 표현이 더 적절할지 모르겠다.

1.2. 정체불명의 학문

1.2.1. 분과학문의 조건

교육학의 연구는 아직 자생의 뿌리를 내리지 못하고 있다. 주된 원인은 외부적인 데에 있는 것이 아니라, 교육학 내부의 검토되지 않은 잘못된 학문적 전통과 관행의 반복에 있다. 이로 인한 결과는 교육학 자체의 정체성의 혼미와 상실이다. 겉으로는 풍성한 연구가 진행되고 있는 듯하지만, 사실상 고유한 지식의 부재 때문에 "풍요 속의 빈곤"이라는 내부 모순을 안고 있다. 교육은 교육학도들에 의해 소외되거나 왜곡된 영역인데, 대부분의 교육학도들은 그 사실조차 의식하지 못하고 있다. 그렇다면 어떻게 할 것인가? 그 사실을 알게 된 사람부터 문제를 폭로하고 해결해 나갈 수밖에 없는 일이다.

오류가 드러나는 사태는 그곳에 몸담고 있는 학자에게 기피할 것이 못된다. 모든 것이 만족스럽게 해결된 상황이라면, 더 이상 연구할 주제가 있을 수 없다. 내부의 문제를 가진 사태는 진정 학문을 목표로 하는 사람들에게는 자기 직무를 보장해 주는 행운이라고까지 말할 수 있다. 앞에서 살핀 교육학의 문제는 너무도 엄청난 것이기 때문에 나에게 있어 감당하기 어려운 도전이 되었다. 여생을 바치고자 하는 장기적인 연구프로젝트가 진행되어 갔다. 그 가운데는 본서를 포함하는 《학문과 교육》이라는 저술시리즈가 포함된다.

교육학자들에게는 자신의 학문에 대한 규정을 멋대로 규정해 버리는 경향이 있음을 앞서 지적했다. 대학의 교육학과에 소속되거나 교육학회의 회원이면 교육학자라는 식의 규정, 그들이 취급하는 지식이 곧 교육학적 지식이라는 규정은 내부에 함축된 모든 모순을 은폐하고 있다. 문제의 근본을 파악하고 해결해 나감에 있어 그런 멋대로의 규정을 비판할 수 있는 외부의 기준을 파악하는 일이 선행되어야 할 것이다. 이러한 이유에서 나의 첫 작업은 "학문이란 무엇이냐?" 하는 문제에 대한 보다 철저한 해답을 찾는 것에서부터 시작하였다. 이것이 《학문과 교육》의 상권의 내용이다.

다음에 그로부터 얻은 새로운 거점을 토대로 "교육이란 무엇이냐?" 하는 본격적인 문제의 해결에 진입한다. 현존하는 교육학이 처한 상황을 정확하게 파악하고 그 대안을 찾는다. 이것이 목하 우리가 진입하고자 하는 본서의 내용이다. 이를 위해 상권에서 이루어진 전초작업은 광범위 했고, 그 내용을 여기에서 다시 자세하게 소개하는 것은 중복이다. 다만 그 내용 가운데 지금의 교육학이 갖는 문제점을 보다 일목요연하게 파악하는 데 필요한 최소한의 주제들을 상기시키는 것은 필요해 보인다. 후속하는 논의에서 이 기초적인 주제들이 현존하는 교육학의 근본적인 문제를 규정해 나가는 중요한 거점이 될 것이다.

학문의 세계가 미리 규정되어 있다거나 혹은 고정되어 있는 것으로 생각하는 사람들이 많다. 그러나 장구한 세월의 과정에서 발전하고 있는 세계가 모두 그러하듯이 학문의 세계도 끊임없는 생성의 과정에 있다. 역사적으로 보아 대학에서 추구하는 학문은 고대 그리스에서 발원해서 오늘날은 거의 세계적으로 보편화되어 가고 있다. 그것에 대한 이해는 국가, 단체, 그리고 개인에 따라 각각 다르다. 이런 이해의 차이는 각 주체가 학문발전의 과정을 얼마나 체험하고 어느 수준에 위치해 있느냐와 관련되어 있다. 국가마다 다른 학문의 수준을 반영하는 수많은 대학이 있고, 최고의 대학에서 공부하고 있는 학생들도 학문에 대한 체험에서 서로 다른 수준에 있다.[12)]

우리가 학문을 하는 주된 이유는 그것에 대한 체험의 범위와 수준을 확장하려는 데 있다. 가능한 한 저급의 체험을 고급의 것으로 대체하는 것이 발전을 촉진한다고 보는 것이 옳다. 학문분야마다 이 점에서 큰 차이가 있을 수 있다. 지금의 교육학은 정상적인 경로를 거치지 않았다는 점이 지적되었다. 그렇다면 당면한 문제를 극복하는 데에는 적어도 발전된

12) 한 가지 실증적인 예가 미국 하버드 대학생을 상대로 이루어진 페리(Perry, 1970)의 연구이다.

학문공동체가 택하고 있는 관점이 무엇인지를 살피는 것이 옳은 순서가 될 것이다. 그런 의미에서 간략하게나마 우리는 학문의 목표, 학문적 지식, 분과학문, 학제연구, 응용학문에 관한 주제를 점검해 나갈 것이다.[13)]

학문의 목표는 무엇인가? 이에 대한 해답은 간단한 것이 아니다. 실제로 대학의 구성원에게 묻는다면 그 해답은 천차만별로 다르게 나타날 것이다. 그것을 다소나마 해소할 수 있는 것이 내재목표와 외재목표의 구분이다. 전자는 오직 학문 자체를 통해서만 실현할 수 있는 인간된 가치를 반영하고, 후자는 전자의 가치에 준거한 목표가 달성되었을 때, 그에 부수해서 실현할 수 있는 제반 가치를 반영한다. 학문은 역사적으로 정치, 경제, 사회, 종교, 도덕과의 대립을 통해서 내재가치를 규정해 왔다. 그 가치는 한마디로 표현한다면 '진리탐구'[14)]라고 할 수 있다. 진리는 금방 얻을 수 있는 성질의 것이 아니다. 그 뒤에 탐구라는 말이 항상 따르는 것은 이런 이유에서이다. 접근하면 그만큼 뒤로 물러서 있다. 학문의 입장에서는 그것이 은폐되어 있다고도 볼 수 있다. 그것을 끊임없이 드러내어 밝혀 나가는 것이 바로 학문의 길이다.

우리는 우리 자신 혹은 주변의 세계에 대해 모종의 생각을 갖고 산다. 그것 중에 어떤 조건에 부합하는 것만이 우리가 흔히 말하는 '지식'에 해당한다. 지식이 되기 위한 가장 까다로운 조건의 하나는 체계성을 지녀야 한다는 것이다. 예컨대, "사람은 죽는다"라는 단일한 명제는 그 자체만으로는 이런 조건을 만족시키지 못한다. 누군가 그런 생각을 하거나 주장한다고 할 때, 그것만으로 그 사람의 지식을 알 도리는 없다. 많은 항 즉, 그 안에 포함된 개념인 '사람' 혹은 '죽음'에 대해 그가 어떤 생각을 하는지를 세부적으로 추궁해야 한다. 혹은 그것이 조합된 명제를 설명하는 여타의 생각이 어떤 것인지를 더 따져 보아야 한다. 우리는 바로 이 부분에

---

13) 논의가 미흡한 것으로 느끼는 독자는 나의 《학문과 교육: 상권(1997)》을 직접 참조하기를 권한다.

14) 서울대학교 교가의 첫 대목은 "가슴마다 성스러운 이념을 품고, 이 세상을 사는 진리 찾는 이 길"이라는 말로 대학의 학문적 이념을 표방하고 있다.

서 초등학생과 성인, 혹은 일반 사람과 생물학자들의 생각에 많은 차이가 있음을 쉽게 발견한다. 그렇게 생각의 틀 전체를 통틀어서 우리는 지식이라고 하며, 그 점에서 같은 단편적인 정보를 갖고 있다 하더라도, 지식수준은 전혀 다르게 평가할 수 있다.

오감에 의해 인식될 수 있는 것이 학문의 대상이 되는 경우는 거의 없다. 학자들은 눈에 보이지 않는 것을 더 실재다운 것으로 규정한다. 그것을 지식이라는 그물망으로 포착하려는 것이 학문이다. 학문적 지식이 갖는 한 가지 특징은 최종적인 결론에 도달하지 않고 쉼 없이 지식을 수정하면서 발전시킨다는 점이다. 학자들은 자신이 가진 지식의 오류가능성을 전제한다. 적어도 지금 실현된 것을 기준으로 할 때 절대적 지식은 없고, 다만 절대에 접근하는 정도의 차이가 있을 뿐이다. 저마다 옳다고 주장하는 무수한 학설이 있다. 그러나 잘 따지고 보면 여기에는 수준의 차이가 존재한다. 그들 가운데 상대적인 우위를 입증하는 것이 바로 학자들의 과제인 것이다. 절대를 경계하고, 오류가능성을 인정하며, 부단히 수정을 가하는 이런 지식의 속성들은 학문을 당연함을 전제하는 상식, 이데올로기, 교조와 구분시키는 방식으로 작용한다.

옳은 지식의 조건은 무엇인가? 어려운 이야기이다. 그것을 다루는 특별한 분야가 '인식론' 혹은 '방법론'이다. 이와 관련하여 역시 우리는 많은 학설을 갖고 있다. 이처럼 진리를 판결하는 논의나 기준도 아직 완전한 합의에 이른 것은 아니다. 그 숱한 논의를 짧은 지면에서 끌어내어 다룰 수 없음은 말할 필요조차 없다. 그러나 그 중 가장 초보적인 기준의 하나만이라도 지적해 두자. 그것은 진리탐구는 A가 A이며, B가 B임을 밝히려고 하는 작업이라는 것이다. 작업의 성과에서 수준의 차이를 따질 수 있다. 그러나 A를 B라고 하거나 B를 A라고 주장하는 사람이 있다면, 깊은 곡절을 따질 필요도 없이 그는 '오류'를 범하거나 혹은 '허위'의 편에 있다고 쉽게 판단할 수 있다.

인식대상의 특수성과 관련하여 대학이라는 백화점의 한 부분을 차지하고 있는 분과학문들의 조건이 규정된다. 삶의 다원성이 분과학문의 전제

조건이다. 인간의 삶은 고유한 목표, 구조, 규칙과 특징을 가진 다양한 세계로 구성되어 있다. 각 하위세계는 그 자체로 하나의 총체성을 지니고 있다. 오늘날 학문의 자율화에 성공한 분과학문은 그 개별적인 세계의 고유한 면모를 드러내기 위해 그들 나름의 고유한 논리와 자율적인 지식체계를 구축한 자랑스러운 역사를 갖고 있다.

학문의 대상세계와 그것을 밝혀 나가는 개념 사이에 균열이 있어서는 안 된다. A는 A이고, B는 B인 것으로 밝히려는 것이 하나의 자율적인 분과학문이 추구하는 목표이다. 각 분과학문은 그런 진리기준에 충실하게 자체의 방향을 조정해 나간다. 더 세부적으로 따지면, 그런 작업에는 대체로 세 가지 조건들이 부대되는 것으로 알려지고 있다(장상호, 1997, 제3장). 이 부분에서 결격이 많은 학문일수록 그 지위는 불안정하다고 판단할 수 있다. 이 원칙은 현존하는 교육학의 문제를 파악하는 데 있어서도 중요한 준거점으로 적용될 수 있다.

첫째 조건은 아직 여타의 분과학문에 의해 탐구되지 않은 사실을 포착하는 고유한 지식체계를 확보해야 한다는 것이다. 이 작업은 마치 새로운 세계의 창조와 같은 것으로서, 전인미답의 배타적인 탐구영역을 확보하려는 초창기 학자의 남다른 상상력과 끈질긴 집념을 요구했다. 이 세상에 아무 선입견도 작용하지 않은 순수한 의미의 사실이란 존재하기 어렵고, 더구나 그것이 우리의 인식대상이 될 때 우리 자신이 가진 개념의 여과를 거쳐야만 한다. 각 분과학문에서 규정하는 고유한 의미의 사실은 그 분과학문에서 사용하는 고유한 지식체제에 의해 포착되는 인식대상이라는 방식으로 상관지어 정의될 수 있다. 그런데 지식체제란 앞에서 지적했듯이 단순히 낱낱의 개념이나 정보를 모아서 종합한 것이 아니다. 그것들이 하나의 내적인 통합성을 가지고 전체로서 그 내부에서 서로의 의미를 규정할 수 있어야 한다.

둘째, 자율적인 분과학문은 고유성을 규정함에 있어서 방법론적 특성을 내세우는 경우가 많다. 새로운 사실에 대한 주장은 항상 기존의 인식에 비추어 생소하고 모호한 것이며, 더러는 기존의 생각에 충격을 주는 것이기 때문에 그것이 타당하다는 것을 입증하는 충분한 증거를 제시할 수 있어야 한다. 이때 인식의 대상을 무엇으로 삼느냐에 따라 그것에 접근하는 절차와 그로부터 얻어진 지식을 정당화하는 방식이 다를 수 있다. 역사적으로 보더라도 새로운 방법이 생소한 사실이나 실재에의 접근을 가능하게 한 경우가 많다. 실증주의, 현상학, 해석학, 구조주의, 변증법과 같은 것들이 좋은 예이다. 이와 관련하여 다양한 방법론적 논의가 이루어져 왔고, 자율학문은 어떻든 방법의 선택에서 얼마든지 여타의 독자성을 주장할 수 있다. 그러나 그것은 방법이라는 위치에 있기 때문에 존재이유는 어디까지나 인식대상의 특수성에 종속하며, 이 때문에 분과학문마다 통상 다양한 방법적 절충이 이루어진다.

셋째, 하나의 자율학문은 고유한 개념체제와 방법들을 공유하는 일단의 학문공동체를 구성한다. 어떤 활동이든 적절한 제도적 환경이 보장될 때 목표를 용이하게 달성할 수 있다. 학문적 지식은 종교적인 교조나 일반적 상식과는 어울릴 성질의 것이 아니다. 이 점에서 학자들의 지적 작업은 언제나 고독하다. 서로 연대하며 공감할 수 있는 집단이 필요하다. 더 나아가 개별학문은 여타의 분과학문과의 경연에서 자기의 고유한 위치를 확보해야 하기 때문에 한 분과학문의 학자들은 서로의 문제, 관심, 개념, 방법을 교류하고 공유하거나, 자신들의 자율적인 기반과 이해관계를 대변하거나, 혹은 후진을 양성할 필요성이 생긴다. 학회나 학과와 같은 사회조직은 진리를 추구하는 학문 자체의 발전이라는 목표를 갖고 있다는 점에서 현상유지와 사회적 이해관계에 매달리는 여타의 집단과 구분된다. 학문공동체의 경우 내부에서의 의견충돌이나 혁명이 자연스럽게 받아들여지는 것은 이런 특성에서 기인한다.

위의 세 가지 조건 가운데 첫째의 것이 가장 본질적인 조건임은 말할 필요조차 없다. 인식은 언제나 선택적인 것이다. 우리가 어떤 관점을 택하느냐에 따라 무엇이 사실이며 실재인지가 결정된다. 하나의 사태를 물리적 사실로 규정할 수도 있고, 생물적 사실로 규정할 수도 있다. 이때 이들은 서로를 배제함으로써 고유성을 규정받기 때문에 물리학의 개념으로 생물적 사실을 포착할 수는 없다. 이처럼 사실은 종류에 있어서 엄청난 차이와 다양성을 지니며, 그 가운데 관심 있는 하나의 사실을 포착하기 위해서는 그에 상응하는 고유한 관점을 선택하고 다른 것은 버리는 작업이 이루어져야 한다. 이제까지 분과학문마다 여타의 학문적 체계가 자신의 학문으로 침투하는 것을 지극히 경계하면서 배타적으로 대상세계를 이해할 수 있는 자기 충족적이고 자율적인 이해의 범주를 확보하려고 했던 것은 고유한 사실들의 발견이라는 특별한 요구사항에 호응하기 위한 것이었다. 그 취사선택에 따라 한 세계에서 실재적인 것이 다른 세계에서 볼 때는 비실재적인 것이 된다.

다른 한편으로 분과학문의 배타성은 구체적인 삶 자체의 총체적인 이해라는 면에서는 한계를 갖는다. 우리가 살아가면서 당면하는 사태(예컨대, 가정불화의 문제, 학교의 진학문제, 환경오염의 문제, 인구문제 등)는 이론적 검토를 거치지 않은 방식으로 복합적으로, 그리고 고유하게 등장한다. 사태가 복합적인 것일수록 하나 혹은 제한된 분과학문의 사실로 그것을 규정하는 것은 부당하다. 분과학문의 특성에서 불가피하게 비롯하는 편파성 혹은 일면성을 극복하려는 취지에서 등장한 것이 이른바 '학제연구(interdisciplinary research)'이다. 이는 한 사태에 서로 다른 개념을 다양하게 적용해 보자는 취지를 살린 것이다. 어느 학문의 개념으로 보느냐에 따라 생활 속의 사건, 사물, 활동, 인간 등은 상대화되어 다른 양태로 나타난다. 학제연구는 구체적인 삶의 사태를 다양한 분과학문들의 시각을 통해 조화롭게 파악할 수 있게 하는 통로를 찾는다.

학제연구는 그것이 지니는 긍정적인 기여에도 불구하고, 한 가지 잘못된 결론에 도달할 위험을 안고 있다. 그것은 학제연구를 통해서 분과학문들의 고유한 개념체제가 통합될 수 있다거나, 혹은 이제 그 분과학문의 체제가 불필요하다는 식의 생각이다. 분과학문들은 각각 그 자체로서 독립된 실재를 파악하는 개념체제로서 통합이 불가능하다. 그것이 가능하다면, 앞서 각 분과학문이 그들이 드러내고 포착하고자 하는 개념체계를 구축할 때, 서로 독자적인 범주를 찾는 데 고심했다는 말이 허구가 될 것이다. 또한 학제연구는 분과학문의 대치나 불필요성을 의미하지 않는다. 제반 분과학문이 서로 협력한다는 말은 그 자체로서 분과학문의 존재를 전제한다는 점을 잊어서는 안 된다. 만약 그런 것들이 존재하지 않는다면, 우리의 삶이 지닌 다채로운 양태를 드러내는 것은 애초부터 불가능하게 된다. 학제연구는 한 마디로 호수 안의 다양한 모양의 고기를 잡기 위해 여러 종류의 그물을 호수에 던지는 것에 비유할 수 있다. 여러 종류의 그물을 하나의 것으로 통일시키려고 한다면, 다양한 종류의 물고기를 포착하려는 애초의 의도가 의심스럽게 될 것이다.

대학에 포진하고 있는 모든 분과학문을 오로지 위의 3가지 기준에 의해서만 평가하는 것은 무리이다. 그 기준에서 벗어나는 대학이나 학과도 있다. 그들 대부분은 이른바 '응용학문'의 범주에 든다. 우리는 학문이 추구하는 고유한 이념적 가치를 '진리'[15)]에 두었다. 그렇지만 학문의 목표는 그런 내재적인 것에 국한되지 않는다. 진리에 부합한 지식은 다양한 목적을 달성하는 중요한 수단이 될 수도 있다. 그 점에서 순수학문이 가장 넓은 응용의 범위를 갖는다고 볼 수 있다. 통상 '응용학문'이라고 할 때에는 응용의 범위를 보다 특수하게 한정시킨다는 특징을 갖는다. 어떤 학문이나 무조건 주장한다고 해서 응용학문으로 성립되는 것은 아니다. 여기에도 그 나름의 까다로운 조건이 부대된다. 어떤 학문을 어느 영역 혹은 대상에 적용하느냐의 문제를 제기할 수 있다. 또한 궁극적인 존재가치는 단지 명분에 있지 않고 그것이 가져오는 성과에 있다는 점 역시 간과되어서는 안 된다. 표명하는 특정한 효과를 발휘할 수 없는 경우, 그 응용학문의 존재가치는 더 이상 인정될 수 없다.

이제까지 우리는 대학에 존재하는 제반 분과학문의 정체성을 판별하고

---

15) 이와 관련하여 막스 베버(Max Weber, 1949)의 '가치중립성(value neutrality)'에 대한 해석에서 큰 오해가 있어 보인다. 그가 이 개념을 쓸 때 그것은 학문이 풍속적 가치 혹은 도덕적 가치로부터 자유로워야 한다는 것을 지적하고자 했다. 학문의 목적은 지식의 창조에 있고, 그 지식은 반드시 도덕적으로 사용되는 것은 아니다. 그렇다고 해서 도덕적인 이유로 인해서 학문활동에 제약을 받아서는 안 된다는 것이다. 삶에서 선을 실현하는 것은 학문활동과는 별개로 다루어져야 할 심각한 문제라는 것이다.

가늠할 수 있는 몇 가지 핵심적인 주제와 기준을 간략하게 살폈다. 그렇다면 그에 비추어 현존하는 교육학의 상황이나 위치는 어디쯤일까 하는 것이 본 장의 나머지에서 더 세부적으로 추궁해야 할 주제이다. 이에 대한 해답은 한 마디로 본 절의 주제인 "정체불명의 학문"으로 요약될 수 있다. 교육학의 실상은 우리가 논의한 분과학문의 어느 부류의 것으로도 정리하기 어렵다. 근본적인 이유는 그 정체성을 어떤 원칙에 의해 규정하려고 시도하지 못한 내부의 사정에서 찾아 볼 수 있다. 교육학은 다른 분야와는 달리 교사양성이라는 우연한 역사적 계기와 그것에 임기응변적으로 적응하는 모종의 관례와 전통에 의해 제멋대로 규정되어 온 것이다.

우선 현존하는 교육학의 경우에는 상식과 학문적 지식 사이의 경계가 분명하지 않다. 학교라는 제도에 근거를 둔 각종의 개념적 분류, 세상 사람들이 말하는 교육의 문제가 교육학자들에 의해 부정된 경우는 거의 없다. 대부분의 교육학자의 활동은 이처럼 이미 고착되거나 세상 사람들에 의해 규정된 '교육'을 전제로 전개된다. 여기에는 적어도 두 가지 이유를 들 수 있을 것이다. 이론은 세상 사람들이 규정하는 피상적인 것보다 더 심층의, 눈에 보이지 않는 것을 더 심각한 실재로 느낄 수 있을 정도의 안목이 요청된다. 그런 반성적 사고를 할 만한 자질의 빈궁이 하나의 이유이다. 다른 하나는 교육학자들의 이해관계의 면에서 제도적인 것이 더 유리하다는 것을 지적할 수 있다. 교육학자들에게는 교육에 대한 이론적 탐구라는 의도보다는 실제에 대한 관심이 앞선다. 앞에서 지적한 "교육학의 전성시대"도 따지고 보면 학문이 제도에 근거하고 있는 것과 관련되어 있다.

교육학은 대학의 자율적인 학문들이 여타의 학문 체제를 배제하는 방식으로 형성되어 왔던 것과는 정확히 반대의 경로를 거쳤다. 초기 교사양성의 교사들은 대학에서 이미 형성되어 있는 분과학문을 거의 분별없이 무제한적으로 받아들이는 태도를 보였고, 그 전통은 지금도 지속되고 있다. 그로 인해 교육에 대한 분과학문의 체계적인 탐구는 시작도 하기 전에 장애를 받는 상황이 벌어지고 있는 실정이다. 기존 학문의 개념으로 교육을 파악할 수는 없다. 그 이유는 각 학문이 고유한 사실을 파악하기 위해 배타적으로 개념체제를 발전시켜 왔기 때문이다. 그런 원칙을 외면하고 외래의 제반 사실들에 '교육'이라는 개념을 적용하면, 우선 외래적 사실들이 서로 혼동된다. 더 나아가 막상 고유한 의미의 교육적 사실은 그들의 밝은 빛에 의해 상대적으로 어둠 속에 외면되고 소외되는 아이러니가 일어난다.

현존하는 교육학을 원칙에 따라 재규정한다면, 아마도 "학교태(schooling)에 대한 학제연구"라고 할 수 있을 것이다. 오늘날 젊은이들의 삶의 공간으로서 학교의 위치를 두고 본다면, 그런 의미의 연구는 바람직하다. 제반 분과학문의 개념들이 포착하는 것은 서로 혼동되어서는 안 될 고유한 사실들이다. 그것들을 균형 있게 드러나게 하는 것이 학교의 복합적인 특징을 종합적으로 이해하는 데 필요한 것임은 말할 필요조차 없다. 그러나 모든 문제는 명칭의 오용에서 나온다. 그 모든 것을 교육이라는 말로 지칭하는 것은 교육은 물론 다른 외래적 사실들도 왜곡시킨다. 이는 학교생활의 복합성을 드러내려는 의도와 정면으로 배치된다. 더욱 심각한 문제는 그런 유의 학제연구에서 유독 교육 고유의 안목만 철저하게 배제되고 있다는 사실이다.

흔히 교육학자들은 자신들의 학문을 '응용학문'의 범주에 넣기를 좋아하며 또한 그렇게 되기를 바라고 있다. 이것은 한편으로 이론적 안목의 빈궁이라는 내부문제를 정당화하고, 다른 한편으로 자신들이 수행해야 할 이론적 작업을 기피하는 양면의 구실을 성립시킬 수 있기 때문이다. 그런데 조금만 사태를 따지고 들면, 그 명분조차 근거를 가질 수 없다는 어려움에 봉착한다. 무엇을 어디에 적용하느냐 하는 문제를 제기할 때, 그 점이 너무도 분명하게 드러난다. "교육학을 교육의 문제를 해결하는 데 활용한다"는 것과 "제반 분과학문들의 지식을 학교의 문제를 해결하는 데 활용한다"는 것은 전혀 다른 경로이다. 자신들이 하고 있는 일이 실상은 후자에 해당됨에도 불구하고, 그것을 전자에 해당하는 것으로 혼동하는 일은 앞에서 지적한 제멋대로의 학문적 규정의 연장선에서만 허용될 수 있는 허구에 불과하다.

1.2.2. 외래학문의 무분별한 유입

위의 논의를 통해서 교육학에 대한 규정이 "교육에 대한 이해"와는 참으로 먼 거리에 있다는 것을 독자는 실감할 수 있게 되었을 것이다. 개념이 사실을 향도(嚮導)한다는 것을 감안한다면, 분명 교육학이라는 배는 엉뚱한 쪽으로 향하고 있는 것이 분명하다. 그렇다면, 왜 교육학도들은 그런 단순한 사실을 아직까지 자각하지 못하고 있는 것일까? 이유는 많을 것이다. 그 중 가장 유망한 설명은 교사양성 혹은 더 넓게는 학교문제의 해결이라는 실제적인 문제와 결부되어 교육학 안에서 구축되어 온 오래된 관습의 견고함이다. 어떻게 과거의 관습이 지금까지 아무런 반성이나 비판도 없이 교육학자들에 의해 지속되고 있는지를 외래학문에의 종속이라는 측면에서 살펴보기로 하자.

교육학이 성립된 초기에 학문적 성격을 규정하는 데 큰 몫을 한 몇몇 학자들이 있었다. 19세기에 활약했고 오늘날 교육학의 원조로 일컬어지는 학자들은 대부분 표면상으로는 한결같이 교육학의 자율성을 내세웠다. 과학적 교육학의 창시자로 알려져 있는 헤르바르트(J. F. Herbart: 1776-1841)는 그의 《일반교육학 서문(1806/1988)》에서 독립과학으로서의 교육학의 정립을 이렇게 강조한다.

> 만일, 교육학이 가능한 한 엄밀하게 그의 고유의 개념들을 의식하고 자립적 사고를 더 많이 계발한다면 이는 더 좋은 일일 것이다. 그리고 이렇게 함으로써 교육학은 연구영역의 중심점이 될 것이며, 정복된 먼 지역으로서 더 이상 이방인에 의하여 지배될 위험에 처해지지 않을 것이다. 모든 과학들이 저마다 그들 나름의 방식으로 전개하려고 시도하며, 또한 그 이웃과 같은 정도의 노력으로써 전개할 때 비로소 그들 사이에서 유익한 교통이 생겨날 수 있다(p. 29).

그러나 헤르바르트가 독립과학을 이야기할 때, 그것은 여타의 자율학문들이 대학에서 자신의 성격을 분명하게 규정하면서 고유한 위치를 차지하는 방식과는 전혀 다른 성격의 것이었다. 기실은 분과학문으로서의 자율성이 아니라 구체적인 실제로부터의 자율성, 즉 교사들이 교실 안에서 쓰는 직관적이고 실무적인 기술이나 처방이 아니라, 사유의 형식과 체계로서의 과학 혹은 학문이 될 수 있다는 정도의 자율성을 의미했던 것이다. 또한 그가 학적 체계의 형성에 주안점을 둔다고 할 때, 그리고 "더 이상 이방인의 지배를 받지 않는 연구영역"이란 취지를 표명할 때는 일견 당시에 있었던 다른 분과학문들과의 차별화를 의식하는 것처럼 보인다. 그러나 그것은 실제로는 여타의 분과학문의 경우처럼 교육학 자체의 학문체제를 자율화한다는 취지와는 거리가 멀다.

교육학의 자율화를 추진하는 데 있어 견지해야 할 가장 기본적인 원칙은 기존의 학문체제가 그 내부의 본질을 규정하는 일이 없도록 차단하는 것이다. 그 백지 위에 새로운 개념체제가 구축될 수 있어야 한다. 헤르바르트(/1988)는 이 기본원칙을 위배했다. 다음과 같은 그의 공공연한 발언은 이를 잘 입증한다. "과학으로서의 교육학은 실천철학과 심리학에 의존한다. 전자는 교육에 목적을, 후자는 방법과 수단과 장애를 제시한다(p. 256)." 즉, 그는 교육학의 학문적 고유성을 말하면서도 그 근거를 고스란히 윤리학과 심리학에서 찾았던 것이다. 얼마나 편리한 방식인가! 별다른 노력 없이 단지 기존의 학문에 의존하는 전통이 여기에서부터 이어진다.

이후 헤르바르트의 이론에 대립하는 각종의 교육에 대한 학설들이 우후죽순처럼 쏟아져 나온다. 그 대립이란 학문적인 자율성을 두고 나온다기보다는 그가 도입한 실천철학과 심리학 이외에 여타의 외래학문들을 추가시키는 일종의 헤게모니 쟁탈의 성격을 띤다. 뒤르켐(E. Durkheim: 1858-1917)이 전형적인 예이다. 그는 오늘날 현대적인 의미의 사회학을 창설한 사람으로 인정받고 있다. 사회적 사실의 고유성을 들어 자율적인 사회학을 정립하고자 했던 그는 사회학을 여타의 학문체계와 차별화하려고 노력했다. 그런데 교육학에 관한 한, 그는 유별나게 예외적인 입장을 보였다. 그는 교육적 사실의 독자성을 인정하기보다는 그것을 사회적 사실의 일부에 포함시키면서 다만 당시 교육을 사변적, 철학적으로 보거나 혹은 개인적, 심리학적 입장에서만 보던 눈을 사회학적 측면에서 보도록 시야를 돌리는 데에만 역점을 둔다.

뒤르켐(/1988)은 당시 초등학교 교사를 상대로 했던 어느 강연에서 그의 입장을 이렇게 밝히고 있다.

> 나는 한 사람의 사회학자입니다. 내가 여러분들에게 교육에 관해서 이야기하려는 입장은 무엇보다도 사회학자의 입장에서 입니다. 더욱이 이러한 관점에서 교육문제를 전개해나가는 것이 어떤 편견을 갖게 되는 것이기는커녕 오히려 교육의 참 본질을 설명하는 데 이보다 더 적절한 방법이 없다고 나는 확신합니다 (p. 19).

이 언급의 마지막 부분인 "더 적절한 방법"을 말할 때 그는 헤르바르트 등이 강조하는 당시의 심리학을 의식하고 있다. 실증주의의 조류를 대변했던 뒤르켐은 심리학이 철학에 앞서 과학의 영역을 선점하고 있다는 것을 인정하였다. 그 점에 있어서 그가 심리학에 불만이 있었던 것은 아니다. 다만 그 관점의 범주가 갖는 한계를 문제시하면서 심리학은 교육이 전달하고 있는 문화의 본질이나, 문화를 전달하는 데 사용하는 제도와 체계의 본질을 설명하는 데는 부적절하고 주장한다. 이에 따라 그는 교육을 사회의 존속을 위한 조건을 재생시키는 수단, 즉 어린 세대들에 대한 성인세대의 사회화로 규정하여 헤르바르트와 대립하고자 하였던 것이다. 심리학에 의존했던 헤르바르트의 한계를 사회학의 관점에서 보완하는 것이 그가 보기에 "교육의 참 본질"에 접근하는 일이었다. 이런 논리는 교육을 사회적 사실의 일부로 보려는 그의 학문적 관심에서 볼 때 당연한 귀결이다.

> 교육학(pedagogy)은 어떤 과학의 이론을 기반으로 삼을 수 있는가? … 교수과정의 절차를 상세히 결정하는 데 유익하게 이용될 수 있는 심리학이 있다. 그러나 사회학은 신생학문이며, 따라서 확고하게 설정된 명제는 거의 없다. 심리학은

모든 사회과학보다는 일찍이 확립되기는 하였으나, 온통 논란 투성이다(/1988, p. 119).

교육학의 기초학문으로 심리학과 더불어 사회학을 포함시켜야 한다는 논리를 펼 때, 뒤르켐이 근거로 삼는 논리는 우리의 주목을 요한다. 왜냐하면 교육학은 이후에도 바로 그런 논리에 의해서 여타의 다양한 외래학문을 무차별하게 도입하기 때문이다. 그는 당시의 교육학이 학문적인 공백상태에 처해있는 유치한 단계에 머물러 있다고 보고, 학교라는 생활세계를 영위함에 있어서 그 공백이 메워져야만 한다고 주장하고 있다. 그 가운데 위의 언명은 사회학이 비록 신생학문[16]이기는 하지만, 당시 문제가 많던 심리학이 해결할 수 없는 부분을 담당할 수 있을 것이라는 식의 주장을 편다. 그 부분을 더 강화하는 것이 그의 입장에서는 교육학의 발전에 공헌하는 것이다. 교육학의 입장에서 이와 같은 방식으로 교육학을 규정해 나가는 것은 진정 환영할 만한 것인가? 나는 현존하는 교육학이 가지고 있는 내부적인 모순은 이런 무분별함에서부터 배태되었다고 본다. 그 점에서 그는 교육학의 발전에 공헌한 것이 아니라, 교육학이 출현하고 발전하기도 전에 그것을 소멸시키는 역할을 했다고까지 평가할 수 있다.

우리가 비판적으로 볼 점은 뒤르켐이 교육학을 규정할 때, 그는 명백히 이중의 기준을 적용하고 있다는 사실이다. 사회학을 정립시키기 위해서 그가 기존의 학문, 특히 심리학과의 차별성을 부각시키려고 무척 고심했다는 것은 널리 알려진 사실이다. 뒤르켐(1895)에 따르면 사회적 사실은 심리학적으로 파악될 수 없고, 그 나름의 자율적인 학적 체계, 즉 사회학을 필요로 한다. 그 때문에 그의 말대로 사회학은 아직 잘 발전된 학문은 아니라 할지라도 앞으로 발전하여야만 하는 것이다. 그는 교육학도 마찬가지로 아직 유치한 단계에 있다고 주장한다. 그렇다면 교육학도 심리학,

---

16) 당시의 사회학은 아직 초보적인 시도의 수준을 벗어나지 않았으며, 뒤르켐도 《사회학의 방법적 제반규칙(1895)》에서 그 점을 시인하고 있다. 이에 대한 논의는 《학문과 교육: 상권(장상호, 1997, pp. 447-481)》을 참조할 것.

사회학과 어깨를 나란히 하면서 고유한 대상에 대해 개념적 탐색을 수행해 나가야 할 것으로 보는 것이 분과학문에 대한 그의 입장과 일관된 것이 될 것이다. 그러나 뒤르켐은 교육학을 규정할 때 이런 원칙적 기준을 버렸다. 그는 교육이 사회적 사실과는 다른 것일지도 모른다는 당연히 제기해야 할 물음은 생략하고, 이 부분에서 태도를 바꾸어 교육학이 심리학이나 사회학에 의해서 지원을 받아야 할 것으로 보고 있다.

어떻게 그러한 이중의 사고가 가능한가? 그것은 교육을 하나의 균일한 삶의 현상으로 보는 것이 아니라, 복합적인 생활사태로 보는 경향에서 비롯한다고 볼 수 있다. 그렇게 보면 교육이 심리학적으로만 설명되는 것은 어딘가 부족하고, 비록 실질적인 내용은 잘 모르는 단계이지만, 새롭게 형성되고 있는 사회학에 의해서도 설명되어야 할 대상으로 드러난다. 교육학에 대하여 이러한 입장을 취하게 되면, 서로 다른 사실을 드러낼 수 있는 분과학문의 특징만 갖추고 있다면, 언제든지 그 분과학문을 교육학의 일부로 수용해야 하는 형편이 도래하게 된다. 이러한 사고방식에 따라 교육학은 점차 자체의 학적 체계를 창도해 나가는 어려운 과정 자체를 건너뛰고, 온갖 외래학문의 판도 속에서 급조되기에 이르렀다.

우리는 진리를 규정하는 가장 초보적인 기준으로 "A는 A이다"라는 동일성의 원리를 요구했다. 교육은 교육이며, 그것이 심리적 사실이나 사회적 사실이 될 수 없다는 것은 너무도 분명하다. 그 원칙을 고수하고 새로운 학문적 체제를 세워나갈 만한 학문적 자질을 가진 집단이 없었다. 그런 상황에서 교육학이 교사양성기관의 교사들에 의해 규정되는 불행한 사태가 전개되어 온 것이다. 한번 이탈한 원칙은 그 전통을 이어받은 후진들에 의해서도 거리낌 없이 그대로 지속되고 있다. 근래에 UNESCO의 국제교육국의 주도로 마련된 《교육학의 제반 과학에 대한 입문서(Mialaret, 1985)》에서 그려낸 교육학의 양상은 그 실상이 어떠한지를 짐작하게 한다. 여러 사람들의 편저로 된 이 저서는 교육학을 복수형의 학문(sciences)으로 규정하고 〈그림 1.1〉처럼 나타내고 있다(p. 81). 여기서 당장 눈에 띄는 특징의 하나는 용병학문들의 다양성이다. 이들은 생리학에

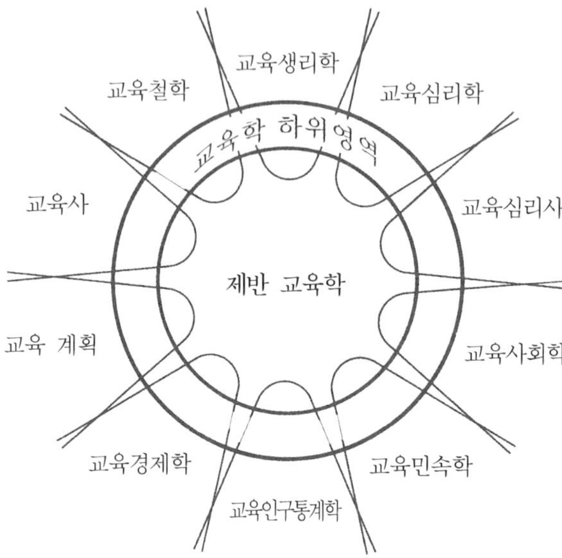

〈그림 1.1〉 교육학의 하위 전공영역

서부터 철학에 이르기까지 무려 10가지나 된다.

여기에 묘사되어 있듯이 현존하는 교육학은 결코 단일한 학문이 아니다. 그것은 하나의 학적 체계를 형성하고 있다기보다는 서로 이질적인 사실들을 밝히는 상이한 학문체계를 하나의 전체로 묶으려는 제설혼합(諸說混合, syncretism)과 그것을 다만 별개의 것으로 존속시키려는 병치(倂置, juxtaposition)가 있을 뿐이다. 놀라운 사실은 병치된 학문들의 수가 특별히 10가지에 국한된 이유는 밝히지 않고 있다는 점이다. 별다른 기준도 없이 기존의 분과학문들이 교육학으로 수용되고 있는 셈이다. 이처럼 교육학의 가지 수는 그림이 허용하는 공간에 얼마든지 추가시키면 되는 일종의 '학제연구'라는 통념이 굳어지기에 이르렀다. 이제는 그것에 도전하는 것이 잘못처럼 느껴질 정도이다.

하나의 잘못된 전통은 그 전통 안에 있는 동안에는 자각될 수 없다. 잘못을 깨닫는 하나의 방법은 분과학문의 성립요건에 비추어 그런 관례가 허용될 수 있느냐를 점검하는 것이다. 우리는 앞 소절(1.2.1)에서 그 요건으로 고유한 개념체제, 고유한 방법, 그것을 공유하는 학문공동체를 들었다. 그 요건 가운데 가장 본질적인 것은 고유한 개념체제와 고유한 방법이라는 첫째와 둘째 요건이다. 그것은 바로 대상의 속성과 관련된 것으로, 어느 학문이든지 간에 그것이 자체의 대상세계를 해명하고자 하면, 그 내부에서 충족시키고 있어야 하는 요건들이다. 학문공동체라는 셋째 요건은 앞의 두 가지 요건들을 갖추고 있는 학문이 지녀야 하는 사회적 조건에 해당한다. 그러나 교육학의 경우는 이 가운데 셋째 조건을 갖추고 있을 뿐, 그것보다 더욱 본질적인 것인 첫 번째와 두 번째의 조건은 아직 갖추지 못하고 있다.

오늘날 주인 없는 교육학과 안에는 여러 가지 이질적인 학문들이 활보하고 있다. 각각의 구획은 너무도 분명하기는 하지만, 어떠한 연결점도 존재하지 않아서 하나의 학문이라고 할 수 있는 근거는 찾아보기가 어렵다. 공터를 차지하면 주인이 되는 셈이다. 얼마나 많은 하위 영역이 교육학이라는 공터를 차지하고 텃세를 부리고 있는가? 원칙이 없는 이상 국가마다 사정이 다르다. 세계의 교육학계에 큰 자장으로 작용하고 있는 미국의 경우를 대표적으로 들어보자. 라그만(E. C. Lagemann)은 최근까지의 교육학의 역사와 실정을 개관한 그의 저서 《정체불명의 학문: 교육연구의 곤궁한 역사(2000)》에서 다음의 사실을 문제점으로 지적한다.

> 교육학은 서로 다른 수많은 분과학문들을 끌어들인 분야로서, 각각은 그 자체의 규범과 관례를 지니고 있다. 교육을 연구하는 사람들은 따라서 그들의 작업에 판이하게 다른 방법과 표준을 가져왔다. 이 분야의 연구자들의 조직 가운데 가장 큰 미국교육연구학회(AERA: American Educational Research Association)는 분과학문이나 연구주제가 다른 12개의 분과와 128개의 특수한 이해집단으로 나뉘어 있다(pp. 239-240).

흔히 한 분야의 통일성에 대한 위기상황을 '사분오열(四分五裂)'이라는 용어를 써서 묘사한다. 위의 인용에서는 그 표현이 무색할 정도이다. 이렇게 분열된 잡다한 집단들이 하나의 강력한 학문공동체를 운영할 수 없음은 물론이다. 이들에 의해서 교육현상에 관한 이론이 드러날 가능성을 기대한다는 것은 기적을 기다리는 것이나 진배가 없다. 그 이유는 너무도 분명하다. 모학문 자체가 서로를 배타하는 방식으로 출현했기 때문이다. 서로 다른 분과학문을 모학문으로 삼고 있는 다종의 용병학문들은 단지 물리적으로 하나의 학과에 들어가 있기는 하지만, 이론상 동질성을 공유하거나 의미 있는 개념적 교류를 할 수가 없다. 그런 고질적인 상황을 라그만(2000)은 다음과 같이 일종의 내부 고발의 형식으로 솔직히 시인한다.

> 교육을 연구하는 하나의 '학문'이 있다거나 혹은 있을 수 있는지는 오늘날까지 쟁점으로 남아있다. 그 논쟁이 지속되고 있음에도 불구하고 교육학은 19세기 말에 대학의 한 교과가 되었으며, 그런 우연한 일이 일어난 이래 하나의 새로운 학구적 탐구의 영역으로 등장하기에 이른 것이다.
>
> 탐구방법에 있어서 초점이 있는 것도 아니고, 또 고유한 것이 있는 것도 아니면서도 교육연구는 철학, 심리학, 그리고 통계를 포함하는 여타의 사회과학의 다양한 조합에서 성장하였다. 처음부터 그런 다양성이라는 특징을 갖게 되고, 그 후 하나의 강력하고 자율적인 전문가 집단을 형성하는 데 실패한 것이다. 이는 이 분야가 아직까지도 고도의 내부적 응결력을 발전시키지 못하고 있음을 의미한다(p. ix).

거의 모든 분과학문들을 하위영역으로 포섭하고 있는 영역이 존재한다면, 그것은 하나의 분과학문이라기보다는 종합대학이라는 이름으로 지칭해야 할 것이다. 앞의 진술은 현존하는 교육학이 단순히 사회적 공동체일 뿐, 공통된 개념체제나 방법론에 있어서 서로 결속할 여지가 거의 없다는 점을 부각시킨다. 단순히 사회적 분열에 그치는 것이 문제는 아니다. 더욱 중요한 것은 각각의 하위영역들이 모학문에 근거하고 있기 때문에 교육에 대한 이론적 이해와는 전혀 관계가 없다는 사실이다. 그런 점을 고려한다면, 막상 고유한 의미의 교육현상은 과거에서부터 지금에 이르기까지 한번도 학문적인 조명을 받지 못한 채, 아직도 방치되어 있다는 슬픈 결론에 도달한다.

이른바 "교육학의 문헌"이라고 칭해지는 서적들은 대단히 많다. 그러나 내용을 자세하게 검토해 보면, 자체의 고유한 개념을 발전시키려고 노력한 흔적은 거의 보이지 않는다. 기존의 어떤 외래학문의 이론에 의탁해야만 한다는 종속의식이 그 안에 하나의 묵계처럼 자리잡고 있다. "교육이 무엇이냐?" 하는 문제를 어떤 방식으로든지 지연시키고 회피하려는 경향이 곳곳에서 발견된다. 대개 외래학문을 거점으로 삼아 "교육학적인 시사"를 다루는 글이 허다하다. 이 경우에도 시사의 근원을 제공하는 교육학은 항상 미궁의 것으로 남아 있다. 이런 추궁을 해나가면, 대개 상식이나 논자의 아직 검토되지 않은 직관에 불과한 것과 만나게 된다. 이런 방식의 또 하나의 도피처에 의해 교육은 쉽게 은폐된다.

1.2.3. 주인 없는 지대의 분쟁

우리는 지금 교육학의 문제점을 진단함에 있어 내부의 관점보다는 외부의 관점을 동원하고 있다. 그렇게 함으로써 아무렇게나 자신의 정체성을 규정해 버리는 교육학의 폐습을 극복할 수 있기 때문이다. 어느 분야이건 내부에 문제가 있다면, 하나의 구심점을 향해서 내재된 역량을 응집시켜 해결해 나가는 것이 올바른 길이다. 그러나 종합대학 안에서 사범대학의 양상은 그 반대이다. 본 소절에서는 앞 소절의 마지막에 인용된 라그만(2000)의 글에 나타난 "12개의 분과와 128개의 특수한 이해집단"으로 규정한 부분을 주목하면서 교육학과의 내부에서 일어나는 각종 파벌, 대립, 갈등의 양상을 드러내는 방식을 취해 보고자 한다.

논의의 단초를 쇤(D. A. Schön, 1988b)이 종합대학 안에 있는 각종 직업학교를 소개하면서 사범대학의 내외 형편을 묘사한 부분에서 찾아보자.

> 사범대학(school of education)은 인문과학, 사회과학, 혹은 예술분야 등 주류 학문들과 거의 관련을 맺지 못한 채, 종합대학의 다른 부분들과 격리되어 있다. 사범대학은 규모가 크고 주정부의 기능과 연계되어 있는 연고로 다소의 세력을 유지하고 있는 편이다. 그러나 지체가 높은 학문들에 비해 그것은 이류의 범주에 드는 것으로 간주된다. 사범대학은 통상적인 실천의 인식론에 의해 지배되는 대

학의 일반적인 분위기 안에서 통상적인 정치적인 장식물을 통해서 그 지위를 유지하려고 분전한다.

내부적으로 본다면, 사범대학은 서로 적대시하는 세력간의 분쟁가능성을 갖고 있다. 교육심리학, 교사교육, 계속교육, 과학교육, 교육행정, 상담심리학 등이 서로 분리된 영토로 작용한다. 그들은 영향력이 있는 영역을 분리시켜 점유함으로써 당분간 평화공존상태를 유지하고 있지만 (새로운 학장을 선출한다거나 하나의 학제적 프로그램을 설계하는 경우처럼), 이권문제가 발생하면, 그들은 지위, 안정, 그리고 통제에 유리한 고지를 점유하기 위해 서로 전쟁을 불사한다(p. 316).

위의 인용문에서 첫 번째 부분은 종합대학 안에서 사범대학이 차지한 위상을 잘 드러내고 있다. 그 언급에서 사범대학이 주류학문과 떨어져서 지리적으로 격리되어 있다는 특징을 지적한 부분이 주목할 만하다. 여기에는 교육학의 태생에 관한 논의에서 지적했듯이 교사의 양성이라는 특수한 사정이 반영되어 있다. 주류와 비주류라는 의미가 함축하듯이 사범대학은 정상적인 학문공동체의 발전과정에 합류할 수 없는 특수한 상황에서 설립된 것이고, 지리적인 분리는 그 속성의 이질성을 드러내고 있다.

전공의 영역에서 사범대학은 종합대학에 거의 맞먹는 다양성을 갖고 있다. 사범대학은 일반적으로 두 가지 부류로 나뉜다. 하나의 부류는 중등학교에서 가르칠 교과목을 위주로 하는 '교과교육학과'이고, 다른 하나의 부류는 앞서의 경로에 의해서 교직과목을 담당하고 있는 '교육학과'이다. 이들이 포괄하고 있는 분과학문의 다양성과 숫자는 종합대학의 축소판이라고 해도 과언이 아니다. 이런 특수한 상황에서 적어도 두 가지 문제가 복합적으로 작용하면서 사범대학 내부의 갈등과 반목이 일어난다.

하나는 그것들이 행정적으로 하나의 단과대학의 울타리 안에 존속하고 있다는 점이다. 포괄해야 할 전문영역이 많은 데 비해 단과대학의 규모로 수용할 수 있는 교과목의 수, 교수의 시간, 인적 자원, 예산, 자원 등에 제한이 있기 때문에 그것을 누가 더 차지하느냐 하는 문제가 발생한다. 교과의 수는 어떻게 제한할 것인가? 필수와 선택과목을 어떻게 만들 것인가? 어떤 분야의 교수를 충원할 것인가? 연구비는 어떻게 배분할 것인가?

누가 학장이 될 것인가? 그 이권의 배분에서 유리한 고지를 점유하기 위해 가끔은 어떤 분야가 진정 교육학을 대표하느냐 하는 또 다른 문제가 등장한다.

종합대학은 서로 중첩되지 않는 고유성이 있는 분과학문만을 포용한다. 중복은 금물이다. 그렇다면 사범대학이 존속할 수 있는 학문적 명분은 언제나 '교육'에 있다. 그런 논쟁에서 '교육학과'가 '교과교육학과'보다 얼마만큼 유리한 위치를 점하는 양상이 벌어지는 듯하다. 교육학과가 교과교육학자들을 몰아세우는 방식은 이렇다. '과학교육학'이 '과학'과 다른 것이 무엇이냐? 단지 교육이 과학을 위한 수단이라면 그 존재가치는 기능의 효율성에 의해서 결정된다. 만약 과학을 전공한 사람이 과학교육을 전공한 사람보다 중등학교에서 더 훌륭한 교사역할을 수행할 수 있다면, 교과교육이라는 명분은 더 이상 유지될 수 없다. 따라서 과학교육학과는 과학보다는 교육에 더 큰 비중을 두어야 하는 것이다.

그러나 다른 한편으로 만약 교과교육학자들이 교육학자들의 제안을 심각하게 받아들이면 어떻게 될 것인가? 이에 대한 해답을 이미 앞선 논의의 연장선에서 구하면, 참으로 난처해진다. 이미 살폈듯이 지금의 교육학과에는 교육 자체를 연구하는 분야는 없다. 다만 철학, 심리학, 사회학, 행정학 등 교과교육의 경우처럼 종합대학 안에 모학문을 두고 있는 용병학문만이 있을 뿐이다. 교육학도들의 주장대로 과학이라는 모학문에만 역점을 둔 '과학교육학'과 심리학에 모학문을 둔 '교육심리학'의 만남은 어떻게 되는가? '과학교육심리학?' 이런 미묘한 학문은 가령 '과학심리학'과 어떤 차이가 있는가? 나는 앞서 교육심리학이 교육학과 심리학의 학제연구가 아니라는 개인적인 자각의 계기를 언급한 바 있다. 정확히 말한다면, 교육심리학은 학교태의 심리적 사실에 대한 탐구에 해당한다. 오히려 '교육'의 고유한 이론적 체제를 알 수 없는 상황이라면, 학교를 대상으로 하는 '과학심리학'이 더 선명한 학제연구의 의미를 지니는 것은 아닌가? 그렇다면, 진정 교육학은 어디에 있는가? 참으로 걷잡을 수 없는 숨겨진 의혹이 잠재[17]되어 있다.

이런 학문적 성격의 문제는 사범대학 안에 있는 모든 학과가 학문의 내재적 속성에 따른 발전에서 형성된 것이 아니라, 교사양성의 기능이라는 이유에서 출현했다는 데서 비롯한다. 이 부분을 쉰은 "정치적인 장식물을 통해서 그 지위를 유지하는 기관"이라는 인상적인 말로 간략하게 지적하고 있다. 좀더 따지고 들면, 학문적 정체성은 종합대학의 기존학문 위에 단지 '교육'이라는 형식적 명칭을 부여한 것 이상의 실질적인 근거를 찾을 수 없다. 이 점에서 사범대학의 모든 학과는 애초부터 "학문의 정체성"에서 근원적인 문제를 안고 있다. 그 문제를 직시하면서 분쟁의 상황을 규정한 것이 "주인 없는 지대의 분쟁"이다.

알고 보면, 사범대학 안에서도 교육학과의 내분이 더욱 심각하다. 교과교육과와 이권문제를 놓고 충돌할 때, 교육학의 용병학문이 한 목소리를 내어 단합한다 하더라도, 일단 그 분쟁에서 승리하여 얻은 자원을 학과 안에서 어떻게 배분하느냐 하는 문제에 들어가면, 그들은 다시 분열한다. 실제로 교육학과의 교수진은 단지 대학의 행정단위로서 동일한 학과에 소속해 있다는 인간적인 이유 이외에 어떤 이론적 공통점도 공유하지 않는다. UNESCO 국제교육국의 제안과 라그만이 조사한 바에 따르면, 교육학과 안에서만 적어도 10개 이상의 전공영역이 필요하다. 그 모두를 하나의 단일학과 혹은 단일 학부에서 수용하는 것 자체가 불가능하다. 어느 것의 배제는 생존을 위해서는 불가피한 것이다. 그러므로 이들끼리의 건설적인 협력을 기대한다는 것은 난망한 일이 된다. 학과의 운영에서 어느 분야에 우선권을 두어야 하느냐를 두고 용병학문들 간에 일어나는 갈등과 불화는 대학의 교육학과에 적을 두고 생활하고 있는 사람이라면 누구에게나 실감나는 말일 것이다.

---

17) 여기에서 '잠재'라는 표현은 아직 드러나지 않은 비리로 남아 있다는 것이다. 교과교육학자들은 아직도 용병학문(모학문)에 의해 점유된 교육학과의 내재된 문제를 알지 못하고 있는 듯하다. "너희는 다를 바가 무엇인가?" 하는 반격의 근거를 충분히 활용하지 않고 일방적으로 당하고만 있는 셈이다.

1.3. 곤궁한 학문공동체의 지위

1.3.1. 정치적 장식물

교사양성은 사범학교를 중심으로 출발하였다. 그러나 1940년대쯤에 이르면, 미국을 중심으로 모든 종류의 사립사범학교가 폐쇄되고, 다른 면모가 나타난다. 일반대학에서 가르치는 무수한 학문들이 교직과목의 목록에 추가되면서 점차 사범학교는 작은 규모의 종합대학과 같은 복합적인 양상을 띠게 되었다. 이후 일부는 종합대학으로 승격되는 경우도 많았는데, 그 기관이 이미 대학에서 가르치고 있는 다양한 학문을 두루 갖추고 있었기 때문에 그것은 가장 자연스러운 진로라고도 볼 수 있다. 교사교육기관에서 교육학의 명칭으로 불리던 용병학문은 이런 경로를 거쳐 결과적으로 종합대학의 수준에서 각각의 영토로 복귀하는 결과를 얻을 수 있었다.

큰 변화의 흐름 속에서 용병학문이 교육학의 명칭으로 잔존할 수 있는 다른 경로가 있었다. 그것은 사범학교의 퇴조와 더불어 그것을 대체하는 교사양성기관이 종합대학의 단과대학의 양상으로 출현한 것이다. 여기에는 앞 소절(1.2.3)에서 숀이 지적한 바와 같이 다양한 "정치적인 이유"가 작용했다. 이는 금세기에 들어서 미국의 경우 사범학교에서 교사의 수요를 충분히 수용할 수 없었다는 사정, 중등교육 교사의 질을 향상시키려는 주정부의 정치적 배려, 그리고 종합대학에서 직업교육을 현실적으로 수용할 수밖에 없는 여건과 결부되어 있었다.

때마침 대학은 더 이상 이전처럼 고고하게 학문한다는 것만으로는 존립하기 어려운 상황에 처하였고, 탈출구의 하나로 직업학교의 시장에 뛰어들었다. 시장으로 볼 때 교사라는 직업은 국가의 가장 큰 직업범주의 하나이다. 대학총장들은 종합대학의 확장정책의 일환으로 교사양성기관을 편입 혹은 신설하여 대학의 인구를 증가시키고자 했다. 이를 정부 쪽에서는 권장, 격려, 환영하였다. 왜냐하면 이는 상대적으로 이전의 사범학교의 기준보다는 높은 것으로 평가될 수 있으며, 적은 경비로 다수의 "질

높은 교사"를 확보하는 통로가 될 수 있다고 판단했기 때문이다. 정부의 교육부서는 대학에 사범대학이 설립될 경우 각종 행정 및 재정을 지원하면서 교사 자질의 향상을 위한 프로그램, 커리큘럼, 교사자격의 취득요건을 내세울 수 있었다.

이런 방식으로 지리적으로 외부에 떨어져 있던 교사양성기관이 종합대학의 단과대학의 위치를 차지하게 된다.[18] 그런 상황변화는 적어도 교육학의 입장에서는 학문적 면모를 획기적으로 발전시킬 수 있는 여건으로 볼 수 있다. 대학은 학구적인 연구를 하는 곳이다. 이제 '교사교육자들'은 더 이상 실무적인 일에만 매달릴 필요가 없다. 학구적인 활동을 하는 제도권에 진입한 그들은 학문에 뜻을 둔 후진들을 받아들이고 연구를 수행하면서 그들에게 대학의 학위를 줄 수도 있게 되었다. 교육학교수도 이제 학교의 경험을 갖춘 실무자의 수준을 넘어서서 거의 박사학위의 소유자로 충원될 수 있게 되었다. 이런 호전된 환경에서 교육학자들은 그들이 임시방편으로 택한 교육학의 성격을 일신시켜 그 나름의 학문적 자율성을 구축해 나가는 일을 지상의 과제로 삼을 수도 있었다. 이것이 종합대학이라는 새로운 환경에 적응해 나가는 최선이자 올바른 길이라는 것은 말할 필요도 없다. 이런 호기에도 불구하고 불행히도 진로에 대한 반성과 학문적 변신의 노력은 전혀 일어나지 않았다.

대학공동체는 사범대학의 출현을 환영하지 않았다. 우선 대학구성원들은 사범대학을 그들의 전통과 전혀 다른 사범학교의 연장선상에서 보려고 하였다. 사범대학은 사범학교 학생들을 확보하기 위해 학생들의 입학요건을 낮추거나 열등한 수준의 강좌를 개설하는 것을 용납하였다. 더 나아가 학위취득의 조건도 다른 분야에 비해서 훨씬 낮은 기준을 적용하였다. 단지 이전과 차이가 있다면, 이제 고등학교 졸업장이 아닌 적어도 학사학위를 갖추어야만 교사가 될 수 있다는 기준이 적용되기 시작한 것이

18) 이것은 미국에서는 "teachers college", "school of education", "college of education"이라고 부른다. 이들이 표방하는 취지가 똑 같은 것은 아니지만, 본 저서에서는 '사범대학'이라는 말로 통일해서 지칭하고 있다.

다. 그런데 그 학사학위가 전통적인 대학의 기준을 충족시킬 수 있느냐 하는 의문이 제기되었다. 또한 사범대학은 교사양성과 교육학의 분리를 고려하지 않고, 후자를 전자에 의해 합리화하는 방식을 그대로 유지하였다. 그 점이 바로 쇤이 택한 "정치적인 장식물"이라는 용어의 의미이다. 종합대학에 편입되어 있으면서도 사범대학이 어쩔 수 없이 공간적으로 여타의 학문공동체로부터 분리되어 위치하게 된 연유가 바로 여기에 있다.

1.3.2. 백화점 안의 잡화상

종합대학 안에서 사범대학의 위치는 이전의 교사양성기관인 사범학교의 상황보다 불안정하다. 그것은 다분히 임시방편으로 종합적인 학문의 성격을 띠게 된 사범대학과 전통적인 발전의 과정을 거친 이루어진 대규모의 종합대학 사이의 규모, 전통, 풍토의 불균형에서 비롯한다. 그 중 가장 큰 차이는 규모이다. 사범대학은 아마도 화려한 백화점의 한 모퉁이를 차지하고 있는 잡화상과 같은 모습이라고 표현하는 것이 적절할지도 모른다. 그 전통과 풍토에 있어서도 종합대학은 학구적인 면을 중시하는 데 비해 사범대학은 실제적이라는 특징을 갖는다. 그 실제를 중심으로 이루어진 학문의 성격규정이 제멋대로라는 점은 앞(1.2.2)에서 자세하게 살핀 바 있다. 이로써 사범대학 혹은 더욱 좁게는 교육학과는 점차 종합대학의 공동체에서 부담스럽고 구차한 더부살이의 존재가 되고 있다.

현존하는 교육학은 분과학문이 갖는 분업적 이해라는 원칙에서 적어도 두 가지 근본적인 문제를 안고 있다. 하나는 동일한 대학의 캠퍼스 내에 제반 학문과 그들을 모학문으로 삼는 대학이나 학과가 병존함으로써 교과목과 커리큘럼의 운영이 중복되는 현상이다. 사범학교처럼 교사양성기관이 대학과 지리적으로 분리되어 있을 경우에는 적어도 교육학은 모학문과 서로 떨어져 있을 수밖에 없는 불가피성이 인정될 수 있었다. 쉽게 말해서 전자는 본국에 있고, 후자는 자치능력이 없는 영토를 분할통치하고 있는 분소에 해당한다고나 할까? 이제 그런 실제적 조건이 무의미한 상황에서 모학문과 용병학문이 다른 학문의 이름으로 공존할 명분은 점차 약화될 수밖에 없는 것이다.

오늘날 종합대학의 경영상태가 이전과는 다르다는 것은 널리 알려진 사실이다. 가능하면 중복을 피하면서 교과를 운영하려는 시도가 일어나고 있다. 중복은 종합대학의 취지를 무색하게 할 뿐만 아니라, 대학의 효과적인 운영에도 막대한 지장을 준다. 하나의 강좌를 운영하는 데는 많은 부가적인 인력과 경비를 필요로 한다. 그런데 종합대학 안의 사범대학, 그리고 그 안에 있는 교육학과는 커리큘럼의 단편화와 그 내부의 분열이라는 특징을 갖는다. 대학의 모든 분과학문이 반복되는 그들의 커리큘럼은 지적인 응결력을 가질만한 공통된 토대를 갖출 수 없다. 이런 상황은 대학의 경제적인 운영의 원칙에 위배되며, 예산낭비의 원천처럼 비친다.

종합대학에서 사범대학 혹은 교육학과가 당면하는 두 번째 문제는 학문적 영세성이다. 사범대학은 그것이 소속한 종합대학처럼 수없이 많은 이질적인 분과학문들을 갖추어야만 하는데, 그 필연적인 귀결의 하나가 바로 '이류잡학(二流雜學)'의 면모이다. 불과 몇 명의 학자가 모학문의 권위를 대표하면서 후진을 양성하고 있으며, 그런 과정에서 모학문의 학과와 교육학과의 학문적인 질적인 격차는 점차 넓어지고 있다. 일찍이 크론박과 수피스(Cronbach & Suppes, 1969)는 "사범대학의 특수한 문제"라는 주제로 이 상황에 주목한 바 있다.

> 하나의 교육학과 교수진 안에 하나의 분과학문을 대표하는 사람이 한두 명에 불과할 때, 학구적인 표준의 정상적이고, 계속적이고, 자질 있는 반복적인 검토라는 부분이 대부분 소실되기에 이른다. 사범대학 안에서 한 명의 학자가 마음이 너그러운 동료들에게 그의 분과학문의 오직 한 사람(혹은 거의 한 사람)의 대표자로서 발언할 때 그는 자연히 일반론에 치우치기 마련이며, 동질의 성격을 띤 하나의 학과 안에 있는 동료학자보다는 비판으로부터 더욱 차단되기에 이른다. 그는 오직 작은 규모의 단위에서 높은 권위를 갖는 것으로 인정받는 영광을 누리지만, 대신 그 분과학문의 명예롭고 오류가능성을 전제하는 충실한 학자의 수

준에는 이르지 못한다. 소속된 종합대학 안에서 사범대학의 격리는 표준의 저급화를 가중시킨다. 학자가 매일 그 분과학문의 동료들과 접촉하는 빈도가 낮을수록 그는 '내집단(內集團)'의 솔직한 충고나 감화로부터 얻을 수 있는 이득으로부터 차단되는 것이다(p. 231).

학문탐구에서 동료들의 비판은 결정적인 역할을 한다. 강의, 논문심사, 그리고 논문발표 등이 많은 동료들에게 주목을 받고 검토될수록 그 학문적 수준이 격상되기 마련이다. 그러나 소수의 교육학과 교수들은 각각 다른 전공영역을 맡아 그 분야의 권위를 대표한다. 이런 독보적이고 독점적인 지위는 한편으로는 영광일 수 있으나, 다른 한편으로 질의 저하를 가져온다. 그런 불리한 상황에도 불구하고 사범대학이나 교육학과가 학문하기를 포기할 수도 없는 상황이다. 다양한 모학문의 족보를 따르는 연구물과 후진들이 그들의 지도 아래 여전히 쏟아져 나오고 있다. 발표하는 논문과 그들이 배출하는 학생들의 수는 그 어느 분야 못지않게 많다. 이제 그 후진들이 선진의 자리를 대치한다.

교사교육의 낮은 입학기준, 그리고 그것에서 양산되는 논문의 질은 항상 연구중심의 종합대학에서 우려의 대상이 되었다. 양은 질과 반드시 비례하지는 않는다. 교육학은 대체적으로 학위취득이 쉬운 분야라는 것은 널리 알려진 사실이다. 학위취득자는 다시 그 분야를 대표하면서 그들의 후진을 양성한다. 교육학이 별로 학구적인 영역이 아니라는 이유로 학문적 자질을 갖춘 학생들은 교육학과에 진입하는 것을 꺼린다. 거기에 불리한 학문적 조건이 겹쳐진다. 이 때문에 점차 학문적 수준이 상대적으로 저하될 수밖에 없는 악순환의 현상이 대대로 이어진다.

학문적 수준의 불균형 때문에 종합대학으로 편입하는 단계에서부터 한편으로 편입을 결정한 쪽의 인문계열 학자들의 험담과 다른 한편으로 편입을 당한 교사양성기관 교사들[19]의 불편함 등 양편에서 눈에 보이지 않

19) 이들이 실질적으로 교육학의 전통을 이어받고 만들고 있다는 사실은 앞에서 지적되었다.

는 저항과 갈등이 있었다. 그럼에도 불구하고 용병학문은 그 자체의 혁신을 유보한 채, 그 나름의 정치력을 이용하거나 여타의 명분을 내세워 어떻든 공존하는 길을 고집해 오고 있는 것이 오늘의 형편이다. 그것이 가능하게 된 이유는 무엇인가? 유일한 근거는 사범대학의 교과목에 대한 이수가 교사가 되는 과정상의 필수요건이라는 점이다. 교과교육학과는 해당하는 교과를, 교육학과는 용병학문을 교직과목으로 지목하여 예비교사들이 대학의 모학문을 직접 접할 기회를 차단한다.

사범대학, 혹은 교육학과의 내부적인 모순이 언제까지나 외부에 은폐되어 있을 수만은 없을 것이다. 같은 캠퍼스 내에서 한편의 강의를 허용하고 다른 편의 강의를 불허하는 임의성에는 한계가 있기 때문에 그런 문제점은 이미 내부적으로 묵인된 상태에 있다고 보아야 할 것이다. 필수과목이라는 강제에 의해 이루어지는 현존의 교직과목의 유지는 그 교과목을 이수한 사범대학 학생들에게 단지 지적인 열등의식을 가중시키고, 교직과목에 대한 명분을 약화시킨다. 더구나 오늘날 우리나라에서 교사가 되기 위해서는 일종의 자격시험을 보아야 하며, 그 중에는 사범대학에서 제공하는 교과목이 포함되어 있다. 이 때문에 교직을 염두에 두고 있는 학생들은 울며 겨자 먹는 방식으로 마음에 내키지 않는 과목을 이수해야만 한다. 서점의 서가에는 시험을 대비하는 데 필요한 부가적인 분량의 서적이 진열되어 있다. 그 시험을 대비하는 상황에서 학문적으로 높은 수준의 훈련을 기대할 수는 없다.

1.3.3. 대학공동체의 경멸

사범대학의 구성원은 학문의 정체성을 모학문에 둔다. 교과담당 학과는 그 교과에 해당하는 모학문 그리고 교육학과의 용병학문들은 그 모학문에 지향되어 있다. "우리 과학" 혹은 "우리 심리학"하는 식으로 사범대학 내부의 결속보다는 외부와의 결속이 더 강한 편이다. 학문적 권위의 축은 언제나 종속을 자청한 다양한 종류의 모학문을 중심으로 움직인다.

교육에 대해 영향력 있는 발언을 하거나 교육학사의 중요한 부분을 차지하는 학자들은 신학자, 철학자, 화학자, 의사, 생리학자, 심리학자, 경제학자, 사회학자들이다. 철학에서의 제임스(William James)와 듀이(John Dewey)[20], 심리학에서의 헐(G. Stanley Hall)과 손다이크(Edward L. Thorndike), 피아제(Jean Piaget), 부르너(Jerome S. Bruner) 등은 그 좋은 예이다. 그들의 교육의 문제에 대한 개입을 교육학 분야는 큰 공적으로 찬양한다.

사범대학의 교수들은 역사를 통해 항상 낮은 학문적 지위라는 멍에를 안고 산다. 오늘날 교육학자가 일급 학자로 취급받는 경우는 드물다. 교육에 대한 제안을 하는 가운데 상당한 영향력을 발휘하면서 과분할 정도의 지위를 향유한 앞서 예를 든 학자들조차도 자신들을 교육학자의 부류에 넣는 것을 기피한다. 그들에 따르면, 진행되는 사태가 너무도 어렵기 때문에 교육의 문제에 개입했다는 정도이다. 종합대학의 구성원이 사범대학과 거리를 두려는 주된 이유의 하나는 자신의 지위를 교육학이 가진 열등한 학문적 기준과 결부시켜 낮추고 싶지 않기 때문이다. 사실상 교육학자들은 모학문의 학자들의 교육에 대한 발언을 금과옥조시하면서 뒷북을 치고 있는 과정을 거듭하고 있다.

학자라는 동일한 지위를 차지하고 있음에도 불구하고, 사범대학 구성원이 여타 구성원에 비해 위계상 낮은 취급을 받는 이유의 뿌리는 매우 깊다. 대학의 구성원들은 아직도 사범대학을 이전의 교사양성기관인 '사범학교'와 연관시켜 인식하고 있다. 이미 살폈듯이 사범학교의 구성원들은 대학의 구성원에 비해 상대적으로 낮은 사회경제적 배경을 가졌었다. 따라서 당시 대학의 지도층으로부터 저급한 학교로 경원시되었다. 그런 경위는 교육학의 역사를 개관한 라그만(2000)의 해명에 적절하게 드러나고 있다.

---

20) 흔히 듀이를 교육학자로 치부하지만 실상 그는 철학자로 인정받기를 원했다.

> 그들은 사범학교가 고등학교 교사를 훈련시키는 데 적합하지 않을 뿐만 아니라, 적합할 수도 없다고 주장하였다. 고등학교 교사라면 무엇보다도 인생에 대한 광범한 안목, 심층적이고 통달된 학구성, 그리고 활달한 태도를 갖추어야 한다. 이런 견해는 당시 많은 사범학교의 교수진이 대학교육을 받지 못한 형편이라는 이유 때문에 쉽게 정당화되었다. 그들 자신이 사범학교의 졸업생에 불과했던 것이다. 사범학교가 그 학생들의 사회적 특성과 암암리에 동일시되었다. 즉, 사범학교 학생은 대부분 여성일 뿐만 아니라, 보통의 농가 혹은 노동자 가정출신이라는 점 때문에 그 졸업생은 "광범한 안목"이나 혹은 "활달한 태도"와 같은 말로 지칭되는 점잖음, 문화성, 그리고 배운 사람다움이 결여된 것으로 가정되었던 것이다(p. 12).

초기의 교사양성자들은 학문적 영역확보를 추진할 역량과 집념을 갖추지 못했다. 그들은 단지 중등학교 수준의 교사에 불과했던 것이다. 그들의 관심은 실제적이었으며, 시간의 배분에 있어서도 교사양성이라는 실제적인 운영에 매달려야만 했다. 사범학교의 체제가 사라지고 사범대학이 대학으로 등장할 때, 그들은 대학구성원들로부터 냉대, 적대감, 경멸, 관심의 부재, 비우호적인 태도, 비평, 재조정의 위협, 비난, 오해, 반대에 부딪치기도 한다. 그런 부정적인 감정들이 단지 역사적 선입견에 의한 것이라면 노력에 따라 그 선입견을 바꿀 수도 있는 일이다. 그러나 후에도 괄목할만한 변화와 노력은 사범대학에서 일어나지 않았다. 이론이 아닌 실무중심의 체제, 학문적 체제의 결여, 누구나 쉽게 구할 수 있는 직업, 낮은 봉급, 여성중심의 학생 등 복합적인 요인은 아직도 여전하다.

대학을 운영하는 것은 관행이 아니라 원칙이다. 대학은 학문적 자유를 지향한다. 그런데 사범대학은 설립취지가 정치적인 것에 큰 비중이 있었기 때문에 다른 대학에 비해 정부로부터 많은 의존, 통제 및 간섭을 받고 있다. 이미 살폈듯이 사범대학은 정치적인 이유로 존속하며, 대체로 학교라는 국가적 체제가 가진 문제를 이론적으로 분석하는 비판적 세력이기보다는 그 체제의 보호 아래 안이하게 기생하고 있는 편에 속한다. 이런 양태는 대학의 입장에서는 극복되어야 할 나쁜 선례로 인식된다.

대학에서 사범대학을 낮은 지위의 집단으로 의혹의 눈초리를 보내고 있는 이유 가운데 가장 핵심적인 것은 지금까지도 그 연구와 업적에서 독자성을 발견할 수 없다는 데 있다. 제반 분과학문들의 협력체로서 대학이 지향하는 이념과 운영의 원칙은 삶에 대한 분업적인 이해이다. 이를 위해서는 각 대학, 혹은 학과가 제 나름의 고유한 개념과 이론체계를 가질 것을 요망한다. 하나의 분과학문이 현실의 이면에 놓여 있는 독립된 세계를 인식대상으로 삼으려면, 그것을 통찰하고 이론적인 틀에 담는 창의적이고 열정적인 학자들이 필수적이다. 이 점에 있어서도 사범대학의 교수들은 높은 점수를 받을 수 없다. 학문의 질에 있어서 교육학과를 포함한 사범대학 전체가 문젯거리가 되고 있는 것이다.

서로 다른 학문체계를 구축해 나가는 분과학문 사이에 일류와 이류의 구분은 있을 수 없다. 그 우열은 앞서 가고 있는 학문을 그대로 추종할 때 생기는 것이다. 종합대학에서 서로 위치의 차이만 있고, 동일한 종류의 학문적 지식을 공유하게 되면, 숙명적으로 그 중 어떤 것이 다른 것에 종속될 수밖에 없다. 종합대학의 모학문과 사범대학에 진입해 교사양성기관의 일부를 차지한 용병학문 가운데 어떤 것이 위상의 면에서 우세할지는 불을 보듯이 뻔하다. 그 종속과 수준의 격차는 날로 심화되고 있고, 그에 따라 종속의 굴레 역시 점차 벗어나기 어렵게 되고 있다. 토끼와 거북이의 경주와 같은 불리한 경합은 이제 더 이상 보기에 안타까운 단계에 접어들고 있다. 이 말 못할 사정은 내부적으로는 이미 비밀이 아닌 사실로 되어 있다. 학구적인 종합대학의 '빈민굴(Schneider, 1989)'이라는 극단적인 표현이 쓰일 정도이다.

연구중심의 대학교에서는 제도적 문화의 속성에 의해 높은 수준의 학구성과 연구업적을 요구한다. 이런 대학공동체의 기준에 비추어 볼 때, 교육학은 질적으로 학문적 기대수준에 미치지 못하고 있다. 교육학의 낮은 학문적 위상은 학구적인 자질을 가진 연구자의 확보를 어렵게 한다. 일류의 종합대학은 학문적 탁월성을 위해 경쟁하는데, 교육학과는 그 기준에서 항상 하위에 밀린다. 타개책의 하나로 철학, 역사학, 심리학, 사회학, 경제학, 통계학, 언어학, 공학 등에서 제대로 훈련받은 연구자를 그때그때

충원함으로써 질적인 문제를 해소해야 한다는 주장조차 있다(Härnqvist, 1973). 혹은 실세를 갖춘 모학문의 학과교수를 교육학과의 교수로 겸임하게 하는 생존전략을 취하기도 한다. 그러나 이런 방식이 근본적인 대책이 될 수 없음은 말할 필요도 없다.

이와 관련하여 버클리(Berkeley)대학의 교육대학의 학장과 교육학과의 과장인 클리포드(G. J. Clifford)와 거드리(J. W. Guthrie)는 《사범대학(1988)》이라는 저서를 통해 일류대학에서 사범대학이나 교육학과가 처한 어려운 상황을 가감 없이 공개하는 용기를 보여준 바 있다. 학문지향적인 종합대학 내의 사범대학과 교육학과의 위상을 직시할 것을 촉구한다는 취지에서 그들은 미국에서 버클리를 포함하는 16개의 일류대학의 사례를 분석하였다. 그리고 분석을 통해 종합대학에서 교육학이 더 이상 종전과 같은 방식으로 생존하기 어렵다는 증거자료를 제시한 바 있다. 증거의 하나로 미국의 연구중심의 일류대학이 전문적 교사양성이라는 임무수행으로부터 점차 이탈하거나 그런 목적으로 설립된 교육학과를 폐쇄해 버리는 사례가 늘고 있다는 점이 지적되었다.

> 역사적으로 명망 있는 사범대학과 교육학과가 결국 너무도 쉽게 사라져 버렸다. 존스 홉킨스(John Hopkins)가 그렇고, 듀크(Duke)가 그렇고, 예일(Yale)이 세 번째 사례이다. 제도는 늘 소멸가능하다. 이제 질문을 제기해야 한다. 생존주의로 타락한 시카고(Chicago), 하버드(Harvard), 스탠포드(Stanford), 미시간(Michigan), 혹은 버클리(Berkeley)의 사범대학이나 교육학과가 없이도 미국은 잘 지탱해 나갈 수 있을 것인가?(p. 330)

위의 언명에서 "미국의 생존주의"로 타락한 몇몇의 대학이 지명된다. 여기에서 타락의 의미는 저자들이 생각하는 사범대학의 존립방식과는 다른 진로를 택하는 것을 의미한다. 그들에 따르면, 학문중심의 일류 종합대학에서 사범대학이 학구적인 경쟁에 뛰어드는 것을 타락으로 규정한다. 대신 사범대학은 실제에 대한 공헌에 눈을 돌려야 한다는 처방을 내 놓는다. 이 점에 관해서는 다음의 소절(1.4.2)에서 더 자세하게 다루어질 것이다. 여기에서 우선 지적할 점은 학구주의를 표방했던 교육학의 첫 번째 경우로, 위의 인용에서 지적된 시카고 대학의 교육학과도 그 후 결국 대학 당국에 의해 폐쇄되었다는 충격적인 사실이다.

미국 시카고 대학의 교육학과는 역사적으로 "교육학의 본산"으로 인정받아 왔다. 그런 지위를 향유하던 학과가 어떻게 그처럼 종적을 감추게 되었는가? 이것은 교육학 연구의 질이 점차 떨어지고 있는 것을 만회하기 위해 교육학과의 연구에 모학문의 일류학자들을 가담시키려는 시도에서 발단된 것으로 알려지고 있다. 그 사태의 내막은 이렇다.

> 타일러(R. W. Tyler)가 시카고 대학의 교수로 복귀할 때, 교육학과의 실상이 낱낱이 검토 대상이 되었다. 그 이유는 당시 시카고 대학의 사회과학 학장인 로버트 레드필드(Robert Redfield)의 눈에 그 유명도가 떨어진다고 보였기 때문이다. 교육을 대변함에 있어서 매사에 세밀하고, 원칙을 준수하며, 매우 빈틈없는 정치인이라고 할 수 있는 타일러는 교육학과의 교수진이 다른 학과에서 이름난 연구자들과 좀더 긴밀한 관계를 갖도록 하기 위해 아동발달분야의 위원회를 조직할 의향을 실천에 옮길 수 있었다. 그런 움직임은 교육학과에 대한 일종의 가혹한 조처를 예고하였고, 사태는 그 예고대로 되었다. 이와 유사한 상황에서, 1997년[21]에 마침내 시카고 대학의 교육학과가 폐쇄되었다(Lagemann, 2000, p. 151).

교육학과 교수진의 질은 영세성으로 인하여 다른 학과에 비해 떨어지기 마련이다. 전통적으로 그것을 보완하는 방법 가운데 가장 유망한 것의 하나가 모학문 분야에서 학위를 취득한 사람들을 교육학과의 교수로 영입하여 새로운 수혈을 받는 것이다(Taylor, 1973). 위의 글은 사회과학대학이 그 대학의 일원인 교육학과의 질을 문제 삼을 때, 그 학과를 세계적인 명망으로 끌어 올리는 데 일익을 담당했던 타일러[22]가 이전의 수혈방법

21) 인용된 글에서 일자의 착오가 있다. 학내 조처가 일어난 날짜를 말할 뿐 시카고 대학의 교육학과(Department of Education)가 공식적으로 폐쇄된 정확한 일자는 2001년 6월 30일이다.

22) 이 학자는 이미 국내에서 커리큘럼 이론과 관련하여 널리 알려진 바 있으며, 또한 본 저서의 다른 곳에서도 군데군데 특정한 주제와 관련하여 그 입장이 무엇인지에 대한 논의가 이루어질 것이다.

을 써서 문제를 해결하려다가 역풍에 몰린 사건의 경위를 밝히고 있다. 그 역풍이란 이런 것이다. 만약 종합대학에서 동일한 학자가 이 학과에서 저 학과로 옮길 수 있다면, 그리고 그런 방식에 의해서 어떤 학과가 학문적 지위를 연명할 정도라면, 그 중 곤궁한 지위의 학과를 대학에서 폐쇄하는 것은 정당화될 수 있다.

종합대학에서 교육학과의 존재는 의혹의 대상이 되고 있으며, 그 의혹이 정당성을 갖는 것으로 판명되고 있다는 사실은 매우 중요하다. 이것은 단지 몇몇 대학의 우연적인 사례가 아니라는 점에 사태의 심각성이 있다. 이에 대한 근본적인 대책이 없는 대학은 항상 존립의 위기에 봉착할 수 있다는 점이 증명된 셈이다. 그럼에도 불구하고 현상유지의 기조를 고수하려고 한다면, 그 결과는 어김없이 예상된 방향으로 진행될 것이다.

1.3.4. 교육학자의 대표적인 항변

사실을 제대로 이해하지 못하고 있거나 혹은 사실 이상의 편견이 작용할 수도 있다. 사태에 대한 공정한 이해를 위해서는 양편의 입장을 골고루 경청해야 한다. 대학공동체가 사범대학이나 교육학과에 대해 갖고 있는 비우호적이며 부정적인 태도에 대해 당연히 사범대학이나 교육학과에서 자기방어와 입장표명이 있을 수 있다. 이제 그 부분을 점검하면서 그것들이 얼마나 대학공동체의 구성원에게 설득력을 가질 수 있는지를 검토해 보기로 하자.

그 항변의 대표자를 누구로 선정하느냐 하는 것이 문제인데, 이하에서는 많은 교육학자들 가운데 우리나라에서 비교적 높은 인정을 받고 있는 피터즈의 입장을 내세워 보기로 한다. 피터즈(1977)는 “하나의 학문으로서 교육학”이라는 주제의 글에서 지금의 사태가 상당부분 대학의 동료학자들이 교육학의 내부 실상을 제대로 인식하지 못한 데서 일어나고 있다고 푸념한다.

> 종합대학과 같은 학구적인 기관 안에서 하나의 연구영역으로서 교육학에 대해 전통적으로 적대감을 갖고 있는 이유는 무엇인가? 한 가지 이유는 아마도 그것이 법학이나 의학과는 달리 그 구성원이 다수이기 때문에 사회적으로 지위가 낮은 직업과 관련되어 있다는 데서 찾을 수 있을지 모른다. 또 하나의 이유는 모든 학구적인 학자들이 실제적으로 가르치는 경험을 하고 있기 때문에 교육을 다소간 누구나 알고 있는 주제로 생각하고 있을지도 모른다. 그러나 또한 거의 분명한 이유 가운데 하나는 교육학의 연구가 세 가지 국면의 발전을 하고 있는데도 불구하고, 학구적인 학자들이 그 가운데 주로 첫 번째의 국면에만 주목하고 반응을 한다는 것이다. 이는 내가 언젠가 교육이론의 "미분화된 허튼 소리(undifferentiated mush)"라고 칭한 바 있는 국면인 것이다. 그것은 사실 전적으로 미분화된 상태라고는 할 수 없다. 차라리 얼빠진 지혜 정도의 보잘 것 없는 이전의 지식은 이제 심리학과 교육의 역사로부터 어느 정도 더 정확한 정보를 받아 보충되었기 때문이다(p. 169).

피터즈는 일단 교육학이 학구적인 종합대학의 분위기에서 경원의 대상이 되고 있다는 사실을 시인하고 있다. 따져보아야 할 것은 그 원인에 대한 진단이다. 그 이유로서 그는 적어도 세 가지 사실을 들고 있는데, 그 중 하나는 교육학이 교사라는 사회적으로 낮은 지위의 직업과 관련되어 있기 때문이라는 것이다. 이 부분은 앞 소절에서 지적했듯이 전혀 근거가 없는 것은 아니다. 대학은 원래 학문만 하는 곳은 아니었고, 처음부터 신학, 법학, 의학 등과 같은 직업학교를 갖고 있었다. 오늘날의 공학과, 경영학과 등도 그런 부류에 넣을 수 있을 것이다. 그런데 유독 사범대학이 대학공동체로부터 적대감을 받는 이유에는 교사라는 직업분야가 사회로부터 높은 것으로 인정받지 못한다는 사실이 포함되어 있음을 배제하기 어렵다. 그럼에도 불구하고 그것은 충분한 설명이 되지 못한다. 왜냐하면 오늘날 종합대학에는 사회로부터 별다른 인정이나 인기를 얻지 못하고 있음에도 불구하고, 학문공동체의 구성원으로서 높은 대우를 받고 있는 단과대학이나 분과학문들이 많기 때문이다.

피터즈도 이 부분을 의식하고 그것을 두 번째와 세 번째 이유에 포함시켜 거론하고 있다. 두 번째 이유로 그는 대학의 동료학자들이 스스로 가르치는 일을 하고 있기 때문에 교육이라는 것을 상식 정도로 치부하고 있다는 점을 든다. 그러나 이 부분 역시 납득하기 어려운 점이 있다. 하나의 비유가 그것을 분명히 할 것이다. 대학의 구성원들은 모두 경제생활을 하고 있다. 그것 때문에 그들이 경제학을 경원할 수 있는가? 만약 교육학도들이 상식 이상의 교육에 대한 고유한 관점을 대학공동체에 내놓을 수 있다면, 구성원들은 그들의 전문성을 살리기 위해서라도 그 교육학의 지식을 응용하려고 할 것이다. 문제는 그만한 정도의 심층적인 교육학이론이 있느냐 하는 것이다.

이 부분에서 세 번째 이유가 매우 핵심적인 위치를 차지한다. 피터즈는 대학의 여타 학자들이 교육학이 그동안 이룩한 많은 발전을 간과하고, 별로 학구적인 내용을 갖추지 못하고 엉성했던 초기의 상태만을 연상하여 얕보는 경향이 있다고 지적한다. 아쉽게도 초기의 교육학도들이 주장했던 "얼빠진 지혜 정도의 보잘 것 없는 이전의 지식"이 무엇인지는 구체적으로 언급되어 있지 않다. 왜냐하면 그 기준을 어느 수준에 두느냐에 따라서 지금의 교육학이 그 범위를 벗어나 있는지를 판단해 볼 수 있기 때문이다. 아무튼 그 후 교육학은 두 단계의 놀라운 발전을 거쳤고, 만약 대학 학문공동체의 구성원들이 그 발전의 양상을 제대로 이해할 수 있었다면, 지금처럼 교육학도들이 경원시되지는 않았으리라는 것이 피터즈의 항변이다.

그렇다면 피터즈가 말하는 두 단계의 발전이란 무엇인가? 이에 대한 해답은 그가 말한 "미분화된 허튼 소리"라는 발언과 대조하여 얻을 수 있는 부분이다. 그 발전의 측면은 전공영역의 세분화, 더욱 구체적으로는 우리가 이미 살핀 바 있는 철학, 심리학, 사회학과 같은 용병학문들[23)]의 진입이다. 이러한 학문들의 지식으로부터 지원을 받아 이제 교육학은 초기에 엉성했던 논의를 벗어나 학문의 면모를 갖추는 상황으로 한층 더 격상되었다는 것이다. 다만 이들 학문들은 서로 이론적으로 분리되어 있기 때문

---

23) 물론 이 용어는 피터즈가 쓴 것은 아니다. 다만 여기서는 그 성격을 우리가 앞에서 규정한 바 있기 때문에 그 맥락을 이어나가기 위하여 이 용어를 사용하고 있다.

에 하나의 통합된 교육학이론으로 나아갈 수 없다는 문제점을 지니고 있다. 그러나 피터즈가 보기에는 이러한 문제점도 최근에 이루어지고 있는 제3단계의 발전을 통하여 보완되고 있다. 그것은 바로 '학제연구'이다.

피터즈(1977)는 제3단계 발전의 면모를 다음과 같이 자랑스럽게 소개하고 있다.

> 교육학적인 연구가 학제적 특성을 갖고 있다는 점이 엄연한 사실이라고 하면, 그들이 하나의 존경할 만한 학문적 '분과학문'으로서 존중받지 못할 이유가 어디에 있는가? … 지식의 단편화와 칸막이 현상에 대한 일반적인 항의가 있는 시점에서, 그리고 가끔은 고도로 작위적인 것 같기도 하지만, 다양한 분과학문을 '통합하려는' 시도가 이루어지고 있는 이때, 본질상 학제적인 교육학 연구의 주제는 환영을 받아 마땅하다(p. 168).

특정한 생활사태를 두고 여러 분과학문의 다양한 시각을 골고루 적용해 보는 것이 학제연구의 취지이다. 그런데 교육학은 바로 그러한 단계에까지 접어들게 되었다는 것이다. 한 가지 예로 그는 교육학에 도입되는 각종 외래학문들이 체벌과 같은 학교의 실제적인 문제를 다면적으로 이해하는 데 도움이 될 수 있다는 점을 내세운다. 그는 이어서 각종의 분과학문에 대한 이와 같은 포용의 태도는 학교에서 일어나는 제반 상황을 다양한 시각에서 보고, 그것을 이용할 수 있게 한다는 점을 지적한다. 여기서 더 나아가 피터즈는 예비교사나 교사집단에게 대학에서 잘 정립되어 있는 제반 인문·사회과학들을 소개함으로써 궁극적으로는 그 내용이 중등학생들에게 전파될 수도 있다는 취지를 부각시키려고 애를 쓴다.

피터즈의 진단은 문제가 교육학 내부에 있는 것이 아니라, 그 실상을 파악하지 못한 대학동료들에게 있는 것으로 되어 있다. 그가 내세우는 이른바 "제2단계의 발전" 혹은 "제3단계의 발전"은 진정 대학공동체가 교육학에 대해 갖고 있는 경멸감을 불식시키고, 그가 말하듯이 "존경받을 만한 학문"으로 대우받을 수 있는 근거로 작용할 수 있는가? 이것이 나머지 문제이다. 이 부분이 만일 사실로 판명될 경우 피터즈의 항변은 정당화된다. 그러나 안타깝게도 피터즈의 항변은 너무도 진부할 뿐만 아니라, 그가 이전의 교육학의 사태를 "얼빠진 지혜"로 악평했던 것 이상의 큰 진전을 보지 못하고 있다. 피터즈는 우리가 앞에서 검토한 교육학의 치명적인 오류를 치유하기는커녕 오히려 그전의 상황으로 후퇴시키려고 한다.

설사 제2단계와 제3단계의 발전이 이루어진다 하더라도, 그것을 교육학의 정체성 확립이라는 측면에서 발전이라고 할 수 있을지는 지극히 의문이다. 제2단계의 발전은 주로 학문적인 수준의 문제와 관련되어 있다. 기존의 외래학문이 교사양성기관에 유입됨으로써 상식적인 수준의 논의가 학문적이고 이론적인 수준으로 격상될 수 있었던 것은 사실이다. 그러나 이 부분은 그야말로 사범학교가 출현할 때 그 구성원이 가질 수 있었던 정도의 자긍심에 그쳤어야 한다. 우리의 논의는 그보다 훨씬 더 확장되었다. 문제의 핵심은 사범대학 혹은 그 안의 교육학과의 교과목이 대학공동체 전체로 보아서 중복이며, 대학의 행정체제로 볼 때 항상 이류잡학의 성격을 띨 수밖에 없다는 점이다. 최근 연구중심의 학구적인 대학에서 교육학과가 폐쇄되고 있는 이유는 바로 여기에 있다. 피터즈는 놀랍게도 그러한 근본적인 문제사태를 전혀 인지하고 있지 못할 뿐만 아니라, 그것을 오히려 자랑으로 삼고자 한다. 그러한 항변은 타일러의 경우가 그러했듯이 역풍을 초래할 계기로 작용할 위험성이 많다.

기존 외래학문의 개념으로 진정 교육이라는 현상을 이해할 수 있느냐 하는 것도 문제이다. 피터즈의 전공분야인 '교육철학'에서는 철학의 특정한 유행사조를 거론하면서 그것의 "교육적 함의"를 도출하는 연구가 많다. 이런 부류의 연구에 대해 철학을 전공하는 학자가 이상하다는 반응을 보일 것은 당연하다. 철학하는 자신들은 교육에 대해 전혀 아는 바가 없는데, 어떻게 자신이 전공하고 있는 철학으로부터 교육에 대한 시사를 받을 수 있다는 것인지 도대체 이해가 되지 않을 것이다. 그러한 반응은 '교육심리학'이나 '교육사회학'의 경우도 마찬가지일 것이다. 교육에 대한 지식을 교육학자들에게 얻을 수 있으리라 기대하는 심리학자들이나 사회학자들은 이 점에서 다시 한번 회의의 눈초리를 보낼 것이다. 교육학의 부조리한 실정을 앞세워 오히려 다른 학문의 동료들의 몰이해를 항변하려고 하는 것은 얼마나 순진한 발상인가! 그것은 원칙상 기존의 분과학문과 중복될 뿐만 아니라, 서로 다른 분과학문들 사이의 독립적인 위상을 침해하는 결과로 해석될 수 있는 부분이다.

피터즈가 말하는 제3단계의 발전은 이질적인 제반 분과학문들을 하나로 통합하는 과제에 관한 것이다. 하나의 학교사태를 여러 분과학문의 개념을 가지고 조명할 수 있는 것은 사실이다. 그 점에 이의를 제기할 필요는 없다. 피터즈의 우려와는 달리 대학의 공동체는 지금의 교육학이 일종의 학제연구의 성격을 띠고 있다는 사실을 모르고 있지 않다. 그러나 학제연구가 "지식의 단편화와 칸막이 현상"을 극복하고, 거기에 참여하는 제반 분과학문을 통합시킬 수 있다는 그의 생각은 사태를 사실 이상으로 부풀렸다고 볼 수 있다. 학제연구는 서로 다른 체제의 분과학문의 조명을 받기 때문에 이론상 논리적인 연결이 거의 불가능하다. 더구나 학교에 대한 학제연구와 교육에 대한 연구는 전혀 다른 범주에 속한다는 것을 불행히도 피터즈는 전혀 이해하지 못하고 있다.

피터즈가 내린 진단은 단지 현상유지를 정당화하고, 교육학이 가진 근본적인 문제의 해결을 회피하는 방편에 불과하다. 이 부분은 하나의 자율적인 학문으로서 그 정체성을 구축해 나가는 데 늘 치명적인 장애가 되어왔다. 그의 논의는 다분히 교육학의 전통과 관례적 사고를 사후에 정당화하는 방식을 취하고 있기 때문에 그 관례구조에 빠져 있는 학자들에게는 그가 범하고 있는 오류나 맹점이 이해되기 어려울지도 모른다. 그러나 우리가 앞 소절(1.2.1)에서 살펴 본 분과학문의 요구조건에 대한 사항은 학문공동체의 상식으로 통한다. 그 상식에 어긋나는 피터즈류의 몰지각한 항변은 오히려 대학공동체의 경멸을 감소시키기보다 더 정당화시켜 줄 가능성이 많다. 오히려 그들이 자세한 실정을 알지 못하고 있는 경우가 더 다행일지도 모른다.

우리가 앞선 논의를 통해 얻을 수 있는 분명한 결론이 있다. 교육학도들은 자신의 학문에 대한 규정에 있어서 너무도 안이한 태도를 지니고 있다는 점이다. 전통적인 학문공동체와는 다른 방식으로 학문에 대한 규정을 제멋대로 내리고 있다. 기초적인 원칙에 어긋나는 결론을 내리고, 그것을 하나의 관례로 정착시킨다. 피터즈의 항변은 그러한 관례를 유지하려는 태도에서 한 발자국의 진전도 이루지 못하고 있다. 교육학의 그릇된 관례를 그대로 반영하고 있는 그의 논의의 맹점으로부터 벗어나는 유일한 방법은 관례에 함축된 고질적인 사고방식을 마치 못을 박듯이 오류로 명백하게 규정하는 것이다.

1.3.5. 세 가지 오류의 유형

피터즈는 교육학이 이룩한 발전을 세 단계로 나누고자 하였다. 그러나 만약 그런 방식의 발전이 이루어졌다고 하더라도, 그것이 진정 교육에 대한 이해를 증진시키는 결과를 가져왔다고 생각한다면, 이는 대단한 착각이다. 그 점을 더욱 분명히 하기 위해 나는 그동안 대부분의 교육학도들이 범해온 사고의 오류를 세 가지로 유형화하여 제시하고자 한다. 이들은 서로 다른 성질의 것이지만 서로 긴밀하게 연관되어 있다. 말하자면 서로가 연쇄성을 갖고 있기 때문에 나는 이를 편의상 "제1차 오류", "제2차 오류", "제3차 오류"라는 명칭을 부여하고자 한다. 마침 이러한 분류는 피터즈가 자랑스럽게 밝힌 교육학의 세 단계의 발전과 대응한다.

교육학도들이 범해 온 오류는 교육학 문헌의 전반에서 수도 없이 발견되는 것이지만, 논의의 순탄한 진행을 위해 피터즈의 경우를 일관성 있게 끌고 나아가기로 하자. 피터즈가 말하는 세 단계 발전의 최종적인 지점은 '학제연구'이다. 그가 자랑삼아 드는 예는 학교 안에서 진행되는 '체벌(corporal punishment)'이었다. 그는 이 특별한 사태를 일단 교육적인 문제로 치부하고 그것을 학제적으로 연구하여 해결할 수 있음을 시사한다. 더욱 구체적으로 체벌은 심리학적이고, 사회학적이며, 역사적인 사실을 내포하고 있기 때문에 각각의 사실에 대한 발견이 중요하다고 지적한다. 이와 아울러 그 벌을 주는 윤리적인 입장까지를 고려해야 한다고 주장한다.

이러한 학제연구는 가능하며, 또 필요하기도 하다. 그것을 부정할 이유는 전혀 없다. 문제는 그것이 교육학의 고유한 과제가 될 수 있느냐 하는 부분이다. 그런 종류의 연구가 산처럼 축적된다고 가정하자. 그 결과가 우리의 교육에 대한 이해를 증진시킬 수 있는가? 오히려 아직 충분히 연구를 시작하지도 못한 교육을 왜곡하거나 소외시킬 우려는 없는가? 체벌에 심리학적인 측면이 고려되어야 한다면, 그와는 별도로 교육적인 측면도 고려되어야 하는 것은 아닌가? 그 사이의 의사결정에 있어서 상충되는 가치판단이 이루어질 수는 없는가? 윤리적인 가치가 곧바로 교육적인 가치를 대변할 수 있는가? 우리는 앞선 논의에서 그런 의혹과 더불어 그것이 교육학의 잘못된 실상임을 지적해 왔다. 피터즈가 제안한 체벌연구의 사례는 우리가 유형화하려는 사고의 세 가지 오류를 송두리째 포함하고 있다.

첫째, 피터즈의 논의는 학교에서 일어나는 것이 바로 교육이라는 통념을 자명한 것으로 받아들이는 확고부동한 교의에 토대를 두고 있다. 그가 이 논의에서 체벌을 교육적인 문제로 규정하고 있는 오직 하나의 근거는 그것이 학교에서 일어난다는 것이다.[24] 그 생각을 지지하는 집단은 광범위하다. 생활세계는 우리가 살아가는 가운데 우리에게 현실적으로 주어지는 세계이다. 이것은 아무런 문제도 없는 자명한 사실로 미리 주어져 있는 감각적 경험의 세계와 이 감각경험으로부터 양분을 얻은 모든 사고방식을 포함한다. 이 때문에 일상적인 삶을 영위하는 사람들은 교사가 학생에게 체벌을 가했다면, 그것이 바로 교육적인 문제라고 생각할 것이다. 모르긴 해도 학교에서 생활하는 학생과 교사들 역시 그런 방식의 규정을 당연하게 받아들일지도 모른다.

그러나 학자와 일상인의 인식이 일치할 수는 없다. 엄격하게 말하면, 그처럼 당연하고 일상적인 관례와 제도에 의문을 제기함으로써 비로소

---

24) 독자는 여기에서 피터즈가 대학공동체의 교육학에 대한 오해를 지적한 앞 소절의 특별한 부분을 상기했으면 한다. 그것은 대학구성원이 누구나 교육을 하고 있기 때문에 그것이 별다른 것이 아닌 것으로 생각한다는 것이다. 그런데 피터즈 자신이 스스로 그런 사고유형을 체벌의 문제를 다룰 때 갖고 있다는 점이 역설적이다.

학구적인 탐구에 진입하게 된다고 말할 수 있다. 적어도 사태를 좀더 깊이 있게 이해하려는 사람이라면, 체벌이 단지 학교에서 일어나기 때문에 교육적이라는 말은 얼른 납득하기가 어려울 것이다. 가령 학교에서의 체벌이 단지 교사의 학생에 대한 심리적 보복에서 일어나는 경우에도 교육적인 문제로 규정할 할 수 있는가? 혹은 그것이 가정에서 일어난다면 어떻게 되는가? 그 경우에도 오로지 교육적인 사태로만 볼 수 있는가? 학교의 울타리를 중심으로 교육과 교육 아닌 것이 그렇게 쉽게 구분될 수 있는가? 상식을 토대로 교육을 규정해도 되는가? 만약 그러한 방식으로 교육을 일상적인 관점에서 선험적으로 규정해 버린다면, 교육학이 할 일은 무엇인가? 유감스럽게도 피터즈는 이러한 학구적인 의문에까지는 미치지 못하고 있다.

우리는 역사를 통해서 학문이 상식과 관행적 사고, 혹은 제도와 항상 긴장관계를 유지해 왔음을 알고 있다. 학문적인 지식은 상식과는 다른 수준의 지식을 추구하는 작업이다. 우리가 일상적으로 경험하는 세계는 다분히 가시적이고, 선대로부터 물려받은 것이며, 의심의 여지가 없는 세계이다. 그것은 생활하기에 편리한 범주로 구성되어 있고, 정상적인 사람이라면 사회생활을 하면서 자연스럽게 터득하는 세계이다. 학문은 이러한 일상적인 인식에 의문을 품고, 그 이면에 모종의 순수한 세계가 있음을 눈치 채고 그것을 이론적으로 해명하는 방식을 택했다. 이를 통하여 그 이면에는 서로 다른 질서, 법칙, 그리고 내적인 구조를 가진 이질적인 세계들이 병존하고 있음을 발견한 것이다. 제반 학문은 제도와 관습이 유사실체화하지 않도록 대체적 인식체계를 창안하여 그것들을 이론적 안목에서 포착하여 왔다.

만약 교육학이 학문의 기본적인 정신을 승계할 수 있었다면, 지금쯤 학교라는 교육제도가 가질 수 있는 허상을 폭로하는 주된 세력이 되었어야만 한다. 그럼에도 불구하고 현존하는 교육학은 그러한 기능을 제대로 하지 못하고 있다. 교육학자들은 대부분 학교 안에서 이루어지는 관례구조와 언어를 교육의 현상으로 당연하게 받아들이고 있다. 이로 말미암아 교육학은 단지 상식 이상의 범주를 넘어서지 못하고, 학교라는 체제를 유지하며, 대중적인 신화를 더욱 강화하는 기능을 하고 있다. 마치 병원의 의사가 마술적인 질병을 일부러 만들어내면서 자신의 권익을 신장시키듯이, 교육학자들은 그런 신화에서 비롯하는 제반 학교의 문제를 만들어내고, 그 문제에 대한 그들의 끝없는 개입을 정당화하고 있는 것이다. 그 이유는 독자에게 분명해졌을 것이다. 교육학은 원래 학교라는 제도를 기반으로 형성되었고, 그것에 의문을 제기하는 것 자체가 존립이유를 부정하는 결과를 가져온다.

이러한 교육학의 존립방식은 그것이 원래 수행해야만 하는 기능, 즉 교육을 교육답게 이해하는 과제와 관련하여 치명적인 피해를 주고 있다. 우선 상식과 학문적 지식의 구분이 모호하게 된다. 일상적 상식과 자신이 얻어야 할 학문적인 지식에 차이를 두지 않는 이런 관행을 우리는 "제1차 오류"로 규정하자. 그렇다면 피터즈가 앞의 주장을 할 때, 이러한 단순한 오류를 전혀 의식하지 못했는가? 좀더 깊이 생각해 보면, 이 점에서 그의 태도는 이중적이다. 왜냐하면 그는 한편으로 학교에서 일어나는 체벌의 사태를 곧바로 교육적인 문제로 규정하면서도, 다른 한편으로 그것을 다양한 학제적 관점을 동원하여 더욱 심도 있게 탐구되어야 할 대상으로 규정하고 있기 때문이다. 후자의 태도를 취할 때 그는 분명히 상식보다는 학문적 이론에 더 큰 신뢰를 두는 것으로 보인다.

만약 교육학도가 학교는 교육하는 곳이라는 대중적 신화에 완전히 동조한다면, 그들의 학문적인 개입이란 성립되지 않는다. 세상 사람들은 교육학자들이 좀더 심층적인 의미의 '교육관'을 제시해 줄 것으로 기대한다. 이러한 상황에 직면한 피터즈는 심층적인 이해의 도구로서 철학, 심리학, 사회학, 행정학, 문화인류학 등에 의존하면서 일반인들 혹은 학생과 교사들이 갖고 있는 일상적 인식의 소박함을 벗어나고자 한다. 그러나 이와 같은 방식으로 제1차 오류를 극복하려고 할 때, 그는 다시 다른 하나의 중대한 오류의 늪에 빠진다. 다음의 문제는 그가 끌어들인 제반 분과학문들의 개념에 의해서 포착된 체벌의 다양한 측면들이 그가 생각하듯이 교육적 사실들의 다면성으로 인정될 수 있는 것인가, 더 나아가 그런 관점들이 하나로 통합될 수 있는가 하는 점이다. 결론적으로 말해서 그것은 불가능하다. 그것들은 단지 각 개별학문의 범주와 사실들을 반영하고 있을 뿐 교육적 사실을 드러내는 것이 아니며, 또한 하나로 통합될 성질의 것도 아니다.

분과학문의 학자들이 갖고 있는 전문적인 안목은 결코 그들이 갖고 있는 특정한 개념범주를 벗어나지 못한다. 학문적 개념에 의해 학교라는 생활세계가 검토될 때, 이미 학교는 그 학문적 대상세계의 한 가지 사례로 환원되는 것이다. 각 분과학문의 학자들은 서로 다른 세계들에 대한 상이한 이론적 체험을 하고 있다고 보아야 한다. 가령 물리학자와 생물학자가 학교 안에서 일어나는 체벌의 현상을 바라본다고 하자. 그 경우 체벌은 체벌이 아니라 바로 물리학적 사실 혹은 생물학적 사실로 환원되는 것이다. 마찬가지로 정치학, 경제학, 사회학, 문화인류학, 종교학에서 본다고 할 때, 체벌은 각 개념체계에 알맞은 서로 이질적인 사실로 전환될 것이다. 이 서로 다른 사실들은 총체적인 이론적 체험에 근거하고 있기 때문에 그 중 한 가지 사실의 요소를 다른 사실의 요소에 추가시킨다고 해서 어떤 독립된 의미가 나올 수는 없다. 말하자면 체벌에 적용된 각 분과학문의 개념에 의해 포착되는 사실들은 서로 독립적인 것이다.

이 점에서 학제적인 관점을 동원한 교육학이 지식의 단편화와 칸막이 현상을 극복하고 통합될 수 있다는 피터즈의 판단은 근거 없는 공수표에 불과하다. 그가 즐겨 드는 철학, 심리학, 사회학의 경우를 예로 들어보자. 자율적인 분과학문으로 출현할 때, 그들은 서로 다른 것들의 개념체제를 배제하는 데 역점을 두었다는 것은 널리 알려진 사실이다. 역사적으로 심리학은 철학이 파악하거나 논의하지 못하는 국면을 탐구하려는 동기에서 출발하였으며, 사회학은 심리학으로 포착할 수 없는 사실을 탐구한다는 취지를 내세우며 발전하였다. 심리학적 개념은 바로 심리학적 사실을 밝히기 위해 고안되었으며, 사회학적 개념은 바로 사회학적 사실을 밝히기 위해 고안된 것이다. 그들의 언어는 서로 논리적으로 독립적이며, 상이한 규칙을 따르기 때문에 그 중 하나를 가지고 다른 것을 이해할 수 있는 길은 없다. 그 후 지금까지도 이들 분과학문들 간에 학문적 내통이 별로 이루어지지 않은 것은 바로 이런 이유 때문이다.

이질적인 학문현상들을 하나의 동질적 사실로 환원시킬 어떤 묘책도 아직 발견되지 않았다. 그럼에도 불구하고 피터즈는 학교에 대한 학제연구가 마치 하나의 개념범주의 틀 속에서 통합될 수 있다는 식의 생각을 하고 있다. 이처럼 개별 분과학문들이 밝히고 있는 현상들의 고유성을 인정하지 않고, 그것들을 혼동하거나 통합하려는 사고방식의 관례를 "제2차 오류"라는 말로 지칭하자. 이것이 현존하는 교육학이 용병학문을 끌어들여 제1차 오류를 벗어나려 할 때 범하는 가장 전형적인 오류이다. 이 두 가지 오류는 서로 긴밀한 상관관계를 갖고 있다. 피터즈가 제반 용병학문들의 연구를 교육학으로 정당화시키는 논리의 근거를 살펴보면, 그것이 다시 제1차 오류로 되돌아가는 것을 쉽게 발견할 수 있다. 이 점에서 현존하는 교육학이 범하고 있는 오류들은 서로가 서로를 지지하면서 복합되는 양상을 띤다.

이제 마지막으로 피터즈와 같은 "교육학자들의 대범한 관용"이 교육을 이해함에 있어서 가장 큰 장애를 주는 다른 하나의 오류를 검토하기로 하자. 이런 관용적 태도에 근거한 오늘날의 교육학은 결과적으로 교육을 밝히기보다는 그것을 은폐하거나 외래적 사실로 왜곡시키는 역기능을 가져온다. 학교에서 일어나는 사건이나 사물은 다양한 학문적 관점을 허용하는 하나의 생활세계적 사건이며, 교육학은 그 나름의 관점을 창안하여 그것의 교육적 측면을 규명해야만 한다. 피터즈가 말했듯이 체벌에는 철학적, 심리학적, 사회학적 측면들이 있을 것이다. 철학적 측면은 심리학적 측면과 다르며, 심리학적 측면은 사회학적 측면과 다를 것이다. 만약 그렇지 않다면 그들을 구분할 이유도 없으며, 학제연구라는 말도 무의미하다. 그렇게 엄밀한 구분을 한다면, 이들과 구분되는 별도의 측면들은 얼마든지 있을 수 있으며, 그 안에는 교육적 측면도 있을 수 있다. 그러한 새로운 측면은 이미 밝혀진 것이 아니라, 앞으로 밝혀져야 할 미지의 것으로 남아 있다. 그런데 피터즈처럼 성급하게 외래학문의 개념을 도입하고 그들에 의해 마치 교육적인 측면이 해명되었다고 보는 것은 앞으로 추진해야 할 교육학적 작업 자체를 억제하는 요인으로 작용한다. 우리는 편의상 이처럼 엄청난 부작용을 가져오게 하는 착각을 "제3차 오류"라고 부르기로 하자.

분류란 사고의 간결성을 기하기 위한 수단이다. 결코 교육에 대한 연구로 볼 수 없는 것을 교육학으로 규정하는 것은 앞서 든 세 가지 오류의 여과를 거쳐서 이루어진다. 그 오류들은 서로 연관되어 진행되고 있기 때문에 오류의 틀 안에 있는 사람들은 그것을 발견하기가 결코 용이하지 않다. 그러나 틀에 박힌 관례가 원칙을 지배하는 것을 방치하고서는 지금의 교육학이 당면한 문제를 해결할 방도가 없다. 그것을 점차 타개해 나가는 과제를 수행함에 있어서 위에서 지정한 오류유형의 명칭을 손쉽게 이용할 수 있기를 기대해 본다.

1.3.6. 고유한 이론의 부재

모든 분과학문은 고유한 인식대상을 갖고 있으며, 그것을 포착할 수 있는 고유한 개념체제를 갖추고 있다. 교육학의 경우에는 그 기본조건을 만족시키지 못하고 있는 것이 문제이다. 물론 교육에 관한 사실이나 그에 대한 논의라고 스스로 주장하는 학설은 많다. 아니 너무도 많다는 말이 맞을 것이다. 그러나 그것들이 엄격하게 말해서 고유한 이론의 자격을 갖추고 있느냐 하는 의문을 제기하면, 해답은 난감해진다. 다음에 든 허스트(1966)의 고백은 이 점에서 차라리 솔직해서 좋다.

> 교육이론은 많은 방식으로 근래에 큰 진전을 이루었으나, 전체적인 일이 무엇에 관한 것인지를 보여주는 분명하고 정확한 개념은 아직도 결여하고 있다. 이와 관련하여 많은 질문이 제기될 수 있다. 하나의 이론적 탐구로서 교육이론이 이룩하고자 하는 것은 무엇인가? 이런 이론은 교육적 실천과 어떻게 관련을 맺는가? 그것이 갖추고 있는 이론적 구조는 어떤 종류의 것이며, 그것을 구성하는 다양한

요소는 사실상 어떻게 조화롭게 서로 맞아 들어가는가? 이런 질문들이 지금까지 거의 주목받지 못하는 상황이 지속되어 왔다. 그 결과 교육학적 연구는 일련의 서로 무관하거나, 심지어 서로 경쟁적인 이론적 탐구거나, 혹은 교육적인 문제를 두고 철학적, 심리학적, 사회학적, 혹은 역사적, 그리고 여타의 논점으로 서로 대립해서 다투어 끼어들어 오는 혼란스러운 논의의 형국을 하고 있다. 그 어느 것도 사태를 적절하게 다루고 있지 못한 형편이다(pp. 29-30).

국내에서도 널리 소개되었듯이 허스트(1974)는 '교양교육'과 관련하여 지식의 형식이 갖추어야 할 조건을 깊이 있게 다룰 정도의 기본적인 소양을 갖추고 있다. 그는 교양교과목을 크게 일곱 가지로 분류하고, 이들은 사용된 기본적인 개념의 유형과 진리의 기준, 그리고 진리를 검증하는 방법에 비추어 서로 독립된 영역이 될 수 있다는 주장을 내세운 바 있다. 이 조건들은 새삼스러운 것이 아니다. 앞(1.2.1)서 우리도 분과학문이 갖추어야 할 최소한의 기준으로 그 점을 살펴 본 바 있다. 그 기준에 비추어 우리는 지금의 교육학 안에 분과학문적 요건을 갖춘 이론이 없다는 결론을 얻었다.

위의 글에서 예외적인 것은 그동안 교육학에 침투해 온 외래의 분과학문 이론들이 교육학의 이론이 될 수는 없다는 원칙이 강력하게 반영되어 있다는 점이다. 다른 일반 교육학도들과는 달리 허스트에게는 자연히 용병학문들의 개념들에 의해 침해된 교육학의 사정이 매우 혼란스럽게 보일 수 있었을 것이다. 적어도 그런 부류의 각종 이론들이 논리적으로 하나로 통합되기 어렵다는 것은 당연하다. 그런데 이해하기 어려운 것은 그렇게 주장하는 허스트 자신이 교육학의 경우에는 마치 그런 것을 가능한 것으로 본다는 점이다. 이런 이중기준의 적용은 앞서 뒤르켐의 경우에도 발견할 수 있었다.

그렇다면 어떤 경위에서 이중기준의 적용이 가능한가? 하나는 교육이론을 교육에 대한 체계적인 이해를 도모하는 작업으로 보기보다는 제도나 상식에 의해 이미 주어진 교육의 실제를 개선하는 데에 필요한 처방을 마련하는 작업으로 규정하는 사고방식을 들 수 있다. 사실 교육학도들은 그러한 실제적인 문제의 압박을 받아 왔다. 앞에서 든 1차 오류의 편리한 사고습관에 의해서 허스트는 교육학 내에 침투한 각종의 용병학문들이 학교의 실천적인 문제를 두고, 어떤 일관된 처방과 원리로 통합될 수 있을 것이라는 낙관적인 기대를 하면서 교육학의 이론적 성격을 새롭게 규정하려고 한다. 그에 따르면, 교육이론은 순수하게 이론적인 지식의 영역이 아니라 실천적 지침의 성격을 띤다.

교육학이론이 사실의 규명을 넘어서서 처방적인 부분까지 포함할 수 있느냐 하는 문제를 두고 논란의 여지가 있는 것은 사실이다(장상호, 1983a; Moore, 1974; O'Connor, 1972). 그러나 어떻든 그러한 실천적 지침에 관한 처방이 나올 수 있다면, 그것은 교육을 이해하는 데 얼마나 공헌하느냐를 떠나서 교육학 공동체에서 나온 그 나름의 고유한 지식으로 치부될 수도 있을 것이다. 여기서 '고유한'이라는 단서가 중요하다. 그것은 최소한 그것 자체가 다른 분과학문에서 취급되지 않는 것이라는 주장을 성립시킬 수 있다는 의미를 갖고 있기 때문이다. 허스트는 만약 그러한 실천적 지침이 도출될 수 있다면, 그것은 교육이론의 범주에 넣을 수 있다고 주장하면서 그런 종류의 지식이 앞으로 나올 수 있다고 전망하였다. 그러나 그 기대는 아직까지도 소기의 성과를 얻지 못하고 있다. 허스트와 한때 공조하였던 피터즈(1983/1988)는 최근에 그 점을 시인하고 있다.

> 허스트의 견해에서 보면, 심리학자들과 철학자들, 그리고 사회학자들과 같은 사람들이 함께 모여서 그들이 연구하는 학문을 실제의 교육적인 문제와 연결시켜 문제를 해결하기 위해 교훈들을 만드는 것이 이상적이다. 실제로 이런 연구를 해본 적은 거의 없다. 도덕교육에 관한 팜인톤 위원회(Farminton Trust)의 연구는 예외적인 것이다. 오랜 기간 동안 개념의 틀을 마련했으며, 탐구를 위해서 문제들을 설정했다. 그러나 연구를 시작하기도 전에 위원회는 해체되었다(p. 58).

그동안 걸핏하면 교육학이 학제적 연구의 성격을 띠고 있는 것으로 치부해 왔다. 위의 인용은 실제로 그런 연구가 추진되기가 얼마나 어려운 것인지를 시사한다. 허스트는 이념의 수준에서 실천적인 교육이론의 가능성을 시사[25]했지만 실제로는 아무런 성과도 보여주지 못하고 있다. 그 이유는 이상과 현실의 차이가 아니라, 과업의 불가능성에서 비롯한 것으로 보아야 한다. 설사 어떤 주제(이를테면, 학교사태 혹은 더 구체적으로 피터즈가 거론했던 학교에서의 체벌)와 관련하여 학제연구가 이루어진다 하더라도, 그것은 원리상 관점의 다양성만을 제공할 뿐, 그 관점을 하나로 통합할 수는 없다는 것이 본서의 일관된 주장이었다. 그것이 가능한 것이라면 앞 소절(1.3.5)에서 규정한 제2차와 제3차의 오류는 성립할 수 없을 것이다.

이렇게 보면, 허스트나 피터즈가 시사하는 방식의 "하나의 교육학 이론"이라는 개념은 현재의 상황을 변명하기 위해 억지로 만든 도피책에 불과하다는 평가를 모면하기 어려울 것이다. 가공과 현실은 엄격히 구분되어야 한다. 가공적 현실을 전제하면서 교육학이 당면한 문제를 적당히 회피해 나가려는 어떤 시도도 수행해 나가야 할 과제를 지연시키는 것에 불과하다. 실제로 많은 교육학자들은 허스트류의 가공적인 가능성을 확신으로 받아들이고, 마치 모든 분과학문의 지식이 교육학적 지식으로 편입될 수 있다고 보는 지적 포만감에 젖어 있다. 그러나 진정 학문으로서 교육학의 발전을 기약하려면, 이런 헛된 기대는 되도록 빨리 제거되어야 할 것이다.

기왕 이야기가 나온 김에 지적 포만감을 가져오는 또 다른 부류의 사이비 '교육이론'에 대해 논의하기로 하자. 그것은 교육을 특정한 역할을 하는 기능의 측면으로 환원시켜 규정하는 방식이다. 그에 대한 좋은 사례로 피터즈와 화이트(Peters & White, 1973)가 철학이 필요하다는 논지를 펴는 대목에서 언급한 글을 들 수 있다.

> 만약 교육연구가 그런 마음의 바람직한 상태로 사람들을 안내하는 것과 관련된 새로운 지식을 우리에게 마련하도록 설계된 지속적이고 체계적인 탐구라고

---

25) 이 가능성은 앞 소절(1.3.4)에서 논의되었듯이 피터즈에 의해서도 견지되었다. 그 점에서 여기서의 피터즈의 언급은 자신이 취해 온 입장에 대한 부정의 의미도 있다.

한다면, 이런 탐구들은 경험적 탐구에 국한될 수 없다는 것이 당장 분명해진다. 사회과학과 심리학의 탐구만으로 무엇이 바람직한지에 대한 질문과 또한 그런 질문을 결정하는 데 호소력이 있는 기준은 무엇인가라는 질문에 어떻게 답할 수 있겠는가?(pp. 95-96)

이 인용에서 교육은 이론적으로 해명되기 이전의 것으로 간결하게 정의된다. 그들의 견해로는 교육은 사람들로 하여금 "마음의 바람직한 상태로 안내하는 것"이다. 교육에 대한 이해는 간단한 기능적 정의로써 일단 끝난다. 미묘한 것은 다음의 논의가 진행되는 방식이다. 피터즈와 화이트는 그 기능을 더 이해하기 위해 기존의 제반 분과학문들의 개념이 필요하다고 말한다. 앞의 인용에서는 그 가운데 사회과학과 심리학만으로는 해결할 수 없는 문제사태를 제시하고, 교육의 구체적인 맥락 안에서 도덕철학의 도움이 불가피하다고 주장한다. 그것이 필요한 부분만큼 이른바 '교육학이론'의 외연은 걷잡을 수 없이 확장된다.

이렇게 보면 교육과 관련된 것을 언급할 수 있는 모든 종류의 이론들이 교육이론의 자격을 가질 수 있게 된다. 사실상 '교육이론'으로 지칭되거나 논의되고 있는 99%가 이런 논리와 기준의 범위 안에서 용납되고 있는 실정이다. 이것을 아무런 의문도 없이 받아들일 수 있는가? 이에 대한 해답은 깊이 따질 필요도 없이 하나의 가상적인 상황을 가정함으로써 쉽게 얻을 수 있다. 만약 경제현상을 하나의 기능의 수준에서 간단하게 정의내리고, 그것을 이해하기 위해 철학, 심리학, 사회학 등이 필요하다고 한다면, 이를 경제학과에서 용인해 줄 것인가? 경제학에서는 경제현상을 그렇게 하나의 명제로 규정할 수 있는 실체로 보지 않는다. 그것은 하나의 자율적인 현상 혹은 세계로서 이론적인 설명을 요구한다. 경제학자들은 바로 그 부분에서 엄청난 창의력을 보여 왔고, 그들이 만든 학문적 체계 안에서 이른바 "경제내적 변인"을 배타적으로 규정하는 데 성공하였다. 여기에 피터즈와 화이트가 말한 외래학문은 끼어들 여지가 없다.

경제학자들이 경제현상과 여타 현상 사이의 관계 자체를 부인하는 것은 아니다. 그러나 그 여타의 현상은 적어도 경제학의 입장에서는 "경제외적 변인"에 해당한다. 이 경우 양자 사이의 경험적 관계를 연구하는 것은 잘못이 아니다. 관건은 양자를 독립적인 실체로 인정하는 데에 있다. 경제의 내재변인이 어떤 것인지를 규정하고, 그것이 경제외적 변인과 어떤 관계를 갖는지를 따지는 순서를 밟아야 한다. 그런데 피터즈와 화이트는 교육 안에 있는 것과 그 밖에 있는 것의 구분점과 경계를 분명하게 규정하는 작업을 교묘하게 회피한다. 한 걸음 더 나아가 교육 안의 것을 교육 바깥의 것으로 환원하는 방식으로 규정해 버린다. 이렇게 함으로써 우연적인 사실로 밝혀져야 할 것들이 개념적인 필연성을 갖는 것으로 간단하게 치부되어 버린다. 더욱 심각한 문제는 그것이 고의적인 술책이라기보다는 무의식적인 타성과 무지에 토대를 두고 있다는 점이다.

서로 다른 분과학문들을 '교육'의 이름으로 제안하는 것은 논점이탈을 가중시킬 뿐이다. 우리 주변의 모든 것을 '산'이라고 한다면, '산'이라는 개념이 따로 있을 이유가 있겠는가? 좌측통행과 우측통행을 모두 가능하도록 규정하는 교통규칙이 있다면, 그것을 규칙이라고 할 수 있는가? 마찬가지로 모든 것이 교육이라고 하면, 도대체 교육 아닌 것이 있을 수 있는가? 산과 강이 서로 관련을 갖는다고, 산이 강으로 바뀔 수 없다는 것은 명백하다. 교육학의 연구 혹은 교육학이론을 규정할 때는 최소한의 이런 기준은 적용할 수 있어야 한다. 스스로 교육이론이라고 주장하는 것이 있다면, 그것이 진정 고유한 개념체계의 특성을 가졌느냐 하는 일차적 조건을 따져 보아야 한다. 그 조건에 부합하지 않을 때, 그것을 과감하게 교육학의 바구니에서 배제할 수 있어야 한다.

이러한 원칙에 따라 현재의 교육학의 상황을 직시한다면, 교육에 대한 본격적인 이론연구는 아직 부재하다는 평가를 내릴 수밖에 없다. 본 소절의 서두에서 허스트가 한 말, 즉 "교육이론은 많은 방식으로 근래에 큰 진전을 이루었으나 전체적인 일이 무엇에 관한 것인지를 보여주는 분명하고 정확한 개념은 아직도 결여하고 있다"는 평가 역시 이런 엄격한 기준을 적용했을 때에만 제대로 된 평가로 받아들여질 수 있다. 이제 교육학도들에게 남겨진 과제는 용병학문의 지식들을 그것이 소속된 모학문의 것으로 되돌려주고, 나머지의 것을 교육학적 지식으로 치부하는 방식을 배우는 것이다. 재분류 작업에서 만약 기준에 맞는 것이 별로 없다면, 편리한 이중기준을 써서 기존의 것을 편입시키려는 궁색한 수단을 쓸 것이 아니라, 그것이 바로 현존하는 교육학의 실상임을 자각하는 계기로 삼아야 할 것이다. 교육적 사실을 드러내는 개념체계의 구축이 절실한 목표로 다가오는 것은 바로 그때부터이다.

1.4. 응용의 저조한 실적

1.4.1. 야누스적 적응

대학공동체 안에 존재하는 직업학교의 경우 언제나 학구적인 것과 직업적인 것 사이의 균형을 어떻게 유지하느냐 하는 문제를 두고 얼마만큼의 정책적 선택과 긴장이 있기 마련이다. 이것은 반드시 모순의 관계는 아니다. 한편으로 직업적인 실천을 뒷받침하는 방식으로 학구적인 탐구를 하면서, 다른 한편으로 학문적 탐구에 그 직업적 실천이 적절한 자료를 제공해 주는 협력이 가능하기 때문이다. 그렇다면 현존하는 교육학의 경우에는 이른바 '교육현장'과 원만한 관계를 유지하고 있는가? 이 문제와 관련된 사정을 차근차근 점검해 보기로 하자.

교육학과 안에서도 전문적인 직업학교의 요구사항에 응하는 것을 주된 역할로 보는 집단과 학문적 목표와 방법에 충실할 것을 요구하는 집단이 양분되어 있다. 사범학교에서 교사양성자들은 교사, 교장, 혹은 장학사라는 경력을 지니고 있었다. 지금의 사범대학은 그 전통의 연장선상에 있다. 전자의 집단은 그런 전통을 잊지 않고 있다. 학교의 문제가 바로 그들이 해결해야 할 문제이다. 이를 위해 대학 안의 학문적 활동을 어느 정도까지 희생하는 것은 불가피하다. 그렇다면 "실제에 대한 공헌"이라는 구실은 교육학자들에게 진정 합의된 것인가? 교사들이 당면하는 현장의 문제에 대한 개선의 책무를 맡으라고 요구하면, 그들은 그것을 즐겁게 받아들일까? 지금 진행되고 있는 교육학과의 사정은 반드시 그렇지도 않아 보인다.

지금 사범대학의 교수진을 구성하고 있는 새로운 세대는 대부분 이전의 사범학교 교수처럼 실무의 경험을 해 본 경우가 드물다. 현장의 경험 없이 학구적인 과정만을 거친 그들에게 있어 학교의 향상에 대한 초기의 의무감은 점차 퇴색되고 있다. 이들은 "현장의 문제" 혹은 "실천의 문제"를 교육학과의 정당한 탐구분야로 보지 않는 경향이 있다. 그들에 의해서 주도되는 교육학과는 실제로 실무중심의 교육학박사(Ed. D.) 학위보다는 철학박사(Ph. D.) 학위를 선호한다. 대학의 다른 분과학문의 경우처럼 이론적이고 학문적인 자세를 취함으로써 이전의 면목을 쇄신하려고 한다. 또한 그들은 제자가 실무에 종사하는 것보다는 학구적인 대학이나 연구소에 채용되기를 바란다.

최근의 신진학도들이 자신들이 하는 일이 응용보다는 이론의 구성이라는 식으로 현장의 문제를 회피하려는 경향을 보이는 것도 그런 세대 차이와 연관하여 이해할 수 있을 것이다. 그렇다면 그 순수학문이라는 것은 무엇인가? 진정 교육의 이해를 돕는 학문인가? 만약 그런 경우라면, 그것은 참으로 바람직한 진로일 수 있다. 그러나 불행히도 그들 역시 앞선 세대의 그릇된 전통에서 한 발자국도 벗어나지 못하고 있다. 신진학자들에게는 그들이 탐구하는 대상의 특수성을 묻는 문제의식이 마비되어 있다. 단지 무엇이든 심각하게 연구하면 된다는 식의 안이한 습속에 젖어 있는 구세대의 전통을 그대로 받아들이고 있다.

신진학도들은 철학, 심리학, 사회학 등의 이른바 '모학문'을 흠모하며, 그 자장에서 벗어나지를 못한다. 그런 상황이 결과하는 것은 무엇인가? 이 질문에 대한 우울한 해답은 이미 앞의 소절(1.3.3)에서 자세하게 검토한 바 있다. 교육학과를 포함하는 사범대학의 모든 학과가 거의 예외 없이 학문적인 열세에 놓여 있으며, 따라서 그에 따른 경멸과 냉대를 감내할 수밖에 없다. 우리는 앞에서 피터즈류의 항변을 검토했지만 그 근거는 박약했다. 오히려 그것은 경멸을 정당화시켜주는 것 이상의 수준을 넘지 못했다. 그렇다면 이제 신진학도들에게는 다른 방식의 적응과 변명이 요구된다.

그 가운데 하나의 양상이 바로 본 소절의 주제인 "야누스적 적응"이다. 사범대학은 지리적으로 학교와 같은 '교육현장'과 떨어져 있다. 대학 캠퍼스 안에서도 그 위치는 본류의 대학공동체의 위치와 다소 떨어져 있다. 이런 지리적 거리는 그 양쪽의 요구로부터 얼마만큼 책임을 면제받을 수 있는 미묘한 중간의 도피처를 보장한다. 다음의 해설은 그와 관련하여 주목할 만하다.

> 그 형태는 다양하지만, 교육학자들의 이런 고립은 관점에 따라 전혀 다르게 보일 수 있을 것이다. 실무에 종사하는 사람, 특히 교사들의 입장에서 보면, 교육학과가 종합대학 안에 위치하고 있다는 사실은 일상적인 실제의 문제에서 벗어나는 강력한 보호막을 교육학자들에게 마련해 주고 있는 것으로 읽혀질 수 있다. 아이러니하게도 사실상 교육학과는 종합대학 안에서 낮은 지위의 영역으로 간주되고 있지만, 밖에서 보기에 그것은 (대학 안에 있다는 이유만으로) 교육학자들에게 교사들의 지위보다는 더 우세한 지위를 제공하고 있다고 말할 수 있는 것이다. 더욱이 종합대학 내의 다른 동료들로부터의 경멸에 시달리면 시달릴수록 교육학과의 교수들은 교육 분야의 그들 동료라고 할 수 있는 교사들을 대상으로 해서는 자신들이 훨씬 우월하다는 듯한 태도를 취하고 있다(Lagemann, 2000, p. 234).

교육학도들은 학구적인 대학의 동료들과 비교했을 때의 열등한 위치와 실제적인 교사들과 비교했을 때 갖는 상대적인 우세한 위치를 교묘하게 이용할 수 있다. 전자로부터 이론이 부실하다는 평가를 받으면, 자신들의 관심은 응용이라고 주장할 수 있다. 신통하게도 그 응용을 표방하는 대상인 실제는 교육학이 교육을 교도해야 한다는 요청을 받아들이고 있다. 따라서 자신들의 개념문제가 제대로 정리되지 않은 상태에서 그들의 우월의식을 과시하면서 학교사태의 문제에 사사건건 개입한다. 그러나 학문지향적인 신진교육학자들에게서 응용의 비결이 나올 가능성은 희박하다. 그런 경우 현장의 교사나 실무자로부터 실제에 대한 책임을 추궁 받으면, 신진교육학도들은 그들의 주된 관심이 이론에 있다고 변명한다. 앞뒤가 맞지 않지만, 효과적인 책략임에는 분명하다.

이런 식으로 실제와 이론에 양다리를 걸치고, 상대의 책임추궁을 이쪽 저쪽으로 피하는 적응양태는 이론과 실제 간에 건설적인 관계를 구축한다는 명분과는 정반대의 대처라는 점에서 문제의 심각성이 있다. 교육학도들은 이론과 실제의 양면에서 기실 별로 하는 것도 없이 자신들의 생존을 유지하는 전략으로 그들이 처한 미묘한 위치를 이용하고 있을 뿐이다. 그 좋은 예는 '커리큘럼(curriculum)'[26]영역을 둘러싼 교육학자들의 태도에서 찾아볼 수 있다. 원래 이것은 학교에서 일어나는 실제적인 문제를 해결하는 응용분야이다. 학교라는 삶의 터전은 수많은 젊은이들이 생활하고 있으며, 그들이 어떤 일정과 절차를 따라 무슨 경험을 할 것인지에 관해 계획하고 실행에 옮기는 일을 한다. 그것을 개선하는 일에 직접 뛰어들어 성과를 내는 일도 중요하다.

커리큘럼을 전공으로 삼은 교육학도들은 자신들은 이론적인 문제에 관심이 있다는 점에서 현장의 교사들보다 우월하다는 점을 향유하고자 한다. 그러면서도 그들은 다양한 실천적 처방을 내려왔다. 다음의 글은 전형적인 것이다.

> 교육과정[27]은 학생을 대상으로 어떤 교육목적을 성취하기 위해 개발된다. 학생을 대상으로 예컨대, 어휘력을 증진하는, 학습결손을 교정하는, 영재교육, 과학교육, 창의력 교육을 위한, … 등의 교육목적을 성취하기 위해 교육과정이 개발된다. 이런 다양한 목적으로 개발된 산물로서의 교육과정 또한 다양하여 일련의 교육목표, 각종 교과서, 교육과정 지침서, 수업계획서, 프로그램 학습자료 등일 수 있다. 교육과정이 본래 의도하는 교육목적을 성취하기 위해서는 개발된 교

---

26) 이것은 흔히 우리나라에서 '교육과정(教育課程)'으로 번역되고 있는데, 어휘상 "교육(教育)의 과정(過程)"과 혼돈될 수 있기 때문에 여기서는 그냥 영어의 원문 그대로 쓰기로 한다. 이 분야는 원래 학교의 운영이라는 실무적인 과제에서 출발했으며, 그것 나름의 교육에 대한 이론적 개념을 갖고 있는 것은 아니다.

27) 앞에서 말한 커리큘럼을 지칭한 것이다.

육과정이 교육현장에서 시행되지 않으면 안 된다. 교육과정이 우선 정부나 해당 교육청이나 개별 학교에 의해 실지로 채택되고, 교사에 의해 잘 이해되며, 교실 수업에서 적절히 사용되고, 학생에게 잘 전달되는 등 성공적으로 시행되었을 때 비로소 의도하는 교육목적의 성취가 가능해지기 때문이다(서울대학교 교육연구소, 1998, p. 480).

학교의 온갖 관례적인 용어와 과제가 위 글에는 거의 망라되어 있다. 이 분야의 연구자들에게는 그런 실천의 개선을 가져오는 데 주도적인 역할을 할 것이 기대된다. 그것이 제대로 이루어질 수 있다면, 교육학도들이 대학공동체에 내세운 응용의 명분이 살아날 수 있다. 이제 그 신통력만 입증하면 된다. 그러나 이 분야의 연구자들은 이 의무에서 한 걸음 물러난다. 그러한 일을 하는 것은 정부, 교육청, 개별학교의 운영자, 교사의 소관으로서 단지 자신들은 그것을 학구적으로 연구한다는 입장을 견지한다(서울대학교 교육연구소 편, 제1권, 1998, pp. 462-588). 그러니까 앞에서 제기된 문제와 관련하여 교육학자들이 실제로 하고 있는 것은 학문적 탐구이다. 예컨대, 교육학자들은 학교에서 다루는 실무적인 '커리큘럼'과 그것을 연구하는 사람을 분리시키기 위해 "커리큘럼의 철학"이라거나 혹은 "커리큘럼의 심리학"이라거나 "커리큘럼의 사회학"이라는 말을 등장시키고 자신들의 활동을 후자의 범주에 집어넣는다.[28]

여기에서 다시 대학의 동료들이 그들에게 기대하는 학문의 독자성과 수월성이 문제가 된다. 이 부분에서 교육학자들이 그 기대에 호응하는 것은 아니다. 앞서 지적했듯이 교육학자들의 연구의 질은 모학문의 수준에 늘 뒤져 있다. '이류잡학'이라는 곤궁한 사태가 개선보다는 악화 쪽으로 치닫고 있다는 점에 관해서는 앞 절(1.3)에서 충분히 논의된 바 있다. 여기에서 그들이 연구하고 있는 것은 교육이 아니라, 모학문적 사실들이라는 점을 유의하자. 이러한 심각한 문제는 다음 절(1.5)의 논제이기도 하다. 현

28) 흔히 '교육과정' 분야야말로 외래학문의 영향을 받지 않은 순수한 의미의 교육학의 영역이라고 말하는 사람들이 있다. 이들 역시 자신의 학문을 멋대로 규정하는 적당주의자의 일부이다. 이 부분을 참고하여 유의하기 바란다.

재의 교육학이 안고 있는 엄청난 학문 내적인 모순에 봉착하게 되면, 교육학도들은 또 다시 학문의 응용과 실제의 개선이라는 도피처로 쉽게 되돌아간다. 교육학자들의 이런 퇴행적 태도는 기만이며, 비생산적인 것임은 말할 필요도 없다.

1.4.2. 응용학문의 진로선택

본 장은 오늘날의 교육학이 외양상 전성기를 맞고 있는 것처럼 보인다는 말로 시작했다. 구성원의 수는 날로 증가하고 있으며, 일거리는 항상 넘친다. 그에 따라 취직도 다른 분야에 비해 잘되고 있는 편이다. 그러나 우리의 논의는 그런 낙관에 대해 심각한 제동을 걸었다. 논의가 진행되는 중에 교육학도들은 원래의 건설적인 기능을 수행하기보다는 단지 학교체제라는 거대한 숙주에 기생하는 것에 불과한 집단이 아닌가 하는 의구심을 제기했다. 자신들이 마땅히 수행해야 할 학문적 사명을 제대로 수행하지 못하고 있다. 실제에 대한 공헌을 도식화하여 자신의 위치를 정당화하려고 하지만, 그 실적 역시 부진하다.

그렇다면 지금 교육학이 누리는 호황은 그렇게 길게 지속될 수 없을 것이라는 진단이 나온다. 그 안에 균열의 요소가 이미 배태되어 있다. 불길한 징조는 예측을 넘어서서 밑바닥에서 진행되고 있으나, 단지 교육학도와 대중들의 인식이 그것을 예리하게 포착하지 못하고 있을 뿐이다. 그 사실이 점차 드러나는 시점이 조만간 찾아올 것이며, 교육학에 입문하고 있는 신진교육학도들이 “방향이 잘못 잡힌 침몰하는 배”로부터 탈출하기에는 시간상 이미 늦었다고 후회하는 파경이 도래할지도 모른다.

특정한 세계의 이론적 이해에 공헌한다는 것과 실제의 개선에 공헌한다는 것은 전혀 다른 종류의 일이다. 후자는 제반 가치를 준거로 하는 변혁이며, 전자는 진리가치를 따르는 학문활동을 요구한다. 그 모두에서 별다른 성과를 얻지 못한다면, 그리고 더 이상 야누스적 적응에 만족할 수 없다면, 그 가운데 어느 하나를 포기하고 다른 하나를 선택해서 실질적인 성과를 얻는 것이 문제를 해결하는 하나의 방도가 될 수 있다. 이와 관련하여 사범대학의 숨겨진 고민과 속사정을 용감하게 털어놓은 클리포드와 거드리(1988)의 말을 초대해 보자.

> 이 책은 미국 내에서 "종합대학 내의 사범학교"의 근원, 역사적 진화, 계속되는 문제, 그리고 미래의 전망에 관한 것이다. 우리의 주제는 사범대학, 특히 이름 있는 연구중심의 종합대학 캠퍼스 안에 위치한 사범대학이 아무런 생각 없이 그런 기관의 학구적이고 정치적인 문화 안의 꼬임에 빠져서 그들이 수행해야 할 전문적인 의무를 간과하여 왔다는 것이다. 그들은 마치 그들 자신의 세계 안에서 경계인, 이방인과 같은 몰골을 하고 있다. 그들은 그들의 학내에 있는 인문과학 혹은 자연과학의 동료들의 기준을 만족시키는 데 거의 성공하지 못하고, 동시에 그들의 실천적 전문동료로부터도 소외되어 있다. 그들이 더욱 힘을 내어 학구적인 연구의 해변을 향해서 노를 저으면 저을수록 그들은 그들이 봉사할 의무를 가진 공립학교로부터 점점 멀어진다. 반대로 사범대학이 공립학교의 응용문제에 더욱 체계적으로 노력을 경주하면 할수록 캠퍼스 안에서 위험한 처지에 놓이게 된다(pp. 3-4).

《사범대학》이라는 책의 서문에 포함된 이 글에도 역시 교육학자들이 자리잡고 있는 미묘한 중간적 위치가 지적되고 있다. 이 글이 앞 소절의 내용과 다소 다른 것은 그 어정쩡한 사태에 보다 적극적으로 대처하려는 의지이다. 이 글은 야누스적 퇴행과 향유의 측면보다는 그 중 어느 것을 선택하여 문제를 극복해야 한다는 의무의 측면을 드러내고 있다. 교육학자는 대학 안의 동료학자와 공립학교의 실천적 전문동료 사이의 경계에서 양편의 압력을 받고 있다는 것이다. 전자는 이론적 탁월성을 요구하며, 후자는 실제의 개선을 요구한다. 이 두 가지 요구는 서로 얼마만큼의 상관관계를 갖는 것이지만, 개별적인 과제 자체는 그 종류가 전혀 다르기 때문에 교육학이 그 중 어떤 일을 할 것인가 하는 것이 저자의 중요한 선택사항이 된다.

클리포드와 거드리는 연구중심의 일류대학에서 사범대학이 더 이상 버텨나가기 어렵다는 사정을 직시하기를 촉구한다. 그렇게 불가능한 상황임에도 불구하고, 학구적인 연구에 비중을 두고 교육학을 운영하려고 하는 것을 그들은 "생존주의의 타락"이라는 말로 규정한다. 여기에는 사범대학이 그들이 선택한 진로, 즉 실제에의 공헌이라는 고유 목표를 저버리고 있다는 점에 대한 불만이 함축되어 있다. 위 글의 표현에 의하면, 그런 양태는 "학내 분위기의 꼬임에 넘어간 것"에 불과하다. 그러나 그런 표현이 진정 정당한 것인지는 의문이다. 학문적 경쟁에서 실패한 이유는 꼬임을 받아서라기보다는 스스로 그 꼬임을 자초했다는 데에 있다고 보는 것이 진실에 가깝다. 그러나 여기서 표현의 부적절함을 문제 삼을 필요는 없어 보인다.

클리포드와 거드리에게 있어서 교육학이 지금의 어려운 사태를 극복할 수 있는 길은 학구중심의 풍토로 말려들지 않고, 직업학교와 실제에의 공헌이라는 애초의 목표에 충실하게 임하는 것이다. 그런 진로의 선택은 교사양성이라는 실제적인 목적에서부터 시작한 교육학 전통의 축을 연장시키려는 것으로서 새삼스러운 것은 아니다. 그 기능은 비록 대학에서 지향하는 학문의 발전이라는 범주와는 다른 것이 분명하지만, 지금까지 교육학 혹은 더 나아가 사범대학 전체의 학문적 열세를 변명하는 가장 유력한 정치적 구실로 작용해 왔다.

이제 우리가 더 살펴보아야 할 것은 그 제안이 함축하는 결과와 성과이다. 대학공동체의 학구적인 경쟁의 꼬임을 뿌리치고 실제의 문제를 해결한다는 진로는 진정 옳게 잡은 것인가? 실제의 개선에 공헌한다는 것이 종합대학에서의 존속을 보장받을 정도로 탄탄한 근거를 제공할 수 있는가? 그런 방식의 노력이 교육학의 정체성을 확립하거나 교육의 발전에 과연 도움이 되는가? 더 나아가 실제에 공헌할 수 있는 교육학의 가능성은 얼마나 있는가? 거기에 한계가 있는 것은 아닌가? 그 진로선택이 지금의 사태를 오히려 더 악화시킬 가능성은 없는가? 이제부터 이런 주제와 관련하여 논의를 더 진전시켜 보기로 하자.

실제에 대한 공헌을 교육학자의 주된 직무로 규정하는 것은 상대적으로 이론적인 연구의 기회를 스스로 포기하는 것을 의미한다. 이런 진로의 결정은 학구적인 종합대학의 이념에 분명히 반하는 것이다. 실제문제에 관여하고 참여할수록 연구에 종사할 수 있는 시간은 상대적으로 줄어든다. 이 노선을 따라 실무적인 일을 맡고 있는 사람들은 과도한 업무 때문에 연구에 종사할 시간이 거의 없다고 보는 편이 옳을 것이다. 그렇게 되면 교육학도들의 학문적 수준은 점차 저하될 수밖에 없다. 그러한 막대한 대가를 감수하면서까지 대학공동체에서 생존할 수 있는 승부수를 선택한 것으로 보아야 한다. 이런 정도로 실제에 대한 개선에 책임을 자처하는 학문은 찾아보기가 어렵다. 사회가 잘못 돌아간다고 사회학이 지탄받거나, 불경기가 오랫동안 지속된다고 경제학이 불신받는다거나, 부정선거가 있고 정치상황이 어지럽다고 정치학이 매도되는 경우는 거의 찾아보기 어렵다. 또한 저주스러운 역사적 현실을 이유로 역사학이 저주받은 적도 없다. 그렇지만 교육을 개선한다는 명분을 스스로 내세우는 교육학도들의 경우에는 그 약속을 지켜야만 하는 부담이 있다.

스스로 부과한 이런 의무감의 토대 위에 교육학자들은 학교의 현실과 그곳에서 종사하는 실무자들을 비판적으로 평가하면서 마치 그 현실을 치유하고 실무자들의 무능을 끊임없이 대행해 주는 것 같은 특수한 지위를 향유해 왔다. 저조한 연구수행의 결점을 보완이라도 하려는 듯이 대부분의 교육학자들은 이런 약속을 지키기 위해 항상 분주하게 움직여 왔다. 학교의 문제가 등장할 때마다, 혹은 대중들이 말하는 "교육의 문제"가 등장할 때마다 그들은 그것에 대한 책임을 감수했다. 실제의 문제를 해결하는 뒤치다꺼리를 수행하면서 매달리고 있는 시간만큼 그들이 어떤 주제를 가지고 심도 있게 연구할 수 있는 시간은 상대적으로 줄어들 수밖에 없다. 그 책임의 영역은 광범위하다. 유능한 교사의 양성이라는 전통적인 기능에서부터 시작하여 정부가 실시하려는 각종 정책에 대한 제안, 각종 모델과 응용프로그램의 개발, 혹은 흔히 말하는 "연구와 개발(Research & Development)" 등 다양한 양태로 드러나고 있다.

그러나 우리는 적어도 두 가지 점에서 그 진로에 따른 현상유지에 대해 의구심을 제기할 수 있다. 하나는 그 부분이 진정 교육학의 목적이나 교육의 발전에 공헌하는 것으로 치부할 수 있는 것인가 하는 점이다. 응용학문을 자처할 때 교육학자들은 한결같이 응용될 세계를 교육으로 지목한다. 교육을 위한 응용학문이라는 것이다. 그것을 사실과 부합한 주장으로 받아들일 수 있는가? 이와 관련하여 현재 전개되고 있는 사태에 대한 보다 정직한 진단은 대학에 자리잡고 있는 제반 분과학문들을 학교의 문제를 해결하는 데 응용하고 있다는 것이다. 이는 교육학을 교육에 응용한다는 과제와는 전혀 다른 종류의 일이다.

자신의 학문적인 문제를 해결하지 않은 상태에서 그것을 이미 해결한 것으로 착각하고 있는 본질적인 약점은 언제나 교육학자들의 부담으로 남아있다. 이어지는 소절에서 별도로 논의하겠지만, 이는 교육을 오도하는 데 앞장서는 아이러니한 상황으로 연결된다. 그것을 극복하기 위해서는 먼저 대상영역인 교육이 무엇이냐 하는 문제가 해결되어야 하고, 그것에 공헌하는 데 어떤 학문의 개념을 사용하느냐 하는 문제가 해결되어야 한다. 말하자면 교육학자들은 그들에게 부여된 고유한 이론적인 과제를 어떻든 피할 수가 없다. 본분의 과제를 단지 학교의 문제와 관련하여 주어진 실무에서 중요한 직책을 수행한다는 이유로 마냥 저버려도 되는 것인가?

또 하나 반성할 점은 교육학자들이 학교의 실제적인 문제에 매달리는 것만큼 그 실제라는 부분에 개선이 일어나고 있는가 하는 점이다. 불행히도 이 질문에 대해서 우리는 만족할 만한 대답을 얻지 못하고 있다. 그들의 현실대응의 방식과 능력은, 이어지는 소절에서 하나씩 그 과제를 나누어 항목별로 더 자세하게 검토하겠지만, 효과적인 것으로 평가받을 수 없는 상태이다. 교육학도들이 현장에 개입하는 빈도는 증가하고 있지만, 그에 상응하는 만족스러운 개선은 이루어지지 않았다. 자신들이 실제의 개선이라는 명분을 선택한 이상, 교육학자들은 그 부진한 성과를 두고 학문공동체나 일반인의 매도와 책임추궁을 진지하게 받아들여야만 할 것이다.

만약 그런 상황에서 교육학자들이 양심의 가책에 따라 파산선고를 한다면, 그것은 받아들일 수 있는 것인가? 여기에 수긍하기 어려운 점이 있다. 왜냐하면 문제의 발단은 교육학자들의 노력 부족보다는 그들이 수행할 수 없는 과도한 과제의 설정에 있다고 볼 수 있기 때문이다. 어떤 실제적인 상황에서 그것에 작용하는 변인들은 거의 무한하다. 정치, 경제, 사회, 심리, 그리고 온갖 다른 요인들이 작용한다. 그 모두를 고려해서 운영에 반영하는 것은 불가능하다. 대학의 제반 학문을 응용하는 것도 어차피 많은 변인들 가운데 하나를 선택한 것에 불과하다. 그러므로 실제에 대한 모든 책임을 교육학자들에게 전가하는 것은 어느 모로 보나 부당하다. 클리포드와 거드리가 선택한 교육학의 진로는 그처럼 무리한 책임을 스스로 감당하겠다고 나선 셈이다.

학교의 실제에 대한 개선의 의무와 학문으로서 교육학을 하는 것은 일의 성질에 있어 커다란 차이가 있다. 후자의 과제를 전자로 대치하려는 것은 방향착오이다. 현실에 대한 과도한 대응 자체가 교육학도들이 이론적인 탐구에 몰두할 수 있는 여건을 박탈한다. 그것이 바로 악순환의 고리를 만든다. 교육학도들에게는 교육학이 독자적인 개념체계를 갖고 있지 못하다는 이유로 대학에서 다른 학구적인 동료들과는 다른 실제적인 요구를 받는다. 그것이 다시 교육학도들이 실제의 요구에 응한다는 명분을 받아들이는 불가피한 이유로 작용한다. 이러한 악순환은 다시 교육학도들이 학문공동체에 적응하는 데 끊임없는 장애로 작용할 것이 거의 명백하다.

1.4.3. 교사양성

교육학의 출범은 교사양성과 불가분의 관계를 갖고 있다. 초기의 형태인 사범학교에서 실무적인 능력을 보완하는 방식으로 기존의 분과학문들이 도입되었다. 그 과목들이라는 것이 무엇인가? 우리는 앞(1.1.3)에서 그것이 용병학문이었음을 지적하였다. 다소간 내용에 차이가 있기는 하지만, 교직과목이라는 명칭 아래 제공되는 교과목은 교육철학, 교육사, 교육심리학, 교육사회학, 교육행정학 등이다. 여기에 커리큘럼, 교육평가, 혹은 생활지도 등이 덧붙여지지만, 족보를 거슬러 올라가면 그들도 용병학문의 배경에서 결코 벗어나지를 못한다. 그런 교과목들을 이수하면 학생들은 진정 교육에 대해 이해할 수 있는가? 이에 대한 해답이 어떤 것인지에 대해서는 이제 독자들도 어느 정도 깨달은 바가 있을 것이다. 그것들은 교육을 이해시키기보다는 교육을 은폐하거나 왜곡하고 있다.

지금의 교직과목은 교육의 이해라는 과제에 비추어 제1차, 제2차, 제3차의 오류를 모두 범하고 있다. 현존하는 교직과목이 강화되면 될수록 그 오류는 장래의 교사들 혹은 현직교사들에게 재생산될 것이다. 우리는 당분간 교직과목이 교육의 이해를 돕느냐 혹은 곡해시키느냐 하는 문제를 접어놓기로 하자. 이 주제는 너무도 중요한 것이기 때문에 다음 절에서 더 자세한 논의가 있을 것이다. 목하 여기에서 우리가 제기할 질문은 만약 예비교사나 현직교사들에게 학문에 해당하는 그런 교과목을 가르치면, 교사로서의 실무능력이 개선될 수 있다는 가정이 타당한 것인가 하는 점이다.

실증주의자들은 학문과 실제의 관계를 밀착된 것으로 보아 왔다. 사범대학의 교사양성은 '교직과목'을 이수하면 훌륭한 교사가 될 것으로 가정한다. 그러나 근래에 발전하고 있는 지식에 대한 새로운 관점들은 이 가정에 근본적인 의문을 제기하고 있다. 근래의 인식론에서는 지식을 "명제적 지식"과 몸 안에 간직한 "실천적 지식"으로 구분하고 있다(Oakeshott, 1962; Polanyi, 1958; Ryle, 1949). 이 가운데 실천적 지식은 명시적인 규칙의 형태로 표명할 수 없는 암묵적인 요소를 갖고 있다. 이들은 오직 실제의 구체적인 상황과 맥락 속에서 그것을 부단하게 실천함으로써만 체득되고 효력을 발휘할 수 있다. 이런 이유에서 요즘 각종 직업학교에서는 훈련의 패러다임을 전면적으로 바꾸는 경향을 보이고 있다.

근래 그 패러다임의 전환에 앞장선 숀(1983, 1988a, 1988b)은 이제까지 직업교육에 적용되었던 도식을 "기술적 합리성(technical rationality)"이라는 용어로 요약하고, 그 실효성에 의문을 제기한다. 그가 말하는 기술적 합리성이란 우리가 당면한 제반 문제는 과학에서 밝힌 보편적인 법칙을 적용하면 해결될 수 있다는 실증주의의 도식을 따르는 것을 의미하는데, 사범대학의 '교직과목'도 이를 전제하고 있다. 그러나 직업적 수행은 학문적 지식으로 대치할 수 없는 구체적인 문제를 갖고 있으며, 요리책과 같은 단순한 도식으로 그것을 해결할 수 없다는 주장이 설득력을 갖기 시작했다. 요리를 잘하는 일은 단순히 많은 요리책의 지식을 습득하는 것 이상의 능력을 요구한다는 점은 널리 알려진 사실이다. 이 때문에 모든 직업분야에서 유능한 전문인을 양성하는 일은 전혀 다른 방식에 의해 이루어져야 한다는 주장이 제기되고 있다. 그 대안은 그때그때의 구체적인 실천의 맥락에서 이루어지는 반성과 연습이다. 이러한 새로운 패러다임을 쇤은 "실천적 인식론(epistemology of practice)"이라는 용어로 대변하고 있다.

쇤(1988a, 1988b)은 이와 같은 "반성적 실천"이 교사교육에도 그대로 적용되어야 할 것으로 본다. 그의 주장에 따르면, 교사들이 지금처럼 교직과목들을 수강한다 하더라도, 그것이 그들의 실천에 주는 영향은 극히 제한적이다. 교직의 수행을 위해서는 다양한 모학문적 사실에 대한 이해가 필요할 수도 있다. 그러나 교사의 업무수행에는 학문적인 이해 이외의 이루 헤아릴 수 없는 많은 경험들이 필요하다. 교사가 학교에서 그의 역할을 수행함에 있어서 더욱 필요한 것은 오히려 후자이다. 쇤은 훌륭한 교사는 지금처럼 교직과목이라는 명칭 아래 제공되는 각종 학과목들을 이수하는 것보다는 학교현장에서 부단히 실습하고 반성하는 것을 통해서 더욱 효과적으로 양성될 수 있다고 주장한다.

새로운 인식론은 교육학을 등장시킨 초기 교사양성의 취지와 동조될 수 없다는 점에서 우리의 특별한 관심을 끈다. 용병학문이 교육학을 대변할 수 있게 된 연유는 한 마디로 교직의 수행을 증진시킨다는 명분에 뿌리박고 있다. 그런데 쇤의 주장과 그에 따른 직업교육의 동향은 적어도 교사양성의 문제에서 용병학문을 도입하기 이전의 상황으로 되돌려 놓는 듯하다. 교직능력은 기성의 제반 학문들을 이해한다거나 응용한다는 취지의 교육학의 영역을 넘어선다. 이제 대학의 제반 지식을 응용하는 일도 현장에서 실제로 문제를 처리하고 있는 실천적 동료들의 몫으로 넘겨주어야 할 때가 되었는지도 모른다.

직업적 전문성에 있어서 교육학도들이 배출해내는 교사들은 종합대학의 다른 직업학교가 양성해내는 의사, 사업경영자, 변호사, 공학도 등에 비해 뒤지는 것으로 평가받기도 한다(Lortie, 1975). 만약 지식에 대한 이런 인식론적 입장과 그것을 토대로 한 직업교육의 새로운 패러다임이 진정 옳은 것이라면, 지금처럼 교육학자들에 의해 이루어지는 교사양성의 방식은 다시 고려되어야 한다. 교사의 양성은 지금의 교육학자들보다는 경험이 많은 훌륭한 교사에게 주어져야 할 특권인지도 모른다. 학교현장의 문제를 인식하고 그것을 처리할 능력은 현장의 실천적 동료들에게 더 많다.[29] 그런 사실은 교육학자들의 실천적 동료들에 의해 점차 자각되고 있는 듯하다. 요즘 미국을 비롯한 선진국에서는 교육학자들이 이전과는 다른 도전에 봉착해 있다고 한다. 그들이 현실에 대해 처방을 내리고 교사들에게 처방을 따르도록 요구하면, 교사들이 그 허장성세를 단순히 받아들이지 않는다. 그저 순순히 죄인처럼 응했던 종전과는 달리 그들은 교육학자들에게 그 처방을 시범을 통해 실제로 보여 달라고 요청한다는 것이다.

쇤의 관점에 따르면, 명제적 지식으로 제공되는 현존하는 교직과목의 내용보다는 그것이 제공되는 교수와 학습의 맥락이 더 중요한 실습의 효과를 가져올 수 있다. 만약 교육학도들이 예비교사를 교육할 때부터 그들이 처방하는 것들을 실제로 보여줄 뿐만 아니라, 실천적 인식론이 요구하는 반성적 실습과 도제관계를 유지할 수 있다면, 그것이 바로 장차 교사의 자질을 높이는 일이 될 것이다. 이 부분에서 교육학과의 전공교육과 교직과목의 운영은 다른 프로그램에 비해 별다른 점이 있는가? 이에 대한 검증은 대학에서 교육학과가 다른 전공학과와 비교하여 어떻게 다른지를 살펴보면, 금방 알 수 있을 것이다. '교육현장'으로서 교육학과가 다른 학

---

29) 이와 관련하여 필자(장상호, 1997, pp. 682-684)는 "학문계적인 전문성"과 "대상세계적 전문성"의 구분을 시도한 바 있다.

과에 비해 더욱 개선되어 있다는 결정적인 증거는 없다.

이에 대한 보다 직접적이고 쉬운 증거는 현존하는 교육학자들이 교육의 개선을 주장할 때 그 교육이 무엇인지를 물어보고, 그 점에서 교육학자들이 소속한 학과가 대학의 다른 학과에 비해 더 나은 상태에 있는지를 점검해 보면 알 수 있을 것이다. 이와 관련하여 교육학자들은 그들의 교수활동에서 자신들이 처방하는 것과는 무관하게 생활하고 있다는 자성도 일고 있다. 예컨대, 아이스너(E. W. Eisner, 1985)는 미국의 저명한 대학의 교육학과에서 재직하면서 관찰한 매우 홍미 있는 사실을 이렇게 고백하고 있다.

> 나는 교육의 이론과 실천 사이의 관계에 관해 오랫동안 호기심을 가져 왔다. 연구지향적인 세 대학(오하이오 주립대학, 시카고 대학, 스탠포드 대학)에 재직하면서 이와 관련된 개인적인 경험을 한 바 있기 때문에 이 주제에 대해 글을 써야겠다는 욕심을 갖게 되었음을 고백해야겠다. 이 경험이 나에게 주는 한 가지 분명한 결론은 (교육학의) 연구결과와 그로부터 도출된 이론들이 (교육학과의) 교수들에게 심각한 고려사항이 되거나 그로부터 어떤 실천적인 것이 도출된 적이 없다는 사실이다. … 만약 교육연구자가 그들이 발견한 것을 그들의 전문적인 결정을 올바르게 방향지우는 데 이용하지 않는다면, 그들보다 덜 유식한 사람들이 그들의 연구결과를 그것을 올바르게 방향지우는 일에 적용할 수 있겠는가?(p. 256)

지금의 교사양성은 교직과목을 전수하면, 훌륭한 교사가 될 수 있다는 점을 전제한다. 그 가정이 잘못되어 있다는 주장은 현존하는 교사양성체제 자체의 근본적인 변혁을 요구한다. 이전의 주장이 맞다면, 교직과목을 담당한 교수는 자신의 교과에서 내린 처방을 그들 자신의 교수활동에서 지켰어야만 했다. 그러나 교육학과 교수들은 그들이 교육과 관련하여 처방한 것을 스스로 자신들의 실천에 반영하지 않는 언행의 불일치를 보여주고 있다. 이는 쇤이 지적한 "기술적 합리주의"의 근본적인 맹점을 드러내는 너무도 분명한 증거가 아니고 무엇이겠는가!

이제 교육학도들은 현장 동료들의 무능을 지적하기 이전에 자신들의 무능을 먼저 반성하고 문제시해야 할 과제를 안고 있다. 교육학도의 전문성은 교육이론의 정립에 있고, 현장 동료들의 전문성은 실천적인 능력에 있다. 이제 교직의 개선은 교직이라는 전문분야 내부의 과제로 되돌려 주는 것이 순리이다. 교직의 수행에 필요한 것은 대학에서 가르치는 학문들이 아니라, 실무에의 종사와 그것을 통한 반성적인 실천이다. 미래의 어느 시점에서 교육학도들을 통한 교직의 훈련보다는 훌륭한 교사를 통한 교사의 훈련이 더 효과적이라는 말이 실감나게 들릴 때가 올 것이다. 그렇게 되면 지금 진행되고 있는 교사양성과 관련하여 교육학자들의 개입과 응용이라는 어처구니없는 신화가 억지임이 드러날 것이다. 이때 교육학자들은 현장의 실천적 동료의 문제의식과 해결능력을 개선하는 세력이 아니라, 그 능력을 오히려 착취하거나 억압하는 장애물이라는 지탄이 나오지 말라는 법도 없다.

1.4.4. 정책제안

지금까지 우리는 교육학도들이 전통적으로 담당하고 있는 특별한 역할인 교사양성의 측면에서 별다른 성과가 나오지 않고 있다는 점을 주로 검토하였다. 그러나 세상 사람들이 교육학자들에게 기대하는 실무적인 작업은 교사양성에 국한되지 않는다. 여타의 작업분야를 간략하게나마 살펴보면서 실효를 평가해 보기로 하자. 그 중의 하나는 이른바 '정책자문'이나 '정책연구'에 관한 것이다. 엄격하게 말해 정책연구라는 것은 학구적인 범주에 들지 않는다는 것을 먼저 지적해 두어야겠다. 학문적 지식은 진리의 기준에 맞는 보편성을 가져야 한다. 그러나 정책자문과 그것을 위한 연구는 대개의 경우 특수한 시공의 사실들에 대한 정보의 수집에 그치며, 따라서 그것이 유효한 수명은 특정한 시점과 장소에 한정된다. 그와 같은 특수한 정보나 제안들이 아무리 누적된다고 하더라도, 그것들은 지식으로서 생명을 유지할 수 없는 것이다. 그 점에서 이 분야는 학구적인 학자들이 즐겨하는 활동은 아니다.

정책연구는 사실을 밝히는 연구라기보다는 정책결정자의 결정을 돕기 위한 하청 기능 이상의 것이라 보기 어렵다. 그런 점에서 정책결정자가 이미 복안에 넣어 둔 정책을 사회과학의 이름으로 합리화하는 역할을 한다는 혹평도 있다. 아무튼 그 내용은 대중들이 문제시하는 학교사태에서 발단하여 특정한 사태를 묘사하고, 그것을 시정하는 제안의 형식으로 되어 있다. 그런 정책자문이나 연구의 제안도 당국자의 정치적 소신이나 이데올로기를 합법화시키는 것 이상의 성과를 내기는 어렵다는 점은 널리 알려진 사실이다(Flitner, 1982; Weiler, 1983). 그럼에도 불구하고 만약 정책연구가 학문적인 발전보다는 사회에 대한 봉사의 업무에 든다고 보면, 그 활동 역시 교육학도가 전적으로 외면하기는 어렵다.

이제까지 교육학자들은 이와 같은 명분을 내세워 정부기관의 정치적, 행정적 결정을 내리는 것과 관련하여 필요한 정보와 선택 가능성을 제시하는 데에 일익을 담당해 왔다(Glennerster & Hoyle, 1973). 다만 여기에서 우리가 좀 더 따져보아야 할 것은, 첫째 그런 정책연구가 시의적절하게 당국의 주목을 받아 정책제안으로 연결되어 실행되었느냐 하는 것과, 둘째 이런 부류의 활동은 무엇을 가지고 어떤 것을 위해 공헌하느냐 하는 것이다. 이 가운데 전자는 매우 복잡한 자료의 제시를 필요로 하기 때문에 여기서 간단하게 평가하기는 어렵다.

사실 교육학도들의 정책연구가 당국의 주목을 받아 정책제안으로 연결되어 실행되는 경우는 드물다는 것이 일반적인 평가라고 할 수 있다. 하나의 논문이나 저술, 혹은 정책연구가 정부의 정책을 신속하게 수립하거나 정부의사를 광범위하게 변화시키는 경우는 거의 없다. 정책건의는 그 내용 못지않게 시기, 그것을 수용하고 지원하는 세력, 실질적인 재정적 지원, 사회의 여론 등과 적절하게 조화되어야만 실행될 수 있다. 그렇지 못하면, 그것은 하나의 명분치레 이상의 기능을 할 수 없다. 그런 수준의 정책건의가 그동안 얼마나 많았는가? 그 중 시의에 적절하고 당국의 구미에 맞는 것이 채택되는 경우도 있지만, 그것은 오히려 예외에 속한다고 보아야 할 것이다.

다음에 검토할 것은 정책연구의 목표가 "교육학의 권능으로 교육의 발전에 공헌하는 것"이라고 주장할 때, 그 말이 설득력이 있는가 하는 점이다. 이와 관련하여 우리는 앞(1.1.1)에서 우리나라 문교부의 주관으로 이루어진 《교육발전의 전망과 과제(한국교육개발원, 1979)》라는 정책연구와 필자가 직접 참여한 《2000년을 향한 국가발전구상: 교육부문(한국교육개발원 편, 1986)》의 사례를 소개한 바 있다. 정책연구에서 표면적으로는 '교육발전'을 표방하지만, 사실은 "정치·경제·사회·문화발전을 위한 교육"이라는 전도된 목표를 내세우는 아이러니가 아무런 반성 없이 이루어지고 있다. 이것은 정책연구자들이 교육이라는 세계가 무엇인지에 대해 무지할 뿐만 아니라, 그것에 적용할 고유한 가치조차 알지 못하는 데서 기인한다.

1.4.5. 연구와 개발

마지막으로 교육학도들이 일반적으로 자신들의 '응용영역'으로 생각하고 있는 "연구와 개발(R & D)"의 실적을 검토해 보기로 한다. 원래 이 모형은 기초연구, 응용연구, 원형의 개발, 원형의 대량생산, 그리고 보급이라는 일직선의 과정을 가정하는 것으로서, 산업계와 군수기관에서 상당한 성과를 얻은 것으로 알려지고 있다. 그 관례에 따라 세계 각국에서 정부지원으로 그 모형을 '교육 분야'에 적용한 바 있는데, 그 성과는 기대에 미치지 못한 것으로 평가받고 있다(Glaser, 1978; Travers, 1973). 우리나라에도 '한국교육개발원'이 이 모델을 따라 오랫동안 일을 해 왔지만, 군사학이나 약학과 같은 다른 분야와 비교할 때, 학교의 지위와 전문성을 제고하는 데 기여할 만한 기술적 혁신 같은 업적을 남기지는 못하고 있다.

여러 가지 이유를 생각해 볼 수 있을 것이다. 그 가운데 가장 유력한 것은 인간은 개발된 원형적 설계나 틀에 일치하기 어려운 특성을 갖고 있다는 사실이다. 학교에는 쉽게 규정될 수 없는 다양한 요인들이 포함되어 있다. 그 속에 어떤 것이 도입된다 할지라도, 그것은 다양한 맥락의 영향을 직접적으로 받게 되어 있다. 또한 교사와 학생은 기본적으로 물체처럼 단순한 조작의 대상이 될 수 없다. 그들은 자신들의 소신과 신념에 의해 움직이며, 그에 따라 외부적인 건의나 지도에 대응한다. 그런 이유에서인지 현장에서는 R & D의 시도와 산물에 대해 대부분 적극적으로 수용하기보다는 수동적인 태도를 취하거나 무감각한 반응을 보여 왔다.

이제까지 우리는 교육학도들이 흔히 응용연구라는 명분 아래 자기의 과업으로 삼고 있는 몇 가지 영역의 성격과 실적을 차례로 검토하였다. 그런 진로가 현존하는 교육학의 이론적 열세를 만회하거나 변명할 수 있는 중대한 선택이었음에도 불구하고, 많은 허점이 있다는 것을 알게 되었다. 항목이 다양하고, 내막이 복잡하기 때문에 줄거리를 파악하는 데 어려움이 있었을 독자를 위해 문제의 근원과 성격을 다시 간략하게 정리해 보겠다.

첫째, 교육학자들이 실제의 부면에 많이 관여하는 일은 그들이 수행해야 할 이론적 작업의 희생 위에 일어나고 있다는 점이 지적되어야 한다. 어떤 것에 대해 이론적으로 이해하는 것과 그 이론의 대상세계에 종사하는 것은 일의 성격에 있어서 서로 판이한 것이다. 여기서 이론적 관심은 관조하는 것이고 실천적 관심은 현실을 개선하는 것이라는 아리스토텔레스적인 양분법을 거론할 여유는 없다. 다만 이론을 만들어내는 것도 하나의 특수한 실제라는 점에서 이런 분류는 애초부터 잘못된 관점이다(장상호, 1997, p. 81, pp. 462-464). 그 모두가 실천의 다른 양상으로서 그 나름의 개선을 요구하는 작업이다. 교육을 잘하는 것도 중요하고, 교육학을 잘하는 것도 중요하다. 그러나 그들 사이의 경계는 뚜렷하다.

이 점에서 클리포드와 거드리가 연구중심의 대학에서 학내에 있는 동료들이 하는 일과 공립학교를 위해서 봉사하는 일을 구분하고, 그것 가운데 하나를 선택해야만 하는 것으로 본 것은 옳은 인식이다. 그들은 설사 사범대학이 캠퍼스 안에서 학구적으로 낮은 평가를 받는 처지에 놓이게 될지라도, 공립학교의 응용문제에 더욱 체계적으로 노력할 것을 권장한다. 그것은 사실 교육학의 입장에서는 학문하기를 포기하는 것과 같은 파격적인 진로이다. 교육학자가 커리큘럼을 계획하고 운영한다거나, 훌륭한 교사를 양성한다거나, 정책자문에 응한다거나, R & D를 한다고 할 때, 바로 그 작업에 종사하는 시간과 노력만큼 이론적 작업은 소홀해질 수밖에 없다는 것을 의미하기 때문이다.

그래도 되는가? 교육과 교육학은 물고기와 그것을 포착하는 그물과 같은 것으로 비유할 수 있다. 교육학의 목적은 물고기를 만드는 것이 아니라, 그것을 인지적으로 포착할 수 있는 그물을 제작하는 것이다. 학자 본연의 역할 역시 전자보다는 후자에 있다는 것은 말할 필요도 없다. 대학에서 훈련받은 최근의 젊은 교육학도들이 그들의 선배가 현장에 대해 의무감을 갖는 것과는 달리 이론적 작업에 관심을 더 갖는 것은 자연스럽고 바람직하다. 훌륭한 교사를 양성해내는 일은 학문 이외의 활동을 필요로 한다. 정책연구는 이론적인 작업과 거리가 멀다. 더구나 우리가 앞 절에서 밝혔듯이 교육학은 그 나름의 정체성을 제대로 밝히기도 전에 타 학문을 임시방편적으로 도입하고 있는 실정이 아닌가? 그럴수록 더 많은 이론적 수련과 작업이 필요한 형편에 교육학도들은 자신의 노력과 시간을 다른 곳에 소비하고 있는 것이다. 그 때문에 교육학도들은 용병학문의 틀을 벗어나지 못하고, 다시 모학문에 집착하게 된다. 학문적으로 볼 때, 이것은 교육학의 영속적인 종속을 의미한다.

둘째로 지적해야 할 문제는 많은 노력과 시간을 투여하고 있음에도 불구하고, 교육학도들은 노력만큼의 실제에 대한 개선의 실적을 올리지 못하고 있다는 점이다. 학문이 발전하면 그 대상세계도 발전한다는 실증주의(Comte, 1854; Halfpenny, 1982)가 만연할 때, 교육학이 출현했다. 그리고 상황이 바뀐 지금도 시대착오적인 신념과 기대를 버리지 못하고 있다. 교육학도들은 교육학을 열심히 하면 실천에 큰 영향을 줄 것이라 생각한다. 그들이 말하는 '교육현장'을 개선하는 데 도움이 될 수 있는 것이라면, 모두 교육학이 된다는 식의 극단적인 도식을 따르는 경우도 있다. 그러나 그것은 지나치게 낙관적이거나 허황된 희망사항에 불과한 것이다.

그들이 '교육현장'을 어떻게 규정하든 간에 그것을 결정하는 것은 그것을 바라보는 관점의 정립만이 아니다. 역사는 오직 역사학적 관점에만 의존해서 진행되지 않는다. 실증주의의 소산인 사회학도 그 자체를 잘하면 사회적 질서가 제대로 유지될 수 있으리라는 콩트의 이념을 포기한 지 오래이다. 누차 지적하지만, 교육학을 잘한다는 것과 교육을 잘한다는 것은 별개의 일이다. 이 말은 그들 간에 관계가 없다는 것을 의미하지는 않는다. 그러나 아무리 훌륭한 지식이 있다고 하더라도, 그것은 실제적인 상황을 변화시키는 수많은 요인 가운데 하나에 불과한 것이다. 그 어떤 실제적인 문제도 지식을 이용하는 것만으로는 해결될 수 없다. 거기에는 정치적, 경제적, 사회적, 역사적, 심리적 요인 등 다양한 변수들이 동원되어야 하는 것이다.

학문적 실천의 희생과 포기라는 엄청난 결단에 비해 교육학도들이 직접적으로 실제에 도움을 주는 실적은 대단한 것이 못된다. 교육학에서 제시한 이론이나 그로부터 도출된 원리만이 교육을 결정하는 것이 아니다. 그런 이론과 원칙은 인식의 영역에 한정되어 있다. 사람들이 설사 그 인식에 동의한다 하더라도, 그것을 실현시키는 데 필요한 여타의 조건은 무수하다. 우리는 그 한계를 커리큘럼, 교사양성, 정책수행, R & D의 모든 영역에서 목격하고 있다. 커리큘럼의 계획과 운영은 학교 당국자에 의해 해결될 문제이다. 교사양성은 실무의 반성적 실천에 의존해야 한다. 정책의 결정과 수행은 수많은 정치적 배려와 국민 전체의 호응이 필요하다. 그럼에도 불구하고 교육학도들은 그들의 학문적인 불안한 위치 때문에 교육의 문제가 오직 교육학에 의해 구제될 것이라는 허황되고 이행할 수 없는 약속과 이데올로기에 지금도 매달리고 있다.

교육학도들의 실제의 참여와 관련하여 지적할 수 있는 마지막의 허점은 위의 그 어떤 것보다 심각하다. 우리는 얼마나 그 응용이 효과 있느냐의 문제를 떠나서 더 근원적인 문제를 제기할 수 있어야 한다. 그것은 무엇을 어디에 응용하느냐에 관한 것이다. 교육학도들은 이 문제에 대해 대부분 그들의 연구가 교육학적인 연구이며, 그 연구는 교육의 개선을 위해서 응용된다고 생각한다. 그러나 내막을 들여다보면, 그 주장의 근거는 매우 희박하다. 사실 응용되는 지식은 용병학문이며, 그것이 영향을 주고자 하는 영역은 교육이 아니라, 학교라는 것을 발견하게 된다. 교육학도들은 교육학의 태생적 한계 때문에 아직 용병학문과 교육학을 구분하지 못하고 있으며, 또한 학교와 교육을 혼동하고 있다.

지금의 교육학은 교육을 위한다고 하면서도 교육이 무엇인지를 보여주는 고유한 개념이 부재하기 때문에, 이들의 연구나 작업은 공허한 구호에 그치거나 비본질적인 문제의 해결로 왜곡되는 경우가 대부분이다. 그 점은 위에서 검토한 제반 응용영역들의 사례에서 분명하게 드러나고 있다. 커리큘럼이라는 영역에서 교육의 문제를 다룬다고 하지만, 교육학도들이 실제로 관심을 두고 있는 문제나 사실은 교육의 것들과는 전혀 다른 범주의 것이다. 그들이 하는 일들을 교육의 용어로 화려하게 치장하고 있지만, 그들은 외래학문을 끌어들여 그것을 외래적인 것으로 환원시킬 뿐, 교육 자체는 거의 도외시하거나 은폐시키고 있다. 교사양성이라는 명분으로 예비교사를 훈련시키고 있지만 그 효과 역시 의문이며, 더불어 그들을 통해 왜곡된 교육관을 영속화시키고 있다. 정책연구에서는 교육의 가치보다는 정치·경제·사회·문화를 더 앞세운다.

교육학도들이 실제를 위해 아무리 분주하게 활동한다 하더라도, 그것이 진정한 의미의 교육 개선은 물론 교육학의 발전과도 결부될 수 없다는 것이 내가 지적하고 싶은 교육학의 문제이다. 교육학도들은 항상 전문가의 대우를 받는다. 그러나 그 전문성은 교육을 제도라는 틀 속에 고착시켜 놓고, 그 제도의 유지에 근거하고 있는 것이다. 학교라는 제도가 존속하는 한 끊임없이 크고 작은 문제가 일어날 것이고, 그 문제해결이 전문적인 처방을 요구하는 한 교육학자들이 차지할 몫은 있을 것이다. 그러나 그들의 전문성은 명분이 의심스러운 이중적인 한계 내에서 이루어지고 있다. 하나는 제도 자체를 교육 고유의 논리에 의해 의문시하거나 재조직할 고유한 학적 토대를 갖고 있지 못하다는 것이다. 다른 하나의 한계는 그들이 필요에 따라 그때그때 동원하는 전문성이라는 것이 결국 교육 자체를 포착하는 개념틀이 아니라 외래적 사실을 포착하는 개념틀에 근거하고 있다는 점이다. 한편으로 상식과 제도를 용인하고 고착시키면서, 다른 한편으로 교육을 외래적 사실로 왜곡시키는 일이 교육학도들의 주된 활동이라고 누군가 고발한다면, 그것을 악의에 찬 무고라고 간단히 넘겨 버릴 수 있는가? 교육의 문제가 교육학자들에 의해서 일어나고 있고, 그것이 또 교육학자들의 개입을 정당화하는 끊임없는 악순환을 초래하고 있다는 혐의에서 벗어날 수 있는가? 있다면 교육학이 그 악순환에 대한 혐의에서 벗어나는 길은 과연 무엇인가?

어느 분야의 발전이든 원칙에 따라 그 실상을 파악하고 개선함으로써 이루어질 수 있다. 원칙으로 말하면, 교육학이 가야 할 올바른 길은 그 나름의 고유한 개념틀을 가지고 교육의 개선에 공헌하는 것이다. 여기서 우리가 주목해야 할 점은 개선되어야 할 교육이라는 것도 바로 그 개념틀에 의해 규정된다는 것이다. 이 부분이 바로 교육학이 교육을 위해 할 수 있는 가장 내실 있는 봉사의 영역이다. 우리가 관심을 갖고 발전시켜야 할 교육이라는 것은 도대체 무엇인가? 이런 근원적인 문제가 아직도 해결되지 않았다는 점에서 교육이나 학교가 당면한 문제보다는 교육학이 당면한 문제가 더욱 시급한 과제로 남는다. 교육학이 비정상인 마당에 교육학도들이 교육의 정상화에 관심의 우선권을 부여하는 것은 어떻게 보아도 앞뒤의 순서가 뒤바뀐 경우라고 해야 할 것이다.

1.5. 교육학과 교육의 대립

1.5.1. 잘못 끼워진 단추

학문과 그 대상세계는 전혀 다른 종류의 세계이다. 자연과학과 자연, 그리고 경제학과 경제의 경우가 좋은 예이다. 그럼에도 불구하고 이들은 또한 불가분의 관계를 갖는다. 그 대상세계에 대한 체계적인 이해는 학문적 개념의 창조에 의해 가능하기 때문이다. 인류의 역사에서 학문은 대상세계보다 훨씬 뒤쳐진 역사를 갖고 있다. 좋은 분과학문일수록 일반인들이 전통적으로 가져 왔던 대상세계에 대한 소박한 인식이나 상식을 쇄신시킨다. 인류의 역사가 설사 동일하다 하더라도 그것에 대한 고대인과 현대인의 인식수준에서 큰 차이가 나는 것은 이 때문이다.

정상적이라면, 교육학과 교육의 관계도 마찬가지로 규정할 수 있을 것이다. 인류의 역사에는 늘 교육이 있었고, 지금도 우리 삶의 곳곳에서 교육이 진행되고 있다. 교육학은 그 교육에 대한 고유한 이해를 체계적으로 더 확장하고 심화시키는 방향으로 진로를 선택해 나가야 할 것으로 기대된다. 그럼에도 불구하고 지금의 교육학은 불행히도 그런 초보적인 기대나 과제도 충족시킬 수 없는 방식으로 진행되어 왔다. 초기의 교육학자들은 교육에 대한 자신들의 빈곤한 사유를 의식할 정도로 현명하지 못했다. 아니, 정확하게 말하면, 그들은 자신들에 의해 끊임없이 해명되어야 할 교육이 너무도 자명한 사실처럼 보이는 특이한 시대적 조류에 합류하였다.

18~19세기 서구의 국가주의의 출현과 더불어 교육하는 곳이라고 하는 공립학교가 사회적 제도로 도입되었다. 그에 따라 주입되거나 고착된 일반인의 무반성적 상식이 현존하는 교육학을 규정하는 주된 근거로 작용했다. 교사양성이라는 실제적인 문제의 해결이 우선하고, 그 과업을 수행하는 집단이 이루어지고, 그리고 그 집단이 하는 것이 바로 교육학이라는 편리한 도식이 아무런 반성 없이 받아들여진 것이다. 그 제멋대로의 규정 가운데 가장 치명적인 약점은 기존의 분과학문을 무분별하게 도입하는 편법에 있었다. 다른 분과학문들이 그들의 자율성을 얻어내기 위해 환원을 경계했음에 비해 교육학은 그 환원을 애초부터 자초한 셈이다.[30)]

---

30) 한때 나는 이런 방식으로 규정된 교육학의 특징을 부각시키기 위해서 "때까치 학문"이라는 용어를 쓴 바 있다. 때까치는 가끔 뻐꾸기 알을 자신이 낳은 알로 잘못 알고 부화하는 것으로 알려져 있다. 그것은 뻐꾸기가 때까치의 집에 그의 알을 낳아놓는 교활함에서 비롯한 것이다. 그러나 이 용어의 사용은 사실 부적절하다. 왜냐하면 교육학자들이 모학문으로 삼는 연구 분야에 종사하는 학자들은 결코 교육학자들에게 그런 의도적인 책략을 쓴 바 없기 때문이다. 지식 부재의 상황에서 임기응변적으로 도입된 용병학문들을 받아들이고, 스스로 자진하여 모학문적 사실을 연구하면서 그것이 바로 교육학적 지식이 될 것으로 착각하고 있는 상황이 진행되고 있는 것이 지금까지의 양상이다.

교육학자들은 학문적 관심보다는 학교라고 하는 실제적인 문제를 해결하는 대열에 끼었다. 급박한 상황을 타개하는 데 있어 타 학문의 개념을 빌려와 학교의 문제를 해결하는 방식을 취한 사람들이 교육학의 적자(嫡子)로 등재되기에 이른 것이다. 이로써 교육학의 전통은 교육이 무엇인가 하는 물음에 대한 해답이 이루어지기도 전에 너무도 견고하게 정착되었다. 학문의 적자란 아무렇게나 주장한다고 인정되는 것은 아니다. 더구나 그런 사실들을 따지고 분별하는 하는 곳이 학문공동체가 아닌가! 이 때문에 학문공동체 안에서 교육학이 차지하는 위치는 숙명적으로 곤궁할 수밖에 없다.

교육학도들이 내세우는 주장의 이면에서 진행되고 있는 사태를 보다 정직하게 있는 그대로 파악한다면, 그들의 주된 관심은 학교 안에서 진행되고 있는 제반 모학문의 이질적 사실들로 분산되어 있다. 교육학자는 예우적인 명칭일 뿐, 그들은 대학 안에서 학문적 지위를 확고하게 차지하고 있는 제반 분과학문에 종속되어 있다. 그 규모나 질의 면에서 '이류잡학'의 양상을 벗어날 수 없다. 그러한 학문적인 약점은 교육학도 자체의 자각과 자체의 이론적인 체계를 구축하는 것으로서만 해결될 성질의 것이다. 그러나 그러한 혁명적인 시도는 교육학의 역사에서 찾아보기가 어렵다.

교육학의 정상적인 과제 수행을 지연시키면서 곤궁한 상황을 타개하는 임시방편이 진행되고 있을 뿐이다. 그 하나가 바로 학교에서 일어나는 온갖 사태에 대한 실무적인 과제에 매달리는 것이다. 이 때문에 교육학도들이 단지 무위도식하고 있는 것은 아니다. 이처럼 일거리가 있고, 거기에 열심히 참여하고 있다는 것이 교육학도들의 위안이라면 위안이다. 수요가 있으니까 교육학도가 필요하고, 이미 해체되기에는 너무도 비대한 인구의 교육학도가 있으니까 학교의 문제가 필요하다. 이런 방식으로 교육학도들의 학교현실에 대한 임기응변적인 개입이 사회적으로 정당화되면서 그들의 특이한 이해관계가 형성되어 왔다.

그러나 "교육학의 정상화"조차 되지 않은 상태에서 "학교교육의 정상화"에 개입하는 일은 스스로 한계가 있다. '학교교육'이라는 말은 '학교'와 '교육'의 개념적 분리가 전제된다. 그런데 그런 초보적인 개념구분도 이루어지지 못하고 있다. 교육학도들은 학교를 곧바로 '교육현장'으로 규정하는 버릇이 있다. 다음에 그 교육현장에 대한 이론적 이해를 필요로 하는 부분에서 기존의 분과학문들의 개념이 도입된다. 이처럼 현존하는 교육학의 학제적 관점에 의해 포착될 수 있는 모든 이질적인 현상을 교육이라는 말로 지칭함으로써 실제로 우리의 삶의 일부를 구성하는 교육의 존재는 밝혀질 도리가 없다.

현존하는 용병학문들의 개념을 사용하여 아무리 화살을 쏜다고 하더라도, 그것은 교육과는 다른 현상들에 적중하도록 되어 있다. 정확하게 말하면, 이들의 개념은 학교 안의 온갖 모학문적 사실들을 지칭한다. 개별적인 용병학문들이 겨냥하는 사실들이 각각 다른 것만큼 그 화살은 그 수만큼 다른 방향으로 빗나간다. 개념적인 분산과 혼란, 그리고 개선 대상의 착오는 엄청난 방향착오와 낭비를 수반한다. 그 귀결점은 모든 낭비의 존립근거가 제도에 있기 때문에 그 제도를 고착시키고, 상당 부분 제도적 개념과 관련하여 문제를 일으키며,[31] 그 문제를 해결한다는 명분을 유지시키는 악순환이다.

요컨대, 현존하는 교육학의 역사는 학교에 대한 연구의 역사일지는 몰라도 고유한 의미의 교육을 연구하는 역사는 아니다. 학교에 대한 학제연구는 필요할 뿐만 아니라, 그것이 교육에 대한 연구와 상충할 이유도 없다. 전자에 의해 학교 안에 존재하는 다양한 사실들이 서로 구분되는 방식으로 드러날 것이다. 후자는 이에 더하여 학교 안의 교육에 대한 이해를 추가시킬 수 있다. 이런 공존관계는 비단 학교라는 협소한 공간에서뿐만 아니라, 삶의 모든 공간에서도 유지될 수 있다. 교육학의 근본문제는 이러한 학문적인 규정의 분별에 대한 자각과 통찰이 교육학도들에게 결여되어 있다는 데서 비롯한다.

---

31) 오늘날 교육문제의 상당한 부분은 교육학의 왜곡된 교육관에서 유래하고 있다.

학교에 대한 학제연구와 교육에 대한 연구를 구분하지 않고, 후자를 전자의 것으로 대치시킨 역사적인 우연과 임시방편을 교육학도들이 스스로 고수하면서 땜질식 방어를 하려는 전통이 지금까지도 지속되고 있다. 이는 단지 언어사용의 헤게모니 문제에 국한되는 것은 아니다. 기존의 외래 학문을 통해 교육현상을 체계적으로 밝힐 수 있다는 발상 자체가 오류인 것이다. 그런 오류의 전통이 고수되는 한, 막상 밝혀져야 할 교육현상은 제대로 주목받지 못한 채 은폐되거나, 외래적 사실들로 사방팔방으로 왜곡된다. 이러한 양태는 교육을 교육답게 규명해야 할 진리탐구의 가장 기본적인 내규에 어긋난다. 본 절의 특이한 주제, 즉 "교육학과 교육의 대립"은 그런 전통과 관행이 계속됨으로써 교육에 대한 우리의 올바른 이해가 오히려 방해받을 수밖에 없는 지금의 역설적인 상황을 아주 짧은 말로 요약해서 지칭한 것이다.

1.5.2. 교육에 대한 개념의 왜곡과 혼란

교육학과 안에서 용병학문들의 활동은 매우 분주하다. 그들은 자연스럽게 학교 안의 모학문적인 사실들을 드러낸다. 각종의 철학적 논점, 심리학적 관점, 사회학적 관점, 행정학적 관점, 문화인류학적 관점 등은 우리들을 서로 분별되어야 할 여타의 다양한 세계들로 안내한다. '교과목'에 관한 철학적 관점, '학생'에 대한 심리학적 관점, '교육자치'와 같은 행정적 사실, '교육제도'라는 사회적 사실, '교육재정'이라는 경제적 사실, '학교문화'라는 문화적 사실들이 중요한 것으로 지적된다. 문제는 그러한 것들을 총칭하여 교육현상으로 규정하려는 데 있다.

그러한 논의를 정당화시키는 논리를 추적해 보면, 두 가지 갈래가 있음을 발견할 수 있다. 하나는 모학문적 사실이 교육과 긴밀하게 관련되어 있다는 것이다. 논리적으로 따져서 적어도 X와 Y가 관련 있다고 주장할 때에는 그것이 서로 다르다는 것이 전제된다. 가령 교육과 제도 사이에 관련이 깊다고 할 때, 양자는 개념적으로 분리될 수 있어야 그 의미를 가진다. 그러나 대개의 경우 모학문적 관심이나 사실들 사이에 개재하는 차이는 인정하지만, 그 사실들이 관련을 맺고 있는 교육이 어떻게 그들과 다른 것인지에 대한 설명은 없다.

그 석연치 않은 부분에서 다른 하나의 비약이 작용한다. 그것은 양자간에 긴밀한 관계가 있으니까 바로 모학문적 사실이 교육이라고 주장하는 것이다. 가령 제도와 교육이 관련되어 있다고 주장하면서 교육은 바로 제도라는 식의 도식을 받아들인다. 그런 사람은 학교제도를 바꾸는 것을 교육의 개혁으로 본다. 이와 같은 범주의 환원과 논리적 비약은 학교가 그것을 둘러싼 정치적, 경제적 현실을 반영한다는 사실에 주목하여 교육을 "사회의 재생산"으로 규정하는 주장에서도 발견된다. 이 예에서 제도나 재생산이라는 이질적인 개념들은 정확히 그것들이 뿌리를 내리고 있는 모학문의 세계 내에서 의미를 확보하고 있다. 그것들을 모두 교육이라는 말로 지칭함으로써 정작 해명되어야 할 교육은 교육과는 다른 현상으로 왜곡되고 만다(장상호, 1986, 1990; 최성욱, 1988).

A의 현상을 B의 현상으로 보는 범주착오가 있었다면, 후자를 전자의 것으로 환원시키면 그만이다. 우리의 언어생활에서 이음동의(異音同意)는 흔한 일이다. 그러나 교육학에서 받아들인 범주는 한 가지 세계의 것이 아니기 때문에 그 착오를 교정하는 일조차 그렇게 단순하지 않다. 그 환원도 하나에서 다른 하나로 이루어지는 것이 아니라, 다양한 것으로 환원된다는 점이 특징이다. 즉, 교육은 한때는 철학적인 범주의 것으로, 다른 때는 심리적인 사실로, 또 다른 때는 사회적 사실로, 그 외에도 무수한 이질적인 사실로 환원되는 시달림과 수난을 겪고 있다. 이런 이질적인 것들이 교육이라는 동질현상이 될 수 없다는 것은 자명한 일이다. 이들을 통칭하여 교육학이라고 부르는 것은 허울 좋은 명분일 뿐이다.

모든 학문의 대상이 교육현상으로 둔갑함으로써 교육은 그것이 구분될 수 있는 외연의 경계를 가질 수 없게 되었다. 교육학자들이 말하는 교육이 사실상 인간사의 모든 것으로 확장됨으로써 교육은 고유한 의미를 잃게 되었다. 교육인 것과 교육 아닌 것들 사이의 경계가 거의 없다. 이런 상황에서는 교육 내적인 변인들과 교육 외적인 변인들의 구분이 생길 수 없음은 말할 필요조차 없다. 심지어 서로 환원되지 않도록 개념화된 이질적인 사실들이 교육이라는 하나의 사실을 해명하는 것처럼 위장됨으로써 그들 간의 차이조차 제대로 부각되지 못하고 있다. 이렇게 볼 때 용병학문들이 모학문을 빙자하여 교육학의 위치를 차지하고 있는 것에 대해 모학문의 학자들이 관용할 것 같지가 않다. 그런 방식은 또한 역으로 모학문의 고유한 사실들을 교육으로 왜곡시키는 것으로도 해석될 수 있기 때문이다. 말하자면 용병학문들은 교육학과 모학문의 어느 쪽에서도 원하지 않는 지역에 제멋대로 어정쩡하게 위치해 있다고 볼 수 있다.

그런 위치를 정당화하는 두 번째 교묘한 방법이 있다. 그것은 교육을 단순히 어떤 과제나 기능으로 규정하는 것이다. 각 분야의 온갖 요청사항을 앞세우고, 그런 결과를 가져오게 하는 것이 바로 교육이라는 식의 도식을 성립시킨다.[32] 결과가 교육의 과정을 정당화하는 방식으로 교육에 대한 별도의 규정을 회피한다. 더 나아가 그 결과에 대한 주문은 개방되어 있다. 범위가 한정되지 않은 기능으로 교육을 규정하는 방법이 갖는 엄청난 매력은 교육이 마치 기적을 창조할 수 있는 요술방망이 같다는 인상을 사회 각 분야에 줄 수 있다. 무엇이든 주문만 하라. 그러면 교육이 그것을 해결해 줄 것이다. 이는 일견 사회과학에서 널리 유행하는 기능주의(functionalism)를 연상시킨다. 그러나 깊이 추적해 보면, 그 내막은 전혀 다르다.

심리학, 사회학, 혹은 문화인류학의 분야에서 통합된 인간의 삶 전체를 설명할 때, 다양한 형태의 기능주의가 등장했다(Sills, 1980). 여기에는 여러 가지 변형이 있지만, 한 가지 공통점이 존재한다. 그것은 하나의 사회 혹은 사회체제의 어느 부분을 전체의 어떤 다른 부분 혹은 어떤 국면과

32) 그 좋은 사례로 피터즈와 화이트(Peters & White, 1973)가 교육을 "마음의 바람직한 상태로 사람들을 안내하는 것"으로 규정한 것을 들 수 있다. 여기에서 흔히 그 "마음의 바람직한 상태"가 내재적 가치를 갖는다는 이유로 그들을 기능주의와 구분하기도 하지만 사실은 그렇지가 않다. 교육은 그런 상태를 이끌어내는 수단으로 규정되고 있다는 점에서 그들 역시 기능주의의 범주를 벗어나지 못한다.

연결시키는 데 관심을 갖는다는 것이다. 우선 그 요소를 이루는 부분에 대한 규정이 선행되고, 그것들이 하나의 체제로서 서로 어떤 기능적 관계를 갖는지를 추적한다. 이러한 기능주의적 가정에는 그 내부에 서로 긴장이나 비일관성이 없는 것은 아니지만, 종국적으로는 서로가 서로를 보강하는 방식의 유기성이 전제되어 있다.

물론 기능주의의 설명에 문제점이 없는 것은 아니다. 각 부분은 무엇인가? 그들이 갖는 인과관계는 일방적인가 혹은 쌍방적인가? '적응', '필요' 혹은 '기능'이라는 말에 모호한 부분은 없는가? 부조화와 갈등의 국면을 간과하는 것은 아닌가? 이런 문제를 두고 여러 가지 선행조건과 가정을 검토하고, 특정한 모형을 발전시키려는 시도가 진행되어 왔다. 말하자면, 기능주의는 사태를 정의하는 방식이 아니라, 검증되어야 할 모델, 이론 혹은 가설로 취급되어 왔다. 그런데 내가 여기에서 문제시하는 교육학의 기능주의는 그런 수준의 인식론적 요구사항에도 훨씬 못 미치고 있다는 데 더 큰 문제가 있다.

교육이 각종 분야의 발전을 위한 중요한 수단이라는 식의 도식은 일견 그럴듯하게 보이지만, 그 내용을 들여다보면 교육현상을 밝히는 것과는 전혀 무관하다. 이것은 교묘한 방식으로 교육 자체에 대한 해명을 회피하고 있다. 교육은 하나의 현상으로서 자체의 설명을 요구한다. 기능에 대한 논의는 그 다음에야 가능하다. 그런데 교육학자들의 방식은 교육 자체가 무엇인지를 규정하지 않고, 기능의 측면만을 내세운다. 도달점에 이르게 하는 "교육의 정체"는 기능적 과제에 불과할 뿐, 아직 미지수로 남아 있다. 그런 미지수의 실체가 마치 어떤 공통된 실체를 지칭하는 것처럼 논의된다. 이로써 교육은 논자의 머릿속에 암묵적으로 존재하거나 혹은 모호한 상태로 남게 된다.

문제는 실체가 없는 기능주의적 정의로 대표되는 교육이 져야 할 막중한 책임이다. 이 세상에 어떤 것이 모든 분야의 발전을 촉진시킬 수 있는 수단이 될 수 있는가? 그것이 불가능한 것만큼 교육은 실적의 부진에 따른 비난을 감수해야 한다. 실적부진은 교육을 기만적인 것으로 추락시킨다. 더 나아가 설사 실적이 있다고 하더라도, 오로지 교육에 힘입은 것이라고 주장한다면, 그것을 믿을 사람이 얼마나 있겠는가? 교육이 표방하는 결과에 작용하는 변인은 무한하다. 따라서 그 몫은 그 작용에 참여한 사실을 입증할 수 있는 다양한 분야들의 것으로 돌려줄 수밖에 없다.

교육의 기능적인 측면을 내세우는 교육학자들이 그러한 무한의 책임에서 해방될 수 있는 오직 하나의 방법은 그들의 교육관을 수정하는 것이다. 기능주의 교육관에는 인과관계에 대한 특이한 가설이 포함되어 있다. "교육은 X의 결과를 가져오게 하는 어떤 것이다"라는 정의를 택하게 되면, 교육은 X를 가져오게 하는 필요충분조건을 만족시킬 수 있어야 한다. 그런데 그 결과가 나오지 않는다면 어떻게 되는가? 가설이 부인되는 경우, 엄격하게 말하면 정의 자체가 잘못된 것이기 때문에 그 정의를 수정하는 이론적 작업이 후속되어야 한다. 그런데 교육학자들은 놀랍게도 그 상황을 "잘못된 교육"으로 전가시킴으로써 마지막까지 책임회피의 통로를 택한다.

그처럼 "책임이 면제된 기능주의"의 남용이 위세를 떨치고 있다. 대부분의 용병학도들이 택하는 교육에 대한 이론적 입장은 모학문 혹은 모학문 안에서의 특정한 유파가 바람직한 것으로 규정하는 인간을 형성하는 하나의 기능을 내세우는 것이다. 교육철학은 자유주의 전통에의 안내를, 교육심리학은 심리적 건강을, 교육사회학은 기존 사회체제의 재생을, 교육경제학은 유능한 인력양성을, 그리고 교육인류학은 문화유형의 전달을 주문한다. 그 내부의 이데올로기의 차이에 의해 예컨대, "사회의 재생산"이 "사회의 저항"으로 주문 내용이 역전되는 경우도 허다하다. 여기에 학교의 기능이 추가된다. 공립학교는 교육과 연관되어 있으며, 그런 의미의 교육은 그 자체로서의 목적을 가진 것이 아니라, 항상 도구로서의 가치를 갖는 것으로 치부되어 왔다. 사회적 결합, 시민적 통합, 국가방위, 개인의 건강, 사회적 출세, 경제적 자원의 확보, 생태적 환경의 보존, 교통질서의 유지 등 그 항목을 열거하자면 끝이 없다.

놀라운 사실은 주장하는 결과의 차이를 중심으로 '교육이론'의 분류가 이루어지는 것을 허용한다는 점이다. 각각의 도달점이 다른 만큼 교육이론의 수도 증가한다. 뿐만 아니라 유파에 따라 주문이 상충될 수도 있다. 다음의 글은 이른바 '교육이론'의 정체성이 현재 어떤 상황에 처해 있는지를 잘 기술하고 있다.

> '교육'이란 용어의 사용은 너무도 다양하기 때문에 자신이 하고 있는 일을 교육이라는 이름으로 기술하려는 그 어떤 사람이라고 하더라도, 그것을 설명하거나 혹은 일관성 있는 의미를 만들려는 의무감을 받아들이기 어려울 것이다. '교육'이라는 말의 용도에 설사 합의가 있다고 하더라도, 목적과 수단에 대한 견해의 토대가 너무도 다양하고, 논의의 노선이 대단히 다양하다. 따라서 우리가 상상할 수 있는 일단의 특징 있는 명제들은 아무런 구분도 없이 누구나 한 마디씩 해왔던 거의 모든 인간의 이해관계에 대한 영역 속으로 용해된다. 그리고 '교육이론'이라는 말의 용도로 사용된 그 어떤 논점도 그와 더불어 용해되어 사라지고 만다(Simpson, 1982, p. 51).

이러한 사태를 용인하는 과정에서 '교육'이라는 말이 지칭하는 것은 거의 종잡을 수 없는 실체가 되고 만다. 기능주의 교육관은 그 자체 안에 동어반복적인 면이 있다. 가령, "자아를 실현시키는 것이 교육이다"라는 말에서 후자의 교육은 굳이 다시 쓸 필요가 없다. "교육은 사회의 재생산이다"의 경우도 마찬가지이다. 이때 교육은 사회를 재생산하는 것이라는 말을 잉여적으로 대신하고 있다. 그런데 여기에 교육이라는 말을 다른 것으로 대치하는 동어반복의 단순한 사례로 치부하고 넘어갈 수 없는 심각한 문제가 도사리고 있다. 교육이라는 말은 여러 상황에서 무분별하게 쓰이기 때문에, 다시 말하면, 하나의 기능주의적 관점이 아니라, 다양한 기능주의적 관점이 있기 때문에 이들은 교육을 매개로 복잡한 관계를 맺게 된다. 위의 예를 들어 설명하면, 자아실현이 교육이고, 사회재생산이 교육이라고 하면, 교육을 매개로 하여 "자아실현=사회재생산"이라는 등식이 성립된다. 이렇게 되면 이론적으로나 이념적으로 쉽게 어울릴 수 없는 맥락들 간에 혼동이 초래될 수밖에 없다.

이것저것 모두를 교육이 할 수 있다는 것은 사실 그 어느 것도 철저하게 하지 못한다는 것을 의미한다. 더구나 이질적인 관점들에 의해 비추어진 것들이 모두 교육적인 사실로 둔갑함으로써 엄청난 개념의 혼동에 빠질 수밖에 없다. 이런 상황은 마치 숨은그림찾기를 구상하고 있는 사람이 찾으려는 대상을 일부러 엉뚱한 주변 맥락 속에 넣어서 문제를 더욱 어렵게 하는 것에 비유할 만하다. 숨은 그림을 구상하는 사람은 게임을 위해 의도한 것이지만, 학자가 그러한 혼란을 조장하고 있다는 것은 심각한 문제이다.

이질적인 것을 서로 구분하지 않고 하나로 동질화시키는 것을 "논점상위의 오류(ignoratio elenchi)"라고 말한다. 이는 주목해서 논의해야 할 현상에서 벗어나 다른 주제로 인식을 전환시키는 것을 지칭하는 것으로, 통상 특정 주제에 대해 논의하는 데 방해요소가 된다. "X의 색깔이 삼각형이다", 혹은 "X의 모양이 붉다"라는 말은 범주착오의 좋은 예가 된다. 논점상위는 이러한 범주착오를 포함하고 있는 논의를 말한다. 가령 색깔에 관해 논의하는 도중에 모양의 문제를 개입시키는 경우가 그러하다. 이런 종류의 논의는 의미 있게 진행되기가 어렵다.

안타깝게도 교육학자들은 수시로 이 오류의 늪에 빠져 허우적거린다. 외래학문을 무한정으로 받아들임으로써 개념들이 뒤죽박죽 혼동되고, 끊임없이 판단의 모호성과 불명료함이라는 수렁에 빠진다. 교육에 대해 논의해야 할 곳에서 어떤 사람은 학생들의 지능이나 동기의 개인차에 관한 심리적인 사실을 지적한다. 이에 질세라 다른 사람은 학교와 관련된 사회적 불평등의 문제를 제기한다. 그런가 하면 그 논의에 '사교육비' 혹은 '공교육비'라는 경제적 차원이 어김없이 끼어든다. 때로는 논의가 '교육체제'라는 행정의 문제로 비약되기도 한다. 이런 식으로 상응할 수 없는 제반 사실들을 멋대로 열거하다 보면, 건설적인 논의가 전개되기도 전에 개념적인 혼동으로 지쳐 버리고 만다. 말하자면, 환원할 수 없는 분과학문의 개념체계가 교육이라는 현상을 포착할 수 있는 것으로 공존함으로써 건설적인 논의가 성립되지 않는 것이다. 목하 '교육'을 말할 장소에서 논자들이 서로 다른 사실들을 늘어놓기 때문에 하나의 구심력 있는 담론으로 연결되지 못하고 항상 '잡담'만 무성하다.

잠시 앞의 소절(1.2.2)에서 소개한 〈그림 1.1〉의 교육학 하위학문들을 대표하는 학자들이 교육의 문제를 두고 몇날 며칠을 논의하는 장면을 연상해보자. 서로 다른 모학문의 배경을 지니고 있는 용병학문들이 모여 교육에 대해 합의할 수 있는 바는 학교가 바로 교육이라는 도식 이외에 다른 것일 수가 없다. 그들은 각각 모학문이 드러내고 있는 이질적인 사실들을 교육이라는 이름으로 나타내려고 할 것이다. 이때 어떤 일이 벌어지겠는가? 모학문들은 각각 독자성을 표방하면서 발전하였고, 그 가운데 어떤 것은 다른 것들을 배제하는 방식으로 발전하였다는 점을 상기하자. 이처럼 전혀 다른 분과학문의 개념과 방법을 따르기 때문에 그들 사이에 소통상의 장애가 발생하리라는 사실을 쉽게 예상할 수 있다. 서로 다른 이론적 맥락에 의존하는 개념을 사용하는 사람들 사이에서 교육에 대한 언어소통은 차단되어 있다고 보는 것이 옳다.

'교육'이라는 같은 용어를 사용하고 있지만, 용병학자들마다 교육이라는 이름으로 각자의 모학문이 탐구하는 사실을 지칭하고 있기 때문에 그들은 대화하는 가운데 서로 다른 현상을 머리에 떠올리고 있다. 그러한 상황에서 그들 사이에 의미 있는 소통이 이루어지리라고 기대하기는 어렵다. 데리다(J. Derrida, 1967)의 말을 빌린다면, 그 의미는 상식의 맥락과 무수하게 진입을 허용한 모학문적 개념의 맥락에서 이리저리 '산포(散布)' 되고 있다고 할 것이다. 여기서 산포라는 말은 난자를 만나지 못한 정자들의 낭비라는 의미를 함축하고 있다. 또한 어떤 의미 있는 대화나 소통이 불가능해진다는 뜻도 있다. 이러한 상황은 마치 구약성서에 나오는 바벨탑의 신화를 연상시킨다. 이 신화는 방자하고 교만한 사람들이 하늘에 이르는 높은 탑을 세우려고 했을 때, 하나님이 공사를 방해하는 하나의 방안으로 제시된 것이다. 하나님은 이 신화에서 사람들로 하여금 서로 다른 방언을 쓰게 하여 그들 사이에 불신, 반감, 혼란, 분열이 일어나도록 했다. 교육학도들은 그러한 방해공작을 자초할 수밖에 없는 잘못된 전통 속에 갇혀 있다.

교육학의 잘못된 전통은 끈질기게 교육학자들에 의해 내부로부터 재생산되고 있다. 그 중 가장 강력한 통로가 교사양성과정이다. 교육학은 교사양성과 관련하여 탄생했으며, 지금도 그것의 생존을 보장하는 중요한 기능임에 틀림없다. 교육에 대한 왜곡과 개념의 혼돈은 장차 교사로 나아갈 사범대학의 모든 학생들에게 교직과목을 통해서 이루어진다. 교직과목들은 거의 모학문을 토대로 하는 용병학문이라는 것이 앞에서 지적되었다. 교사의 혼란한 사고체계는 다시 그들의 영향권 안에 있는 학생들에게까지 전염된다.

교육학자들의 영향력은 더 나아가 학부모의 교육관에까지 확장된다. 일상인들은 사회적 제도와 상식의 범주에 충실한 삶을 영위하기 때문에 교육이 학교 안에서 진행된다는 사실에 합의한다. 여기에 또 하나의 합의가 추가된다. 그것은 교육은 전문가의 기능이라는 점이다. 교육학자들은 전문가라는 미명 아래 일반대중의 교육관에 관여한다. 교육학자들은 자주 "그릇된 교육" 혹은 "왜곡된 교육"을 말하고 있는데, 막상 그들의 교육관이 더욱 체계적으로 왜곡되어 있다는 사실은 자각하지 못하고 있다. 교육학도들은 일반사람들의 교육에 대한 몰이해를 문제시하면서 자신이 소속한 모학문의 사실로 교육을 왜곡시킨다. 이런 이중의 왜곡은 일반사람들로 하여금 교육에 대해 어둡게 할 뿐만 아니라, 어둡다는 사실조차 어둡게 만든다.

마지막으로 교육학자들의 교육에 대한 왜곡된 관점과 개념의 혼란은 사범대학의 교육학과에 지망하는 그들의 후진들을 상대로 재생산된다. 교육에 대한 이해를 기대하고 입문한 그들은 입학에서 일정 수준의 학위를 받을 때까지 용병학자들에 의해 모학문의 체계에 입문하게 되며, 그것이 체계적인 것만큼 그 생각을 되돌려놓기 어렵게 된다. 이는 교사나 일반인들을 오도하는 것보다 더 심각한 결과를 가져온다. 왜냐하면 그 오도의 근원을 더 한층 강화하는 셈이기 때문이다. 우리가 곰곰이 생각해 볼 일은 그 악순환의 고리에서 교육학자들이 가장 원천적인 위치를 차지하고 있다는 사실이다.

1.5.3. 자율적인 교육학 출현의 억제

진리탐구는 숨겨진 것을 밝혀내는 일에 비유할 수 있다. 각 분과학문마다 그 대상세계의 특성을 드러내는 몫을 담당하고 있다. 이것은 삶의 총체성 가운데 일부라는 점을 주목할 필요가 있다. 이런 것이 밝혀지는가 하면, 저런 것이 밝혀지기도 한다. 그것이 삶의 다채로움을 밝히는 분과학문이 내세울 수 있는 진리탐구에 해당한다. 그러나 교육학자들의 경우에는 교육을 입에 붙이고 다니면서도 막상 교육적 사실 혹은 현상 자체는 연구하지 않은 채, 철저하게 그들의 시야에서 배제시켜 왔다. 이 때문에 정작 교육현상은 용병학문의 개념이 밝힐 수 없는 사각지대에서 지금까지도 소외되고 있다. 나는 이 부분을 다른 글(장상호, 1990)에서 이렇게 밝힌 바 있다.

> 모든 학문적인 개념망은 그들이 그들 나름의 학문적인 사실들을 두드러지게 드러내는 것만큼 다른 사실들을 배제시킨다. 이것은 마치 어둠 속의 스포트라이트에 비유할 수 있다. 타 학문들이 학교 내의 비교육적 사실들을 비출수록 교육은 그 밝음에 대비하여 더욱 더 어둠의 세계 속에 묻혀 버릴 가능성이 높아진다 (p. 50).

상당히 묵은 글을 여기에 재인용하는 것은, 많은 세월이 흘렀지만, 이 부분에서 아직도 나의 생각에는 변함이 없다는 것을 말하기 위함이다. "밝음 속의 은폐"라는 기현상은 교육이 은폐되어 있다는 의식을 갖고 있는 한, 그렇게 문제될 만한 것은 못 된다. 그런 의식은 교육을 찾으려는 노력을 촉진할 수도 있기 때문이다. 여기에서 바로 교육학의 자율화라는 도전적인 과제가 등장할 수 있다. 타 학문에 의해 조명된 비교육적인 사실들을 제외한 것으로서 교육적인 사실을 부각시킬 수 있는 새로운 개념체제의 확립이 바로 그것이다.

그러나 그 작업이 순탄한 것만은 아니다. 이전부터 해왔던 사유방식, 전통, 관례라는 근거에 매달리는 세력은 자율적인 교육학의 성립을 저해한다. 이러한 일이 발생하는 데에는 적어도 두 가지 이유가 작용하고 있다. 하나는 기존 분과학문의 체제가 신생 분과학문에 대해서 갖고 있는 기득권적 우세라는 이론적인 측면이고, 다른 하나는 보다 직접적으로 용병학문들이 교육학의 안방을 차지하고 있다는 특이한 정치적인 측면이다. 두 가지 측면은 학문공동체 안에서 하나의 분과학문으로 교육학이 정체성을 확립해 나감에 있어 제거하고 극복해야 할 치명적인 골칫거리로 남아있다.

먼저 이론적인 측면을 살펴보기로 하자. 월튼의 논문(J. Walton, 1974)은 그 부분에서 특별히 놀라운 통찰을 보인다. 월튼은 이른바 '학제연구'에 의존해 온 교육학 연구가 지니고 있는 문제점을 "맥락의 혼동(a confusion of contexts)"으로 규정하여 예리하게 비판한 바 있다. 그는 교육학이 외래학문의 개념체제 혹은 맥락을 무분별하게 도입함으로써 교육의 맥락에서 외재적인 개념들의 구분을 흐리게 했을 뿐만 아니라, 자체의 이론적 개념이 없는 교육 전체의 맥락을 혼동상태에 빠지게 한 사례들을 자세하게 제시하고 있다. 그 내용은 우리가 앞 소절에서 논의한 내용과 유사한 것이기 때문에 길게 소개할 필요는 없다. 그의 주장에서 본 소절의 주제와 관련하여 새롭게 주목해야 할 것은 외래적 개념이 교육학 내부의 자생적인 맥락이 출현할 수 있는 가능성을 억제할 것이라는 예단이다.

그 진단의 근거는 이렇다. 그는 분과학문들이 가진 맥락의 상대적인 위세에 주목한다. 맥락의 추상성이 높으면 높을수록 그것은 그보다 낮은 정도의 추상성을 가진 맥락을 침해하는 경향이 증대한다. 이미 상당한 정도의 추상성을 가진 이론적 맥락을 확보하고 있는 각 분과학문은 그 특수한 맥락을, 가능한 한 다른 추가적인 맥락들에까지 확장하려는 제국주의적 경향을 갖는다. 이 때문에 아직 추상성을 확보하지 못한 분야는 제국주의적 환원의 희생물이 될 수 있다. 하나의 예로 그는 제한된 맥락에서 자율성을 확보할 수 있었던 정신분석학이 그 개념들을 인간의 모든 행동을 설명하는 데까지 확장하여 쓰고 있는 오류를 든다.

교육적인 맥락은 고유한 개념을 요구하는데, 그것이 처음 출현할 때에는 낮은 정도의 추상성을 가질 수밖에 없다는 한계에 봉착한다. 다른 한편 교육학과에 침투해 온 용병학문들은 역사가 깊은 철학, 심리학, 사회학 등과 같은 모학문에 배경을 두고 있기 때문에 이미 추상성이 높은 이론적 맥락의 확보라는 유리한 고지를 점유하고 있다. 그만큼 후자들은 아직 제대로 출범하지도 않은 자생적이고 자율적인 교육학이 출현할 수 있는 가능성을 침해하거나 억압할 경향을 갖게 된다는 것이다. 이런 추론은 교육학과에 침투한 외래학문이 자율적인 교육학의 출현과 발전에 엄청난 장애나 해악을 줄 수 있음을 잘 드러내고 있다.

서로 다른 분과학문의 맥락이 갖는 상대적인 우세의 문제는 새로운 분과학문을 만들려는 시기에는 언제나 작용하였다. 예를 들면, 뒤르켐이 사회적 사실의 하나로 '집단의식'이라는 개념을 도입하려고 할 때, 당시의 학계에서는 그것이 심리학으로 설명될 수 있다는 점을 들어 별다른 의미를 부여하지 않았다. 그러한 경우에 직면했었던 뒤르켐이 교육적 사실을 사회적 사실의 일부로 환원시켜버린 경우는 하나의 역설적 사례가 될 것이다. 당시나 지금이나 교육은 자체의 학구적인 맥락을 갖고 있지 못한 상황, 굳이 말한다면, 실제적인 맥락에 속해 있기 때문에 용병학문에 종속될 수밖에 없다. 고유한 개념체제를 갖추지 못했기 때문에 외부의 학문체제가 도입되었으며, 이제 그 용병학문이 지배하고 있기 때문에 고유한 개념체제를 갖추기 어려운 악순환이 바로 교육학에서 진행되고 있는 것이다.[33]

자율을 지향하는 신생학문으로서 교육학이 타개해 나가야 할 불리한 조건은 단지 이론적인 것에 그치지 않는다. 보다 직접적인 것은 제반 용병학문이 교육학과를 지배하고 있는 정치사회적 상황이다. 그것은 마치

33) 월튼의 논문이 발표된 해(1974)는 바로 필자가 미국에서 교육심리분야의 박사학위를 받던 해인데, 그때 그의 글을 내가 접하게 되었다면, 어떤 반응을 보였을까? 곧 자신의 오류를 깨닫고 지금과 같은 나의 작업을 더욱 일찍 추진했을까? 모르긴 해도 그렇지 않았을 것이다. 아마 그 상황은 지금 내가 그 오류를 지적하고 있음에도 불구하고 많은 교육학도가 그것을 간단하게 지나치고 있는 상황과 다를 바가 없었을 것이다. 월튼의 말대로 아직 "철부지 단계"에 만족하고 있었기 때문이다.

특정한 지역을 침공해서 장악한 식민지의 상황에 비유할 만하다. 이미 용병학문은 교육학을 토대로 자신들의 이해관계를 구축하고 있고, 교육학과는 그 이해관계를 반영하는 방식으로 운영되고 있다. "교육학자들의 대범한 관용"이라는 전통의 타성은 경우에 따라 새로운 용병학문의 추가를 양해한다. 자율적 기반이 취약한 영토를 대변하고 보강해 준다는 취지는 어느 분과학문의 경우에나 마찬가지로 적용될 수 있기 때문이다. 그러나 자율적인 교육학을 표방하는 세력은 교육학과를 장악하고 있는 자신들 자체를 부인하는 세력으로 부상할 위험이 있기 때문에 그 관용의 범위를 벗어난다.

현존하는 교육학의 이해관계 안에서 자율적인 교육학의 출현이 얼마나 어려운가를 하나의 구체적인 예를 들어 설명하면 이해가 빠를지도 모른다. 교육학과의 가장 주된 기능이 교사양성이라는 점은 이미 지적한 바 있다. 이때 중요한 것이 교직과목의 선정과 배분이다. 사범대학이 종합대학 안에서 학문성을 강화한다고 할 때, 주로 "교육의 기초(foundations of education)"라는 형태로 커리큘럼이 개편된다. 이를 통해 가능한 한 다양한 분과학문을 포함시키려고 한다. 1982년에 미국의 교육학을 지배하고 있던 7개 전문학회의 협의를 거쳐 기초과목에 포함될 학문들에 대한 통일된 '표준'이 제정된 바 있다. 다음은 그 내용을 기술하고 있다.

> 그 표준에 따르면, 교육의 기초가 갖는 가장 우선적인 특징은 그것이 "광범위하게 고려되고", 학제적이어야 하며, 그 특성과 기본적인 이론을 수많은 분과학문, 그들의 조합, 그리고 영역연구로부터 도출해야 한다는 것이다. 그 영역연구의 분야는 역사학, 철학, 사회학, 심리학, 인류학, 종교학, 정치학, 경제학, 비교 및 국제교육, 교육연구, 그리고 교육정책연구이다(Borman, 1990, p. 394).

여기서 우리가 주목할 점은 우리가 용병학문으로 규정한 바 있는 모든 모학문들이 포함되어 있다는 사실이다. 일단 교육학과에 진입한 이들 용병학문들은 교육에 관한 어떤 의사결정에서도 자기지분의 권리를 주장하려고 한다. 앞에서 7개의 전문학회의 협의를 거쳤다고 했는데, 그 학회는 미국교육연구회(American Educational Studies Association), 비교 및 국제협회(Comparative and International Society), 교육사학회(History of Education Society), 존듀이학회(John Dewey Society), 교육철학학회(Philosophy of Education Society), 교육재건학회(Society for Educational Reconstruction), 교육학교수학회(Society of Professors of Education)이다.

여기서 굳이 학회의 이름을 자세하게 거명하는 이유는 그 학회의 명칭에 해당하는 것이 교육의 기초에 예외 없이 포함되어 있기 때문이다. 이들은 진정한 의미의 교육을 이해하려는 집단이 아니라는 것은 이미 앞에서 지적한 바와 같다. 그런 세력이 교육학회 전반을 지배하고 있는 상황에서 그들을 거부하는 자율적인 교육학을 연구한다는 것은 거의 불가능하다고 보아야 할 것이다. 교육의 기초과목 가운데 그 명칭으로 보아 용병학문들과 구분될 만한 것이 있다면 오직 '교육연구(educational studies)' 하나이다. 그러나 이 부분이 그 명칭에 상응하는 연구를 한다고 할 때에도 그것은 1/7의 지분을 차지하는 것에 불과한 셈이다.

모르긴 해도 "교육의 기초"라는 이해관계에서 한 부분을 차지한 '교육연구'는 배타성의 면에서 본서를 통해 주창하려는 "자율적인 교육학"과는 큰 차이가 있을 것이다. 후자는 용병학문이 교육학과에 존속하는 것 자체를 부정하고 그들의 자리를 대체하려는 것이기 때문에 양자 사이에는 원칙상 적대관계가 형성된다. 용병학문에 대한 고발과 비판은, 아무리 원칙상 타당하다 할지라도, 용병학자들에게는 받아들여질 수가 없다. 용병학문으로서 자신들의 존립근거를 보장해 주는 마지노선에 대한 모반이나 배반의 의미가 있기 때문이다. 이를 바꾸어 말하면, 현존하는 용병학문은 자율적인 교육학의 출현을 돕는 우군이 아니라 적군일 수 있다는 의미가 된다.

교육학과의 의사결정을 지배하고 있는 이질적인 세력의 분포가 독립된 교육학을 모색하는 데에 얼마나 불리한 조건으로 작용하는지는 내가 서울대학교 교육학과에서 그런 작업을 수행하면서 절실하게 체험하였다. 자율적인 교육학을 모색하려면, 일차적으로 그것을 전공영역으로 인정받는 일이 우선해야 한다. 그런데 그 일이 쉽지 않았다. 그것은 새로운 용병학문을 교육학과에 추가시키는 것과는 다른 저항에 부딪쳤다. 그런 시도 자체가 있어 본 적이 없을 뿐만 아니라 위험하다는 것이다. 도대체 권장할 수는 없을망정 위험하다고까지 본 이유는 무엇일까? 제반 어려움을 뚫고 이른바 '교육원리'라는 명칭의 전공으로 겨우 작업을 계속하여 왔지만, 내부 고발자로서의 불리한 대우를 받아야 했다. 독자는 지금쯤 그 일화에 미묘한 정치사회적 측면이 작용하고 있다는 점을 쉽게 짐작할 수 있을 것이다.

나는 다음과 같은 질문을 교육학과를 점유하고 있는 용병학자들에게 던지고 싶다. 진정한 의미에서 교육학을 모반하는 집단은 누구인가? 또한 진정한 의미로 교육을 사랑하는 집단은 누구인가? 필자는 그동안 이 문제와 관련하여 용병학문들이 가진 문제점을 여러 통로를 통해 지적해 왔다. 이미 본 장에서도 많은 문제점이 지적되었으며, 이런 견해는 필자에 국한되지 않고 다른 학자들에게도 나타나고 있다. 이런 내부 고발 혹은 비판에 대해 그것이 옳지 않다고 반박하기를 기대한다. 반박할 수 없다면, 다른 진로를 택해 나가야 한다. 그럼에도 불구하고 문제제기에 대해 어떤 반응이나 반박도 찾아볼 수 없다는 것이 유감이다. 일관된 침묵을 유지하는 집단이 대학의 교육학과 혹은 교육학회의 중심세력으로 자리잡고 있는 한, 교육에 대한 자율적인 학문의 형성이 더디게 될 것은 명백하다.

1.5.4. 원점에서 다시 시작

교육학은 불행한 역사를 갖고 있다. 교사양성이라는 목적에서 설립된 사범대학은 그것이 하는 모든 것을 교육과 결부시킬 수 있었다. 각종 용병학문들에 의한 교육학과의 점유는 어느 모로 보나 하나의 임시처방에 그쳤어야만 할 성질의 것이었다. 우리는 이제까지 교육학자들이 타성의 노예가 되는 가운데 어떤 곤경에 처해 있는지를 여러 가지 측면에서 살펴보았다. 교육학의 학문적 정체성이 분명하지 않을 뿐만 아니라, 오랫동안 표방해 왔던 현실에 대한 대응의 방향이 잘못되거나 과장되어 있다는 점이 지적되었다. 이것은 오직 본 저서의 입장만은 아닌 듯하다. 최근 미국에서 진행되어 온 교육학의 역사를 검토한 라그만(2000)의 결론도 본서의 것에 접근하고 있는 듯하다.

> 교육의 학문성이 진화하는 것을 이해하기 위해 역사를 굽어보는 일은 전적으로 행복하거나 편안한 경험이 못 된다. 되돌아보는 유리한 위치에서, 우리는 한때 논의의 여지가 없는 진리로 여겨왔던 신념들이 가진 한계들을 조망할 수 있다. 되돌아봄으로써 우리는 이전의 세대에게 일견 '진보'로 보였던 것에서 방향착오가 있었음을 인정할 수 있다. 더구나 역사적 조망이라는 거리를 확보함으로써 우리는 지금 나타나고 있는 사태에서 더욱 파악하기 어려운 문제들을 발견할 수 있다. 우리는 그 도정에서 놓쳤던 기회를 되찾을 수 있다. 교육학을 구성해온 역사는 우리가 그러리라고 희망했던 것보다는 훨씬 더 많은 결함과 문젯거리를 지니고 있다는 느낌을 우리에게 남긴다(p. 246).

'느낌'이라는 표현은 너무 약해 보인다. 어떤 방식으로든 타개책이 필요한 시점이다. 내가 보기에 그것은 단순히 부분적으로 해결될 문제는 아니다. 어디에 근본문제가 있는지 그 원인에 대한 진단이 이루어져야 할 것이다. 라그만(2000)은 "실족(misstep)과 방향착오(wrong turn)"라는 말로 끝을 맺는다. 그러나 그는 단지 직관에 의존하고 있을 뿐, 구체적인 내용에 대해서는 진단하지 못하고 있다. 나는 각종 외래학문의 개념으로 교육적 사실을 규정하려는 초보적인 오류를 유형화시켜 지적하였다. 그런 제멋대로의 억지와 우격다짐으로 언제까지 학문공동체에서 기존의 지위를 지켜나갈 수 있을까?

질적인 수준의 열악함 때문에 대학에서 교육학과가 퇴출되고 있는 것이 엄연한 사실이다. 최근의 사례로 시카고 대학에서 교육학과가 해체된 경우를 앞에서 든 바 있다(Lagemann, 2000). 이 사실을 받아들임에 있어 필자는 여타의 교육학자들과는 다른 입장에 서 있다. 지금 문제가 되고 있는 것은 '용병학문'의 문제이지, 교육연구의 문제는 아니라는 것이다. 용병학문으로서의 교육학이 종합대학에서 얼마나 그리고 어떻게 생존할 수 있느냐 하는 것이 필자의 관심은 아니다. 좀 정직한 표현을 쓴다면, 나는 교육학과에 온존하고 있는 용병학문들의 퇴출과 소멸을 은근히 기대한다. 지금의 교육학은 교육의 이해를 돕기는커녕 그것을 체계적으로 방해하고 있기 때문이다.

교육학은 불안정한 모래 위에 세워진 거대한 누각이며, 사실상 이미 허물어진 누각이라고 할 수 있다. 현존의 교육학이 교육적 사실을 탐구한다는 어떤 확실한 근거도 찾아보기 어렵다. 진실이 은폐될 수 있는 기간은 언제나 한정되어 있다. 시간은 점차 당연시되어 오던 것에 의문을 제기하고, 은폐된 것을 노출시킬 것이다. 지구가 둥글다는 자각이 일상인에게 분명해졌던 것처럼 단지 시간의 지체만 있을 뿐이다. 지금은 아직 그 단계에 접어든 것은 아니라 할지라도, 적어도 어느 단계에서는 이 저서가 의도하고 얻어내려고 하는 결론, 즉 용병학문은 교육의 현상을 밝히기보다는 오히려 모학문적인 사실로 교육의 현실을 왜곡하고 있다는 사실이 밝혀질 것이다.

그런 사실은 학문공동체의 여타 학자들에 의해서뿐만 아니라, 사범대학 학생의 의혹으로도 감지되고 있을지 모른다. 용병학문은 종합대학에서 교직과목의 명분으로 가르쳐지고 있다. 그러나 사범대학의 예비교사들도 같은 캠퍼스를 공유하기 때문에 교육학자들이 숭배하는 모학문을 직접 접할 통로가 열려 있다. 그들 사이의 차이는 무엇인가? 이 질문에 대해 우리는 두 가지를 나누어 살필 수 있다. 하나는 내용의 차이이다. 이와 관련하여 사범대학 학생이라면 누구나 용병학문이 대학 내의 모학문과 체계의 면에서 별 차이가 없다는 것을 쉽게 느낄 수 있을 것이다. 다음에 대비될 것은 내용의 깊이이다. 여기서 다시 사범대학 학생들이 교육학의 학문적 열세를 확인하는 것은 어렵지 않을 것이다. 이미 지적했듯이 현존하는 교육학의 특징은 영세성과 주변성에 있다. 교직과목이 학문적으로 피상적이고, 잉여적이며, 유용성의 면에서 별다른 점이 없다는 사실은 부인하기 어렵다. 더구나 그런 교직과목은 교육에 대한 이해를 더 어렵게 만들고 있지 않은가!

이런 내막은 대학 내부의 문제이기 때문에 혹자는 일반대중은 이해하기 어려울 것이라고 생각할지도 모른다. 그러나 이 부분도 결코 안심할 상황이 아니다. 이 문제는 매우 미묘한 것이기 때문에 다소의 분석을 요구한다. 일반대중은 국가체제에 의해 학교에서 이루어지는 것이 교육이라는 관념의 지배를 받고 있다. 그런 방식으로 일반인들은 국가로부터 주입을 받았고, 음으로 양으로 그 제도의 후원자가 되었다. 이 도식을 따르면 학교에 대한 그들의 기대가 바로 교육의 목표가 되는 셈이다. 그들은 이런 개념으로 학교에 대해서 온갖 종류의 기대를 할 것이다. 학부모들이 기대하는 것들은 무엇인가? 그것은 한마디로 규정하기 어려울 만큼 다양하다. 그리고 그 기대에 부응하지 못하면, 그것은 곧 교육이 제대로 되지 않은 것으로 해석될 것이고, 곧이어 교육에 대한 불평은 고조될 것이다. 이때 자연히 그들의 교육학에 대한 기대는 커질 것이고, 점차 앞에서 말한 교육학이 갖고 있는 내부적인 모순이 드러나게 될 것이다.

학교는 정부의 특정한 이데올로기를 젊은이들에게 주입하려고 한다. 일부에서는 영리를 목적으로 학교를 운영하고 있다. 이것들은 이미 상당 부분 일반인의 의혹을 불러일으키고 있다. 학교를 나오지 않으면 출세할 수 없고, 좋은 대학에서 졸업장을 얻지 못하면 직업선택에서 불리하다는 것이 학부모들의 중요한 관심사이다. 이것은 바로 주기적으로 이루어지는 시험에서 높은 점수를 얻어야 한다는 강박관념을 낳고, 결국 학생은 물론 학부모들의 치열한 경쟁으로까지 치닫는다. 이러한 상황에서 학부모들 가운데 일부는 학교에서 일어나고 있는 것들이 진정 교육인가 하는 의문을 제기할 수 있을 것이다. 의혹이 커질수록 그런 의혹을 억제시키고 있는 교육학에 대한 의혹도 더 커질 것으로 보인다.

교육학도가 이 문제의 열쇠를 가진 것으로 일반대중은 믿고 있다. 교육학도들은 그처럼 다양한 기대를 충족시킬 수 있는 비결을 갖고 있는가? 근래에는 일반대중들조차도 교육에 대한 이해의 면에서 현존하는 교육학에 별로 기대할 바가 없다는 점을 피부로 느끼고 있다. 현실문제에 교육학도들이 개입할 때마다 그들의 입장이 상식과 그렇게 다른 것이 아님을 학교 종사자들은 깨닫고 있다. 다만 기존학문의 개념으로 전문성을 내세우고 있지만, 우리의 분석에서 드러났듯이, 그것은 적어도 교육의 문제에 관한 한 오류이다. 이런 분석이, 비록 시간이 걸릴지라도, 어느 시점에서는 대중에게도 이해될 날이 올 것이고, 그만큼 일반인의 실망도 커질 것이다.

학교는 교육하는 곳인가? 한 걸음 양보하여, 학교만이 교육하는 곳인가? 이런 의혹을 더욱 부채질하고 있는 또 하나의 강력한 요인으로 시대사조를 들 수 있다. 학교 밖에서 이루어지고 있는 여러 가지 대안적 교육의 가능성이 주목받고 있다. 공교육에 대한 기대가 무너지면서 대중들은 학교 밖의 교육적 자원에 의존하는 경향을 보이기 시작했다. 정부에서는 과외공부를 하지 말라고 하지만, 학부모들은 그들의 자녀들이 그곳에서 더 많은 것을 배운다는 것을 안다. 전자정보시대를 맞이하여 젊은이들은 국경이나 지리적인 장애를 벗어나 세계의 어느 곳에 있는 정보내용이라도 접근할 수 있으며, 먼 곳의 사람들과 상호작용할 수 있다는 것을 깨닫고 있다. 이러한 상황의 변화에 따라 심지어 자녀들을 학교에서 탈퇴시키고, 교육의 기회를 학교 밖에서 구하는 부모들도 나오고 있다.

다양한 가능성의 타진과 실험들이 성공할 때, 학교가 교육하는 곳이라는 공교육의 신화는 급격하게 붕괴될 것이다. 교육학에 대한 도전은 그 다음에 일어날 것이다. 학부모들이 제도로부터 주입받은 교육관을 의심하거나 부인하고, 교육에 관해 더욱 자각된 상태에 이르렀을 때, 그들은 그 자각을 토대로 교육에 대한 새로운 인식을 요구할 것이다. 만약 그들이 교육학도들에게 "교육이란 도대체 무엇인가?" 하는 질문을 던진다면, 그 지적인 호기심을 만족시킬 수 있을 만한 대답을 자신 있게 할 수 있는가? 교육학이 지금처럼 자족하면서 당연히 해야 할 과제의 수행을 마냥 연기하고 있는 한, 이러한 절실한 요구를 충족시키기는 어려울 것이다. 오히려 교육학자들의 처방이 적어도 교육의 문제를 해결하기보다는 더욱 혼란스럽게 만들고 있다는 놀라운 역설과 연계될지도 모른다.

정확히 그 연유는 알 수 없지만, 우리 사회에서는 특히 학자들이 일반 사람의 삶을 위해 봉사해야 한다는 생각이 팽배해 있다. 그 통념은 이론적 근거가 있는 것인가? 이 문제에 대한 해답은 매우 복잡하게 논의될 수 있지만, 한 가지 불변의 원칙이 있다. 학문이 삶의 실제에 공헌할 수 있는 가장 고유한 기능은 한마디로 깊이 있는 지식의 확보와 보급에 있다는 것이다. 그 이상의 기대나 그 이하의 기대는 비본질적이고 부차적인 것이다. 이렇게 본다면 교육학이 교육이나 학교를 위해 공헌한다는 명분도 바로 전자의 학문적 위상이 권위 있고 견실할 것을 전제한다. 그럼에도 불구하고 교육학도들은 이론적인 연구를 하기보다는 그것을 회피하거나 약점을 숨기기 위한 자구책의 하나로 학교의 실무적인 문제를 해결하겠다는 식으로 대응해 왔다. 그 내막이 밝혀지면, 교육학의 대중적인 공신력은 떨어질 것이고, 대학공동체가 원래부터 교육학에 대해 갖고 있던 학문적인 혐의와 적대감은 더욱 확실한 근거를 확보하게 될 것이다.

현존하는 교육학의 모순과 무력함이 팽배한 상황에서 가장 우려스러운 것은 그로 인해 교육연구 자체가 부정되는 결과가 초래될 가능성이다. 거대한 학교제도가 운영되고 있음에도 불구하고, "교육이란 무엇인가" 하는 질문이 미련을 둔 망령처럼 늘 되살아나고 있다. 다른 한편으로 학교체제 밖에서 진행되고 있는 교육은 그것을 포착할 만한 개념의 미비로 인해 거의 방치되어 있다. 그러나 이러한 교육에 대한 이해를 충족시킬 수 있는 연구는 아직 본격적으로 시작되지도 않았다. 이제부터 발전시켜야 하는 분야이다. 이런 상황에서 교육학과가 학문공동체나 일반대중으로부터 인정받지 못하고 대학으로부터 퇴출된다면 어떻게 될 것인가? 결국 진정한 의미의 교육연구는 대학 밖에서 추진할 수밖에 없는데, 그것은 마치 비행기를 포기하고 달구지로 물건을 운반하는 것과 같은 어려운 여건이 될 것이다.

교육학은 변화에 적절한 대응을 하지 못한 채 이전 시대에 안주하고 있으며, 그 안주는 새로운 사실이 밝혀짐에 따라 점차 위협을 받고 있다. 그런 상황이 오래 지속될 수 있을 것 같지 않고, 또 그것을 더 이상 지속시켜서는 안 될 시점에 도달한 듯하다. 가장 두려운 것은 그런 약점을 가지고 있다는 사실에 있지 않고, 문제를 은폐하고 외면하려는 데 있다. 현상유지의 침묵은 해법이 될 수 없다. 사태는 점차 무엇이든 변하지 않으면 더 이상 지탱하기 어려운 불리한 상황으로 전개되고 있다. 앞으로 교육학은 마지막으로 침몰되기 이전에 새롭게 방향을 설정하여 본래의 진로로 항해할 수 있어야 할 것이다.

최악의 상황이나 시점에 도달하기 전에 교육학도들은 진정한 의미의 교육학의 토대를 구축하고, 그 학문적 위상을 대학공동체, 그리고 더 나아가서는 일반대중으로부터 인정받을 수 있어야 한다. 역사적으로 잘못이나 문제로부터 자유로운 학문은 존재하지 않았다. 학문의 가장 독특한 특징은 최종적인 결론에 도달하지 않고 쉼 없이 앞으로 나아간다는 데 있다. 학문은 올바른 인식을 지향하는 특수한 세계이기 때문에 인식의 자기교정을 허용할 뿐만 아니라, 오히려 그것을 지향한다는 특징을 갖고 있다. 이 점에서 교육학도들은 자신의 과제를 우선적으로 해결하는 겸손을 보여야 한다.

그들이 늘 주장하듯이 학교의 문제를 주관하는 국가, 정책담당자, 현장의 교사, 그리고 학부모들에게는 올바른 교육관이 필요하다. 여기에서 교육학도들은 자신에 대해 정직한 의문을 던질 수 있어야 한다. 진정 자신들이 올바른 교육관을 갖고 있다고 말할 수 있는가? 혹시 상식의 포로가 되어 있는 것은 아닌가? 학자인 자신이 학교에서 일어나고 있는 것이 교육이라는 통속적인 상식을 인정하거나 믿고 있지는 않은가? 학교의 문제와 교육의 문제는 어떤 차이가 있는가? 혹시 교육학자 자신이 타 학문의 앞잡이로서 모학문적인 사실을 교육이라고 우기고 있지는 않은가? 학교에 대한 학제연구라는 것이 있다면, 그 연구에서 모학문의 학자가 아닌 교육학의 학자로서 공헌할 수 있는 부분은 어떤 것인가? 진정한 의미의 교육학은 어떤 모양을 갖추어야 하는가? 그 발전방향과 전략은 어떤 것인가? 새로운 의미의 교육학은 교육과 학교의 발전에 어떤 방식으로 공헌할 수 있는가? 이런 질문에 대해 자신 있는 해답을 내릴 수 없다면, 교육의 전문가로 자처하기 전에 자신의 정체성을 먼저 반성하는 시간을 갖는 편이 좋을 것이다.

늦다고 생각할 때가 가장 빠르다는 말이 있다. 만약 교육학도들이 자신들의 학문에 내재된 오류와 문제를 인정하고, 그것의 근본적인 원인을 찾아 대처하려고 한다면, 이미 상당한 단계에 들어서고 있다고 보아야 한다. 나는 앞에서 논의한 교육학의 당면 문제들이 단편적인 것이 아니라는 점을 재차 강조하고 싶다. 지금의 사태는 전체적으로 잘못된 것이기 때문에 땜질하는 식의 대응이 아니라, 지난 과거에서부터 시작하여, 오늘날에 이른 경로, 그리고 앞으로 나아갈 길까지를 재검토하는 근본적인 대처를 요구한다. 역사적 사실을 조망하게 되면, 교육학은 거대한 규모에도 불구하고 학문이라는 원칙의 면에서 처음부터 외투의 단추가 잘못 끼워진 경우라고 할 수 있다. 시대는 바뀌고 모든 것이 새로운 진로설정을 요구한다. 진정 교육학이 학문적 위치를 확보하고자 한다면, 어느 단계에서건 당연히 학문적 자율성을 확보하려는 환골탈태의 자기혁신의 과정을 거쳐야 한다.

환골탈태에서 가장 필요한 조건은 상식과의 거리두기이다. 교육학에는 일반인의 상식과 학문적 지식을 구분하는 경계가 모호하다. 이런 모호함은 일반인들이 생각하는 교육을 학문적으로 연구한다는 미묘한 방식 때문에 생겨난다. 당연한 것을 연구한다는 것은 모순이다. 교육이 무엇인지를 몰라야 교육에 대해 학문적으로 탐구할 수 있을 텐데, 처음부터 교육이라는 것이 자명하게 된 마당에는 더 이상 탐구는 필요 없다. 다만 그에 대한 정당화만이 필요한 것이다. 세상 사람들이 가진 상식이 학문적인 지식이 될 수 없을진대, 그것이 규정하는 대상을 학문적으로 연구한다는 것은 무엇을 의미하는가? 교육학의 학문적인 위상을 정립하는 문제는 일반인들이 교육으로 규정하는 실제에 관여하는 일로 대신할 수 없다. 현실문제에 매달리는 활동은 교육학의 후진성 문제를 해결하는 데 별 도움이 되지 못한다. 이는 마치 수학숙제를 가진 학생이 운동장에서 농구를 하는 것으로는 그 숙제를 해결할 수 없는 경우와 같은 것이다. 당면한 학문의 내적인 문제는 정공법으로 해결되어야 한다.

지구는 납작한 것이냐 둥근 것이냐? 지구가 태양의 주위를 회전하느냐 반대로 태양이 지구의 주위를 회전하는 것이냐? 일상인에게 이것은 심각한 관심사가 될 수 없다. 어떻게 생각하든 그들의 삶에 큰 영향을 주지 않기 때문이다. 그러나 천체물리학자들은 이 문제를 외면할 수 없다. 그것을 참되게 규명하는 것이 바로 그들의 과업이기 때문이다. 교육이 무엇이냐 하는 질문에 있어서도 마찬가지이다. 그에 대해 답변해야만 일상인들이 살아갈 수 있다거나, 더 나아가 교육적인 삶을 유지할 수 있는 것은 아니다. 그러나 이 문제는 적어도 교육학자들에게는 매우 심각한 문제이다. 그 문제가 바로 교육학자의 과업을 규정하기 때문이다.

환골탈태를 위한 다른 하나의 요청사항은 지금까지 거의 무시하다시피 방치한 분과학문으로서 교육학의 조건을 갖추는 일이다. 각 분과학문의 지식을 분류할 때, 그 기준을 결정하는 것은 인식의 대상과 그것을 포착하는 개념체제의 고유성이다. 분과학문의 일차적인 목적은 서로 구별될 수 있는 대상을 개념적으로 구별하는 데 있다. 어떤 것들을 구별해 낸다는 것은 유사한 것을 찾는 것보다 훨씬 어렵고 힘든 일이다. 비유컨대, 전자는 차이점을 찾아 따로 분류하고 그들을 서로 다른 바구니에 넣는 작업이며, 후자는 모든 것을 하나의 큰 바구니에 집어넣는 작업이다. 이 기준에 따르면 교육학의 고유한 자산은 여타의 분과학문이 만들어 놓은 지식을 제외한 어떤 것이라는 결론이 나온다.

제대로 된 분과학문은 그것이 포괄하고 있는 범위를 더욱 확실하게 제한하고자 한다. 교육을 연구한다는 것은 교육 아닌 것을 배제하는 것을 의미한다. 만약 고유한 의미의 교육이 학교를 포함하는 제반 삶의 공간에 존재한다면, 제반 사실들을 제외하고 남는 어떤 것이 되어야 할 것이다. 이제 교육학도가 의식해야 할 부분은 내부에 형성된 온갖 분파적인 관심들 사이의 헤게모니가 아니다. 진정한 의미의 자율적인 학문으로 교육학을 정립하는 것은 현존하는 교육학자들 사이의 협의에 의해 가능한 것이 아니다. 그들은 늘 그래왔듯이 여기에서도 자신들의 이권을 개입시키려고 할 것이다. 독자적이고 동질적인 학문공동체를 형성하는 과제는 그 모든 잘못된 관행을 초월해야만 완수될 수 있다.

위의 두 가지 조건, 즉 상식과 여타 분과학문과의 거리두기만을 두고 본다 하더라도, 진정한 의미의 본격적인 교육학은 아직 제대로 출범도 하지 않았다는 결론을 얻을 수 있다. 교육학의 역사에서 교육을 하나의 자율적이고, 특이한 삶의 현상으로 파악하려는 시도는 이루어지지 않았다. 여기에는 분명한 이유가 있다. 그것은 매우 어려운 작업이라는 것이다. 그 작업이 얼마나 어려운 것인지는 오늘날 자율적인 분과학문을 성취한 선단에 있었던 학자들의 노고를 상기하면 쉽게 이해될 수 있을 것이다. 이제까지 교육학도들은 모학문의 젖줄에 매달려 생존해 왔기 때문에 도대체 자체의 개념을 만들어 나간다는 과제의 성격도 이해하지 못하며, 더구나 그런 과업에 익숙하지도 않다. 기능주의적 교육관에 의한 기피가 고작이었다. 시행착오와 더불어 모든 일이 더디게 진행될 것이다.

자율화의 작업이 제대로 이루어질 때의 보상은 어려운 곡절을 극복해 내는 노고를 훨씬 능가한다. 쉽게 말해 우리가 본 장에서 살핀 교육학의 근본문제들이 한꺼번에 해소된다고 보면 틀림없다. 대학공동체 안에서 교육학이 자신의 위상을 정립하는 오직 하나의 방법은 자체의 자율적인 학문적 체제를 갖추는 것이다. 교육학이 그동안 차지하고 있었던 이류잡학이라는 곤궁한 지위는 학문의 중복이라는 사태에서 비롯하였다. 어리석게도 분과학문들 사이의 경연에서 그런 지위를 자청했다고 볼 수도 있다. 독자적인 체제를 갖추게 되면, 교육학은 숙명적인 열세의 게임에서 해방될 수 있다. 학제연구가 교육학이라는 억지규정을 넘어서서 학제연구의 특수한 공헌자로서 학문공동체의 협력에 당당하게 참여할 수 있을 것이다. 이것이 바로 대학공동체의 다른 동료들이 진정으로 교육학에 기대하는 부분이기도 하다.

서로 다른 시각은 우리의 삶에 대한 이해의 폭을 넓혀 준다. 여타의 학문과는 다른 고유한 안목은 전자가 드러내지 못한 사실을 얼마만큼 조명하기 때문에 서로 협력하는 동반자로서의 위치를 차지한다. 기능주의의 문제를 다루었지만, 문제는 그 기능을 하는 실체의 규명을 연기할 때로 한정된다. 교육의 실체가 구명된 단계에서는 그것과 다른 삶의 영역 사이의 기능적 관계는 당연히 고려의 대상으로 존중되어야 한다. 교육이 여타의 세계에 작용할 수도 있고, 여타의 세계가 교육에 작용할 수도 있다. 거기에는 단순히 조화뿐만 아니라 갈등도 있을 수 있다. 이 모든 것이 교육학 연구의 중요한 주제가 될 수 있다.

흔히 교육 이외의 외부적 간여를 배제하는 것을 교육의 자율성을 보장하는 조치로 규정한다. 예컨대, 정치적 중립이 교육의 자율성을 보장한다는 식의 논법이 그러한 것이다(Crittenden, 1980). 그러나 그것은 극히 소극적인 규정일 뿐만 아니라, 옳은 방법도 아니다. 우리의 삶에서 정치적 측면은 배제될 수 없다. 교육은 어떤 방식으로든 그것과 관련되어 있다. 만약 교육의 자율성이 무엇인지를 먼저 이론적으로 밝힐 수 있다면, 그것을 보장하는 정치와 그렇지 못한 정치를 규정하고, 전자를 지지하며 후자를 억제하는 활동도 밝혀질 수 있을 것이다. 이런 원칙은 경제, 사회, 문화, 종교의 경우에도 적용된다.

우리는 이제까지 교육학과 교육의 대립이라는 아이러니를 살폈다. 고의적인 것은 아니라 할지라도, 교육학자들은 그동안 교육 자체를 왜곡하거나 은폐하는 역할을 해왔다. 일상생활에서 지탄의 대상이 되는 '거짓말' 이상의 역효과를 가져온 것이 사실이다. 양심적인 학자에게 치명적일 수 있는 이런 문제는 자율적인 교육학의 체제에 의해 해소될 것이다. 진리가 입증되면, 그에 따른 응용의 폭은 넓어지기 마련이다. 만약 자율적인 교육학이 정립될 수 있다면, 이제까지 교육학자들이 그토록 내세웠던 것 이상으로 응용력을 발휘할 것이다. 교육적인 삶은 다른 삶의 양상과의 대비에 의해 드러난다. 우선 학교 안에서 이루어지는 교육과 비교육의 대비가 분명해질 것이다. 더욱 통쾌한 일은 학교 밖에서 은폐되어 왔던 교육이 올바른 조명을 받을 수 있다는 점이다. 교육학도들은 이제까지 그 초보적인 과업을 외면해 왔다.

제 2 장

교육연구의 새 지평

학문은 대상세계의 이질성에 따라 고유한 개념체계를 창안하면서 날로 세분화의 길을 걷고 있다. 고유한 이론적 관점이 고유한 인식 대상을 드러내 준다. 오늘날 대학에 현존하고 있는 분과학문들은 서로 환원될 수 없는 독특한 사실들을 밝히면서 발전해 왔다. 발전 초기 각 분과학문 사이에는 개념체계의 배타성이 작용하기도 했는데, 그러한 현상의 이면에는 우리가 특별히 유념할 만한 이유가 들어있다. 인식은 선택적인 것이다. 무엇 하나를 선택하고 규정하는 일은 언제나 다른 무엇을 배제하는 것이기도 하다. 교육학도들은 이 요구사항, 즉 분과학문의 하나로 그 나름의 배타적 사실을 규정해 왔는가를 자문할 때가 되었다. 지금까지 교육학은 그들의 고유한 대상세계를 이해하려는 노력도 하지 않았고, 그 지식을 반성적으로 쇄신하려는 체계적인 시도의 역사 또한 갖고 있지 못하다.

그러한 상황의 타성은 지금까지 지속되고 있다. 교육학 분야는 이제까지 참으로 먼 길을 걸어왔지만, 그 길은 교육학이 가야 할 길이 아니었다. 길을 잘못 들어서면 아무리 노력을 해도, 아니 노력하면 할수록 원래의 목적지로부터 멀어지고 만다. 현존하는 교육학은 '교육'을 각각의 모학문의 사실로 환원시킨다. 이처럼 기본 방향이 잘못되었기에 지금의 상태에서 노력하면 할수록 논의는 서로 분산되며, 교육을 이해하려는 고유의 목적은 좌절될 뿐이다. 무분별하게 외래학문에 의존하는 연구는 교육을 왜곡시키거나 은폐시켜 교육을 배반할 뿐이다. 교육 이외의 외래적 사실들이 실재적이며 본질적인 것으로 드러나고, 막상 교육적 사실은 비실재적, 비본질적, 피상적, 무가치한 것으로 배제되는 역설이 일어난다. 그러나 이러한 아이러니한 사태가 곧바로 교육학 자체에 대한 부정적인 태도로 연결되어서는 안 될 것이다. 지금은 사정이 그렇다 하더라도, 앞으로 진정한 의미의 교육에 대한 이해를 가능하게 하는 교육학이 출현할 수도 있기 때문이다.

학문의 세계가 갖는 특징은 끊임없는 자기교정의 과정을 거친다는 점이다. 이러한 내규로 인해 내부의 비판적 검토를 허용하며, 해묵은 개념적 한계로부터 벗어나 탈바꿈하고 있다. 학문이 대상으로 삼고 있는 사실은 자명성에 함축된 타당성을 의심하고, 새로운 개념과 관점을 투입하여 철저하게 그것의 존재의미를 물음으로써 경탄과 함께 총체적인 것으로 우리 앞에 드러나게 된다. 어떤 개념체계를 구성하느냐에 따라 대상세계가 선명하게 보일 수도 있고 그렇지 않을 수도 있다. 이 때문에 대상 세계를 바라보는 관점을 이리저리 저울질해서 취사선택해 나가야 한다. 이것이 바로 분과학문들이 보이는 또 하나의 발전 방향, 즉 대상 세계에 대한 인식의 깊이라는 축을 이룬다. 이러한 맥락에서 보면 학문에서 어떤 분야의 지식이 오랫동안 안정상태를 유지한다는 것은 축하할 일이 아니라, 오히려 우려해야 할 상황이다.

발전하는 분과학문일수록 안목을 쇄신하고 전환하는 속도가 점차 가속화되고 있다. 현존하는 관례와 전통을 고수하고 따르는 한, 교육학은 학문적으로나 현실에 대한 공헌의 면에서 더 이상 지속되기 어렵다. 교육학은 “잘못 끼워진 단추”처럼 애초의 잘못을 무마한 채 그 오류의 연장선상에서 개선을 꾀할 수는 없다. 잘못된 전통을 과감하게 쇄신하고 바로잡는 것이 미래의 교육학도가 해결해야 할 과제이다. 문제를 시인하는 것이 전화위복의 계기를 마련한다. 지금의 지식을 검토하는 가운데 그 속에서 균열과 모순의 요소를 찾고 그것을 부수고 넘어서야 한다. 교사양성과 관련된 한 시대의 특수한 사정에서 비롯된 교육학의 전통이 붙잡고 있는 우연적인 걸림돌을 제거하는 일이 시급하다. "학교에서 일어나고 있는 것이 교육"이라는 지난 시대의 통념의 연장선상에서는 미래의 교육을 이해할 수 없다. 교육의 본질을 규명하는 데에는 그 어떤 외래적인 학문도 도움이 되지 않는다. 교육이라는 현상은 지금의 교육학자들이 안주하고 있는 모학문적 셋방살이를 탈출하려는 결단과 고통이 없이는 결코 드러나지 않을 것이다.

동서고금을 막론하고 교육은 우리의 삶에서 진행되어 왔으며, 진행되고 있다. 다만 그것을 포착하는 학문체계가 아직 구성되지 못하고 있기 때문에 그 고유한 실체가 적나라하게 드러나고 있지 못할 뿐이다. 현존하는 교육학의 어려운 상황은 역으로 활력과 발전가능성이 더 많다는 의미로 받아들일 수도 있다. 학문에는 결코 공짜라는 것이 있을 수 없다. 교육학도들은 타 학문이 이루어 놓은 길을 따라가는 것이 아니라, 자신의 길을 개척해 나가야 하는 지극히 어려운 과업을 부여받았다는 사실을 망각해서는 안 된다. 문제해결의 요체는 고유한 지식을 확보하는 것이고, 그것만이 교육학도가 학문적인 열세에서 빠져나올 수 있는 유일한 탈출구이다. 교육은 인류의 역사가 시작된 이래 어김없이 우리의 가까운 삶에 늘 있어 왔다. 교육학도이기를 자임하는 사람은 그동안 방기해 온 본래의 물음을 제기하면서 깊게 파고 들어가는 작업을 수행해야 한다. 무엇이 교육인가? 그것은 어떻게 이론적인 대상이 될 수 있는가? 교육학도들은 앞으로 교육의 세계에 형태를 주고, 채색하고, 분류하고, 그것을 올바르게 주목하도록 하는 독자적인 이론들을 정립해 나가야 할 것이다.

모든 것이 개념적으로 뒤틀려 있는 상황에서 교육을 새롭게 포착하는 일은 참으로 어려운 과제이다. 본 장에서는 교육학의 발전을 가로막고 있는 개념적 혼동과 범주착오에서 벗어나는 방안을 찾게 될 것이다. 범주착오란 각각의 범주 자체에 있는 것이 아니라 그것을 혼동하는 데 있다. 우리는 교육학자들이 그동안 혼동하고 있는 범주를 독자적인 것으로 구분하고, 교육의 이해와 무관한 범주는 배제하며 유관한 범주는 택하면서 후자에 대한 탐구가 앞으로 어떻게 진행되어야 할 것인지를 논의하게 될 것이다. 전자의 것은 학교에 대한 학제연구이고, 후자는 교육에 대한 연구이다. 이러한 구분에 의해서 교육학자들이 자리할 지점을 교육학의 새로운 지평이라는 말로 풀이하고자 한다.

2.1. 두 가지 연구영역의 구분

2.1.1. 학교와 교육의 범주적 차이

어떤 곳을 찾아가는 도중에 잘못된 길을 가고 있다는 것을 다행히도 알게 되었다고 가정해 보자. 어떻게 대처해야 하는가? 한 가지 현명한 방법은, 비록 억울하게 느낄지도 모르지만, 오던 길을 되돌아가서 처음부터 다시 출발하는 것이다. 여기서 우리는 그 사태를 단지 억울한 것으로 그치지 않게 하는 지혜도 찾아낼 수 있어야 한다. 그것은 잘못된 방향으로 갔던 곳이 정확히 어디인지를 확인하는 것이다. 잘못된 길은 단지 옳은 길에 대한 상대적인 대비에서 나온 것일 뿐, 그것 자체가 길이 아닌 것은 아니다. 그것이 무엇인지를 아는 것은 가는 방향이 다른 두 가지 길을 아는 것이고, 더 나아가 그들 사이의 불필요한 혼동을 피할 수 있는 좋은 대책이 될 것이다.

앞서 교육학의 오도된 내력을 밝혀 왔지만, 그것을 해체하고 정리하는 원칙도 결국 같은 것이 될 것이다. 그 방도는 원칙의 면에서 본다면 의외로 간단하다. 먼저 교육학이 현재 어디에 위치하고 있는지를 정확하게 확인하고, 그 다음 해결할 문제를 순리대로 타개해 나가면 된다. 우리는 앞장에서 이제까지 범주착오가 교육학을 오도했다고 주장하였다. 범주착오는 서로 독립되어야 할 범주를 구분하지 않거나 혹은 하나의 것을 다른 것으로 혼동하는 것을 의미한다. 이 말에서 우리가 놓쳐서는 안 될 중요한 착안점은 서로 착각하는 두 범주는 존재한다는 것이며, 그 범주 자체에는 오류가 없다는 사실이다. 그렇다면 해결방법은 각각의 범주가 갖는 독자성을 그대로 인정하는 데서 찾아야 할 것이다.

우리가 할 일은 이제까지 해왔던 연구가 어떤 것이며, 다시 시작할 교육학은 어떻게 그것과 달라야 하는지를 확인하는 일이다. 교육학자들은 온갖 이질적인 세계가 병존하는 생활세계 속에서 교육을 분리해 낼 수 있는 개념들과 사유방식을 구축하고 발전시키는 일을 생략하였다. 대신 학교에서 교육이 일어난다는 식의 제도적 규정과 상식을 자체의 존립 기반으로 삼았다. 이것을 나는 앞 장에서 "제1차 오류"라는 명칭을 부여하여 특수하게 구분하고자 하였다. 이로 인해 지금의 교육학은 일상적 인식의 틀에서 벗어나지 못하고 있을 뿐만 아니라, 자신들이 주장하는 일상적 인식에서 비롯하는 문제를 전문적으로 해결할 수 있다는 측면에서도 의심받고 있다.

나는 우리의 인식대상 가운데 "학교에서 일어나는 사태(schooling)"[1]와 '교육'의 범주를 구분하는 일이 매우 중요하다고 본다. 그것을 혼동하는 것은 양쪽 모두에 대한 올바른 이해와 정상적인 발전에 장애요소가 될 수 있다. 이 양자가 갖는 독자성을 인정하고 그것들에 대한 연구영역을 분리시키는 것이 지금의 용병학문과 우리가 진정으로 바라는 교육학이 살아나는 방식이 될 것이다. 이들은 각각 그 나름의 전체성을 갖고 있으며, 그 안의 것과 바깥을 구분하는 경계를 갖고 있는 실재임이 틀림없다. 그럼에도 불구하고 그 초보적이고 자명한 사실을 인정하지 못하고 학교에 대한 연구를 교육에 대한 연구로 대체하려 했던 데서 현존하는 교육학의 온갖 부조리가 발생한 것이다.

학교는 가정, 직장, 학원, 각종 회관, 가상공간 등과 더불어 우리의 일상적인 삶을 공간적으로 구분하는 개념적 범주에 속한다. 이에 비해 교육은 정치, 경제, 사회, 문화, 종교 등과 같이 특정한 삶의 양상과 관련하여 그 동질성을 확인해 나갈 범주에 드는 세계의 하나이다. 〈그림 2.1〉은 이처럼

1) 나는 이를 이하에서 '학교' 혹은 '학교태'라는 말로 약칭할 것이다.

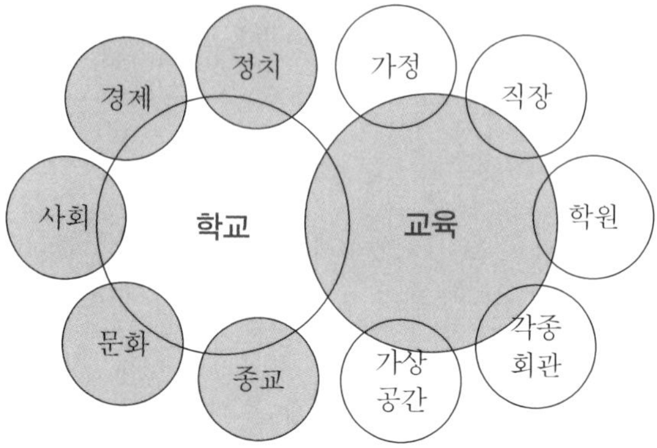

〈그림 2.1〉 학교와 교육의 범주구분

서로 다른 두 가지 범주로 세계의 분류방식을 나누고, 그로부터 학교와 교육이 어떤 관계를 가질 수 있는지를 보여준다. 〈그림 2.1〉에서 생활공간의 범주는 흰 색으로 표시되어 있고, 삶의 양상의 범주는 검은 점으로 표시되어 있다. 이 그림을 통해 우리는 학교와 교육이 서로 교차할 수 있는 영역은 있을 수 있으나 결코 동일시해서는 안 될 영역이라는 것을 알 수 있다.

범주가 서로 다른 학교와 교육을 동일한 관점에서 비교하거나 대립시키는 것은 논리적으로 불가능하다. 마찬가지로 그들 각각에 대한 연구인 "학교에 관한 연구"와 "교육에 관한 연구" 역시 전혀 다른 종류의 것이다. 앞에서 제시한 교육학의 해체전략에 따르면, 전자는 이제까지 교육학이 들어섰던 잘못된 길이고, 후자는 앞으로 교육학이 탐구해 나가야 할 길인 셈이다. 교육학이 탐구해야 할 대상은 〈그림 2.1〉에서 교육이지 학교태가 아니다.[2] 물론 학교연구는 교육의 입장에서는 분명 잘못 들어선 연구지만, 학교에 대한 연구 자체에 대해서까지 의심할 필요는 없다. 우선 두 가지의 연구가 서로 다른 것이라면, 그것들에 합당한 명칭을 부여해 주는

2) 물론 우리는 〈그림 2.1〉에서 보았듯이 학교와 교육 간에 겹치는 부분이 있다는 점도 주목해야 한다.

것이 중요하다. 이렇게 함으로써 우리는 이제까지 우리가 비판해 온 용병 학문으로서의 교육학의 위치를 확인함과 더불어 그 함정에서 탈출할 수 있는 통로를 쉽게 찾을 수 있다.

학교태는 이론적 추상화 과정이나 분석 이전의 일상적이고 구체적인 공간으로 보아야 한다. 후설(E. Husserl, 1954)의 말을 빌리면, 학교태는 정확히 '생활세계(Lebenswelt)'에 해당하는 것으로 볼 수 있다. 여기는 각종의 고유명사적인 사건들과 사물, 그리고 평상적인 생활에서 문제시되는 모든 것들을 포함한 구체적이고 실용적인 범주로 구획되어 있다. 일상의 삶을 영위하는 사람들에게는 이것이 가장 실재적인 것으로 파악되는 것은 당연하다. 제1장에서 살폈듯이, 젊은이들에게 학교가 보편적인 생활세계의 하나로 주어지게 된 시점은 역사적으로 보아 19세기 후반쯤이 될 것이다. 그때부터 지금에 이르기까지 젊은이들은 국가체제의 유지라는 배경과 힘의 맥락하에 그곳에서 의무적으로 생활해야만 했고, 그 기간도 해가 갈수록 늘어가는 추세이다.

학교의 울타리를 경계로 하여 젊은이들은 그 안에서 외부의 생활과 구분되는 독특한 생활을 경험한다. 하나의 공간으로서 생활세계에는 다양한 삶의 양상이 혼재한다. 학교도 하나의 생활공간인 이상 그 안에 물리, 화학, 생물, 심리, 정치, 경제, 사회, 문화, 종교, 교육 등 온갖 이질적인 생태적 조건과 양상들이 복합적으로 작용하고 있다고 보아야 한다. 그것이 바로 학교라는 생활세계가 구비하고 있는 총체성을 의미한다. 하나의 이론적 관점, 가령 교육이라는 관점에서만 학교를 이해하려고 하는 것은 다른 부분들을 상대적으로 무시하거나 은폐하는 부작용을 가져올 수도 있다. 그곳에서 젊은이들이 생활하고 있는 한, 생활에 필요한 모든 요소를 동시에 고려해야 하는 것이 원칙이다. 이 말은 학교가 학문적으로 "학제적 연구대상"이 되어야 함을 의미한다.

삶의 한 양상으로서의 교육은 하나의 동질성을 가진 것으로 가정될 수 있는 세계이다. 그 동질성은 가령, 정치, 경제, 사회, 문화, 종교와 같은 여타의 삶의 양식을 배제함으로써만 유지될 수 있다. 그 나름의 독특한 구조와 자율성을 확보한 것으로 가정되는 교육에 참여하기 위해서는 그 동질성을 존중하고 내재율을 따르는 독특한 체험구조와 태도를 취할 수 있어야 한다. 이 세계는 눈에 쉽게 보이지 않는 실재이기 때문에, 다시 후설의 말을 빌리면, 오직 현상학적인 환원과 이론적 태도를 갖춤으로써만 비로소 그것의 요소와 총체적인 특징을 이해할 수 있다. 이러한 의미의 교육은, 생활공간이라는 범주에 비추어 볼 때, 학교뿐만 아니라 다양한 생활세계 속에서 찾아볼 수 있는 현상이다.

이 두 가지 상이한 인식대상을 서로 다른 범주로 구분해 놓고, 이제까지 "교육학적 연구"라고 분류되어 왔던 것들을 생각하면, 하나의 중요한 사실을 발견할 수 있다. 앞에서 그것들이 주로 '용병학문들'에 의해 주도되어 왔음을 살펴보았다. 그들은 교육에 관한 연구가 아니라, 학교태에 관한 학제연구의 성격을 지니고 있다. 기존의 교육학도들은 학교와 교육을 동일시하고, 학교의 문제를 제반 학문을 도입하거나 적용하여 해결하려 했던 것이다. 그것은 학교라는 곳에서 진행되는 복합적인 사실들을 이해한다는 입장에서는 매우 적절한 접근방법이었다고 평가할 수 있다. 그러나 이는 교육의 입장에서는 용인할 수 없는 제1차 범주착오임에 틀림없다. 그러한 연구는 학교 안에 작용하는 온갖 비교육의 사실을 밝힐 뿐, 교육 자체에 대한 이해는 배제하고 있다. 그만큼 용병학문의 연구는 학교 안의 교육을 부당하게 왜곡하고 소외시켜 온 것이다.

학제연구(學際硏究)는 특정한 주제나 실제적인 문제를 여러 분과학문의 입장에서 다양하게 파악하고 해결하려는 의도에서 이루어진다. 학교는 다양한 학문의 대상이 될 수 있으며, 그에 대해서 학제적으로 연구하는 것은 너무도 자연스럽다. 그러나 그렇게 발견된 분과학문의 사실들이 하나로 통합될 수 있으리라는 기대는 실현되기 어렵다. 하나의 사태에 대한 다양한 측면이라고 해석할 여지는 있다. 그러나 각각의 측면에 해당하는 사실들은 각각 그들 나름의 심층적인 구조를 갖추고 하나의 전체를 이루고 있기 때문에 그것들이 서로 통합된다는 것은 사실상 불가능하다. 학제연구에 참여한 각 모학문 사이에는 이론적인 소통이 이루어질 어떤 연결점도 존재하지 않는다. 그 연결점을 가정하는 것이 이제까지의 교육학 연구가 범하고 있는 제2차 오류에 해당한다. 이제는 각 모학문의 사실들을 서로 다른 것으로 구분할 수 있어야 한다.

학제연구는 학교라는 생활세계를 여러 분과학문적인 사실로 환원시켜 보는 연구 그 이상도 이하도 아니다. 더욱 분명한 것은 그것들이 교육을 이해하는 연구가 아니라는 점이다. 그럼에도 불구하고 우리는 용병학문들의 개념에서 규정하는 사실들을 교육에 대한 이해로 생각해 왔다. 이것이 바로 제3차 오류의 실체이다. 이 오류가 치명적인 것은 학교에 대한 학제연구에서 오로지 교육현상만이 제외되어 있다는 사실이다. 이 점에서 교육현상은 바로 교육학자들에 의해서 은폐되고 왜곡되고 소외되어 왔다는 놀라운 내부고발이 성립한다. 사실상 온갖 교육 외적인 것들을 그것 자체로서 구분해서 드러내기보다는 그것들을 모두 교육인양 과장하면서 교육현상 자체만은 우리의 시야에서 사라지게 했던 것이다.

이제까지의 교육학은 일상의 평가에 비추어서도 어처구니없는 착각 위에 성립하고 있다. 범주의 차이를 두고 일상의 생활에서도 사태를 '진짜'와 '가짜'로 구분한다. 고양이를 사자로 보는 것은 가짜에 속한다. 하물며, 이른바 '진리'를 탐구하는 학문공동체의 기준을 여기에 적용한다면, 그 초입에서부터 학문으로서의 자격을 결여하고 있다는 혹평도 가능하다. 제1장에서 지적했듯이, 종합대학에서 교육학과가 멸시의 대상이 되고 있는 것에 대해 교육학과 나름의 구차한 변명을 내세우고 있지만, 그것은 사태의 심각성을 아직 자각하지 못한 데서 나오는 것이다. 용병학자들에 의해 추진되는 연구는 교육의 입장에서 볼 때 '가짜'에 해당한다. 불행인지 다행인지는 알 수 없지만, 그런 놀라운 사실이 아직까지는 종합대학의 다른 동료들에 의해서 충분히 감지되고 있지 않다.

대학은 진리탐구의 이념을 추구한다. 아무리 정치적인 이유를 갖고 있다고 하더라도, 또한 전통의 관습이 현상유지의 근거로 작용하고 있다고 하더라도, 거짓을 기반으로 해서는 그곳에서 장기간 생존할 수 없다. 이제 앞에서 시사한 단순한 해법을 찾아야 할 때가 되었다. 이러한 타개법을 이해하기 위해 이제 다른 비유를 들어보자. 학문하는 일을 중심으로 볼 때, 지금의 교육학의 연구는 마치 백두산에 올라야 할 과제를 가진 사람이 한라산에 오른 경우와 유사하다. 백두산에 올라야 할 과제를 가진 사람이 한라산에 올라와 있다면, 그가 가져야 할 올바른 태도는 일단 한라산에 올라갔던 일을 인정하는 것이다. 다만 여기에서 용인될 수 없는 일은 그것을 백두산에 오른 것으로 착각하는 것이다. 만약 그가 진정으로 백두산을 오르겠다는 원래의 과제를 수행하고자 한다면, 한라산에서 백두산으로 과감하게 방향을 전환해야 한다. 이에 저항하는 것은 어린이들도 이해할 수 있는 단순한 순리를 거역하는 것만큼 어리석은 일이다.

교육학도들은 정처 없는 방랑생활을 청산하고, 고유의 영토를 찾을 수 있는 새로운 이론체계를 세워 나가면서 그곳을 학문적인 고향으로 만들어 나가야 할 것이다. 교육학자가 진정으로 해명해야 할 올바른 학문적인 대상은 〈그림 2.1〉로 볼 때, 삶의 공간의 하나인 '학교'가 아니라 삶의 양상의 하나인 '교육'이다. 교육은 학교라는 생활공간을 뛰어넘어 가정, 직장, 학원, 각종 회관, 가상공간 등 전 생활에 편재하는 그 나름의 요소와 구조를 가진 자율적인 세계이다. 그리고 그것은 오직 교육을 위해 구축된 고유한 이론적 안목에 의해서만 그 실재성이 이해될 수 있는 세계이다.

교육이라는 삶의 양상은 학문이 이 세상에 출현하기 이전부터 '정치', '경제', '사회', '문화', '종교'라는 삶의 양상과 구분되는 특이한 방식으로 동서고금에 존재했다고 볼 수 있다. 교육을 제외한 각각의 삶의 양상은 그것을 탐구대상으로 삼은 제반 분과학문들의 출현으로 우리의 이해범위에 도달할 수 있었다. 마찬가지로 교육도, 이러한 분과학문들이 이해한 것들은 제외하고, 혹은 그들과 대조되는 방식으로 그 존재성이 밝혀졌어야 한다. 그에 대한 일반법칙과 이론을 찾아내서 동질성과 보편성을 입증하는 것이 진정으로 교육학이 수행해야 할 고유한 과제이다. 이와 같은 방식에 의해서 교육은 그 나름의 독자적인 세계라는 것이 밝혀질 수 있게 될 것이다.

이제 개별적 분과학문의 지식들을 지도에 비유해 보기로 하자. 지도는 영토 자체는 아니지만 그 영토를 이해하는 데 중요한 지침이 된다. 또 하나 이 비유에서 얻을 수 있는 지식의 속성은 그것이 처음부터 주어진 것이 아니라 창작된다는 점이다. 이 말은 교육의 세계로 안내하는 지도는 스스로 교육학도라고 자처하는 우리들이 새롭게 제작해 내야 한다는 것을 말해준다. 이렇게 말할 때 혹자는 교육에 관해서 아직 알려진 것이 없는데 어떻게 그런 특수한 지도를 만들 수 있느냐고 반문할지도 모른다. 사실 나는 오랜 경험을 통해서 이렇게 생각하고 있는 교육학도들이 의외로 많다는 것을 확인해 왔다. 그러나 이는 다시 이러한 반문을 가능하게 한다. 아직 알려진 것이 없기 때문에 교육학과 교육학자들이 필요한 것이 아닌가?

2.1.2. 차이에 대한 대표적인 관점

교육에 대한 체계적인 연구는 한 발자국도 진전된 바 없이 여전히 출발선상에 있다고 볼 수 있다. 진정 진전을 이루고자 한다면 전면적인 방향전환이 필요하고, 무엇보다도 학교가 소속한 범주와 교육이 소속한 범주의 차이를 철두철미하게 인식하는 것이 선행되어야 한다. 교육과 학교를 분리시키려는 시도가 전혀 없었던 것은 아니다(Richmond, 1975). 이와 관련하여 다양한 견해들이 제시되어 왔지만, "교육=학교태"라고 하는 상식적이고 제도적인 관념이 너무도 강력하여 그러한 시도들은 직관적인 호소력에 의존하고 있을 뿐, 우리의 논의에서 요구하는 것처럼 교육학 전체의 방향을 전환할 수 있을 정도의 성과는 얻지 못하고 있다.

이는 그만큼 교육학도들이 탈피해야 할 껍질이 두껍다는 것을 반증한다. 그럼에도 불구하고 제도와 상식이 규정하는 교육의 문제점을 먼저 알고 그것에 편승한 대중들의 인식에 저항하는 용기와 심층적인 안목을 가진 선행자들이 다소나마 있었다는 것은 새로운 출발을 다짐하는 데 있어 최소한의 자산이 될 수 있다. 그들은 어떤 이유에서 그 구분을 요구했는가? 그들의 주장이 갖는 한계는 무엇인가? 이러한 점들에 비추어 대표적인 선행자들과 사례를 비판적으로 검토하면서 학교연구와 교육연구를 본격적으로 구분하려는 우리의 논의를 한 발짝 더 전개해 나가기로 하자.

교육과 제도는 서로 구분될 수 있는 현상이다. 엄밀하게 말하면 제도는 사회적인 사실에 속한다고 볼 수 있다. 이와 관련하여 그동안 '학교제도'에 대한 많은 비판이 있었지만, 그 중 우리의 주목을 끄는 데 가장 성공한 사람은 《탈학교 사회(1971)》라는 저서를 통해서 학교의 폐지론을 주장한 이반 일리치(Ivan Illich)일 것이다. 사람들은 이 저서를 특별히 학교라는 측면에서만 보는 경향이 있지만, 그의 궁극적인 관심은 그 폭을 넓혀 우리의 삶에서 제도가 갖는 한계와 역기능을 폭로하는 데에 있었다(Illich, 1973, 1981). 어떤 것을 위한 수단으로서만 의미를 지녀야 할 제도들이 도구의 기능을 넘어서 인간과의 관계를 전도시키는 결과를 가져왔다는 것이 일리치의 분석이다.

의료제도는 그 좋은 예이다. 이 제도의 도입은 건강을 하나의 상품으로 변질시키고, 가장 초보적인 치료법조차도 의사에게 일임하여 직업의 독점권을 유지하는 세력으로 등장시켰다. 의료업에서 많은 전문직과 그와 관련된 직업들이 늘어나고 자신들의 이익이 줄어들게 되자, 의사들은 이제 새로운 질병유형을 만들어내기 시작한다. 과거에는 누구나 일상적 지혜에 의존해서 해결할 수 있었던 사태가 오직 소수의 전문가가 취급해야 할 문제로 바뀐다. 의사들은 점점 마술사와 같은 마력을 행사하면서 자신들의 독점권을 보호하기 위해 온갖 방책을 취하게 된다. 그들의 봉사에 대해 합당한 대가를 지불할 수 있는 사람들은 소수이다. 이제 의료제도는 그 소수의 사람들에게만 의료혜택이 가도록 조종함으로써 그것이 지닌 본래의 의도와 목적을 간과하기에 이른다.

학교제도에서도 이러한 제도의 모순과 맹점이 드러나고 있다는 것이 일리치의 주장이다. 누차 지적했듯이 교육은 학교가 있기 이전에도 존재했으며, 오늘날에도 학교 밖에서 진행되고 있다. 그럼에도 불구하고 학교라는 제도가 도입된 이래 오직 학교만이 교육을 대행할 수 있는 전문기관이라는 잘못된 신화가 만들어졌고, 그 후로는 누구나 향유할 수 있었던 교육이 학교나 학교와 이해관계를 가진 전문가 집단의 독점물로 인식되는 과정이 뒤따랐다. 오늘날 학교는 교육을 위해 이용될 수 있는 자금, 사람, 그리고 개념을 독점하고 있을 뿐만 아니라, 학교 이외의 다른 사회제도가 교육에 관여하는 것을 단념하도록 만들고 있다. 더 나아가 학교는 그곳을 거쳐 가는 모든 국민들에게 그러한 제도적 신화를 끊임없이 재생하도록 훈련하고 있다.

사람들은 학교에 가야만 교육받을 수 있다는 신화에 익숙해 있으며, 그들에게 부여된 교육할 수 있는 능력에 대해서는 자신감을 잃어 가고 있다. 교육은 전문가들이나 하는 것이다. 제도 자체가 교육이라는 도식은 또한 교육제도라는 이름으로 온갖 부조리한 생활을 젊은이들에게 강요할 수 있는 합법성을 제공해 왔다. 일리치는 그러한 편견과 차별을 합법적으로 만드는 제도로서의 학교에 근본적인 문제가 있음을 지적하면서 학교제도의 전면적인 폐지를 주장한 바 있다. 이 견해는 일반인들에게 큰 주목을 받았지만, 정작 학교가 그러한 방식으로 해체된 사례는 드물다. 그의 주장에는 분명 예리한 통찰이 들어있지만, 너무도 급진적이기 때문에 일부에서는 그의 견해를 단지 낭만적인 생각으로 치부해 버리는 경향도 있다.

사실 일리치의 견해에는 쉽게 동의하기 어려운 부분이 있다. 나는 학교라는 생활공간을 어느 한 측면에서만 배려하는 것이 무리라는 점을 이미 지적했다. 그런데 일리치는 논의를 전개함에 있어서 그러한 편협한 관점을 적용했고, 그것은 교육을 정상적으로 이해하는 데에도 장애를 주고 있다. 우리는 학교를 교육의 관점에서만 보지 않고 다양한 관점에서 보는 안목을 가져야 한다. 학교는 비단 교육으로만 한정할 수 없는 다양한 기능과 역할을 수행하고 있다. 이 때문에 학교가 교육의 기능을 제대로 수행하지 않는다는 이유를 들어 전면적인 폐지를 주장하는 것은 일반인들을 납득시키는 데에도 한계가 있을 수밖에 없다.

학교의 생태적 총체성을 교육의 관점에서만 보는 것은 사태를 왜곡시키는 결과를 가져온다. 오늘날 학교는 젊은이들의 다양한 생활공간들 중의 하나로서 거기에는 이루 다 열거할 수 없는 잡박한 과정이 진행되고 있다. 그들을 하나의 세계인양 적당히 생각하거나, 혹은 서로 이질적인 것들로 보아야 할 어떤 것을 다른 것으로 환원시키는 것은 혼란을 가중시킨다. 이러한 문제를 극복하는 데는 오래전에 던커(K. Duncker, 1945)가 주목한 바 있는 "기능적 고착(functional fixedness)"이라는 일종의 심리적 기제를 이해하는 것이 도움이 될지 모르겠다. 던커는 사람들이 어떤 사물의 용도를 오직 하나로 규정함으로써 그것이 가진 다른 기능들을 충분하게 활용하지 못한다는 흥미로운 사실을 발견하고 그 장애를 이 개념으로 지칭한 바 있다. 장도리를 오로지 못을 박는 도구로 생각하는 것이 좋은 예이다. 그런 사람들은 장도리가 가질 수 있는 여타의 기능을 활용하지 못한다. 학교가 갖는 기능상의 여러 잠재적인 가능성을 볼 수 없는 사람도 그러한 정신적 장애를 갖고 있다고 말할 수 있다.

학교는 여타의 생활공간, 즉 가정, 직장, 도서관, 가상공간, 놀이터 등의 경우처럼 그 자체가 다면적인 속성과 기능을 갖고 있다. 이 안에서의 활동의 전체는 균질적인 것이 아니기 때문에 하나의 분과학문에 의해서만 이해될 수 있는 세계가 아니다. 이 때문에 가정생활을 오로지 생물학적인 것으로 본다거나, 직장을 경제적인 것으로만 본다거나, 도서관을 문화적인 것으로만 본다거나, 가상공간을 소통을 위한 창구로만 본다거나, 놀이터를 심리적인 것으로만 보는 것은 그것들의 전모를 이해하는 데에는 턱없이 부족하다. 어느 하나의 관점만을 택한다면, 그에 대한 우리의 이해는 일면적인 것이라는 평가를 모면하기 어려울 것이다. 그들을 이해하기 위해서는 거의 모든 학문의 개념이 동원될 수 있고, 또 동원되어야만 한다. 그러한 의미에서 나는 학교에 대한 학제연구를 활성화시키는 것을 적극 지지한다. 우선 학교에 대한 학제연구는 학교라는 상식 혹은 제도의 세계를 해체하고, 그것의 교육 외적인 다면적 실상을 좀더 이론적으로 파악할 수 있게 한다는 점에서 큰 의의를 가질 수 있다.

이 점에서 일리치의 입장은 너무 일면적이다. 앞으로도 단지 학교가 교육적 기능을 제대로 하지 않는다는 이유만으로 폐기되지는 않을 것이다. 만약 폐기해야 한다면 학교가 수행하는 여타의 기능들을 동시에 고려해야 할 것이고, 그 결정은 학교 관련 주체가 결정할 문제이다. 학교를 다양한 기능에서 바라보는 관점도 교육학의 논의에서 가끔 발견된다. 다음과 같은 라이머(E. Reimer, 1971/1981)의 글은 그 가운데 하나이다.

> 일반적으로 사람들은 학교란 교육하는 곳이라고 생각한다. 그것은 교육이 학교에서 표방하고 있는 이념이고 목적이기 때문이다. 학교에 대하여 오늘날까지 본격적인 비판이 없었던 것은 바로 이 '교육'이라는 용어의 의미가 사람마다 서로 달랐기 때문이다. 물론 학교가 다르면 거기서 하는 일도 다르겠지만, 오늘날의 모든 나라에서 학교들은 그 종류와 수준에 관계없이 다음과 같이 네 가지로 분해할 수 있는 사회적 기능을 결합시켜 나가고 있다. 첫째 학생을 보호하는 기능(custodial case), 둘째 사회적 역할의 선별기능(social-role selection), 셋째 이론이나 원리 혹은 사상을 주입하는 기능(indoctrination), 넷째 기술과 지식을 개발시킨다고 하는 통상적인 의미의 교육기능(education)이다(p. 33).

라이머의 관점은 학교가 교육하는 곳이라는 일반사람들의 평균적인 생각을 벗어나고 있다. 학교가 수행하는 교육 이외의 다양한 기능들을 인정하는 다원적 사고나 접근방법은 일리치의 관점을 뛰어넘는다. 학교의 기능 가운데 사회적 선발의 기능을 교육의 기능과 구분하는 것은 특히 우리나라의 상황에서는 주목할 만한 가치가 있어 보인다. 학교는 젊은 사람들에게 사회의 지배적 신념과 가치체계를 주입하고, 장차 그들이 사회로 진출할 때 역할분담에 있어서 차등이 있도록 자격증을 주는 중요한 기능을 한다.

국가는 국공립학교를 위해 대규모의 국고를 지출하여 결과적으로 일부의 사람에게만 특혜를 준다. 높은 수준의 학교에는 소수 기득권층의 접근만을 허용함으로써 그들 자신들의 권력과 사회적 지위를 독점하고 강화하는 기능을 실제로 수행해 왔다. 세계 각국에서 빈곤층 자녀들은 의무적으로 학교에 다니는 기간을 제외하면 대학까지 진학할 수 있는 경우가 많지 않다. 우리나라의 경우도 예외가 아니어서 학교생활을 떠나서 젊은이들이 사회적 출세나 진출을 생각하기는 어렵다. 학사학위가 고교졸업장보다 더 높은 경제적 가치를 갖는다. 우리나라의 학부모들이 자녀들을 학교에 보내는 가장 큰 이유의 하나가 바로 여기에 있다. 이를 위해 학생들은 다른 학생들과 경쟁해야 하며, 학교는 그들의 성적을 올리기에 여념이 없다.

그러나 이것은 학교의 중요한 기능일 수는 있지만 교육의 기능이라고는 볼 수 없다는 것이 라이머의 생각이다. 그만큼 그의 입장은 학교태를 있는 그대로 직시하는 통찰을 우리에게 제공한다. 라이머는 "학교가 다르면 거기서 하는 일도 다르다"는 단서를 단다는 점에서 학교의 기능이 그가 지적한 네 가지 기능 이상의 것임도 인정하고 있다. 도대체 학교의 기능을 제한하는 것 자체가 "기능적 고착"이라는 심리적 장애를 가진 사람들의 융통성 없는 사고방식이다(장상호, 1990, pp. 33-34). 쉽게 말해서, 학교는 그것을 장악하고 있는 주체의 결단에 따라 그 어떠한 기능도 수행할 수 있는 곳이다. 우리나라의 학교가 일제시대, 해방초기, 개발독재시대, 그리고 21세기를 맞이하는 오늘날 각기 다른 기능을 발휘해 온 것을 돌이켜 생각해 보면, 이를 쉽게 납득할 수 있을 것이다. 지금 이 순간에도 얼마나 다양한 목적을 가진 학교들이 존재하고 있는가!

특수한 처지에 따라 학교들은 소기의 기능을 수행하는 한 계속 존속할 것이다. 그 가운데 우리는 교육적인 삶의 양상 혹은 교육적인 기능이 최소한 포함될 수 있을 것으로 가정한다. 그런데 그러한 가정에는 아직 해명되지 않은 부분이 있다. 그것은 "교육이 무엇이냐" 하는 것이다. 교육이라는 실재가 무엇인지를 먼저 밝히고, 그것이 할 수 있는 기능들이 무엇인지를 밝혀야 "교육적 기능"이라는 의미가 살아난다. 그 부분에서 라이머의 관점은 아직 충분하지 않다. 다음에 더 적절한 논의의 맥락에서 자세하게 다루어질 것이지만, 교육은 단지 기능적인 것으로 환원시켜 규정될 실재가 아니다. 그리고 그 기능이 어떤 것이든지 간에 그것은 교육이 아닌 다른 통로를 통해서도 달성될 수 있다는 점도 인정되어야 한다.

학교의 교육적 기능과 교육이라는 실재는 동일한 것이 아니며, 라이머는 그 점에서 좀더 분명한 입장을 택했어야만 했다. 이 부분에서 어느 정도 진일보한 주장도 있다. 가령, 홀트(J. Holt)는 《자유를 넘어서(1972)》라는 저서에서 학교의 교육적 기능과 교육의 구분을 함축하는 흥미 있는 발언을 하고 있다. 그는 학교 울타리를 넘어서서 교육이 삶의 일부로 진행될 수 있는 세계를 꿈꾸며, 자신의 주장을 해명하는 방식의 하나로 다음과 같은 미래의 시대를 가정해 본다.

> 타임머신을 타고 미래로 여행하고 있다고 상상해 봅시다. 지금부터 500년 후에 지성적이며, 인간적이며, 삶을 고양시키는 어느 문명 세계에 도착하게 됩니다. 거기 사는 사람이 나를 맞이하여 여기저기 안내하면서 자기가 사는 사회를 설명합니다. 그 사람이 내게 사람들이 살고, 일하고, 노는 곳을 보여주었을 때, 내가 묻습니다.
>
> "그런데 학교는 어디 있습니까?"
>
> "학교라니요? 학교가 뭐죠?" 그 안내원이 대답합니다.
>
> "학교는 사람들이 배우러 다니는 곳이잖아요."
>
> "무슨 말인지 모르겠군요. 사람들은 어느 곳에서나 배우고 있어요." 그가 말한다.
>
> "나도 그건 알아요. 하지만 학교는 무언가를 당신에게 가르치며, 당신이 무언가를 배우도록 도와주는 특별한 사람들이 있는 곳이에요."
>
> "미안하지만 아직도 무슨 말인지 이해할 수 없습니다. 모두가 다른 사람의 배움을 돕는 게 아닌가요? 무언가 알고 있는 사람은, 또 무언가를 할 수 있는 사람은 그걸 더 배우고자 하는 다른 사람을 도와주지요. 왜 그런 것을 해야 하는 특별한 사람들이 꼭 있어야 하나요?"(pp. 119-120)

위의 글은 아주 먼 미래에 교육이 삶 어느 곳에서나 이루어지는 사회를 묘사하고 있다. 미래 사회의 안내원은 교육이 어떻게 전문가만 할 수 있는 일이겠느냐고 반문한다. 교육은 학교 안과 밖의 구별 없이 모든 사람이 향유할 수 있는 삶의 양태라는 것이다. 이것은 아마 홀트가 예견할 수 있는 먼 훗날의 희망사항처럼 보인다. 그러나 이러한 희망을 피력하는 홀트 역시 "교육=학교태"라는 신화 속에 갇혀 있다는 인상을 지울 수 없다. 왜냐하면 그러한 사태는 수백 년을 기다려야만 실현될 수 있는 이상세계가 아니라, 현재에도 우리 주변에서 전개되고 있는 것이기 때문이다. "가르치고 배우는 일"[3)]은 인류가 과거부터 오랜 세월에 걸쳐서 그 일에 종사해 왔고, 지금도 많은 사람들이 학교 밖에서 그런 일에 종사하고 있다. 다만 문제가 있다면 현존하는 교육학이 이처럼 너무도 분명한 사실마저 제대로 포착할 수 없을 만큼 성숙하지 못했다는 점이다.

사실과 그 사실을 파악하는 이론은 서로 불가분의 관계를 갖는다. 전자는 설사 후자와 독립된 실재라고 하더라도, 인식론적으로 오직 후자를 통해서만 이해될 수 있는 것이다. 인류가 탄생한 시점부터 교육은 존재해 왔지만, 그것을 이해하려는 개념이나 이론은 아직 우리의 손에 주어져 있지 않다. 이로 인하여 우리는 주변에서 흔하게 진행되고 있는 교육을 제대로 감식할 수 없는 맹인이 되어 버렸다. 일리치와 같이 학교의 교육적 기능을 전적으로 거부하는 입장은 물론이고, 홀트와 같이 교육을 지나치게 이상화시키는 경향도 그 점에서는 마찬가지이다. 양자는 교육학의 부재가 마치 교육의 부재인 것처럼 우리를 오도하고 있다.

오늘날 학교가 아무리 교육기관임을 자처하고 독점권을 행사하려 해도, 그 울타리 밖에서 일어나는 교육을 전적으로 무시하기에는 한계가 있다. 그 점을 극복할 수 있는 분야의 하나가 요즘 유행하고 있는 '평생교육(lifelong education)'[4]이다. 이 분야의 사람들은 홀트처럼 장래의 이상적인 교육을 꿈꾸는 것이 아니라, 현실에서 일어나고 있는 교육을 다루고 있다. 그러나 평생교육에 참여하거나 그것을 연구하는 학자들의 면모를 살펴보면, 이들이 진정 교육을 모든 사람들이 향유할 수 있는 삶의 양상으로 보고 있는지에 대해 의구심을 갖게 된다. 이 분야의 학자들이 지칭하는 교육은 아직도 상식이나 제도가 규정하는 것을 크게 벗어나지 못하고 있다. 대개의 경우 학교의 확장이라는 관점을 채택하고 있으며, 이론적 취약성을 외래학문을 무분별하게 끌어들임으로써 보충하고 있다(Dave, 1978). 말

3) 이것을 바로 교육이라고 보는 것은 너무도 단순한 생각이다. 우리는 본서를 통하여 이러한 생각을 넘어설 것이다. 그러나 당분간 지금의 논의에서는 그것이 교육을 특징짓는 것으로 받아들일 것이다.

4) 이 용어 자체도 문제를 가지고 있다. 우리가 평생교육을 하는 존재라면, 굳이 그것을 '평생'이라는 말로 수식할 필요가 없기 때문이다. 그만큼 이 용어나 개념은 아직 학교교육으로부터 자유롭지 못하다.

하자면, 이들 역시 교육의 개념에 관한 한, 학교중심의 교육학자들이 가진 범주착오에서 벗어나지 못하고 있는 것이다

우리는 학교와 교육이 서로 분리되어야 할 이유를 들고 그 근거가 될만한 몇몇 학자들의 주장과 사례를 검토하였는데, 그들 역시 개념의 면에서 근본적인 진전을 가져오는 계기와 연결되지 못하고 있다. 학교에서 진행되고 있는 것들에 교육 이외의 것들이 포함되어 있다는 정도의 불만, 그리고 학교 밖의 교육이 인정되어야 한다는 출구를 예고하면서도, 정작 학교 안과 밖을 아우르는 교육이 무엇인지에 대해서는 설득력 있는 이론을 제시하지 못하고 있다. 아직도 아쉬운 부분은 역시 교육에 대한 고유한 관점의 부재이다.

교육은 학교라는 제도와는 별개의 것이다. 그것은 제도적 강제에 의해 유지되는 것이 아니라, 그 자체의 내재율에 의해 유지된다. 만약 우리가 그 내재율에 충실하다면, 교육은 학교의 울타리 안에서도 그리고 밖에서도 일어날 수 있고, 또 일어나고 있는 삶의 양태라는 점을 쉽게 인정할 수 있다. 교육학자의 일차적 과제는 삶 속에서 교육을 실현시키는 데 있는 것이 아니라, 삶 속에서 이미 진행되고 있는 교육을 제대로 이해할 수 있는 개념체계 혹은 학문체계를 구성하는 데 있다. 교육현상은 그것을 교육으로 제대로 드러낼 수 있는 학문적인 안목을 요구하고 기다려 왔다고 볼 수 있다. 그럼에도 불구하고 이제까지의 교육학은 이를 외면하고 엉뚱한 사실을 교육이라는 이름으로 치장해 왔다. 교육은 스스로 교육학자를 자처하는 일군의 학자들에 의해 철저하게 외면되고 소외되어 온 것이다.

이 점에서 교육의 문제보다 교육학의 문제가 더 시급히 해결되어야 할 과제이다. 그것은 구체적으로 그동안 은폐되거나 간과되어 온 교육의 고유 현상을 드러내는 지도, 그림, 개념체계를 만들어 나가는 작업을 의미한다. 세상 사람들이 쉽게 교육을 말할 때, 교육학도들은 그 교육이 무엇을 지칭하는 것인지에 대해 좀더 진지하게 반성할 수 있어야 한다. 학교에서 교육이 제대로 되고 있지 않다는 말을 할 때, 그 교육은 무엇인가? 학교 밖에서도 교육이 일어나고 있고, 또 일어나야만 한다고 할 때, 그 교육은

또 무엇인가? 이에 대해 이제까지 교육학도들이 내린 해답이 얼마나 부적절한 것이었는지는 제1장의 논의를 통해 분명해졌을 것이다. 미래의 교육학도들은 그릇된 전통의 굴레에서 벗어나 교육학을 새롭게 창도하려는 야심을 가지고 이러한 질문들에 대한 해답을 찾아 나서야 한다. 그것은 전인미답의 영토를 지적으로 정복하는 과업인 만큼 매우 도전적인 일이 될 것이다.

2.1.3. 자율적 개념정립을 위한 타산지석

교육현상을 낯설게 느끼고 그것에 대한 이해를 지적인 도전으로 삼을 때에 한해서만, 교육학의 탐구라는 활동이 활성화될 수 있다. 현 단계에서 교육학도들이 자각할 부분은 바로 그 빈궁함을 절실하게 느끼는 것이다. 이미 해답을 가지고 있다고 생각하는 사람이 있다면, 그는 탐구를 끝낸 사람으로서 더 이상 교육학도라고 할 수 없다. 교육학자들이 추구해야 할 고유한 화두는 〈그림 2.1〉의 오른 편에 위치하고 있는 "교육이란 도대체 무엇인가?"라는 질문이다. 교육은 그 존재성을 드러내는 데 어떤 개념체계를 요구하는가? 이러한 원초적인 질문은 아마도 이제까지 교육학도로서의 전문성을 자처해 온 학자들에게는 지극히 당혹스러운 것이 될지도 모른다. 그러나 뒤늦게나마 이 질문에 정직하게 직면할 수 있어야 한다.

생활 속에서 그 질문을 질문으로 절실하게 느낄 수 없었던 것이 이전의 교육학자들의 문제였다. 외래학문의 개념을 빌리면 된다는 안이한 생각 때문에, 사실은 교육에 대해 아는 바가 없으면서도, 마치 그것에 관해 많은 지식을 확보한 것 같은 착각에 빠진 것이다. 학교연구에서는 비교육에 해당하는 사실이 교육으로 지칭되기 때문에 교육은 왜곡되거나 은폐될 뿐이다. 다른 한편으로, 학교 밖에서 이루어지고 있는 교육은 거의 우리의 주목을 받지 못한 채 남아 있다. 이로 말미암아 교육은 그 자체로서 충분히 인정되거나 주목되지 않고, 해석되지도 않은 불모지대로 남아 있을 수 밖에 없었다. 이 점에서 우리의 교육에 대한 이해는 한 마디로 "풍요 속의 빈곤"이라는 말로 대변할 수 있다.

반복되는 말이지만, 교육은 어떤 외래학문의 개념들을 가지고는 도저히 포착할 수 없는 고유한 현상이다. 교육이 고유한 현상인 만큼 그것을 포착하려면 고유한 개념체제의 구축이 필요하다. 그러나 그 작업이 교육학의 입장에서는 너무나 생소한 것이기 때문에 자체의 고유한 개념체제를 구축하기 위하여 다른 학문들이 어떠한 일을 했는지를 살펴보면서 해결방안을 배울 필요가 있다. 우리가 먼저 주목해야 되는 것은 각 분과학문들이 세상에 등장할 때 그 분야의 학자들이 취한 학문적 태도와 그 과정이다. 형성된 결과를 놓고 보면 별것이 아닌 것처럼 보이지만, 하나의 자율적인 분과학문을 만드는 과제는 결코 쉬운 일이 아니다.

분과학문의 출범에는 적어도 두 가지의 인식적 배타성이 작용했다. 하나는 상식의 배제이다. 학문적 지식과 상식은 인식의 면에서 늘 긴장관계를 유지해 왔다. 만약 학문이 대상세계를 상식의 범주와 일치시킨다면, 그것은 학문이라고 할 수 없다. 다른 하나의 인식적 배타성은 탐구하려는 대상과 무관한 범주를 배제하는 것이다. 아직 알려지지 않은 세계를 드러낸다는 것은 그것이 기존의 학문적 개념으로는 포착될 수 없다는 것을 의미한다. 이 때문에 기존 학문들이 그 사실을 왜곡시키는 일이 없도록 외래학문의 관점에 대해 배타적인 태도를 유지했던 것이다.

이러한 배타적 태도는 자율적인 분과학문을 창도하는 데 공헌한 학자들로부터 공통적으로 발견할 수 있다. 분과학문 초기 그들은 모두 그러한 태도를 견지하면서 전 생애를 걸고 독창적인 개념체계와 방법론을 모색하였다(장상호, 1997, pp. 472-487). 이것은 이제까지의 교육학이 택해 왔던 경로와는 정반대라는 점에서 새로운 교육학도들이 자신의 작업을 규정함에 있어서 필히 참고할 사항이다. 그 가운데 모범사례가 될 만한 두 사람의 전형적인 분과학문의 창시자들을 잠시 참조해 보기로 하자.

오늘날 사회학이 하나의 자율적인 분과학문으로 등장하게 된 데에는 뒤르켐(E. Durkheim, 1895)의 공적이 컸다. 그는 19세기 말쯤 이른바 "사회적 사실(social fact)"이 별개의 현실로 존재할 것으로 가정하고, 그 실재성을 부각시키는 독자적인 학문으로서 사회학이 필요하다는 점을 역설하였다. 당대에는 그것이 개념적으로 충분히 드러난 것이 아니었기 때문에 그 실재성은 모호한 것이었고, 설사 뒤르켐 자신에게는 분명했다 하더라도, 그 실재성을 기존의 학자들에게 증명하는 것은 쉽지가 않았다. 그가 사회적 사실로서 제시한 이른바 '집단의식(collective consciousness)'이 좋은 예다. 당시 그것은 심리학의 개념으로 환원시켜 이해될 수 있는 것으로 보였기 때문에, 그는 그것이 심리적 특성이 아니라는 점을 애써 드러내야만 하였다. 그것은 한 개인이 성취할 수 있을 정도의 간단한 과업이 아니었기 때문에 당시에 모두 실현되었다고는 볼 수 없다. 그러나 뒤르켐의 끈질긴 태도가 후진들에게 그것을 찾으려는 시도를 촉발시켰고, 당시에는 인정될 수 없고 불가능하게 보였던 사회학이 오늘날 그 자율성을 확고하게 구축한 단계에 이르게 된 것이다.[5)]

교육학을 새롭게 정립하려는 교육학도들도 아직 교육의 실재를 밝혀주는 개념체계를 확보하고 있지 못하다. 그러나 그 사실이 교육학이 자율적인 분과학문으로 성립될 수 없다는 핑계가 되어서는 안 된다는 점은 뒤르켐의 사례에서 분명하게 드러난다. 문제는 그것을 성립시키려는 의지와 노력의 결여이다. 출범할 당시 불가피하게 외래학문에 의존할 수밖에 없었다고 하더라도, 뒤르켐이 그러했듯이 언젠가는 교육학도들도 자신의 탐구대상을 드러내는 고유한 개념체제를 구축하고 말 것이라는 신념과 태도를 견지하는 한, 그 가능성이 실현되는 것은 시간문제이다.

교육학을 처음부터 새롭게 시작하자고 하면, 이제는 너무 늦은 것이 아닌가라는 식으로 생각을 하기 쉽다. 학문이 고대 그리스에서 시작되어 현재에 이르기까지 어마어마한 시간을 요청한 역사를 지니고 있다고 볼 때, 그렇게 생각하는 것도 무리는 아닐 것이다. 그러나 다른 한편으로 생각하면 그렇지도 않다. 오늘날 대학 내에서 자율학문으로 인정받고 있는 대부

---

5) 이러한 태도를 그가 교육학을 규정함에 있어서는 적용하지 않았다는 사실은 앞의 논의(1.1)에서 지적된 바 있다. 그는 사회적 사실이 심리학적 개념에 의해서 이해될 수 없다는 것을 강조하면서도, 교육현상은 사회학적인 개념에 의해서 이해될 수 있다는 식의 이중기준을 적용했다.

분의 학문들이 실질적인 체제를 갖추고 자율성을 인정받게 된 시점은 길어야 2~3세기 전이다. 뿐만 아니라, 오늘날에도 새로운 학문이 우후죽순처럼 생겨나고 있다. 이 점을 염두에 둔다면, 이 시점에서 새로운 교육학을 시작한다 할지라도, 그것은 결코 늦은 것이 아니다. 그 점을 고취하기 위해 분과학문의 자율화에 성공한 또 하나의 사례를 들어보자.

20세기 초에 출현한 자율적인 언어학이 바로 그것이다. 당시까지 학자들은 언어를 구사하는 측면을 언어현상으로 규정하고, 그것을 당시에 가용한 학문들, 예컨대, 물리학, 역사학, 철학, 미학, 문화인류학, 심리학, 사회학 등을 빌어 밝히려고 하는 방식을 취하였다. 이 때문에 그때의 언어학은 오늘날의 교육학처럼 이류적인 잡학의 성질을 띨 수밖에 없었다. 이 사태에 저항한 학자가 바로 소쉬르이다(Culler, 1984; Saussure, 1959). 그는 다른 학문들의 개념을 통해 드러나는 모든 것을 제외하고 남은 어떤 고유현상이 바로 언어현상이어야 함을 주장하였다. 이에 근거하여 소쉬르는 다른 학문들의 외재적 관점들을 배제하고, 고유한 현상으로서의 언어만을 전체적으로 파악하는 엄격한 태도를 취하였다. 그 분기점을 가르는 부분이 '언사(parole)'와 '언어(langue)'의 구분이다.

오늘날 언어학이 자율성을 구가하는 가운데 인문과학의 선두에서 자랑스러운 자리를 차지하게 된 것은 당대의 언어학적 전통에 역행한 소쉬르의 집념이 있었기 때문이다. 소쉬르는 "언사의 언어학"과 "언어의 언어학"을 구분한 뒤, 전자를 버리고 후자를 정립해야 할 것을 주창하였다. '언사'는 마치 학교태처럼 일상적 생활의 범주로서 혼질적인 것이기 때문에 다양한 학문에 의해 학제적으로 연구될 수 있다. 그러나 소쉬르는 그로부터 얻은 제반 지식들을 물리적으로 합한 것이 진정한 의미의 '언어학'이 될 수 없음을 당시의 그 누구보다도 예리하게 간파하였다. 언어는 나름의 자율적인 체계이며, 기존의 학문체계로는 이를 포착하기 어렵다고 본 소쉬르는 언어의 실체를 파악할 수 있는 별도의 개념체계를 발견하고, 그것에 비추어 '언어'를 연구하는 진로를 택한 것이다.

"학교에 대한 학제연구"와 "교육에 대한 연구"를 구분하고, 이제 관심을 후자로 돌리자는 우리의 취지는 소쉬르와 같은 맥락에 있다. 언어현상의 경우와 마찬가지로 교육이라는 현상은 학교태라는 일상적 범주와는 다르다. 교육은 외래적인 학문이나 그에 근거한 이론들에 의해서는 파악될 수 없다. 교육은 교육학 자체 내에서 연구되어야 한다. 소쉬르가 언어현상을 자율적인 구조를 가진 것으로 가정함으로써 언어학의 자율화에 공헌했듯이, 우리도 교육이 하나의 체계를 가진 자율적인 세계라는 가정 아래 그것을 포착할 수 있는 개념체계를 구축하는 일을 수행해야 한다. 이렇게 해서 교육학의 자율성이 확보되었을 때, 그것이 오늘날의 언어학처럼 인문사회과학 분야의 선두주자가 되지 말란 법이 어디에 있는가?

교육학이 자율화되기 위해서는 인식대상에 대한 과감한 배제와 선택이 이루어져야 한다. 배제해야 할 것은 학교에 대한 학제연구이고, 선택해야 할 것은 교육에 대한 고유한 개념체제의 확립이다. 이제 이러한 점을 고려하여 다음과 같은 매우 중요하고 의미 있는 질문을 던질 수 있다. 학교에 대한 학제연구에서 제외되고 남는 교육적 사실은 무엇인가? 모든 사람들이 학교 안에서 교육이 진행될 것으로 믿고 있다는 것은 일단 교육학을 위해서는 다행스러운 일이다. 그러나 교육현상은 학교 밖에서도 존재한다. 그러므로 교육학도가 할 일은 학교 안팎의 교육학적 사실이 갖고 있는 고유한 특성이 드러날 수 있도록 개념체계를 고안하는 것이다.

교육학이 학교에 대한 학제연구를 포기한다면, 혹은 지금까지 이룩한 모든 지식을 모학문의 것으로 되돌려주고 나면, 이제까지 교육학도들이 애써 확보한 연구영역을 포기하는 것이 아닌가 하는 우려도 있을 것이다. 그러나 그 우려는 사태의 본질을 제대로 알지 못하는 커다란 착각에서 비롯한다. 그들이 알아야 할 분명한 사실은 학문의 탐구영역은 지리적으로 결정되는 것이 아니라, 개념에 의해 결정되는 것이기 때문에 어느 곳에서든 모학문의 개념에 의해 탐구된 것은 이미 그 학문에 소속되어 있다는 점이다. 이 때문에 그것에 대한 영역의 포기라는 말은 성립하지 않는다. 학교에 대한 학제연구에서 연구에 동원된 개념은 이미 그 모학문의 것으로 귀속되어 있다. 다만 지금까지 교육학이 그 영역을 자신의 것으로 착각하고 있었을 뿐이다. 이 때문에 양도, 포기 혹은 축소라는 개념은 부적절하며, 완곡하게 표현한다면 빌린 것을 되돌려 주는 것이라고 말할 수 있다.

교육학은 일단 죽고 나서 다시 살아나야 한다. 이렇게도 말할 수 있다. 교육학을 한다는 집단과 그들이 의존하고 있는 그릇된 교육관이 살아 있었을 뿐, 교육학은 아직 정식으로 출범조차 하지 않았다. 이러한 논법은 어찌 보면 이제까지의 노력을 부정하고 문제를 원점으로 환원시켜 놓는다는 점에서 아쉬움이 있지만, 거기에 미련을 두면 더욱 어려운 문제가 누적된다는 점에서 최선의 선택이 될 수도 있다. 이제 다른 학문의 과제는 되돌려주고 남은 공터에 채워야 할 본래적인 의미의 교육학이란 무엇일까 하는 문제를 고민해야 한다.

교육은 그것에 대한 정당하고 옳은 인식이 없는 상태에서 우리의 생활세계 속에서 엄연히 존재하고 작용해 왔다고 볼 수 있다. 그것을 포착하는 이론체계를 구축하는 일이 아직 본격적으로 착수되지 않은 채 남아 있다. 교육학도들이 앞으로 풀어야 할 과제는 이제까지 한번도 존재해 본 적 없는 교육학의 영역을 건립하는 데 있다. 이것은 결코 교육학의 축소가 아니다. 교육은 학교뿐만 아니라 모든 생활영역에서 진행되는 현상이다. 그러므로 학교에 대한 이해를 떠나서 교육 자체로 관심을 돌리게 되면, 교육학의 연구대상은 이전보다 훨씬 확장된다고 해야 할 것이다.

교육현상은 항상 얼마만큼의 미궁의 여지가 있어야 한다. 그래야만 교육학자들이 수십 년 혹은 수백 년에 걸쳐서 그들 나름의 학문체계를 구성해 나가는 과제를 가질 수 있다. 〈그림 2.1〉에서 볼 수 있는 새로운 의미의 '교육'을 이해하는 데 있어 현재 처한 인식상의 공백을 느낄 수 있다면, 그는 학자로서 참으로 행복한 상태에 있다고 말할 수 있다. 아직 그 영토의 정체가 무엇인지 분명하지 않기 때문에 당장 이곳은 진정한 의미의 탐구대상이 될 수 있다. 우리는 그 영토가 어떤 것인가 하는 의문을 던지고, 그것에 답하면서 이 영토의 내용과 성격을 규정해 나가야 할 것이다.

교육에 대한 지식이 고정되거나 하나로 일치해야 한다고 생각할 필요는 없다. 모든 분과학문이 그러하듯이 그것은 점차 발전하면서 새로운 면모를 보일 것이다. 그것은 오늘날의 사회학이 뒤르켐의 초기 주장에 멈추어 있지 않고, 오늘날의 언어학이 소쉬르의 이론에 묶여있지 않은 이치와 같다. 교육학적 지식의 변화는 이전의 것에 새로운 하나를 추가하는 것과 같은 단순한 작업은 물론이고, 지식체계 전체의 부정과 변형이라는 방대한 작업까지를 요구할지도 모른다. 그러나 이것은 모종의 공통된 관심, 문제, 그리고 개념의 전승을 전제한다는 점에서 같은 종류에 속하는 작업이다. 이처럼 교육에 대한 생각 자체를 개선해 나가는 것이 교육학의 정상적인 발전양상이며, 그 자취가 교육학의 새로운 역사를 이룰 것이다.

2.2. 학교연구의 향방

2.2.1. 개별적 사실들의 존중

현재의 교육학은 대체로 학교에 대한 학제연구의 범주에 속하며, 그만큼 교육학자들은 교육의 이해라는 과제와는 먼 거리에 있다는 것이 명백해졌다. 그러나 이러한 발견이 이 분야의 연구가 불필요하다는 결론을 함축하지는 않는다. 설사 그것이 교육학의 입장에서는 잘못된 범주라 할지라도, 그 나름으로는 존재가치를 인정받을 수 있는 정당한 연구영역이다. 여러 가지 이질적인 사실들이 복합된 생활세계의 하나인 학교는 어떤 분과학문이라도 자유롭게 그것에 관한 연구를 할 수 있도록 허용한다. 그 총체적인 다양성을 보완하기 위해서는 〈그림 1.1〉에 포함된 것뿐만 아니라, 더 많은 분과학문들이 추가되어도 상관없을 것이다.

동의할 수 없는 것은 그 학제연구를 "교육학의 제반 학문들(pedagogical sciences)"로 지칭하는 것이다. 범주착오의 특징은 더 정확한 말을 쓸 수 있음에도 불구하고, 다른 명칭을 부여함으로써 혼란을 자초하는 것이다. 그것들의 명칭은 말 그대로 "학교에 대한 학제연구"이다. 더욱 중요한 것은 명칭에 상응하는 실질에 대한 의식의 전환이다. 우리가 제1장에서 드러내고자 했던 모든 문제가 사실상 교육을 연구하지 않으면서 교육학임을 위장하고 있는 학문들이 너무도 많다는 것에서 비롯한다. 이러한 엉터리 관행이 교사교육, 교육학의 후진양성, 그리고 응용을 빙자한 실천에 체계적으로 작용해 왔다. 학교에 대한 철학적 논의는 교육에 대한 논의라고 할 수 없다. 학교에 대한 심리학적 연구는 성립되지만 교육에 대한 심리학적인 연구는 애초부터 성립되지 않는다. 교육에 대한 사회학적 연구라는 말도 쓸 수 없다. 이러한 것들은 "물리적 사실에 대한 생물학적 연구"라는 주장처럼 말이 되지 않는다.

진실이 아닌 허위의 발견은 그 자체로서 매우 중요한 의미를 지닌다. 지금의 교육학 혹은 교육학도들이 걸치고 있는 위장된 외투를 벗어 던지는 것만으로도, 그 외투를 썼을 때 발생하는 온갖 혼란, 왜곡 혹은 비생산적인 논점상위의 오류로부터 해방될 수 있다. 교육에 대한 이해가 아니라 학교에 대한 학제적 이해라고 명칭을 변경하는 것은 사태의 진상을 있는 그대로 파악하는 데 있어서 커다란 진전을 가져다 줄 것이다. 그 구체적인 성과는 크게 세 가지로 나누어 생각할 수 있다.

첫째, 앞에서 논의한 제2차 오류에서 해방될 수 있다. 그동안 교육학과에 유입해 들어온 용병학문은 하나 둘이 아니다. 이들은 모학문의 개념을 가지고 진입하면서 그것들을 "교육적 사실"이라고 주장함으로써 모학문의 이질적인 사실들 자체끼리도 구분하기 어렵게 만들어 버렸다. 그런데 그것을 학교에 대한 학제연구로 간주함으로써 학교 안의 이질적인 사실들의 차이가 더욱 선명하게 드러날 수 있을 것이다. 이 말을 다르게 표현하면, 학교의 다양한 면모들을 모두 교육이라고 보는 일차원적 허구의 장막을 넘어서서 각각의 면모들이 그 색깔 그 모양으로 서로 변별될 수 있도록 해줄 것이다. 예컨대, 학교의 심리적 사실과 학교의 사회적 사실은 서로 환원시켜서는 안 되는 이질적인 범주의 것으로, 서로 모순되는 범주가 아니라 보완적인 범주이다. 그들을 각각의 맥락에서 인정함으로써 학교의 이질성과 다양성을 원래대로 드러낼 수 있게 된다.

둘째, 명칭의 변경은 앞에서 논의한 제3차 오류로부터도 해방될 수 있게 한다. 이제까지 용병학자들의 연구는 학교 안의 비교육적 현상을 마치 교육인 것처럼 치장함으로써 그 비교육적 측면과 교육을 동일한 것으로 혼동하였다. 말하자면 교육은 가짜 교육학자들에 의해서 사실상 외면당하고 소외되는 아이러니가 연출된 것이다. 이제 그들의 연구를 학교에 대한 학제연구로 올바르게 인정해 줌으로써 우리는 그러한 엄청난 오류에서 벗어날 수 있게 된다. 만약 학교 안에 교육이라는 것이 있다면, 그것은 비교육적인 것들을 제외한 어떤 것이 될 것이다.

여기서 비로소 세 번째의 효과가 생겨날 수 있다. 그것은 교육에 대한 이해가 아직 제대로 이루어지지 못했다는 사실에 대한 자각이다. 학교라는 제도는 교육의 제도와 동일시될 수 없다. 교육이 먼저 규정되어야 하고, 그것에 비추어 제도가 검토되는 것이 올바른 순서이다. 그런데 우리는 교육을 드러낼 수 있는 그러한 교육학을 아직까지 확보하고 있지 못하다. 사실상 학교에서 일어나는 비교육적 사실에 대한 이해를 놓고 그것을 교육에 대한 이해로 착각해 온 것이다. 학교연구의 개념은 그러한 과장된 허위의식에서 벗어나 그동안 부재했던 학교에 관한 교육학적 연구의 필요성을 새롭게 각성시키는 효과를 가져올 것이다.

이렇게 정리해 보자. 학교는 하나의 생활공간으로서 그 안에는 다양한 사실들이 존재한다. 그 사실들은 각각 서로 환원될 수 없는 고유한 특징들을 갖는다. 용병학문들은 그 각각의 사실들에 대한 이해를 돕는다고 할 수 있다. 그 점에서 그들은 "학교에 대한 학제연구"라는 명칭에 어울린다. 그럼에도 불구하고, 서로 혼동될 수 없는 사실들에 교육의 의미를 부여함으로써 그 사실들 간의 차이는 물론이고, 그들과 교육의 차이를 어둡게 하는 오류를 범하였다. 학제연구라는 명칭은 그 어둠을 밝히고, 고유한 특징 그대로 학교에 대한 각각의 사실들을 드러나게 하는 효과를 가져올 것이다.

학교에 대한 학제연구에서 유일하게 빠진 부분이 있는데, 그것은 바로 교육에 대한 이해이다. 학교가 대중이 생각하는 바대로 "대표적인 교육기관 혹은 교육제도"라고 한다면, 학교 안에서 이루어지는 교육에 대한 인식이나 배려는 학교 안의 교육 아닌 다른 사실들보다도 훨씬 중시되어야 할 것이다. 그럼에도 불구하고, 놀랍게도 바로 그 교육에 해당하는 부분을 밝히는 고유한 이론은 확보되지 못하고 있는 형편에 있다. 그 부분은 학교에 대한 기존의 학제연구를 통하여 이미 알려진 사실들이 아니라, 이제부터 새로운 개념의 지평을 확보함으로써 탐구해 나가야 할 미지의 영역이다. 본서의 나머지는 그 부분이 무엇인지를 밝히게 될 것이다.

2.2.2. 야누스적 적응의 종식

가정, 직장, 가상공간 등 다양한 생활공간 가운데 학교는 우리 젊은이들의 삶을 지배하는 중요한 자리를 차지하고 있다. 우리나라의 경우 대략 전체 인구의 1/4이 이곳에서 생활하고 있는 것으로 추산된다. 그 기능은 라이머의 지적처럼 다면적이다. 그만큼 학교에 대한 학제연구는 정당성을 확보하고 있는 셈이다. 그런데 그것을 단지 교육학이라는 범주로 다룸으로써 이것도 저것도 아닌 형태로 변질된 면이 있다. 이제 그러한 구차하고 억지스러운 변명에서 벗어나 학교에 대한 학제연구는 정정당당하게 자신의 위치를 확보할 수 있어야 한다.

이와 관련하여 잠시 클리포드와 거드리(Clifford & Guthrie, 1988)가 교육학자들이 일종의 경계인의 위치에 있다는 점을 부각시키면서 지적한 한 대목을 상기해 보기로 하자. "(종합대학 안의 교육학도들은) 학내에 있는 인문과학 혹은 자연과학 분야 동료들의 기준을 만족시키지 못하고, 동시에 그들의 실천적 동료들로부터도 소외되어 있다(p. 4)." 이 말은 학교에 대한 학제연구가 학문적 정체성이 모호한 용병학자들의 손 안에서 제대로 연구될 수 없었던 사실을 반증한다. 한편으로 학내의 동료들이 요구하는 기준에 부합하지 못함으로써 응용학문을 표방하고, 다른 한편으로 학교의 실제 문제에 직면해서는 이론을 추구하는 것으로 사태를 모면하는 도피적인 상황을 두고 우리는 앞서 "야누스적 적응"이라고 하였다.

학교에 대한 학제연구가 대학에서 어떤 위치에서 어느 곳에 제자리를 차지할 것인가 하는 문제는 현존하는 교육학의 용병학문들이 가야 할 진로를 아울러 함축한다는 점에서 중요한 관심사가 될 수 있다. 여기에는 크게 두 가지 선택이 있을 수 있다. 하나는 학교현상을 이해한다는 의미의 순수학문의 취지이며, 다른 하나는 그 순수학문을 응용한다는 취지이다. 순수연구와 응용연구는 존재양태, 수행하는 방식, 그리고 그것을 평가하는 기준 등에서 큰 차이가 난다(장상호, 1997, 제4장). 어느 진로를 택하든 간에 그 본질에 충실하려는 노력이 요망된다. 그 가운데 전자를 택한 경우를 먼저 논의해 보자.

순수학문은 인식대상을 좀더 심층적으로 이해하려는 목적을 갖는다. 순수학문으로서의 학제연구의 입장에서는 대상세계에 대한 다면적 이해라는 것이 최종적인 목적이기 때문에 응용에 대한 관심과 책임을 일단 접어둘 필요가 있다. 학교에서의 삶의 양상이 다양한 시각에서 드러날 수 있다면, 그것으로서 충분히 자체의 몫을 했다고 할 수 있다. 이를 위해서 대학 안의 모든 자율적인 분과학문이 이 분야의 연구에 집중적으로 참여할 필요가 있다. 우리는 그 각각이 서로 배타적인 입장에서 발전하였기 때문에 대상세계의 측면에서 중복되지 않음을 알고 있다.[6] 그만큼 그들 각각의 학교에 대한 이해는 상호보완적인 것이 될 수 있다. 이러한 진로를 선택할 때, 이제까지 용병학자들이 대학의 동료들에게 대처하는 방식이었던 "야누스적 적응"은 더 이상 용납될 수 없다.

순수연구로서 학교연구를 말할 때, 그것은 반드시 교육학과에 있는 용병학자들의 몫일 필요는 없다. 지금까지는 학교연구가 곧 교육연구라는 도식이 통하였기 때문에 교육심리학과 교육사회학은 각각 심리학과 사회학의 하위영역이면서도 별도의 학문과 같은 특별한 위치를 확보할 수 있

6) 이질적인 학문들은 제각기 그 나름의 독립된 학문체계를 갖고 있기 때문에 하나의 통일된 학문체계를 이룰 수 없다는 것은 분명하다. 이 점은 앞의 논의에서 충분히 다루어진 바 있다.

었다. 또한 같은 심리적인 사실을 두고도 교육심리학자들이 밝힌 것과 모학자들이 밝힌 것을 구분하는 이상한 관례도 허용되었다. 그러나 순수학문으로서의 학교에 관한 학제연구는 그러한 임의적인 경계를 허용하지 않는다. 용병학문과 모학문의 경계가 사라진 이상, 지금처럼 용병학자들이 종합대학에서 별개의 학과에 소속해 있다는 것 자체도 어색하다. 용병학자들은 교육학과라는 좁은 울타리 안에서 누가 이권을 차지하느냐 하는 문제를 두고 늘 헤게모니 쟁탈전을 벌여야 했다. 이제 이들은 그야말로 그들이 내세워 왔던 모학문들로 각각 원대 복귀해야 할 것이다.

학교에 관한 학제연구는 일개 학과에서 이차적으로 영세하게 다루어질 간단한 주제가 아니다. 대학의 분과학문들이 개별적으로 혹은 협동하여 직접 동참할 수 있어야 한다. 물론 그 대상세계를 일반적으로 연구하는 모학문과 그것을 학교에 국한시키는 용병학자 간의 차이는 있을 수 있다. 그러나 이것은 연구범위의 차이에 불과한 것이며, 그 연구에 기대하는 지적인 탁월성의 차이는 아니다. 학교에 대한 이해의 측면에서 용병학자들은 모학문의 학자와 대등하게 경쟁해야 하며, 그 결과는 학문의 내재적 기준, 즉 클리포드와 거드리의 말을 빌리면, 중등학교를 운영하는 "실천적 동료들"이 아니라, 학내에 있는 "인문과학 혹은 자연과학의 동료"들에 의해서 평가받을 수 있어야 한다.

대학공동체에서 모학문의 학자들은 용병학자들이 학교문제를 다루면서 별도의 전문성을 주장하여 온 것에 대해서 이제까지 우호적인 태도를 가지고 있지 않았는데, 거기에는 그럴 만한 이유가 있다. 하나의 이유는 그들이 소개하거나 응용하고 있다는 모학문의 지식이 어떻게 교육적 사실에 관한 것으로 환원되거나, 교육에 응용될 수 있는지에 관한 의혹이다. 철학자들은 자신의 학문을 결코 교육학이라고 생각해 본 적이 없다. 심리학자, 사회학자, 행정학자들도 이 점에서는 마찬가지이다. 그런데 그러한 학적 체계가 용병학자들의 손을 거치면, 교육학이 된다는 점을 이상스럽게 생각하는 것은 당연하다.[7] 모학문의 학자들은 자신들이 탐구해 온 개념체계가 어떻게 '교육'이라는 사실을 밝히는 데 공헌할 수 있는지에 대해서 당혹스럽게 생각해 왔다고 볼 수 있다. 이러한 상황은 그들의 입장에서 보면 자신들이 탐구하고 있는 주제나 사실들을 교육으로 왜곡시키는 셈이며, 이는 모학문의 입장에서는 그냥 넘어갈 수 없는 심각한 오류에 속하는 것이다.

용병학자들의 학문적인 오류와 위장을 목격하면서도 모학문의 학자들이 인내를 보인 것은 학교가 교육하는 곳이라는 제도적 통념이 그들에게도 작용했거나 혹은 그런 방식에 의해서 자체의 세력을 확장할 수도 있겠다는 계산에서였는지도 모른다. 심리적 사실은 학교라는 울타리에 갇혀 있을 이유가 없다. 그러나 교육심리학의 가장 좋은 시장은 교사의 훈련이었다. 그 울타리를 이용하면 심리학자가 교육을 대표하는 전문가의 행세를 할 수도 있는 것이다. 이제 우리의 분류에서처럼 학교연구라는 큰 광장에서 그러한 임의적인 장치가 사라진 상황에서는 이전의 양해가 통할 수 있을지 극히 의문이다. 아마도 모학문의 학자들조차 그러한 예외성을 더 이상 받아들이기가 어렵다는 태도를 보일 가능성이 많으며, 이렇게 되면 교육심리학은 이것도 아니고 저것도 아닌 학문적인 미아가 될 우려도 생긴다.

사범대학의 용병학문이 대학공동체의 학자에게 주는 나쁜 이미지와 그에 따른 일종의 경멸스런 태도는 사실의 왜곡이라는 오류에만 그 이유가 있는 것은 아니다. 더욱 심각한 이유는 그 학문적 깊이, 즉 질적인 차이이다. 학교를 이해함에 있어서 이전처럼 이차적 중개의 역할이라는 것은 불필요하다. 우리는 용병학자들이 모학문의 학자와 탐구대상의 이해와 관련하여 경쟁을 벌여야 한다는 결론을 얻었지만, 그 경쟁에서 후자가 전자보다 학문의 여건에서 항상 유리하다. 그러한 상황에서 학교연구와 관련하

7) 한때는 필자도 용병학자의 하나였다. 내가 '교육심리학도'였을 시절 일단의 심리학도들과의 대화에서 "심리학은 교육학에 별로 도움이 되지 않는 것 같다"라는 식의 항의를 한 적이 있다. 그때 그들은 "언제 심리학자들이 심리학이 교육학에 도움이 된다고 말한 적이 있느냐?" 하고 나에게 반문했던 것을 지금도 생생하게 기억하고 있다. 나는 그로 인해서 한동안 충격을 받았고, 그 사건이 내가 지금의 입장을 택하는 데 하나의 계기가 되었다.

여 어떻게 질의 차이를 좁힐 수 있을지가 앞으로 해결해야 할 과제이다. 용병학자들도 새로운 업적을 쌓아가면서 모학문의 발전에 공헌할 수 있을 때, 비로소 순수한 의미의 학교에 대한 학제연구자로서의 제자리를 인정받을 수 있게 될 것이다. 이것은 학교라는 생활세계가 이전보다 더 자질을 갖춘 연구자를 확보하는 압력으로 작용한다는 점에서 환영받을 일이다.

2.2.3. 학교개선학의 가능성

순수학문으로서 학교연구를 상정할 때, 우리가 생각해 볼 수 있는 제반 사항들을 검토했는데, 관점을 바꾸어 학교연구의 다른 가능성, 즉 응용학문이 될 수 있는 부분에 관해서 논의해 보기로 하자. 이것은 교육학의 출범과 관련된 숙원 과업이며, 사실상 현존하는 교육학도들의 활동을 지배하는 가장 큰 소망이기도 하다. 이제까지 교육학도들은 그 학문의 존재가치를 그것이 여타의 세계에 공헌할 수 있다는 점을 부각시키면서 그들이 모학문을 통합시켜 그들 나름의 통합된 실천적 지침을 만들어 낼 수 있다는 기대를 부풀려 왔다. 현존하는 교육학에 대한 피터즈와 허스트의 정당화 방식이 그러했음을 독자는 기억할 것이다.

이러한 시도들이 교육학으로 인정될 수 없다는 것은 앞서의 논의를 통해 분명해졌으리라 본다. 그에 대한 정확한 명칭은 "모학문을 학교의 문제해결에 응용하는 것"으로서, "교육학의 교육에 대한 응용"과는 뚜렷이 구분될 성질의 것이다. 그럼에도 불구하고 전자의 가치가 손상되는 것은 아니다. 응용학문으로서의 학교연구는 앞에서 논의된 것과는 전혀 다른 양태, 적응방식, 그리고 그것에 대한 평가기준을 요구한다. 하나를 택하면, 다른 것을 희생해야 한다. 응용을 자처할 때, 이는 진리탐구라는 학문 고유의 가치추구를 버리고 여타의 가치실현을 위해 봉사하는 일에서 그 실적을 판정받을 수 있어야 한다.

오늘날 대학 안에는 적어도 응용의 면에서 인정받고 있는 분야가 많다.

이를테면, 법학·의학·공학·경영학·농학·간호학이 이 범주에 든다. 우리는 이와 관련하여 '학교개선학'이라는 것을 생각해 볼 수 있을 것 같다. 이것을 우선 학교 안에서의 삶의 범주가 드러나고, 그 삶을 어떻게 좀더 풍요롭고 조화롭게 하느냐 하는 문제를 다루면서, 학교 안의 모든 이질적인 사실을 고려하여 지침이나 계획을 만들어 내는 분야로 규정해 보자. 이 분야는 순수학문으로서의 학교연구, 그리고 교육학의 영역과는 별개로 누군가에 의해서 추진될 수 있는 응용학문의 영역이다. 지금의 교육학자들이 상당 부분 그 과제에 기여하는 바가 있다고 본다. 현존하는 교육학의 하위영역으로 구체적인 예를 든다면, '커리큘럼'[8]과 '교육평가'[9]가 이 부분에 해당한다고 볼 수 있다.

그러나 그것은 하나의 예시에 불과할 뿐, 그 안에 포함될 분야나 주제에 제약이 있을 수는 없다. 학교의 기능과 관련하여, 혹은 기능을 떠나 하나의 삶의 현장으로서 일어날 수 있는 모든 문제들을 염두에 두고, 그것을 해소하거나 개선할 수 있는 것들이라면, 학교개선학의 내용에 포함될 수 있다. 뒤에 더 설명이 있겠지만, 이 분야는 유독 교육이라는 명분 때문에 모학문의 제반 영역을 포괄적으로, 그리고 효과적으로 활용하는 문제에서 제약을 받을 필요는 없다. "꿩 잡는 것이 매"라는 말이 있듯이 그것들이 학교의 실제적인 운영과 그 개선에 얼마나 공헌할 수 있느냐 하는 것이 이 분야의 범주를 결정하는 최종적인 기준이 되어야 할 것이다.

학교는 수많은 젊은이들과 그들을 돕는 성인들이 생활하는 곳이다. 이 점에서 그곳은 그 안에 포함된 각종의 이질적인 측면들과 그들의 관계를 유기적으로 고려하여 면밀한 계획과 실천, 그리고 평가가 이루어져야 할 중요한 생활영역이다. 현존하는 학교에 참기 어려운 문제들이 더욱 증가하는 추세이고, 용병학자들은 마치 그 문제를 해결할 것처럼 자처함으로

8) 이것은 "교육의 과정"을 지칭하는 것이 아니라는 것과 이 분야와 관련하여 교육학자들이 어떤 태도를 취해 왔는지를 앞에서 간략하게 검토한 바 있다.

9) 나는 이 분야도 그 명칭과는 달리 교육학의 영역이 될 수 없는 것으로 본다. 그것은 학교 안에서 일어나는 모든 형태의 평가를 의미한다. 이에 대비되는 교육평가가 어떤 것인지에 대해서는 제7장에서 새롭게 밝혀질 것이다.

써 자체의 존속가치를 주장하여 왔다. 후자의 합리화가 성립하려면, 전자의 어려운 상황이 점차 개선되어야 한다.

교육학도들은 학교문제의 해결에 의욕을 표방해 왔지만, 그 관심이 다분히 도피의 의미가 있는 야누스적 적응의 일환으로 작용했기 때문에 사실상 실적은 미미했다. 실적으로만 따지면, 지금의 용병학문은 이미 대학에서 퇴출되어야 마땅할 정도로 부진하다. 그 부진이 다시 용병학자들의 사회적 요청을 증가시키는 빌미가 되는 악순환이 반복되어 왔다. 이러한 상황에서 '학교개선학'이라는 새로운 명칭을 가진 분야를 출범시키고, 그 목표를 순수학문의 응용과 실천에 두는 일은 상당한 의미가 있다.

응용학문은 안다는 것 자체에 목적이 있다기보다는 앎의 쓰임새에 목적이 있다. 그것의 학문적 근거는 응용의 성과를 가져올 수 있느냐에 있기 때문에 대학의 순수학문이 누리는 지위는 처음부터 포기하고 들어가는 것이 용인될 수 있다. 그들은 자신들의 공헌도를 이론적인 발전이나 진리의 기준에서 찾기보다는 소기의 성과에 의해서 평가받을 각오를 해야 할 것이다. 그 공헌이 실적으로서 눈에 보이지 않는 한, 그 분야가 존재해야 할 이유는 없다.

여기에서 제안하는 학교개선학은 다시 말만 바꾸어 위기를 모면하려 했던 이전의 야누스적 적응과는 다르다. 이 분야가 경쟁해야 할 대상은 대학 내의 순수학문들이 아니라, 앞에서 지적한 여타의 응용학문들이 될 것이다. 학교개선학이 고객으로 삼아 만족시켜야 할 집단은, 클리포드와 거드리의 말을 빌리면, 대학 안의 "인문과학 혹은 자연과학의 동료"들이 아니라, 초등 혹은 중등학교의 "실천적 동료들"이 될 것이다. 그러나 그 범위는 학교와 이해관계를 가지고 있는 모든 집단으로 확장될 수 있다. 이들의 이익에 봉사하지 않는 응용학은 그 존재 가치가 없다고 말할 수 있다. 그러한 경우, 스스로 실적에 대한 책임을 지고 물러날 정도의 자임(自任)에 대한 결의가 선행되어야 한다.

오늘날 학교의 상황에 만족하는 집단은 거의 없어 보인다. 학교 안에서 생활하고 있는 교사와 학생뿐만 아니라, 국민 모두가 일종의 불만과 피해

의식을 갖고 있다. 이들에게 말에 의한 그럴듯한 표방이나 변명이 아니라, 구체적인 실적을 보여주어야 할 시점이 왔다. 만약 학교개선학이 대학 안에 있는 여타의 실제적인 영역들과의 대비에서 상대적으로 우위의 효과와 실적을 증명할 수 있다면, 그 존재 가치를 인정받을 수 있게 될 것은 말할 필요조차 없다. 최근에 일반 대중에게 응용학문의 가치가 점차 높게 인정되고 있는 추세이고 보면, 이 분야에 진출하려는 유능한 후진들도 점차 많아질 것으로 전망된다.

학교개선학이 '응용학문'으로서 그 나름의 체계와 내실을 갖추어 나가는 데 어떤 이론적인 문제와 실제적인 문제가 해결되어야 하는지를 짧은 지면에서 논의할 여유는 없다. 뿐만 아니라, 이 주제는 우리가 밝히려고 하는 교육연구의 새로운 진로와도 무관한 사항이다. 그럼에도 불구하고, 그것이 어떻게 서로 다른 성질의 것인지를 밝히는 것은 차후의 논의를 위해서도 필요할 듯하다. 그러한 이유에서 학교개선학이 무엇을, 어디에, 어떤 형식으로 응용할 것인가 하는 점에서 어떤 특징을 지닐 수 있는지를 대충이나마 살펴보기로 하자.

첫째, 어느 응용학문이나 응용되어야 할 순수학문을 전제한다. 학교개선학의 경우는 그것들이 무엇일까? 여기에는 어떠한 제한도 있을 수 없다. 응용될 지식이 다양하고 이질적인 것이라는 점도 문제되지 않는다. 가능하면 다양한 지식이 이를 위해서 동원될 수 있어야 할 것이다. 그 결과를 놓고 학문적 가치를 인정받고자 하는 것이 바로 응용학문이다. 우리가 앞 소절에서 논의한 순수학문으로서의 학교연구가 중요한 몫을 할 수 있을 것이다. 이 경우도 앞에서 지적한 사항이지만, 기존의 이류적인 용병학자들의 학제연구에 의존할 필요는 없다. 이제까지 허용된 교육학과의 중재는 거추장스럽다. 이제 그들의 모학문이 제공하는 최신의 지식을 직수입하여 응용하는 것이 바람직할 것이다.

학교개선학에는 물론 교육연구가 포함되어야 할 것이라는 점은 말할 필요도 없다. 이렇게 말할 때, 그 교육연구는 기존의 분과학문 혹은 용병학문이 다루지 못한 고유한 의미의 교육적 사실에 대한 해명을 의미한다.

학교가 지닌 교육의 문제를 올바르게 볼 수 있는 조건은 학교에서 하는 것이 바로 교육이라고 하는 신화를 해체하는 것이다. 여타의 삶의 양식과 더불어 순수한 의미에서 학교 안에서 교육이라는 것이 얼마의 비중으로 어떻게 전개되고 있는지를 우리는 알아야 한다. 더 나아가 교육의 내재율을 밝혀 그것이 학교 안에서 정착되지 못하는 원인과 이유를 밝히고, 그에 대한 실천적 처방을 내놓는 일에도 중요한 역할을 할 수 있어야 한다. 이러한 경로는 교육학의 이론을 학교 안의 교육을 개선하는 데 적용했다는 말을 정당화하기 위한 최소한의 조건이다. 그런데 그러한 교육연구가 무엇일지에 관해서는 아직 충분히 해명되지 않고 있다. 우리는 다음 소절에서 그것을 밝히는 데 필요한 최소한의 조건을 들고, 본 저서의 나머지 부분에서 그 조건에 따라 하나의 이론을 제안하게 될 것이다.

둘째, 학교개선학의 경우 개선되어야 할 학교사태에 대한 규정은 응용되는 학문의 직접적인 개념범주를 떠나서 독립적인 범주로 재규정되어야 할 것이다. 즉, 그 지식들이 응용되는 단계에서는 응용되는 학문의 흔적은 사라지고 오직 실천적 지침과 전략만이 남을 수 있어야 한다. 가령, 오늘날 경영학이 심리학이나 행동과학과 같은 기초학문을 응용하지만, 그들의 지식을 기초학문의 사실로 환원시키지 않고, 그것의 토대 위에 이를테면, 생산관리, 마케팅, 재무관리, 인사관리 등 경영에 필요한 하위영역을 발전시켜 온 것은 좋은 예이다. 학교개선학도 이와 마찬가지로 응용되는 순수연구의 지식을 학교라는 실제적인 상황의 문제해결과 연결하고, 그것이 가져오는 실제적인 성과를 토대로 그 응용적 전문성을 고객으로부터 인정받을 수 있어야 할 것이다.

학교개선학의 고객에는 학교의 정책방향을 결정하는 교육인적자원부, 학교를 경영하는 실무자, 학부모, 혹은 학생이 포함될 수 있을 것이다. 물론 이들의 학교에 대한 기대는 상충하기 때문에 초점을 어디에 두느냐 하는 문제는 항상 남아 있다. 그러한 상충하는 가치의 노출이 중요하다. 이를 통해 우리는 어떤 부류의 사람들의 기대와 가치에 봉사하느냐 하는 문제를 이전처럼 적당하게 넘어가서는 안 된다는 사실을 더욱 실감하고, 그 가운데 어떤 것을 선택하는 문제에서 우리 자신을 반성할 계기를 가질 수 있어야 할 것이다. 교육인적자원부의 기대와 학생들의 기대가 상충할 경우를 생각해 보자. 이제까지 가장 흔한 선택은 자연히 전자 쪽에 기울어져 왔다. 그러나 그 가치선택이 후자의 희생과 무관심 속에서 이루어진다는 것이 명백하게 밝혀질 수 있어야 한다.

셋째, 학교개선학의 공헌이 어떤 형식으로 이루어져야 하느냐 하는 문제가 남는다. 학교개선학이 내놓을 산물은 전략, 기법, 공정 그리고 절차상의 원칙과 같은 무형적인 것에서부터 유형적 고안품이나 발명품일 수도 있다. 그러나 그 산물만으로 학문의 존재가치가 증명되는 것은 아니다. 앞에서도 지적했듯이, 이 학문은 그 산물이 만들어 내는 최종적인 결과에 대해서 책임을 져야 한다. 그 점에서 학교개선학의 산물은 제안되는 것에 그치는 것이 아니라, 채택되어 실행에 옮겨지는 중간의 과정, 그리고 그것의 효과를 검증하는 단계까지를 세심하게 포함해야 할 것이다. 가령 '정책제안'의 경우, 제안에 그치지 않고 그것이 채택되어 실효를 거둘 수 있는 것에까지 책임을 져야 한다.

교사양성의 경우, 지금까지는 단지 교직과목과 같은 학과목을 가르치는 데 그쳤다. 거기에는 그것이 교사가 학교현장에 나아가 실제적인 문제를 해결하고 개선해 나갈 수 있는 자질을 갖추는 데 공헌할 수 있으리라는 검증되지 않은 가설이 작용하였다. 그 가설은 이미 그릇되었다는 것이 증명되었다. 그렇다면 이제까지와는 다른 실천이 필요하다. 가령, 쇤(D. A. Schön)의 주장대로 학교개선학자 스스로가 그와 관련하여 모범적인 실천과 시범을 보이고, 그것을 교사들이 실습과 반성을 통해서 습득하도록 해야 할지도 모른다. 그러나 그것 역시 가설이기 때문에 그것의 효과를 실천을 통해서 검증할 수 있어야 할 것이다.

2.2.4. 학교연구자와 교육연구자

우리는 교육연구와 대비되는 영역의 하나로 학교연구의 필요성과 그 진로를 생각해 보았다. 학교연구의 경우, 교육학은 그 일부는 될 수 있을지언정 전체가 될 수는 없다. 따라서 이 연구는 상당 부분 교육학자임을 포기하는 조건에서 이루어져야 한다. 그러한 진로 가운데 하나는 순수학문이고, 다른 하나는 응용학문이다. 어느 것을 선택하느냐에 따라 현존하는 교육학과에 들어온 용병학자들의 대처가 달라진다. 용병학자들이 전자를 선택하는 경우, 그들은 모학문의 학자들과 자신들의 학문적 역량을 당당히 겨루어야 하는 과제에 직면한다. 물론 이 경기에서 유리한 쪽은 모학문의 학자들이다. 다른 한편으로, 학교연구가 만약 후자의 진로를 선택하는 경우, 이전과는 면모를 달리하여 학교의 개선이라는 실적에 의해서 존재가치를 증명해 나가야 하는 부담을 질 수 있어야 한다.

어느 편의 선택이든지 간에 이전의 교육학자들이 안주했던 상황보다 더 어려운 적응의 과정과 과제가 기다리고 있다. 학교연구자 혹은 학교개선학자는 교육학자의 범주를 벗어나야 한다. 학교 사태는 단일한 분과학문의 관점만을 허용할 정도로 단순하지가 않다. 학교연구자는 그 모든 것을 포용할 수 있어야 한다. 학교의 목적이나 기능도 다양하다. 더구나 그 사태를 개선하는 것은 관점의 올바른 선택만으로 가능한 것이 아니다. 이는 학교개선학자가 단순히 학자라는 위치에만 머무를 수 없는 이유가 된다. 이 모두는 현존하는 용병학도들의 총체적인 변신을 요구한다.

그렇다면 용병학자들에게는 우리가 말하는 새로운 교육학도가 될 경로가 전적으로 봉쇄되어 있는 것인가? 물론 그 상태 그대로는 교육학도라고 할 수 없다. 사실 우리가 여태까지 문제시했던 용병학문은 모학문의 학자들과 직접적인 연관성을 가지고 발전하였던 것이 아니고, 교사양성기관의 일방적인 짝사랑과 같은 방식으로 발전하였다. 이제 짝사랑의 쓸모없음이 밝혀진 이상, 교육학 자체를 정립하는 개척자가 된다는 것은 전향적인 선택이 아닐 수 없다. 이 선택이 이루어질 경우에 용병학도들은 모학문에 대한 집착과 미련을 버리고 새롭게 교육연구의 지평을 확장시키는 데 매진해야 할 것이다.

사실 이 길은 지난 10여 년에 걸쳐서 본격적으로 필자가 택한 진로이기도 하다. 한동안 나는 '교육심리학'을 전공하였다. 그것으로 석사와 박사 학위를 받았고, 그런 과목들을 가지고 후진을 양성했으며, 사범대학생들의 교직과목을 담당하였다. 그러나 점차 그것이 결국 "학교에 대한 심리학적 연구"라는 사실을 각성하게 되었고, 그 순간부터 심리학을 할 것인가 혹은 교육학을 새로 시작할 것인가라는 심각한 진로선택에 직면했다. 그 기로에서 나는 후자를 택했다. 새롭게 교육학을 규정해 나간다는 것은 결코 쉬운 일이 아니었다. 그럼에도 불구하고, 내가 그 일에 매달릴 수 있었던 것은 교육이라는 세계가 가진 무궁한 신비로움 때문이었다. 물론 그 총체적인 것이 무엇일지는 아직도 많은 점에서 미지수이다.

이제까지 학교에 대한 학제연구의 주제에서 교육연구가 배제되는 것 같은 인상을 주어 왔다. 그러나 이 부분은 원칙보다는 현실에 대한 묘사에 불과하다. 이들 사이에 아무 연관이 없는 것인가? 결코 그렇지가 않다. 원칙으로 보자면, 교육학이야말로 학교에 대한 학제연구에서 가장 핵심적인 지위를 차지해야 할 것이다. 서구에서 중세의 기독교적인 인식이 우리들의 삶의 다양한 측면을 억압했다는 것을 알고 있다. 그것을 다시 회복시킨 것이 바로 르네상스 운동이었다. 마찬가지로 19세기 이래로 서구에 도입된 학교라는 제도가 우리의 교육적 삶을 억압하고 있다. 우리는 교육의 원형으로 다시 돌아가야 한다.

우리는 학교에 관한 연구와 교육에 관한 연구를 별개의 범주로 구분하고, 그 가운데 전자에 관해 논의하였다. 지금의 교육학은 제반 분과학문의 개념을 빌어 학교태를 연구하는 데 집중해 왔으며, 학교 안에서는 물론 여타의 삶의 공간에 편재하는 고유한 의미의 교육현상을 포착할 개념체계를 갖추지 못하고 있다. 학교연구는 〈그림 2.1〉의 '학제연구'에 해당하는 부분이며, 학제연구에 참여하고 있는 학문의 대상은 이미 원으로 경계를 친 것처럼 서로 동화될 수 없는 "제반 이질적인 사실들"이다. 교육학자들은 학교 내의 이런 비교육적인 현상을 교육의 이름으로 부각시키고, 정작 학교 내외의 교육현상은 간과해 온 것이다.

어떤 분과학문이든지 간에 그들은 그 분야의 사실을 포착할 만한 일단의 특수한 개념들과 그들 사이의 관계망을 구축하려는 목적을 갖고 있다. 교육학은 다시 원점으로 돌아가 다른 분과학문들이 접근하지 못할 자신의 독자적인 영역을 확보해 나가야 한다. 이 길만이 교육학이 학문공동체에서 자신의 위치를 확보할 수 있는 유일한 방법이다. 지금까지 학교에 대한 학제연구를 교육학으로 불렀다면, 교육을 연구하는 학문은 무엇으로 지칭할 것인가? 그에 합당한 잠정적 말은 "자율적인 교육학"이 될 것이며, 그것이 제자리를 잡으면 앞의 수식어를 버리고 '교육학'이라는 정식 명칭을 부여할 수 있을 것이다. 그러나 용어의 혼돈을 피하기 위해 여기에서는 우선 평이하게 교육연구라고 해 두자. 그리고 이제부터 개념적으로 그러한 분야에 종사할 학자들을 학교연구자와 분명하게 구분할 필요가 있다.

교육연구가 하나의 통일적이고 독자적인 주제영역을 확보하려면, "교육이란 무엇인가?"라는 문제를 새롭게 제기하고, 그것에 관해서 이론을 구성하는 작업을 해 나가야 한다. 교육은 어떤 존재영역인가? 〈그림 2.1〉에서는 그것이 학교를 포함하는 모든 생활영역에서 일어나는 것으로 되어 있지만, 막상 개념적 장치의 부재나 상식적 편견의 강력한 위력에 묻혀서 충분히 학자들의 주목을 받지 못했다. 지금 우리가 규정하려는 교육연구는 바로 이전의 교육학도들에 의해서 소외되어 왔던 교육적 사실 혹은 교육현상을 밝히는 과제를 수행하는 것에 해당한다.

이러한 혁명적인 인식의 전환은 단순히 〈그림 2.1〉의 왼편의 '학교'라는 항목에서 오른편의 '교육'이라는 항목으로 시선을 전환하는 것 이상이라는 점은 말할 필요도 없다. 죽고 살아나기, 거듭나기, 환골탈태라는 말이 옳을 것이다. 그 가운데에는 후설(E. Husserl, /1970)이 "엄밀한 학으로서 철학"을 정초하려고 할 때, 이전의 철학적 가정을 다시 한번 더 검토하는 자세를 요청했던 것과 같이, 이전에 교육학도가 해 왔던 전통과 사유방식의 타성을 거부하는 것을 포함한다. 교육의 영역을 탐색하려는 새로운 교육학도들은 지나간 선배들이 의심의 여지없이 가정해 왔던 생각과 태도들이 함축하는 오류와 함정에서 벗어나려는 결의를 다짐해야만 한다.

아직까지 아무도 가보지 않은 미지의 길로 발걸음을 옮기는 도전적 과제라는 현재의 상황은 이렇게 규정될 수 있을 뿐이다. 교육은 학교라는 제도가 역사적으로 출현하기 이전부터 존재했고, 오늘날에도 학교를 포함한 여러 종류의 다양한 생활공간에서 일어나고 있는 어떤 것이다. 인간은 교육을 통해서 서로 자신의 지혜를 확장하고 그것을 공유하는 공생사회를 구성해 왔으나, 그러한 교육의 많은 부분이 우리에게 아직도 비밀의 장막에 가려져 있다. 도대체 그것이 무엇인가? 이러한 일신된 의식과 호기심을 가지고 그 미지의 영역에 들어가서 거기에 자율적인 교육학의 정착지를 마련하려는 경건하고 겸손한 자세를 갖추어야 한다.

교육학도들에게 가장 아쉬운 부분이 그들이 탐구해야 할 대상에 대한 무지의 자각이다. 이 분야의 연구는 아직 제대로 시작조차 하지 못한 분야이기 때문에 이미 이루어진 업적을 놓고 그 성격을 규정하기는 이르다. 사실상 아는 바 없는 영역을 기지의 지식으로 대치하려고 했던 것이 오늘날의 어려운 상황을 자초하고 말았다. 이제 그러한 오류를 반복해서는 안 될 것이다. 이와 관련하여 나는 그 분야의 연구가 현재로서 어떠한 점에 유의하면서 추진되어야 할 것인지에 대한 기본적인 요구사항들을 들어서 그 성격 규정을 대신할 수밖에 없다.

2.3. 교육연구의 기본조건

2.3.1. 응용학문보다는 순수학문

교육학이 교원양성기관으로부터 출발함으로써 갖게 된 현저한 특징의 하나는 실제에 대한 관심 혹은 그것을 교도해야 한다는 과장된 의무감이다. 대학에서 가르치는 순수학문들을 받아들여 훌륭한 교사를 양성하고, 더 나아가 교육을 개선한다는 명분은 오랫동안 견지되어 온 암묵적인 전통이었다. 그러나 그 전통은 우리가 앞에서 살펴보았듯이 사태를 잘못 인도해 왔다. 어떤 것을 어디에 적용하느냐 하는 문제와 관련하여 교육학자들은 잘못된 교육관을 당연한 것으로 받아들이고, 실제를 그런 방향으로 이끄는 일에만 관심을 가져왔다.

학문이 하는 일과 그 학문의 대상세계가 하는 일의 종류는 전혀 다르다. 물리학과 물리적 사실, 경제학과 경제, 역사학과 역사는 실체와 지향하는 목적이 다르다. 전자의 과제는 후자를 정확하게 이해할 수 있는 이론을 구성하는 것이다. 대부분의 분과학문들이 그러했듯이 교육학은 출범할 당시 그러한 책무를 일차적인 것으로 내세웠어야 하였다. 교육연구의 주된 목표는 교육을 이해하고 설명하는 데 있으며, 연구를 통해 얻은 해답이 얼마나 교육을 위해 쓸모가 있느냐의 문제는 후차적인 것이다. 그 우선순위가 뒤바뀌어 교육연구가 교육을 위한 것으로 규정되면 본말이 전도된다. 아직도 그러한 관습에 젖어있는 독자는 다음의 두 가지 문제를 고려해 보길 바란다.

첫째, 실천의 개선이라는 입장에서 보더라도, 교육은 오직 그것에 대한 이해에만 의존하는 것은 아니다. 교육을 위해 활용될 수 있는 것들은 교육학뿐만 아니라 모든 학문, 더 나아가 인간사 모두에 해당한다. 그 모든 것들을 교육학의 과제로 삼는다면, 그것이 수행해야 할 과제는 거의 무한대로 확장된다. 예컨대, 교직의 수행[10]에 도움이 되는 학문은 무수할 수가 있다. 그 점에서 지금의 교육학은 다양한 학문을 응용한다는 식으로 형성되었으며, 한동안 그 목적에 봉사해 왔다. 그러나 그 목적에 비춘 성과는 점차 의심의 대상이 되고 있다. 이는 도저히 달성할 수 없는 것을 당연히 달성해야 되는 바라고 규정한 데에서 비롯하는 필연적인 결과일 수도 있다. 실천의 개선이라는 목적을 무리하게 달성하기 위하여 학문 이외에 고려해야 할 요인들의 수가 더욱 추가되는 방편이 동원되었고, 그럴수록 그 모든 것을 교육학의 과제로 치부하기가 어렵게 된 것이다.

교육연구를 학문 내부의 속성으로 해명하지 않고, 그것이 교육에 공헌

---

10) 교직의 수행이 교육의 수행이냐 하는 문제는 사실 따져 보아야 할 사안이다. 그러나 여기서는 단지 설명의 편의상 그런 것으로 가정하자.

하는 방식에만 관심을 갖는다면, 전자의 가치를 후자의 것에 종속시키는 결과를 가져온다. 그 문제는 만약 경제학을 경제에 도움이 되는 방식으로만 연구한다고 할 때, 어떤 일이 벌어질지를 상상하는 것으로 쉽게 이해될 수 있다. 현명하게도 경제학자들은 그들이 하는 학문의 가치를 경제적 가치에 종속시키지 않음으로써 오늘날 학문으로서 자율성을 확보할 수 있었으며, 그런 고유한 영역의 확보와 발전을 토대로 차츰 경제의 발전에도 공헌할 수 있게 되었다. 앞에서도 지적했듯이, 교육에 공헌하는 것은 학문뿐만이 아니며, 또 학문 가운데서도 유독 교육학만 필요한 것은 아니다. 또한 경우에 따라 교육연구 가운데 실제적인 효과를 가지고 오지는 않지만, 교육 자체를 이해하는 데 있어서 불가결한 지식이 있을 수 있다. 이처럼 교육과 교육연구는 서로 독립적인 것이기 때문에 후자는 전자에 대한 공헌이라는 기능적 관심에서 해방되어 추진될 수 있어야 한다.

둘째, 교육학자들이 교육의 개선에 일차적인 목표를 둔다고 치자. 이 경우에도 확보되어야 할 것이 있는데, 그것은 바로 개선되어야 할 교육이 무엇인지를 명백하게 해명할 수 있는 지식이다. 나름의 고유한 지식체제를 갖추지 못한 상황에서 그것의 유용성만을 강조하는 것은 기만적이고 무익하다. "교육의 개선" 혹은 "교육에의 공헌"을 주장하는 사람은 우리 주변에 흔하지만, 그 '교육'이 무엇인지에 대한 이론적 논의나 합의는 놀랍도록 빈약하다. 그것을 구축하는 일이야말로 교육연구가 짊어져야 할 가장 고유한 의미의 책임에 해당한다. 교육의 개선이라는 과제는 교육에 대한 올바른 지식을 전제하기 때문에, 실천의 문제가 급박할수록 이론의 탐구는 좀더 진지하고 심도 있게 진행되어야 할 것이다. 교육학이 그 부분을 생략하거나 소홀히 하면서 교육을 위한다고 주장한다면, 누가 보아도 앞뒤가 맞지 않는 허풍일 수밖에 없다. 실제의 과제에 참여하게 되면 이론의 천착에 소홀할 수밖에 없다. 사실상 그런 식으로 변명을 하는 교육학자들이 흔하다. 그럼으로써 교육학도들은 교육에 대한 올바른 이해를 바라는 대중의 기대를 또 한번 저버리고 있다고 볼 수 있다.

나중에 더 검토할 기회가 있겠지만, 교육학은 아직도 과학을 현실의 개혁에 필수적인 것으로 보는 실증주의의 도그마에 사로잡혀 있다. 교육학자들의 도움이 없이는 교육이 불가능하며, 그러한 도식에 따라 전자를 후자를 구제할 수 있는 어떤 특권적 지위로 격상시킨다. 그러나 이렇게 일방적으로 임무를 규정하는 근거는 참으로 취약하다. 모든 실천이 그것에 대한 학문적인 이해를 요청하는 것은 아니다. 중력이라는 개념이 도입되기 이전에도 물레방아는 돌았다. 호흡기에 관한 생물학적 지식을 갖기 이전부터 인간은 이미 호흡해 왔다. 사회학이 출현하기 이전에도 사회생활은 유지되고 있었다. 마찬가지로 교육은 우리가 그것을 탐구하기 이전부터 존재해 왔다. 그러한 교육에 참여하는 데 별도의 학문적 자질이나 자격이 필요한 것은 아니다. 그것은 누구나 현 위치에서 그것에 진입하려는 올바른 태도와 활동을 전개하면 항상 진입할 수 있는 세계이다.

지금의 교육학자들은 일반인들 혹은 교육전문가들이 할 일을 가로채고 있다. 그리고 자신들은 그 일을 하느라고 교육을 연구할 시간이 없다고 투정을 부린다. 그러나 이것은 본업에 대한 범주착오이다. 일반 사람들이 교육할 수 있는 능력을 갖게 된 것은 참으로 긴 시간의 진화적 산물이다. 이에 비해 교육학의 역사는 이제 시작에 불과하다. 이 말은 교육과 교육학 가운데 전자보다는 오히려 후자가 발전의 면에서 후진상태에 있다는 것을 시사한다. 교육학도들은 교육을 탓하고 그것을 일방적으로 통제하거나 개선하려는 의욕을 내세우기에 앞서 자신들이 해야 할 연구 자체의 지체를 탓하고, 그것을 올바로 정립하는 일에 일차적인 열의를 보여야 할 것이다. 교육연구의 관건은 교육을 우리가 그 속에 살고 싶을 정도로 매력 있는 세계로 밝히는 데 있다. 즉, 교육학자들이 해야 할 일은 교육이 사유하도록 요구하는 로고스에 응답하는 것이다. 이것은 교육을 통제하려는 것과는 전혀 다른 임무이다.

자기 정체성을 분명하게 확립하고 그 다음에 자신의 고유한 특징과 권능에 의해 다른 영역에 협조하거나 공헌하는 것이 올바른 순서이다. 교육의 세계가 제대로 밝혀지지 않은 상황에서 교육을 교육학도들의 일방적인 주장에 맡기는 것은 오히려 위험하다. 하물며 앞 장에서 우리가 살핀 바대로 교육 자체를 인식의 수준에서 오도하고 있는 교육학의 현 상황에서는 그 위험성이 얼마나 클 것인지를 상상해 보라. 지금의 잘못된 현실은 바로 그와 관련하여 설명될 수 있다. 이러한 현실로부터 해방되는 첩경은 교육의 논리를 찾는 데 우선적인 관심을 둔 기초연구로 방향을 전환하는 것이다. 기초연구를 소홀히 하고 응용을 내세워 천방지축 돌아다니는 '교육학자'는 스스로 반성할 때가 되었다. 그들이 걸핏하면 몰아세우는 "잘못된 교육"이란 어찌 보면 그들의 그릇된 안목에서만 가능한 용어이다. 교육은 교육의 입장에서는 잘못될 수 없으며, 다만 생활의 전면에서 그 특성을 제대로 실현시키지 못하고 있는 현실만이 문제인 것이다.

교육이 무엇인지를 해명하지 못한 단계에서 그 용도에 따른 보상을 기대할 수는 없다. 교육을 새롭게 연구하는 힘은 인식적 호기심의 만족이다. 용병학문이 교육학의 지식이 될 수 없다는 것은 너무도 분명해졌다. 그렇다면 교육학 자체의 문제가 해결되어야 하는데, 그 연구는 아직 성숙된 단계에 이르지 못하고 있다. 아직 시작도 되지 않은 상태에서 자신들의 이론을 조급하게 응용하겠다고 나서기보다는 그 설명의 결핍과 부족함을 자각하고 뉘우칠 수 있어야 할 것이다. 다른 분과학문의 지식을 응용하는 것을 교육학의 응용이라는 범주에 넣을 수 없다는 것을 자각한 교육학도는 응용에 앞서 교육학 자체를 구성하는 데 우선순위를 두어야 한다. 그들은 교육학의 용도를 말할 때, 교육학이 진정 고유한 학적 토대나 지식을 가지고 있는지를 우려한다. 이들이 풀어야 할 문제들은 산적해 있고, 이러한 문제를 풀어나가는 데 몰두하는 것만으로도 힘겨운 짐을 지고 있다.

"축적된 지식이 무엇에 쓰일까?"라는 관심이 그것의 발견에 도움이 되는 경우는 별로 없다. 효과가 학문발전의 동기가 될 수는 없다. 학문의 발전을 추동한 가치는 진리탐구이며, 그에 따른 학문적 발견이나 성취의 효과는 나중에야 판별되어 왔다. 실천의 문제가 급박할 때일수록 이론의 탐구는 좀더 진지하고 심도 있게 진행되어야 한다. 이처럼 학문 내재의 가치를 토대로 교육학이 정립된다면, 쓸모는 자연스럽게 다양한 형태로 드러날 것이다. 그 가능성을 염두에 둔다면, 응용을 의식하지 않은 기초연구가 쓸모가 없다고 보는 것은 그야말로 단견에 속한다. 장기적으로 볼 때, 기초연구는 예견할 수 없는 실제적인 응용의 능력을 갖기 마련이다. 다만 용도는 어느 경우나 시간이 훨씬 지난 후에야 나타난다는 데 특징이 있다. 그렇기 때문에 순수학문으로서의 교육연구가 실제의 문제를 해결하는 데 어떤 공헌을 할 수 있을지는 그때 가서 알아보아야 할 것이다.

교육학은 교육을 위한 수단이라는 의미만 있는 것은 아니다. 그 자체가 학문으로서 진리탐구라는 본질에 충실할 필요가 있다. 사람들은 흔히 현실과 이론 혹은 실제와 이론을 대립시키고, 후자가 전자를 실현시키는 기능을 별로 하지 않는다는 점을 지적하여 후자를 매도한다. 그러나 그런 말을 하는 사람은 이론의 본질과 현실 혹은 실제의 본질을 바르게 파악하지 못한 사람이다. 현실 혹은 실제란 다양하며, 그 실제 가운데 하나는 이론을 만드는 것이 포함된다. 이론을 만드는 것이 가장 중요한 실제 혹은 실재로 인식되는 곳이 학문의 세계이다. 그것은 그 자체의 목적, 즉 진리탐구를 주된 목적으로 하며, 여타의 실제 혹은 실재에 대한 기능은 부차적인 것으로 본다. 그 부차적인 기능을 들어 학문의 발전을 매도하는 것은 학문의 입장에서 보면 부당한 처사이다.

교육학의 자율화는 교육학을 응용하기 위한 선결조건이다. 어려운 과제일수록 범위를 한정시키는 것이 하나의 요령이다. 교육연구자는 다른 학문과 구분되는 자체의 범위를 정하고, 그 한계 내에서 집중적인 작업을 수행해야 할 것이다. 교육연구가 교육을 도울 수 있는 가장 분명한 부분은 교육이 그 자체로서 명백해지도록 일반인들의 이해를 수정하고 확장시키는 것이다. 사람들은 교육적인 삶을 살고 있으면서도 그에 대한 개념체계를 갖고 있지 못하기 때문에 자신의 삶의 일부를 의미 있게 해석하지 못하는 경우가 많다. 산통을 복통으로 착각하는 경우가 있는 것처럼 많은 사람들은 교육을 교육 아닌 것으로 착각하는 삶을 살고 있다. 그러한 상황에서 교육연구는 그들에게 교육은 언제나 가까운 곳에서 일어나고 있고, 또 실현시킬 수 있다는 것을 입증하는 자료를 제공할 수 있다. "아,

교육이란 진정 이런 것이구나!" 하는 감탄사가 절로 나올 수 있는 자체의 역량을 키워야 한다. 혹은 "아니, 나의 삶 자체가 교육이고, 나는 이미 교육에 참여하고 있는 주체가 아닌가!" 하는 깨달음도 유도해낼 수 있어야 한다.

교육은 살아 있는 사람들이면 누구나 다소간 경험하고 있는 특수한 삶의 양상이다. 이러한 교육은 학교의 교사뿐만이 아니라 개인생활과 사회활동을 하고 있는 모든 사람들에게 이해되어야 할 성질의 것이다. 사람들이 삶의 현장에서 교육을 올바른 범주와 맥락에서 감식할 수 있게 된다면, 교육적인 삶을 충실하게 유지하고 확장하기 위해 어떤 내재율이 존중되어야 하며, 어떤 조건들이 조성되어야 하는지에 대한 구체적인 계획도 세울 수 있을 것이다. 이 점에서 교육학은 모든 사람들에게 필요한 교양과목[11)]의 위치를 차지할 수 있어야 한다. 그 이해를 기반으로 일반인들은 그들의 삶에서 교육을 실현해 나갈 수도 있을 것이다. 이것이야말로 교육에 대한 교육학적인 공헌 혹은 학교에 대한 교육학적인 공헌으로 정당하게 치부될 수 있는 부분이다.

교육연구가 일단의 지식체계를 정립하는 데 성공할 수 있다면, 초기의 순수학문만을 고집할 필요는 없을 것이다. 고유한 의미의 교육학적 지식은 교육뿐만 아니라 삶에서 봉착하는 여타의 실제적 문제를 해결하는 데 적용될 수 있을 것이다. 그것은 이제까지 용병학문으로서의 교육학이 그 공헌을 표방해 왔던 것과는 전혀 다른 내용이라는 점을 알아야 한다. 일반적으로 말해서, 후자는 학교연구를 중심으로 이루어져 왔기 때문에 학교에 관한 정책을 수립하는 기관(교육인적자원부)이나 그 내부에서 생활하는 사람들(교사나 학생), 그리고 그곳에 이해관계가 있는 많은 집단(학부모나 출판사)으로 그 유용성이 한정되었다. 이에 비해, 우리가 예상하는 교육연구의 결과는 교육을 교육답게 이해하려는 모든 사람들(여기에는 물

---

11) 나는 이런 취지 아래 서울대학교 핵심교양과정의 하나로 "삶과 교육"이라는 강좌를 2002년에 개설한 이후 매 학기 그 가능성을 시험해 왔다. 이에 대한 수강생들의 반응은 예상 이상으로 호의적인 것으로 나타나고 있다. 2004년에 수많은 강좌들 가운데 '우수강의'로 선발된 것은 그것을 입증한다.

론 학교종사자들도 포함된다)과 교육을 그들의 생활공간에서 실현하면서 삶의 의미를 확장하려는 모든 사람들에게 봉사하는 지식이 될 것이다.

2.3.2. 상식의 배제

현 단계의 교육연구에서 유의해야 할 두 번째의 요구조건은 그 작업에 사회의 통념이나 상식이 들어오는 것을 봉쇄하고 차단하는 것이다. 일상의 삶은 선대로부터 주어진 상식과 제도 속에 갇혀 있다. 사회적 지식이라고도 불리는 상식은 일종의 평준화된 인식내용으로서 그것이 사회적으로 중요한 기능을 수행한다는 것은 부인할 수 없는 사실이다. 사회생활은 상호주관(intersubjectivity)이라는 인식의 공통성을 기준으로 서로 교섭하고 의사소통하기 때문이다. 그러나 사회생활을 원만하게 유지하는 것과 진리를 추구하는 것 사이에는 커다란 간극이 있다. 상식의 내용이 올바른 인식이고 타당한 것이라는 보장은 없다. 이 점에서 학문적인 탐구는 상식적인 삶과 결코 타협할 수 없게 된다.

일상의 언어와 긴밀하게 연관된 일반적 생각에 의존하는 것은 오랜 동안에 걸쳐 형성되어 온 학문의 전통과는 어긋난다. 상식과 학문적인 지식은 서로 다른 범주의 것이다(장상호, 1997, pp. 294-302). 사실상 이들은 서로 적대관계에 있다고까지 말할 수 있다. 이러한 인식의 역사는 꽤 오래되었다. 고대 희랍에서 학문이 발원할 때부터 '의견(doxa)'과 "참된 지식(episteme)"이 구분되어 왔다. 의견은 목하 우리의 논의에서 상식과 같은 것으로서 그것은 다분히 피상적인 것이며, 다수의 힘과 관습에 의해 유지된다. 그러한 다수의 일상적 인식체계에 대해서 당시의 철학자들은 의문을 제기하고, 그것이 놓치고 있는 심층의 실재를 파악하려고 하였다. 인류가 감히 생각할 수도 없었던 세계의 존재를 학문이 밝힐 수 있었던 것은 그러한 거리두기의 덕분이었다.

이처럼 다수의 상식과 참된 지식 간의 대안적 충돌의 여지가 없다면, 생활세계와 학문의 세계, 그리고 일반인과 학자의 구분은 애초부터 이루어질 수 없다. 적어도 학문의 편에서 상식의 수준을 넘어서 존재하는 세계를 탐구하려면, 당대의 제도적 관습과 관행으로부터 과감하게 벗어나서 이론적인 세계로 뛰어드는 학구적 태도를 견지해야만 한다. 후설(1970)은 그 방법의 하나로, 그의 현상학에서 '괄호침(Epochē)'이라는 절차를 요구했다. 이 과정은, 아직 계산될 필요가 없는 숫자를 당분간 보류해 두는 것처럼, 경험과 세계 간의 관계에 관한 일상적 판단을 보류할 것을 요청한다. 우리가 소박하게 살면서 유지하고 있는 자연적 태도로부터 현상학적 태도로의 근본적인 변화가 없이는 깊이 있는 세계의 존재를 해명할 수 없다.

우리가 가진 교육에 대한 생각은 대부분 상식에 토대를 두고 있다. 상식이 사회구성원 다수의 생각을 대변하고 있는 것만큼, 그것은 우리에게 강력한 자장으로 작용한다. 말하자면 그 효력의 범위로부터 이탈한다는 것은 매우 어렵다. 그 중에서도 특별히 두드러진 것은 교육을 학교에서 일어나는 제도로서 규정하는 것이다. 사실상 학교라는 제도는 교육에 관한 용어를 관례적으로 독점하고 있어서 그 상식의 위력은 강력하다. 많은 사람들이 학교를 거쳐 왔으며, 학교생활을 통해서 학교만이 교육하는 곳이라는 식의 신념을 주입받아 왔다. 다음과 같은 일련의 상식에 주목해 보자.

학생증을 소지하고 있으면 공부하는 사람이고, 교사자격증을 가지고 있는 사람은 누구나, 그리고 언제나 가르치는 사람이다. 학교에 가는 것은 공부하러 가는 것이고, 종이 울리면 공부가 시작되며, 학생들이 조용히 앉아 있으면 공부 분위기가 조성된 것이고, 교사가 판서를 하면 가르치는 것이며, 학생이 그것을 노트에 필기하면 배우는 것이다. 떠드는 자를 때리면 교육적인 벌이 주어진 것이고, 교육인적자원부에서 공문이 오면 교육행정이 이루어지는 것이며, 교장이 늦게까지 여러 가지를 교사들에게 지시하면 교육협의가 이루어진 것이다. 월요일부터 금요일까지는 하루 종일 공부하고, 토요일에는 반나절만 공부하며, 일요일에는 공부하지 않는다. 방과 후에 늦게까지 도서실에 묶여 있으면 자율학습을 한 것이다. 학교의 수를 늘리면 그만큼 교육을 신장시키는 것이다. 학교생활을 많이 하면 그만큼 교육의 경력이 높아지는 것이다.

모르긴 해도 독자 가운데 상당수는 이 언명들을 자연스럽게 대할 것이다. 그러나 사회적 관례와 그에 따른 일상적 언어에 굴복한다면, 훌륭한 사회인은 될 수 있을지언정 훌륭한 학자는 될 수 없다. 교육과 관련된 일반인의 상식과 그에 따른 개념과 용어들은 교육학자들에 의해 의혹의 대상이 되었어야만 했다. 그러나 교육학은 출발에서부터 교육을 학교체제와 연관시켜 규정하는 전통의 연장선상 위에 성립되었고, 아직도 그 상식에 안주하고 있다. 교육학자들의 논의에서는 위의 상식과 용어가 당연한 것으로 받아들여지고 있다. 그들에게 있어 앞에서 언급한 학교상황이 바로 '교육현장'이 된다. 대부분의 교육학도들이 말하는 교육은 일반 사람들이 '교육'으로 지칭하는 것 이상을 벗어나지 않는다.

교육학은 이제까지 상식의 전제 위에 자신의 전통을 세우고 유지해 왔다. 아무런 비판이나 반성의 과정을 거치지 않고, 부지불식간에 제도와 상식을 자명한 것으로 받아들였다. 이렇게 되면 교육이 무엇인지에 대해 의심할 필요가 없다. 교육학의 문헌에서 밝혀져야 할 교육을 이미 해명된 사실로 받아들이는 연유가 바로 여기에 있다. 교육학자들은 일반사람들이 교육이라고 하는 것을 연구하는 방식을 취한다. 후자가 하늘을 지칭하면서 그것을 교육이라고 하면, 교육학도들은 그것을 연구할 것이다. 만약 그들이 땅을 지칭하면서 이것이 교육이라고 하면, 아마도 교육학도들은 땅을 연구할 것이다. 여기에는 한 가지 역설이 포함되어 있다. 진정 교육이 그러한 것이라고 한다면 교육은 더 이상 해명의 여지가 없는 것이고, 따라서 교육에 대한 연구는 별도로 존재할 이유가 없는 것 아닌가!

이에 대해 용병학문의 학자들은 이의를 제기할지 모른다. 그들은 외래학문을 도입하여 학교태를 연구해 왔기 때문에, 엄밀하게 말하면, 상식을 있는 그대로 수락한 것은 아니다. 학문적인 개념과 이론, 그리고 그에 따른 수많은 연구가 이루어졌음을 부인하기는 어렵다. 그러나 좀 더 깊이 생각해 보면, 그러한 연구들이 교육학이라는 범주에 들도록 그 배후에서 작용했던 관념은 역시 학교에서 일어나는 일이 교육이라는 강력한 상식이었던 것이다. 이 점에 비추어 보면, 이제까지의 교육학자들은 학문이 요구하는 전통의 입구에도 진입하지 못하고 있다는 이야기가 된다. 이를 우리는 앞 장에서 교육학의 제1차 오류로 분류한 바 있다.

학교라는 제도를 교육으로 보는 것은 일반인들의 교육관이며, 교육학자의 교육관이 될 수는 없다. 앞으로 수행해 나가야 할 교육연구는 그러한 초보적인 오류에서 벗어날 수 있어야 할 것이다. 그러나 그 과업이 생각처럼 쉬운 일은 아니다. 교육학을 정당화하는 데에 동원되었던 일반인의 교육에 대한 개념과 용어, 그리고 검토되지 않은 상식적인 전제들을 무효화시키거나 유보시키는 것, 그리고 그 작용을 중지시키고 거부하는 것은 마치 오래된 제도나 습관을 바꾸는 일처럼 어렵다. 이는 세계의 변혁만큼이나 지난한 일이다. 그럼에도 불구하고 상식과 그것에 뿌리박고 있는 전통에 대한 진지한 의문과 해체가 동반되지 않는 한, 교육연구는 본래의 궤도를 향해 한 발자국도 나아갈 수 없다.

이 점에서 시사가 될 만한 좋은 개념구분이 있다. 일찍이 슈츠(A. Schutz, 1973)는 사회적 사실로서의 상식을 "일차적 구성물"로 보고, 그것에 대한 사회과학적 작업의 결과를 "이차적 구성물"로 보았다. 이 분류에서 흥미 있는 부분은 일반인들이 관례적으로 생각하는 인식내용을 무시하지는 않는다는 점이다. 우리가 사회생활을 하는 한, 그 인식내용은 마치 규칙처럼 따라야 하는 것이다. 그 일차적 구성물은 하나의 엄연한 사실이 되며, 그것을 학문적인 연구대상으로 삼을 수 있다. 그러나 그 사실을 학문적으로 연구한다고 할 때, 연구자가 따라야 할 것은 그 사회의 규칙이 아니다. 이때는 그야말로 학문이라는 별도의 세계가 규정하는 규칙과 내규를 지키는 것이 중요하다.

학문은 일반 사람들에게는 완전히 생소하고 인위적인 세계로서 그 속에 진입하려면 통속적인 태도를 버리고 이론적인 태도를 갖추어야 한다. 이러한 철저한 태도변화와 결단을 위해 슈츠는 후설이 말한 "자연적 태도의 괄호침(the epochē of the natural attitude)"을 강조한 바 있다. 일상생활을 할 때는 일상인들처럼 생각할 수 있지만, 적어도 교육을 학문적으로 탐구하려고 한다면, 탐구의 장면에서는 일상적인 생각을 전적으로 무효화시킬 용의를 보여야만 한다. 상식의 배제라는 본 절의 표제에서 배제의 의미는 상식을 당분간 괄호 속에 넣어 둔다는 것과 같은 의미이다.

극히 원론적인 이야기가 될지 모르겠으나, "교육이란 무엇인가?"라는 질문에 대해서 일반인이 단편적으로 혹은 관례의 수준에서 응답하거나 이해하는 것은 문제가 되지 않는다. 또한 일상인으로서 우리는 삶에서 자신의 교육관에 대해 근거 없는 확신의 태도를 보여도 무방할 것이다. 그러나 교육학이 구명하려는 교육의 본질은 일상적인 태도를 가지고서는 결코 드러낼 수 없다. 적어도 교육연구를 학문의 범주에 포함시키려고 한다면, 교육은 오직 학자들의 이론적인 작업에 의해서만 포착될 수 있는 특색 있는 실재로 규정되어야 한다.

〈그림 2.1〉에서 볼 수 있듯이 교육은 학교 내에도 있고, 학교 밖에도 존재하는 어떤 실재일 것으로 가정된다. 그 실재를 해명함에 있어 그 어떤 상식이나 제도적 개념도 도움이 될 수는 없다. 연구자는 학교제도가 제공하는 모든 속단과 편견을 접어놓고, 그것을 이론의 수준에서 새롭게 해명해야 한다. 이것은 뒤에 항목을 달리해서 논의하겠지만, 결국 연구자 자신들의 사고를 통해서 얻을 수 있는 산물이어야 한다. 눈에 드러나는 표면적인 현상이 학문적 사실을 구성할 수는 없다. 사실상 전자는 후자의 실재를 포착하는 단서 이상의 의미를 갖지 않는다. 이론의 묘미는 서로 무관해 보이던 사건들을 응결력 있는, 하나의 동질적인 현상으로 부각시키는 데에 있다. 이 점에서 교육연구는 고도의 창조적 상상력을 요구하는 작업이다.

상식과 학문적 지식의 이질성을 감안한다면, 세상 사람들이 교육에 관해서 너무도 잘 알고 있다고 주장할 때, 교육학자들은 그 당연함에 관해서 의문을 가지고 탐구를 계속할 수 있어야 한다. 이렇게 만들어 낸 교육학적 지식은 당연히 상식과는 다른 관심과 태도와 방법에 의해서 평가되어야 할 것이다. 상식은 일상적 삶의 효용이라는 측면에서 현실을 이해하려고 하지만, 학문은 현상 배후에서 작용하는 실재의 이해를 통하여 현실을 규정한다. 일반인의 상식은 확고하게 느껴진다. 이와는 대조적으로 학문적 지식은 항상 얼마만큼 탐구의 여지가 있는 불확실한 대상으로 남아 있어야 한다. 상식은 대중적 합의가 기준이 되지만, 학문적 지식의 수락여부는 진리의 기준과 탐구의 논리에 부합해야 한다.

학문의 역사는 상식에 대한 도전의 역사라고 해도 과언이 아니다. 학문은 상식이 볼 수 없는 실재를 발견하고 그것을 드러내는 학자들에 의해 발전하였다. 역설적인 표현이 될지 모르나, 학자라는 집단은 '몰상식'할 수 있어야 한다. 학자들은 상식에 의문을 던지고 그것에 안주하고 있는 일반대중들을 당혹하게 만들었다. 그리고 이전과는 다르게 세상을 보게 함으로써 일상의 삶을 비판적으로 검토하는 계기를 마련하기도 하였다. 그렇게 창안해 낸 지식들은 거의 예외가 없을 정도로 다수로부터 무시와 배척을 받았다. 일반인들이 학교가 곧 교육하는 곳이라는 상식과 확신에 매달려 있을 때, 교육의 연구자는 그들의 교육관을 거역하고 위배하는 용기를 감행할 수 있어야 한다. 교육에 대한 그러한 안목의 확보와 태도의 전환만이 학교라고 하는 지배적인 제도의 모순을 극복할 수 있고, 교육학자들이 학문의 이름으로 이제까지 저질러 왔던 교육에 대한 왜곡의 과오를 청산할 수 있다.

2.3.3. 외래학문의 지식배제

현존하는 교육학도들이 오직 상식에만 의존하고 있다는 주장은 정확한 것이 못된다. 이미 수차례에 걸쳐서 지적되었지만, 교육학도들은 일반인들과 자신들을 구분하는 데서 자긍심을 찾고자 하였고, 그 소망은 외래적인 학문들의 개념과 이론을 받아들임으로써 성취될 수 있었다. 학교에 대한 일상적 개념과 용어를 벗어나는 길은 학문의 개념과 용어를 쓰는 것인데, 이 경우 학교는 교육 외적 사실을 다루는 학문의 개념과 용어의 세례를 받는다. 그러한 임시변통은 교육을 이해하는 것이 아니라, 결국 그것을 은폐하거나 왜곡시키는 그릇된 결과를 가져왔다. 이제 교육을 연구함에 있어 지켜야 할 또 하나의 조건은 그러한 잘못된 전통을 아낌없이 포기하는 것이다.

이러한 일차적인 요구를 수락하는 것도 오래된 관행의 거부를 의미하는 것이기 때문에 상식을 거부하는 것 이상으로 실천에 옮기는 것이 쉬운 일은 아니다. 용병학문은 교육학자들에게 학자로서의 신분을 보장해 주는 자존심의 상징이었기 때문에 그것의 포기는 그들을 일반인과 구분할 수 있는 울타리를 터버리는 것과 같다. 이미 교육학과에 터전을 마련하고 있는 용병학문의 학자가 모학문의 개념을 배제하고 부정하는 것은 그 터전을 떠나야 하는 이유를 스스로 제공하는 것과도 같다. 그렇지만 교육학의 오래된 관행은 처음부터 유지될 수 없는 취약성을 가지고 있다는 사실을 계속해서 외면하기는 어려울 것이다.

인간사의 특징 있는 사실은 그것에 부합하는 고유한 관점에서 보아야지 다른 것으로 보아서는 안 된다. 이 사실 때문에 자율성을 인정받고 있는 분과학문들은 그것이 출현하기 시작한 당시에서부터 지금에 이르기까지 다른 학문의 개념을 자체의 체제에서 배제하려는 대항논리를 끊임없이 세워 왔다. 여타의 지식들이 배제된 공터를 먼저 만들어 놓고, 그 토대 위에 그들이 발견할 수 있는 새로운 사실들을 탐색하면서 새로운 개념체제를 구축해 온 것이다. 그들은 새로운 개념, 명제, 이론들을 고유한 맥락에서 고유한 사실로 드러내는 매개의 구실을 했고, 그럼으로써 일반 사람들로부터 새로운 사실에 대한 발견의 공적을 인정받기에 이른 것이다.

교육학의 역사에서는 교육이 외래적 사실에 의해 오염되지 않도록 하는 그 어떤 대항논리의 흔적조차 찾아보기 어렵다. '교직과목'의 원천은 교사양성기관이 대학 밖에 있을 때, 교사들을 위한 교양과목의 명분으로 만들어진 것이다. 이때 교육학도들은 실제적인 문제를 떠나서 그들도 학문한다는 명분을 획득하는 데 집착한 나머지 기존의 학문들을 무차별하게 도입하기에만 급급하였다. 그렇게 도입된 다양하고 이질적인 학문의 개념들은 정확하게 그들 나름의 대상세계로 사람들을 인도했으며, 그것은 교육을 진정으로 이해하려는 사람들을 오도하는 결과를 가져왔다. 그러한 오도된 연구나 활동은 지금도 교육학자를 자칭하는 사람들에 의해 끈질기게 지속되고 있다.

우리는 앞 장에서 외부 학문을 대범하게 받아들이는 "교육학도들의 관용"을 지적한 바 있다. 이러한 전통과 관점에 젖어 있는 독자는 혹시나 여기서 말하는 학문 간의 배타성이라는 조건이 너무 강박적이라고 생각할지도 모른다. 나는 그들에게 되묻고 싶다. 예를 들어보자. 만약 어떤 사람이 형태를 색깔이라는 개념으로 파악하겠다고 할 때, 당신은 그를 관용하겠는가? 만약 그렇게 하는 것을 관용이라고 치자. 그러한 너그러운 태도를 가지고 색깔과 형태가 구분될 수 있으며, 또한 그들 간의 가능한 관계에서 비롯되는 제반 문제나 과제를 제대로 처리할 수 있겠는가? 우리 주변의 고유한 사물이나 사실을 이해한다고 할 때, 적절한 개념의 선택은 불가피하다. 이 때문에 분과학문에서 특정한 개념을 배타적으로 써야 하는 것은 관용의 문제가 아니라 원칙의 문제이다. 우리가 교육학이 현재 처하고 있는 상황을 "잘못 끼운 단추"라거나 "잘못 들어선 길"이라는 상황에 비유해서 해법을 찾았던 것은 이러한 원칙 때문인 것이다.

혹자는 다른 구실을 가지고 항변할지도 모른다. 교육학도들이 타 학문의 지식을 이용한다고 할 때, 이는 타학문의 지식체계 전체가 아니라 일부를 활용하는 것을 말한다. 경우에 따라서 이 학문 저 학문에서 필요한 만큼의 중요한 개념들을 선별하여 쓰는 것이 무엇이 나쁜가? 그러나 이 입장 역시 올바른 것이라고 할 수 없다. 그 연유를 알기 위해서는 지식이 갖고 있는 특수한 성질을 이해할 필요가 있다. 각 학문이 고유의 대상을 포착하기 위해 동원하는 지식은 고립된 정보나 개념이 아니라, 그것으로 구성된 인식체계이다(장상호, 1997, pp. 266-279). 이 말은 단 하나의 개념 혹은 명제라도 그들이 소속해 있는 분과학문의 체계와 연대성을 갖고 있으며, 그 연대성 위에서 의미를 확보하고 있다는 점을 의미한다. 한두 명의 첨병 뒤에는 첨병부대가 있고, 그 뒤에는 본대가 있다. 따라서 한두 개념을 빌려 쓴다는 시도는 엉뚱하게도 그것을 배경으로 삼고 있는 전체 속으로 빨려들 위험이 있다.

하나의 이론적 용어의 차용은 그것이 속한 이론 전체의 차용을 의미한다. 이를 방지하기 위해 빌려오는 개념으로부터 그 의미맥락을 무효화시키는 별도의 방안을 강구해 볼 수도 있을 것이다. 이 경우 그 개념은 지식의 한 요소라는 원래의 위치에서 단지 단편적 정보의 위치로 바뀐다. 흔히 "단편적 지식"의 맹점을 논의할 때, 그 단편성이란 지식들을 구성하는 요소만 있을 뿐, 그 요소들의 의미를 구성하는 전체에 대한 소속을 잃거나 망각된 상태를 지칭한다. 그러한 것들을 수집해서 아무리 산처럼 쌓아놓는다고 하더라도, 그 총체가 교육학을 이룰 수는 없다.[12] 그 점에서 잡학으로서의 교육학의 개념 역시 어리석다고 할 것이다. 만약 교육학이 단편적인 외래적 개념을 가지고 하나의 지식을 구성해 낸다는 야심을 갖는다면, 각 개념의 의미를 어떤 방식으로든 다른 하나의 새로운 맥락에 맞게 재통합하는 과제를 수행할 수 있어야 한다. 그러나 그 과제를 수행하는 일은 새로운 개념체계를 만드는 경우보다 더 많은 작업과 에너지를 요구한다. 그 원래의 맥락이 갖는 저항이 따르기 때문이다. 그러나 무엇보다도 그렇게까지 할 필요가 어디에 있는가?

학문의 경우도 체제의 면에서 강자와 약자가 있기 마련이며, 이때 전자는 후자를 복속시키는 위력을 발휘한다. 만약 지금의 교육학이 강자의 편에 든다면, 관용의 태도는 이웃의 분과학문을 포섭할 수 있을 것이다. 혹은 오늘날의 자율적인 학문의 경우처럼 교육학이 그 나름의 강력한 개념체계를 갖춘 먼 훗날의 경우를 예상해 볼 수 있다. 그 단계에서는 우리가 아무리 외래적 개념을 받아들인다고 하더라도 그들은 교육의 맥락 속으로 동화될 가능성이 있다. 그러나 지금의 상황은 그 반대라는 사실을 솔직히 인정해야 할 것이다. 교육학이 받아들이고 있는 외부의 학문체계는 안정되어 있으나, 교육학의 체계는 아직 만들어지지 않았다. 이 단계에서 외부학문으로부터 개념을 도입하는 것은, 월튼(J. Walton, 1974)의 지적대로, 종국에 가서는 오히려 자율적인 교육학의 출현을 저해하거나 억압하

12) 지금도 끊임없이 쏟아져 나오는 "교육학의 연구"는 대부분 이 비유에서 벗어나지 않는다.

는 역할을 하게 된다.

그 때문에 현 단계에서 교육을 제대로 이해하기 위한 이론과 체계를 정립하기 위해서는 외부의 학문이 유입되는 것을 면밀하게 살피고 차단하여야 한다. 이를 간첩색출에 비유하면, 지나친 것일까? 이것이 바로 교육학도가 외부의 분과학문으로부터 배울 수 있는 유일한 교훈이라고 할 수 있다. 우리는 그들이 만들어 놓은 개념체계를 받아들일 것이 아니라, 그 결과를 가져오기 위해 그 학문의 창도자들이 보였던 자율적인 태도를 받아들여야 한다. 그들은 현명하게도 한 분과학문에서의 인도가 다른 분과학문에게는 오도의 의미가 있다는 점을 알고 있었으며, 이 때문에 그들이 부각시키고 안내하고자 하는 사실을 드러낼 수 있는 고유한 개념체계의 구축에 남다른 열정과 성실성을 보여 왔던 것이다.

여러 학문의 체계를 안다는 것은 교양인의 자질에 속한다. 그러나 교육을 연구한다고 할 때, 그 태도는 부적절하다. 하나의 분과학문을 세운다는 것은 여타의 것들이 다루지 못한 사실의 탐구를 의미하기 때문에 그 여타의 것들은 받아들이기 어려운 이질적인 것이며, 상식의 경우처럼 배제되어야 할 사항에 속하는 것이다. 그것들에 미련이나 기대를 걸 필요가 없다. 〈그림 2.1〉에서 교육에 해당하는 부분은 기존의 학문이 분할 통치하도록 허용될 공간이 아니다. 이 때문에 초기에는 타학문에 대해 부정적이고 배타적인 태도가 필요하다. 이 부분에 관한 한, 그 어떤 외래적 이론, 더 나아가 외래적 개념 하나라도 그 진입을 허용해서는 안 된다. 교육에 대한 이해는 그러한 철저한 배타의 경계심 위에서 구축되어야만 한다.

이 세상에 공짜란 있을 수 없다는 진리는 교육연구의 경우에도 정확하게 적용된다. 교육은 그것을 새로운 학문적인 사실로서 규정하려는 새로운 교육학도들에 의해서만 그 참된 면모를 드러낼 것이다. 교육은 외래학문에서 밝히지 못한 어떤 현상이며, 그것에 대한 지식은 지금으로서는 아직 미지수로 남아 있다. 이제 교육학은 다시 그 출발점에 되돌아 온 것이다. 그 상황을 두고 억울하다고 생각할 필요는 없다. 이제까지 저질러진 잘못을 깨달았다는 것 자체가 중요한 것이다. 출발의 시점이 느리다고 생각할 필요도 없다. 늦었다고 생각하는 시점이 가장 빠르다는 말도 있지 않은가? 예상컨대, 다가오는 세기에는 수많은 학문이 새로 출현할 것인데, 그들보다 우리가 막 시작하려는 교육연구가 한 걸음 앞서 있다는 자위도 가능한 것이다.

2.3.4. 교육현상 자체의 드러냄

교육현상을 포착하는 새로운 관점의 확보가 시급하다. 사실 이러한 필요성에 공감하는 사람들도 많을 것이다. 그런데 그런 과업을 수행하려는 단계에서 미묘하게 작용하는 교육학의 고질적인 전통이 또 하나 있다. 이것은 교육 자체를 정면에서 이해하려 하지 않고, 슬며시 그것과 관련된 여타의 항과 결부시켜 이해하려는 태도이다. 이런 경향을 지닌 학도들은 교육현상을 그 자체로 밝히기를 꺼려하고, 대신 그것이 다른 현상 Y와 긴밀한 관계가 있음을 강조한다. 그리고 그 Y에 대한 설명을 통해서 교육을 간접적으로 이해하려 하거나, 심한 경우는 그 외적인 것을 통해 규정하려는 방식을 취한다. 그러나 이것은 엄밀하게 말한다면, 교육을 규정하는 것이 아니라 그 규정을 회피하거나 지연시키는 술책에 불과하다. 그런 양상이 어떻게 나타나며, 어떤 맹점을 가지고 있는지를 잠시 검토해 보기로 하자.

이런 술책의 가장 전형적인 유형은 교육이 가지고 올 결과에만 관심을 갖는 기능주의를 들 수 있다. 이 부류의 사람들은 자신들이 선호하는 특정한 인간유형을 지정하고, 그것을 실현하는 데 동원되는 모든 수단과 방법을 교육으로 규정하는 방식을 선호한다. 말하자면, 그들은 교육에 대한 이해를 그들이 어떤 이유에서건 선호하고 있는 인간의 특성에 종속시켜 규정하고자 한다. 이러한 관점은 일견 논리적인 구조의 면에서 완벽한 것처럼 보인다. "교육받은 사람"이 무엇이냐 하고 추궁하면, 그것은 교육에 의한 결과라고 하고, 그 '교육'이 무엇인가 하고 물으면, "교육받은 사람을 만들어 내는 과정"이라고 하면 되기 때문이다. 그러나 이런 순환론은 막상 사실적 증거를 추적해 나갈 때, 거의 가망이 없는 것으로 밝혀진다.

"교육받은 사람"이 구체적으로 어떤 사람인가? 그에 대한 해답은 거의 수습하기 어려울 정도로 다양하고 이질적인 가치를 반영하기 마련이다. 그 중에는 많은 경우 상반되거나 모순되는 것들이 포함되어 있다. 가령, 어떤 사람은 지성을 강조하고, 다른 사람은 감성이나 행동을 강조한다. 사회를 유지하는 이데올로기의 측면에서도 서로 엇갈린다. 일부는 기존의 사회체계·질서·전통에 일치하는 것을, 다른 사람들은 거기에 저항하는 것을 주문한다. 그래서 마치 그런 것을 규정하는 것 자체가 교육이론의 다양성을 구성하는 것처럼 보이기도 한다.[13] 그러나 정확하게 말한다면, 그것들은 교육의 다양성이 아니라 교육이 가져오는 결과의 다양성이다. 그렇다면, 그 결과를 가져오게 하는 것, 즉 교육은 어떻게 되는 것인가? 그 해답 역시 분산될 수밖에 없다. 그 결과가 다른 만큼 그것을 달성하는 수단도 각각 다를 것이고, 그렇게 되면 그때마다 교육은 그 결과로부터 과정에 이르기까지의 모든 것으로 규정되고 만다.

이러한 기능주의적 규정방식을 따르면, 이 세상에는 거의 종류를 헤아리기 어려운 다양한 교육이 있어야만 한다. 이 점을 두고 혹자는 그만큼 교육학자들이 해야 할 과제가 많다고 주장할지도 모른다. 그러나 좀더 깊이 생각해 보면, 그 결과를 통해서 교육을 유추해 내는 방식은 처음부터 불가능하다는 것이 분명해진다. 오늘날 한 가지 결과를 가져오는 데 오직 하나의 원인이 있다는 식의 단순한 인과관계의 사고는 사라진 지 오래이다. 그 원인을 추적해 들어가면, 거기에는 무수한 사건과 사물, 그리고 독립변인들이 작용한다는 점이 밝혀질 것이다. 그 결과를 어떤 것으로 규정하든지 간에, 그것에 영향을 주는 모든 것을 교육이라고 한다면, 이 세상에 교육 아닌 것이 있을 수 없게 될 것이고, 교육이라는 개념의 외연은 무의미할 정도로 확장될 것이다. 그러므로 그러한 방식의 과제설정은 부질없고 어리석은 것이다.

---

13) 서가를 장식하고 있는 교육이론들은 놀랍게도 바로 이런 점에서의 다양성을 보여주고 있다.

더 나아가 기능주의적 접근의 이면에는 도구적 이성주의 혹은 내재적 가치의 부재라는 문제점이 도사리고 있다는 점도 아울러 지적되어야 한다. 우리의 삶에는 기능주의적 방식으로는 도저히 규정할 수 없는 영역들이 허다하다. 마라톤의 예를 들어보자. 마라톤은 원래 전쟁의 승리를 알리는 수단이라는 데서 연유하였지만, 오늘날 그 기능성에서 벗어나 그 나름의 고유한 규칙과 활동을 가진 것으로 발전하게 되었다. 그런 마당에 만약 그 원래의 기능성만을 중시한다면, 이후에 성취된 마라톤의 기능적 자율성(functional autonomy)이 크게 손상을 받게 될 것이다. 가령 우리가 마라톤을 그것이 만들어진 당시의 기능성으로 규정하여 어떤 지점에 빨리 도달하거나 어떤 메시지를 전달하기 위한 수단으로 환원시키게 되면, 그것의 가치는 한 대의 자동차나 전화기만도 못할 것이다. 그럼에도 불구하고, 그런 시설이나 조건이 어디에서나 가능한 현대에 이르러서도 마라톤은 주기적으로 일어나고 있다. 이것은 바로 마라톤이 오랜 진화를 거치는 동안 기능성에서 벗어나 그 나름의 가치를 인정받았다는 증거가 된다.

교육의 경우도 마찬가지이다. 그것은 처음에는 어떤 인간성을 실현시키기 위한 수단에서 발단하였을지 모르지만, 진화의 어느 단계에서 원래의 기능성으로부터 벗어나 그 자체로서 가치 있는 삶의 일부가 되었을 수 있다. 만약 그런 가능성을 인정한다면, 마라톤의 경우가 그러했듯이, 그것을 애초의 기능으로만 정의하는 것은 잘못이다. 물론 애초의 기능을 전적으로 무시할 필요는 없을 것이다. 그러나 오직 그 기능만을 생각하는 것은 교육을 온전히 이해하는 방식이 아니다. 가령 앞에서 말한 결과상의 소득(교육받은 인간)을 얻기 위한 기능으로만 본다면, 예컨대 교육을 하는 것은 컴퓨터를 포함하는 기술공학에 비추어 그렇게 유리한 것이 되지 못할 수도 있다. 그렇다면, 우리는 컴퓨터가 교육을 더 잘한다거나 혹은 교육을 그것으로 대치할 수 있다는 말을 할 수 있는가? 다른 기회(제5장)에 더 구체적으로 논의하겠지만, 교육은 그러한 수단으로만은 환원시킬 수 없는 고유의 구조와 가치를 갖고 있다. 이 점에서 교육을 하는 것과 교육적인 기능은 구분되어야 한다. 컴퓨터가 인간의 교육적인 기능을 보완할 수 있다 할지라도, 그것이 교육을 한다고는 말할 수 없다. 교육을 기능적으로만 보는 관점이 놓치고 있는 부분이 바로 이것이다.

이상의 논의를 통해 교육을 그 결과로 이해하려는 것이 얼마나 가망 없는 것이고, 부적절한 것인지를 알 수 있을 것이다. 그 가망 없음은 특별히 그것을 결과와 결부시키는 방식에만 적용되는 것은 아니다. 그것은 교육을 정치, 경제, 사회, 문화, 종교 등 다른 세계와의 관계로 규정하려고 할 때에도 마찬가지로 적용된다. 흔히 교육은 이런 여타의 세계와 관련하여 설명되는데, 그 내막을 분석해 보면, 막상 교육현상 자체에 대한 부분은 고의적으로 생략되어 있는 경우가 많다. 이러한 방식의 회피는 우리가 길게 논의해 온 교육학의 성립배경과 관련되어 있다. 용병학자들은 실상 모학문의 사실들은 어느 정도 알고 있지만, 교육 자체에 대해서는 별로 아는 바가 없다. 그래서 전자와 후자의 관계를 강조하면서 후자에 대한 무지를 적당히 감추고 넘어가려는 저의가 여기에 도사리고 있는 것이다.

그러한 저의를 확인하는 질문은 바로 이런 것이 될 것이다. "그래, 당신이 말하는 그 Y라는 현상이 무엇인지는 알겠는데, 그것과 긴밀한 관계를 맺고 있다는 '교육현상'은 어떤 것이죠?" 예상되는 해답에는 두 가지가 있다. 하나는 그것은 너무도 당연한 것을 묻는다는 식의 반응이다. 여기에는 그럴 만한 강력한 배경이 있다. 그것은 학교에서 이루어지는 것이 교육이라는 상식이다. 그 반응의 내막을 자세히 들여다보면, 그것은 기실 교육과 외래적 사실과의 관계가 아니라 예컨대, 학교와 심리, 학교와 정치, 학교와 경제, 학교와 사회계층과의 관계에 관한 것이다. 다른 하나의 반응은 한 술 더 떠서 그런 외래적 사실을 교육이라고 암묵적으로 규정하면서 단지 그것이 교육과 긴밀한 관계를 갖는다는 식으로 잘못 표현하는 경우이다. 가령 학교에서 심리적인 사실이 진행되고 있을 경우, 학교 안에서 일어나고 있다는 이유에서 그 심리적 사실은 교육의 일부가 되는 것이다. 그러나 이런 사고방식이 그릇된 가정에 토대를 두고 있다는 점은 이미 앞에서 충분히 검토한 바 있다.

교육을 교육 이외의 것과 관련지어 이해하려는 방식의 근본적인 맹점은 그 관계를 해명하는 순서의 전도에 있다. 교육과 어떤 것 Y의 관계를 이야기한다고 할 때, 그것이 전제하고 있는 것의 하나는 교육과 그 Y가 다르다는 점이다. 만약 그것들이 같은 것이라면, 관계를 따지는 것 자체가 무의미한 것이 된다. 그래서 교육과 여타의 것 혹은 다른 세계와의 관계를 밝히기 위한 올바른 순서는 그들이 어떻게 서로 다른 것인지를 먼저 밝히고, 그 다음에 그들 간에 어떤 관계가 있는 것인지를 밝히는 것이다. 교육과 여타의 세계 간의 관계는 사실상 교육이 어떻게 규정되느냐에 따라 전혀 다른 양상이 된다. 그런 만큼 교육은 그것과 여타의 것의 관계를 따지기 이전에 먼저 해명되거나 이해되어야 할 대상이다.

우리들의 삶에는 서로 혼동되어서는 안 될 고유한 특성과 가치를 지닌 다양한 세계들이 있다. A는 B가 아니고, C도 아니다. 이 점에서 동일성은 배타성의 전제 위에 성립한다고 말할 수 있다. 그 가운데 교육도 한 몫을 차지하고 있다는 것이 우리가 말하는 교육학, 즉 교육연구의 전제이다. 그런데 이제까지 우리는 교육의 규정을 당연시하거나 혹은 그것을 규정하는 작업을 보류하면서 교육과 여타의 세계가 어떤 관계를 갖는지에 더 많은 관심을 보여 왔다. 그것은 주어진 과제의 해결을 미루거나 회피하는 술책이 될 뿐, 근본적인 해결방식은 아니다. 교육을 규정하고 이해하는 문제는 교육학도라면 누구나 한 번 넘어서야 할 산인 것이다. 아니 교육연구의 목적은 바로 그런 일을 하는 것이라고 해도 과언이 아니다.

그렇다면 우리는 어떻게 교육을 이해할 것인가? 여기에는 하나의 분명한 방법적 규칙이 있다. 그것은 한마디로 우리가 교육을 규정함에 있어서 그것 이외의 여타의 사실이나 세계에 대한 규정을 철저하게 배제해야 한다는 것이다. 교육학의 자율성은 그 대상세계인 교육의 자율성을 전제한다. 즉, 교육은 자기 충족적이고, 그 나름의 규칙을 갖고 있으며, 참여자들에게 독특한 정신을 지탱해 줄 것을 요구한다. 그러한 교육은 그 자체로 나타날 뿐, 어떤 다른 것을 통해서 나타나지는 않는다. 이 때문에 교육은 그것과 관련된 어떤 것으로부터 이해되는 것이 아니라, 오히려 그 비본질적인 것들을 남김없이 배제하는 절차를 거쳐서 단도직입적으로 그것에 접근해야만 이해될 수 있는 것이다. 이것은 너무도 당연한 조건이지만, 이제까지의 관례에 비추어 볼 때, 교육연구에서 가장 부실했던 점이다.

이 부분에서 참고가 될 만한 방법론이 현상학이다. 현상학은 어떤 것의 본질은 간접적인 방식, 우회적인 접근, 혹은 다른 원리에 얽매이지 않고, 그것이 나타나고 있는 방식 그대로 인식되어야만 우리에게 직관될 수 있다는 방법적 원칙을 내세우고 있다. 현상학적 방법은 인식대상 이외의 요소가 우리의 인식활동에 개입할 때, 그것을 초월적인 것으로 규정하고 배제할 것을 요구한다. 쉬운 예를 들어보자. 삼각형의 본질은 삼각형의 요소와 그들 간의 관계에 의해서 규정되어야 한다. 그것은 세 개의 변과 각을 가지고 있으며, 그 내각의 합은 180도이다. 그것이 삼각형의 본질적인 특성이다. 이때, 색깔은 삼각형이라는 속성을 규정함에 있어서 비본질적인 속성이다. 사실상 색깔이 없는 삼각형이란 우리의 생활세계에서 찾아볼 수 없다. 그럼에도 불구하고 형태와 색깔의 우연한 관계가 형태의 본질을 규정하는 데 도움을 줄 수는 없다. 왜냐하면, 삼각형은 노랑과 파랑 등 다양한 색깔을 취할 수 있기 때문이다. 이 때문에 삼각형의 본질은 오직 비본질적인 것의 개입을 차단하는 조건에서만 올바로 규정될 수 있다. 특정한 삼각형이 색깔과 어떤 관계를 갖고 있는지에 대한 해명은 그 이후에야 이루질 수 있다.

교육현상의 경우도 마찬가지이다. 대상의 본질을 규정함에 있어서 잡다하고 비본질적인 것을 배제하는 방식을 취함으로써 우리는 교육이 갖는 독자적인 본질의 이해에 점차 접근할 수 있다. 〈그림 2.1〉에 밝힌 바대로 특정한 삶의 양상인 교육은 그 범주의 면에서 정치, 경제, 사회, 문화, 종교 등과 대비된다. 이때 각 세계는 그 자체의 입장에서는 본질적인 것이지만, 여타의 입장에서 볼 때는 비본질적인 것이다.[14] 교육의 본질은 말할 필요도 없이 모든 이질적인 것을 제외하고 남아 있는 어떤 것에서 찾

14) 예컨대, 많은 교육학 연구가 사회계층의 문제를 다루지만 이것은 교육의 본질이 아니라 교육의 사회적 환경에 해당하는 것이다. 그런데 흔히 '교육사회학자'라고 칭하는 사람들은 마치 그런 비본질적인 것을 교육의 본질인 양 다루고 있다.

아야 한다. 그 공백지대에서 교육 자체만으로 남아 있는 것이 과연 무엇인가 하는 호기심이 교육연구자의 주된 동기가 되어야 할 것이다. 만약 그런 접근방식에 의해서 교육의 본질에 대한 이해에 성공할 수 있게 된다면, 마치 형태와 색깔의 관계처럼 교육이 교육 외적인 세계와 어떤 관계에 있는지에 대한 실증적 연구도 의미 있는 것이 될 것이다.

우리는 흔히 유기체가 그 고유한 특성으로서 환경과 부단하게 상호작용한다는 말을 한다. 사실상 상호작용이 없이 유기체는 존속될 수 없다. 따라서 유기체의 환경이 무엇이며, 그 유기체를 유지하는 데 필요한 상호작용의 양상이 무엇인지에 대한 연구는 유기체의 연구와 전혀 무관한 것이 아니다. 그러나 중요한 것은 이 연구의 전제는 그 유기체가 환경과 독립해서 모종의 동일성을 유지할 수 있는 체제라는 것이다. 마찬가지로 교육은 그것을 둘러싼 여타의 세계와의 관계에서만 유지된다고 말할 수 있다. 그러므로 교육이라는 것을 연구할 때, 그것과 다른 것의 관계를 탐구하는 것은 당연하다. 그러나 교육은 그 자체의 동일성을 유지하는 범위 내에서 그 밖의 세계와 부단히 상호작용한다는 점을 특별히 유념해야 할 것이다.

2.3.5. 구조의 탐색

"교육을 이해한다" 혹은 "교육을 규정한다"고 할 때, 그것은 무엇을 의미하는가? 이와 관련하여 잘못 생각하고 있는 부분이 또 있는데, 그것은 교육을 몇 마디의 말로 설명될 수 있는 단순한 대상으로 보는 것이다. 이제까지 교육학 서적에서는 "교육이란 … 이다" 하는 식의 한 문장 남짓한 '정의(definition)'를 내리고, 그것으로써 교육에 대한 설명을 마친 것으로 넘어가는 경우가 많았다. 더욱 답답한 것은 무턱대고 교육이 모종의 기능을 한다는 식으로 정의하는 것이 태반이라는 점이다. 그러나 그러한 정의는 앞에서도 지적했듯이 교육을 규정하는 것이 아니라, 그 규정을 끝없는 순환론의 고리에 얹어 유예시키는 것이다.

적어도 우리가 교육학의 성격을 문제시하면서 교육의 이해에 관해 논의할 때에는 그 정도로서는 충족될 수 없는 심각한 조건을 요구한다. 그 중 하나는 구조의 해명이 그것의 기능에 앞서 이루어져야 한다는 점이다. 가령 X가 Y의 기능을 한다는 말이 정확한 의미를 가지려면, X에 대한 한정된 규정이 선행되어야 한다. 예를 들어 망치가 못을 박는 도구로 쓰일 수는 있지만, 반대로 못을 박는 것이 모두 망치일 수는 없다. 또한 망치의 쓰임새는 못을 박는 것 이외에도 다양하다. 그 조건을 교육에 적용한다면, 우리가 교육에 대해 갖고 있는 여러 이해내용을 어떤 방식으로든 하나로 통합할 수 있어야 한다. 여기에서 말하는 통합은 단편적인 것들의 나열과는 대비된다. 서로 연관을 맺으면서 그 자체의 고유한 의미를 창출하지 못하는 교육에 대한 단편적인 언급은 교육에 대한 이해와 결부될 수 없다.

분과학문들 사이의 지식의 차이는 이러한 통합적인 의미체계의 차이를 지칭하는 것이다.[15] 분과학문은 우리가 생활하고 있는 세계의 저변에는 서로 혼동되어서는 안 될 대상세계가 있다고 가정한다. 분과학문의 대상이라고 할 때, 그 대상이 갖추어야 할 하나의 조건은 구조적 성질이다. 이질적인 세계들은 서로 다른 구조에 의해 대조되는 것이다. 구조를 갖는다는 것은 하나의 전체와 그것을 구성하는 요소가 있고, 그들 사이의 긴밀한 관계가 그 자율성을 성립시킨다는 것을 의미한다. 학문적으로 대상을 구성한다고 할 때에도 구조의 규칙을 따르게 된다. 특정한 인식대상 X가 밝혀진다는 것은 그 내부의 구조가 밝혀지는 것을 의미한다. 그 현상을 통합하고 전체를 창출하는 요소 간의 연관관계들을 적극적으로 찾아낼 수 있어야 한다. 그렇지 못할 때 우리는 그 대상세계를 진정으로 '이해(comprehension)'[16]했다고 볼 수 없다.

우리가 교육연구를 학교연구와 대비시킴으로써 밝히려는 것은 분과학

15) 이 부분을 《학문과 교육(상권)》에서는 지식의 "횡적 상대성"으로 규정한 바 있다.

16) 여기서는 영어의 'comprehension'이라는 말의 어원적 해석, 즉 "전체를 파악한다"는 점이 강조된 것이다. 그것을 우리나라 말로 '이해'라고 번역하는데, 이 경우 단편적인 것이 아니고 총체적인 어떤 것을 한꺼번에 파악한다는 의미로 받아들여져야 한다. 이에 대한 더 적절한 번역은 아마도 '회득(會得)'이 될 것이다.

문의 대상으로서 교육현상 혹은 구조적 사실로서의 교육이다. 교육연구는 교육이 하나의 독자적인 세계로서 나름의 자율성을 갖고 있다는 가정 하에 이루어져야만 한다. 교육이 여타의 것과 구분되는 경계가 성립되는 것은 부분 혹은 부분들의 산술적 합이 아니다. 그 차이는 각각의 총체성과 내부에 있는 구성요소와 그들 사이의 관계가 전체적으로 다른 데서 나오는 것이다. 우리는 교육의 총체성에 대한 선험적 신뢰를 바탕으로 그 총체성을 포착할 수 있는 새로운 개념체계를 구축해 나가는 일을 수행해야만 한다.

교육을 이해하기 위해서는 교육을 초월하는 어떤 것도 배제해야 한다고 할 때, 배제되는 것은 바로 외부의 다른 세계들을 말하는 것이고, 그 이해 내용에서 배제되는 것은 바로 외부의 다른 세계들을 드러내는 제반 분과학문의 체계를 의미한다. 그것과 대비되는 교육 역시 하나의 독자적인 세계이고, 그것을 이해하는 데 있어서 하나의 독자적인 학문체계가 요망됨은 말할 필요도 없다. 그러니까 교육현상을 추적함에 있어서 지켜야 할 오직 하나의 비결은 그것이 세계의 중심이 되도록 그 나름의 범주, 질서, 맥락을 마련해 주는 데 있다. 교육연구는 그 자체의 지식체계의 구성을 의미하며, 그를 위해 당분간 교육을 울타리가 있는 자족적 체제로서 생각하고, 그것을 둘러싸고 있는 일체의 외적인 세계들(정치, 경제, 사회, 문화, 종교 등)의 요소들을 그 내용으로부터 구분하여 배제해야 한다.

이론이란 하나의 지적인 구성이지, 알려진 사실이나 효과를 단순히 소극적으로 등재하는 것이 아니다. 교육을 이해하려면 우선 그것이 갖고 있는 총체성에 접근해야 한다. 즉, 교육을 요소들과 그들 간의 관계로 이루어진 하나의 구조로 이해해야 한다. 우리가 이해하려는 교육은 비유컨대, 한 채의 집이라고 할 수 있다. 아무리 허술한 집이라 하더라도, 그것이 집이라면 최소한 갖추어야 할 부분들이 있고, 그것들이 질서 있게 배열되어 있어야만 한다. 방, 부엌, 지붕, 마루 등 각각의 부분들은 어느 정도 독립성을 갖는다. 그것들은 자체의 내적 구조를 갖는 것이다. 그러나 또한 각 부분들은 다른 부분들과 연결되어 있으며, 만일 그렇지 못하다면 우리는 그 집 전체를 이해했다고 할 수 없다. 마찬가지로 교육은 그 나름의 요소를 갖고 있으며, 각 요소들은 전체 혹은 다른 요소들과의 관련에서 의미를 갖는다. 교육학의 과제는 바로 교육이라는 건물의 설계도면을 파악하는 일이다.

교육연구가 얻고자 하는 것은 교육을 이해하는 이론이며, 그 이론의 구성은 교육을 이루고 있는 개별적인 요소들과 그들을 전체적으로 서로 연결시킬 수 있는 체계를 구성하는 것을 의미한다. 교육학적 물음이나 논의는 이 때문에 항상 교육의 총체라는 테두리 내에서 이루어져야 한다. 교육의 요소로서 포함시킬 수 있는 것은 어떤 것들인가? 어떤 것이 교육의 한 요소를 이루고 있다면, 그것이 소속한 전체는 무엇인가? 그것이 또 다른 요소와 관계가 있다면, 그들 모두가 서로 관계하고 있는 양상은 무엇인가? 교육연구자는 교육 자체가 내재적으로 갖추고 있을 것으로 가정되는 교육 내의 맥락에서 여러 가지 고유한 개념을 개발할 뿐만 아니라, 그것들을 이용해서 교육을 바라보고 평가해야 한다. 교육을 탐구하고 논의한다는 것은 바로 이러한 부분과 그 전체, 그리고 그들 사이의 관련을 밝히는 것을 의미하며, 거기서 드러나는 맥락적 의미를 벗어날 때 그것은 교육연구의 주제영역을 벗어난다고 말할 수 있다.[17)]

우리가 이제까지 교육학의 문제점으로 지적해 온 것은 그것이 아직까지 맥락적 의미를 확보하는 과제를 정면으로 해결하지 못했다는 사실이

---

17) 이와 관련하여 이홍우 교수가 그의 저서 《교육의 개념(1991)》에서 취한 입장을 우리는 문제시할 수 있다. 그는 정범모의 공학적 개념, 피터즈의 성년식 개념, 그리고 뒤르켐의 사회화 개념을 소개하면서 이들이 코끼리라고 하는 교육의 전체를 각각 부분적으로 해명하고 있다는 비유를 사용한다. 그러나 우리의 기준에 따르면, 그 비유는 적절하지 못하다. 각각의 이론들이 교육의 이론이라고 하면, 당연히 그것들은 코끼리의 전체에 대해 해명했어야 하기 때문이다. 만약 이홍우 교수의 주장대로 그것이 교육의 측면을 해명한다고 하면, 역시 그 코끼리 전체가 무엇인지를 먼저 밝히고, 그것들이 각각 어떤 부분들을 설명하면서 교육이라는 하나의 의미규정에 수렴하고 있는지를 설명할 수 있어야 한다. 그 설명이 없다면, 그것들은 서로 다른 체제를 물리적으로 단지 하나의 바구니에 집어넣은 것에 불과한 것이다. 이 부분에 대한 분명한 해명이 없는 이유를 눈치 채는 독자들이 이제 있을지도 모르겠다. 이들 이론은 공교롭게도 심리학, 철학, 그리고 사회학이라고 하는 이질적인 모학문들과 연관되어 있기 때문에 사실상 하나로 통합되기가 어렵다.

다. 그러니까 우리는 일상생활에서 수없이 교육적인 경험을 하면서도 그 내부에서 그것들이 하는 역할에 의해 그것들을 정당화할 방도가 없었던 것이다. 다만 앞에서 지적한 대로, 그것들은 단편적으로 혹은 임기응변적으로 어떤 외부적인 것들과 관계를 내세우면서 정당화되거나 정당화될 수 있는 것으로 치부되어 왔다. 이러한 실패의 배후에는 과거부터 오늘날까지 교육학의 연구가 주로 경험주의에 의존하여 왔다는 사실과 연관되어 있다. 경험주의에 따르면, 우리의 지식은 벽돌 위에 벽돌을 하나씩 쌓아올리는 방식으로 누적되는 것이다.

교육연구는 경험주의처럼 개체적인 요소로 분해하여 원자적으로 이루어져서는 안 된다. 교육은 서로 상관된 요소로 조직된 체계의 형식을 띠고 있을 것으로 가정된다. 교육의 전체성은 시각으로나 촉각으로 감지될 수 있는 구체적인 경험의 장(場)이나 자료로서는 파악될 수 없고, 항상 그 경험의 배후에 잠재된 실체를 가정함으로써만 이해될 수 있다. 그것을 파악하기 위해서는 우리의 경험적이고 임상적인 인식을 넘어선 추리작용을 요구한다. 교육이 우리에게 하나의 경험이 되기 위해서는 그것만이 가지고 있는 맥락에 대한 이해가 확보되어야 한다. 이처럼 교육적 경험을 다시 이론적으로 환원시켜 자율화시키는 데 있어 불가결한 방법론이 구조주의적 관점이다.

대상세계 혹은 주제에 포함될 각각의 요소와 그들 간의 균형이 주된 사유의 대상이 되어야 한다. 이제 이 조건을 수락한다면, 교육에 대한 모든 언급, 혹은 모든 연구는 그것이 아무리 사소한 것이고 부분적인 것이라고 할지라도, 모종의 전체적인 체계에서 해석될 수 있어야 한다. 그것이 불가능하다면, 이처럼 교육에 대한 전반적인 이해의 틀을 지니지 못하는 연구는 교육의 이해에 도움이 된다고 말하기 어렵다. 이는 벽돌을 많이 쌓는다고 집이 되지는 않는 것과 같은 이치이다. 교육학은 결국 교육이라는 집의 설계도를 작성하는 것과 같은 과업이며, 따라서 그 안에서 이루어지는 연구는 서로 긴밀한 관련 속에서 진행되어야 한다. 이 연구는 교육의 어떤 부분에 관한 것인가? 그것은 왜 부분이 되는가? 그 전체는 어떻게 전반적으로 교육이라는 현상을 드러내는 데 공조하는가? 이러한 질문들이 교육에 대한 전체구조의 이해에 공헌하게 될 것이다.

교육은 내적 통일성에 의해 규정되는 독자적인 세계라고 할 수 있다. 그리고 그 내적인 통일성을 드러내는 개념체계를 갖추려는 것이 교육연구의 목적이다. 이 말은 교육이론을 주장하는 모든 사람들이 언제나 합의된 개념체계에 도달해야 한다는 말과는 구분되어야 한다. 교육의 총체성을 묘사하는 각각의 이론은 그 총체성의 규정에 있어서 서로 입장을 달리할 수 있다. 그들은 모두 자기의 것을 교육에 대한 이해라고 주장하면서 서로 경합할 수 있다.[18] 교육의 구조도 바뀔 수 있고, 또한 그것들을 포착하는 교육학의 구조도 변할 수 있다. 다양한 교육론이 그들끼리 경합하고 장기간에 걸쳐 이전의 이론을 토대로 새로운 이론을 발전시키는 교육학의 역사를 만들어 나갈 수 있어야 한다. 이러한 과정이 활성화될 때 비로소 후발학문인 교육학의 남다른 진보를 기대할 수 있게 될 것이다.

2.3.6. 새로운 개념과 용어의 창조

교육학이 타학문의 지식에 안이하게 의존해 온 역사로 인해 생긴 부작용은 참으로 많지만, 적어도 학문 자체의 발전이라는 면에서 특별히 치명적인 부분은 종속의식의 체질화이다. 교육학도들에게 학적인 지위를 보장해 주는 것이 바로 모학문이다.[19] 여기에서 한발자국이라도 이탈하는 것은 모처럼 얻은 교육학의 학문성 자체로부터 이탈하는 것을 의미하기 때문에 교육학자들은 독자적인 생각을 갖는 것 자체를 두려워한다. 다른 분야의 학자들이 만들어 놓은 개념체제의 일부에서 제시하는 교육론을 그대로 따르거나, 그 체제의 함의라는 수준에서 교육을 규정하려는 의식이

---

18) 이 부분을 《학문과 교육(상권)》에서는 지식의 "종적 상대성"이라고 규정한 바 있다.

19) 우리는 이런 경향이 학교의 커리큘럼을 연구하는 영역에서 드러나고 있음을 앞에서 지적한 바 있다. 이 분야의 연구자들은 '철학', '심리학', '사회학'이라는 모학문을 끌어들임으로써 비로소 그들이 교육에 대해 학문적인 논의를 하고 있다고 안심을 하게 된다.

교육학도들의 몸에 은연중에 배어 있다.

우리 주변에는 교육학을 재구성한다는 말을 생소하게 듣는 사람들이 너무도 많다. 내가 교육학을 처음부터 새롭게 정립해야 한다고 주장하기 시작했을 때, 가장 흔한 반응은 그것이 어떻게 가능할 수 있느냐 하는 것이었다. 그 논리는 다분히 순환논법적인 것이다. 교육학이라는 것이 처음부터 있었던 것이 아니다. 역사적으로 그러하다. 그런데 어떻게 없는 것을 만들 수 있겠는가? 사람들은 교육학을 새롭게 정립해야 된다는 생각 자체를 위험시하였다. 나의 반응은 교육학의 부재가 바로 교육학을 하는 이유가 되지 않겠느냐 하는 것이었다. 이러한 경험을 통하여 나는 대학과는 달리 이미 정립된 지식만을 가르친다는 교사양성기관의 전통이 교육학자들에게 뿌리 깊게 남아 있는 것을 발견할 수 있었다. 이러한 풍토 속에서 새로운 개념을 도입하려는 시도를 가끔 '주관적'[20]이라는 이유를 붙여 인정하지 않으려는 태도가 나타나기도 한다.

여기에 다시 한국적인 특수상황이 겹친다. 한국의 학문풍토에서 학문한다는 것은 외국의 선진국에서 만들어진 지식을 그대로 인용하여 소개하는 것을 의미했다. 한 때는 중국, 다른 때는 일본, 이제는 미국을 비롯한 선진국으로부터 지식을 도입한다. 교육학도 예외가 아니다. 최근에 유학을 통해 얻어오는 온갖 이론들과 모델들이 여과 없이 소개된다. 한참 동안 국내에 남아 있었던 학자들은 '교환교수'의 자격으로 최신의 선진이론들을 '재충전'하기 위해 다시 해외로 나가는 것이 통례이다. 나의 강의에서 교육학의 문제들이 제기될 때, 학생들로부터 거의 빠짐없이 나오는 반응이 있다. 나의 주장대로 그 정도의 심각한 문제가 있다면, 그것은 미국과 같은 선진국의 학자들에 의해 이미 부각되었으리라는 것이다. 그렇지 않은 것으로 보아 나의 주장은 공연한 것이며, 무시될 수 있는 것으로 생각하는 경향을 보인다. 다른 반응은 설사 그 문제를 인정하더라도, 그것은 오직 한국의 상황에 국한된 것이 아니냐 하는 생각을 하는 것 같다. 후자

20) 이런 반응을 보일 때 난감할 수밖에 없다. 이 세상에 주관을 떠난 개념이라는 것이 존재할 수 있는가?

의 입장에서 보면, 문제를 풀이하는 해법은 언제나 그래 왔듯이 하루 빨리 선진국의 학문을 더 많이, 그리고 더 빠르게 도입하는 것이다. 나는 이를 학문적인 후진국임을 스스로 인정하는 고질적인 자기 비하로 받아들인다.

교육학이 당면한 문제는 진정 국지적인 것인가? 그것에 대한 해결은 선진국의 지식을 도입하는 것만으로 해결될 수 있는 것인가? 아니, 도대체 꼭 그렇게 해야만 되는 것인가? 앞 장에서도 살폈듯이, 교육학의 문제는 비단 국내에 국한된 것이 아니다. 또한 그것에 대한 해결을 외국의 학자들에게 의존해야만 할 이유도 없다. 중요한 것은 어느 나라의 누가 그 문제제기를 하느냐에 있지 않고, 그 문제제기가 얼마나 근거를 갖고 있으며, 그것에 얼마만큼 절실하게 공감할 수 있느냐 하는 것이다. 만약 나의 문제제기에 공감한다면, 그것을 누가 해결하느냐 하는 문제에 있어서도 자주적인 판단을 요구한다. 여기에 어떤 강요가 개입할 수는 없다. 분명한 것은 그 문제는 그것을 진실로 문제로 느끼는 사람에게서만 해결될 수 있다는 점이다. 상황을 좌시할 수도 없고, 그렇다고 교육학 하기를 그만둘 수도 없다. 그런 입장에 있는 사람들에게 해답은 결국 자신들의 연구를 통하여 나와야 하는 것이다.

교육은 하루도 빠짐없이 접할 수 있는 가시적인 실제이며, 따라서 그것에 대한 지식 역시 구체적인 것이어야 한다고 생각하는 사람들이 많다. 우리 주변에는 '교육'이라는 말로 지칭되는 무수한 사건과 문제가 제기되고 있다. 그것은 명칭 자체로서는 너무도 명백한 것이기 때문에 더 깊이 있게 그것이 진정 교육인가 하는 질문을 다시 제기할 여지가 없어 보인다. 이제 그것을 객관적으로 기술하거나 그것에 대한 모종의 구체적인 처방만이 필요하다. 아마도 그런 수준의 독자들에게는 우리가 여태까지 제기했던 교육에 대한 추상적인 논의가 공허한 것으로 보일지도 모른다. 교육의 실제가 다급하고 어려운 마당에 그것에 대해 이론적으로 논의하는 것이 사치스럽게 보일 것이다. 그러나 이러한 사고방식으로는 여기에서 말하는 교육연구의 목적을 달성할 수가 없다.

학문의 대상세계는 결코 가시적인 대상이 아니다. 그것은 일상의 이면에 잠복되어 있는 복잡하고 미묘한 실재이며, 오직 그것 자체의 특성을 좇는 고도의 독창적인 상상력을 가진 안목에 의해서만 그 존재성을 드러낸다. 설사 그 실제는 상황에 구속된 것이라 하더라도, 그것을 이해하는 활동은 상황적 구속을 초월한다. 학적 체계나 관념은 일상적이고 관습적인 사고의 수렁에서 빠져나와 상상의 날개를 펴면서 새로운 관념체계를 만들어 내고, 그것을 다시 수정하는 과정을 통하여 점차 정련되어 온 것이다. 그것이 바로 이론이라는 것이다. 기본적으로 학문을 한다는 것은 새로운 이론을 만드는 것을 의미한다. 이론은 학자의 창조물이다.

교육연구의 대상인 교육도 결코 가시적인 것이 아니다. 그것은 오직 깊은 이성적 통찰에 의해서만 밝혀질 수 있는 현상인 것이다. 그것을 이해하려면, 일정한 시간과 공간 내에서 변화하는 개별적이며 우연적인 사실들과 그 사실을 낳는 보편적이며 필연적인 본질을 구별할 수 있어야 한다. 이 점에서 교육연구는 교육이라는 명칭으로 불리고 있는 무수한 구체적인 실제에 대한 관심보다는 그것이 가진 보편성과 필연성을 포착할 수 있는 안목의 결핍의식에 근거하고 있어야 한다. 우리의 사유는 자유롭다. 학자들은 관습적 사고를 경계하고 그것을 이성적인 사유로 전환시키면서 보통의 안목으로는 볼 수 없는 실재를 바라보는 특수한 안목을 확보할 수 있어야 한다. 그 안목은 "지금-여기"라는 구체적인 장면에서 해방되어 고도의 형식성을 취할 수 있어야 한다. 그리고 그 형식성의 성취가 바로 학자에게 있어서 가장 절실한 과제인 것이다.

"교육이란 무엇인가?"라는 질문은 "교육의 내용이란 무엇인가?"라는 질문과 같은 것이다. 이런 질문에 대해서 우리가 해답을 내릴 때 주의해야 할 방법적 태도는 그 질문에 대한 해답을 교육 이외의 사항과 관련지어 얻으려고 해서는 안 된다는 것이었다. 현상학에서 사물의 본질을 파악하고, 구조주의에서 인식대상의 전체를 파악할 때, 이른바 "초월적인 것"은 배제해야 한다는 원리가 적용된다는 점이 앞에서 지적되었다. 교육학도들이 이전의 미로에서 벗어나 진정 교육 자체를 파악하려면, 이런 배제의 태도가 견지되어야 한다. 누군가 어떤 것이 교육을 결정하고, 또 어떤 것이 교육에 의해서 결과로 생겨난다고 말한다면, 그는 이미 교육이 어떤 것이라는 생각을 갖고 있다고 보아야 한다. 그 생각을 당연시하지 않고 계속 추궁하는 태도가 필요하다. 그 주장자는 교육을 무엇이라고 생각하는가? 그리고 그의 생각은 나의 것과 동조할 수 있는가? 바로 그 생각을 키우고 발전시키는 것이 교육학의 일차적 과제라고 볼 수 있다.

이론을 창조하는 것이 교육을 이해하는 길이며, 교육연구가 타개해 나아가야 할 불가피한 진로이다. 우리의 삶에서 결핍된 것은 교육이 아니라, 그것을 올바로 이해할 수 있는 학문적인 안목이다. 내가 여기서 주장하는 바는 교육이라는 실재의 존재는 매우 오랜 역사를 갖고 있지만, 그것을 포착하는 교육학의 경우는 그 역사가 일천하다는 것이다. 우리의 삶의 곳곳에 교육은 잠복되어 있다. 그러나 그 존재가 인식의 수준에서 드러나는 것은 그것에 대한 이론을 통해서이다. 교육을 이론적으로 포착한다는 말은 남극의 발견과 같은 비유를 넘어서는 점이 있다. 왜냐하면 지식이란 단순히 보는 것이 아니라, 보는 관점을 창조하는 것이기 때문이다. 이 점에서 교육학의 이론은 단순히 발견의 대상이 아니라, 전구처럼 발명의 대상이라고까지 말할 수 있다. 무엇을 이해하기 위해서는 개념이 필요하고, 그 개념은 창조적 과정을 거쳐야만 얻을 수 있다. 교육은 그것을 구성하는 요소를 가지고 있고, 그 요소의 의미는 교육이라는 전체와 분리하여 이해될 수 없다. 우리가 교육적 사실은 정의에 의해서가 아니라, 이론에 의해서만 포착될 수 있다고 본 것도 이러한 이유에서이다.

교육연구는 교육학도들에게 무한한 상상력과 창조력을 요구한다. 창조란 기존의 것으로 대체할 수 없는 것을 만드는 일을 의미한다. 우리가 말하는 교육은 그것에 대한 기존의 사고방식에 의해서 파악될 수 있는 것이 아니다. 이 때문에 우리는 상식적인 개념과 기존의 학문이 가지고 있는 개념적 마력에 저항할 필요가 있다. 일반인들이 흔히 '교육'이라는 말로 지칭하는 것들, 그리고 그들이 갖고 있는 상식에 의문을 던지고, 그들의 허상과 피상을 극복할 수 있는 투철한 안목을 확보해야만 교육의 실체가 드러나게 된다. 그러나 그 안목은 아직 개발된 것이 아니다. 다시 말하자면 교육학도들에게 있어 교육은 이제부터 발견되어야 할 성질의 것이다. 또한 그 발견되어야 할 교육이 하나의 자율적인 세계로 가정되는 한, 그것에 대한 이해는 외래의 학문적 범주로서는 드러날 수 없다. 이 때문에 교육연구는 이제까지 교육학도들이 취해왔던 과거의 모든 관념들과 결별하고, 그것을 혁신하는 비상한 창의력을 요구한다.

마땅히 있어야 할 학문이 없음으로써 생긴 지적 공백을 찾고, 그것을 이론적으로 매워나가는 것이 교육학에 주어진 과제이다. 지금으로서는 교육에 관해 연구한다는 것은 미지의 영역에 진입하는 것을 의미한다. 상상력은 미지의 것을 이해하는 데 불가피하다. 과감한 상상력과 아이디어를 발휘할 여지가 많은 이 세계에 대해 우리가 개방성을 갖는다면, 그만큼 이해를 위한 서로 다른 맥락을 풍부하게 창조해 낼 수 있을 것이다. 그렇게 말하면, 교육이란 천재적인 능력을 갖고 있어야만 이해할 수 있다는 생각을 하기 쉽다. 그러나 그 생각도 현실적으로 매우 위험하다. 비록 유치하고 엉뚱하다 할지라도, 교육에 대하여 자유롭게 사유실험을 하자. 교육이론의 구성을 교육에 대한 그럴듯한 이야기 만들기로 가볍게 생각하는 것에서부터 시작하자. 교육에 관한 이야기를 만들어내는 공상가가 이 단계에서 필요하다. 우리가 일상적으로 대하는 사물과 사건을 교육의 한 사례로 삼아 우리의 상상력으로 자유롭게 변경시켜 보는 것이다. 이때 많은 변이들 가운데 변화되지 않는 어떤 것이 드러난다면, 그것이 곧 교육인 것이다.

여기에서 우리가 극복해야 할 한 가지 중요한 착오가 있다. 그것은 개념과 이론 가운데 어느 것이 더 구체적인 것인가에 대한 그릇된 판단이다. 이와 관련하여 흔히 개념은 구체적이지만, 이론은 애매하고 모호하다고 규정하는 경우가 흔한데, 사실은 그 반대이다. 이제까지 교육의 이해와 관련하여 이론적인 논의보다는 많은 종류의 개념적인 정의가 이루어져 왔다. 그러나 이에 따른 문제는 그 개념적인 정의의 의미를 확정할 수가 없다는 점이다. 교육은 하나의 이론적 틀 안에서 드러나는 추상적인 세계이다. 따라서 이론이 없는 교육에 대한 이해란 극히 모호한 것이 된다. 형식의 면에서 볼 때, 이론이란 개념, 명제, 법칙 등의 하위요소를 갖고 있다. 그들은 이론이 설명하려는 대상을 밝히기 위해 서로 결합한다. 개념은 하나의 최소단위로서 그 자체로서는 어떤 의미도 갖지 않는다. 그것은 다른 개념과의 관계에서 의미를 갖는다. 그것이 바로 그 개념을 포함하는 명제가 하는 일이다. 또한 명제는 다른 명제와 그것들을 포함하는 더 큰 단위의 인지적 틀 안에서 의미를 갖는다. 그것이 바로 이론이라고 하는 것이다. 그렇게 보면, 이론이란 그 전체로서의 대상을 밝히는 인지구조라고 할 수 있다.

이론을 구성하는 작업은 서로 무관해 보이던 사건들을 하나의 응결력 있는 동질적인 현상으로 드러내어 유형화시키는 작업이다. 잡다해 보이는 것에 대해 어떤 개념적인 질서를 부여하는 것이다. 이러한 기준에 비추어 볼 때, 이제까지의 교육학 논의는 거의 무의미할 정도의 개념적 모호성에 빠져 있다고 볼 수 있다. 이론적 맥락을 추궁할 수 없는 개념들을 무책임하게 써 왔다. 학교중심의 상식적인 용어들은 이론보다는 관례의 타성에 의해 마치 확정된 의미를 갖고 있는 것처럼 활보한다. 더욱 혼란스러운 것은 상당 부분 모학문에서 오랫동안 그 맥락적 의미를 얻는 데 고심하면서 발전된 개념들이 교육학의 논의에서는 그 긴장된 의미구분의 축을 상실한 채 맥락 없이 평면적으로 동질화된다는 점이다. 그 때문에 서가에는 무수한 교육학 문헌이 쌓이지만, 그것에 접하면 접할수록 교육의 의미는 더욱 안개 속으로 사라지고 만다.[21] 많은 노력에도 불구하고 핵심에 도달하지 못한 채 피상적인 것에서 피상적인 것으로 미끄러지기가 일쑤이다.

우리의 일상어 가운데에는 교육과 관련된 용어들이 많다. '교육'이라는 말도 그런 것이려니와 예컨대, '배움'과 '가르침'이라는 것도 여기에 속한다. 교육이라는 개념은 '교육학'을 한다는 그 자체에 명분을 주기 때문에 어쩔 수 없다고 치자. 교육에 대한 학문이란 적어도 교육이라는 개념을

21) 심하다고 탓할지 모르지만, 나는 이와 관련하여 이제까지 예외에 속하는 '교육학개론'을 본 적이 없다.

꾸준히 개선해 보겠다고 하는 뜻이 내포된 것이다. 그런데 배움이나 가르침이라는 용어가 그러한 취지로 교육을 이해하는 데 얼마나 공헌할 수 있을지는 극히 의문스럽다. 오히려 그것은 그 자명성 때문에 탐구 자체를 방해할 위험성이 있다. 대부분 자명성의 근거는 참으로 빈약하다는 것이 문제이다. 그것의 국어학적 의미가 없는 것은 아니로되, 이론적 의미는 확정된 것이 못 된다(이홍백, 2000). 따라서 이러한 말은 학문적 체험에 대응하는 말로 점차 대체될 필요가 있다.

학교중심의 일상 언어나 제도에 기반을 두고 있는 언어는 이론적 언어로서는 태생적 한계를 갖는다. 세계에 대한 일상인의 자연적 태도와 이론가의 학문적 태도 간에는 큰 차이가 있고, 그들의 언어 역시 판이하다.[22] 일상 언어는 사회구성원의 삶의 형식을 반영하고 있다. 오늘날 학교생활은 우리들의 삶의 중심을 차지하고 있고, 더 나아가 제도적 권위를 배경으로 교육에 대한 모든 용어를 독점하고 있다. 그러나 일반인들이 쓰는 일상 언어는 일반인들의 상식적 가정과 기존의 제도를 당연시하는 경향이 있다. 말하자면, 이것들은 전적으로 제도와 상식의 노예에 불과하다. 뿐만 아니라 학문의 언어는 사회문화적 인식을 초월하여 보편성을 가져야 하는데, 일상 언어는 특정한 언어공통체의 특수성을 벗어나기 어렵다. 흔히 특정한 언어의 어원을 따지는 경우도 있는데, 그것 또한 별로 도움이 되지 못한다.[23]

교육학자들이 해야 될 일은 사람들이 교육이라고 생각하는 것을 탐구하는 것이 아니라, 교육의 진면목이 드러날 수 있는 이론을 구성하는 것이다. 일상적인 의미를 뛰어넘는 언어가 학문적인 언어이다. 학문공동체들은 바로 그런 언어를 구사하면서 서로 소통한다. 그러나 교육을 연구하

22) 학문적 세계를 추구하는 현상학과 일상적 인식 간의 이질성에 관심을 갖고 연구한 슈츠(1973, p. 259)는 이 점을 "소통의 패러독스(paradox of communication)"라는 주제로 다룬다.

23) 예컨대, 영어에서 쓰는 'education'이라는 말과 우리나라에서 쓰는 '교육'이라는 말의 어원을 따져서 어떤 도움이 되겠는가! 한때 우리나라에서 분석철학을 하는 사람들이 전자의 어원을 빌어 후자의 의미를 규정하려고 하는 경우도 있었는데, 여기에는 오리엔탈리즘이 다소 작용하고 있다는 것을 그들은 알고 있는지 모르겠다.

는 학자는 타학문의 전통 속에서 배태된 용어를 차용할 수 없다. 이들은 학문적인 언어로서 분명한 이론적 근거를 갖고 있다는 점에서 모호함을 벗어나 있다는 장점이 있다. 그러나 그들은 각각 그들에 대응하는 모학문을 토대로 배태되어 왔기 때문에, 그 용어들을 원용하면 그것이 근거하고 있는 맥락으로 환원되어 모처럼 교육연구에서 성취한 개념적 고유성이 소멸될 크나큰 위험이 있다. 이 때문에 이들은 제도적 개념 못지않게 교육연구에서 경계해야 할 대상이다.

'교육' 자체, 그리고 그것과 연관하여 지칭되는 것, 이를테면, '교육학과', '교육학자', "교육학적 지식", '교육자', '교육현장', '교육목표', '교육활동', '교육평가' 등의 의미는 이전부터 그렇게 사용해 왔다는 관례와 통념에 의존하고 있을 뿐, 엄밀한 이론적 검토와 논리에 토대를 두고 있는 것이 아니다. 관례의 끈질김, 그리고 그 쇄신이 어려운 만큼 이러한 용어를 쓰게 되면, 우리 삶에서 교육이 봉착한 문제가 정확하게 드러나거나 치유되기 어려운 부작용이 생겨난다. 의미론적으로 볼 때, 이들은 대부분 교육이라는 것과는 무관한 것을 지칭하며, 더 정확한 개념들로 대치가 가능하다는 점에서 잉여적이라고 할 수 있다. 그러한 현상은 이미 다른 것으로 밝혀지거나 존재하고 있는 현상에다 '교육'이라는 말을 아무렇게나 붙인 데서 기인하는 것이다. 이제 우리가 할 일은 이미 밝혀진 원래의 의미를 복권시켜 되돌려 주고, 그 나머지의 어떤 것에 교육의 고유한 이론적 의미를 부여하는 것이다.

우리는 교육현상, 혹은 교육적 사실이 아직 이론적으로 해명된 대상이 아니라는 점을 강조하였다. 개념과 사실은 긴밀한 관계를 갖는다. 교육연구자가 상상력을 동원해서 자율적인 이론을 창출하는 일은 마치 새로운 사실을 발견해 나가는 것과도 같다. 그 작업을 수행함에 있어서 어쩔 수 없이 새로운 탐색적인 개념을 써야 한다. 이때 일정 부분 그 개념이 갖는 초기의 모호성은 불가피한 것이다. 개념의 의미는 그것이 속한 전체의 인식체계에 의해서 규정된다는 점을 다시 상기할 필요가 있다. 모호한 상태를 한동안 지속하면서 그 개념의 계속적인 시험이 이루어지고, 수정과 정련의 과정을 거치면서 성공 여부가 판가름나게 될 것이다. 성공 여부는 그 개념이 얼마나 사실의 발견, 즉 사실을 발견하는 이론의 형성에 공헌할 수 있느냐에 의해 결정되고, 그것이 성공한 경우, 그 개념의 위치가 밝혀지게 된다. 이 작업에서 중요한 것은 하나의 개념을 도입하더라도 그것에 대한 이론적 근거를 분명하게 규정함으로써 개념의 모호성을 점차 구체적 의미로 대치시켜 나가는 것이다.

상식과 외래학문으로 왜곡된 교육관을 벗어나 새로운 이론이나 개념을 구성하게 되었다면, 그것은 이제까지 우리가 접해 보지 못한 새로운 관점이나 사고가 될 것이다. 그런데 문제는 그것만으로는 해결되지 않는다. 다음의 문제는 그 사고를 어떻게 표현하느냐 하는 것이다. 언어가 사고에 미치는 영향은 지대하다. 적절한 명칭이 없는 개념은 이름 없는 사람처럼 부리기가 어렵다. 새로운 개념에 낡은 용어를 부여하면, 그것은 낡은 의미의 공간 속으로 흡수되고 만다. 기존의 용어에 새로운 이론적 맥락을 부여하는 방식을 취할 수도 있을 것이다. 그러나 누차 강조하였지만, 일상어 혹은 외래학문의 용어를 쓰면, 그 용어의 이면에 도사리고 있는 관습이나 다른 학문의 맥락이 갖는 위력 때문에 새로운 교육학 자체가 그 자력에 끌려 들어갈 위험성조차 있다.

새로운 착상이 떠오르면, 그에 합당한 개념과 명칭을 과감하게 부여할 필요가 있다. 존재가 우리에게 말을 걸어온다는 식의 주장도 있다. 참신한 언어는 기존의 세계관에 변화를 주는 힘을 가지고 있다는 사실을 감안한다면, 그럴듯한 말이다. "새 술은 새 부대에!"라는 말이 있듯이, 새로운 착상이나 개념은 그에 상응하는 새로운 이름을 부여하는 일을 요구한다. 이것은 잘 정립된 자율적인 학문들이 그들의 지식을 만들어 나가는 과정에서 항상 거쳐야만 했던 애로의 하나였다. 같은 분과학문에 속하지만 그것이 발전할 때 새로운 용어를 도입하는 경우도 많다.[24] 〈그림 2.1〉의 오른

24) 예컨대, "언어는 존재의 집"이라는 하이데거(Martin Heidegger)의 말(한국하이데거학회, 1998)에서 새로운 존재의 출현은 새로운 집을 요구하며, 이런 요청은 하이데거 자신의 학문생활에서 가장 어려운 과제였다. 그는 이제까지 철학에서 이루어진 형이상학을 거부했다. 그러나 반항의 대가는 매우 심각했다. 그는 이 때문에 종래의 용어, 문법,

편에 있는 교육을 이해하려는 새로운 교육관은, 엄밀하게 말한다면, 상식과 충돌한다. 또한 그 연구영역에 외래적인 이론이 침투해서도 안 된다. 그 자체로의 환원이 필요한 새로운 착상이 이 영역을 드러낼 수 있어야 하고, 그것에 도달했으면 그것을 적절하게 표현하고 담아내는 언어를 찾아야 한다.

현재로서는 교육이라는 존재영역을 마땅히 표현할 수 있는 언어가 부재한 상태이다. 현존하는 교육에 대한 언어는 교육적 체험을 억압하고 왜곡시킨다. 그 용어를 사용하면 교육은 오히려 더 모호한 대상으로 은폐된다. 우리가 교육을 일상에서 자주 체험하면서도 그것에 대한 올바른 소통이 차단될 수밖에 없는 것이 지금의 형편이다. 이런 역설적인 상황의 구속에서 탈피하는 일은 한 개인의 노력만으로 해결되기 어렵다. 이제 교육학도는 교육의 독특한 체험을 드러내고 공유할 수 있는 새로운 언어를 창조하여 부적절한 언어에 갇혀 은폐된 교육을 해방시키는 작업을 과감하게 추진해야 한다.

모든 학문의 개념이나 명칭은 처음에는 거의 예외 없이 사투리에서 출발했다는 사실을 상기할 필요가 있다. 학문에는 끊임없이 새로운 개념과 용어가 도입된다. 그 대상이 독특하다면, 그들을 포착하는 개념과 그것을 소통하는 용어도 달라야 할 것은 말할 필요조차 없다. 마찬가지로 우리의 교육연구에서도 과감하게 새로운 용어를 도입하고 실험할 필요가 있다. 그 개념이나 명칭은 처음에는 어색하거나 익숙하지 않을 수도 있다. 그러나 장기적으로 교육이라는 우리의 독특한 체험을 드러내는 데 유용한 것임이 드러날 것이며, 점차 익숙하게 되는 경로를 거쳐서 당당히 표준어로 편입될 것이다.

형이상학, 논리학, 윤리학과 모순되는 것을 무시하면서 글을 썼고, 견딜 수 없는 특수용어와 비문법적 어법을 도입해야만 하였다. 그로 인해 오늘날까지 그의 저서를 읽는 독자는 그 표현에 적응할 수 있어야 그를 해석할 수 있다.

2.4. 패러다임의 교체

2.4.1. 제1기 교육학과 제2기 교육학

정상적으로 볼 때, 분과학문의 공동체는 동일한 인식대상을 탐구하면서 그에 필요한 개념과 방법을 공유하는 사람들의 집단이라고 할 수 있다(장상호, 1997, pp. 497-604). 그러나 "동일한 인식대상"이라고 해서 거기에 항상 합의만 존재하는 것은 아니다. 인식대상은 그것을 포착하는 개념에 따라 서로 다른 양태로 드러나기 마련이고, 그때마다 서로 경합하는 개념체계가 등장하여 심각한 긴장과 대립의 양상을 보일 수도 있다. 학문의 발전과정에서 일어나는 불가피하고도 불가결한 이런 현상을 일찍이 쿤(T. S. Kuhn)은 그의 저서 《과학혁명의 구조(1970)》에서 "패러다임의 교체(a paradigm shift)"라는 흥미 있는 관점으로 밝힌 바 있다. 분과학문은 당시에 학문공동체에서 인정하는 패러다임을 신뢰하고, 후진들은 그것에 익숙하도록 훈련을 받는다. 그러나 점차 변칙들이 노출되면서 그것에 대한 의문이 생겨나고, 더 이상 지탱하기 어려운 상황에 몰리게 된다. 이 단계에서 그것을 대체할 만한 새로운 패러다임이 등장하게 된다.

옛 패러다임과 새로운 패러다임이 대립할 때, 그 교체는 어떻게 이루어지는가? 그것은 한 마디로 결코 순탄하지가 않다. 정보와 지식은 구별된다. 후자는 구조이고, 그 발전이란 구조 전체의 변화를 의미한다. 학문의 발전은 그만큼 인식의 틀, 연구문제의 규정과 해결, 그리고 가치기준에 있어서의 급격한 변화를 동반한다. 그 단절을 뛰어넘는 것이 얼마나 어려운 것인지를 설명하기 위해 쿤은 심지어 "정치적 혁명"이나 "종교적인 개종"에 그것을 비유하였다. 흔히 인식론에서 전통적으로 말하는 실증적 증거라거나 합리적 논의는 그 과정에서는 속수무책이다. 서로 다른 패러다임 사이에는 관찰에 앞서 무엇이 사실이냐 하는 것에 있어서도 서로 동의에 이르기 어렵기 때문에 증거에 의해 진위를 판별한다는 실증주의적 검증에는 한계가 있다. 그렇다고 해서 그들 사이에 대화와 같은 합리적인 과정이 통할 수 있는 상황도 아니다. 합리에 대한 기준 자체가 다르기 때문에 파이어아벤트(P. K. Feyerabend, 1975)는 패러다임의 교체에는 일정 부분 선전과 같은 비합리적인 과정이 개재한다는 점을 부각시켜 크게 주목받은 바 있다.

이러한 곡절은 우리가 앞에서 개진한 교육학과의 재정비가 단지 논증이나 관찰과 같은 전통적인 방법과 인식론에 의존해서는 매끄럽게 진행되기 어려울 것임을 예고한다. 교육학은 처음부터 개념체제나 방법적 동질성을 추구하려는 동기에서 형성되지 않았다. 교사양성이라는 실제적인 관심을 가진 집단이 용병학문들을 끌어들여 그 실제의 한계를 벗어나려는 방식으로 교육학을 규정하는 편법을 취해 온 것이다. 그러한 방법은 결과적으로 교육의 이해를 돕기는커녕 그것을 방해하고 있다. 나는 그 점을 문제시하고 그들을 학교연구의 범주 속에 넣어 그 정당성을 인정하는 한편, 교육연구는 새롭게 시작되어야 한다고 주장하고 있다. 이런 엄청난 작업을 추진하기 위해서는 작업의 취지에 공감하고 교육에 대한 다양한 개념과 이론을 제안하고 모색하는 데 있어 격의 없이 접촉하는 새로운 집단의 형성과 그들의 현명한 전략이 필요하다.

교육학의 이전 전통과 새로운 교육학의 차이는 대단히 크며, 또한 급진적이다. 교육학 전통의 쇄신을 꾀하는 하나의 분기점을 분명히 하기 위해 나는 "제1기 교육학"과 "제2기 교육학"을 구획하기를 제안해 왔다(노희관·이용남, 2000; 이용남, 2002; 장상호, 1986, 1990). 이 구분은 교육학 내부의 이질적인 관심과 특징을 드러내고, 한편으로부터 다른 편으로의 세대교체를 촉구하려는 의도에서 제안된 것이다. 제1기 교육학은 지금처럼 용병학문을 주축으로 해서 진행되고 있는 교육학을 총칭한 것으로 볼 수 있다. 꼬집어 말하면, 각종의 이질적인 분과학문의 개념들을 동원해서 학교사태를 연구하고, 그것에 처방을 내리는 학교연구가 여기에 포함된다. 그렇다고 해서 최근에 교육을 학교 밖으로까지 확장하려는 '평생교육' 분야의 학자들이 여기서 제외되는 것은 아니다. 이 구분의 핵심은 연구자가 외래의 학문을 교육학으로 수용하는 것에 대해 어떤 태도를 취하는가에 있다. 만약 '평생교육'을 말하면서 외래학문을 통해 그것을 이해하고 처방하려는 태도를 견지한다면, 그들도 역시 이 범주에 든다고 보아야 한다. 이에 비해, 제2기 교육학은 용병학문을 교육학의 범주에 넣는 것을 부인하고 그것을 해체하면서 새로운 교육학을 구축해 나가고자 한다.

원칙의 면에서 '학교연구'와 '교육연구'를 서로 배타시할 이유는 없다. 두 연구는 탐구대상에 있어서 전혀 다른 영역에 속한다. 용병학자들은 각각의 모학문으로 복귀하고, 남겨진 교육학과의 인적, 물적 자원을 교육연구에 투입한다는 식의 간단한 청산이 있을 수 있다. 그것이 어렵다면, 대학에 '학교연구'라는 프로젝트를 수용하는 학과나 연구소를 새롭게 만들고, 지금의 교육학도들이 그곳으로 옮겨 간다면, 문제는 간단하게 해소될 수 있다. 그러나 학교연구자들은 아직도 그들이 '교육학'을 대표하고 있다고 생각하고 있으며, 또한 그 주장을 포기할 생각도 없기 때문에, 우리의 간결한 도식만을 토대로 새로운 교육학의 등장을 기대하는 것은 장밋빛 착오일 것이다.

제2기 교육학은 단순히 제1기 교육학의 연장선상에 있지 않다. 이들 사이의 대립은 쿤이 말한 패러다임 간의 대립 이상의 것을 포함하고 있다. 다른 분과학문, 예컨대, 물리학의 경우는 동일한 물리적 사실 자체를 규정하는 데 있어서 이견이 있었을 뿐이었다. 그러나 교육학에서 이들 사이에는 하나의 영토를 두고 그것의 점유를 위해 투쟁해야 하는 관계가 있다. 대학의 한 학과에 허용될 수 있는 자원과 제도적 지원에는 언제나 한계가 있어서, 하나의 관점의 수용은 상대적으로 다른 관점의 배제를 동반하지 않을 수 없다. 어떤 것이 진정한 의미의 교육학이 되어야 하느냐 하는 문제를 두고, 그 중 하나가 부정되고 다른 하나가 긍정되어야 할 입장에 있다는 점에서 그들 사이의 평화로운 공존은 사실상 불가능하다. 누가 대학의 교육학과를 점유해야 하느냐 하는 문제와 관련하여 어느 것이 진짜 교육학이냐를 두고 심각한 헤게모니의 쟁탈과정을 거쳐야 하는 것이다. 제2기 교육학의 입장에서 보면, 용병학문이 지금까지 교육학과를 점유하고 있는 것은 시대착오적인 식민지적 경영으로 보인다.

제2기 교육학은 제1기 교육학이 점유해 왔던 영토를 반환할 것을 정식으로 요구해야만 한다. 제2기 교육학은 제1기 교육학이 처음부터 교육을 이해하려는 학문이 아니라고 주장한다. 교사교육이라는 역사적 우연에 의해서 하나의 변고가 일어났다고 주장하는 것이다. 대학 안에서 교육학과가 차지하고 있는 공간은 비좁기 짝이 없다. 그것은 마치 백화점 속의 잡화상처럼 한 공간이 많은 종류의 모학문들을 중심으로 구획되어 있다. 거기에 제2기 교육학을 더 추가하는 것 자체가 현실적으로 어렵고, 설사 그렇게 된다고 할지라도, 그 영세성으로 인해 공멸할 처지에 놓인다. 그런 제약된 상황에서 새로운 교육학을 추진하는 일이 어떻게 가능하겠는가? 이 점이 대단히 어려운 실제적 문제이다.

실제는 항상 원칙대로만 진행되는 것은 아니다. 제2기 교육학도가 직면해야 할 현실은 현재의 교육학이 용병학자들의 압도적인 세력판도 안에 처해 있다는 점이다. 앞서 지적했듯이, 용병학문들은 초기의 지적 공백을 메우기 위해서 처음부터 자청된 것이며, 대학에서의 교육학과와 대학 밖에서의 학회는 용병학문들에 의해 분할·통치되고 있는 형편이다. 모든 제도와 전통은 그런 식민지적 도식 아래 진행되고 있다. 교육학과의 커리큘럼은 거의 용병학문들의 계열로 포진되어 있다. 교육학과에서 중요한 위치를 차지하고 있는 학자들은 용병학자들이다. 만약 이러한 상황에서 민주주의의 원칙에 따라 학과의 의사결정이 이루어진다면, 그것은 언제나 용병학자들에게 유리하도록 되어 있다. 현재와 같은 세력판도를 지니고 있는 교육학과에서 제1기 교육학도가 제2기 교육학도에게 순순히 헤게모니를 넘겨줄 것 같지는 않다.

자율적인 학문으로 교육학을 정립하는 일은 식민지적인 상황에서 독립운동을 하는 것만큼 지난한 일이다. 용병학자들이 포진하고 있는 교육학회 혹은 교육학과 내부의 사정에 비추어 교육학의 자율화를 시도한다는 것 자체가 모반의 의미를 지닌다. 그 모반은 마치 특정 영토를 점유하고 있는 기존 국가의 존속을 위협하는 상황과도 같다. 그것은 이를테면, '교육경제학'과 같은 또 하나의 새로운 용병학문을 교육학과에 추가시키는 상황과는 다르다. 이런 경우는, 이제까지 그래 왔듯이, 기존의 영토를 더 갈라놓고 관대하게 수용하는 정도로 해결될 수 있다. 서로 다른 용병학문 간의 관계에서는 그런 정도의 양해가 얼마든지 가능하다. 그러나 교육학의 자율화는 분할된 통치 그 자체의 포기를 요구한다는 점에서 사태는 이와 전적으로 다르다. 만약 이 요구가 받아들여진다면, 제1기 교육학은 그들이 차지해 왔던 영토를 떠나야만 하는 것이다. 이 때문에 제1기 교육학은 어떤 수단을 쓰든지 간에 제2기 교육학의 출현을 억압하는 세력으로 작용할 것이라는 점을 쉽게 예상할 수 있다. 때까치의 둥지에 자리잡은 뻐꾸기의 알이 먼저 새끼로 부화하면, 때까치의 알을 부화하기도 전에 둥지 밖으로 밀어낸다고 하지 않는가![25]

이와 관련된 개인적인 경험을 굳이 숨길 필요는 없을 것이다. 사실상 내가 이 저서에서 내세우는 주장과 내용을 오래 전부터 제시하고 그 문제의식을 고취하려고 할 때, 내가 소속한 서울대학의 교육학과는 이에 크게 반발하였다. 대개 젊은 학도가 혁신적이라는 관례가 있다. 그럼에도 불구하고, 흥미로운 점은 당시 나의 시도를 위험시하고 거리를 두려고 한 집단은 나이 든 사람이 아니라 젊은 사람들[26]이었다는 사실이다. 용병학도들의 후예로서 교육을 왜곡시키는 역사적 사실의 연장선상에 서 있는 그들이 이제 막 그 당연한 전통을 향유하려고 하는 차에, 왜곡된 역사와 전통을 들어 더 이상 교육학자로서 그들의 자격을 인정하지 않는 나의 입장은 그들에게 커다란 위협이 되었는지도 모른다.

---

25) 나는 어느 글(1990)에서 현존하는 교육학자들이 타학문을 공부하면서 그것을 교육학으로 착각하고 있다는 사실을 드러내기 위해 "때까치 학자"라고 지칭한 바 있다. 이는 어디까지나 그들이 교육학을 한다는 착각을 중시한 것이다. 그러나 요즘 나는 교육학자들의 다른 부류를 "뻐꾸기 학자"라는 말로 지칭할 수 있다는 생각을 해본다. 그들 중 많은 사람이 그 착각의 범위를 넘어서서 모학문을 지키려는 방향으로 자율적인 교육학의 출현을 위험시하거나 방해하고 있기 때문이다.

26) 이들도 이제 중년의 나이에 접어들었다.

2.4.2. 불리한 게임의 감수

제2기 교육학의 출현에 대해 모든 교육학도들이 적대적인 것만은 아니었다. 사실 나의 주장에 대해 다소간의 공감을 표명하는 동료들도 적지 않게 있다. 이들은 나에게 여러 차례 굳이 현존 교육학에 선전포고하는 식으로 도발하지 말고, 자신의 교육관을 하나 더 추가하는 방식으로 접근하면, 나의 주장이 점차 우호적으로 받아들여질 것이라고 친절하게 충고했다. 나 자신도 그런 접근이 나의 교육관을 교육학과에 진입시키는 데 더 유리하게 작용할 것이라고 판단하고 있다. 그러나 원칙과 전략은 구분되어야 한다. 후자를 위해 전자를 은폐하는 것은 학자의 도리가 아니다. 오히려 원칙을 고수하는 것이 장기적으로는 더 나은 전략이 될 수 있다. 현재로서 내가 자신있게 할 수 있는 반쪽의 주장은 새로운 교육관의 정립보다는 기존의 교육관의 해체에 있다. 그 이후에 어떤 교육학을 정립하느냐 하는 다른 반쪽의 과제가 나온다. 만약 지금과 같이 도발하지 않는다면, 이런 내 주장의 반쪽 이상을 포기하는 결과가 초래될 수도 있다. 동료 교육학자들의 우군이 되기보다는 반역자가 되어야 하는 역경을 일정 기간 감내하는 것은 어쩔 수 없어 보인다.

교육학의 자율화를 시도하는 마당에 싸움과 대결은 불가피하다. 전쟁에서 영토를 차지하려는 병력의 수는 그것을 방어하려는 병력보다 서너 배가 더 필요하다고 한다. 기성의 것에 도전하려는 학자는 언제나 기성의 것에 종사하는 일보다 더 많은 고난을 감수해야 하는 모양이다. 제2기 교육학은 거의 모든 면에서 제1기 교육학을 상대하기가 불가능할 정도의 약세에 있다. 그렇다고 해서 처음부터 시도 자체를 포기해야만 하는가? 잘못된 전통을 바로 잡으려는 우리의 목표는 정당하고 분명하기 때문에 그럴 수는 없다. 다만 초기의 엄청난 난관을 어떤 방식으로든지 극복하는 묘책만이 문제가 된다. 현실적인 여건과 애로가 무엇일지에 대해서 냉정하게 숙고하면서 대처방안을 찾아보기로 하자.

용병학자들의 활동을 정당화해 왔던 논리는 학교가 교육하는 곳이고,

그것에 대한 연구가 교육의 개선에 직접적인 도움을 준다는 것이었다. 교육학도들은 그런 명분 아래 현실문제에 매달리면서, 그들의 학문 활동의 부진을 변명할 수 있었다. 그러나 교육은 오히려 그들로 인하여 인식의 면에서 소외되어 왔다. 이제 그 논리를 논파하고 은폐된 교육의 본질을 드러내기 위해 제2기 교육학도들이 싸워야 할 전선은 적어도 두 지역이다. 하나는 학교생활을 통해서 학교와 교육을 동일시하도록 주입 받은 대중의 고정관념과 싸우는 것이다. 이는 모든 학문이 당면하는 문제이기 때문에 그렇게 고유한 문제는 아니다. 다른 하나의 전선은 그런 상식의 기반 위에 성립된 제1기 교육학도와 전투를 벌이는 것이다. 제1기 교육학은 교육이 학교에서 이루어지는 것이라는 대중적 믿음 위에 그들 나름의 이론적인 토대를 갖추고 있다. 따라서 그것은 상식보다 더 견고한 아성을 갖고 있으며, 그만큼 일시에 함락될 세력이 아니다. 더 나아가 그들의 활동은 학교체제와 제휴되어 있으며, 거기에는 포기하기 어려운 여러 가지 이권이 연관되어 있다.

그런 기득권과 그것에 길들여진 대다수의 동조세력을 상대로 벌이는 전투는 결코 쉬운 일이 아닐 것이다. 현실적으로 대학의 교육학과는 기존의 전통과 관례에 따라 운영되고 있다. 좁은 학과에 다양한 분과학문들이 자리하고 있기 때문에 교육학과는 입학생 정원의 수, 교수의 수, 조교 배정, 장학금 수여 등의 면에서 언제나 포화상태에 있다. 입학정원, 입학시험, 종합시험, 논문심사 등의 면에서 그럭저럭 용병학문들 사이에 어려운 절충이 이루어져 왔다. 그토록 복잡한 외교가 필요한 세력권 내에서 그 세력 자체를 부인하는 자율화의 시도는 무모한 일이다. 이런 상황에서는 다수결이라는 민주주의의 원칙도 불리하게 작용한다. 하나의 절충이 있다면, 제2기 교육학을 하나의 전공영역으로 인정하도록 요구하는 것이다.

그러나 제1기 교육학도들이 그런 명분조차 억제하고 억압할 구실은 너무나도 많다. 그 중 가장 그럴듯한 구실의 하나는 제2기 교육학의 학문적 체계의 미비를 문제시하는 것이다. 아닌 게 아니라, 제2기 교육학의 정체나 맥락은 현재의 입장에서는 불투명하다. 내가 현존하는 교육학의 비본질성을 문제시할 때, 그 문제 제기 자체가 다른 교육학자에 의해 반박된 적은 거의 없다. 다만 이에 대해 가장 흔하게 접하는 반응은 반문의 형식을 취한다. 만약 제1기 교육학이 비본질적이라면, 제2기 교육학의 본질은 무엇이냐? 도대체 제2기 교육학이 지금까지 밝혀낸 교육적 사실은 어떤 것이냐? 이런 반문은 대답을 요구한다기보다는 나의 입장을 곤궁하게 하려는 일종의 책임추궁에 가깝다. 그러나 제2기 교육학의 체계는 앞으로 만들어 나가야 할 가능성으로 남아 있는 것인데, 이처럼 그 현실성을 보여 달라고 요구하는 상황은 마치 공수표를 발행하라고 말하는 것과 조금도 다를 바가 없다.

이러한 요구는 제2기 교육학을 하려는 입장에서 볼 때는 부당하기 짝이 없는 것이지만, 제1기 교육학의 전략으로서는 지금까지 커다란 효과를 얻고 있다. 이는 제1기 교육학자들이 요구하는 제2기 교육학의 성과란 그것을 할 수 있는 여건이 주어져야 얻을 수 있고 증명될 수 있는 것인데, 그러한 여건을 조성해 주지도 않으면서, 그 책임을 제2기 교육학에 떠넘기는 효과를 갖는다. 더 나아가서는 그러한 여건을 제공할 수 없다는 구실의 하나로 아직 자율적인 체계로 정착되지도 않았다는 점을 지적하기만 하면, 제1기 교육학을 완벽하게 방어할 수 있도록 만들어 준다. 그러나 원칙을 따진다면, 아직 그 분야의 자율적인 지식이 없기 때문에 그 과제를 해결하기 위해 분과학문이 형성되고, 또 그 형성을 토대로 발전해 나가야 하는 것이다. 이러한 원칙을 무시하는 제1기 교육학의 논리는 지금까지 제2기 교육학이 세력을 얻기도 전에 그것을 수세에 몰아넣는 강력한 무기가 되고 있다.

제도의 면에서나 양적으로 유리한 고지를 점하고 있는 제1기 교육학도들이 제2기 교육학의 출현을 억제하는 또 하나의 교묘한 전략은 "침묵의 음모(a conspiracy of silence)"이다. 용병학자들은 상이한 학문적 배경을 갖고 있지만, 한 가지 점에서는 한결같이 공조하고 있다. 그것은 자신들이 교육을 오도하는 용병학자라는 제2기 교육학의 주장에 대해 긍정하지도 부정하지도 않고 그저 모른 채 하는 것이다. 아무리 크게 고함을 질러도 자신들이 지금 하고 있는 일이나 그들의 신분에는 하등의 위협이 되지 않는다. 그저 모르는 채 침묵하면, 그 주장은 스스로 지치는 단계에 이를 것이고, 그러면 종국에 가서 말썽과 소란은 자연히 사라지고 말 것이라는 계산이 있는지도 모른다.

그러나 진정 그렇게 될까? 만약 지금의 교육학도들이 그렇게 예상한다면, 그것은 참으로 잘못된 판단이다. 제1기 교육학은 일견 막강한 세력을 갖고 있는 듯이 보이지만, 결정적인 결함을 지니고 있다. 그것은 처음부터 잘못된 길을 택했고, 그 길을 그대로 밟고 있음으로써 게으른 종속주의, 스스로 자초한 자기 비하, 교육에 대한 무모한 일반화와 개념적 혼동, 응용에 있어서의 방향착오와 무력성 등의 문제에 직면하고 있다. 이런 문제들은 특정한 개인에 국한된 사적 신념에서 제기된 것이 아니라, 객관적이고 공적인 사실에서 드러나고 있다. 일시적으로 어떤 사실에 대한 개인의 고발을 무시하거나 누를 수는 있다. 그러나 그것이 확고한 사실에 근거하고 있는 한, 그 사실들은 언제든지 또 다른 사람들의 주목을 받게 될 것이다.

그 내부의 문제들은 외면한다고 해서 해소될 성질의 것이 아니다. 당분간의 복고적 환상과 낙관주의는 있을 수 있겠지만, 그들의 도식으로는 학문으로서의 지위를 유지하기 어려울 뿐만 아니라, 교육에 대처할 수도 없다. 지속적으로 제기되는 문제들을 미해결의 장막에 가려둔 채, 어떻게 교육학이 발전할 수 있겠는가? 시대에 뒤진 권위와 대중들의 무지는 언제나 한시성을 갖기 마련이다. 19세기의 특수한 상황에 뿌리박고 있는 지금의 교육학으로 21세기에 진입한다는 것은 마치 공룡을 타고 우주를 탐험하는 꼴이 될 것이다. 용병학문이 교육학으로 존속할 수 있는 기간은 날이 갈수록 제한받을 것이다. 현존하는 교육학의 문제는 언제나 잠복되어 있기 때문에 그 장래는 과거보다 더 불확실할 것이다.

바로 이 점이, 현재로서는 비록 약세에 있지만, 장기적으로 보아 제2기 교육학이 승리할 수 있는 배경이고, 토대이다. 제1기 교육학이 안고 있는 고질적인 문제들은 이미 드러나기 시작하고 있다. 제1장에서 검토했듯이, 내부의 취약성과 그에 따른 위기의식이 형성되고 있다. 취약성의 원인 진단과 그에 따른 처방이 아직 분명하지 않을 뿐이다. 이러한 상황에서 제2기 교육학의 출현은 제1기 교육학의 오도된 길을 막연하게나마 자각한 사람들에게 오류로부터 탈출할 수 있는 출구라는 기대감을 이미 주고 있다. 이들의 전향은 의외로 빠르게 진전될지도 모른다.

학문의 길은 성취된 결과가 아니라 경로의 치열함에 그 특징이 있다. 지적인 도전은 이미 탐색이 끝난 영역보다는 새로운 탐구의 영역에서 생겨나기 마련이다. 인간사를 정치·경제·사회·문화·종교·교육으로 나누는 통상의 범주를 적용할 때, 교육이 지적인 탐색이 이루어질 수 있는 마지막 공터라는 점은 분명하다. 물론 그 현상을 자체의 자율적인 구조로 파악할 수 있는 규범이나 기호체계가 아직 존재하지 않기 때문에, 혹은 그것이 싹트는 맹아의 단계에 있기 때문에 성숙된 면모가 어떤 것일지는 지금으로서 말하기 어렵다. 그렇지만 이 학문은 분명히 존재할 권리, 예약된 대상, 그리고 공간을 확보하고 있다. 바로 이 점 때문에 야심적인 젊은 학도들에게 제2기 교육학이 갖는 매력은 참으로 클 것이다.

이러한 대비된 상황에 비추어, 나는 제1기 교육학은 지는 해이고, 제2기 교육학은 떠오르는 해라는 확신을 갖고 있다. 전자가 세력에 있어서는 아직 우위를 확보하고 있다고 하더라도, 그들의 이론적 기반은 마치 모래 위에 선 건물처럼 취약하다. 이에 비해, 제2기 교육학은 초기의 난관에도 불구하고, 발전의 가능성은 무한하다. 지금 당장 그 가능성에 자신을 걸고 교육학의 재건 작업에 가담하는 사람은 적다. 소극적이거나 주저하는 태도를 갖는 경우가 많을 것이다. 거기에는 분명한 이유가 있다. 그 하나로 가끔 시기의 늦음이 지적된다. 여기에는 그 늦음의 필연성에 대한 의혹이 있다. 이제까지 그런 운동이 일어나지 않은 것에는 어떤 불가피한 이유가 있으리라는 생각이 그것이다. 다른 반응은 그 늦음 자체가 학문의 후진성을 나타내는 지표가 아니냐는 것이다. 그러나 그런 유보적 태도에는 근거가 없으며, 오늘날과 같이 급박하게 변하고 있는 시대 속에서 그런 근거

없음의 태도가 오랫동안 지속될 것 같지는 않다.

미래는 지금의 현실성보다는 가능성이 존중될 수 있는 시대라고 한다. 현 단계에서 그러한 소극적인 관망의 태도에 대해 응답할 수 있는 충고는 이렇다. 그동안 교육학은 자율적인 학적 체계를 구성하려고 시도해 본 적이 없다. 그런 마당에 그것이 가져올 필연적인 장애를 생각하는 것은 옳지 않다. 무엇인가 시도해 보면서 그 필연성에 대한 우려를 확인하는 것이 올바른 순서이다. 지금 교육학을 시작하면 그만큼 학문적으로 지체되는 것이 아니냐 하는 의혹이 심리적인 장애가 될지 모르겠다. 그러나 "늦다고 느낄 때가 가장 빠르다"는 평범한 속담을 상기하자. 우리는 조만간에 후대의 선인이 될 것이고, 그들이 우리에게 어떤 푸념을 할지 생각해 볼 필요가 있다. 사실 기존 학문에 비해 제2기 교육학의 출발이 그렇게 늦다고만 볼 수는 없다. 따지고 보면, 오늘날 학문공동체에서 자율성을 인정받게 된 분과학문들의 경우에도 본궤도에 오르게 된 시점은 우리의 할아버지 시대, 혹은 길게 잡아도 그들의 할아버지 시대라는 사실을 기억할 필요가 있다. 인류의 전 역사를 하루로 본다면, 이런 계기들은 불과 몇 초 전에 일어난 사건들이다. 아마도 미래에 무수한 분과학문들이 새롭게 출현할 것이다. 그들에 비하면, 우리의 출발은 분명히 빠르다고 말할 수 있다.

새로운 관념의 출현은 적절한 제도적 환경을 만나야 발전할 수 있다. 그런데 제2기 교육학은 현재 교육학과에서 공식적으로 인정받거나 지지받고 있는 것이 아니다. 오히려 현존하는 대학의 교육학과는 제2기 교육학에 불리하게 작용하고 있다. 그 점을 나는 《교육원리연구》[27]라는 전문지의 창간사에서 이렇게 밝힌 바 있다.

> 지금의 서울대학의 대학원과정에는 우리의 관심을 자유롭게 추구하고 개진할 수 있는 제도적 장치가 되어 있지 않다. 다행히도 교육학전공이라는 것이 있지

---

27) 제2기 교육학을 모색하는 사람들이 그들의 견해를 밝히기 위해 1996년에 창간한 것이다.

> 만[28] 그것은 교육철학, 교육심리학, 교육사회학의 더 세분된 인구에 의해서 공동으로 점유되고 있기 때문에 우리는 전공영역의 선택, 학업의 이수, 학위취득의 문제에 얼마간의 불리함을 감수해야 한다. 또한 소기의 과정을 거쳐서 학위를 취득한다 하더라도 장래의 진로설정과 취업문제의 전망이 밝은 것도 아니다. 왜냐하면 국내의 다른 대학의 사정도 서울대학의 경우와 큰 차이가 없기 때문이다. 한마디로 오늘의 현실은 우리의 관심을 응결시키고 우리의 탐구주제를 안정되게 발전시켜 나갈 여건을 제공하고 있지 않다(장상호, 1996, v).

제2기 교육학은 스스로 새로운 진로를 모색하기 위해 가시밭길을 걷는 고통을 감내할 수 있는 사람들의 것이다. 그 조건의 불리함을 당분간 솔직하게 인정하자. 이렇게 여건이 좋지 않다고 하는 것이 제2기 교육학을 포기해야 할 이유가 될 수 있을까? 그 여건을 만들어 나가는 사람이 어떻든 있어야만 할 것이고, 그것이 바로 장래의 가능성을 믿는 개척자로서 우리가 감당해야 할 위치인 것이다.[29] 학문의 최종적인 승리는 기존의 문

---

28) 이 전공영역은 내가 학과장을 하는 동안 교육의 내재적 논리를 모색한다는 취지에서 새롭게 만든 것이다. 이때 "교육학과에 교육학전공이 있다는 것이 말이 되느냐?" 하는 일부의 항의도 있었다. 그리고 그 후 원래의 취지도 점차 퇴색하여 지금은 그 전공영역이 '교육철학', '교육사', '교육심리학', 그리고 '교육사회학'과 같은 "교육의 기초학"을 보존하는 방식으로 유지되고 있는 실정이다.

29) 새로운 사상을 개척할 때 항상 영광과 환호만이 있는 것은 아니다. 오히려 상당한 시련이 기다리고 있다. 여기 한 사례를 상기해 보자. 16세기 천문학을 중심으로 이루어진 과학혁명에 대한 교회의 반응은 과학자들에게 위협적이었다. 그것은 기독교 교리와의 충돌을 의미했다. 이 때문에 지동설을 지지하는 과학자들은 교회로부터 파문당하였고 영원한 지옥에 떨어지도록 저주받았다. 그들은 새로운 생각을 부정하도록 강요되었으며, 만약 그것을 거부하는 경우 교황청이나 국왕의 법률을 통해 투옥되고, 고문 받고, 처형당하기까지 했다. 이런 분위기 속에서 코페르니쿠스 자신은 교회의 반발을 두려워하여 망설임 끝에 그의 이론을 출판했지만 다행히 이목을 끌지 못하였고, 17세기에 가서 그의 후계자들은 교회 당국에 의해 체포되었다. 1600년, 브루노는 코페르니쿠스의 이론을 받아들인 이유로 로마에서 화형을 당하였다. 과학자들 중에 코페르니쿠스 이론을 감히 증명하고자 했다는 이유로 시련을 받았던 사람은 갈릴레이였다. 그는 망원경을 발명하고 그것으로 목성, 토성의 원환, 달 표면 등을 관찰하면서 《두 가지 주요한 세계체계와 관련된 대화》라는 책을 통해 새로운 지동설을 공포하고자 했다. 이런 그의 견해가 성경에 위배된다는 이유로 교회의 반대에 부딪혀 갈릴레이는 종교재판에 회부되었고, 그 책은 폐기처분 당했으며, 또한 무릎 꿇고 그의 학설을 부정하도록 강요받았다. 그는 3년 동안 매주 회개의 시편 7개의 장을 암송하는 벌을 받았으며, 죽을 때까지 자기 집에서 연금 당하는 종신형을 선고받았다. 이런 역사적 사례를 상기한다면, 우리가 제2기 교육학과 관련하여 여기서 말하는 개척자로서의 시련

제를 의식하고 그것을 해결하려는 자에게 늘 주어졌다. 마찬가지로 제2기 교육학은 쉬운 길을 마다하고 어려운 길을 택하는 개척자들의 것이다. 자신이 하는 교육학이 학문적 명분이 없다면, 그것이 아무리 전통의 편의를 제공한다고 하더라도, 그것을 부정하는 용단을 내리는 것은 진리를 탐구하는 사람으로서 회피할 수 없는 일이다.

어떤 분야든 최초의 개척에는 다소의 희생이 필요하다. 지는 해와 뜨는 해의 구분은 하루 사이에 이루어질 수 있지만, 제1기 교육학이 제2기 교육학으로 전환되는 획기적인 분기점은 그렇게 단기간에 식별될 수 없을지도 모른다. 후자의 장래는 지금으로서는 하나의 가능성에 불과하며, 그 가능성은 우리 자신의 실천적 노력을 통해서 입증되어야 한다. 그 가능성을 실현시키는 작업은 지금으로부터 몇십 년이 걸릴지도 모른다. 이 때문에 우리에게는 마라톤 경기와 같은 장기적인 전략이 필요하다. 제2기 교육학을 모색하는 개척자들에게 위로가 될 수 있는 한 가지 분명한 원칙은 “시간은 진리의 편이다”라는 것이다.

앞의 긴 논의를 거쳤듯이 그 시작점에서 제1기 교육학의 부정적인 측면에 대한 비판이 한동안 필요할지도 모른다. 그러나 이런 활동은 전환기적 계기를 포착하거나, 초기 동료들을 규합하는 전략은 될 수 있을지언정, 교육학 본연의 작업은 될 수 없다. 많은 교육학도들이 기존의 분과학문의 개념이나 이론을 가지고는 교육적 사실을 설명할 수 없다는 인식이 이루어지는 초기단계에서, 한 단계 더 나아가 그것을 극복하기 위해 제2기 교육학에 투신하겠다는 결단을 내린 소수의 정예집단이 조만간에 출현할 것이다. 이들은 지금과 같이 단지 기존의 교육학이 가진 문제를 제기하는 단계를 넘어서서 그에 대한 대안을 제시하는 중대한 임무를 수행해 나갈 수 있는 유리한 고지에 서 있다고 볼 수 있다.

은 아무 것도 아니다.

2.4.3. 자율화를 향한 모험여행

지금까지 교육학은 오도된 역사를 재생하는 길을 밟아 왔다. 매우 순진한 의미에서 '교육'을 연구하겠다는 의도에 의해서 '교육학과'에 들어온 신입생들은 용병학문의 지배적인 영향권 아래서 불가피하게 그런 오도된 길을 아무런 의심이 없이 강요받아 왔다. 그들은 은연중에 주체성을 상실하고 타학문을 공부하게 되었으며, 그런 잘못된 교육학의 옹호자가 되어 잘못된 교육학을 재생했던 것이다. 문제는 잘못된 전통의 굴레를 차단하는 계기가 있어야 한다는 것이다. 그 전통에 회의를 느끼며 그것에 반기를 들고 교육학의 자율화의 대열에 동참할 집단이 언제쯤 본격적으로 출현할 것인가?

그동안 현존하는 교육학의 문제점을 비판해 온 나의 경험에 의하면, 그 비판에 대해 적어도 세 가지 반응이 있음을 관찰할 수 있었다.[30] 첫째의 반응은 앞에서 지적했듯이 침묵이다. 비판내용에 대해서 아무런 대응을 하지 않으면서도 그것을 수긍하지도 않는 이런 거부반응은 그 자체로서 매우 흥미를 끈다. 둘째는 비판에 수긍하면서도 지금의 상황에서 그것은 어쩔 수 없는 것 아니냐 하는 숙명적 순응을 내세우는 것이다. 이 집단의 특징은 대개 교육학 자체의 정체성을 찾는 것보다는 지금의 교육학이 누리고 있는 지위 자체에 더 관심을 보이고 있다.[31] 셋째는 비판에 동조할 뿐만 아니라 기회가 닿는 대로 교육학의 자율화에 가담해 보겠다는 부류가 있다. 우리가 교육학의 악순환의 긴 고리를 끊는 데 기여하리라는 희망을 걸 수 있는 것은 이 중 마지막 집단이다. 그러나 그 집단의 구성원은 지금으로서 극히 소수에 불과하다.

나는 이 마지막의 반응을 보이는 사람들에게 미국의 벨 연구소의 입구에 있는 알렉산더 벨(Alexander Bell)의 흉상에 새겨진 다음과 같은 문구를

30) 독자도 그 중 자신이 어느 부류에 속하는지를 솔직히 가늠해 보는 것도 좋을 듯하다.

31) 이들은 이론적인 관심을 떠나 주로 교육학과 출신들이 얼마나 높은 관직과 사회적 지위를 획득하느냐 하는 점에 관심과 자긍심을 두고 저울질한다.

전하고 싶다. "때로는 남들이 많이 다니는 길을 떠나서 숲 속으로 진입해 보십시오. 반드시 전에 본 적이 없는 새로운 것에 부닥칠 것입니다." 새로운 문제가 있다는 것은 바로 도전할 만한 과제가 있다는 것을 의미하고, 자신이 몸담고 있는 분야에서 그것의 발전에 공헌할 수 있는 기회를 가질 수 있다는 취지의 충고이다. 그 과정에서 많은 사람들은 끝내 길을 잃고 헤매다가 말 수도 있다. 그러나 현재와 같은 변혁의 시대에 새로운 영역의 탐색에 종사한다는 것 그 자체가 큰 도전이자 행운이 아닐 수 없다.

타학문의 개념을 차용하면 그 분야의 계승자는 될 수 있을지언정 교육학자는 될 수 없다. "교육학에 이런 문제가 있다면 선배들이 잘못했다고 질타하거나, 누군가가 그것을 새로 쌓아 주겠지"하며 기다리고 있다면, 교육학의 발전은 기대할 수 없다. 혹은, 누군가가 새로운 교육학을 시도한다고 할 때, "어디 두고 보자"는 식으로 방어적 태세를 보인다면, 교육학의 문제는 점점 더 커져만 갈 것이다. 이와는 달리, 자기 자신이 남들의 디딤돌이 되겠다는 마음을 가져야만 교육학이라는 학문이 출현하고 발전할 수 있다. 교육학의 장래는 바로 이런 생각을 가진 소수의 개혁집단에 의해 주도될 것이다.

나는 제2기 교육학의 전략은 원칙에 충실하는 것이라고 말한 바 있다. 그 전략의 하나로서 생각해 볼 수 있는 것은 우리의 작업이 학문 자체의 내재적 속성에 충실해야 한다는 것이다. 그것은 학문으로서 교육학이 가야 할 길을 내세우고 그 길을 향해 매진하는 것이다. 개혁집단의 출현은 교육학의 실천적 응용보다는 인식내용의 개선에 관심을 두고 있다는 특징이 있다. 학문은 '진리'를 탐구하는 특별한 세계이다. "교육이란 무엇인가?"라는 질문에 대한 해답이 우선 마련되어야 한다. 그러나 지금의 교육학은 진리탐구라는 학문의 기본적인 목적에서 이탈하고 있다. 소수의 개혁집단에게 있어 지금의 상황은 이론적으로 수긍할 수 없는 것이다. 이 점에서 학문의 순수성에 충실한 세력의 확장이 필요하다.

학문의 세계에서는 늘 그것이 탐구하는 대상에 대한 판단에서 어느 정도의 과오가 있었다. 학문의 참된 본질은 과오의 없음에 있는 것이 아니라, 오류의 가능성을 시인하고 그것을 점차 줄여나가는 것이다. 개개의 학문은 끊임없이 낡은 이론을 버리고 새로운 이론을 수용함으로써 오늘날의 지식체계를 형성할 수 있었다. 교육학이 교육연구에서 벗어난 것은 결코 고의적인 역사는 아니었다. 교사교육이라는 역사적 인연으로 인하여 근본적인 방향의 착오가 있었고, 그것이 이제 더 이상 견디기 어려울 정도의 병폐로 누적되어 드러나고 있다. 그 오류 속에 빠져 있을 때에는 별 수 없었다고 하더라도, 그 오류를 알게 된 이상, 새로운 길을 모색하는 것은 어쩔 수 없는 것이다. 이제 교육학도 그러한 의미의 건실하고 새로운 학문공동체를 형성해 나가야 할 것이다.

제2기 교육학은 학문적 타율에서 벗어나 자율을 구한다는 점에서 이전의 전통과는 다른 길을 걷는다. 교육학의 전환기적 시기를 앞당기는 데 성공할 수 있느냐를 결정하는 가장 중요한 관건은 교육학도를 자처하는 사람들이 얼마나 분과학문으로서의 교육학의 조건과 내규를 따를 것이냐에 달려 있다. 교육학과나 교육학회에 등록되어 있는 어떤 사람이라도 우리가 앞에서 든 분과학문의 조건에 의해 그들이 전공하려는 것이 무엇인가를 다시 따져야 한다. 제2기 교육학은 그 개념과 방법에 있어 외래학문의 것을 따르는 사람을 교육학자의 성원으로 인정하지 않는다. 이 때문에 교육학과에 등록된 교수나 학생들에게 "어떤 분과학문을 탐구할 것인가?" 하는 질문을 던지는 것이 논리적으로 모순되어 보이지만, 진정한 의미의 교육학도를 선별함에 있어 매우 중요한 일이다.[32)]

---

32) 그 선별과정은 원칙적으로 이렇게 이루어질 수 있을 것이다. 현존하는 교육학과에 등록된 교수와 학생들을 일렬로 세운다. 그 다음 한 사람씩 "당신은 지금 어떤 것을 전공하느냐?"고 묻는다. 이때 '교육철학'이라고 응답하면 그를 '철학과'에 보낸다. 마찬가지로 '교육심리학'이라고 하면 '심리학과', '교육사회학'이라고 하면 '사회학과', '교육인류학'이라고 하면 '인류학과', 그리고 '교육행정학' 하면 '행정학과'로 보내는 것이다. 다음에 '커리큘럼'이나 '교육평가' 등과 같이 그 어떤 모학문에도 속하지 않는다고 대답하는 사람이 있을 것이다. 이들의 경우 보내야 할 적당한 곳은 '학교현장'이나 '학교연구소(대개 '교육연구소'라는 말로 칭하는 곳)'가 될 것이다. 그래도 이 분류에 속하지 않는 소수의 사람들이 남으면 그들에게 "진정 당신은 교육을 연구하고 싶은가?"라고 묻고 확인이 되면 계속해서 잔류하게 하는 것이다.

학문에서는 특수한 인식대상의 영역에 따라 분과학문이 생겨났다. 분과학문을 결정하는 데에는 적어도 (1) 고유한 개념체계, (2) 고유한 방법, 그리고 (3) 특수한 학문공동체라는 세 가지 조건이 충족되어야 한다. 이 조건은 앞의 것이 뒤의 것을 결정한다는 점에서 우선순위의 관계에 있다. 그런데 현존하는 교육학의 경우는 그 원칙에서 벗어나 첫 번째와 두 번째의 조건을 무시하고, 오직 마지막의 특수한 조건을 토대로 스스로를 규정짓는 경로를 거쳐 왔다. 내가 말하는 제2기 교육학의 전략은 그러한 전통을 무효화하고 분과학문 원래의 원칙에 부합하도록 자체를 재조정하는 경로를 거치는 것이다. 이러한 조정과정을 통해서 교육학의 문제, 교육학적 지식, 교육학자, 그리고 교육학을 하는 이유 등이 이제까지와는 다른 방식으로 새롭게 규정될 수 있어야 한다.

분과학문의 조건에서 가장 중요한 것은 고유한 개념과 방법이다. 그 후에 그런 개념과 방법을 따르는 공동체가 형성되어야 한다. 이제 교육학은 그것이 무엇을 하느냐 하는 실질의 내용에 의해 원칙대로 규정되어야 할 것이다. 이 원칙에 충실하게 임하는 것 자체가 제2기 교육학이 제1기 교육학에 대항하여 명실상부한 학문적 본령을 탈환할 수 있는 가장 강력한 힘이다. 제1기 교육학도들은 이 단계에서 제2기 교육학이 갖고 있는 고유한 개념과 방법이 무엇인지를 따지면서 지금으로서 그 내용이 부실하다고 문책할지 모른다. 그러나 이런 식의 추궁은 정당하지 못할 뿐만 아니라 자기 모순적이다. 누차에 걸쳐 주장했듯이, 교육학은 이제 새롭게 출범해야 할 입장에 있는 것이다.

제2기 교육학자는 시작할 때 비록 소수일망정 학문이 요구하는 본래의 내규를 충실히 따르는 건실한 학문공동체의 형성에 주력해야 한다. 그들은 새롭게 부여된 어려운 과업을 수행하기 위해 서로간의 문제의식을 공유하며, 착상을 교환하고, 학문적인 업적을 누적시켜 나갈 수 있어야 한다. 학문공동체는 학문생활을 촉진하고 보장해 주는 삶의 터전을 구성원에게 마련해 주는 특수집단이라고 할 수 있다. 나는 일찍이 바람직한 학문공동체의 풍토로서 “진리에 대한 열정”, “비학문적인 요소의 종속성”,

"창조적인 분위기", "자유로운 정보교환", "치열한 지적 경합", 그리고 "교육적 과정의 활성화"라는 여섯 가지 속성을 든 바 있다(장상호, 1993). 이 모두가 제2기 교육학을 구축해 나감에 있어 그 어느 때보다 필요한 부분이다.

2.4.4. 의문의 대상으로서의 교육

탐구되는 대상이 탐구자에게 항상 얼마만큼의 신비와 불명확성을 내포하고 있지 않다면, 연구는 진행될 수 없다. 학문적인 탐구는 세계에 관해 자신이 상상했던 것보다 훨씬 적게 알고 있다는 사실을 깨닫는 데서부터 시작한다. 탐구는 언제나 탐구자에게 아직 그 대상에 대한 해답이 의심스럽거나 최종적인 해답이 없는 상태에서 성립한다. 이미 알고 있는 것은 더 탐구할 이유가 없다. 그는 알려진 것과는 달리 세계는 그 자체의 숨겨진 실재를 갖고 있다고 생각하며, 그것에 대한 새로운 통찰에 이르려는 호기심을 키우고, 그 호기심을 따라 끊임없이 진리를 찾아 여행한다. 학문의 아버지로 알려진 소크라테스가 "무지의 자각"을 강조했던 것은 결코 우연이 아니다.

그 점에서 제1기 교육학에는 결정적인 문제점이 있다. 제1기 교육학자들에게는 소크라테스적 무지의 자각은 찾아보기 어렵다. 교육을 친숙하고 당연하게 보고 있다. 제1기 교육학의 탐구는 마치 이미 알고 있는 교육에 관해 연구하고 있다는 식으로 전개되는 경우가 많다. 이제까지 그 분야에서는 교육 자체는 의심의 여지가 없이 양지된 것으로 간주하고, 다만 암묵적으로 규정되어 있는 것에 더 많은 이야기를 첨부하거나, 그것과 관계된 것에 관해 설명하려고 하였다. 말하자면, 교육에 대한 규정 자체가 교육학의 본래의 과제라는 기본적인 사실이 망각되었다. 교육은 이미 알려진 것이고 그것에 관해 탐구한다고 할 때, 대개의 경우 전자는 상식을 의미하고, 후자는 다른 학문들의 관점을 의미한다.

교육학과에 외래학문이 아무런 제지도 없이 용이하게 진입할 수 있었던 이유는 당시 교사양성기관이 지적 공백지대였다는 데에 있다. 교육은 당시까지 그 실체 자체를 드러내려는 학자들의 물음의 대상이 되지 못했다. 그만큼 교육은 그 본질에 대한 규정 자체가 유보되어 온 탐구영역이라고 볼 수 있다. 그런데 제1기 교육학은 거기에 그들의 모학문적인 개념이나 체계만을 채워 놓고 교육에 대해 많은 것들을 설명하고자 하였다. 여기에서 자신의 지식을 정립할 필요를 느낄 수 없게 하는 헛된 포만감을 향유할 수 있었다. 그러나 그 결과 교육현상이 외래의 사실로 왜곡되거나 은폐되어 왔다는 점을 이제까지 살펴보았다.

우리의 삶에서 교육은 그 자체의 풍부한 양태를 보이고 있을 것으로 가정된다. 그 사실이 있다는 것과 그것에 관해 우리가 이해하고 있다는 것은 전혀 다른 차원의 것이다. 교육학자들은 교육의 실재성에 대한 확신을 갖는 데에 그칠 것이 아니라, 그것에 대한 자신의 해명과 해답을 주시하고 그것을 검토해야만 한다. 그런데 불행히도 우리는 아직 그러한 체계적인 탐구의 역사를 가져본 적이 없다. 출범의 단계에서 제2기 교육학이 갖고 있는 확실한 자산은 진정한 의미의 교육에 대해 우리가 아직까지 별로 아는 바가 없다는 각성과 분발이다. 진정한 교육학자는 기존의 교육관들에 늘 의문부호를 붙일 수 있어야 한다. 그것은 마치 외국의 지배로부터 해방을 꾀하는 사람들이 이전 지배자들이 맹목적으로 규정했던 것들에 대해 의문을 제기하는 것과도 같다.

탐구의 출발은 기존에 주어진 해답이 아니라 올바른 질문이다. 지금까지 의존해 왔던 안이한 교육관들을 닦아내고 버리면서 최종적으로 남는 지적 공백지대가 무엇인지를 확인하는 가운데 교육의 세계를 열린 마음으로 탐구하는 자세를 갖추어야 한다. 현재로서 제2기 교육학에 대한 정확한 정의는 바로 "교육이란 무엇이냐?" 하는 질문을 계속 추궁하는 분야라는 것이다. 이렇게 그 방향을 재정의하면, 우리는 교육에 대해 확실한 지식을 갖고 있다고 생각하는 사람은 오히려 진정한 의미의 교육학자일 수 없다는 결론에 도달하게 된다. 제1기 교육학자들의 경우 바로 그 점이 문제였다. 지적 공백상태를 다시 회복하고 그 속을 이전의 어떤 분과학문에서도 발견할 수 없는 새로운 것, 미증유의 것으로 메워가는 작업을 하는 사람이 진정한 의미의 교육학을 재건하는 학자이다.

새롭다고 생각할 수도 있지만, 너무도 당연한 학문적 기준이 교육학이라는 자율적인 학문공화국 경내에서 외부 세력을 쫓아내는 암묵적인 기준이 되어야 한다. 그 기준에 따라 형식적인 교육학자와 실질적인 교육학자, 혹은 더욱 솔직하게는 '가짜' 교육학자와 '진짜' 교육학자를 재분류할 수 있을 것이다. 대개 교육학자들은 그 누구보다 교육이라는 용어를 되풀이하여 사용하고 있으나, 그가 교육을 정확히 무엇으로 이해하고 있는가에 관해서는 언급을 생략하거나 회피하는 경향이 있다. 교육학자들 중에는 이미 세상에 널리 알려진 교육적 사실을 연구한다고 생각하는 사람들이 많다. 그것을 믿는 교육학자는 스스로 자신의 학문적 위치를 부인하는 것이다. 이미 알고 있는 것을 알려고 시도한다는 것은 그 자체가 무의미한 일이기 때문이다. 그러한 태도를 취하는 학자를 교육학자로 받아들이는 관용을 더 이상 베풀 수는 없다.

스스로 교육학도라고 생각하는 독자가 있다면, 이 방법에 의해 자신의 현 위치를 파악할 수도 있을 것이다. 첫째, 본인의 생활이 얼마나 "교육이란 무엇인가?"라는 질문에 의해서 지배되고 있는가를 검토하라. 만약 질문이 없다면, 진정 탐구자로서의 학자라는 범주에 들 수가 없다. 둘째, 그 질문을 염두에 두면서 본인 나름의 정리된 생각을 갖고 있는가를 검토해야 한다. 위의 질문을 던져놓고 만족할 만한 수준에서 자신의 생각을 정리할 수 없고, 단지 기존 분과학문들의 학설에 의존할 수밖에 없다면, 교육학자로서 자신의 신분은 근거가 없는 것이다.

교육학의 과제는 미궁의 교육을 인식의 높은 수준으로 끌어올리는 작업이며, 그 점에 있어서 우리는 시작하는 시점에 있다고 해야 할 것이다. 제2기 교육학자는 "교육이란 도대체 무엇인가?"라는 질문을 마치 불치의 질병처럼 몸에 지니고 다니면서 항상 그 해답을 얻기 위해 몽상하는 사람이라고 할 수 있다. 그는 그 문제를 가지고 아침에 기상하고, 일과를 보내며, 그 문제를 가지고 취침해야 한다. 질문 없이 보내는 시간은 결코 교육학을 하는 시간이 아니다. 그러한 과정을 통해서 얻은 해답이 바로 교육학적 지식이 되는 것이다.

인식대상은 우리가 따뜻하고 사랑스러운 관심을 보일 때, 점차 그 고유한 자태를 드러내기 마련이다. 교육은 연구자에게 그 정체를 분명하게 드러내지 않는 여인에 비유될지도 모른다. 그 여인은 아직까지 누구도 알려고 한 적이 없는 버려진 왕국의 공주인지도 모른다. 그 공주는 우리의 정겨운 눈길을 요구하고, 우리에게 정체를 밝혀 주기를 기대하며, 끊임없이 우리에게 무엇인가 말을 걸어왔을지도 모른다. 그러나 그를 알아볼 수 있는 안목이 결여되어 있는 사람들에게 그 공주는 철저히 외면당해 왔다. 따라서 교육은 이미 우리가 알고 있다고 생각하는 것은 참된 교육이 아니라고 생각하는 탐구자와 끊임없는 사랑의 대화를 나누고 싶어할지도 모른다.

문제는 교육이라는 여인이 진정 그 자체로 추구할 만한 매력을 갖고 있는 대상이냐 하는 것이다. 여인에게 말을 걸고 그 응답을 듣고 따라가는 것만으로 충분한 보람이 보장될 수 있을 만큼 매력이 있어야만, 우리는 그때그때의 단계에 알맞은 지적인 토대를 구축하고, 그 여인을 추적해 나갈 수 있을 것이다. 만약 있는 그대로 바라볼 수 있는 범주의 창안과 자세를 갖춘다면, 그 여인은 우리에게 매력적인 자태를 기꺼이 드러낼 것이다. 이러한 탐구의 삶에는 항상 새로움의 기대와 출현이라는 기쁨이 있다. 이렇게 되면 우리는 인식의 기능적인 측면을 떠나 그 대상 자체에 몰입할 수도 있다. 이러한 과정을 거치면서 교육에 대한 선입견이 생길 것이고, 그 선입견에 대한 반성과 쇄신도 끊임없이 일어날 것이다.

교육은 몇 마디의 말로 정의되거나 이해될 수 있는 것이 아니다. 그 정체는 그것을 구성하는 요소와 그들 사이의 관계에 대한 논의를 통해서 자연스럽게 드러나야 한다. 충분한 시간적인 여유를 확보해 놓고, 자신이 한동안 생각해 온 모든 착상을 한 눈에 고려하면서 그것들이 어떻게 새로운 범주에서 하나의 맥락적 의미를 가질 수 있는가를 생각해 나간다면, 그로부터 모종의 독특한 지식의 구조와 형태가 나타나게 될 것이다. 그러나 그 형태가 어떤 것이든지 간에 그것에는 항상 미진한 점이 많을 것이다. 교육학적 지식의 발전은 결국 그 미진한 전체 형태와 체계의 개선을 통하여 이루어진다.

어떤 분과학문이든지 간에 첫 출발에서는 대상세계에 대한 생각이 모호하였다. 학문적 대상은 우리의 일상적 눈에 보이지 않는 실재이며, 그것에 부합하는 개념의 여과를 거쳐야만 우리에게 실재로서 이해된다. 그런데 그것이 기대하는 만큼 분명하고 정확한 의미를 갖기까지는 많은 시간을 기다려야만 한다. 학자들은 사실을 발견하는 기본개념들이나 가장 기본적인 생각들을 한동안 애매한 채로 두고, 우선 그러한 개념이나 생각의 근원이 된 현상세계를 설명하는 방식을 택해 왔다. 예컨대, 중력, 에너지, 진화, 무의식, 시장, 계급구조 등은 학자들이 대담한 상상력을 동원해서 만들어 낸 창작물로서 초창기의 모호한 단계를 거치면서 점차 분명한 의미를 갖게 되었다.

일생을 학문하는 일로 마치려는 사람에게 안도감을 주는 한 가지 분명한 역설적인 결론이 있다. 그것은 어떤 학문이든 완벽할 필요는 없다는 것이다. 사실 완벽한 학문은 그 학문의 종말을 의미한다. 어딘가 문제가 있어야 하고, 개선의 여지가 있어야만 학문의 생명은 유지될 수 있다. 이 점에서 상당 부분 문제가 해결된 학문보다는 그 문제가 예리하게 부각되고 있는 학문에 종사하는 것이 학자의 행운이라고도 말할 수 있다. 이 과정에서 다양한 제안이 이루어질 수도 있다. 교육에 대한 이론이 하나로 통일될 필요는 없을 것이다. 한 사람에 대한 추종이 아니라, 서로 독립된 눈을 갖고 자기 길을 개척해 나가는 방법이 더 바람직하다. 전자는 실패와 성공 중 하나라는 위험이 있는 반면, 후자는 더러는 실패하고 더러는 성공할 수 있기 때문에 그보다 덜 위험하다.

이 점에서 끊임없는 지적인 도전이 기다리고 있는 제2기 교육학도의 지평은 넓고, 그로부터 발견될 안목의 깊이는 지금으로서는 도저히 헤아리기 어렵다고 말할 수 있다. 이 새로운 작업은 이제부터 오랜 기간에 걸쳐서 꾸준하게 추진되어야 한다. "교육이란 무엇인가?"라는 물음에 대한 해답은 교육의 발전적 변화와 그것에 대한 부단한 반성적 전망을 함축하고 있기 때문에 결코 완결될 수 없다. 흔히 우리는 학문을 할 때, 진리에 도달한다는 목표를 세우고 그것을 발견하려고 한다. 그러나 진리는 포착되는 대상이 아니라 추구하는 가치이다. 우리에게 가능한 것은 어떤 대상에 대한 기존의 관념에 의문을 제기하고, 그것을 대체할 수 있는 대안적 해결을 모색하는 것이다.

교육에 대한 탐구는 그 대상을 추구하는 열정 자체에 의존해야 한다. 교육의 현상이 조금씩 면모를 드러내고, 얼마만큼 그것에 접근했다고 안도하는 순간, 그것이 저만큼 미궁의 실체로 변하는 과정에서 느끼는 독특한 맛, 그것이 바로 진리탐구의 고유한 맛이며, 그 맛을 좇아야만 비로소 교육에 대한 보다 깊이 있는 지식에 도달할 수 있다. 제2기 교육학은 그러한 학문의 내재적 가치를 체험하고 그것에 몰입하는 힘에 의해서만 줄기차게 추진될 수 있다. 그것이 진보적인 것만큼 그것은 진리의 길임이 증명될 것이고, 이와 더불어 우리는 진리체험을 할 수 있을 것이다.

제2기 교육학은 교육적 사실을 포착하는 개념들을 조금씩 모색하고 땀흘려 창안해 나감으로써 지금의 모호한 단계를 하나씩 극복해 나갈 수밖에 없다. 이처럼 점진적인 자체의 개선이라는 어려운 과정을 거쳐서 그 산물을 너무도 소중한 것으로 받아들일 수밖에 없는 상황에 도달해야만 제2기 교육학은 순수한 면모를 유지할 수 있을 것이다. 단지 일회의 판단이 아니라 그 위에 또 다른 개선된 관념을 시도하고 구성할 수 있게 되었을 때, 우리는 그들 각각의 안목이 허용하는 사실에 대한 이해에 있어 상대적인 대비를 할 수 있게 된다. 이 대비에서 하나가 다른 것보다 그 대상의 특수성에 대한 더 많은 이해를 동반한다면, 우리는 그로써 진리에 접근한다는 증거를 갖게 되는 것이다. 이처럼 제2기 교육학에 대한 선택은 진리체험이라는 자발적인 헌신과 굴복에 근거해야만 한다.

2.4.5. 고유한 방법으로서의 교육

우리는 새로운 분과학문이 출현할 때마다 그 인식대상에 특유한 방법론이 활용되었다는 사실을 알고 있다. 제2기 교육학이 적용할 방법론은 무엇인가? 여기서 제시하는 교육론이 무엇이며, 어떻게 그 타당성을 입증해 나갈 수 있느냐 하는 방법의 문제가 남아 있다. 교육학의 자율적인 체계를 구축해 나가는 데에는 다양한 방법이 필요할 것이다.[33] 그것들을 여기서 상론(詳論)하기는 어렵다. 그러나 한 가지 생각해 보아야 할 어려운 문제가 있다. 그 문제는 제1기 교육학과 제2기 교육학의 경우처럼 전체 체계가 다를 때 그 우열을 입증하는 것이 결코 쉽지 않다는 데서 기인한다. 그러나 나는 이와 관련하여 새로운 교육학이 그 어떤 분과학문에서도 논의되지 않은 해법을 찾는 데 매우 유리한 고지를 점유하고 있다고 본다. 그것이 무엇인지를 살펴보자.

근래에 인식론이나 방법론에 있어 새로운 문제점들이 드러나고 있다. 그것은 한 마디로 경험주의와 합리주의에서부터 시작하여 현상학이나 분석철학에 이르는 정초주의의 붕괴이다(장상호, 2000). 정초주의자들은 우리가 오류가 없는 확실한 지식을 찾고 검증할 수 있는 분명한 방법이 있다고 가정해 왔다. 그러나 그러한 가정은 무너져 내리고 있다. 학문의 역사에서 확실하고 절대적인 지식은 존재해 본 적이 없다. 우리에게는 상대적으로 더 나은 지식만이 있을 뿐이다. 설사 절대적인 지식이 있다고 하더라도, 그것을 하등의 오류가 없이 검증할 수 있는 방법은 없다는 사실이 최근에 드러나고 있다.

흔히 자연과학 분야에서 오류 없는 방법으로 객관성을 주장해 왔다. 그러나 그것도 의심을 받고 있다. 지식은 주관적인 구성의 산물이고, 우리의 주관 밖으로 나아가 지식과 그것에 대응하는 실재 간의 관계를 확인할 수

---

33) 현존하는 각종의 방법론과 관련하여 나는 《학문과 교육(상권)》의 제5장에서 실증주의적 방법, 개념분석법, 현상학적 방법, 해석학적 방법, 구조주의적 방법, 변증법을 소개한 바 있다. 그 모든 것이 음으로 양으로 제2기 교육학에서 동원될 수 있을 것이다.

있는 방법은 존재하지 않는다는 것이 분명해지고 있다. 관찰을 통해 이론을 검증한다는 논법은 전자가 후자에 의존한다는 사실에 의해 호소력을 잃고 있다. 합리적인 추리나 논의의 가능성도 취약해졌다. 우리가 본 절에서 검토하고 있는 이른바 패러다임은 각각 자체를 기준으로 합리성을 규정하기 때문에 그들 사이의 갈등은 불가피하다. 이처럼 우리가 갖고 있었던 전통적인 인식론과 방법론의 문제점은 비교적 분명하게 드러나고 있지만, 아직 그 대안은 나타나지 않고 있다.

이러한 이유로 인하여 학문의 발전과정에서 이후의 패러다임을 이전의 패러다임 속에 있는 사람들에게 입증하려면, 경험주의적 방법이나 합리주의적 방법을 넘어서야 한다. 이와 관련하여 쿤(1970)은 다음과 같은 처방을 내린다.

> 어떤 영역에서 그들은 서로 다른 것을 보며, 또 서로 다른 관계에서 그것들을 보게 된다. 한 집단의 과학자들에게는 증명될 수 없는 법칙이 다른 집단에게는 직관적으로 명백해 보이는 경우가 생기는 까닭은 바로 여기에 있다. 마찬가지로 그들 사이에 충분히 의사소통이 이루어지기를 바란다면, 한 집단 또는 다른 집단이 우리가 패러다임의 변화라고 불러온 개종(conversion)을 거쳐야만 하는 이유가 여기에 있다(p. 150).

이것은 방법론의 놀라운 진전 가운데 하나로 볼 수 있다. 진리의 검증이나 패러다임의 우열을 평가함에 있어 평가에 참여하는 사람들의 변화를 방법의 일부로 포함시켜야 한다는 통찰을 말하고 있는 것이다. 이 점은 이전의 인식론이나 방법론에서는 찾아보기가 어려운 이례적인 발언이다. 이와 관련하여 그는 설득과 선전의 과정을 말하면서 그것을 "비합리적인 방법"으로 분류한 바 있다. 비합리적인 방법은 합리에 반한다는 의미가 아니라, 합리적인 방법 이외의 것이라는 방법적 다원주의를 뜻한다는 점을 유념할 필요가 있다.

쿤이 지적했듯이, 역사적으로 아리스토텔레스로부터 갈릴레이로, 갈릴레이로부터 뉴턴 역학으로, 그리고 뉴턴 역학이 아인슈타인의 상대성이론으로 변할 때마다 문제와 해답은 총체적으로 변모하였다. 각 세대들은 그들 나름의 해결규범을 갖고, 그들 고유의 문제들을 연구하였다. 이는 과학의 발전을 단지 누적적인 것으로 묘사하는 이제까지의 관례와 인식론에 매우 중대한 변화를 가져오게 하였다. 그 변화 자체가 이전 패러다임과 이후 패러다임 사이의 우열을 판가름하는 요소로 작용했다는 것이 쿤이 발견해 낸 중요한 인식론적 요건이다.

지식은 구조이며 체계이다. 지식의 구성은 사건들을 보고 해석하는 틀을 발견하는 것이며, 새로운 지식 혹은 더 개선된 이론을 만들어 내는 것은 동일한 사건이나 현상을 이전과는 다르게 볼 수 있는 개념들을 조직화하는 작업이라고 할 수 있다. 학문의 발전과정에서 더 상위의 지식을 얻으려면, 현존하는 지식 전체의 변화가 동반되어야 한다. 우리는 지금 갖고 있는 인지체계에 일치하지 않는 변칙적 사건에 봉착한다. 그 사건은 새로운 자료나 새로운 관점을 요구하는 것이다. 이것이 이전 패러다임에서 해결해야 할 중요한 문제로 등장하고, 그 문제는 변칙적인 것들을 수용할 수 있는 새로운 지식체제가 형성되었을 때 비로소 해소된다.

제1기 교육학을 제2기 교육학으로 대체함에 있어서도 교육학자 자신들의 근본적인 변화가 요청된다는 점은 의심의 여지가 없다. 그러나 쿤이 시사하는 해법에는 다소 문제가 있어 보인다. 그는 시대별로 학문의 전단에서 이루어진 패러다임만을 대비한 나머지 그들 간의 논리적인 간극과 불가공약성만을 지나치게 부각시킨 듯하다. 그가 간과한 사실은 아리스토텔레스, 갈릴레이, 뉴턴, 아인슈타인이라는 각 학자들이 자신의 개인사에서 거쳐야 했던 탐구의 과정이다. 이들의 이론은 학문적 경력의 어느 단계에서 얻어진 최종적인 성과로, 그들이 출생하자마자 처음부터 그런 이론을 구성해낸 것은 아니었다. 예컨대, 아인슈타인이 상대성이론을 얻기까지 그는 자신의 개인적인 생애에서 아리스토텔레스와 갈릴레이와 뉴턴의 수준을 직접 거쳐 나가야만 하였다. 말하자면, 상이한 패러다임을 개인적인 삶의 과정에서 하나하나 극복해 나갈 수 있었던 것이다. 쿤은 이러한 극복을 가능하게 한 요인에는 충분히 주목하지 못하고 있다. 이 이외에도 설득과 선전이라는 말이 내포하는 어감이 부정적일 뿐만 아니라, 그 내용 역시 분명하게 밝히지 않고 있다는 점이 쿤의 방법론이 갖는 문제이다.

제2기 교육학은 이전에 볼 수 없었던 새로운 인식론 혹은 방법론을 제안하고 있다. 그것은 "교육적 인식론"이다. 이것은 교육의 과정을 지식을 구성하고 지식의 타당성을 입증하는 원리의 일부로 편입시킨 것이다. 우리의 관점에서 보면, 쿤이 말하는 패러다임의 교체에는 항상 발생적인 연속성이 있고, 또 선진과 후진의 교육적인 연결작용이 개재할 것으로 가정된다(장상호, 1994a, 1996, 1999, 2000). 이 방법은 통상 "객관적 지식의 검증" 절차가 의심받고 있는 현재의 인식론적인 상황에서 새로운 관점이 본래의 속성을 드러내고, 시험받고, 생존하는 최선의 전략을 내포하고 있다. 그 방법 자체가 교육학의 고유영역에 속한다는 것도 하나의 축복이다.

이에 관한 것은 《학문과 교육(상권)》에서 시사한 바 있고, 본서의 후반부에서 다루어질 것이다. 본서에 이어지는 《학문과 교육(하권)》에서는 그 주제만을 본격적으로 발전시킨다. 이 때문에 여기서는 그 개략만을 시사해 보겠다. 가령, 한 가지 대상에 대해 두 개의 서로 다른 수준의 지식을 가진 갑과 을이 있다고 가정하자. 그들 사이의 지식의 우열을 판가름하기 위해서는 그들 간의 교육적 교섭이 필요하다. 서로 교육적으로 상호작용하는 동안 상대로부터 많이 배우는 편과 상대에게 많이 가르치는 편이 구분될 것이며, 이 경우 후자의 지식이 전자의 것에 비해 더 우위에 속한다는 것이 자명하게 밝혀질 수 있다.

이러한 원리에 따라 교육연구는 교육을 통해 발전하면서 교육에 대한 이해의 수준을 향상하고, 그 타당성을 입증할 수 있을 것이다. 교육학자들의 교육관은 학자라면 누구나 수행하기 마련인 배우고 가르치는 활동[34]에 의해 보편성을 확인할 수 있는 길이 열려 있다. 교육관은 우선 논자

---

34) 우리는 앞 절에서 '배움'과 '가르침'이라는 개념의 모호함을 지적했다. 본서에서는 그것을 지양하는 방식으로 교육에 대한 개념화가 이루어진다. 이것은 대략 '상구교육'과 '하화교육'이라는 개념에 의해 대체된다. 그러나 그 이전에 이루어지는 지금의 논의에서는 이 개념들을 방편으로 삼을 수밖에 없다.

자신의 순수한 교육적 체험에서부터 시작하지 않으면 안 된다. 우리는 교육을 항상 완전한 형태에서 체험하는 것은 아니다. 교육은 자연현상이라기보다는 실천에 의해서 창조되는 세계이다. 그리고 그것은 그 자체로서 가치를 인정할 만한 내재성을 갖고 있다. 이러한 의미의 교육과 그것의 가치를 자신을 통해서 실험하고 실현시키고 음미하는 것이 중요하다. 새로운 생각이나 신념에 공감하고 그것을 소중히 여기면서 몸에 지니고 싶은 것이 교육의 한 날개인 배움이고, 타인들이 그것에 대해 공감할 수 있는 능력을 갖추도록 돕고 그들로부터 공감을 유도해 내는 것이 교육의 다른 날개인 가르침이라고 할 수 있다.

자기 자신도 충분히 납득할 수 없는 교육관을 남에게 설득할 수 있는 가능성은 희박하다. 제1기 교육학에 머물러 있는 많은 사람들이 제2기 교육학의 정체에 대해 의문을 던지는 주된 원인은 후자의 것이 무엇인지 아직 모르는 상태에 있기 때문이다. 그러한 이유에서 새로운 작업에 당장 착수하거나 가담할 용단을 내리지 못하거나, 심지어 교육적 사실이나 현상은 애초부터 없다는 입장을 취하는 것이다. 그러나 이 입장의 문제는 첫째, 그런 것을 입증하려는 어떤 시도도 이전에는 없었고, 또한 그 입장을 지지하는 근거도 없다는 것이다. 둘째, 그런 탐색의 시도가 충분하게 이루어지고, 그 주장의 근거가 드러나야만 교육학을 한다는 것 자체가 기만적이라는 것이다. 인식대상이 없는 상황에서 어떻게 그것을 탐구하는 학문이 성립할 수 있겠는가!

교육에 관해 의문을 갖고 있는 우리 각자는 교육학의 학문적인 타율성을 두고 선인들을 탓할 수 있다. 또한 그것을 해결할 수 있는 누군가가 출현하기를 기다릴 수도 있다. 그러나 교육에 대한 의문의 해소는 그에 대한 탐구를 피하거나 위임장을 보내는 식으로 얻을 수 있는 것이 아니다. 이러한 자기모순과 자가당착에서 빠져나오는 길은 교육이 실재하지만 그것을 포착하는 개념체계가 없기 때문에 지금으로서는 이해할 수 없다는 가정을 받아들이고, 그 개념체계를 구성해 보려는 시도를 하는 것이다. 그럼에도 불구하고 교육을 이해하는 길이 없다면, 그 시도만큼 교육의 실재에 대한 불신을 정당화하는 것이 옳은 순서이다. 이 말은 교육의 이해는 그것을 이해하려는 일정 기간의 시도와 노력이 동반될 때 가능하다는 것이다. 교육적 인식론에 의하면 이것이 배움에 의해 제2기 교육학의 타당성을 입증하는 방법이다.

이와 관련하여 필자 자신의 체험을 고백해야겠다. 불과 10여 년 전만 하더라도 나 역시 제1기 교육학도들 가운데 한 사람이었다. '교육심리학'이라는 전공영역에서 남들처럼 공부했고, 어느 시점에서 그것이 결코 교육학이 될 수 없다는 깨달음에 도달했다. 이로써 나는 학자로서 쌓아 온 이전의 경력을 부정하는 아픔과 상심을 견뎌내야만 하였다. 교육학 하기를 포기해야만 하는가? 그렇게는 생각하지 않았다. 나는 교육심리학이 교육학이 될 수 없다는 사실을 알았을 뿐, 교육학이 어떤 것인지를 알아보려는 시도를 당시로서는 하지 않았기 때문이다. 그 이후부터 교육심리학 하기를 포기하는 결단을 내리고, 내가 공부한 수많은 지식, 그리고 이제까지 같이 했던 동료들과 학문적인 결별을 선언했다.[35] 대신 진정 교육학이 있어야 한다면 그것이 무엇일지를 궁리하지 않으면 안 되었다. 대안을 찾는 데에는 모호함과의 대결이 불가피하였다. 논문 하나를 발표하는 일도, 마치 무에서 유를 창조하는 작업처럼, 어렵고 막막하였다. 이제 와서는 어느 정도 분명하게 되었지만, 이 생각이 형성되는 과정에서는 방향을 알 수 없는 암중모색을 거쳐야만 하였다.

지식의 선택은 항상 내부적인 감동과 희열에 의해 지배된다. 내가 본서에서 제안하려는 교육론에 대해 갖고 있는 확신도 바로 그 대조에 근거하고 있다. 거기에 도달하는 길이 얼마나 간단한지를 깨닫는 것은 시행착오의 과정을 겪은 후였다. 그 결과 어느 단계에서 하나의 새로운 교육관을 붙잡아 낼 수 있었다. 이 개념체제에 도달하자, 이전에는 감히 상상도 할 수 없었던 새로운 실재(reality)를 만나고, 그토록 진실하게 생각했던 이전

35) 이런 엄청난 학문적 전향의 이면에는 일시적 기분이나 혹은 교육학을 위한 희생이라는 모호하고 듣기 좋은 이유만 있는 것은 아니다. 학자로서 자기 자신을 위한 냉엄한 이해관계를 계산하고 이루어진 판단이었다.

의 생각이 얼마나 비현실적인 것인가를 실감할 수 있게 되었다. 탈피의 순간에 느끼는 희열이 나에게 학문하는 진정한 가치를 체험할 계기를 주었고, 그것이 나로 하여금 더 나은 교육학을 모색하게 하는 원동력이 되고 있다. 이후 제1기 교육학의 문제와 제2기 교육학의 가능성을 대조할 수 있는 여유를 확보하기에 이르렀으며, 그 중 어떤 것을 택할지가 스스로 자명하게 되었다.

개념이 있어야 비로소 실재가 우리에게 포착된다. 배움을 통해 추구하려는 대상 혹은 사실에 대해 사전에 우리가 어떤 이해도 갖고 있지 않은 경우는 드물다. 그러나 배우는 것은 그 집착에서 어느 정도 해방될 수 있을 때에야 가능하다. 배운다는 것은 그 개념을 개선하려는 데 있기 때문이다. 따라서 배움의 과제는 모르는 것을 아는 것이 아니라, 아는 것을 개선하는 것이다. 배움은 자신의 선이해에 의문을 제기하고, 그것을 보다 나은 것으로 대치하는 활동이다. 나의 대안적 안목에 대한 끊임없는 모색은 이전의 교육학이 드러내지 못한 측면을 밝혀 주었고, 그것에 대한 인식은 이전의 관념을 재검토하는 비교의 준거가 되었다. 물론 그 자명함도 차츰 다시 의문으로 변할 시점이 분명 있을 것이며, 나의 교육에 대한 배움은 이후에도 지속될 것이다.

본서에서 제시하려는 교육관은 '교육본위론'이라는 이름으로 알려져 있다. 그 내용은 차츰 밝혀지겠지만, 이 교육관조차도 내가 찾은 교육의 첫 모습에 불과하고, 그것에 대한 탐구가 진행되면 진행되는 것만큼 그 모습도 달라질 것이다. 그럼에도 불구하고, 그것은 제1기 교육학과의 대비에서 너무도 다른 측면을 나에게 드러내 주었고, 그것을 토대로 교육은 물론 교육학의 실재성에 대한 나의 확신은 더욱 굳어지게 되었다. 그러나 스스로의 배움을 토대로 하는 자기발전에 대한 판단은 어디까지나 주관적 확신에 머문다는 취약점을 갖는다. 그렇다면 주관성을 벗어나서 교육에 대한 이해와 관련하여 그 발전을 타인에게서도 확인받는 방법은 무엇인가?

그릇된 교육관으로부터 탈출하는 데 성공한 교육학도는 이전의 교육관에 머물러 있는 동료 혹은 전통과의 단절이라는 전혀 새로운 국면에 직면하게 된다. 과거의 잘못이나 어리석음은 자신의 현재의 정체성과 분리시켜 단지 과거의 역사로 기억할 필요가 있다. 그러나 이전의 교육관에 머물고 있는 교육학도들에게 제2기 교육학의 우월성을 어떻게 증명할 것인가? 이때 당면하는 문제는 그들에게는 오직 제1기적인 개념이 있을 뿐 제2기적 개념이 없다는 것이다. 아직 제2기 교육학을 모르는 사람에게 그것의 타당성을 입증한다는 것은 모순이다. 제2기적 개념의 우월성을 검증하기 위해서는 그들 스스로 그 개념을 습득하도록 돕는 과정을 거쳐야만 한다. 그것이 바로 교육적 인식론에서 말하는 가르침에 의한 증거 확보의 절차이다.

나는 나 자신의 배움을 통해 늦게나마 교육학적 지식이 무엇인지에 대한 증거를 얻게 되었다. 제2기 교육학에는 너무도 매력적인 측면이 있다는 것을 체험으로 증득하고, 이처럼 자신에게 진정 옳은 교육관이라면 타인에게도 같은 경험을 줄 것으로 생각했다. 적어도 자신에게 설득력이 있는 교육관이라면, 그리고 보편성이 있는 것이라면, 그것은 타인들에게도 설득력이 있어야 할 것이다. 그렇지 못하다면 그것을 더 나은 교육관이라고 할 수는 없는 것이다. 그래서 근래에 나는 나의 교육관의 우수성을 입증하는 다른 하나의 방법으로써 많은 시간을 가르침에 의존하고 있다. 이것은 내가 배움을 통해서 얻은 결과를 믿고 따르라는 것이 아니라, 교육학의 새로움이라는 것은 그것을 찾으려는 노력을 통하여 누구에게나 공유될 수 있다는 자신감에 기반을 두고 있다.

가르침의 방법에 의해 점차 나의 교육관에 동조하는 제자들을 확보할 수 있게 되었다. 이러한 방식은 이른바 증거를 제시하고, 그 증거에 호소하여 자신의 이론을 입증하는 방식과는 대조되는 것으로서, 적어도 제2기 교육학에 의한 제1기 교육학의 교체기에 전자의 상대적인 우월성을 입증하는 데 가장 효과적인 것이 아닌가 하는 생각을 해 본다. 그러나 이러한 교육적인 검증의 문제점은 증명의 기간이 매우 느리고 길다는 것이다. 이 부분이 앞에서 "시간은 진리의 편이다"는 식의 장기적인 전략을 말한 이유이다. 여기서 시간은 "가르치고 배우는 시간"을 의미하며, 이러한 경로와 방식을 택하는 가운데 점차 기존의 전통을 거부하고, 새롭게 교육학을 건립하려는 신진들이 등장할 것으로 기대한다.

2.4.6. 동지의식에 터한 새로운 연대

우리가 경험하는 교육학의 악순환을 끊는 집단이 현재로는 소수에 불과하다는 사실을 인정했다. 어떻게 그 소수가 다수인 용병학문을 제압하고 교육학을 재건할 수 있을까? 여기에는 다소 낙관해도 좋을 만한 유리한 조건이 있다. 용병학문들은 규모는 크지만 이론적 응결력에 있어서는 취약하다. 각기 서로 다른 모학문에 뿌리를 두고 있기 때문에 그들 사이의 이론적 연대란 기대할 수 없다. 앞 장에서 살펴보았듯이, 그들은 주기적으로 교육학 안의 조그마한 이해관계를 놓고 헤게모니를 얻기 위하여 분열하고 있다.

앞에서 나는 교육적 방법에 의한 검증을 시사하였다. 그 특징은 기하급수적인 증가에 있다. 소수의 집단일지언정 그들이 탐구하는 대상인 배움과 가르침의 내재율을 따라 각자의 이론을 자유롭게 모색하고 입증한다면, 교육학 역사의 어느 단계에서 그 발전을 가속화시킬 수 있을 것으로 본다. 처음에는 토대가 부족하기 때문에 싹 자체가 빈약할 것이다. 그러나 그것은 기생하는 식물이 아니라는 점이 중요하다. 나름의 뿌리가 있고, 그것의 확장과 더불어 든든한 줄기와 무성한 잎이 뻗어날 것이다. 그리고 그 잡목 숲의 언저리에서 겨우 그 씨앗을 뿌린 제2기 교육학이 다른 나무들의 그늘에서 벗어나 태양의 빛을 직접 흡수할 수 있을 정도의 높이에 도달하는 결정적인 단계를 맞이할 시점이 올 것이다. 그 후부터는 다른 학문과 어깨를 나란히 하여 방해받지 않는 발전을 기약할 수 있게 된다.

개척자 혹은 선구자의 삶에는 항상 시행착오가 있기 때문에 순탄하지가 않다. 무수한 시행착오, 불확실성, 불충분한 증거, 다년간의 노력과 고통스러운 실패, 낙담과 혼란을 거치지 않고 무엇을 창조하고 혁신시킨다는 것은 사실상 어렵다. 그러나 그러한 시련들이 그 일을 추진하는 구성원들의 결속과 연대의식을 더욱 강화하고, 서로 간에 새로운 시도를 장려하고 용기를 주는 학문공동체의 건전성을 확립하는 계기를 마련해 줄 수 있다. 이념적 결속이 어려움을 이겨나가는 데 큰 몫을 한다. 지금으로서 제2기 교육학은 여러 가지 불리한 조건에 있는 것이 사실이다. 그런 가운데에서도 학회의 구성, 정기적인 회합과 발표, 전문지 발간 등의 활동으로 공통된 개념과 방법론을 발전시키고, 이를 통해 서로간의 결집과 유대를 확인해 나가야 할 것이다.

제2기 교육학이 제1기 교육학에 비해 전도가 유망한 점은 그 지식이 독자적인 영토에서 점차 축적되고 수정될 수 있다는 점이다. 물론 몸통의 크기가 굵어짐에 따라 서로 다른 가지가 나타나겠지만, 그것에 공급되는 영양은 공유된다. 이것은 서로의 지식이 교류가 불가능할 만큼 다른 뿌리에 근거하고 있으면서도 마치 한 나무인 것처럼 좁은 공간에 자리잡고 있는 지금의 교육학과는 전혀 다른 상황이다. 여러 용병학문들의 병립의 형태인 제1기 교육학은 영세성과 분열을 면하기 어렵다. 한 분야의 발전이 다른 분야의 발전과 연계될 수 없다. 그것조차도 새로운 것에서 새로운 것으로 옷을 갈아입는 방식으로 진행되기 때문에 지식의 누적은 일어날 수 없다. 모학문에서 새로운 논점이 등장하면, 이에 따라 교육학계에서 한참 먼지가 일어났다가 그 논점의 퇴조와 더불어 먼지가 제자리를 찾아 진정되는 일이 반복된다. 한 가지 유행사조가 한 쪽에서 다른 쪽으로 대체되면, 이전의 논의는 수포로 돌아가는 상황은 마치 먼지를 날리며 비포장도로를 질주하는 자동차를 연상시킨다. 그러나 제2기 교육학은 적어도 "교육이란 무엇인가?"라는 주제의 공통성을 중심으로 결속되기 때문에 이와는 전혀 다른 협동연구가 가능하다.

어떤 분야에서나 최소한의 공통된 개념체계를 토대로 서로 문제영역을 분할하고, 그 각각에서 상호보완적인 연구를 체계적으로 진행해 나가는 것은 매우 중요한 일이다. 그런 의미에서 나는 본서의 마지막인 제8장에서 내가 모색해 왔던 교육본위론의 개념을 토대로 거기에서 도출될 수 있는 10가지 탐구영역을 제안할 것이다. 이러한 시도 역시 체계적인 협동연구의 취지에서 이루어진 것이다. 이것은 결코 궁극적인 토대를 얻고자 함에 있지 않다. 그것은 교육학의 발전을 위한 하나의 징검다리로서의 역할로 족할 것이다. 여기서 내가 보여주고자 한 것은 두 가지로 요약할 수 있다. 하나는 우리가 얼마나 교육에 관해 무지한 상태에 있는가를 자각하게 하는 것이다. 그만큼 우리가 연구할 과제는 끝이 없다. 다른 하나는 이들의 연구과제와 문제들이 서로 긴밀하게 관련되어 있다는 점을 보여주는 것이다. 이 말은 한 분야에서의 문제와 성과가 다른 분야에서의 것들과 병행해서 규정될 수 있음을 말하는 것이다.

제2기 교육학의 연구를 통하여 얻은 지식들은 기존의 다른 분과학문들에서는 얻을 수 없는 고유한 것이라는 점을 다시 상기할 필요가 있다. 이것은 단지 타학문의 개념을 원용하는 제1기 교육학의 상황과는 엄청난 차이가 있다. 우선 후자의 것은 그 양이 아무리 증가한다고 하더라도, 이것이 최후에 귀속되는 영역은 모학문이다. 남의 학문을 추종하면서 그 학문이나 학자보다 우위라는 주장을 한다는 것은 가능하지 않다. 따라서 그 질에 있어서 이류학문에 드는 것은 필연이다. 다른 한편으로, 제2기 교육학은 일류학문이냐 혹은 이류학문이냐 하는 곤궁한 문제에서 해방된다. 그것은 그 주제에서 타학문과 경쟁할 이유가 없기 때문이다. 이제 교육학의 자존심의 근거를 교육현상에 대한 심층적인 이해라는 자기 내부의 충실성에서 구할 수 있게 된다.

응용되는 지식을 생산하는 학문과 그것을 단지 응용하는 학문의 신분은 적어도 대학과 같은 학문공동체에서는 확연히 구분된다. 전자는 후자의 전제가 되며, 선도하는 입장에 있을 뿐만 아니라, 학문활동 자체의 본질에 충실히 임하는 것이기 때문에 이제까지 기대하기 어려웠던 학문적 지위를 향유할 수 있다. 대학에는 인간사의 다양한 분야를 대상으로 하는 정치학, 경제학, 사회학, 문화인류학, 종교학은 있다. 그러나 아직까지 "교육이 무엇인가?"라는 문제로 고심하는 분과학문은 없다. 그 점에서 항상 교육학도는 특권적 지위를 차지할 수 있을 것이다. 교육학도는 이 문제를 가지고 서로를 자극하고 용기를 불어 넣어주는 분위기를 조성하는 가운데 교육학이 격이 낮은 학문이라는 인상을 일시에 불식시킬 수 있게 될 것이다.

앞서 시작한 사람이나 지식이 없기 때문에 언제나 제2기 교육학의 학문적 작업은 창의적인 것으로 인정받을 수 있다. 더 나아가, 제2기 교육학을 근간으로 하는 새로운 학문공동체가 형성되고, 그 나름의 조직, 활동, 기준, 그리고 구성원의 교육내용을 가지고 그 구성원에게 영향력을 행사하게 되면, '제2기'라는 형용사도 불필요하게 될 것이다. 만약 이와 같은 방식으로 순수학문으로서 교육학을 정립하는 데 일단 성공만 할 수 있다면, 그 응용의 범위는 상상하기 어려울 정도로 확장될 것이다.

이러한 접근의 강력한 점은 불과 한 세기를 통해서 적자학문에서 흑자학문으로 전환될 수 있었던 언어학의 사례에서 잘 증명된다. 제반 학문을 원용하여 언사의 현상을 연구했던 소쉬르 이전의 언어학은 타학문에의 종속적 위치를 면하기 어려웠다. 스스로 다른 학문으로부터 지식을 얻어야 하는 방식으로 자체의 학문을 규정했기 때문에 어떤 생산적인 학문활동도 일어날 수 없었다. 그러나 소쉬르의 구조언어학의 탄생과 더불어 언어현상 자체가 드러나면서 그 학문적 지위는 역전되었다. 또한 그의 구조주의적 접근 자체가 다른 자율적인 학문의 출현을 촉발시키는 효과를 가져왔다.[36] 오늘날은 구조주의를 떠나 인문사회과학을 말하기 어려울 정도로 언어학이 이 분야의 발전을 선도하고 있다.[37]

순수학문은 그 어느 응용학문보다 응용의 범위가 넓다는 것이 입증되어 왔다. 새로 정립된 자율적인 교육학은 언어학 못지않게 응용의 범위가 광범할 것으로 기대된다. 교육은 누구나 향유할 수 있는 삶의 특정한 양식이다. 그에 대한 이론체제가 각종의 응용학문으로 역수출될 수 있는 시기가 올 것으로 기대할 수 있다. 앞 절(2.2.3.)에서 제안했던 '학교개선학'

36) 그 언어학을 모형으로 하여 기존의 학문을 발전시킨 사례도 있다. 한 가지 예가 레비-스트로스(C. Levi-Strauss)의 《구조주의 인류학(1958)》이라고 할 수 있다.

37) 이에 관해서는 김형효(1989)와 윤호병 외(1992)를 참조하라.

을 비롯하여 교육학이 교육과 관련하여 실제의 삶에서 응용될 수 있는 분야는 가정, 병원, 산업체, 지역사회 등으로 점차 확산될 것이다. 뿐만 아니라, 교육학의 새로운 안목은 기존의 학문이 당면하고 있는 문제에 대해서도 새롭고 건설적인 해결의 빛을 던질 수 있을 것이다.

제3장

교육의 맥락

다양한 것들이 차이를 인정받지 못하고 서로 같은 것으로 혼동되거나, 어느 하나로 수렴되기도 했던 시대가 역사상 있었을 것이다. 그러나 과거의 사실이 오늘을 이해하는 방식은 될 수 없다. 우리의 삶은 날로 다원화되고 있다. 서로 혼동되어서는 안 될 무수한 이질적인 세계들이 우리의 삶 속에서 교차하며 공존하고 있는 것이다. 세계는 그 속에서 우리가 생존하는 가운데 그 계획에 참가하게 되는 것으로서 나름대로의 의미를 지닌 연관의 패턴들로 존재한다. 이종의 세계들은 각각 그들 나름의 구성요소들을 가지고 하나의 총체를 이루고 있다. 이 때문에 전체적으로나 혹은 부분적으로 어느 하나의 세계를 그것과는 다른 세계로 환원시키는 것이 불가능하다.

다원화된 각각의 세계들에 대한 인식의 경우도 마찬가지이다. 학문공동체는 이런 이유에서 서로 다른 분과학문들을 창출해 냈다. 그들의 학문체제는 부분적인 차이가 아니라, 총체적인 차이를 보인다. 각각의 분과학문들이 어떻게든 나름대로의 전체를 구성하고 있다는 말이다. 물론 어느 분과학문이 지니고 있는 지식의 어떤 요소가 개별적인 특성에 있어서 다른 분과학문의 그것과 유사성을 갖고 있는 것으로 보일 수도 있다. 그러나 이 경우에도 그 지식의 요소는 그것이 속해 있는 분과학문의 다른 지식 요소들의 관계에서 의미를 지니기 마련이다. 따라서 외형상의 유사성에도 불구하고 특정의 지식 요소들은 각자가 속해 있는 전체 지식 체제의 구조와 맥락 속에서 전혀 다른 개념적 지위와 의미를 차지한다.

이런 점에 비추어 볼 때, 하나의 분과학문으로서 교육학은 출발조차 제대로 못하고 있는 실정이다. 앞 장에서 살펴보았듯이, 그동안 대부분의 교육학도들은 세상 사람들이 말하는 '교육', 특히 학교태를 외래학문에 의존하여 다시 바라보는 방식을 취해 왔다. 그 어느 것도 새로울 것이 없는 이런 부류의 진로는 기존의 상식을 고착시키고, 일상인으로 하여금 교육을 외래적 사실로 왜곡시키는 결과만 가져오고 있다. 이제는 이런 임시처방의 전통과는 과감히 결별할 수 있어야 한다. 대신 진정한 의미의 교육의 실재가 무엇일지를 두고 치열한 이론적 탐험을 해서 새로운 성과를 얻을 수 있어야만 교육학은 학문공동체 안에서 자체의 위치를 확보할 수 있을 것이다.

기존의 것을 뛰어넘어 하나의 자율적인 교육학을 건립하려면, 마치 처녀지에 진입하는 개척자의 임무와도 같은 것을 떠맡아야 한다. 어느 누구도 가보지 못했고, 따라서 어떠한 지도도 작성된 바 없는 곳에 새로운 거점을 확보하려면, 대충이나마 그곳의 전체적인 위치 파악을 가능하게 하는 정도의 도면을 갖고 있어야 할 것이다. 그리고 그 도면을 따라 다시 교육의 실재를 전체적으로 조망하는 데에 적합한 관념들을 창출해 나가야만 한다. 이러한 작업은, 굿맨(N. Goodman, 1978)의 말을 빌린다면, 하나의 '세계창조'에 해당될 만큼 지난한 과제이다.

나는 이런 난제를 해결하려는 하나의 시도로서 오래 전부터 나 나름의 새로운 교육론을 모색하면서 '교육본위론(1991, 1994b, 1996)'[1)]이라는 이

---

1) 이것은 내가 선택한 용어가 아니라, 나의 제자와 동료들 사이에서 언제부터인가 통용되기 시작한 용어이다. 이를 나는 영어로는 "endogenous theory of education"이라는 말로 표기하기를 원한다. 이는 교육에 대한 설명이 그 나름의 고유한 개념체계 내에서 이루어진다는 취지를 담고 있다. 이와는 대조적으로 앞 장에서 우리가 문제시했던 용병학문을 "exogenous theory of education"이라고 표기할 수도 있을 것이다. 그리고 발음의 특징만을 살려 이 각각을 'N-theory'와 'X-theory'로 약칭할 수도 있다.

름으로 이를 제안하여 왔다. 교육본위론은 교육을 정치, 경제, 사회, 문화, 종교 등과 더불어 병존하는 하나의 독특한 삶의 양상으로 본다. 삶의 양상의 독특함은 서로의 대비를 통해서 나타나며, 그 대비는 부분적인 것이 아니라 총체적인 것이라야 한다. 서로 다른 삶들은 상호 균형을 유지할 수도 있고, 갈등하거나 대립할 수도 있다. 여기서 '교육본위'라는 말은 모든 상황에서 교육을 세계의 중심에 위치시킨다는 취지가 담겨 있다.

상황에 따라 우리는 어떤 것에 차별적인 관심을 두고 삶을 영위한다. 그 가운데 어느 축을 선택하느냐에 따라 삶의 태도에 있어서 전면적인 전환이 필요하다. 교육은 일차적으로 교육을 본위로 해야만 그 본질에 충실하게 참여할 수 있는 세계이고, 교육학은 바로 그 교육이 삶의 전경을 이루고 여타의 것은 이것을 부각시키기 위한 배경으로서만 의미를 갖는 방식으로 우리의 삶을 재구성하는 데 성공해야만 한다.

독자적인 이론으로 구성된 교육은 그 자체만으로 완결성을 지니는 주관적인 영역이다. 그곳은 기존의 방식으로는 침투할 수 없는 곳이다. 이 말은 자율적인 교육학의 영역은 이질적인 개념들을 단순히 모아서 성립할 수 없다는 것을 의미한다. 교육이라는 숨은 그림 찾기는 그것을 교란하는 이질적인 맥락을 떠나서 그 나름의 맥락을 찾는 고역을 거쳐야만 가능하다. 그러나 어떤 새로운 인식체제든지 간에, 과거와의 관계에서 의미를 갖기 때문에 기존의 어떤 것을 해체하고, 다른 것을 새로운 맥락에서 조립하는 것이 필요하다는 이야기도 된다. 그러한 전반적인 안목의 선별과 더불어 새로운 개념들이 도입되고, 이 개념들이 하나의 의미체제를 구성할 수 있도록 서로 연대해야만 교육학의 자율적인 왕국을 선언할 수 있다. 본 장에서는 이에 필요한 정지작업의 일부로서 기존의 교육학 가운데 해체되어야 할 것과 새로운 교육학이 구성될 수 있도록 재구성되어야 할 것을 선별적으로 살펴보는 방식을 밟아보기로 한다.

앞 장에서 교육학의 용병학문적 성격을 논의하는 가운데 그로 인해서 교육학 전체의 성격이 오도되고 있다는 말을 하였다. 그러나 오도되었든 그렇지 않든 간에 우리의 삶에서 교육에 대한 다양한 관점들이 사실상 존재하고 있다. 물론 독자도 나름의 교육관을 가지고 있을 것이다. 여기서 제안하려는 교육본위론은 수많은 것들에 새로운 교육관을 하나 더 추가하는 셈이다. 그러나 단지 추가에 그친다면 번잡스러움을 가중시키는 것 이상의 의의를 갖기 어려울 것이다. 무엇인가 이전의 것보다는 더 발전적인 요소가 있다는 점을 드러내는 설득력을 지닐 수 있어야만 한다.

새로운 교육관은 불가피하게 기존의 다른 교육관들과 갈등하거나 충돌하고, 또는 대비될 수밖에 없다. 제일 먼저 고려되어야 할 것은 독자의 교육관이다. 독자들은 교육에 대해서 지금 어떤 생각을 가지고 이 글을 읽고 있는가? 자신의 교육관을 정리하고, 그것이 여기에서 제시하는 것과 어떻게 다른지를 유념하면서 나의 논의를 살펴나간다면 훨씬 더 의미 있는 탐색이 될 수 있을 것이다. 그럼에도 불구하고, 독자들의 모든 개별적인 교육관들을 일일이 초대해서 새로운 교육관과 대조해 나가는 일을 한다는 것은 불가능하다. 독자들의 교육관 모두를 알 방도도 없으려니와 거론할 지면의 여유도 없기 때문에 그 작업은 아마도 독자의 고유한 몫이 아닐까 한다. 보다 현실적인 방도는 일반인들이나 혹은 기존의 교육학 분야에서 가장 보편적으로 받아들여지고 있는 전형적인 교육관과 교육본위론을 대조해 나가는 것이다.

이러한 작업을 수행함에 있어서 피할 수 없이 넘어가야 할 큰 산은 정범모 선생의 교육론이다. 선생의 교육론이 선택된 것은 그것이 다른 것들에 비해서 허술하다는 데에 있지 않다. 오히려 그 반대로 보아야 한다. 그의 교육관을 이제까지 한국의 교육을 선도해 온 가장 체계적인 이론으로 평가한다고 해서 이의를 제기할 사람은 없을 것이다. 더구나 그의 학문적 탐구는 전기와 후기의 것을 나누어야 할 정도로 치열하게 진행되고 있다. 그 점에서 교육학도들은 그의 사고의 진전을 항상 주시할 필요가 있다. 거기에는 이전의 것과 이후의 것 사이의 연결뿐만 아니라, 상당한 정도의 균열도 엿보인다. 나는 그 균열에 주목하면서, 후기에 이루어진 것이 교육본위론과 어떤 점에서 유사하며 또한 다른지를 대조해 나갈 것이다.

차츰 밝혀지겠지만, 교육은 그 자체로서가 아니라 여타의 세계들과의 대비에 의해서 드러난다. 그러한 인식론적 선택을 가능하게 하는 것이 맥락이라는 개념이다. 이것은 어떤 세계 혹은 그것에 대한 이해는 이런저런 단편적인 지식들을 모음으로써 가능하다는 실증주의적 시각과는 대조된다. 이러한 인식론적인 입장에 서서 교육이 어떻게 다른 세계와 차별화될 수 있는지를 개략적으로 제시해 나갈 것이다. 단순히 외래의 중요한 개념들과 언명들을 하나하나 집적시켜 나가는 방식으로는 교육학의 지식을 구성할 수 없다는 점을 이제까지 강조해 왔다. 그러나 일단 교육의 새로운 맥락이 형성되면, 상황은 다소간 완화된다. 기존의 중요한 지식의 단편들을 새로운 맥락 안에 동화시키는 것이 가능하며, 이 경우 그것들은 원래의 이론적 맥락에서 지니던 것과는 구분되는 새로운 의미를 갖게 될 것이다. 이러한 가능성을 염두에 두고 대부분의 독자들에게 다소간 친숙한 기존의 이론들을 선별하고, 그것들을 교육본위론의 맥락 안에 정치시켜 하나하나 검토해 보는 순서를 밟고자 한다.

3.1. 정범모 선생의 교육론

3.1.1. 우리나라의 신학교

일반인이 가지고 있는 교육관은 대체적으로 자신들의 학교 경험과 직접적으로 관련되어 있을 것으로 생각된다. 제1장에서 교사양성과 관련하여 언급되었듯이 서구식 '공립학교(public schools)'는 19세기 근대국가의 출현과 함께 등장하였다. 당시 대규모로 공립학교를 설립했던 근본이유는 국가에서 규정하는 훌륭한 시민의 양성이나 산업을 위한 인적 자원의 확보에 있었다. 이는 계몽주의적 사고와 결부되어 국민들은 국가나 혹은 소수 지배층의 통제 하에 있으며, 국가는 이들을 책임지고 지도하고 교화해야 한다는 발상을 배경으로 삼고 있다. 이에 따라 일정한 연령에 이른 아이들이 누구나 '교육'의 명분으로 선택의 여지가 없이 학교를 의무적으로 다니게 되었고, 학교에서 하는 경험이 바로 교육이라는 식의 생각이 모든 국민들에게 지금까지 지속적으로 재생산되고 있다.

국가를 정점으로 거기서부터 학교나 교사에 이르는 하향적 방식에 의하여 학교에서 양성해야 될 인간상이 획일적으로 규정된다. 젊은이들은 학교에 머무르는 기간동안 국가적으로 규정된 계획에 따라 통제를 받는다. 그들은 이러한 예정된 목표에 도달해야 되는 대상이라는 차원에서 취급되었다. 국가의 관료주의적 위계를 따라 학교는 중앙으로부터 계획과 통제를 하달 받고, 다시 교사는 학생에게 일방적으로 영향을 주는 관계가 설정된다. 학교와 교사는 미리 정해진 계획과 지시에 피동적으로 따르는 존재일 뿐, 별다른 주체성을 갖고 있는 것도 아니다. 통제 체제의 끝에 놓인 학생 개개의 결정권과 책임은 거의 전적으로 배제된다.

물론 정치체계와 그 발전수준에 따라 이러한 양상에 다소간 차이가 있을 수는 있다. 전제국가, 독재국가, 제국주의 국가에서 능동적인 주체는 거추장스러운 존재들이다. 이 경우는 국가의 절대적 권위에 충실하게 복종하는 인간상이 부각될 수밖에 없다. 그런가 하면 다소 민주적인 국가에서는 훌륭한 시민의 상이 반영되기도 한다. 어떤 정치체계에서든 국가발전의 개념에는 거의 예외 없이 경제성장과 물질적 부의 축적이 포함되어 있다. 학교는 국민의 물질적 삶의 풍요에 공헌할 인력의 양성에 앞장서게 되었다. 물질획득, 경쟁, 이기심, 탐욕 등과 같은 것들이 높은 덕목으로 수용되는 것은 어쩔 수 없다. 이외에 특정 사회의 유지에 필요한 가치체계가 학교를 근거로 하여 전 생활의 영역에 침투되기에 이른다.

때마침 19세기의 서양은 산업혁명에 의한 상품의 대량생산이라는 논리가 수용되는 시대였다. 초기에는 인간이 자연과 사물을 인간의 목적을 위해 이용하고 착취하는 양상을 띠었다. 제품들은 기술공학적 생산 공정을 거쳐서 대량으로 생산될 수 있었다. 그런데 그러한 자연착취와 통제의 방식은 인간 자체에까지 확장되기에 이른다. 이 논리에 의거해 국가는 학교를 사전에 주문된 바에 따라 인간을 대량 생산할 수 있는 대규모 공장정도로 생각하게 되었다. 제조 가능한 부품, 재료와 자원, 소모품으로 간주된 젊은이들은 미리 정해진 획일적이고 기능적인 인간상에 따라 학교를 통하여 대량으로 배출되기에 이른다. 이처럼 배출된 국민들은 교육이란 다른 게 아니라 학교라는 제도를 통하여 특수한 시간과 장소에서 수행되는 전문적인 활동이라는 개념을 지니게 된다. 그리고 그러한 제도적 개념으로서의 교육은 한 세대에서 다음 세대로 영속적으로 재생산된다.

우리나라에서 학교의 역사는 매우 길지만 실제로 독자의 피부에 특징적으로 와 닿는 학교는 19세기 서구에서 생겨난 학교체제에 해당하는 것이다. 우리나라의 경우 19세기 후반쯤에 이른바 '신학교(新學校)'나 '신학제(新學制)'라는 것이 전국적으로 도입되었다(오천석, 1964). 일반인들은 이러한 새로운 학교에 적응하면서 학교와 관련된 다양한 개념들과 용어들을 교육에 대한 것으로 받아들이는 자세에 점차 익숙해져 가게 된다. 마침 교육학도 이 시기의 서양적 학교를 교육의 전형으로 삼아 이를 탐구하는 학문으로 정립되기에 이른다. 바로 이 점에서 오늘날 우리의 삶을 지배하고 있는 교육관은 19세기 서양이라는 시대적이며 공간적인 특수 상황을 반영하고 있는 셈이다.

우리 국민들 대다수가 갖고 있는 교육관은 이처럼 서구에서 발원한 학교 경험에 토대를 두고 있다. 일제시대, 개발독재시대, 혹은 교실붕괴의 시대를 거침에 따라, 그 내용은 다소간 변화되었을지 모르나, 지금도 19세기 국가주의의 인간에 대한 통제라는 이미지는 우리의 교육관 속에 그대로 남아있다. 날마다 의무적으로 출석하는 것. 일단 출석했으면 일정한 시간동안 그곳에서 자유롭게 나올 수 없는 것. 형성되어야 할 인간성을 주문에 따라 미리 규정하는 것. 사전에 계획된 일정을 가지고 진행하는 것. 종치는 것에 맞추어 화장실에 가는 것. 교복을 통일하는 것. 한 줄로 서 있는 것. 통일된 교과서를 쓰는 것. 교사는 말을 하고 학생은 필기하는 것. 칭찬이나 벌을 받는 것. 수시로 시험을 치르는 것. 정답은 교과서를 중심으로 결정되는 것. 시험의 결과는 객관적이고 정확하게 점수로 나와야 한다는 것. 그 점수는 사회에 진출할 때 결정적인 영향을 준다는 것. 이러한 것들이 바로 국가주의적인 인간 통제의 흔적들이라 볼 수 있다. 교육에 대한 이상과 같은 이미지는 학교를 의무적으로 다녀야만 했고, 현재 다니고 있는 모든 국민들에게 깊이 뿌리내리고 있다.

대다수의 독자들도 교육을 생각할 때, 방금 위에서 거론한 바와 상응하는 자신들의 학교 경험을 떠올릴 것이다. 이것이 내가 말하는 "교육(education)=학교태(schooling)"라는 틀에 박힌 방정식이다. 그러나 이러한 교육관은 관례 그 자체일 뿐, 이론적으로 납득될 수 있는 설명력을 가지고 있지는 못하다. 아마도 일반인들 스스로도 자신들이 갖고 있는 그러한 교육관을 불만스럽게 생각하고 있을지도 모른다. 가끔 학교의 현실을 답답하게 생각하는 일부 식자들이 이른바 "교육철학(?)[2]의 부재"를 들고 나오는 것을 보면, 일반인들도 학교 경험을 중심으로 한 자신들의 교육관을 문제시하고 있음을 짐작할 수 있다. 그러면서도 그들 역시 학교 경험으로부터 좀처럼 벗어나지를 못하고 있다. 나는 앞장에서 그러한 교육관의 문제를 "제1차 오류"라는 범주로 규정한 바 있다. 이는 특정한 학교 경험을 중심으로 교육에 대하여 사고하는 것이, 이성적으로 보면 분명 너무도 분명한 오류라고 여기면서도, 동시에 이로부터 자유로울 수 없게끔 학교 경험이 거의 무의식적인 굴레와 장애로 작용하고 있음을 보여준다.

적어도 교육학자들은 이러한 일반인들의 교육관과는 구분되는 이론적인 입장을 갖고 있다고 주장할 것이다. 그러한 주장의 근거를 따져보면, 이는 크게 두 가지 부류의 것으로 나눌 수 있다. 하나는 학교태 자체가 아니라 학교라는 생활세계 내에서 찾아볼 수 있는 일부 용병학문적 사실들을 염두에 두는 것이다. 이 부분은 제1장에서 제2차, 제3차의 오류와 관련하여 청산되어야 할 교육관으로 자세하게 분석된 바 있기 때문에 여기서는 더 이상 언급할 필요가 없을 것이다. 다만 아직까지 본서에서 논의되지 않은 강력한 교육관이 있다. 그것이 바로 정범모 선생의 교육론이다.

앞 소절에서 살펴본 19세기적인 학교의 경영과 특수하게 관련을 맺는

---

2) 나는 '교육철학'이라는 학문영역이 있다는 것을 알고 있다. 그러나 이 분야의 사람들에게 실례가 될지 모르나 그것이 진정 무엇을 하며, 존재이유가 어디에 있는 것인지에 대해서는 솔직히 의문을 가지고 있다. 철학을 깊이 있게 이해하는 것도 아니고, 그렇다고 해서 교육에 대한 이해를 돕는 것도 아니다.

가운데 선생의 교육론은 일종의 이론적 체계성을 가지고 우리나라의 학교교육에 그동안 가장 큰 영향력을 발휘해 왔다. 오늘날 우리나라에서 선생의 영향을 받지 않은 교육학자는 드물 것이다. 물론 필자도 그 중의 한 사람이다. 선생의 교육론 자체도 시기적으로 초기와 후기의 대조가 뚜렷하게 이루어지고 있다. 이들을 적당히 지나치면서 교육본위론을 말하기는 어렵다. 만약 선생의 교육론이 만족스러운 것이라면, 교육본위론을 여기에 더 추가할 이유가 없을 것이다. 그렇다면, 무엇이 문제인가? 무엇을 계승할 수 있는가? 자세한 내용과 더불어 양자 간의 대조는 불가피하다.

3.1.2. 초기의 삼부작

오늘날의 대중적인 학교는 실증주의가 득세하던 19세기의 산물이다. 실증주의는 우선 과학을 숭상하며, 과학의 힘으로 인류의 행복과 복지를 구현할 수 있다는 믿음을 갖고 있다(Halfpenny, 1982). 인류의 역사상 과학은 자연을 보다 효율적으로 정복하고 지배하는 도구로서의 기능을 수행해 왔다. 그것을 대변하는 콩트(A. Comte, 1854)는 과학을 최고의 위치에 놓고 그 지식에 근거하여 자연과 사회를 체계적으로 재구성한다는 기치를 내세운 바 있다. 삶에서 문제와 혼란이 일어나는 것은 무지에서 비롯한다. 따라서 사회적 사실도 자연현상의 하나로서 파악해야 하며, 그로부터 얻은 정확한 지식은 역사적 진전과 사회적 안정을 가져오는 데 주축이 될 것으로 보았다.

이러한 실증주의적 논리에 따르면, 인간은 과학적인 방법에 의해서 효율적으로 통제될 수 있는 대상이 된다. 공립학교의 출현과 더불어 실증주의라는 시대사조에 부합하는 교육학이 등장하게 된다. 이는 이른바 "교육의 과학화"라는 운동으로 나타났다. 여기에는 교육학이 과학의 성격을 띠어야 한다는 점과 교육 자체도 과학의 논리에 따라 운영되어야 한다는 점이 포함되어 있다. 더 나아가 교육의 과학화 운동에는 두 가지 강력한 기능주의적 도식이 자리잡고 있다. 하나는 자연과학이 자연의 정복에 공헌한 것처럼 교육학을 잘하면 교육도 잘할 수 있다는 기능주의적 발상이며, 다른 하나는 교육이 여타의 삶에 공헌하는 중요한 기능을 가지고 있다는 발상이다.

그러한 기능주의적 발상을 충실히 반영하고 있는 것이 '커리큘럼'이라는 영역이다(Bobbitt, 1918; Tyler, 1949). 이 영역은 학교의 과학적 운영의 원칙을 세워나가기 시작했다. 그 기본 골격은 너무나도 간결하다. 먼저 학교에서 배출되어야 할 바람직한 인간상의 실체를 과학적으로 입증할 수 있는 '행동(behavior)'의 수준에서 세분하여 정의한다. 이것이 "교육목표의 설정"에 해당한다. 다음에는 기존의 행동과학에서 해명된 원인과 결과의 법칙을 이용하여 설정된 행동을 조형해 낼 수 있는 환경이나 프로그램을 치밀하게 계획하여 구성하고 실행한다. 마지막으로 그러한 계획과 실행이 소기의 목적을 달성했는지 여부를 확인한다. 이때 누구나 승복할 수 있는 객관적인 방법이 동원되며, 예정했던 행동적 목표와 실제의 결과가 일치되었다고 판단되었을 때, 그것을 교육의 성공으로 평가한다.

교육학을 "이해를 위한 학문"이 아니라, "조작을 위한 학문"으로 규정하는 이러한 노선은 우리나라에도 그대로 도입되었으며, 그 배경에는 정범모 선생의 저서들이 자리하고 있다. 흔히 선생의 초기 삼부작(三部作)이라고 알려진 《교육평가(1955b)》, 《교육심리 통계적 방법(1955a)》, 그리고 《교육과정(1956)》이 이에 해당한다. 이들은 때마침 우리나라에서 8.15해방과 더불어 국민들이 교육에 대해서 가지고 있었던 폭발적인 열망을 반영하여 엄청난 규모로 도입된 학교의 운영에 실질적인 골격을 제시하는 지침으로서 중요한 역할을 맡았다. 다분히 처방의 수준에 머물렀던 이러한 관심과 생각은 상당한 시간이 경과한 후에 하나의 학문적 체계로 정립되기에 이른다. 그 열매가 오늘날까지 한국교육학의 독보적 패러다임을 형성한 것으로 인정받아 온 《교육과 교육학(1968/1976[3])》이라는 역작이다. 제목이 시사하듯이 여기서는 '교육'과 '교육학'이 의식적으로 구분

---

3) 1968년도 저서의 개정판

된다. 이전까지는 교육이라는 실재와 교육학이라는 실재가 거의 구분되지 않고 미분화되어 있었다는 사정이 반성의 대상이 된 것이다. 그리고 교육의 개선이라는 과제에 앞서 개선되어야 할 교육이라는 것이 도대체 무엇인지가 교육학에 의해서 밝혀져야 한다는 강한 문제의식이 제기된다. 이 저서의 서문이 이를 잘 반영하고 있다.

> 이제 차분히 교육 그 자체가 무엇인지를 다시 깊이 새로이 생각해야 할 필요를 느낀다. 교육이 이래야 한다, 저래야 한다는 수많은 논설에 앞서, 우선 교육을 무엇으로 보느냐 하는 '교육관'을 정립 또는 재정립해야 할 필요를 느낀다. 왜냐하면, 이런 교육관의 여하는 교육실천과 교육연구에 의외로 강한 영향을 주는 것으로 확신하기 때문이다. 예컨대 국가정책에서 교육정책이 허술한 것은 위정자의 교육관이 허술한 것에 크게 기인하며, 교사에게 교육열과 사기가 얕은 것도 피상적인 교육관에 크게 기인한다. 또한 흔히 느껴지고 있는 '교육학'의 학문으로서의 애매성도 출발점이어야 할 교육관의 모호한 정립에 크게 기인하며, 젊은 교육학도가 흔히 느끼는 학적 진로에 관한 불안감도 불안한 교육관에 크게 기인하는 것을 자주 느낀다. 교육을 수식하는 온갖 통상적인 미사여구에도 불구하고, 나 자신 이러한 허술하고 피상적이고 때로는 모호한 교육관을 거쳐 왔다. 이와 같은 과거를 반성해 보면, 이런 필요는 더욱 절실하게 느껴진다(1968, p. 1).

당시까지 교육관이 제대로 정립되지 않았다는 말은 무엇인가? 그 이전에 교육에 대한 개념적인 논의가 없었다는 말인가? 아니다. 오히려 너무 많은 것이 문제가 되었다. 정범모 선생은 그들이 "구름 잡는 식의 막연한 구호"를 벗어나지 못하고 있는 것을 답답하게 여겼다. 그것들을 좀더 실천적인 수준으로까지 끌어내리는 작업이 필요했다. '재정립'이라는 말이 그 점을 강력히 시사한다. 그러나 재정립이라는 과제의 이면에는 이전의 교육학에서 찾아보기 어려운 또 다른 엄청난 학문적인 야심이 포함되어 있다. 이는 선생이 제시하는 개념은 왜 새로운 것이며, 그것은 어떻게 정립되어야 하는가 하는 질문과 관련하여 제시한 하나의 놀라운 원칙에 반영되어 있다. 그것은 앞장에서 우리가 용병학문이라고 지칭한 것들의 굴레에서 벗어나 교육학이 그 나름의 학문적 체계를 구축해야 한다는 자율화의 원칙이다.

> 교육학은 심리학 · 사회학 · 정치학 등과 더불어 하나의 사회과학으로서 성립할 수 있는 가능성을 갖는다. 본서의 입장은 바로 이 입장이다. … 이런 직관은 아직까지 부족했다. 특히 우리는 교육연구에 있어서 교육의 주변에서 빙빙 감돌기만 했지, 정작 중핵적인 문제에 관해서는 별로 연구나 이론적 구성이 없었다는 것을 반성한다. 결과로, 교육철학 · 교육심리학 · 교육사회학 · 교육행정학의 전공자는 많으나 교육학자는 드문 셈이며, 주변에 관한 연구 발표는 많으나, 정작 교육 자체에 관한 연구는 드문 셈이다(1968, pp. 3-4).

교육학은 사회과학의 하나로 정립될 수 있으며, 또한 되어야만 한다. 그러나 정작 그 목표에 도달하려고 노력하는 사람들은 드물다. 그것은 이제부터 시작되어야 할 것이다. 이를 위해서 정범모 선생은 당시에도 대학의 교육학과의 안방을 차지하고 있었던 교육철학 · 교육심리학 · 교육사회학 · 교육행정학을 우선 교육 자체에 관한 연구의 영역으로부터 제외한다. 이것은 당시 국내외의 교육연구 상황에 비추어 볼 때, 일종의 "반역적 통찰"로 평가받을 만하다. 그 이유는 제1장에서 밝혔듯이 이들이 모두 교육의 자립적인 성질을 부정하고, 교육을 다른 현상들로 환원시키거나 혹은 그 다양한 현상들의 법칙이 발현된 것으로 간주하기 때문이다. 그 접근이 가져오는 큰 병폐는 교육의 왜곡이며, 바로 이러한 잘못된 전통에서 모든 문제가 생긴다. 선생은 그러한 종속적인 전통을 청산하고 이제부터 교육의 법칙을 교육 안에서 찾아야 한다는 문제의식에 근거하여 자신의 교육관을 정립하려고 한 것이다.

자율적인 학문으로 교육학을 정립하기 위해 필연적으로 요청되는 것은 연구대상의 독자성을 가정하는 일이다. 가정은 이론에 의해서 이루어지는 것이고, 그것을 입증하는 것이 학자가 할 일이다. 그런 취지에서 정범모 선생이 내 놓은 교육에 대한 독자적인 개념정의가 널리 알려진 바 있는 "바람직한 인간행동의 계획적인 변화"이다. 이렇게 교육에 관한 사실을 일단 과제의 수준에서 먼저 규정해 놓고, 그 개념정립에 내포된 기본 가정과 제반조건들을 하나씩 검토하여 하나의 분과학문으로서 지녀야 하는 터전을 마련하는 작업을 수행하였다. 지금까지의 논의를 중심으로 평가할 때, 선생의 이러한 의도는 본서에서 제시하려는 교육본위론과 동일한 길을 가고 있는 것으로 보인다.

그렇다면 정범모 선생의 주장과 여기에서 제시하려는 교육본위론의 내용은 단지 그 대안의 차이라고 보아야 하지 않는가? 이에 대한 해답은 부정적이다. 여기에서부터 양자의 갈 길은 갈라진다. 결론부터 말하면, 선생은 교육학의 자율화라는 참신하고 중대한 선언을 했음에도 불구하고, 실제 선생이 제시한 해답은 자율적인 세계의 하나로서 교육의 실재를 포착할 수 없는 방향으로 다소 빗나가고 있다. 이 때문에 나는 교육학의 자율화라는 과제의 해결은 아직도 지연되고 있으며, 따라서 이제부터 시작되어야 한다는 문제의식을 가지고 있다. 그 이유는 무엇인가? 이 질문에 해답을 하기 위해서 먼저 선생의 교육론이 갖고 있는 특징과 한계를 면밀하게 재검토하지 않으면 안 된다.

정범모 선생의 교육론도 부분적으로 근래에 상당한 변화를 가져오고 있다. 그 차이가 무엇인지는 곧 이어질 다음 소절에서 선생이 최근에 저술한 후기의 삼부작을 논의하고 나면 분명해 질 것이다. 바로 이 점에서 전기와 후기를 구분하지 않고 일률적으로 선생의 교육론을 검토할 수 없다. 여기서는 그 구분을 분명히 하면서 선생의 교육에 대한 사고체제 내에서 생겨난 미묘한 전환과 경향을 총괄한 뒤, 그것과 교육본위론의 차이가 무엇인지를 논의하기로 하겠다.

정범모 선생의 초기 삼부작의 가장 특징적인 부분은 "교육학의 모호함"을 극복하는 첫 번째 돌파구를 특별히 교육을 통해서 얻어질 결과와 관련하여 모색했다는 점이다. 그 방법의 하나가 과학적으로 측정하기 어려운 인간적인 측면을 배제하고, 대신 그것을 과학적 증거를 가진 개념으로 대치하여 규정하는 것이었다. 그 산물이 바로 '행동(behavior)'이라는 개념이다. 이 개념은 원래 심리학이 인간에 관한 과학적인 연구를 표방하면서 철학으로부터 독립할 때, 그 기본입장을 부각시키기 위해서 도입한 개념이다. 그 개념을 실증하는 것이 이른바 "조작적 정의(operational definition)"이다. 원래 물리현상을 연구할 때 사용했던 이 방법은 특정한 외부의 자극에 대한 특정한 외현적 반응이라는 도식에 맞도록 이루어지는 것이다(Bridgman, 1958). 이러한 조작적 정의는 원인과 결과의 해석에서 주관성을 배제할 수 있을 것 같은 절차로 간주되었다.

인간성을 경험주의적인 도구로 해명될 수 있는 무엇으로 환원시키는 데에 작용한 전제 가운데 하나가 원자주의(atomism)이다. 원자주의는 인간의 행동을 세분하고, 분리된 세목들을 산술적으로 합함으로써 인간성 전체를 이해하려는 입장을 취한다. 이러한 입장은 타일러(R. W. Tyler, 1949)의 커리큘럼이론에서 이른바 "교육목표의 이원분류"라는 개념에 일찍부터 반영되었다. 그 중 한 차원인 '행동'의 경우, 예컨대, 지(知)(Bloom, 1956), 정(情)(Krathwohl et al. 1964), 체(體)(Harrow, 1972)의 포괄적인 영역이 구분되고, 그 안에 더 자세한 것들이 세분된다. 행동과 구분되는 또 다른 차원인 '내용'의 경우에도 그것은 교과서의 단원에 따라 혹은 그 안의 중요한 개념에 따라 잘게 세분된다. 이처럼 세분된 '행동'과 '내용'이라는 두 차원을 조합하는 경우, 출현하는 세부적인 항목들의 합이 결국 교육을 통해서 달성해야 할 목표로 설정된다.

교육을 통해서 달성해야 할 행동과 내용을 어떻게 규정하든 간에, 그것은 교육의 결과라고 할 수 있을지언정, 교육 자체일 수는 없다. 그렇다면, 교육 자체는 무엇인가? 이 부분에서 정범모 선생은 아주 편리한 기능주의적 입장을 택했다. 교육은 바로 설정된 결과를 가장 효과적으로 가져오는 모든 의도적인 경험의 총체로 규정되었다. 이처럼 결과가 교육을 정당화시키는 도식은 일반인들이나 교육학도들을 교육 자체가 무엇인지를 구명하는 어려운 지적 고민이나 작업으로부터 해방시키는 신통한 마력을 발휘하였다. 그 안에는 다음과 같은 아주 편리한 논리적 순환론이 내재되어 있기 때문이다. 교육의 목표가 무엇이냐고 물으면, 교육이 가져오는 결과라고 하고, 다시 그 교육이 무엇이냐고 물으면, 그런 결과를 가져오는 것이라고 말하면 되는 것이다. 이제 나머지 부분은 '교육평가'에 관한 것이다. 이것은 엄밀한 과학의 논리에 의해서 객관적인 방식으로 규정된다. 세분된 행동이 '정답'과 '오답'의 기준이 되는 셈이며, 교육의 성공과 실패는 주어진 기준에 학생의 반응이 얼마나 일치되느냐의 여부를 가리는 절차와 방법에 의해서 판단된다.

정범모 선생이 취한 초기의 이러한 이론적 선택은 실제로 당시 막연했던 우리나라의 신학교의 자기관리와 진로를 결정하는 주도적인 지침으로서 너무도 큰 역할을 했음을 부인할 수 없다. "교육이 이래야 한다, 저래야 한다는 수많은 논설"이 학교의 급박한 문제를 해결할 수는 없다. 학교에서 배출할 사람을 누구나 동의할 수 있는 수준으로 명백하게 규정하고, 그것을 성취하기 위한 모든 과학적 지식을 동원하며, 그 결과를 객관적으로 입증하는 절차가 필요하다. 만약 그런 지도 지침이 없었을 경우, 오늘날 우리나라의 학교가 어떻게 되었을까, 혹은 학교가 지금과 같은 정도의 국가적 기능을 할 수 있었겠는가 하는 점을 생각해 보면, 그 공적을 어떻게 평가할 것인지가 분명해진다. 그러나 한때 학교를 효율적으로 운영하고 실증적으로 검토해 나가는 데 있어서 선생의 도식이 큰 공헌을 했다고 해서 그 안에 내재된 문제들을 도외시해도 된다는 식으로 생각하는 것은 경계해야 할 태도이다.

3.1.3. 후기의 삼부작

역사의 어느 단계에서 성공했던 전략이 다른 단계에 와서는 전혀 부적합할 수가 있다. 19세기 국가주의의 출현에 따른 교육의 개념에는 반시대적인 요소가 있다. 국가주의, 대량생산, 결과주의, 실증주의는 19세기적인 유물이다. 그 시대의 국가주의가 가정했던 바처럼 인간이 산업체의 생산물처럼 대규모로 생산될 수 있는가? 인간성은 경험주의적 방법에 의해서 평가될 수 있을 정도로 협소한 것인가? 그것이 설사 가능하다고 하더라도 그것이 다음 세기에도 효율성을 보장받을 수 있는가? 특정한 시대에 받아들인 교육관이 인류의 과거의 역사 속에 존재했던 무수한 교육을 포괄할 수 있는가? 그것은 그 이전의 시기에 있었던 교육을 은폐할 뿐만 아니라, 미래의 교육도 포괄하지 못하는 제한점을 지니고 있을 수 있다. 국가주의적인 통제와 가치선택의 도식이 오늘날, 혹은 21세기에도 그대로 관용될 수 있는지는 극히 의심스럽다.

과거와 어떠한 인연도 맺지 않은 가운데 완전히 새롭게 창조된 사유는 없을 것이다. 우리는 과거에 의지해서만 과거와의 관계를 끊을 수 있다. 역사를 부정하는 일은 역사 속에서 이루어진다. 제기된 문제는 한 시대의 문제이며, 우리는 그것을 끌어들임으로써 그 시대의 이론을 넘어서게 하는 방법을 받아들인다. 마찬가지로 19세기적인 교육관을 극복하려면, 그 이전의 교육과 그 이후의 교육을 시대를 통관하여 연결시킬 수 있어야 한다. 인류가 맞이할 미래의 사회는 정보기술화, 국제화, 분야의 다양화, 중심의 다원화, 개방화, 개인의 참여, 자율화, 인간화로 예견되기도 한다. 이것은 19세기적 상황과는 전혀 다른 진로이다. 사실 정범모 선생 스스로가 그러한 상황의 변화를 너무도 잘 감지하고 있는 것으로 보인다.

근래에 정범모 선생의 교육에 대한 관심은 바로 우리가 가야 할 미래의 상황과 연결되어 있다. 이러한 선생의 새로운 면모는 그가 스스로 후기의 삼부작이라고 일컫고 있는 《미래의 선택(1987)》, 《인간의 자아실현(1997)》, 그리고 《한국의 교육세력(2000)》에서 드러나고 있다. 선생은 《미래의 선택(1987)》에서 교육을 오직 수단의 관점에서 보고 평가하는 세태에 이렇게 반문을 던진다.

> 그동안 우리는 교육을 개인적으로나 사회적으로나 편향되게 수단으로 간주해 왔다. 사회정책에서는 그것이 경제발전, 국가발전, 민족문화 앙양 등 여러 고상하고 화려한 목적의 수단이었고, 개인생활에서는 교육받고 공부한다는 것이 생계, 입신출세, 나아가 부유의 수단이었다. 그러나 이제는 전환이 필요하다. 교육은 이런 여러 목적에의 수단이기 전에 그 자체로서 보람 있는 것으로 인식되어야 한다(p. 130).

이 발언은 그 이전에 정범모 선생이 교육을 국가발전이나 경제성장과 결부시키려고 했던 입장과 서로 상응하기 어려운 간극을 드러내고 있다. 국가발전과 경제성장의 중요성을 부인할 수는 없다고 하더라도, 그것만이 우리의 삶의 질을 결정하는 것은 아니다. 우리들의 삶의 한 측면인 교육은 적어도 우리들의 삶의 질을 국가발전이나 경제성장 등과는 다른 것에서 찾을 수 있는 여유를 제공하고, 그럼으로써 가치체계의 균형을 유지하도록 하는 세력이 되어야 한다. 인간 능력의 한계에 대한 도전, 고상한 정신의 고양, 협동, 이타, 탐욕의 자제 등도 우리가 지향해야 할 중요한 덕목이 될 수 있어야 한다. 이러한 취지에서 선생은 합목적적인 효율성만을 강조하는 교육관에 대안이 될 만한 견해를 피력하고 있다.

후기의 저작을 통하여 정범모 선생은 이른바 삶 속에 들어 있는 내재적 가치를 인정하고 그것을 교육과 관련시키려고 함으로써 초기의 관점을 뛰어넘으려고 한다. 모든 활동에는 내재적 가치와 외재적 가치가 있다. 내재적 가치는 활동 자체로부터 비롯하는 어떤 보람을 인정하는 것이고, 외재적 가치란 하나의 활동이 다른 것을 위한 수단의 기능을 얼마나 하느냐를 중시하는 것이다. 그는 이제까지 교육이 세속적 가치의 실현을 위한 수단으로만 편중되어 온 점을 문제시하고, 교육을 '자아실현' 자체의 가치에 비추어 규정하려는 놀라운 반전(反轉)을 모색하고 있다(정범모, 1990, 1997). 주지하다시피 자아실현이라는 주제는 인간주의 심리학의 관심사로서 늘 행동주의 혹은 행동과학주의와 대립의 양상을 보여 왔다. 이제 선생에게 있어서 교육이란 미리 예정된 틀 속에 인간을 조형시키는 것이 아니다. 인간은 하나의 가능성이며, 각자가 그것을 고유한 것으로 실현시킬 선택과 책임을 진 자유로운 존재가 되어야 할 것으로 규정된다. 선생이 생각하는 미래의 교육은 그러한 내재적 가치가 실현되는 삶을 보장해 주는 조건으로 상정된다. 최근 저서인 《인간의 자아실현(1997)》에서 선생은 자신의 입장전환을 다음과 같이 선언한다.

> 우리의 문제는 인간관(人間觀)의 문제이다. 그러나 어떤 '목적'에 맞추어 보려는 인간관을 찾으려는 것이 아니다. 우리의 논의에서 어떤 사회체제, 어떤 정치

> 체제, 어떤 사상체제에 필요한 인간상 또는 어떤 시대, 시류에 적합한 인간상을 논하려는 것이 아니다. 경제발전에 필요한 인간상, 근대화에 필요한 인간상, 민주사회에 필요한 인간상, 미래 2000년대에 필요한 인간상, 민주사회에 필요한 인간상 등을 생각하는 것도 필요하겠지만, 그런 것이 여기에서 우리의 관심사는 아니다. 그보다 인간이라는 존재, 인간적인 존재, 보다 근원적으로 "인간적인 너무도 인간적인" 본연적인 모습을 찾고 정리하려는 것이다(p. 54).

정범모 선생은 이제 스포츠, 바둑, 미술, 조각, 음악, 문학, 철학, 사상, 과학 등을 통하여 우리가 평생 동안 그것을 추구하는 것 자체에서 맛, 멋, 재미, 뜻, 보람을 얻으며 그것에 몰입할 수 있는 가능성을 탐색해 나간다. 이러한 입장의 전환은 그의 초기의 관점과는 크게 대조되는 것이다. 평생에 걸쳐 추구되어야 할 이 제반 세계에서 고정된 목표가 있을 수 없는 것이다. 그렇기 때문에 초기의 교육론에서 그러했듯이 이제 어떤 결과로서 교육을 파악하기는 어렵다. 그저 그것들을 추구하는 과정의 하나로서 교육이 존재할 뿐이다.

이와 아울러 정범모 선생은 교육을 학교중심으로 논의하고, 연구하고, 정책적인 배려를 하는 것이 비생산적이라고 보고, 협소한 의미의 교육에서 벗어나 그 범위를 생활의 전 영역에 걸쳐 확장시켜 보고자 한다. 교육의 주체에 대한 탈중심적 다원화를 향한 관심 역시 학교를 중심으로 하는 중앙집권적 국가체계를 전제했던 이전의 주장과는 다른 측면이다. 그의 최근 작품인 《한국의 교육세력(2000)》이라는 저서는 다음과 같은 서문으로 시작한다.

> 한 나라의 교육은 도처에서 진행되고 있다. 어디에서나 어떤 사람이 의도적으로 다른 사람의 생각과 행동에 영향을 주고 그 변화를 유도할 때, 그는 '교육'을 하고 있는 것이다. 그렇게 사람들을 교육하려는 교육세력은 많다. 그 중에서도 막강한 교육력 때문에 가정의 부모, 학교의 교사, 매스미디어의 언론 방송인 그리고 각계 각층의 지도자들은 한 나라의 마음가짐, 마음의 행로를 결정하는 막중한 교육세력이다(p. 7).

여기서 우리는 선생이 19세기 실증주의 시대사조의 산물인 학교중심의 커리큘럼을 중심으로 하는 교육관을 지양하고 있음을 발견한다. 학교에는 가르치는 교사와 배우는 학생이 있다고 전제된다. 그리고 교육은 오직 그들에 의해서만 실현될 수 있다는 신화가 있고, 커리큘럼의 영역은 그것을 정당화해 왔다. 그처럼 특정한 집단에게만 국한된 교육관은 그만큼 보편성이 없고 응용의 범위가 좁다고 말할 수 있다. 이제 선생의 입장에 따르면, 교육은 학교뿐만 아니라 모든 생활세계에서 일어나고 있는 현상이다. 그런데 실상 이제까지 학교 내에서는 교육의 의미가 과장되어 왔고, 학교 밖에서는 교육의 의미가 지나치게 축소되어 왔다. 교육은 그러한 임의적인 경계를 넘어서서 진행되고 있으며, 그 전모를 파악하는 것이 교육학의 과제이다. 이러한 새로운 입장 표명은 교육연구가 생활의 전면에서 발견되는 보편적인 교육현상을 규명해 나가야 할 과제와 관련되어 있다는 생각을 담고 있는 것으로 보인다.

여기까지가 정범모 선생의 교육론이 지니고 있는 전반적인 특징들이다. 선생의 교육론은 뚜렷하게 변화하고 있다. 전반의 삼부작과 후반의 삼부작의 논의 내용은 상당히 다르다. 그럼에도 불구하고 지금까지도 사람들은 그의 초기 실증주의적인 입장만을 주시하고, 최근에 선생이 꾸준하게 모색하고 있는 변화를 간과하는 경향이 있다. 그 이유는 선생이 제시한 초기의 모델이 너무도 간결하고, 또 학교의 운영과 관련하여 상당한 호소력을 지니고 있기 때문이다. 한 가지 짚고 넘어가야 할 점은 선생의 후기의 입장이 그가 전기에서 제안했던 교육에 대한 규정을 그대로 놔두고 취할 수 있는 것이냐 하는 것이다. 후기의 입장은 전기의 교육관을 연장시킨 것이냐, 혹은 그것에 대한 반전이냐 하는 점이다. 만약 양자의 입장 사이에 논리적으로 일관성이 있는 것이라면 전자의 해석이 옳고, 그렇지 못하다면 후자의 해석이 옳을 것이다. 이와 관련하여 정범모 선생 자신의 분명한 입장 표명은 현재로서 없다.

나는 정범모 선생의 전기와 후기의 교육관은 서로 상응할 수 없는 부분을 갖는 것으로 판단하고 있다. 내 생각으로는 정범모 선생의 후기의 관점이 수용되기 위해서는 전기의 교육관에 전환이 있어야 할 것으로 보인다. 그 전환이 구체적으로 어떤 이론적 체제로 발전하거나 완성되어야 할지는 여기서 쉽게 말할 것은 못 된다. 사실 그런 근본적인 수정의 요소는 후기의 교육관에 어느 정도 반영되어 있다고 보아야 할 것이다. 그럼에도 불구하고, 전기의 것이든 후기의 것이든, 선생이 제시한 교육이론은 교육학의 자율화와는 거리가 있다. 이 점이 앞으로 내가 본서에서 제안하려는 교육본위론과 선생의 후기 교육관이 상당한 정도로 부분적인 공통성을 가지면서도 상응할 수 없는 원인이 된다.

한 마디로 나의 교육본위론은 선생의 전기 교육관과는 크게 대조된다.[4) 아전인수(我田引水)일지는 모르나, 나의 관점은 선생의 후기의 연장선상에 있다고 생각된다. 교육본위론은 최소한 선생이 후기에 도입하려는 교육의 내재적 가치, 자아실현, 그리고 교육현장의 확대라는 특징과 어느 정도 공통성을 갖는다. 그러나 여기에서 공통성을 말할 때, 그것은 본 장의 주제인 "고유한 맥락의 확보[5)]"가 시사하듯이 부분적인 것이 아니라, 그것이 소속한 개념의 총체적인 변화를 전제한다. 우리의 논의가 원만히 진행되어 독자가 교육본위론의 전체 구조를 파악하는 시점에 이르면, 선생의 후기의 관점이 그의 전기적 관점과 교육본위론의 양극 사이에서 중간적인 이행지점에 위치하고 있다는 점을 쉽게 유추할 수 있을 것으로 본다. 물론 이 부분은 독자가 판단할 사항이다.

3.1.4. 극복될 과제

이제부터 정범모 선생의 전기와 후기의 다른 점을 지적하면서 후기의 교육관을 교육본위론의 맥락에서 재해석할 수 있음을 밝히고자 한다. 그

---

4) 정범모 선생과 나의 교육관 사이의 차이에 대한 논의는 장상호(1994b)와 이용남(1997)을 참조할 것.

5) 이 말이 뜻하는 바가 구체적으로 무엇인지는 다음 절(3.2)에서 더욱 길게 논의될 것이다.

러한 재해석은 다음과 같은 질문들에 대한 답을 구해 나가는 방식으로 엄밀하게 진행될 필요가 있다.[6] 선생이 교육의 결과를 행동의 개념으로 규정하여 교육학의 모호성을 극복하려고 했던 것은 정당한 것이었는가? 교육을 미리 규정된 행동의 변화를 가져오게 하는 모든 것들의 계획적인 조직으로 규정하는 것은 교육 자체의 실체를 규정해야 한다는 그의 주장과 합치하는가? 선생이 후기에 시사한 내재적 가치의 추구라는 말에서 그 가치가 교육 고유의 가치라고 치부할 수 있는가? 선생은 자율적인 교육학의 성취를 목표로 삼는다고 했는데, 그 주장은 성취되었는가? 만약 이 해답이 부정적인 것이라면, 이들에 대한 교육본위론의 해결 방안은 무엇인가?

첫 번째로 지적할 부분은 실증주의에 토대를 둔 "교육의 과학화"라는 원칙이 처음부터 의문시되었어야 할 발상이라는 점이다. "지식은 곧 힘"이라는 베이컨(Francis Bacon)의 말에서 비롯한 전자의 목적은 권력이다. 베이컨은 "방황하고 있는 자연을 사냥개를 풀어서 잡아 묶어 봉사를 하도록 하고 노예로 삼아야 한다"고 주장했다고 한다. 그 이후 '과학'이라는 명칭은 오로지 조작적 과학에만 사용되기에 이르렀다. 인간 역시 그러한 과학적 통제의 대상이 될 수 있다. 이상과 같은 과학에 바탕을 두고 있는 '커리큘럼'은 한마디로 불도저와 다를 바 없다. 어떤 결과를 정해 놓고 그것을 가져오게 하는 가장 효과적인 모든 것을 동원한 뒤에 그것들을 총칭하여 교육이라고 부르고 있는 것이다. 그런 류의 교육은 특정한 집단(국가, 사범대학, 교육학자)이 대다수의 사람들을 위해서 미리 설계하고, 운영해 나가야 할 과제라는 도식을 따르고 있다. 이는 교육에 참여하는 모든 사람들, 특히 젊은 학생들을 사물화(事物化)시키는 역작용을 가져

6) 이 부분에서 내가 정범모 선생에 대해서 가지고 있는 존경심에 의문을 품는 독자가 있을지도 모른다. 그러나 그것은 불필요한 오해이다. 선생의 지도를 받아 학문에 입문한 내가 스승에 대해 지니고 있는 존경심은 그 누구의 것보다 크다. 나는 지금까지도 선생을 한국의 교육학계에서 가장 높은 공적을 인정받아야 할 분으로 생각하고 있다. 다만 그의 놀라운 학적 성취는 후진들에게 앞을 향해 한 걸음 더 나아가는 디딤돌이 될 수 있을 때, 더 커다란 가치를 발휘할 것이다. 선생이 오래 전에 제시했던 생각의 틀을 한 걸음도 벗어나지 않는 것은 선생 자신의 지적 업적을 오히려 훼손하는 셈이다. 그리고 선생의 생각에 안주하면서 보이는 존경심을 선생은 거절하실 것이라고 나는 생각한다.

왔다.

인간을 과학적으로 연구한다는 취지와 인간성을 향상시킨다는 과제는 전혀 다른 범주에 속하는 일이다. 철학에서 독립하여 출현한 심리학은 "철저한 경험주의"7)에 의존하여 그 자체의 인식론과 방법론에 부합하는 사실만을 연구한다. 과학의 내규에 따라 그 방법론이 허용하는 범위의 극히 한정된 인간의 특성만을 주목하는 편법이 이른바 "조작적 정의"였다. 그리고 그런 특성이 어떤 메커니즘을 통해서 형성되는지를 밝히는 연구가 진행되었다. 인간에게는 무한한 가능성이 있으며, 그 가운데에는 저급의 동물적인 특징도 포함된다. 실증주의 노선의 행동에 대한 연구는 이 부분에서 얼마만큼의 성과를 거둔 것은 사실이다. 예컨대, 우리는 우리의 행동이 비둘기나 쥐처럼 조건화된다는 흥미 있는 사실들을 알게 되었다. 실증주의 노선의 커리큘럼은 그런 조작적 정의에 따라 "교육의 목표"를 설정하고, 그것을 달성하는 '교육프로그램'을 구성하며, 그 부분에 국한시켜 '교육평가'를 하였다. 그러나 이는 다른 한편으로 우리가 정작 교육을 통해서 탐색해야 하는 끝없는 인간의 다양함과 심오함을 무시한 결과를 가져오게 되었다.

교육은 과학적 탐구가 가능한 저차원의 것을 떠나서 인간적 차원의 것을 탐색하는 일이며, 따라서 그 실재성을 객관적으로 증명하고 측정할 수 있는 것만을 중심으로 교육목표를 미리 규정한다는 원칙은 참으로 위험하다(장상호, 1980a, 1980b). 젊은이들은 당대의 대량생산의 대상이 아니

---

7) 철저한 경험주의에는 최근의 인식론적 발전에 비추어 검토해야 될 문제들이 많다. 행동이라는 개념은 그것을 하는 방식과 관련하여 원자주의·객관주의·기계주의의 전제가 있으며, 그 전제 자체가 오늘날 비판의 대상이 되고 있다. 그런데 앞에서 교육목표 진술과 관련하여 언급한 바와 같이, 실증주의적 커리큘럼을 따르는 학교의 실천은 교육의 목표를 행동의 수준에서 분명하게 미리 정하고, 그것의 달성 여부를 과학적으로 측정하거나 평가할 수 있어야 한다고 할 때 그런 조야한 경험주의의 도식을 따르고 있다. 이 때문에 그런 커리큘럼의 이론에서 운영되는 학교체제에서는 우리의 내면에 있는 인간성의 실천적, 해석적, 구조적, 변증법적 측면, 혹은 여타의 방법적인 측면들이 간과되거나 무시되고 무참히 땅 속 깊이 묻혀버린다. 후(4.1)에 판명될 사실이지만 교육은 그런 기존의 인식론이나 방법론의 제약을 받아야 할 대상이 아니라, 그 인식론적 한계를 극복하는 자체의 내재율을 가진 세계이다.

다. 굳이 산업적인 용어를 쓴다면, 수공업적인 작업이 필요한 대상이라고 할 수 있을지 모른다. 그들은 현재로서는 예측할 수도 없을 만큼 숨 가쁘게 전개되어 나가고 있는 세상에서 생활해야 하며, 그러한 세상에서 적응하는 데에 필요한 역량이라는 것도 역시 예측할 수 없는 것에 속한다. 가치 판단도 변화할 것이다. 현존하는 우리들의 사물에 대한 판단이 그들의 시대에도 그대로 적용될 수는 없을 것이다. 기성의 세대가 그들에게 할 수 있는 것은 전자의 기준을 후자에게 강요하기보다는, 인간의 무한한 가능성의 실현이라는 큰 명제 속에서 서로의 것을 꺼내어 놓고, 그것들을 하나하나씩 검토하며 수정해 나가는 일이다. 이것은 젊은이들을 기성의 인간성과 가치에 따라 조형하는 것이 아니라, 그들 스스로 자신들의 가능성을 실현시키고, 그들의 세계를 창조적으로 그리고 인간적으로 구성할 수 있는 능력을 갖도록 촉구하고 협력함으로써만 가능한 것이다.

정범모 선생 자신도 후기에 이 같은 점을 반성하고 인간관의 변화를 촉구한다. 그는 "인간이라는 존재, 인간적인 존재, 보다 근원적으로 '인간적인 너무도 인간적인' 본연적인 모습을 찾고 정리"하고자 하였다. 이와 관련하여 새롭게 주목한 '자아실현'은 그가 전기에서 자연과학의 내규 안에 명확하게 정의하려고 했던 것과는 크게 대조되는 부분이다. 그는 이제 미리 예정할 수 없는 것, 더 나아가 조작적으로 정의하거나 표현될 수 없는 인간 특성, 표준화된 시험으로 평가될 수 없는 내용들이야말로 교육을 통해서 실현되고 증명되어야 할 가장 중요한 특성들로 보고자 하는 것이다. 인간에 대한 명백한 규정을 요구했던 전기와는 전혀 다르게 후기의 교육관은 오히려 개방성을 요구하고 있다.

정범모 선생의 후기의 교육관은 또한 교육의 주무기관을 학교 밖으로 확장하는 것까지를 염두에 두고 있다. 선생의 "인간행동의 계획적 변화"는 엄격하게 말해서 학교의 영역을 벗어나는 교육에 대한 규정이지만, 그것을 학교 밖에까지 확장하는 데에는 한계가 있어 보인다. 학교 밖의 교육을 이야기할 때 학교 내의 비교육도 명백하게 지적하고 인정되어야만 교육에 대한 개념적 규정이 균형을 이룰 수 있다. 그런데 선생의 전기교육관은 학교의 커리큘럼과 직결되어 있기 때문에 그 구분이 분명하지 않다. 후기에 선생이 가정의 부모, 학교의 교사, 매스미디어의 언론 방송인, 그리고 각계각층의 지도자들의 교육적 기능을 제시하는 것은 그 한계를 벗어나야 한다는 입장의 표명이다. 그럼에도 불구하고, 선생의 입장은 아직까지도 교육이 특정한 사람들에게 한정된 활동이라는 인상을 준다. 만약 선생이 새로운 과제로 등장시킨 '자아실현'의 문제를 교육이 포용할 수 있으려면, 교육주체의 범위를 모든 개인에게까지 확장시킬 수 있는 어떤 새로운 개념체계가 요구된다.

정범모 선생의 교육관과 관련하여 두 번째 검토해야 할 것은 그가 말하는 교육의 실체가 무엇이냐 하는 것이다. 선생은 그의 전기의 교육론에서부터 "허술하고 피상적이고 때로는 모호한 교육관"을 극복하겠다는 의도를 천명했지만, 사실상 그 의도는 충분히 실현된 것 같지 않다. 교육을 통해서 얻어질 결과를 중심으로 모호성을 극복한다는 것과 그런 결과를 가져오게 하는 과정의 모호성을 극복한다는 것은 전혀 별개의 일이다. 그런데 선생은 전자의 확실성을 추구하면서도, 후자의 확실성이라는 면에서는 크게 진전을 이루지 못하고 있다. 왜냐하면 선생이 교육을 인간행동의 계획적인 변화라고 규정했을 때, 사실은 교육의 기능을 인정했을 뿐 그 기능을 수행하는 실체가 무엇인지에 대한 규정이 없기 때문이다. 정상적으로 그 논리를 따진다면, 교육 자체가 밝혀지고 그 다음에 교육의 기능을 말하는 것이 순서이다. 간단한 비유를 들어보자. 가령, 우리는 장도리의 실재를 묘사할 수 있고, 그것이 못을 박는 기능을 한다고 말할 수 있다. 그러나 장도리 자체를 단지 못을 박는 도구라는 관점에서 정의하는 것은 많은 문제를 일으킨다. 장도리는 실제로 못을 박는 일 이외의 다양한 기능을 할 수 있으며, 또한 못을 박는 것은 장도리에 국한되는 것이 아니기 때문이다. 그런데 선생의 목표달성모형은 교육의 기능을 말하고 있을 뿐, 그 기능을 수행하는 교육 자체의 본질을 규정하는 일은 소홀히 하고 있다.

기능주의적 교육관의 문제는 교육이 그 자체로 규정되지 않고, 단지 어떠어떠한 과제를 수행하는 데에 기여하는 활동이라는 식으로 제시된다는 점이다. 정범모 선생의 교육론은 인간변화라는 어떤 목적을 달성하는 데 동원되는 제반 조건의 총체를 교육이라는 이름으로 지칭하고 있다. 선생이 말하는 '교육프로그램'이나 '교육과정'이라는 개념도 그런 전제 아래 사용될 수 있다. 그러나 그것들은 한정적으로 규정된 실체가 아니라, 주어진 목표가 규정되었을 때 그것을 달성하기 위해서 탐색하고 수시로 발견되어야 할 메커니즘이다. 여기에 예컨대 조건화, 광고와 선전, 교조화, 사회화, 뇌엽절개, 유전공학 등이 포함되지 말라는 법이 없다. 그 모두를 일컬어 교육이라고 할 때, 비단 교육의 외연이 모호해진다는 문제뿐만 아니라, 교육이 우리들의 삶에서 기피되어야 할 가공할 만한 조작적 세력으로 돌변한다는 문제가 생겨나고 만다. 교육의 외연을 걷잡을 수 없을 만큼 확장시키는 기능적 접근의 문제점은 사실 정범모 선생의 교육관에만 국한된 것은 아니다. 과학주의와 교육의 효과에 주목하는 교육관의 문제는 교육학에서 이른바 '학습(learning)', '교수(teaching)'의 범주로 지칭되는 대부분의 개념들이나 이론들에서도 그대로 발견된다.

정범모 선생의 개념체계 안에서 교육은 어떤 기준에 의해서든 목표로서 선택된 행동을 가져오게 하는 항목인 환경(E)에 해당한다. 바람직한 행동이 무엇이냐 하는 것도 뒤에 문제시되어야 할 부분이지만, 그런 행동의 형성에 공헌하는 요인은 거의 무한대에 가깝다고 보아야 한다. 가령, '교육목표'의 하나로 선택된 특정한 바람직한 행동을 X라고 할 때, 그것을 결정하는 E의 요인은 다원적인 것이 될 것이고, 거기에 다시 Y라는 행동을 추가하면 그 범위는 더욱 확장될 것이다. 또한 그 환경은 X와 Y 가운데 어느 것을 선택하느냐에 따라 상충되고 상반될 수도 있는 것이다. 이처럼 바람직한 행동의 항목을 열거하고 그것을 결정하는 모든 것을 교육이라고 본다면, 사실상 교육의 외연은 무한대로 퇴행하고 만다. 이러한 경우에는 교육이라고 보아야 할 실재를 한정해서 규정하는 일이 사실상 불가능하다.

이 세상의 모든 것을 교육에 포함시키면 그들 간에 혼동이 일어나서 그 어떤 것도 교육이 아니라는 말을 할 수 없게 된다. 이 말은 또한 그 어떠한 것도 교육에 의해서 설명할 수 없다는 점을 의미하기도 한다. 목표로 X와 Y라는 두 가지를 택했을 때, 그 결과들을 가져오게 하는 환경이 각기 상충될 수도 있다는 문제를 해결하기 위해서 달성하고자 하는 세부적인 목표행동에 따라 처방을 달리하는 식으로 다소간 구차한 편법을 택할 수도 있다. 예컨대, 습관의 교정에는 "행동의 조건화"를 처방하고, '자아실현'의 경우는 좀더 인간적인 조건을 처방하는 식이다. 그러나 그 처방 자체가 하나의 논리 속에 정리될 수 없거나, 극단의 경우 서로 모순을 포함할 때, 그것을 교육이라고 통칭하는 것은 논리적으로 허용될 수 없다. 선생이 후기에 자아실현을 교육의 목표로 삼을 때에도 그런 문제가 당연히 먼저 해결되어야 함에도 불구하고 아직까지 그에 대한 입장의 표명은 유보된 상태이다.

교육을 기능으로 규정하는 또 하나의 결정적인 문제가 있다. 정범모 선생의 교육론에서 교육은 그것이 가져오는 모종의 구체적인 성과에 비추어 평가된다. 그 성과가 잘 나오면, 잘 된 교육이고, 그렇지 못할 때 잘못된 교육이 되는 것이다. 그러나 곰곰이 더 생각해 보면, 그런 평가에서 간과하는 중요한 오류가 있음을 발견할 수 있다. 이 상황에서 평가될 것은 교육이 아니라, 교육에 대한 기능주의적 규정 자체인 것이다. 성과가 예정대로 잘 나온 상황이라면, 애초에 택한 기능주의적 교육관이 옳다는 것이 부분적으로 입증된다. 그러나 만약 그렇지 못한 상황이 일어난다면, 소기의 성과를 가져오지 못한 교육에 문제가 있다고 볼 것이 아니라, 교육이 그러한 성과를 가져오는 것이라고 보는 기능주의적 교육관 자체를 수정할 필요가 있다. 교육을 기능적으로 정의하는 데서 빚어진 정의상의 오류를 교정하지 않고, 단지 그 잘못을 교육에 전가하는 것은 애초의 교육관을 무책임하게 멋대로 확장하는 셈이 된다.

정범모 선생의 교육론과 관련하여 검토할 세 번째 주제는 교육에서 추구하는 가치선택의 문제이다. 이 부분은 '교육목표설정' 및 '교육평가'와 관련하여 지대한 영향을 준다. 목표달성모형에서 행동의 항목에 단지 '바람직한'이라는 수식사를 붙여 '교육목표'라는 의미를 부여하였다. 이것이 이른바 "교육받은 사람(educated person)"이라는 개념이다. 여기에는 다음의 두 가지 흥미로운 전제가 내포되어 있다. 하나는 그것이 피동형의 인간이라는 점이다. 그것은 특정한 개인, 집단, 혹은 국가가 임의적으로 규정하는 방식을 택했다. 이런 방식의 맹점은 우선 그것이 교육의 주체로서 개인의 판단을 전적으로 무시한다는 것이다. 다른 하나의 미묘한 부분은 교육이 더 이상 그것을 필요로 하지 않는 상태를 지향한다는 역설이다.8)

목표달성모형은 가치의 범위를 특별히 한정시키지 않고 늘 개방시켜 놓는다. 애초부터 기존의 다른 분야의 가치들을 무분별하게 수용하고, 교육을 그 모두를 실현하는 수단으로 치부하는 방식을 취하고 있다. 이것이 바로 기능주의의 특징이다. 그 열려진 문을 통하여 범위를 한정할 수 없는 온갖 외재적 가치가 침입하게 되며, 그들 사이에도 서로 공존할 수 없는 갈등과 모순이 개재하게 된다. 무엇이 바람직한 것인지는 사실상 분야마다 다르다. 실제로 이제까지 교육학자들은 그들이 말하는 모학문의 특정한 가치나 이데올로기를 내세워 어떤 특정한 결과를 얻는 수단으로 교육을 규정해 버리는 방식을 택해 왔다. 그 결과가 다양하고 이질적인 것이 교육의 가치로 치부되어 도저히 합의점에 도달하기 어려운 논란이 전개되고 있는 실정이다. 여기에는 필연적으로 가치전도, 가치혼란, 방향상실, 기준부재의 상태가 뒤따르기 마련이다.

정범모 선생은 후기에 바로 이 점을 문제시하고 있다. 이제까지 교육학은 교육의 고유한 가치를 찾기보다는 항상 외부세계의 발전을 위한 수단이라는 관점에서 그것을 논의하여 왔다는 것이다. 강조를 위해서 앞서 인용한 부분을 한 번 더 인용해 보자. "교육을 개인적으로나 사회적으로나 편향되게 수단으로 간주해 왔다. 사회정책에서는 그것이 경제발전, 국가발전, 민족문화 앙양 등 여러 고상하고 화려한 목적의 수단이었고, 개인생활에서는 교육받고 공부한다는 것이 생계, 입신출세, 나아가 부유의 수단이었다. 그러나 이제는 전환이 필요하다. 교육은 이런 여러 목적에의 수단

---

8) 오늘날 교육공학자들이 그런 결과를 가져올 수 있는 기술적 진전을 예상하고, 그것으로 교육을 대체할 것까지를 주장하는 것은 이런 취지와 일치한다.

이기 전에 그 자체로서 보람 있는 것으로 인식되어야 한다." 자체에 보람을 느낄 수 있는 것으로서 그는 예컨대, 스포츠, 바둑, 미술, 조각, 음악, 문학, 철학, 사상, 과학을 통한 자아실현을 염두에 두고 있는 듯하다.

이와 관련하여 정범모 선생은 "교육의 내재적 가치"라는 것을 인정하려고 한다. 그러나 앞에서 거론한 이러저러한 영역에서의 자아실현이라는 목표가 곧바로 교육의 내재적 가치에 해당하는 것은 아니다. 어느 가치기준을 택하느냐에 따라 하나의 구체적인 활동, 인간, 혹은 사태가 전혀 다른 평가를 받을 수 있다는 것은 너무도 분명하다. 이 때문에 각 분야마다 그 분야에 알맞은 가치선별이 이루어지고, 그것들을 해당 분야의 목표 설정이나 실천의 평가에 반영한다. 대상의 실재가 갖는 속성에 의해서 그 실재의 고유한 가치가 규정되는 것이 보통이며, 그것이 바로 해당 세계들의 고유한 "내재적 가치"에 해당한다. 한 분야에서는 내재적 가치인 것이 다른 분야의 관점에서 보면 외재적 가치가 되기 마련이다. 예컨대, 과학의 내재적 가치는 스포츠의 입장에서는 외재적 가치에 해당한다. 이 때문에 삶의 다양한 영역이 가치 기준의 선택을 놓고 경합하거나 갈등을 빚는 일이 다반사이다. 사실 특수한 영역에 대한 고유한 평가란 그 영역이 추구해야 될 가치의 선별이라는 문제를 해결하는 데에서 전문성을 인정받을 수 있다.

먼저 정범모 선생이 말하는 "교육의 내재적 가치"는 여타 세계의 내재적 가치와 구분될 수 있어야 한다. 이는 다시 교육의 안과 밖을 구분할 수 있는 분명한 경계가 확정될 수 있을 때에만 가능하다. 교육의 울타리에 대한 규정은 언제나 교육의 전체에 대한 설명을 요구한다. 그런데 교육을 주로 행동변화를 가져오는 수단으로 본 이전의 기능주의적 관점은 교육을 외부의 세계로 무한정 열어놓았을 뿐만 아니라, 교육의 내재적 가치라는 것을 부여할 만큼 한정된 활동으로 교육을 규정하지 못하였다. 기능주의적 관점이 교육이라 규정한 것의 안쪽에는 물론 그 자체로서 내재적 가치를 인정받을 만한 제반 자아실현의 영역이 포함될 수 있다. 그러나 그것이 바로 교육의 내재적 가치가 되는 것은 아니다. 적어도 선생의 교육관을 따르면, 아직도 교육은 그러한 자아실현을 가져오는 도구에 불과하며, 그 자체로서 내재적 가치를 인정받지 못하고 있다. 바로 이 점으로 인하여 교육 고유의 목표와 평가에 있어서 가치선별의 문제가 그대로 남아 있다.

정범모 선생의 교육관과 관련하여 마지막으로 검토할 부분은 교육학 자체의 자율성이다. 이 부분은 본서에 주어진 주된 과제일 뿐만 아니라, 선생의 교육관과 교육본위론 사이의 관계를 규정함에 있어서 매우 중요한 위치를 차지한다. 우선 선생은 우리가 제1장에서 문제시했던 용병학문을 거론하는 가운데 교육학이 그 굴레에서 벗어나 나름의 학적 체계를 구축해야 한다는 자율의 원칙을 제시했다. 다시 그 부분을 한 번 더 인용해 보자.

> 교육학은 심리학 · 사회학 · 정치학 등과 더불어 하나의 사회과학으로서 성립할 수 있는 가능성을 갖는다. 본서의 입장은 바로 이 입장이다. … 이런 직관은 아직까지 부족했다. 특히 우리는 교육연구에 있어서 교육의 주변에서 빙빙 감돌기만 했지, 정작 중핵적인 문제에 관해서는 별로 연구나 이론적 구성이 없었다는 것을 반성한다. 결과로, 교육철학 · 교육심리학 · 교육사회학 · 교육행정학의 전공자는 많으나 교육학자는 드문 셈이며, 주변에 관한 연구 발표는 많으나, 정작 교육 자체에 관한 연구는 드문 셈이다(pp. 3-4).

그렇다면, 정범모 선생은 교육 자체의 자율성을 밝힐 만한 이론적 체계의 정립을 이룩했는가? 우리는 제2장에서 교육학의 자율성이 요청하는 최소한의 조건들을 살펴보았다. 그 조건들 가운데 하나는 기존의 학문적 개념들에 의존하지 않는다는 원칙이다. 다른 학문들을 통하여 해명된 바는 해당 학문의 것으로 되돌려 주고, 교육학은 사실, 현상, 실재 등을 조망하는 또 하나의 새로운 관점을 추가할 수 있어야 한다. 이 기준에 비추어 보면, 선생의 전기 시도는 아직 불충분하다는 점을 지적하지 않을 수 없다. 전기 관점의 껍질을 벗겨보면, 심리학이나 행동과학의 영역에서 흔히 사용하는 B=f(E)라는 공식에 교육의 의미를 덧씌운 것에 불과하다. 심리학이나 행동과학이 주장하듯이 행동은 자극에 대한 반응의 형식으로 정확한 규정을 요구하며, 그런 증거를 토대로 과학적인 인과관계를 규정할 수 있다. 행동은 대부분 환경에 의해서 결정되며, 따라서 대부분 종속변인으로 취급된다. 과학적 측정방법을 강조하는 이른바 교육평가 전문가들은 그 평가의 대상이 되는 교육에 명백성을 부여하기 위해서 교육을 일종의 심리적인 실험으로 환원시켜 놓았다. 그들이 보기에 교육평가는 결국 외부로부터 주어진 규정에 일치되도록 교육이라는 실험이 이루어졌는지를 살피고, 그럴 경우에 교육에 과학적인 엄밀성과 확실성이라는 근거를 부여하는 작업인 셈이다.

심리학과 행동과학이 인간행동과 그것을 결정하는 환경과의 관계를 과학적으로 규명한다는 나름대로의 명백한 목표와 이에 필요한 절차를 가지고 있다는 것은 오늘날 누구도 부정하기 어렵다(장상호, 1977a, 1977b; Berelson, 1963). 그러나 그것에 교육의 의미를 덧붙여 행동과학을 규정하는 것은 행동과학을 위해서도 불필요하며, 더 나아가서는 교육을 과학에서 허용하는 방법의 올가미 속에 가두는 결과를 가져온다. 이 점에서 우리의 결론은 너무도 분명해진다. 행동과학의 도식을 따르는 학교의 커리큘럼은 그것에 덧붙은 온갖 교육의 용어를 제거하고 원래 행동과학의 용어로 재규정됨으로써 좀더 선명하게 그 진상을 드러낼 필요가 있다. 교육은 행동과학의 범위에서 벗어나 있는 그 나름의 독자적인 실재로 규정되어야 하며, 이를 통하여 행동과학의 도식에 맞도록 규정되는 바람에 커리큘럼에서 부당하게 제외된 새로운 요소를 추가시킬 수 있는 방도를 찾아야 한다. 이것이 목적과 방법의 면에서 각자 고유성을 찾아 나가야 할 행동과학과 교육학이 서로를 서로로부터 해방시키는 유일한 길이 될 것이다.

정범모 선생은 그의 후기에 자아실현이라는 문제를 심각하게 고려하고 있다. 그러나 그것을 교육의 일부 혹은 전체로 포섭하려면, 이전의 실증주의적 관점에 대한 반성이 이루어져야 한다. 오늘날 심리학은 인간성 가운데 과학적으로 검증 가능한 측면을 '행동'으로 규정하고, 그 행동이 전후의 어떤 사건과 인과관계를 가지고 있는지를 구명하고자 한다. 그것은 그 자체로서 나무랄 수 없는 연구의 분야가 될 수 있다. 그러나 그 도식 그대로를 교육의 원리로 삼는 데에는 명백하게 문제가 있다. 앞에서도 지적했지만 교육관에 침투한 실증주의는 과학에 의해서 인식되고 기술에 의해서 처리될 수 있는 인간의 측면만을 중요한 것으로 간주하도록 만들고 있다. 그것은 객관성, 명백함, 그리고 밝음을 중시하는 듯하지만, 정작 우리 자신의 넓은 가능성과 가치 영역에 대해서는 참으로 어둡다. 그럼으로써 인간에게 가장 비밀스럽고 심층적인 측면을 어둡고 편협한 터널 속에 가두는 결과를 가져왔다. 만약 자아실현이라는 과제를 교육과 결부시키려면, 실증주의적 관점에 대한 철두철미한 반성과 더불어 교육이 그것을 초월하거나 혹은 그것에 대한 하나의 다른 해결 방식을 내장하고 있는 것으로 부각되어야 한다.

그동안 자아실현이라는 주제는 실존철학, 인간주의 심리학, 인간주의 사회학 등 다양한 분야에서 거론된 주제이다. 그 모든 것을 종합하기만 하면, 자율적인 교육학이 성립된다고 말할 수 있는가? 그러한 입장이 성립될 수 없다는 점은 제1장에서 "학제연구가 결코 교육학이 될 수 없다"는 분석으로 충분히 설명된 바 있다. 학제연구는 말 그대로 여러 분과학문의 제휴를 뜻하며, 교육학은 그 가운데 하나의 위치를 확보해야 하는 것이다. 만약 자율적인 학문으로 교육학이 성립된다면, 자아실현을 설명하는 또 하나의 관점으로 기능적인 가치를 인정받을 수 있다. 그러나 자아실현을 가져오는 것이 교육이라는 식으로 말하면서도 그러한 기능을 수행하는 교육과 그것을 이론적으로 해명하는 교육학이 무엇일지는 뚜렷하게 밝히지 못하고 있다. 이 문제와 관련하여 "그러한 기능을 하는 것이 바로 교육이며, 교육학이다"라고 말한다면, 그것은 아무리 좋게 말한다고 하더라도, 일종의 순환론에 그칠 뿐이다.

정범모 선생의 논의에서 특기할 만한 부분은 '교육'과 '교육학'을 명백하게 구분하려고 했다는 점이다. 선생은 그것을 경제와 경제학의 차이로 비유하여 설명한 바 있다. 교육학과 교육은 어떻게 다른가? 하나는 학문의 세계에 속하며, 다른 하나는 그것이 연구하는 대상세계에 속한다는 것이 정답이다. 양자는 추구하는 목표에서 큰 차이가 있다. 경제는 물질생활을 풍부하게 하는 것을 목표로 삼으며, 경제학은 그런 생활을 잘 이해하는 이론을 구축하는 것을 목적으로 삼는다. 과문한 탓인지는 몰라도 경제학자가 부의 축적을 목표로 삼는다는 말을 듣지 못했다. 그들은 진리탐구의 이념을 자신들의 자존심을 지키는 보루로 삼고 있다. 마찬가지의 논리에 의해서 교육이 추구하는 목표와 교육학이 추구하는 내재적 목표는 서로 다른 것이며, 그 각각이 자체의 목표 추구에 충실한 범위 안에서 그들 간의 관계설정도 제대로 이루어질 수 있다.

그럼에도 불구하고 현존하는 교육학은 이 부분에서 아직도 사고의 전환이 제대로 되고 있지 않으며, 그것이 바로 교육학 자체의 발전을 지체시키는 주된 원인이 되고 있다. 그 근원에는 서로 차이를 드러내야 할 부분에서 그들 사이의 기능적 관계만을 강조하는 고질적인 "기능주의적 사고"가 자리잡고 있다. 교육학이 무엇이냐고 물으면 교육을 잘 하기 위한 학문이라고 말하고, 다시 그 교육이 무엇이냐고 물으면, 행동의 변화를 가져오게 하는 것이라는 설명방식이 전형적인 사례이다. 경제학의 경우가 그렇듯이 학문의 내재적 가치는 널리 인정받고 있다. 따라서 교육학 자체의 내재적 가치도 인정받아야 마땅하다. 또한 교육 역시 그것이 가져오는 허다한 기능들을 떠나서 고유한 내재적 가치를 인정받을 수는 없는가? 정범모 선생이 그동안 새로운 교육론을 정립하는 데 있어서 놀라울 정도의 선도적인 모범을 보여주고 있음에도 불구하고, 결국 "교육학의 자율화"라는 점에서 아직 미흡한 점이 있다고 느껴지는 것은 선생의 사유에 아직도 기능주의가 남아 있기 때문이 아닌가 하는 진단을 해 본다.

교육본위론은 바로 그 부분에서 큰 반성적 성찰과 교훈을 얻고자 한다. 이 시점에서 획기적인 사고의 전환이 이루어져야 할 부분이 있다. 그것은 이제까지의 조작을 위한 실증주의적 학문을 지양하여 "이해를 위한 학문"의 입장을 택하는 것이다. 스스로 교육에 대한 헌신을 자임하는 교육학자가 더러 있는데, 그것은 위험스러운 실증주의적 잔재이고 엉뚱한 과대망상이다. 교육학자가 교육을 처방하거나 조작해 내는 어떤 특별한 능력을 가지고 있는 것이 아니다. 또한 가치론적으로 인간은 자연현상과 같은 조작의 대상이 되어서는 안 된다. 더구나 인간성의 끊임없는 탐색과 해방을 목적으로 하는 교육을 대상으로 삼는 학문은 지배와 통제에 집착하는 과학의 강박관념을 버리고 인간성의 고양과 관련된 지혜와 이해를 지향하는 학문이 되어야 한다.

교육은 우리가 그것을 제한적으로 조작하려고 하기 이전에 이미 오랜 역사를 통해서 진행되어 왔고, 현재도 진행되고 있다. 교육은 동양에도 있고, 서양에도 있다. 역사는 인간성의 실험장이라고 할 만큼 다양한 인간상을 선보여 왔고 거기에는 필시 교육이 개입되어 있었다. 그것은 인류가 출현한 먼 과거에서부터 현재에 이르기까지 존속하고 있으며, 먼 미래에도 진행될 것이다. 그 동서고금의 교육이 하나의 교육관에 의해서 통합적으로 이해될 수 있어야 한다. 앞에서 교육연구의 기본조건을 논의(2.3.4)할 때 우리는 "교육현상 자체"의 규명을 강조하였다. 교육은 단지 "인간행동의 계획적인 변화"라는 하나의 기능적 과제로 정의될 성질의 것이 아니다. 교육이라는 전체의 내적 통일성을 이론적으로 철저하게 설명하려고 노력해야 할 것이다. 이를 통하여 우리의 삶 속에 내재하는 교육을 높은 수준의 인식의 지평에서 조망하는 것이 교육학의 궁극적 목표, 즉 교육에 대한 진리탐구이다.

본서가 제시하고자 하는 교육본위론의 특징은 교육을 정치, 경제, 사회, 문화, 종교 등과 더불어 삶의 특수한 양식의 하나로 보려고 한다는 점이다. 교육을 모든 사람이 그들의 생활세계 속에서 실현하는 특수한 삶의 양상으로 포섭할 수는 없는 것인가? 교육을 참된 삶의 양식으로 보지 않고 기능이나 효과의 관점에서만 보는 것은 교육 자체의 정체를 밝히는 데 도움이 되지 않을 뿐만 아니라, 위험스럽기까지 하다. 물론 교육은 우리의 삶에서 모종의 기능을 수행할 것이다. 그러나 교육이 오직 외재하는 목표의 달성을 위한 수단으로만 진행된다면, 그 자체의 본질이 왜곡되며 그 원천적인 힘이 약화된다. 이 때문에 교육학도가 먼저 밝혀야 할 부분은 교육의 기능이 아니라 그러한 기능을 가져오는 교육의 실체이다. 이 점에서 교육학의 자율화와 교육의 자율화는 서로 연동되어 있다.

삶의 양상이란 단순한 개념적 정의에 의해서 포착될 성질의 것이 아니다. 개념이란 그것이 소속한 이론적인 맥락에 따라 의미가 규정되며, 교육학은 그런 규모의 독자적인 이론적 맥락을 확보하고 그 터전 위에서 자율화되어야 한다. 교육본위론은 이런 기본적인 접근방식을 통하여 기능주의로부터 벗어나 교육을 그 나름의 경계를 가진 자율적인 세계의 하나로 밝혀 나가려고 한다. 이때 교육은 제도적으로 강제하거나 억지로 시키는 것이 아니라, 교육에 고유한 내재율의 지배를 받는 것으로 가정된다. 교육은 우리들의 삶의 한 연장선상에 있다. 어느 장소나 시간이든 거기에는 교육의 요소와 기회가 있다. 여기에서 이전의 통념을 벗어나는 또 하나의 사고의 전환이 필요하다.

그 가운데 가장 필요한 부분은 19세기 공립학교 출현과 그것을 이론적으로 뒷받침하는 실증주의적 사고를 지양하는 것이다. 이는 교육을 학교의 울타리 안으로 가두어 놓고 과학의 이름으로 조작되거나 통제받는 대상으로 보는 오류를 낳는 원인이 되고 있다. 국가가 교육의 주체라는 19세기의 생각은 과장되어 있으며 당위론적으로도 타당하지 않다. 교육을 어떻게 국가주의적 이념의 족쇄와 시대착오에서 해방시키느냐 하는 것이 이 시대의 과제이다. 국가를 주체로 하는 교육의 이면에는 국민 개개인을 무력화시키고 그들을 계속 통제하려는 의도가 포함되어 있다. 그런 신화는 이제 더 이상 통용될 수 없다.

국가는 학교의 주체일 수는 있으나, 교육의 주체가 될 수는 없다. 다행히도 이러한 사고전환의 씨앗을 우리는 정범모 선생의 후기 교육론에서 찾아 볼 수 있었다. 흔히 우리는 교육을 특정한 세력의 것으로 한정시킴으로써 우리들이 수행할 수 있는 자연적인 교육적 역량을 그들의 손에 위임하고 그 책임을 포기해 버리는 오류를 범하고 있다. 정범모 선생이 학교 이외에 "가정의 부모, 학교의 교사, 매스미디어의 언론 방송인 그리고 각계각층의 지도자들"을 교육의 세력에 포함시킨 데에는 그러한 취지가 담겨 있는 듯하다. 그러나 여기에도 교육의 세력과 관련된 범위를 설정함에 있어서 이를 특정한 사람들에 국한시키고 있다는 점에서 아직 충분한 것은 못된다.

삶의 한 양상으로서 교육은 모든 사람의 책임이다. 교육은 남녀노소를 가릴 것이 없이 인간이면 누구나 향유하고 있고 향유할 수 있는 세계이다. 건강한 사람들의 삶에는 항상 교육의 본질적인 특성이 갖추어져 있다. 중요한 것은 교육이 있다거나 없다는 것을 판가름하는 데 있는 것이 아니라, 우리 각자에게 내재되어 있는 교육과 관련된 자발적인 특성을 실현하는 데에 우리가 얼마나 참여하느냐 하는 데에 있다. 국가나 정부의 의무는 그런 개개인의 교육활동을 방해하지 않고, 그것을 자유롭게 할 수 있는 여건을 마련해 주는 일이다. 왜 그런 교육이 필요한가? 여기에 다시 기능주의적 사고가 끼어드는 것은 아직 교육 자체를 규정하는 학문의 자율화가 미진한 데서 비롯한다. 교육이 그 결과와는 독립하여 해명되는 단계에 이르러야 비로소 우리는 "교육의 내재적 가치"라는 것을 이야기할 수 있게 될 것이다. 교육은 오직 교육의 논리에 의해서 활성화되고 그 자체로서 내재적인 가치를 가지고 있다. 이 때문에 교육을 우리의 삶에서 제거한다면, 그만큼 삶의 의미가 소멸되는 셈이다.

그런 의미의 교육적인 삶이 곳곳에서 제대로 인식되고 실현된다고 할 때, 우리는 그것이 교육이 아닌 다른 세계들에 공헌할 여지도 생각할 수 있게 될 것이다. 교육이 공헌할 수 있는 범위는 사실상 무한하다. 그것이 바로 대부분의 사람들이 관심을 가질 수 있는 교육의 외재적 가치에 해당한다. 우리가 이제까지 인간의 양성과 관련하여 말할 수 있었던 교육의 기능들이 여기에 포함될 수 있을 것이다. 그러나 이러한 경우에도 이전의 인간관과는 판이한 인식이 필요하다. 교육에서 달성하고자 하는 인간성은 자연현상의 일부로서의 인간성이 아니라, 수련과 개발을 통해서 그 실재가 입증되어 나간다는 의미의 인간성이다. 교육은 항상 눈에 보이는 인간성이 아니라, 눈으로 식별하기 어려운 새로운 인간성을 추구한다. 교육이 그동안 수행해 온 커다란 공헌은 우리가 교육을 통해서 우리 자신에게 잠재된 바람직한 능력을 끊임없이 개발하고, 그 개발된 능력에 의해서 이제까지 알지 못했던 실재들을 경험하고 확인해 왔다는 점이다. 그러니까 교육에서 실현하고자 하는 인간성은 그것이 실현되기 이전에는 확인하거나 검증할 길이 없는 것이다. 그것들은 거의 우리의 예상을 뛰어 넘는 방대한 것이다. 우리는 교육에 참여하면서 이를 차츰 알아간다고 보아야 한다. 그 안다는 것도 경험주의자들이 말하듯이 과학적 연구를 통해서 객관적으로 아는 것이 아니라, 우리 각자의 깨달음에 의존하는 것이다.

그러나 교육이 여타의 세계에 줄 수 있는 영향은 위에서 언급한 것처럼 인간성에 국한되지 않는다. 교육이 공헌할 수 있는 부분을 특정한 하나의 영역으로 국한시켰던 것이 기능주의 교육론이 스스로 빠진 함정이었다. 하나의 원인이 하나의 결과를 가져온다는 식의 사고는 실증주의자들이 실험연구를 진행하는 데 적용한 하나의 방편에서 비롯하였다. 그런데 그런 과학주의적인 논리가 교육에까지 적용되기에 이른 것이다. 그것이 이른바 “교육의 과학화”라는 명분 이면에 감추어진 신화이다. 사실상 세상은 다원적인 원인과 다원적인 결과로 뒤엉켜 있다. 교육은 다원적인 세계의 하나이다. 따라서 교육은 그 다원적인 세계들과 우리가 아직 알 수 없는 복잡한 방식으로 서로 영향을 주고받을 것이다. 이런 국면들이 얼마나 우리의 깊은 상상력과 실증적 검증을 필요로 하는지는 본서의 제6장과 제7장에서 더 자세하게 다루어질 것이다.

3.2. 교육의 총체적 차별화

3.2.1. 맥락의 차이

본서에서 제시될 교육본위론은 교육에 대한 전혀 새로운 관점에 해당한다. 이전의 용병학문으로서의 교육학이 교육을 왜곡하거나 소외시켜 왔다는 주장을 고려한다면, 이는 교육 자체를 드러내려는 최초의 학문적인 시도라고도 볼 수 있다. 우리가 드러내려는 교육은 학교라고 하는 삶의 공간에서 일어나는 다양한 종류의 양상이 아니라, 그 양상의 하나로서의 특이한 실재이다. 학교는 이질적인 내용을 갖지만 교육은 동질적인 내용을 포함해야 한다. 교육이라는 삶의 양상은 이를테면, 정치, 경제, 사회, 문화, 종교라고 하는 다양한 삶의 양상과는 대비되는 것이라야 한다.

이제부터 그런 의미의 교육이 어떤 것인지를 밝혀 나갈 것이다. 그것이 얼마나 어려운 일이며, 그것을 해명해 나갈 때에 준수해야 되는 원칙이 무엇인지는 여기서 또 다시 반복할 필요가 없다. 《학문과 교육》이라는 시리즈의 앞선 작업(상권)이 이를 위한 기초적인 토대이며, 더욱 구체적으로는 앞장에서 논의한 "교육연구의 기본조건(2.3)"이 이에 해당한다. 그 입장을 그대로 적용하여 이 난제를 풀어 나갈 것이다. 그럼에도 불구하고 현재 우리가 그에 따른 본격적인 작업을 수행하려는 이 시점에서 다시 한 번 강조하고 싶은 것이 바로 맥락이라는 개념이다.

교육이라고 하는 삶의 양상은 여타의 삶의 양상과 부분적으로 구분되는 것이 아니다. 하나부터 열까지가 모두 다르다고 보아야 한다. 그 다름을 결정하는 것 가운데 핵심을 차지하는 것이 맥락이다. 정치, 경제, 사회, 문화, 종교의 경우, 그것을 탐구하는 분과학문들이 그 대상세계의 특징을 부각시킬 수 있는 고유한 맥락을 다소나마 확보하여 왔다. 정치, 경제, 사회, 문화, 종교 등의 안과 밖을 구분하는 울타리가 설정이 되고, 각각을 탐구하는 분과학문의 개념체제 속에서 이들이 상이한 의미를 부여받게 되는 기반이 갖추어져 있는 것이다. 이에 비해서 교육학의 경우에는 하나의 고유한 분과학문이 형성하고 있어야 하는 맥락이 아직 확보되어 있지 않으며, 다른 분과학문들의 맥락들이 도입되어 뒤죽박죽되어 있는 일대 혼돈 상태에 있다(Walton, 1974). 이 때문에 대충이나마 교육학의 새로운 맥락을 구축하는 작업부터 시작하지 않으면 안 된다.

그러한 논의를 전개하기 이전에 우리가 반성해야 할 것은 교육학이 고유의 맥락 구축에 실패한 연유가 무엇이냐 하는 점이다. 그것을 우리는 제1장에서 교사양성이라는 실제적인 문제의 해결이라는 상황과 결부시켰다. 그러나 이유를 보다 근본적으로 따지고 들어가면, 당시에 유행했던 인식론적 경향과 접목되어 있다. 그것이 바로 실증주의이다. 앞 절에서 문제시한 실증주의는 다분히 과학을 내세운 사회개혁이라는 측면에 국한되었다. 그러나 그것이 가지고 있는 다른 하나의 측면은 소박한 경험주의 혹은 실재론이다. 교육의 총체적인 면모가 제대로 밝혀질 수 없었던 것은 실증주의라는 인식론의 그러한 부분들이 무반성적으로 교육학에 도입되었기 때문이다. 지금부터라도 이에 대한 논의를 시작하여 실증주의의 문제를 극복할 수 있는 다른 대안을 찾아야 한다.

교육학에 침투되어 있는 실증주의적 사고방식을 극복하는 과제는 그렇게 단순하지가 않다. 실증주의적 사고는 오랫동안 교육학을 지배해 온 패러다임이고, 또 그 내용은 너무도 간결하며 상식과도 일치하기 때문에 일반인들에게 엄청난 호소력을 지니고 있다. 그 호소력 가운데 하나는 지식을 요소들로 환원시킬 수 있다는 생각이다. 지식의 요소들 가운데 가장 기초적인 것은 개념이다. 각각의 개념은 독립된 의미를 가지고 있다. 그 개념들을 합하여 명제를 만들고, 다시 명제를 합해서 이론을 만든다. 이러한 단순한 산술적 논리에 따를 경우, 이론을 검증하려면 명제를 검증해야 되며, 다시 명제는 그것을 구성하고 있는 개념들 사이의 논리적 혹은 경험적 타당성을 따져서 검증하면 된다. 인식론에서는 이를 '원자주의(atomism)'로 규정하고 있다.

지금의 교육학은 그러한 원자주의의 소산이다. 각 분과학문은 자체의 고유한 개념들을 요소로 하고 있다. 교육학이 응용학문이라면 철학, 심리학, 사회학, 행정학 등에서 통용되고 있는 확실하고도 핵심적인 개념들을 뽑아서 편집할 경우, 그 개념들의 무더기가 바로 교육학의 지식이 되지 말라는 법도 없을 듯하다. 그런데 과연 그렇게 쉽게 교육학을 만들 수 있는 것일까? 결과는 완벽한 실패였다. 그러한 식의 교육학 지식은 아직 출현하지 않았다. 이유는 간단하다. 지식이란 하나의 체제이며, 그것은 단순히 그 요소들로 환원시킬 수 없는 것이기 때문이다. 요소는 그것이 속해 있는 전체의 체제 속에서 다른 요소들과 관계를 맺음으로써 의미를 지니게 된다. 이 말은 하나의 개념은 그것으로 이루어지는 명제, 하나의 명제는 그것으로 이루어지는 이론에 따라 상대적인 인식론적 위치를 갖게 된다는 것을 의미한다. 이 때문에 서로 다른 자율적인 분과학문의 지식들은 서로 동일한 의미체제로 환원되거나 통합될 수 없다.

우리가 어떤 대상을 이해한다고 할 때, 그것이 가지고 있는 요소들을 모두 포괄하고, 그것들을 전체적으로 하나의 형태(a gestalt)로 통합할 수 있어야 한다. 이 사실은 자율적인 교육학의 정립에 너무도 중요한 전제이자 과업이 되기 때문에 이 말이 뜻하는 바를 분명하게 이해해야만 한다. 이를 위해서 편의상 두 가지 지각 분야에서의 비유[9]를 들어보고자 한다. 그 하나는 유리조각에 관한 것이다. 조각난 유리조각은 그것이 무엇인지가 분명하지 않다. 그 각각의 의미를 파악하는 방법은 이렇다. 그것들이 어떤 전체의 일부라는 생각을 가지고, 부분과 전체를 동시에 고려함으로써 균형 있는 인식을 모색하려고 노력하는 가운데 그것들을 조합하는 일을 계속하는 것이다. 그렇게 되면 세부적인 유리조각들만 갖고는 알 수 없었던 사실, 즉 그것들이 원래는 하나의 유리병이었다는 사실을 발견하게 된다.

이는 대상에 대한 우리의 지각이 전체적인 형태에 대한 지각임을 말해준다. 전체적인 형태로 지각되는 대상은 결코 세부적인 부분들의 산술적인 합으로는 파악할 수 없는 새로운 의미를 지니고 있는 것이다. 이러한 사실을 독자 자신이 직접 확인해 볼 수 있도록 하기 위해서 다른 하나의 지각적인 사례를 들어보겠다. 〈그림 3.1〉[10]을 보라. 거기서 독자는 분명히 어떤 대상을 발견할 수 있을 것이다. 이때 당신은 자신이 그림의 세부사항들을 서로 별개의 것으로 보고 있지 않다는 사실을 새삼스럽게 발견하게 된다. 그 특수한 그림은 단편적인 요소들을 산술적으로 합해 나가는

---

9) 이것이 비유에 그치는 것은 학문적 대상은 가시적인 것이 아니라는 앞서의 논의와 결부된다.

10) 이 그림에 의한 비유는 《학문과 교육(상권), 1997, p. 270)》에서도 사용한 바 있다. 독자는 그곳에서의 논의와 지금의 논의를 이 사례를 통해서 더욱 분명하게 연관시킬 수 있기를 바란다.

〈그림 3.1〉 하나의 지각형태

방식이 아니라, 어떠한 총체성 속에서 개별적인 요소들의 위치를 찾아 나가는 가운데 전체와 요소 간의 관계가 드러남으로써 우리에게 비로소 고유한 의미를 갖게 된다. 이제 그것이 무엇인가? 이 질문에 대한 해답은 유리조각의 경우와 마찬가지로 하나의 지각적 형태를 발견했을 때에만 가능하다는 점을 알게 되었을 것이다.

〈그림 3.1〉의 사례는 우리의 대상 이해와 관련하여 앞의 유리병의 사례에서는 찾아볼 수 없었던 또 하나의 흥미로운 시사가 담겨있다. 그것은 한 가지 사태가 보기에 따라 두 가지 상이한 대상으로 지각될 수도 있다는 것이다. 어떤 사람은 그것을 오리라고 할지 모른다. 그러나 다른 사람은 그것을 토끼로도 볼 수 있다. 여기서 짐작할 수 있듯이 어떤 대상을 만들어 내는 개별적인 요소는 그 자체로서는 의미가 없다. 그것들이 다른 요소, 그리고 그것들이 형성하고 있는 전체와 어떤 관계를 맺느냐에 따라 전혀 다른 의미를 구성한다. 예컨대, 오리로 본 사람들이 '주둥이'라고 생각하는 부분을 토끼로 본 사람은 '귀'로 해석한다. 그런 차이는 어디에서 나오는가? 그것은 놀랍게도 그 그림을 구성하고 있는 요소들과 그림이라는 전체, 그리고 요소와 요소들 사이의 관계에 대한 인식자의 관점의 차이에서 비롯한다.

자율적인 분과학문들은 오리와 토끼의 그림에서처럼 해당 사실들을 하나로 결합하여 의미를 부여하는 전체적인 맥락을 확보하고 있다. 이들 분과학문들의 개념들을 조각조각 모아서 교육을 이해하는 데 사용한다거나, 혹은 교육을 학제연구를 통하여 이해하려는 시도가 실패할 수밖에 없는 이유가 여기에 있다. 어떤 이유에서든 외래학문의 개념들을 교육학의 체제로 편입하기 위해서는 그 개념들에게 새로운 의미를 부여할 수 있는 교육학 자체의 이론적인 맥락이 형성되어 있어야만 한다. 이를 생략하고 다른 분과학문들의 개념들을 이리저리 합해 나감으로써 교육을 이해하려는 것은 그 자체로도 어색하고 불가능할 뿐만 아니라, 교육학 자체의 독자적인 맥락을 만들어 내는 작업보다도 더 복잡한 절차를 거쳐야만 한다. 굳이 그렇게 할 이유가 있는가?

교육학도들이 자체의 고유한 학문적 체제를 구축하려는 과제를 수행하고자 하는 경우에 이를 방해하는 일종의 장애물로 작용하고 있는 것이 또 하나 있다면 소박한 경험주의를 들 수 있다. 이는 세계란 마음 또는 지식과 독립되어 있다는 확신과 대상들 자체는 우리에게 나타난 바대로 존재하고 있다는 확신을 토대로 하여 생겨나는 일종의 실재론이라 할 수 있다. 실증주의자들은 그러한 소박한 실재론의 한복판에 위치하고 있는 셈인데, 그러한 사고방식의 기초 위에서 교육을 이해한다는 것은 거의 불가능해 보인다. 이 점에서 교육본위론을 본격적으로 소개하기에 앞서 독자들에게 실증주의적 세계관을 포기할 것을 먼저 촉구하지 않을 수 없다. 더 세부적인 논의를 전개해 보자.

실증주의자들 혹은 그 노선의 사고를 견지하는 사람들은 우리와는 별개로 존재하는 오염되지 않고 독립된 순수한 실재(reality)가 있으며, 지식이나 언어는 그것에 대응한다고 보는 경향이 있다. 그러한 입장에서 보자면, 지식이란 실재와 우리와의 접촉에서 얻어지는 것이다. 실재는 우리에게 그것에 대한 다양한 감각적 정보를 제공하며, 우리는 그것들을 단지 '수동적으로' 접수한다고 상정된다. 그 외부의 정보들을 하나씩 누적시켜 나가면서 산술적으로 합하면, 그것이 바로 실증주의자들이 말하는 실재에 대한 지식이 되는 것이다. 지식은 언어를 통해서 명제의 형태로 진술되며, 명제의 세부적인 내용들은 외부의 실재와 하나하나 대응하면서 각각 독립된 의미를 갖는 것으로 간주된다.

이러한 가정이 그릇된 것이라는 사실은 인식론의 발전과정에서 그동안 줄기차게 지적되어 왔다. 칸트(Immanuel Kant, 1781)의 인식론을 거쳐서 오늘날의 구성주의에 이르기까지 인식론의 발전과정에서 밝혀진 사실은 실재가 우리에게 투명하게 비춰지는 것이 아니라, 필연적으로 우리 자신의 인식 작용의 여과를 거쳐서만 경험된다는 점이다. 칸트에 따르면, 인식의 대상은 주관의 형식에 의해서 구성된 것이다. 주관 밖의 어떤 것이 감성을 촉발함으로써 인식 과정이 시작되지만, 주관이 감성에 주어지는 이 잡다한 질료(質料)를 감성 형식과 오성 형식에 의해 종합하고 질서지음으로써 인식이 성립하게 된다. 이렇게 인식의 중심이 대상에서 주관으로 변경된 것을 두고, 칸트 스스로 "인식론상의 코페르니쿠스적 전환"이라고 했다. 물론 칸트의 사상 자체가 오늘날 모두 타당하다고 보지는 않지만, 적어도 어떤 대상 혹은 세계에 대한 의미는 그것에 대한 우리의 경험적 구조에서 발생된다는 점에 착안한 사실은 놀라운 인식론상의 진전에 해당한다고 평가할 수 있다.

경험주의자들이 가정한 것과는 달리 외부의 감각적 자료는 우리에게 수동적으로 접수되는 것이 아니다. 인간의 사고가 가지고 있는 하나의 놀라운 특성은 우리가 어떤 과제를 공략하고자 할 때, 그리고 그것을 의미 있는 것으로 만들려고 할 때, 우리는 사태의 제반 국면에 거의 동시적으로 주목하고 모종의 유형을 구성한다는 점이다. 우리는 그 정보를 의미 있게 만들고, 거기에 어떤 것이 일어나고 있는가를 알아보려는 마음에서 그 사태를 적극적으로 대한다. 여기서 '의미'는 개인이 그들이 가지고 있는 현존하는 인지도식과 관련하여 창조되고 구성되는 것이다. 즉, 우리는 단편적인 것을 하나의 의미 있는 전체로 끌어당기는 우리의 인지도식으로부터 여러 가지 의미 있는 유형을 끌어내어 이를 사태에 적용한다.

이러한 인식론적인 관점을 택하면, 우리가 어떤 대상을 놓고 그것이 무엇이냐 하는 질문을 던질 때, 이는 그 무엇이 실재 세계의 구조인가를 묻는 것이라기보다는 무엇이 우리의 경험현실의 구조인가를 묻고 있는 것이다. 어떤 대상을 이해한다는 것은 우리 자신의 인지적 체험구조와 관련되어 있다. 이런 취지에서 내가 《학문과 교육(상권)》에서 택해 온 지식에 대한 조건의 하나는 그것이 체계, 구조, 유형이라는 점이다(장상호, 1997, pp. 266-279). 우리는 실재를 직접 접촉하여 그것을 그대로 그려낼 수 없다. 설사 그 실재가 모든 경험과 독립하여 존재한다고 하더라도, 그것을 경험에 앞서 이해할 수는 없다. 그것을 이해하는 인식작용은 그것에 대한 우리 자신의 체험구조를 형성하는 일과도 같다. 우리들의 세계에 대한 경험은 이처럼 일정한 범주에 의해서 유형화된다.

지식의 최종형태는 기술적인 언어와 상징을 매개로 하여 표현된다. 이 경우 언어와 그것을 나타내는 개념이나 사실 사이에는 어떤 필연적인 관계가 있을 수 없다는 점 역시 우리에게 새로운 인식의 전환을 요구한다. 근래의 언어철학자나 언어학자들은 언어가 우리의 외부 세계의 '재현' 또는 '모사'가 아니라는 사실을 밝히고 있다(Derrida, 1967; Saussure, 1959). 언어가 가지는 의미는 그것과 그것에 대응하는 세계 간의 관계에서 나오는 것이 아니라, 사실은 그것을 구성하는 요소들 사이의 차별과 관계 속에서 나온다는 것이 오늘날 거의 새로운 정설로 받아들여지고 있다. 문장을 구성하는 단어들은 실제 그것이 소속된 문장의 맥락 속에서 의미를 가지며, 문장은 다시 그것이 소속된 더 큰 범위의 맥락에서 의미가 결정된다. 그리고 언어행위는 인간과 세계에 대한 일련의 전제와 가치들로 구성되는 특정한 삶의 형식 속에서만 이루어질 수 있다.

이러한 이론적 전환이 가져다주는 놀라운 시사는 우리가 탐구하려는 외부 세계와 직접적으로 대면할 방도가 없다는 것이다. 그것에 대한 우리의 인식과 우리의 언어가 가지는 의미는 그것과 그것에 대응하는 세계 간의 관계에서 나오는 것이 아니라, 사실은 그것을 구성하는 요소들 사이의 차별과 관련 속에서 나온다. 인식대상을 이해하려고 할 때, 가장 중요한 것은 그것의 총체적인 구조, 그것이 다른 것과 대조적으로 이루고 있는 인식상의 맥락이다. 하나의 체험요소는 그것이 이루고 있는 전체적인 세계가 어떤 것이냐에 따라 다른 세계 속에서 지니는 것과는 전혀 다른 의미를 갖는다. 마찬가지로 전체의 문장을 구성하는 단어들은 실제 그것이 소속된 문장의 맥락에서 의미를 가지며, 문장은 다시 그것이 소속된 더 큰 범위의 맥락에서 의미가 결정된다. 이 모든 것을 감안할 때, 우리가 자율적인 교육학을 정립하는 과제를 수행함에 앞서 다시 한번 강조해야 할 것은 바로 '맥락'이라는 개념이다.

이상과 같은 사고의 전환은 근래에야 이루어진 것이다. 자연과학의 경우에도 과거에는 관찰에 의해서 지식의 검증이 이루어진다는 생각을 해왔다. 다시 말하면 관찰내용은 과학적인 이론을 지지하거나 반박하기 위한 데이터로 동원되었다. 그러나 오늘날 그런 관점은 과학철학의 진전과 더불어 수정되고 있다. 핸슨(N. R. Hanson)은 그의 《과학적 발견의 패턴(1961)》을 통하여 자연과학에서 이론은 특정한 대상현상에 대한 우리들의 사고를 유형화시킴으로써 형성된다고 주장한다. 이러한 관점은 종전의 관찰과 이론의 역할을 뒤집어 놓고 있다. 이전에는 이론의 타당성을 검증함에 있어서 그것이 어떻게 사실과 부합하는 것인지를 따지는 관찰의 과정을 거쳤다. 그러나 핸슨의 이론을 따르면, 관찰은 어떤 이론을 갖고 있느냐에 따라 전혀 다른 내용의 것이 되고 만다. 이 때문에 이제는 관찰이 이론을 검증하는 기준이 되는 것이 아니라, 반대로 무엇이 데이터 또는 증거로서 여겨질 수 있는지를 정의하는 기준들이 이론에 의해서 수립된다는 것이다.

차츰 밝혀지겠지만 우리의 관점에서 볼 때, 학문의 대상 세계와 학문의 세계는 전혀 별개의 것이다. 이 때문에 자연과학자들은 자연이라는 대상세계를 포착하기 위해서 고도의 정교한 안목을 확보하는 고뇌에 찬 노력을 경주해 왔고, 확보된 안목에 따라 자연을 이해할 수 있게 되었다. 자연과학을 한다는 것은 자연을 생산하는 일이 결코 아니다. 전자는 후자의 사실을 이해하려는 정신적 노작이다. 자연에 대한 조직화된 인식체험이 자연과학이다. 우리는 누구나 예외 없이 자연의 일부를 구성하고 있다. 그렇다고 해서 우리가 그것을 이해하는 데 있어서 어떤 유리한 점이 있는 것은 아니다. 이 때문에 자연과학은 자연을 반성적으로 되돌아보고 그것을 체계적으로 이해하려는 별도의 자연과학자들을 필요로 했던 것이다. 그럼으로써 장구한 세월에 걸쳐서 항상 우리의 일부 혹은 주변에 있어 왔던 자연에 대한 우리들의 새로운 이해를 가능하게 한 것이다. 이런 방식에 의해서 자연과 자연과학은 그것이 소속한 세계가 전혀 다른 것임에도 불구하고, 모종의 상보할 수 있는 길을 모색해 왔다고 볼 수 있다. 하물며 사회현상 혹은 인문과학의 현상은 말할 필요조차 없을 것이다.

이러한 이유에서 지식의 타당성을 검증하기 위하여 지식과 대상세계의 일치를 관찰을 통하여 확인한다는 대응설(correspondence theory)은 점차 설득력을 잃어 가고 있다. 앞서 우리의 논의를 따르면, 정합설(coherence theory)이 오히려 실증주의의 노선에 길들어진 사람들에게 더 중요한 시사를 준다고 볼 수 있다. 이 말은 정합설을 통하여 모든 지식의 타당성을 검증할 수 있다는 주장을 하기 위한 것이 아니다. 다만 이 기준은 우리가 지식이라고 할 때 갖추어야 할 최소한의 요건, 즉 지식은 그것을 구성하는 요소와 그들 사이의 관계에 의해서 의미가 규정되어야 한다는 요건을 충족시켜 줄 수 있다. 지식은 우리의 머릿속에서 창조된 결과물로서 하나의 체계를 갖추고 있어야 하며, 그것이 없이는 대상세계에 대한 인지적 체험을 충분하게 했다고 볼 수 없다.

좀더 포괄적으로 말하면, 모든 학문적 대상은 눈으로 볼 수 있는 대상이 아니라 마음으로 볼 수 있는 실재인 것이다. 모든 학문적 대상은 우리의 감각에 의해서 알 수 있는 것이 아니다. 그 본질적인 것은 오감에 호소해서 직접 감지할 수 있는 것이 아니라, 수년간의 수련과 복잡한 사유과정을 거쳐야만 이해될 수 있다. 학문적인 인식의 대상은 그것을 묘사하는 이론적인 구조에 따라서 다른 형상으로 드러난다. 그것이 눈으로 당장 볼 수 있는 것이 아니라는 점 때문에 잘 단련된 "마음의 눈"이라는 비유를 쓸 수도 있겠으나, 그것에 해당하는 더욱 정확한 표현은 '이론(theory)'이다.[11)]

---

11) 이런 이유에서 우리는 앞 장에서 "교육연구의 기본조건(2.3)"을 논의할 때, 교육은 하나의 개념정의에 의해서가 아니라 이론에 의해서 밝혀져야 함을 강조했던 것이다.

여기에서 이론에 결부되어 있는 극히 잘못된 통념을 교정할 필요가 있다. 이론은 언제나 추상적인 것이다. 이로 인하여 사람들은 이론이란 모호한 것이라는 반응을 보일 때가 많다. 그러나 사실은 오히려 그 반대가 맞다. 개념이 "명석하고 판명하다"함은 첫째, 개념을 통해서 그 개념이 지시하는 사태를 다른 사태들과 구별하면서 확인할 수 있고, 둘째 개념을 이루는 부분적인 요소들이 충분히 분절되어야 한다는 점을 의미한다. 우리가 어떤 개념을 이론적으로 책임 있게 쓴다는 것은 그 안에 포함된 개념의 의미를 특정한 이론의 맥락에서 좀더 구체화하는 것을 말한다.

어떠한 개념이든 그 자체의 내적인 설명체계를 통하여 이해되지 않는 개념은 그 의미가 분명하다고 보기 어렵다. 이 점을 간과하고 각기 다른 설명체계 안에 있는 이질적인 것들을 단지 그것이 동일한 용어로 지칭된다는 점 때문에 서로 혼용하려 드는 것은 개념적인 혼란을 초래하게 된다. 이러한 오류를 이제까지의 교육학도들이 '교육'이라는 개념을 정의하는 과정에서 숱하게 범해 왔다는 사실은 앞 장에서 자세하게 검토한 바 있다. 그러나 기왕 이야기가 나온 김에 그러한 오류를 다른 관점에서 재평가해 보는 것도 좋을 듯하다. 그것은 이제까지의 교육학은 진리의 탐구라는 이념과는 전혀 다른 길을 걸어 왔다는 냉혹한 평가이다. 앞에서 우리는 진리설 가운데 대응설과 정합설을 대비하여 설명한 바가 있다. 대응설은 사실과 이론 사이의 대응을 따지려고 하며, 아직도 교육학도들은 그러한 대응에만 집착하고 있다. 그러나 우리는 사실과 이론의 대응을 따지기 이전에 그 사실을 결정하는 데에 이론이 작용한다는 점을 자각해야 할 것이다. 모호한 개념 정의에의 집착이 아니라, 고유한 이론을 정립하는 것이 교육을 이해하는 데 선행되어야 할 조건이다. 그리고 그 고유한 이론은 자체의 내적인 일관성과 전체적인 맥락을 확보하고 있어야 한다. 이것이 바로 정합설에 해당하는 것인데, 현재의 교육학은 하나의 학문이 당연히 지니고 있어야 하는 정합성을 갖추는 데에 성공하고 있지 못하다. 정합성이라는 기준에 비추어 볼 때, 현존하는 교육학적 지식은 불행히도 허위의 편에 있는 것이 분명하다.

어떠한 세계가 하나의 실재로서 존속해 왔다고 하더라도, 그것은 그 세계를 드러낼 수 있는 학문의 발전에 힘입어 포착되어 왔다. 자연현상이라는 것이 그러하였고, 사회현상이라는 것도 마찬가지이다. 교육연구도 교육이라는 전체와 이를 형성하고 있는 요소들, 그리고 요소와 요소 간의 관계를 학적인 인식 수준에서 파악하고 심화시켜 나감으로써 그 독자적인 영역을 확보할 수 있다. 그런데 교육학은 출범의 초기부터 현재에 이르기까지 교육을 이러한 방식으로 접근하여 이해하려는 시도를 전혀 하지 못했다. 대신 교육을 개선하는 데에 기여할 수 있는 기존 분과학문들을 합하면 곧 교육학이 된다는 기능주의적 도식을 따름으로써 그릇된 학문적 전통을 형성해 왔다. 우리의 인식체계 속에서 포착되지 못하는 것을 우리는 현상이나 사실로 인정하지 않는다. 그런데 다른 분과학문들의 인식체계들을 합한 것으로서의 교육학은 해당 분과학문들이 보여주는 현상이나 사실은 볼 수 있을지 몰라도, 정작 교육의 현상이나 사실은 포착하지 못한다. 이로 말미암아 교육적 사실은 기존의 교육학을 통하여 오히려 은폐되거나 그 본연의 양태를 드러내지 못하고 있는 것이다.

이제까지 교육학이 범한 치명적 오류는 주로 지식의 성격과 관련하여 우리가 중요한 것으로 규정한 교육의 고유한 '맥락'에 대한 이해가 부족했던 데서 비롯된다. 우리는 제1장에서 교육의 고유한 맥락을 이해하려는 시도가 교육학의 역사에서 불행히도 제대로 이루어져 본 적이 없다는 점을 강조하였다. 현존하는 교육학은 다른 학문에서 다른 사실들을 밝히기 위하여 구성해 놓은 개념들을 불러들여 그것을 단순히 산술적으로 합하여 누적시키면 교육이 해명되리라 가정해 왔다. 그로 인하여 온갖 유형의 맥락의 혼동을 경험하고 있는 것이다.

교육학의 역사적 불행에 비추어서 볼 때, 이제 교육의 고유한 맥락을 찾는 일이 그 어느 것보다 중요함을 알 수 있다. 본 절에서 교육의 맥락이라는 문제를 먼저 제기한 것은 교육학을 근본적인 오류로부터 해방시킬 수 있는 계기를 마련하기 위함이었다. 여기에서 다시 한번 다짐하자. 학문적 대상에 대한 이해의 명료성은 그 대상이 갖는 맥락, 구조, 전체적인 형태를 분명히 하는 것과 상관을 갖는다. 국지적인 세부사항들 중에서도 가장 국지적인 것과 전체구조 중에서도 가장 전체적인 것, 그 양자 모두를 동시에 연관시키는 과정을 거쳐야만 대상에 대한 인식이 구체성을 갖고 분명해 진다. 이는 대상세계를 직접적으로 대면하면서 그것이 갖는 속성을 하나씩 추가하면 된다고 보는 실증주의적 인식론을 극복할 수 있을 때만 이해될 수 있는 관점이다.

특별히 교육을 이해한다는 말은 교육이 갖는 고유한 맥락을 찾고, 그것을 교육 아닌 맥락과 대비시키는 과제에 해당한다. 많은 분과학문들 가운데 교육학은 고유한 의미의 이론적 맥락을 구성해 나가는 작업에 특히 충실할 필요가 있다. 역사 속에서 그리고 우리의 삶에서 진행되고 있는 무수한 사실들을 교육의 세계로 포섭하고, 그것을 인식론적으로 점유할 수 있으려면, 그것이 이해될 수 있는 새로운 맥락을 찾는 일이 중요하다. 교육에 대한 이해는 개별 요소로부터 전체의 의미를 얻고, 개별 요소들을 포괄함과 동시에 철저히 포착해 내는 전체로부터 이들 개별 요소들을 이해한다는 근본 규칙을 따름으로써만 가능하다.

이 점을 이해하기 위해서 〈그림 3.1〉의 경우를 다시 들어보자. 그 그림을 통하여 우리는 오리와 토끼라는 별개의 다른 해석을 할 수 있었는데, 그러한 이질적인 해석이 초래된 이유는 무엇인가? 그것은 이 그림이 대상의 총체가 아니라, 머리부분만을 제시하고 있기 때문이다. 만약 우리가 이 그림을 〈그림 3.2〉처럼 몸통과 다리를 포함하는 전체의 그림으로 애초부터 드러낼 수 있었다면, 오리 또는 토끼라는 상이한 해석은 생겨났을 리가 만무하다. 이처럼 하나의 인식대상은 그 전체적인 형태에서 파악되기 마련이며, 대상에 대한 인식의 명료함은 그 인식이 드러내는 전체적인 형태가 그것을 구성하는 특징적인 요소들을 하나의 맥락 속에서 얼마나 충실하게 결합시키느냐의 여부에 의해서 결정된다.

서로 다른 지적 형태를 맥락의 특수성에 비추어 제대로 변별해 나가는 작업을 원활하게 하기 위해서 나는 지식과 지식 간의 관계를 설명할 때, "횡적 상대성(horizontal relativity)"과 "종적 상대성(vertical relativity)"이라는

〈그림 3.2〉 전체형태로서 오리와 토끼의 구분

개념을 도입한 바 있다(장상호, 1997, pp. 375-384, 533-555). 전자는 서로 다른 종류의 인식대상을 가진 지식간의 관계를 말하고, 후자는 하나의 인식대상을 놓고 서로 경합하는 지식들 사이의 관계를 말한다. 위의 〈그림 3.1〉과 관련하여 말한다면, 횡적 상대성은 오리와 토끼라는 상이한 종류의 지식들이 갖는 차이에 해당하며, 종적 상대성은 하나의 인식대상, 즉 오리에 대한 인식(혹은 토끼에 대한 인식)을 놓고 〈그림 3.1〉과 〈그림 3.2〉로 나타낼 수 있는 상이한 수준의 지식들 사이의 우열관계에 해당한다. 전자는 그 다양성을 인정해야 할 성질의 것이고, 후자는 경합을 촉구해서 그들 사이의 우열을 판별해 나가야 할 성질의 것이기 때문에 이 두 가지 상대성을 구분하는 것은 매우 중요하다.

지식의 구성적 측면과 맥락을 인정하면서도 이제까지 이러한 두 가지 종류의 상대성에 제대로 주목하지 못함으로써 다소의 혼동이 빚어져 왔다. 예컨대, 오크쇼트(M. Oakeshott, 1933)와 굿맨(1978)은 각 세계에 대한 우리들의 변별적인 체험은 구조성 혹은 형태를 띠고 있다는 점을 강조하면서 우리가 특정한 세계에 관한 지식을 얻는다는 것은 항상 관념의 전체 세계를 변형하고 재창조하는 작업임을 지적한다. 이는 지식의 횡적 상대성의 폭을 확장하는 것을 의미하며, 그 주장은 각 분과학문들이 그들의 대상세계를 파악하는 지식을 이해하는 데 그대로 적용될 수 있다. 이에 비해서 다른 사람들은 어떤 특정한 대상에 대한 인식의 개선에 상대성이라는 의미를 부여한다. 이 부분은 지식의 종적 상대성에 해당하며, 이런 지식들 사이의 관계는 앞에서 오크쇼트와 굿맨이 구분하려고 했던 상이한 종류의 지식들 사이의 관계와는 별개의 것으로 취급되어야 한다.

종적 상대성과 관련하여 최근에 이른바 "변형적 학습(transformative learning)"의 이론을 내놓은 메지로(J. Mezirow, 1991)의 언명에 주목해 보자.

> 변형적 학습을 촉진하려는 교육자는 새로운 규칙에 따르도록 학습자를 가르치는 것이며, 이는 새로운 규칙에 맞도록 상황에 반응하는 방식을 담고 있는 이전과는 다른 의미조망을 제공하는 일이다. 따라서 교육자는 학습자가 특수한 문제 상황에 새로운 조망(규칙들)을 적용하도록 고무한다. 조망의 변형은 새로운 조망을 통하여 무엇인가를 통찰하는 행위가 일어날 때까지는 결코 완수된 것이 아니다(p. 56).

위의 언명에서 주목할 점은 특정한 대상에 대한 지식을 고정된 것으로 보지 않는다는 점이다. 지식을 생산하는 학문도 변화와 발전을 거듭하는 세계의 하나이고, 그것을 포착하는 이론적 개념망 역시 부단히 개선되어 나간다. 그런데 개선이 이루어지는 경우 개선 이전과 이후의 개념망은 서로 무관한 것이 아니라 발생적 관계를 갖게 된다. 이때 메지로가 놓치지 않고 강조하는 것이 있다. 한 단계에서 지적인 진전은 단지 단순한 정보의 누적이 아니라, 지식의 전체적인 유형의 변화를 의미한다. 이전의 것이 새로운 것으로 대치되는 것은 서로 분리된 지적 요소의 대치를 의미하지 않는다. 같은 상징이나 기호로 대표되는 개념이 그들이 소속한 전체체계의 변화와 더불어 새로운 의미를 갖게 되는 것이다. 여기서는 서로가 얼마만큼의 디딤돌 혹은 걸림돌의 역할을 하게 된다.

이상과 같은 논의들을 고려하는 가운데 이제 교육학의 일차적 과제를 재규정한다면, 그것은 기존의 분과학문들과 횡적 상대성을 갖는 지식을 구성하는 작업을 의미한다. '교육본위론'은 그러한 시도 가운데 하나라고 볼 수 있다. 교육본위론의 관점 역시 얼마든지 개선의 여지가 있을 것이고, 그 중 어느 부분에 불명료함이나 착오가 있으면 그것을 수정하고, 수정된 바에 맞게 이론체계 전체가 일관성을 갖도록 하는 추가작업을 얼마든지 할 수 있을 것이다. 더 나아가 교육본위론과 경합하는 교육에 대한 이론들이 얼마든지 나올 수 있으며, 또 나와야 된다. 이처럼 교육에 대한 이론들 사이에는 종적 상대성을 갖고 정당한 경로를 통해서 어느 것이 더 우위에 속하는지를 가리기 위하여 경합을 벌여 나가는 것이 바람직하다.

그러나 현재 우리가 교육본위론과 관련하여 주목해야 되는 것은 종적 상대성보다는 횡적 상대성에 대한 것이다. 각각의 분과학문은 그것의 대상이 되는 사실 혹은 현상의 전체를 구성하는 데에 적합한 개념들을 창출하고, 그 개념들이 서로의 관계 속에서 대상의 총체적인 의미를 드러낼 수 있도록 이를 조합시키고 있다. 이 가운데 자율적인 분과학문으로 인정받는 학문은 그것이 인식의 대상으로 삼은 세계의 구조성을 부각시키는 데 성공한 경우이다. 우리가 교육학의 대상이 교육이라고 할 때, 교육이 갖추어야 할 조건의 하나는 구조적 자율성이다. 교육은 하나의 자율적인 체계로 가정되며, 따라서 그것에 대한 이해는 그 나름의 요소 혹은 요소와 전체와의 관계를 이해하는 방식으로 이루어져야만 한다. 이러한 작업은 특정한 세계 전체가 드러나도록 그림을 그리는 작업으로 비유될 수 있을 것이다. 대상 세계의 요소들이 있을 것이고, 그들은 적절하게 배합되어서 하나의 형태를 유지할 수 있어야 한다.

우리의 생활은 서로 환원되어서는 안 될 다양한 종류의 세계가 교차하는 영역 속에서 하나의 독특한 맥락을 형성하며 자리잡고 있다. 교육본위론은 교육을 생활세계 속에 잠복되어 있는 제반 이질적인 세계들 가운데 하나로 파악하려는 방법을 택하고 있다.[12] 이는 거의 모든 것을 교육으로 포섭하고 포괄하려는 이전의 접근과는 크게 대조를 이룬다. 이제 교육을 말하기 위하여 우리는 교육 아닌 것을 검토하는 가운데 교육이 그 나름의

---

12) 교육은 누차 강조했듯이 학교라는 제도적인 울타리에 제한받지 않는다. 그것은 특이한 삶의 형태로서 생활 속에 편재한다. 이 점에서 우리의 논의는 특별하다고 할 수 있다.

자율적인 세계로서 다른 세계들과 어떤 모양으로 공존, 혹은 갈등할 수 있는가를 생각해야 한다. 그렇다면 그 제반 이질적인 세계들이 얼마나 있으며, 교육은 그 여타의 세계들과 어떤 구조적인 차이를 보이는지를 구명해야 할 것이다. 우리의 삶에 작용하고 있는 이질적인 세계의 종류는 우리가 생각하는 것 이상으로 많을 것이다. 이제까지 그 이질성을 구분하는 데 각각 분과학문들이 커다란 역할을 수행하였고, 적어도 그 분과학문의 수만큼의 각각의 세계가 이론적으로 분리된 셈이다. 교육은 그 다양한 세계들 가운데 하나로 존재하고 있을 것으로 기대된다.

다시 강조하지만 교육을 체험하거나 인식한다는 말은 그것의 의미를 하나의 전체적인 통일체로 완성한다는 것을 의미한다. 이 때문에 우리에게 선결되어야 할 과제는 교육을 관찰하려고 들기 이전에 그 세계를 하나의 동질적인 것으로 일관되게 구성하는 일이다. 그것이 제대로 이루어지지 않고 모호한 상태에 있다면, 우리가 아무리 우리 주변의 감각적 증거를 가지고 있다고 하더라도 그들은 도저히 해석이 불가능한 미궁으로 빠지고 만다. 지금의 교육학이 그러한 혼란에 빠져 있다. 이를 그대로 방치하는 것은 더 심각한 혼란을 야기할 뿐이다. 지금처럼 더 열심히 연구하면 될 것이라는 식의 대처가 난망한 것은 이런 이유에서이다. 교육의 세계에 관한 아이디어, 자료, 혹은 정보를 빠짐없이 수집하는 일이 중요하지만, 여기서 결코 배제해서는 안 될 것은 그것들을 의미 있는 전체 속으로 통합하는 일이다. 만약 우리가 이러한 일을 하지 않는다면, 우리는 분산되고 무선적인 정보의 홍수 속에 빠져서 헤어나지 못할 것이다.

외관상으로는 엉클어지고 혼란한 어떤 특수한 상황이 사실은 보다 더 일반적인 것의 한 가지 경우에 불과하다는 것을 인식하고, 그 일반적인 것을 찾아낼 수 있을 때 비로소 우리의 사고는 혼란에서 빠져 나올 수 있다. 그러한 탈출은 실증주의를 성공적으로 극복하는 경우에만 달성될 수 있다는 점을 다시 한번 강조하지 않을 수 없다. 교육에 관한 새로운 지식을 구성하려고 들기에 앞서 먼저 해결되어야 할 문제는 좀 더 넓은 시야에서 자신이 위치할 고유한 맥락을 확보하는 것이다. 교육연구는 교육에 관한 특수한 지식을 구성해서 그것을 언어로 표현하고 논의하려고 한다. 그 가운데 교육본위론은 어떠한 입장에서 교육학적 지식을 제안하려고 하는가? 이제부터 앞선 논의의 취지에 맞게 그 작업을 수행해 보기로 하자.

3.2.2. 세계구분의 개략

우리가 교육을 고유한 삶의 양상으로 묘사하고자 할 때, 중요한 것은 그것이 이제까지 알려진 여타의 삶의 양태와 어떻게 총체적으로 다른 것인가를 증명해야 한다는 점이다. 그것은 일시에 이루어질 수 없다. 그 결과는 아마도 본서의 마지막에서 어느 정도 판가름 날 것이다. 그러나 중요한 것은 그곳에 이르기까지 그동안 학문을 통해서 변별되어 온 여타의 대상세계와 교육을 큰 범주로 나누어 대충이나마 구분해 보는 작업이다. 적어도 "이러저러한 것은 교육이 아니다"라는 배타적 선택이 이루어져야만 한다. 그 점이 바로 본 소절이 해결해야 할 문제이다.

그동안 학문에 의해서 밝혀진 세계들 가운데 근래에 우리 앞에 분명하게 드러나고 있는 것은 말할 필요도 없이 '자연계(natural world)'이다. 자연계라는 미묘한 세계가 있다는 것을 알려준 것은 자연과학자들이었다. 자연과학자들은 자연을 조망할 수 있는 놀랍고도 다양한 지식들을 생산해 왔다. 그것은 앞에서 핸슨의 말을 빌어서 지적했듯이, 자신들이 관찰한 현상들을 짜 맞추는 방식이 아니라, 그것들을 특정한 종류의 것으로, 그리고 다른 현상들과 연관된 것으로 설명할 수 있는 개념들을 추구하는 방식을 통하여 가능하였다.

자연과학자들은 이론이 현상들을 체계적으로 만들며, 하나의 이론은 하나의 전체를 찾기 위한 결론들의 집합이라고 보았다. 그들은 데이터를 이해될 수 있는 개념패턴에 짜 맞출 수 있기를 열망했다. 관찰과 실험은 늘 개념과 융합되었다. 새로운 이론은 이전에는 할 수 없었던 관찰을 가능하게 했고, 또 그러한 새로운 관찰은 다시 이를 하나의 설명의 틀에 맞아 들어가게 만드는 계속적인 개념의 창출 작업을 가능하게 했다. 그것이 바로 자연과학이라고 하는 학문의 역사이다. 이러한 방식으로 방만하리만큼 다양한 자연의 외관들이 그 이면에 숨어있는 내적인 구조라는 단순성으로 환원되어 드러나기 시작하였다. 자연과학의 개념적 작업을 통하여 밝혀진 바는 '자연계'가 하나가 아니라, 여러 가지 종류의 것으로 구분되어야 할 하위세계, 예컨대, 물리의 세계, 화학의 세계, 생물의 세계 등으로 이루어져 있다는 사실이었다. 이러한 사실은 물리학, 화학, 생물학이라는 분과학문들의 구분을 불가피하게 만들었다.

교육의 세계가 다양한 종류의 자연계들과는 구분된다는 주장에 큰 이견은 없을 것이다. 자연계보다도 구분이 더 어렵고 미묘한 세계는 우리가 흔히 말하는 "인문·사회적 세계"에 속하는 다양한 하위 세계들이다. 이 세계는 흔히 정치·경제·사회·문화·종교·교육 등으로 더욱 세분되기도 한다. 이들은 눈에 직접 보이지는 않지만, 서로 다른 목표, 구조, 인간적인 적응과 종사의 방식을 가지고 있다. 이들은 삶에서 추구하는 가치가 다르고, 이를 추구하기 위하여 상이한 삶의 방식을 요구하기 때문에 어느 하나의 세계를 다른 세계로 환원시켜서는 안 된다. 이제부터 이 다양한 세계들에 대한 일반적인 진술[13)]을 해 나가면서 교육계가 그것들과 어떻게 구분되어 그 본래의 맥락을 드러낼 수 있을 지를 살펴보도록 하겠다.

우선 정치계의 특징은 대충 이렇다. 정치는 권력이 획득되고 배분되며 유지되는 것과 관련된 세계이다. 인간은 승부를 가리는 동물이다. 여기서는 언제나 강자가 이기고 약자가 패배한다. 권력을 얻는다는 목적을 달성하기 위하여 사람들은 무리를 이루고 세(勢)를 꾀한다. 개인 혹은 집단 간에는 그 권력의 동조 여부에 따라 적과 아군이 구분되고, 그에 따른 연합·결탁·배타·충돌·복수 등에 의한 경합이 이루어진다. 정치적 관계는 권력이 균형을 유지하고 있을 때 형성된다. 권력을 갖지 못했을 경우에는 의지할 곳이 없기 때문에 이 세계에 종사하는 사람들은 아부나 복종

---

13) 이것은 극히 인상적이고 개략적인 것임을 인정해야 한다. 후에 지적하겠지만 이에 대한 좀더 이론적인 이해는 그들을 대상으로 하는 분과학문의 과제가 되고 있다.

의 방식을 통하여 권력의 균형에 참여하는 방식을 택하기도 한다. 그것은 비록 그들이 원하는 바는 아니라고 하더라도 하나의 훌륭한 적응 양식일 수 있다.

경제계는 이와는 다른 양태를 지니고 있다. 여기서는 물질과 재화가 생산되고 교환되며 소비된다. 우리의 삶에서 의·식·주는 필수적인 요건이며, 이 때문에 경제계에서는 물질적 부가 최고의 가치척도로 간주된다. 인간은 그 자체로서 가치를 인정받아야 한다는 철학자의 주장도 있지만, 이 세계에서는 인간도 경제적 기능성 혹은 상품성에 의해서 존재가치를 인정받는다. 경제적으로 볼 때, 인간은 가끔 기계보다도 훨씬 부족한 물건이다. 게으르고 정직하지 못한 주제에 불평은 훨씬 더 많기 때문이다. 이 경우 기계가 인간보다 더 우선시 되는 것은 이 세계에서는 어쩌면 당연한 것일지도 모른다. 직장에서 장애자가 정상인보다 능률의 면에서 뒤떨어질 때, 그 만큼의 차별적인 월급이 지급되는 것은 경제의 원리에 부합한다. 대부분 실질가치보다는 교환가치가 우선시되기 때문에 상품의 독점과 희귀함 등이 중요시되며, 시장에 의한 공급과 소비가 가치를 형성한다. 경제적 관계는 상호간에 이해가 조화되는 범위 내에서 유지된다.

정치계와 경제계 이외에 인간에게 중요시되는 것이 사회체제이다.[14)]그것은 규약적, 익명적, 임의적, 단편적인 것으로서 구성원들에게 각자의 위치에서 수행해야 할 역할을 규정한다. 말하자면 우리 각자는 태어나기 이전부터, 마치 연극의 경우와 마찬가지로, 사회체제가 요구하는 대본에 따라 그때그때의 상황에 맞게 행동하기를 요구 받는다. 이른바 "사회적 자아(me)"의 규정과 공연의 책임이 뒤따르는 것이다. 그 요구에 응하느냐 응하지 않느냐에 따라 정상적인 사람과 비정상적인 사람의 분류가 이루어진다. 사회적 계층과 위계가 있어서 한 개인은 그가 소속한 곳, 그리고 지위에 따라 구성원들로부터 인정받거나 비난을 받으며, 특정한 평판을 얻게 된다.[15)] 사회의 무대에서 누구나 입신양명의 야망에 따라 행동하는

14) 여기서 정치나 경제도 사회체계의 일부로 보는 관점이 있을 수 있으나, 여기서는 그 의미를 극히 제한하여 쓰고 있다.

것은 이 때문이다.

앞에서 정치, 경제, 사회라는 세계를 삶의 상이한 양상으로 대충 묘사해 보았다. 그들은 정도의 차이는 있을지언정 우리의 삶에서 불가피하게 작용하고 있으며, 그 가운데 어느 삶이 다른 삶보다 언제나 우선한다고 보기는 어렵다. 사실상 어느 개인이나 이러한 다양한 양상 속에서 생활하고 있다고 보아야 할 것이다. 그들은 긴밀한 관계를 가지고 서로 영향을 주고받는 가운데 병존하고 협력한다. 이 점에서 그들 사이에는 횡적 상대성이 존재한다. 다만 상황에 따라 각자는 그 가운데 어느 하나의 세계에 종사하게 되며, 그때 그 세계가 전면에 부각되고, 여타의 세계들은 배경으로 잠복한다. 어느 세계가 전면으로 부각되느냐에 따라 특정한 사태, 더 나아가 인간 자신에 대한 평가도 달라진다.

우리는 어떤 것이 실재이고, 다른 것은 실재가 아니라는 말을 쉽게 한다. 이 과정에서 무엇을 실재로 볼 것인가는 모종의 선택에 의한 것이라는 점을 망각한다. 깊이 따지고 들자면, 무엇이 실재인가 아닌가에 대한 판단은 객관적인 토대에 의하는 것이 아니라, 어떠한 체험적 혹은 이론적 맥락에서 보느냐에 의해서 좌우된다. 앞에서 우리는 정치, 경제, 사회라는 세계가 서로 총체적으로 다른 맥락 속에 있다는 인상을 주려고 하였다. 그 많은 다양한 세계들 가운데 우리는 이것보다는 다른 것을 선택하고 그 선택된 삶에 더 충실하기 위하여 여타의 세계에 대해서는 배타적인 태도를 취할 수 있다. 다양한 세계들은 때로는 서로 갈등하는 양상을 띠기도 하며, 우리에게 선택적인 삶을 요구하기도 한다. 이 경우 우리가 선택한 삶의 세계가 본질적이고 내재적인 것이 되며, 여타의 세계는 비본질적이며 외재적인 것으로 규정된다.

우리의 인식은 본질상 선택적이다. 오늘날 정치학, 경제학, 사회학은 각각 정치현상, 경제현상, 사회현상을 인식대상으로 삼으면서 각자가 탐구해야 할 사실들을 변별적으로 선택해 왔다. 이들 분과학문들은 해명하고

---

15) 여기서는 "허수아비도 의복을 잘 입으면 허수아비로 보이지 않게 되는 비결"이 성립될 수 있다.

자 하는 인식대상을 다루고 있는 변인들을 그 학문의 내재변인(endogenous variables)으로 규정하여 본질적인 것으로 다루고, 그렇지 않은 것들은 외재변인(exogenous variables)으로 규정하여 비본질적인 것으로 다룬다. 교육학이라고 해서 예외가 될 수는 없다. 교육계는 분명 앞에서의 지적에서처럼 자연계와 대비되는 어떤 세계일 것이다. 교육은 인문・사회적 세계인 정치, 경제, 사회라는 세계들과도 분명히 구분되어야 한다. 그렇다면 교육은 이러한 교육 아닌 세계들을 모두 제외할 경우에 남게 되는 어떠한 세계로 규정되어야 마땅하다.

이제부터 교육본위론은 앞에서 살핀 정치적, 경제적, 사회적 사실들이 담긴 우리의 삶의 양상들을 '세속계(mundane worlds)'라는 하나의 동질의 범주로 묶어서 교육과 구분하게 될 것이다. 세속계는 생존을 위한 우리의 외부조건에 해당된다. 세속계에 대한 적응으로 인하여 받게 되는 보상은 권력·부·지위 등과 결부되어 있다. 그리고 보상은 제한되어 있기 때문에 치열한 경쟁의 원리가 작동하게 된다. 세속계에 대한 적응의 여부는 우리의 내면적인 상태보다는 겉으로 드러나는 행동의 측면에서 판단된다는 특징을 갖는다. 과정보다는 결과에 큰 비중이 주어지면서 그에 따른 문책도 행해진다. 이 때문에 타인의 존재와 기대에 부응하는 표리부동의 인상관리와 그때그때의 상황적 전개에 따른 임기응변적인 대응이 중시되기도 한다. 세속계의 하위세계들은 앞으로 우리가 밝히고자 하는 교육적인 삶의 양상과 크게 대비될 수 있는 속성들을 공유하고 있다.

인문・사회의 범주에 속하는 것 가운데 아직 우리가 다루지 않은 것으로서 문화, 종교, 교육의 세계 등이 있다. 물론 그 중에서도 교육을 교육 아닌 것들과 변별한다는 과제가 우리에게 남아 있다. 문화, 종교, 교육 등을 이론적으로 구분하는 것이 해당 분과학문의 역할인데, 이는 아직까지도 만족할 만한 성과를 거두고 있지는 못한 듯하다. 문화현상의 경우를 제외하고 나머지 종교와 교육에 관한 한, 아직까지도 이를 자체의 고유한 맥락에서 포착하는 자율적인 분과학문이 정립되어 있지 않은 것이다.[16] 이 분야를 연구하는 학자들은 그동안 그들 자신의 지도를 그리기보다는 다른 분과학문의 학자들이 만들어 놓은 지도 위에 종교 혹은 교육을 위치시키는 정도의 일을 수행하여 왔으며, 이로 인하여 관점의 종속이라는 문제에서 해방되지 못하고 있다. 여타의 분과학문들이 각자 그들의 인식대상이 갖는 구조적 특징을 포착하기 위해서 고안해 낸 개념들을 무분별하게 도입함으로써 그들이 별도로 해명해야 되는 자체의 고유한 인식대상으로서 종교와 교육을 간과하거나 은폐시키고 있을 뿐이다.

그러한 문제들이 조만간에 해결되리라 기대하기는 어렵다. 이러한 상황을 감안하여 교육본위론은 교육을 문화 혹은 종교와 각각 개별적으로 대비시키는 것은 피하고자 한다. 대신 문화와 종교적 측면 가운데 역사적으로 교육과 긴밀한 관계를 형성하고 있는 것으로 생각되는 내용을 포함하고 있는 '수도계(transcendental worlds)'라는 세계를 상정하여 논의를 전개하고자 한다. 수도계는 추구하는 목표와 가치의 면에서 인간의 고유한 가능성을 탐색하고 실험하는 일과 결부되어 있다. 이 점에서 수도계는 앞에서 살핀 세속계적인 맥락 혹은 범주와는 독립되어 있다. 우리의 삶에서 수도계는 세속계적 범주, 가치, 생활이 주는 한계, 그리고 일상성이 주는 한계 등을 초월하려는 필요성에 의하여 출현하였다고 볼 수 있다. 세속계적으로 권력, 부, 사회적 지위 등에 있어 아무리 비천한 사람이라고 하더라도, 나름대로 연마와 수련의 과정을 거치면 그에 상응하는 수도계적인 성취와 지위를 얻을 수 있다. 그 밖에도 외면적인 적응보다는 내면적인 풍요성이 더 중시된다는 점, 그리고 대중적이거나 평균적인 합의와 확인을 중시하기보다는 고독한 자기 확인과 자족감을 중시한다는 점에서도 수도계는 세속계와 구분되는 특징을 지닌다.

환경과 인간은 상대적으로 규정된다. 무한한 가능성의 덩어리로서 인간이 제한을 받고 갇혀있는 감옥은 밖에 있는 것이 아니라 우리 안에 있다. 수도계의 특이한 점은 외부의 변화를 자신의 내부 변화에 의해서 바

---

16) 종교학의 학문적 자율성을 추구하는 노력(예컨대, Eliade, 1969; Smith, 1978; Tillich, 1969)이 부분적으로 이루어져 왔지만, 지금도 종교에 대한 이해는 많은 부분 철학, 심리학, 사회학, 문화인류학 등의 외래학문에 의존하고 있는 편이다.

꾸어 놓거나 극복하려고 시도한다는 점이다. 예컨대, 우리 주변의 자연 자체는 우리가 어떻게 할 수 없는 외부적 제약으로 우리에게 작용한다. 인간은 자연의 일부이지만, 동시에 그 자연 상태를 극복할 수 있는 엄청난 가능성도 지니고 있다. 또한 인간은 그 가능성과 관련하여 단순한 수단의 범위를 넘어서서 그 자체로서 가치를 인정받을 수 있는 부분을 선택하여 실현할 수 있는 능력을 갖고 있다. 인간은 스스로가 자기 자신의 창작물이며, 자신의 가능성을 끊임없이 실현시키고 변혁시키려는 스스로의 실천적 행위를 통해서 그가 실현할 수 있는 인간성이 무엇인지를 입증해 나갈 수 있다. 그 가능성에는 물론 자연에 대한 이해가 포함된다. 자연에 대한 이해의 과정에서 자연과학이 탄생했고, 그로부터 자연의 제약으로부터 해방되는 방법을 찾았다. 이처럼 인류역사를 통해서 인간이 그들의 마음의 나침반이 지향하는 방향으로 우리 안쪽의 잠재된 가능성을 다양하게 실현시켜 온 세계들은 자연과학에 국한되지 않는다.

인간은 엄청난 가능성을 가진 존재이고, 그 가능성을 시험하려는 경향을 가지고 있다. 인간은 자신이 가진 가능성을 시험하고, 그의 존재가치를 고양하려는 동기를 지니고 있다. 인간은 현명하게도 자신의 안쪽에 존재하는 특성을 먼저 확장하고 심화시키는 방식을 통하여 자신이 처한 상황적 제약으로부터 벗어나는 고유한 출구를 발견할 수 있었다. 인간은 자신의 내면에서 스스로의 가능성을 실현시켜 나가는 가운데 이전과는 다른 양태로 존재할 수 있었다. 이를 통하여 우리는 인간으로서의 가치를 확인할 수 있었다. 우리의 인간적 가능성은 항상 발전의 여지를 지니고 있기 때문에 가능성을 실현하는 도상에서 이는 항상 점입가경의 양태로 우리에게 출현하였다.

우리의 삶에서 수도계에 속하는 것들이 어떤 것들이며, 그 총체는 어떻게 분류될 수 있는가? 이 질문에 대해서 쉽게 대답을 할 수 없는 근본적인 애로가 있다. 왜냐하면 그것들은 계속적인 생성의 과정에 있으며, 이를 확인하려면 우리 자신의 끝없는 자기변모와 혁신이 필요하기 때문이다. 우리에게 보편적으로 알려진 수도계만 하더라도 종류가 엄청나기 때문에 여기서 그것을 모두 열거하는 것은 불가능하다. 이들은 계속 발전하는 세계이기 때문에 그 발전의 수준 역시 무궁무진하다. 이들은 언술의 경계를 벗어나며, 우리는 그 세계 속에 참여하는 가운데 체험적으로 그 발전의 양상을 어느 정도 확인할 수 있을 뿐이다. 이 경우 한 가지 분명한 것은 수준을 달리하는 수도계의 발전 단계들은 형식논리에 비추어 보면 서로 모순된다는 점이다. 설사 직접적인 참여를 통하여 그 가운데 어떠한 것을 확인할 수 있게 되었다고 하더라도, 그 모순된 양상들을 언술로 표현하는 데에는 한계가 있다.

그럼에도 불구하고 그 수도계의 역사적 사례들을 드는 것이 전혀 불가능한 것은 아니다. 가령, 학문(그 하위의 분과학문들), 예술(그 하위의 각 장르들), 각종 스포츠(검도, 태권도, 궁도, 유도 등), 취미(화도, 다도, 가도, 서도, 기도 등) 등을 들 수 있다.[17] 수도계에 관한 이야기는 우리의 교육론이 전개되는 과정에서 하나의 비교 준거가 되기 때문에 이하의 논의에서 자주 등장할 것이다. 수도계의 실재성에 대한 공동체적 확인은 다분히 교육의 과정을 통해서 이루어진다. 그렇다면 교육은 무엇인가? 그 대답을 성급히 들으려는 욕심을 독자는 당분간 자제해야 할 것이다. 왜냐하면 그것은 본서의 나머지 모두의 내용이기 때문이다.

지금으로서 분명하게 말할 수 있는 부분은 교육이 수도계와 긴밀한 관계를 갖는다는 사실이다. 앞의 절의 마지막에 한 진술, 즉 "수도계의 실재는 다분히 교육의 과정을 통해서 확인된다"는 말이 의미하는 바가 바로 교육에 대한 이해를 시작하는 단초가 된다. 그러나 어떠한 두 가지 사항이 관계를 갖는다는 것은 논리적으로 그 양자 사이에 차이가 있다는 것을 전제한다. 제2장의 "교육현상 자체의 연구(2.3.4)"에서도 강조했듯이 교육은 교육의 결과와는 구분되어야 한다. 우리의 관점에서 수도계는 교육에 의해서 끊임없이 그 실체가 증명되어 가는 세계라고 할 수는 있으나 교육

17) 이 부분은 앞 절(3.1)에서 정범모 선생이 그의 후기에 자아실현을 염두에 두고 그 자체에 보람을 느낄 수 있는 것으로서 예컨대, 스포츠, 바둑, 미술, 조각, 음악, 문학, 철학, 사상, 과학의 예를 든 것과 일치한다.

자체라고는 볼 수 없다. 교육을 해명하기 위해서 우리는 더 많은 작업을 점차적으로 진행해야만 한다.

이제까지 우리는 교육이 여타의 세계와 어떠한 차이를 지니는지에 대한 대략적인 설명을 하였다. 그 차이는 부분적인 것이 아니라 맥락상의 총체성에서 드러나야 한다. 지금까지의 논의는 말하자면 맥락을 위한 맥락에 대한 것이라고 할 수 있다. 그 점을 다시 한번 요약해 보자. 교육을 이론적으로 제대로 포착할 수 있으려면, 그에 상응하는 고유한 맥락을 찾아내야 한다. 우리들의 삶은 서로 맥락이 다른 다양한 종류의 세계들로 구성되어 있으며, 이들 사이에는 부분적인 차이가 아니라 총체적인 차이가 있다. 그 다양한 세계 가운데에는 자연계, 세속계, 수도계, 그리고 교육계가 포함되어 있다. 교육학은 하나의 세계로서 교육이 갖는 질서, 법칙, 내적 통합성 등을 여타의 세계들과 구분하여 인식의 수준에서 이론적으로 분할해 낼 수 있어야 한다.

그렇다면 그러한 의미의 교육학은 어떤 세계에 속하는가? 우리의 분류에 따르면, 그것은 수도계, 그 중에서도 특히 학문계에 속한다. 학문은 수도계에 소속된 하나의 하위 세계로서 그것은 다시 세분된 분과학문들을 갖는다. 그들은 대상세계에 대한 고유한 지식체계를 형성함으로써 자율성을 인정받을 수 있었다. 이러한 일반적인 구분에 의해서, 가령 물리학은 자연계 가운데 물리적인 현상을 자율적으로 포착할 수 있는 개념체계를 형성하는 데 몰두하였고, 경제학은 세속계 중의 하나로 볼 수 있는 경제계를 이해할 수 있는 자율적인 지식을 창조함으로써 점차 그 독자성을 인정받을 수 있게 되었다. 이제 교육학도 교육계를 포착할 수 있는 적절한 개념체계를 구축하는 과제에 착수해야 된다.

교육은 "다원적 실재(multiple realities)"의 개념을 도입한 슈츠(1973, p. 344)가 말했듯이 하나의 '쇼크(shock)'를 유발할 정도로 새로운 개념범주를 갖추어야만 진입할 수 있는 세계이다. 교육은 세속적 상식에 의존하거나 혹은 타학문의 개념을 빌려서 이해할 수 있는 인식대상이 아니다. 따라서 교육학적 지식을 만든다는 것은 이제까지 이 세상에 없는 지식을 만드는 일을 의미하며, 교육이라고 하는 전체 세계를 인식의 수준에서 변형하고 재창조하는 것을 말한다. 이는 교육이라는 특정한 세계가 가진 요소들과 그것이 구성하는 전체적인 이론체계를 찾는 일로서 하나의 새로운 분과학문을 창조한다는 지난한 작업에 해당한다.

교육학의 역사에서 이처럼 여러 가지 세계 가운데 교육을 삶의 중앙에 놓고 그것에 대한 개념을 자체적으로 발전시킨 사례는 거의 없어 보인다. 교육학자들은 교육의 본질이 무엇이며, 그것은 여타의 현상과 어떻게 다른지를 학문적으로 탐구하거나 해명하지 못했다. 앞으로 다양한 제안들이 과감하게 시험되고 검토 받아야 된다. 근래에 내가 모색해 왔고, 또 본 장에서 소개하려는 교육본위론은 교육학 나름의 거대한 탐구영역을 맥락상으로 유도하려는 데 기본적인 의의를 두고 있다. 이것은 분명히 기존의 어떤 분과학문의 것으로의 환원을 경계하는 방식으로 개념화되었으나, 그 관점의 타당성이나 유용성은 말할 필요도 없이 계속 입증되고 검토 받아야 할 것이다.

이제부터 나는 먼저 교육과 특별히 관계를 맺고 있는 수도계를 하나의 참조의 근거로 삼아 교육계가 어느 위치에 있는가를 대축척지도(大縮尺地圖)를 제시하는 방식으로 독자에게 안내하고자 한다. 그 다음에는 그 지점으로부터 다시 소축척지도(小縮尺地圖)를 제시하면서 교육의 세계가 구체적으로 어떤 구조의 형태로 그 나름의 자율적인 왕국을 확보하고 있는가를 보여주는 순서를 택할 것이다. 이 과정에서 이제까지 교육학이 주된 관심을 보여 왔던 외래적 범주들이 점차 비실재적인 것, 비본질적인 것, 피상적인 것, 무가치한 것으로 배제될 수 있기를 기대한다. 이러한 작업은 외래적인 범주들을 오히려 교육의 본질적인 부분으로 생각하고 있는 수많은 독자들에게 많은 혼동을 줄 수도 있다. 소망하는 바는 그러한 혼동이 새로운 맥락에 대한 이해를 거쳐 점차 해소되었으면 하는 것이다.

엄밀하게 말해서 개념들은 그 개념들이 속한 분과학문의 지식체계 안에서 의미를 확보한다. 교육이라는 대상을 찾음에 있어서도 예외가 있을 수 없다. 교육은 적어도 교육학도들에게는 끊임없는 의문의 대상이어야 한다. 이미 알려져 있는 것으로부터 아직 알려져 있지 않은 것으로 이행하는 과정에서 교육이 어떠한 양상으로 출현하느냐 하는 것이 교육학이 다루어야 될 가장 중요한 문제이다. 교육이 하나의 학문적 인식의 대상이라고 할 때, 그것을 인식론적으로 드러내주는 것은 단순한 개념적 정의가 아니라, 교육을 총체적으로 드러내는 하나의 인지체계 혹은 이론적 체계이다.

교육이라는 하나의 단일한 대상의 의미가 종합될 수 있도록 개념을 창출하고 표현해 내는 일은 중요하다. 그러나 그러한 교육의 맥락은 단번에 구축될 수 있는 성질의 것이 아니다. 처음에 그것은 모호한 양태로 드러날 것이다. 각 분과학문들의 발달과정을 보면, 그 학문들이 해명하려는 대상 세계 역시 최초의 모호한 양태에 무엇인가를 추가하고 분화시키며 조정하고 재통합하는 과정을 통하여 점차 분명하고 정교하게 이해되어 왔다. 마찬가지로 교육의 의미도 이처럼 계속 발견되고, 재발견되며, 수정되고, 재구성되는 과정을 거쳐 선명하게 드러날 것이다.

새로운 착상도 중요하지만, 그것을 담는 용어의 선택도 중요하다. 언어는 우리의 개념을 대표하는 도구로서 경험에 의미를 부여하고 사고를 조작하는 신비로운 힘을 가지고 있다. 기존 외래학문의 개념들이 얼마나 강력하게 우리의 교육학적인 상상력을 차단하며 교란시키고 있는지를 누구보다도 절실히 체험해 왔기 때문에 교육본위론에서는 그러한 외래적인 개념들이 침입하지 못하도록 철저하게 차단할 것이다. 자연언어도 경계의 대상이다. 교육과 관련된 자연적인 일상언어들은 교육이라는 실재를 파악하기에는 너무도 피상적이며, 사람들이 그들을 자연스럽게 느끼는 것만큼 이론적인 접근을 방해한다. 일상적 인식을 넘어서는 이론적 접근을 시도하려면 일상언어와는 구분되는 새로운 용어를 사용할 수밖에 없다.

이론이란 인간의 삶에서 일반화할 수 있는 모든 것을 추출하여 그것을 일련의 규칙으로 만드는 사고유형이기 때문에 일상적 언어로 표현될 수 없다. 이 작업에서 얼마나 비통상적인 용어를 도입하느냐 하는 문제가 있다. 가능한 범위에서 불필요한 것은 절제하는 것이 원칙일 것이다. 그러나 이론이 충족시켜야 하는 한 가지 조건은 우리가 관련된 정보와 무관한 정보를 선택적으로 구분하고, 서로 무관한 것처럼 보이던 정보들을 선택적으로 종합하는 데에 기여할 수 있어야 한다는 것이다. 새로운 정보를 이전의 것과 선택적으로 비교하기 위하여 필요에 따라서 교육본위론의 맥락적인 의미를 드러내는 데에 적절한 새로운 개념들과 낯선 용어를 사용하였다. 그러한 용어가 등장하는 경우에 그것이 생소하다는 이유로 반발을 해서는 안 된다. 이들 용어들의 사용은 교육에 대한 새로운 착상에 따르는 불가피한 대가라고 받아들일 수 있어야 한다.

그러나 모든 것을 새로운 개념과 용어에 의존해서 해결할 수는 없기 때문에 기존의 일상적인 용어들도 받아들이게 될 것이다. 설사 그렇다고 하더라도 이들 일상적인 용어는 교육본위론의 맥락 속에서 새로운 의미를 지닌다는 점을 기억해야 된다. 따라서 일상적인 용어가 사용되는 경우에 논의의 전후 맥락을 살펴보면서 그것의 의미를 이해하려고 노력해야만 한다. 가령, 우리가 아무리 교육을 달리 본다고 하더라도, 그것을 '배움'과 '가르침'이라는 활동과 전혀 다른 것으로 개념화하기는 어려울 것이다. 그럼에도 불구하고 독자는 배움이나 가르침이라는 개념을 대할 때 그것을 일상적인 의미로 이해해서는 안 된다. 그것의 의미는 이제 교육본위론의 맥락 속에서 새롭게 해석되어야 한다.[18]

3.2.3. 사회화와 교육

우리는 앞에서 우리의 삶에 내재된 다양한 세계들을 상정하였고, 그 각각의 세계는 그에 대응하는 우리 자신들의 체험구조와 관련하여 유지된다는 점을 살펴보았다. 그와 관련하여 주목할 필요가 있는 것은 오래 전

18) 예컨대, 일상적으로 쓰여 온 '배움'과 '가르침'이라는 개념은 다음 소절에서 '상구교육(上求敎育)'과 '하화교육(下化敎育)'이라는 새로운 개념에 의해서 대치된다. 이것은 통속적인 의미의 교육에 대한 용어들이 갖는 모호성을 극복하기 위함이다. 차차 드러나겠지만, 교육본위론에서 쓰이는 모든 개념은 그 자체만이 아니라, 여타의 개념 사이의 관계에 의해서 구체적인 의미를 확보한다.

부터 세속적인 출세와 자아실현 사이에 개재하는 큰 이질성으로 인해서 두 가지 유형의 바람직한 인간성이 서로 대비되어 왔다는 점이다. 이는 우리가 교육의 맥락에 접근함에 있어서 매우 중요한 분기점이 된다. 본 소절은 그 이질성을 부각시키면서 교육을 통상적으로 알려진 사회화 과정과 구분하고자 한다. 주로 사회학자들의 주제가 되어 온 '사회화(socialization)'와 여기서 제시하려는 교육은 각기 삶에서 배제할 수 없는 중요한 위치를 차지한다. 그러나 그들 사이의 간격은 너무나도 크기 때문에 그 가운데 어느 것을 본위로 하느냐에 따라 삶의 양태 역시 큰 대조를 이루게 된다.

그동안 교육학 분야에서 교육을 사회화와 분리시켜 설명하려는 시도가 없었던 것은 아니다(조용환, 1997; Nyberg & Egan, 1981). 그러나 그러한 시도들은 아직 만족스러운 성과를 얻지 못하고 있다. 아직도 교육을 그것이 가져다주는 결과와 결부시켜 규정하려는 기능주의적 잔재가 청산되지 못하고 있기 때문이다. 사회화와 교육을 단지 결과상의 차이에 의해서 구분한다면, 앞에서 우리가 비판했던 기존 교육론들의 기능주의적인 전철을 다시 밟는 꼴이 아니고 무엇이겠는가? 우리는 교육이 단순히 기능으로 환원되지 않고, 그 독자적인 실체를 규명해 주기를 요구하는 자율적인 세계인 것으로 가정하였다. 그 요구에 상응하는 사고의 전환이 필요하다. 그것이 무엇인가?

그 해답을 구하는 방식의 요지는 이렇다. 세속계의 경우 인간에게 요구하는 특성은 비교적 분명하고, 더 나아가 그것에 적응한다는 기능성을 중시하기 때문에 결과를 갖고 과정을 정당화하는 것이 큰 문제를 일으키지 않는다. 이 부분에서 사회화라는 과정의 상정이 필요한 것이다. 말하자면 사회화의 경우는 미리 규정된 인간상에 일치되는 결과를 가져오는 것으로서 그 정당성이 인정될 수 있다. 이에 비해서 수도계는 인간이 자신의 바람직한 속성을 계속 탐색해 나가는 과정에 있기 때문에 그것을 미리 분명하게 제한하여 예견하는 일이 불가능하다. 그러나 그 덕성들을 실현시키면서 확인해 나가는 모종의 과정이 하나의 체제를 갖추고 작용할 수도 있을 것이다. 그 요소들과 그들 사이의 관계로 이루어진 구조를 밝힐 수 있다면, 그것이 바로 고유한 의미의 삶의 방식으로서 교육의 정체성을 확보하는 길이 될 것이다.

이 점은 이어지는 논의에서 점차 분명하게 드러날 것이지만, 그 단초를 편의상 프랑스 계몽기의 천재적 사상가인 루소(Jean-Jacques Rousseau)의 특별한 주장에서 찾아보기로 한다. 루소는 우리에게 널리 알려진 그의 교육론인 《에밀》의 첫 부분에서 우리 각자 안에 존재하는 이중적인 측면을 구분하였다. 하나는 피상적이며 외형적인 공인(公人)이며, 다른 하나는 본질적이며 내적인 사인(私人)이다. 이들은 각각 앞 절에서 구분하려고 했던 세속계와 수도계에서 요구되는 인간상과 일맥상통한다. 세속계는 시민을 중심적 관심사로 삼는데 비해서, 수도계는 인간으로서의 덕성(德性)을 의식한다. 실제로 아동을 한 인간으로 생각하면서 양육하는 과정과 미래의 한 시민으로 생각하고 양육하는 과정은 전혀 다르다. 이러한 갈등의 가능성에 주목하면서 루소(/1983)는 교육을 통상적인 사회화와 분리시키고자 했다.

> 나는 소년기의 아이들에게 도덕적인 질서나 사회적인 관습을 가르치는 것은 적당치 않다고 본다. 그들은 아직 그러한 것을 이해하지 못한다(p. 84).
>
> 사람들은 겉모습만을 보고 행복 여부를 판단하려고 한다. 사람들은 대개 위선 속에서 살고 있다. 그들에게는 어떤 인간인가 하는 것보다는 어떻게 보이는가가 더 문제가 되는 것이다(p. 104).

루소는 어린이들이 사회가 요구하는 외부적 압력에 무조건 복종하는 병폐를 가장 안타깝게 생각했다. 세속계는 그것이 가진 관습과 규범에의 일치를 요구한다. 그런데 그것에 잘 적응하는 것이 인간이 본래부터 가지고 있는 덕성의 실현과 반드시 일치하는 것은 아니다. 건전하지 못하고 병든 사회라고 하더라도 그것에 적응하는 인간을 만들어 낼 수 있다. 그의 교육론으로 잘 알려진 《에밀》의 첫 구절은 그러한 가능성을 염두에 두면서 다음과 같은 말로 시작한다. “창조주의 손에서 나올 때는 모든 것이 선하지만, 그것이 인간의 손에 들어오면 타락해버리고 만다(Rousseau, / 1983, p. 13).” 루소는 이처럼 변질되기 전의 인간성을 자연이라고 칭한다. 세인들은 자신의 자녀들을 보호할 생각에만 급급하지 말고, 그들이 스스로 자신을 보호하도록 교육시켜야 한다. 그는 도시를 떠나 자연으로 눈을 돌려 자연이 명하는 대로 아동들을 교육할 것을 권고한다. 아동들은 자연스러운 호기심을 가지고 있으며, 오감을 통해서 자연을 접하면서 성장한다.

자연이 루소가 기대한 성과를 가져다줄지에 대해서는 의문의 여지가 많다.[19] 그러나 그가 ‘시민’과 구분하여 드러내고자 했던 ‘인간’은 단순히 사회화의 과정에 맡겨서 형성되기 어렵다는 점에 대해서는 쉽게 공감할 만하다. 루소의 글에서 ‘인간’으로 표현되는 것의 속성은 무엇을 의미하는가? 뒤에 긴 논의를 하겠지만, 대체적으로 앞의 세계 분류에서 수도계가 추구하는 정신적 역량으로 보아서 무리가 없을 것이다. 루소가 강조하는 인간과 수도계가 추구하는 정신적인 역량 사이의 공통점은 이것이 모두 기능성보다는 그 자체의 가치를 우선시 한다는 점이다. 수도계가 추구하는 정신적인 역량의 구체적인 내용은 역사를 통해서 계속 확대되고 발전하는 과정에 있기 때문에 그것을 포괄적으로 열거한다는 것 자체가 어리석은 시도이다. 역사를 통해서 인류가 처절하게 탐색하여 왔고, 앞으로도 탐색할 그 내용들은 무궁무진하다. 그것을 추구하는 수도계는 다양한 종류로 세분되면서 그 횡적 범위를 한 없이 확장시켜 왔다.

동양에서 널리 알려져 있는 검도(劍道)・태권도(跆拳道)・궁도(弓道)・유도(柔道) 등도 처음에는 그것이 지니는 기능성으로 인하여 시작되었을지 모르나, 오늘날 그 분야에 참여하는 사람들의 주된 목적은 인격의 수양이다.[20] 그 점에서 이들은 서도(書道)・다도(茶道)・가도(歌道)・기도

19) 앞(3.2.2)에서 우리는 교육을 자연현상과 구분되는 것으로 보았으며, 그 점은 이후의 논의에서 더욱 분명하게 드러날 것이다.

20) 지금도 그것들을 상대에 대한 공격이나 자기방어를 위한 수단이라는 기능적 관점에서 추구한다면, 그것은 참으로 비효과적인 것이 될 것이다.

(碁道)·심지어 식도(食道) 등의 취미의 영역과 거의 같은 속성을 지니고 있는 것이다. 취미라는 것은 하기 싫음에도 불구하고 억지로 하게 되는 것이 아니라, 그 자체의 가치 때문에 자발적으로 추구하게 되는 무엇이다. 서양의 경우는 학문, 예술, 도덕의 경우가 여기에 속할 것이다. 예술의 경우 음악·미술·조각·무용·문학·연극 등 그 장르가 다양하지만, 그것은 각기 그 자체로 가치 있는 것을 추구한다는 공통점을 지니고 있다. 각종 스포츠의 경우도 마찬가지이다.

본서의 제목인 《학문과 교육》에서 학문이라고 할 때, 우리는 서양에서 발원하여 오늘날 전 세계에 보편화된 것, 즉 'science' 혹은 'Wissenschaft'를 지칭한다. 이것은 전형적인 수도계 가운데 하나이다. 물론 학문은 동양에서 추구해 왔던 수도계와는 그 종류가 전혀 다른 것이지만, 학문의 발전은 학문의 기능성 때문이 아니라 학문 자체의 가치 때문에 이를 추구한 학자들에 의하여 선도되어 왔다. 이 점에서 학문과 동양의 수도계는 공통점을 지닌다.[21] 근래에 신과학 운동의 기수가 되고 있는 카프라(F. Capra)가 그의 저서 《현대 물리학과 동양사상(1977/1979)》의 첫 장에서 물리학을 "마음을 담은 길(a path with a heart)"로 규정한 것은 그것이 동양에서 말하는 도(道)에 포함될 수 있는 것이라는 점을 잘 반영하고 있다.

이처럼 실현 자체에 큰 의미가 있는 인간의 참된 본성을 자유롭게 실험하고 증명하는 과정을 교육으로 보고, 이를 사회화와 구분하려고 했던 루소의 의도는 참신하다. 그러나 앞선 루소의 진술이 우리의 삶에서 사회화를 부정하려는 데 목적이 있는 것이라면, 그 역시 가치규정이라는 차원에서 어느 한 쪽만을 편들고 있다는 비난을 면하기는 어려울 것이다. 삶을 영위해 나감에 있어서 우리가 어쩔 수 없이 습득하지 않으면 안 될 무엇도 있기 마련이다. 사회학에서 말하는 사회적 상호작용은 사회적 상황에

21) 나는 그런 뜻에서 서양의 학문을 '동도서기(東道西器)'의 관점에서 바라보아서는 안 된다는 논지를 《학문과 교육(상권)》에서 주장했다. 그런 관점은 여기서도 여전히 견지된다. 물론 어느 수도계에서나 그러하듯이 그것의 외재적 가치도 있기 마련이고 동양사회가 19세기경에 서양의 세력에 굴복했던 것은 서양학문의 도구적인 기능에 있어서의 우세 때문이었다. 그러나 그것은 서양학문이 갖는 극히 부차적인 측면에 불과하다.

서 서로 관련된 행위를 교환하는 것을 의미한다. 이러한 행위는 상호주관성을 전제하며, 상호작용의 범위 안에서 우리는 사회 구성원으로서 상대의 상징과 역할에 대한 정체성을 확립하고, 다른 사람들과의 사회적 활동을 수행할 줄 알아야 한다. 이 점에서 일상생활을 유지하고, 안전을 보장받으며, 문화적 가치에 일치하고, 사회와 국가의 요구사항에 적응하는 데 필요한 특성을 내면화시키는 사회화의 과정은 삶에서 불가피하다.

그렇다면 이러한 이유를 들어서 이번에는 루소의 주장을 거부하는 것이 옳은 것인가? 그것도 옳지는 않다. 개인이 기존의 사회에 잘 적응하는 것과 그가 가진 인간적인 가능성을 실현시킨다는 것은 같은 종류의 일이 아니다. 앞 절에서 구분한 수도계는 인간의 잠재된 가능성을 실현시켜 나가는 것과 관련된 세계로서 내적인 성장을 통하여 개별적으로 접할 수 있는 세계이다. 한 인간으로서 자신의 가치를 확인하고 싶은 측면을 추구하고 확장시켜 나가는 것은 도외시 할 수 없는 커다란 과제이다. 이를 위해서는 사회화와는 구분되는 별도의 과정이 필요하다. 교육은 바로 이러한 필요성을 충족시킨다. 이 때문에 사회화와 교육 양자 가운데 어느 하나를 편들고 다른 것을 배타적으로 거부하기보다는 그 이질성을 인정하고 받아들이는 자세가 중요하다.

수도계와 세속계는 그들이 추구하는 목적과 그것을 달성하는 수단에 있어서 판이하며 독립적이다. 수도계에서 우리가 중요하게 생각하는 것은 자신의 단련을 통해서 좀더 높은 수준의 실재를 접하는 것이다. 이에 비해서 세속계에서 일반적으로 중요하게 생각하는 것은 현존하는 상황에서 더 많은 권력, 더 풍부한 물질, 그리고 더 높은 명예를 얻는 것이다. 이러한 이질적인 목표를 달성하는 수단 역시 상이하다. 역사상 위대한 인물은 반드시 세속의 면에서 유리한 위치에 있지 않았다. 아무리 권력, 지위, 부, 명예 등과 관련하여 비천한 사람이라고 하더라도, 연마와 수련을 쌓으면 위대한 덕성을 성취할 수 있다. 이 때문에 수도계적인 목표를 세속계적인 것으로 달성하려 하거나, 혹은 세속계적인 목표를 수도계적인 것으로 달성하려는 시도는 엄청난 범주착오에 해당한다. 세속계와 수도계의 독자성과 차별성을 드러낼 수 있는 속성들을 몇 가지 항목으로 더 세분하여 대비해 보기로 하자.

첫째, 세속계는 주어진 역사적 조건이나 사회의 상궤, 인습, 전통, 통념의 제약에 의해서 인간의 바람직성을 특수하게 규정한다. 국가는 넓은 세상을 국경이라는 경계선으로 나누어 놓고, 그 안에서 지켜져야 할 특수한 규칙들을 의무적으로 국민들에게 요구한다. 이는 선대로부터 상속받은 것으로서 시대와 장소에 따라 적응해야 할 구체적인 내용을 달리한다. 한 사회에서 바람직한 것이 다른 사회에서는 바람직하지 못한 특성으로 평가될 수도 있다. 이에 비하여 수도계에 규정하는 인간적인 위대함은 국경이나 사회적 관습의 울타리를 벗어나 보편성을 갖는다. 대한민국이나 현대라는 것이 인간적인 위대함을 규정하는 데 있어서 제약이 될 수는 없다. 다만 하나의 종으로서 갖추어야 할 덕성이 문제가 되는 것이다.

둘째, 세속계에서 요구하는 인간성의 항목은 미리 규정되어 있고, 또한 미리 규정되어야만 한다. 필요한 인간성이 미리 합의되어 있지 않은 상태는 특정한 사회나 국가를 유지하는 데 있어서 큰 위협요인이 된다. 다른 한편으로 마음의 개발을 통해서 더욱 넓고 높은 실재에 도달하고 체험하는 데에 그 목적을 두는 수도계의 경우에 그 덕성을 미리 한계 지우는 것은 불가능하다. 인간의 본질은 최종적으로 확정될 수 있는 것이 아니며, 따라서 무한히 규정 가능한 것이다. 인간은 누구나 불완전하고 언제나 조금은 불안정하다. 다행스러운 것은 그러한 불완전함과 불안정을 토대로 하여 언제나 더 알 수 있는 것, 더 사랑할 수 있는 것, 더 할 수 있는 것을 모색해 나갈 수 있다는 사실이다.

셋째, 세속계는 인간이 생존하는 데에 필요한 공공의 기능적 체계로 구성되어 있다. 정치는 권력의 배분이라는 차원에서, 경제는 경제적 가치의 창출이라는 차원에서, 사회는 주어진 역할의 수행이라는 차원에서 인간을 평가한다. 권력을 유지하기 위해서 지배는 불가피하다. 시장에서 가장 중요시하는 것은 경제적 가치이다. 인간도 다른 경제적 자원이나 산물과 마찬가지로 그 이득이 보장될 수 있다면, 기계의 노예가 되는 것도 감수해야만 한다. 사회적 명성과 성공을 위해서 자기 자신의 내면적인 요구를 억제하고 타인의 요구에 기회주의적으로 대응할 필요도 있다. 이처럼 세속계적 기능에 봉사하는 동안 우리는 본래적인 자신으로부터 이탈하는 경우가 허다하다. 이에 비해서 수도계는 외적인 효용보다는 거기에 참여한다는 것 자체를 목적으로 한다.[22] 진리를 탐구하는 학자의 번민, 한 구절 언어의 아름다움을 향한 시인의 열정, 덕을 실현하려는 도덕가의 의무감, 신체를 단련하는 체육인의 땀과 끈기, 정의를 실현해 나가는 의인의 기개, 성스러움의 대상에 대한 성자의 헌신에는 다른 것이 아닌 바로 그 자체의 순수성을 추구하려는 가치 추구의 동기가 강하게 스며들어 있다.

넷째, 세속적 삶은 전체적으로 일상성의 한계를 벗어나지 못한다. 예정된 상호주관적 유형과 기준이 평균적으로 적용된다. 이러한 고정관념의 실제적 현실성을 무비판적으로 소박하게 확신하는 자연적 태도가 그것을 유지하는 힘이 되기 때문에 세속화된 인간은 자유로운 인간성의 실험을 불안하게 생각하고 위험시하기까지 한다. 세속에서 사람들은 상식과 일치할 때 칭찬하고 그것에서 이탈할 때 비난한다.[23] 이와는 달리 수도의 삶은 일상성을 당연한 것으로 받아들이지 않는 데서 시작된다. 그 삶은 세속계적인 일이나 무감동한 일이나 인습적인 일에 만족하지 못하고 반성을 거쳐서 스스로 새로운 세계를 찾아 떠나는 길이다. 수도자는 한 곳에 안주하지 못하고 언제나 도달한 것을 뛰어넘으려고 한다.[24] 평균적으로

22) 그 효용에 휩쓸리면 수도가 어려워진다. 그렇기 때문에 옛 성현들은 세속적으로 쓸모있는 것은 그렇게 높이 평가하지 않았고, 또 그것으로부터 초연할 것을 종용하였다. 이것을 흔히 "무용(無用)의 유용(有用)"이라는 역설로 표현하기도 한다.

23) 미친 사회에서 미치지 않는다면 그는 방부제를 먹은 비정상인이다. 실제로 자신에 대해서 끊임없는 실험을 하는 사람들은 미치광이로 평가되었다. 예컨대, 미의 세계에서 최고의 경지에 도달한 반 고흐는 당시 약 천 여점의 작품을 만들었지만 한 작품도 팔리지 않았다. 《악의 꽃》을 쓴 보들레르는 당시 일반인들에게 "풍속을 문란하게 한다"는 비난을 받았고 출판사의 거절을 받았다.

24) 예컨대, 뛰어난 학자들은 상식 속에 마비되어 잠자고 있는 사람들로 하여금 새로운 사실들을 볼 수 있도록 문을 열어주는 발견자들이었다. 이들은 일상의 경험과 전통과 권위에 의해 충분히 지지를 받고 있던 체계를 거부하고, 새로운 문제를 설정하여 새로운 지식체계를 만들어 나간 사람들이다.

양해되고 있는 바나 인습을 통해서는 수도자들을 이해할 수 없는 것도 이 때문이다.

다섯째, 인간과 환경을 상대적인 것으로 규정할 때, 세속의 삶은 주로 외부의 환경에 큰 비중을 둔다. 문제는 환경에서 일어난다고 보며, 해결책 역시 외적인 조건의 개선을 통하여 모색된다. 수시로 변하는 상황적인 요구와 균형을 유지하기 위해서 끊임없이 임기응변적인 대응을 해 나가야 한다. 이와는 대조적으로 수도계는 외부적 환경의 여건으로부터 독립하여 우리 자신의 동일성을 유지하는 길을 택한다. 외부적 상황의 제약으로부터 초월할 수 있는 해법을 내면에서 구하고, 그 내면의 역량을 수련에 의하여 신장시키는 것이다. 자신의 진면목(眞面目)을 발견하려는 내면 생활의 개선과 풍요로움은 외적인 동요를 초월하여 안정된 평화와 여유를 제공한다.

여섯째, 세속계는 나의 문제가 아니라 우리들의 문제와 직결되기 때문에 항상 타인을 의식해야 한다. 그곳에 소속된 개인은 타인과의 관계에서 책임의 일부를 공유하며, 그렇지 못할 때 생존과 안전에 위협이 온다. 사회적 인정이나 여론의 시선을 끄는 것은 속보다는 겉이다. 아무리 훌륭한 덕성을 가지고 있다고 하더라도, 이것이 밖으로 나타나지 않으면 효과가 없다. 오히려 덕성은 없으면서도 덕의 흉내를 내면 더 큰 효과를 얻는다. 사회적으로 위험한 생각을 할지라도 그것을 표현하지 않으면 책임이 모면될 수 있다. 이에 비해서 수도계는 고유한 의미의 자기 자신의 본질을 실험하고 찾는 일을 중시한다. 자기 자신을 발견하는 일은 흉내를 통하여 가능한 것이 아니다. 이 때문에 여기서는 타인이 규정해 주는 것(me)을 거부하고, 자신의 것과 자신의 세계 규정을 추구해야 한다. 독창적인 자신은 내면에 들어 있으며, 그것을 발견하는 일은 바깥의 여론을 따르는 것과는 방향이 반대이다. 그것은 결코 편안한 곳으로 이끌지 않는다. 군중 가운데에서 고독한 독립을 지키는 일은 끝없는 고뇌 속에서 헤매는 길이다.

일곱째, 세속계에서는 일치와 합의를 중시한다. 이 때문에 세속적인 가치는 탁월함에 있는 것이 아니라, 그 무게 중심이 대부분 중간정도의 대중에게 있다. 그것을 이탈하는 현자나 우자는 비정상이라는 낙인이 찍혀 저항을 받는다. 그러나 세속적인 일치와 합의에 순응하여 맹목적으로 일치하는 것을 자아실현이라고 할 수는 없다. 수도계의 발전은 어떠한 특정한 가치 기준에 일치되는 결과가 가져다주는 것이 아니라, 기준 자체가 쇄신되어 나아가는 과정적인 흐름에 의한다. 수도계에서 절대적인 기준이란 존재하지 않는다. 덜 정련된 기준에서 더 세련된 기준으로 변화하는 것이 발전이며, 발전의 도상에서 각각의 기준은 상충되고 갈등한다. 여기서는 발전의 흐름 자체를 재생하는 일이 중요하다. 수도자는 자신이 위치한 발전의 단계에서 스스로 가치감각을 확보하지 않으면 안 된다. 대중의 비난과 칭찬이 수도를 덜하게도 더하게도 못한다. 수도계 속에 뛰어들어 발전을 체험하며, 내심의 밝고 확실한 목소리에 경청하는 가운데 스스로 그 가치를 자각하고 깨우치는 일이 무엇보다 중요하다.

이제까지 세속계와 수도계가 서로 다른 맥락에 있는 세계임을 여러 차원에서 살펴보았다. 그들을 모든 점에 있어 망라하여 대조해 볼 필요는 없을 것이다. 우리가 수행한 대조 작업을 통하여 각각이 요구하는 인간성과 그들을 달성하는 과정에 차이가 있어야 한다는 점에 대해 공감하는 정도면 충분할 것이다. 이 두 세계에서 규정하는 바람직한 인간성은 총체적으로 대조되며, 그러한 대조에 의해서 그 인간성을 실현시키는 사회화와 교육 간의 차이에 접근할 수 있어야 한다. 세속계에서는 상호주관적인 약속이 전제되기 때문에 바람직한 인간성이 구체적으로 규정되어야만 하고, 또 그렇게 규정할 수 있어야 한다. 사회를 유지하는 특정한 규칙과 틀을 유지하는 데 있어서 끊임없이 생성하고 변화하는 인간적인 가능성 모두를 수용할 수는 없다. 이 때문에 사회는 구성원으로 하여금 특정한 시·공간 내의 이데올로기, 언어게임, 문화적 관례, 신념체계를 내면화하도록 요구한다. 그러한 특성의 내면화는 선택의 문제가 아니라 필수이며, 따라서 그것은 전체 사회나 문화의 유지라는 거역하기 어려운 외적인 힘의 자장 속에 일어난다. 여기에 어떠한 독자적인 구조나 내재율이 있는 것은 아니다. 사회화는 사회적 규범에로의 일치가 목적이며, 결과가 과정을 정당화한다.

한정된 권력, 물질적인 보상, 사회적인 인정을 얻으려면 경쟁이 불가피하며, 경쟁에서 유리한 전략이 반드시 인간적인 덕성에 의존하는 것만은 아니다. 그 전략에는 아부, 아첨, 회유, 상대를 약화시키기, 무식을 이용하기 등이 포함된다. 정직도 여기서는 그것이 전략이 되는 경우에 한해서 이용될 뿐이다. 인간은 어느 동물보다 서로가 알게 모르게 상대방을 자신에게 유리하도록 조작하는 데 탁월한 능력을 가진 것으로 알려져 있다(Shostrom, 1967). 특정한 상품을 사도록 유인하는 현란한 광고, 특정한 정당의 노선과 이데올로기를 전파하기 위한 선전과 세뇌공작, 특정한 종교의 신념을 주입하려는 교조화 등 이루 헤아리기 어려울 정도의 행동변화와 조작의 수단이 도사리고 있다. 그 기법은 참으로 교묘하기 때문에 막상 그 조작에 노출되어 있는 일상인들은 그 실체조차 모르고 있는 경우가 많다.

그러나 지금까지의 논의에 따르면, 사회화와 교육이 그것이 이룩하려는 인간성에서의 평면적인 차이를 지적하는 것만으로 교육의 정체성을 밝힌다는 목적에 도달할 수 있는 것은 아니다. 앞에서 우리는 사회화란 결과에 의해서 정당화되는 과정임에 비해서 교육은 그 자체의 자율성을 가진 구조로서 밝혀져야 한다는 과제를 설정한 바 있다. 이제까지 이야기한 것은 그러한 논의를 본격적으로 전개하기 위한 정지작업에 해당한다. 지금부터는 점차 그 해법에 접근하게 될 터이지만, 우선 그 요지를 이야기하자면, 수도계의 경우에는 그것이 추구하는 인간성을 미리 예정하는 것이 불가능하다는 문제가 있다. 따라서 교육은 미리 규정된 인간성에 도달한다는 결과를 들어 그 과정을 정당화할 수는 없다는 난점을 갖게 된다. 교육의 정체성은 이 난점을 타개해 나가면서 해명되어야 한다.

3.2.4. 수도계와 교육

교육이 성취하려는 바람직한 인간은 사회화의 경우처럼 한정되어 있지 않다. 수도계의 목적은 주어진 인간성의 한계를 벗어나려는 데 있다. 이 때문에 바람직한 인간성을 미리부터 한정하는 것 자체가 수도계의 목적과는 어긋난다. 교육을 규정함에 있어서 수도계로부터 초래되는 또 하나의 제약은 추구하는 인간성은 외부로부터 강요될 성질의 것이 아니라는 점이다. 그것은 자체가 좋아서 추구되는 것이며, 여기에 조작이나 강요가 가미된다면 자가당착에 빠지고 만다. 교육은 적어도 이러한 두 가지 난점을 수용하는 방식으로 규정되어야만 한다. 이제부터 이 두 가지 난점을 좀더 추궁해 보기로 하자.

인간이 추구해야 할 세계 혹은 인간성과 관련된 중심개념이 '도(道)'이다. 언어적 기원에까지 소급해 들어가면 '도(道)'란 단순히 "다니는 길(way)"이라는 초보적인 개념에서 출발하여 동양, 특히 중국에서 시대를 달리하는 가운데 그 의미가 점차 확장되고 있는 개념이다(장립문, 1989). 이 때문에 도의 종류와 발전의 각 단계에서 여러 가지 의미가 추가되거나 파생되어 왔다. 예컨대, 기원전 6-3세기에 동양에서 출현한 제자백가(諸子百家)들이 한결같이 이 용어를 쓰면서도 서로를 대립된 입장으로 여겼다(송영배, 1997). 그러나 이처럼 서로 문류(門流)에 있어서 대립되고 모순되는 대결의 양상을 보였지만, 그들은 한결같이 '덕(德)'을 표방하였다. 도의 내용이 무엇인지에 대해서는 서로 간에 입장 차이가 있을 수 있다. 그러나 중요한 것은 그것이 많은 부분 수행을 통하여 깨달을 수 있는 것이라는 사실이다.

이 때문에 내용적인 차원에서 도의 넓이와 깊이를 구체적으로 나열하거나 포괄적으로 설명할 수는 없다. 그 점은 《노자》의 첫머리에 잘 나타나 있다. 이 유명한 저서는 "도(道)라고 할 수 있는 도는 도가 아니고, 이름 부를 수 있는 이름은 항상된 이름이 아니다"라는 말로 시작된다. 이 말은 수도계에서 추구하는 인간의 속성이 무한하며, 다만 체험한 만큼만 그 일면이 드러나는 것임을 암시하고 있다. 여기서 일면이라고 하는 것은 추구하는 인간성 가운데 극히 제한된 부분에 해당하는 것임을 의미한다. 도의 전체적인 범위와 깊이는 그 누구도 헤아리기 어렵다는 점을 왕필(王

弼)[25]은 《노자지략》에서 더 자세하게 기술하고 있다.

> 저 '도(道)'라는 것은 만물이 말미암는다는 데서 취한 것이며, '현(玄)'이라는 것은 그윽함이 나오는 데서 취한 것이고, '심(深)'이라는 것은 깊은 이치를 탐색하여도 다할 수 없다는 데서 취한 것이며, '대(大)'라는 것은 둘러싸려고 해도 다할 수 없다는 데서 취한 것이며, '원(遠)'이라는 것은 아득히 멀어서 미칠 수 없다는 데서 취한 것이며, '미(微)'라는 것은 어둑하고 미묘해서 볼 수 없다는 데서 취한 것이다. 그렇다면 도·현·심·대·미·원이라는 말은 각기 그 뜻은 있으나 그 극을 다하지 못한 것이다. 그래서 둘러싼 것이 끝이 없음을 '세(細)'라고 명명할 수 없고, 미묘하여 형체가 없는 것을 '대(大)'라고 이름 붙일 수도 없다. 이 때문에 《노자》에서 말하기를, "자(字)를 붙여서 도(道)라고 한다", "일컬어 현(玄)이라고 한다"고 하였으나 이름 붙이지는 못하였다. 그런즉 말하는 자는 그 항상됨을 잃어버리고, 이름 붙이는 자는 그 참됨을 떠나고, 작위하는 자는 그 본성을 망치고, 잡아두려는 자는 그 근원을 잃게 된다(임채우 역, 1997, pp. 272-273).

도에 대한 위의 진술이 우리를 신비주의에 빠지게 만들 필요는 없다. 한 가지 우리가 주목하고자 하는 것은 도가 어떠한 것으로 상정되고 있는가 하는 점이다. 노자가 말하는 도란 천하만물이 그로부터 나왔고, 또 그에 의해서 살아가는 삶의 근원이자 원리이다. 우리가 그 도를 닦는다거나 이해하려고 할 때, 그 대상세계를 우리의 고정관념에 의해서 규정하여 버리는 것보다는 매어 있지 않고 무한히 열려 있는 것으로 보는 것이 오히려 당연하다. 그것은 또한 외부에서 소망하는 결과를 미리 규정할 수 없고, 스스로의 실험과 탐구를 통해서 그 범위를 확장하고 확인하고 선택해 나가야 하는 것이기도 하다. 말 그대로 우리가 걸어가는 길이 바로 그런 것이 아닌가!

수도계는 동서고금을 막론하고 삶의 일부로 존재한다. 이러한 보편성에 비추어 볼 때, 지구의 반대편에서 시대를 달리하며 살았던 어떤 두 사

---

25) 왕필은 위(魏)나라의 학자로서 노자에 대한 가장 정통한 주석가의 하나로 알려져 있다.

람이 우리가 말하는 수도계를 한결같이 길(道)의 이미지로 표현하고 있음은 결코 우연이 아닐 것이다.

다음은 조선시대에 퇴계 이황(/1985)이 지은 도산 12곡 가운데 일부(제9곡)이다.

> 고인(古人)도 날 몯 보고 나도 고인 몯 뵈.
> 고인을 못 뵈도 녀던 길 알퓌 잇늬,
> 녀던 길 알퓌 잇거든 아니 녀고 엇뎔고.

이 노래 속에서 수도계는 오랜 옛날부터 우리의 선인이 닦아온 수양의 길로 묘사되고 있다. 그 길의 존재를 선인들은 나름대로의 체험을 통하여 알고 있었다고 볼 수 있다. 그럼에도 불구하고 적어도 퇴계는 그 자신 도의 내용이 무엇인지를 알고 있다고 생각한 것 같지는 않다. 그는 단지 멀리서 관망하기만 해서는 도를 체험할 수 없다는 점, 도의 실체를 확인하려면 선인이 갔던 길을 자신도 직접 가 보아야만 한다는 점 등을 알고 있었을 뿐이다.

그런데 선인들이 걸어갔던 그 길을 찾아 나서는 일은 의무나 강제 사항이 아니라는 점을 분명히 할 필요가 있다. 그 점은 인류학자인 카스테나다(Castaneda, 1968/1986)가 스승으로 삼았던 멕시코의 한 인디언 주술가의 말에 잘 반영되어 있다.

> 내가 여행을 하는 길은 오직 한 가지 길뿐,
> 즉 마음이 담겨 있는 길이다.
> 어떤 길이든 마음이 담겨 있는 길로 나는 여행을 한다.
> 여행하면서 그 길을 끝까지 다 걸어보는 것
> 그것만이 유일하게 가치 있는 도전이다.
> 바로 그러한 길을 나는 걷는다.
> 숨을 죽인 채 지켜보고, 또 지켜보면서(Don Juan).

수도계가 추구하는 인간성은 미리 주어진 것이 아니라, 우리 자신의 변용을 통해서 계속 확인해 나가야 할 과제이다. 강요하거나 강요받는 것은 이러한 수도계의 취지에 어긋나는 일이다. 수도계는 “마음이 담겨 있는 길”[26]이다. 수도계가 나아가는 길은 우리가 무엇을 원하고 우리 내부의 어떤 것을 개발하는가에 달려있다. 우리가 진리를 선택하면, 이 세상은 그만큼 진실할 것이다. 우리가 미를 선택하면, 이 세상은 그만큼 아름다워질 것이다. 이처럼 수도계는 모두에게 개방되어 있으며, 누구나 뜻을 세워 그 길을 걷고자 하면 곧바로 걸을 수 있고, 또 그 존재 여부를 자신의 체험을 통하여 알 수 있는 세계이다. 수도계에 대한 체험의 내용은, 그것이 누구의 것이라고 하더라도, 전체의 일부분에 불과한 것이기 때문에 수도계 전체에 대한 판단은 늘 유보되어야 한다.

수도계가 추구하는 인간성의 경우, 그 모든 것을 미리 세부적으로 규정하고, 그것을 만들어 내는 데 공헌하는 모든 것을 교육으로 규정하는 기능주의적 교육관은 적용될 수 없다. 설사 그것이 가능하다고 할지라도, 특정한 인간성을 가져오는 데 작용하는 것들은 거의 무한한 만큼, 이렇게 해서는 교육의 경계를 정하고 그 경계 안의 모든 것을 교육으로서 동질성을 지니도록 할 방도가 없다. 그렇다면 특정한 인간성이라는 결과와 교육의 관계를 어떻게 설정할 것인가? 묘책은 원인과 결과의 계열을 바꾸어 보는 데에 있다. 먼저 교육의 세계를 하나의 자율적인 구조의 형태로 한정시켜 규정하고, 그것이 수도계가 추구하는 인간성을 점차 실현시키면서 그 존재를 증명할 수 있는 방식을 찾는 것이다. 이러한 방식으로 교육은 결과가 과정의 정당성을 보장하게 되는 온갖 종류의 메커니즘, 이를 테면, ‘사회화’, ‘문화화’, 그리고 기타 행동주의적 조건화를 포함하는 온갖 행동통제의 방법들과 대비되는 것으로 드러날 수 있다.

남은 과제는 결과를 알지 못하면서 거기에 이르는 과정을 어떻게 규정할 수 있느냐 하는 것이다. 그러나 그 문제는 너무나도 오랜 동안 우리의 타성이 되어버린 결과중심의 사고에서 비롯된 것일 뿐이다. 우리가 관점

---

26) 이 표현은 앞서 카프라가 《현대 물리학과 동양사상(1979)》에서 물리학을 동양의 도의 일종으로 편입시킬 때 쓴 말과 동일하다.

을 달리하기만 하면, 그것은 처음부터 문제로서 성립되지 않을 수도 있다. 우리의 인간사에서 반드시 그 결과를 알고 있어야만 그것에 도달하는 과정을 이해할 수 있는 것은 아니다. 구체적인 결과와 독립해서 규정되는 의미 있는 활동이 우리의 삶에는 허다하게 진행되고 있다. 예를 들어보자. 등산길은 고정된 것이 아니다. 사람들이 즐겨 오르는 곳이 길이 된다. 우리가 처음 오르려는 산의 내용은 알 수 없으나, 그 오르는 방식의 내용은 알 수 있다. 등산이라는 활동이 있으며, 그것을 통해서 점차 얼마나 많고 높은 산들이 있는지를 경험하고 확인할 수 있게 된다. 여행의 경우도 마찬가지이다. 목적지를 알고 있어야만 여행이 성립하는 것은 아니다. 오히려 참된 여행은 그 행선지를 미지의 것으로 남기고 떠나는 데 묘미가 있다. 여행이라는 활동이 따로 있고, 그 활동에 충실하게 임하는 가운데 다양한 지역, 새로운 문물, 풍속 등을 접하게 되는 것이다. 이 이외에도 범인을 모르지만 그것을 검거하는 탐정활동이 무엇인지는 규정할 수 있다. 미리 범인을 알고 있어야만 탐정활동을 할 수 있다면, 그 활동이 별도로 존재해야 될 이유가 없는 것이다. 오히려 결과를 중심으로 과정을 정당화하려는 시도는 마치 범인을 잡아야만 특정한 사람의 탐정활동을 탐정활동으로 인정하는 것처럼 어처구니가 없는 상황인 것이다.

산과 등산, 그리고 다양한 문물과 여행, 범인과 탐정활동 사이에는 긴밀한 관계가 있다. 그러나 그 긴밀한 관계는 역설적으로 말하면, 관계되는 항들이 서로 다르다는 것을 논리적으로 함축한다. 수도계와 우리가 밝혀내려는 교육 사이의 관계도 마찬가지이다. 구조의 면에서 수도계와 교육계는, 비유컨대, 백두산의 구조와 그곳에 이르는 등산의 구조, 부산의 구조와 그곳에 이르는 여행의 구조, 범인의 구조와 범인을 찾는 탐정활동의 구조처럼 판이하다. 이 때문에 그들에 대한 이해는 각기 다른 개념범주를 요구하며, 그 속에서의 적응은 서로 다른 질서를 요구하는 것이다. 그 맥락 자체가 존중되어야 한다.

우리는 개별적으로 수도계의 일부를 탐색하고 있으며, 그 탐색이 이루어진 것만큼 이를 서로 공유하는 과정을 거치고 있다. 이 부분이 바로 교육에 해당한다. 교육을 통해서 성취할 수 있는 인간의 가능성은 무한히 열려있기 때문에 교육은 어떤 영원하고 고정된 결과에 대한 예측을 거부한다. 교육에서 달성하려는 인간성의 종류와 폭은 그 누구도 헤아리기 어려운 것이다. 그 내용을 먼저 밝히고 교육에 임하려는 사람이나, 교육을 규정하려는 사람은 마치 영원한 추구의 대상일 뿐인 도를 미리 잡아두려고 시도하는 어리석음을 범하게 될 것이다. 교육은 어떤 주어지거나 외재하는 바람직한 것을 내면화하는 과정이 아니라, 진정 바람직한 것이 무엇인지를 발견하고 추구하며 검증하는 하나의 과정이다. 만약 어떤 것이 가치 있다는 주장을 하려면, 그 가치성은 교육을 통하여 재검증되어야 한다. 이 때문에 교육에서는 결과가 아니라, 그 결과에 도달하는 과정상의 내재율에 큰 비중을 두게 된다.

앞으로 교육은 수도계의 내용을 확인하고 입증하는 독자적인 체계의 하나로 상정될 것이다. 우리는 수도계의 전체에 대해서는 확실하게 알지 못하고 있다. 그러나 다행히 그것을 알아 가는 방법과 알게 된 것을 설득적으로 공유하는 방법은 알 수 있다. 이 말은 교육을 통해서 실현하려는 인간성을 사전에 남김없이 구명하거나 열거하기보다는 그것들을 추구해 나가는 과정적 활동으로 교육을 규명하자는 의미를 담고 있다. 인간이 인간으로서 갖추어야 할 덕성과 그것을 조장하는 메커니즘을 분리시키는 이러한 방식은 교육을 그것이 성취해야 될 구체적인 인간성이라는 결과에 전적으로 종속시켜 규정해 왔던 이전의 방식과는 전혀 다른 접근이다. 인과의 계열은 다원적이다. 인간의 덕성을 형성하는 데에 기여할 수 있는 것들에는 교육 이외에도 허다한 것들이 있을 수 있다. 우리는 그 가운데 하나로서 교육을 고유한 구조를 가진 세계로 규정하고자 하는 것이다.

교육계와 수도계는 서로가 서로의 존재를 전제하면서도, 각기 다른 것으로 환원되어서는 안 될 그 자체의 고유한 구조, 범주, 질서, 맥락 등을 가지고 있다. 그것을 구명해 나가는 기점의 하나로 나는 이하에서 하나의 새로운 개념을 도입하고, 그것을 매개로 교육이 자리하고 있는 위치를 찾아나갈 수 있는 통로를 모색할 것이다. 물론 그 접점을 드러내는 일은 그야말로 연결고리를 밝히는 작업에 불과하다. 교육 자체의 구조와 내재율이 무엇인지를 본격적으로 드러내는 작업은 제4장에서 수행될 것이다. 그러나 본 소절에서는 당분간 교육계와 수도계 간의 접점을 파악하는 정도로 만족하고자 한다. 이러한 논의를 통해서 교육은 수도계로 환원시킬 수 없고, 또 그렇게 해서도 안 되는 세계의 하나라는 결론에 독자들이 공감할 수 있기를 기대한다.

수도계가 추구하는 인간 내면의 풍요성은 잃어버릴 수 없는 보석에 비유될 수 있다. 그러한 바람직한 인간적 속성을 지칭하기 위해서 그때그때의 다양한 개념과 용어가 고안되었다. 그들은 부단하게 변용, 보충, 대체, 발전되고 있기 때문에 고정된 의미의 근원을 찾는 것은 잘못이다. 끊임없이 발전하는 인간성에 대한 묘사는 대부분 언어의 경계를 벗어나는 일이다. 우리가 설사 그것을 언어로 표현한다고 하더라도, 그것을 체험하지 않은 사람들에게 이는 해석의 경계를 벗어난 오묘한 기호에 불과할 뿐이다. 인간 내면의 풍요로운 속성은 항상 미지의 보류사항일 수밖에 없지만, 그것을 나는 '품위(品位; transtalent[27])'라는 개념과 용어를 써서 축약적으로 드러내고자 한다. 교육본위론이 규정하는 교육은 품위를 실현해 나가는 특이한 삶의 한 가지 양상이다.

품위의 역사적 어원을 소급하면, 대충 서양에서의 'arete(아레테)', 그리고 동양에서의 '덕(德)'에 대응할지 모르겠다.[28] 서양에서는 'arete'라는 말이 있었다. 이 말의 원 뜻은 사물이 갖추고 있는 탁월한 성질이다. 이렇게 보면, 말이나 칼에도 아레테가 있을 수 있는 것이다. 그러나 이 말은 점차

---

27) 이 영문자 표기는 'talent'에 접두어 'trans'를 덧붙인 조어(造語)이다. 전자는 인간의 다양한 능력을 다양한 수준에서 대표할 수 있는 용어이다. 다른 한편, 후자는 거기에 변전하고 초월적이며, 전이(轉移) 가능한 품위의 의미를 추가적으로 나타내는 접두어로 사용되었다.

28) 서양의 'arete' 혹은 동양의 '덕'에 대한 개념은 지금까지도 학자들의 주목을 받고 있다(예컨대, 이상임, 2002; MacIntyre, 1981). 그러나 대부분 그 개념의 보편적 속성을 발전시킨다는 취지보다는 주어진 개념의 범위 안에 들 만한 내용을 작은 바구니에 담아내는 방식을 취하고 있다. 그러나 그 내용은 어떻게 이야기하든 간에 시대와 논자의 역사성으로 인한 제약을 받게 된다.

교육을 통해서 인간이 갖추어야 할 정신적 탁월성까지를 포함하는 것으로 확장되었다. 소크라테스(Socrates)는 영혼의 아레테를 주장하였고, 플라톤(Platon)과 아리스토텔레스(Aristoteles)는 이를 더욱 세분하여 여러 가지로 분류하기도 하였다. 물론 그들의 이론적 체계와 관점에 따라 그 내용은 다르게 제시된다고 하더라도, 이는 기본적으로 인간이 자신의 기능적인 측면을 초월해서 그 본래의 것으로 갖추어야 할 훌륭함을 나타내는 용어로 정착되었다. 고대 그리스인들은 이처럼 우리 속에 잠재된 가장 인간적인 훌륭함을 실현시키는 것을 '행복'과 결부시켰다.

이에 대응하는 말로서 동양에서는 '덕(德)'이라는 개념이 있었다. 이것은 우리가 몸에 얻어 갖춘 것이란 뜻을 담고 있다. 덕이란 원래는 반드시 좋은 것만을 지칭하는 것은 아니었다. 대덕(大德)·길덕(吉德) 등이 있는 반면 소덕(小德)·흉덕(凶德) 등의 말도 사용되었다. 그것이 후에 좋은 것만을 지칭하는 것으로 정립되면서 수도를 통하여 마음속에 담아 갖추게 된 것을 의미하는 것으로 발전하게 된다. 유교에서는 인(仁)·의(義)·예(禮)·지(智)를 총칭하는 단어로 사용되었으며, 그것에 대립하는 노자는 유교와는 달리 우주의 원칙인 도(道)와 대응하는 개념으로 덕(德)을 해석하였다. 앞에서 언급된 바 있는 《도덕경(道德經)》에서 말하는 도(道)는 근원으로서 저 어딘가에 있는 것으로, 그리고 덕(德)은 우리가 인간으로서 얻고 갖추고 쌓아가야 할 어떤 것으로 규정되어 있다. 이 덕이라는 말은 다시 불경을 중국어로 번역할 때, 불가에서의 인간이 갖추어야 할 덕성을 나타내는 데에도 사용되었다. 그러니까 이 개념 역시 특수한 학파에 따라 내용에 있어서는 차이를 갖는다고 하더라도, 인간이 갖추어야 할 훌륭함을 나타내는 보편적인 개념으로 확장되어 온 것은 틀림없는 사실이다.

이상과 같은 개념과 용어의 검토를 통해서 우리는 교육이라는 실천에 힘입어 인간이 실현해 나가야 할 특정한 인간적 속성에 대하여 다소간 공통된 의미에 도달하게 된다. 서양에서의 'arete'와 동양에서의 '덕'은 인간이 자신의 본성을 뛰어나게 실현하고 있는 것을 지칭하려는 데서 기원하였으며, 이들은 적어도 두 가지 점에서 의미상의 공통점을 지니고 있다.

하나는 이것이 출생과 동시에 본성으로 주어진 것이 아니라는 점이다. 우리는 우리 자신의 수련에 의해서 그것을 실현시킬 수 있을 뿐이다. 다른 하나는 그것들이 세속적인 부귀공명과는 다른 차원의 인간적인 탁월함 혹은 훌륭함을 지칭한다는 점이다. 동서양을 막론하고 우리는 그것 자체의 실현만으로도 인간으로서 행복에 이를 수 있는 탁월함을 찬양하고, 그것을 각별히 추구하려는 노력을 전개해 왔다.

품위는 'arete'나 '덕'이라는 개념이 포착하려고 했던 것을 내포한다는 점에서 그 개념적 발전의 연장선상에 있다. 교육본위론이 품위라는 개념을 도입한 데에는 그것이 우리가 이해하려는 교육을 밝히는 데에 중요한 방편이 되기 때문이다. 여기서 방편이라 함은 방편에 해당하는 것의 내용을 구체적으로 나열하는 방식을 취하기보다는 단지 교육을 성립시키는 데에 필요한 하나의 조건으로 그것을 다룬다는 점을 의미한다. 먼저 교육은 품위를 연결하고 향상시키는 과정의 하나로 규정할 수 있다. 언뜻 보기에 이러한 접근은 또 하나의 기능주의적 발상이 아닌가 하는 의문을 불러일으키기 쉽다. 그러나 우리는 점차 교육이라는 과정이 지니고 있을 동질성과 내적인 생리를 밝혀나감으로써 기능주의적인 함정에서 벗어나게 될 것이다. 이는 마치 서로 마주보고 있는 두 개의 언덕을 이용해서 그것을 연결하는 다리를 건설하면서 다리의 구조를 밝히는 작업에 비유될 수 있을지도 모른다. 이때 다리는 언덕은 아니다. 이쪽의 언덕에서 저쪽의 언덕으로 넘어가는 방법은 다리를 건너는 것 이외에도 다양한 것들이 있을 수 있다. 그만큼 다리와 언덕이 필연적인 관계를 갖고 있는 것은 아니다. 그러나 이 경우 언덕과 다리는 서로 긴밀한 관련을 가지고 있기 때문에 두 개의 언덕을 활용하여 다리의 구조를 규정해 나갈 수 있다. 이처럼 다리의 구조와 정체가 드러나게 되면, 다리가 관계를 맺을 수 있는 것에는 언덕 이외에 수많은 것들이 포함될 수도 있다. 이것이 바로 다리의 구조를 밝히고, 그것의 기능을 말하는 가장 손쉬운 전략이 될 것이다.

품위와 관련하여 교육의 정체성을 밝혀나가기 위해서는 품위의 세부적인 속성에 대한 이해가 선행되어야 한다. 먼저 수도계의 체험은 지 · 정 ·

체의 모든 면을 지니고 있다는 점이 강조될 필요가 있다. 이 모든 것을 포함하지 않고는 품위가 완성될 수 없기 때문이다. 지적인 것, 정의적인 것, 신체적인 것은 개념적으로 분류할 수 있을 뿐, 실제로는 서로의 지지가 없이는 생명이 있는 것으로 존재할 수 없다. 우리가 말하는 품위는 이들이 하나로 통합된 형태, 즉 지-정-체의 통합된 형태를 띤다. 지적인 요소가 결핍된 품위는 시야가 차단된 건물처럼 그 위치를 파악할 수 없다. 정의적 요소가 결핍된 품위는 마치 거짓 신념과 같이 불성실하고 무책임하다. 신체적인 요소가 결핍된 품위는 담길 그릇이 없는 물처럼 그 근거를 찾기가 힘들다. 품위는 수도계에서의 지각, 인지, 판단, 느낌, 열망, 열정, 가치평가, 그리고 몸담음의 모든 체험적인 요소들이 복합된 양태로서 존재한다. 개인은 자신의 품위를 통해서 해당 수도계에 대하여 지각하고-느끼고-생각하고-평가하고-행위하고-그 안에 거주한다.

인간의 탁월성은 다양한 양태와 방향으로 드러난다. 얼마나 많은 종류의 품위가 있느냐 하는 문제는 얼마나 많은 종류의 수도계가 있느냐 하는 문제와 결부된다. 그 범위는 누구도 확정할 수 없다. 인류의 수도계는 수많은 선인의 수행에 의해서 개발되어 왔고, 지금도 개발되고 있다. 이미 알려진 수도계의 경우에는 창도자들이 거명되기도 한다. 가령 석가, 공자, 소크라테스, 예수라는 인물들이 추구했던 세계들은 각각 해탈(解脫)의 세계, 인(仁)의 세계, 학문의 세계, 하느님의 세계라는 특수한 수도계의 출현과 결부되어 기억된다. 지금도 이들 각각의 수도계는 고유한 내재적 가치를 추구하며, 참여자들은 그 가치를 내재적인 것으로 체험하고 확인한다. 그러나 인간의 탁월성이 발휘될 수 있는 것이 이러한 몇몇의 집단이나 사람들에게 제한될 수는 없다. 극단의 경우에 각 개인은 그 나름의 적성과 소질에 따라 고유의 탁월성을 추구해 나갈 수도 있을 것이다.

하나의 수도계와 결부된 품위는 그 수도계의 역사적인 검증의 과정을 거쳐서 인정된다. 인류의 역사를 통해서 수많은 수도계가 출몰하였을 것이다. 학문, 예술, 도덕, 해탈, 선, 요가, 유도, 검도, 기도, 그리고 기타 각종 취미영역 등이 우리가 당장 지적할 수 있는 수도계들이다. 이들은 그 발생적 계통이 서로 환원될 수 없는 고유성을 지닌다. 상승의 종류가 다양하듯이 지향의 방향도 다양하다. 학문계에서 말하는 '진리', 예술계에서 말하는 '미', 그리고 도덕계에서 말하는 '선'이 각각의 수도계가 추구하는 가치들의 종류를 지칭한다. 이처럼 서로가 해당 품위의 탁월성을 평가하는 각기 다른 평가기준을 발전시켜 왔기 때문에 수도계들 사이의 우열에 대한 논의는 무의미하다. 하나의 가치를 다른 가치로 환원시켜서는 안 되는 것이다. 예컨대, 학문의 세계에서의 품위와 예술에서의 품위가 그러한 관계를 갖는다. 이들은 가치의 측면에서 차이를 가지고 있다. 한 개인은 자신의 삶을 통하여 각각의 가치가 갖는 차이를 인정하고 추구해 나갈 수 있다. 이제부터는 품위의 이러한 측면을 횡적 상대성(horizontal relativity)이라고 부르도록 하자.

삶의 한 가지 양상으로서 교육의 항상성을 찾으려는 우리의 논의에서 주목할 부분은 수도계에서 추구하는 품위는 체험구조의 형태를 취하고 있고, 부단히 발전을 거듭한다는 점이다. 수도계에서는 특정한 대표적 품위가 있을 수 없다. 어떤 수도승이 "도(道)란 무엇입니까?" 하고 묻자 그의 스승은 "그것은 걷는 것이다"라고 대답했다고 한다. 수도계란 이렇게 우리가 인간으로서 끝없이 걸어갈 만한 가치가 있는 길이다. 걸어갈수록 그 경관은 점차 달라지기 때문에 그때그때의 경관을 놓고 수도계를 규정할 수는 없다. 만약 누군가가 "이것으로 충분하오. 나는 완전함에 이르렀소"라고 말한다면, 그만큼 그는 불완전한 수도자인 셈이다. 왜냐하면 수도계에서 완전함의 참된 역할이란 자신의 불완전함을 깨닫게 만드는 데에 있기 때문이다.

수도계의 종류가 많지만, 그 어느 것이든 간에 수도계는 나름대로의 전통을 가지고 있다. 전통이라고 하면, 흔히 "변하지 않는 것"을 연상하기가 쉽다. 그러나 여기서는 그것이 통하지 않는다. 수도계의 전통은 "전통을 혁신하는 전통(Shils, 1981)"이라고나 할 만한 것이다. 그 만큼 그것은 무수한 수정과 개혁의 과정을 거듭한다. 이 말은 품위가 하나의 위계를 가진 단계로 이해되어야 함을 의미한다. 우리는 하나의 단계에서 정지하는 것에 만족하지 않고, 그 다음 단계로의 향상을 도모해야 된다. 이것이 수도계의 속성이다. 앞에서 길의 비유를 한 바 있는데 그 길은 계단이 있는 길이라고 해야 할지 모르겠다. 사실상 우리 모두는 동료 인간의 현재 속에, 그리고 인간성의 개방된 지평 속에 존재한다. 이 개방성 속에 우리는 유적 인간으로서 자신과 우리들을 확장하고 발전시킨다. 이러한 품위의 측면은 종적 상대성(vertical relativity)에 해당한다.

우리는 "인간의 가능성은 무한하다"라는 주제를 받아들였다. 이 말을 인간은 당장 어떠한 수준의 품위든지 간에 획득할 수 있다는 뜻으로 받아들여서는 안 된다. 현실적으로 우리가 성취할 수 있는 품위의 범위는 한정되어 있다. 정확하게 말한다면, 현재 우리가 갈 수 있는 곳은 현 지점에서 현실적으로 미칠 수 있는 거리로 제한된다. 그 실현 가능한 범위의 한계를 당장 뛰어넘어 갈 수는 없다. 마찬가지로 인간의 가능성은 무한하되, 그것을 실현시켜 나가는 거점은 우리가 처한 현재의 상태이다. 수도계의 품위는 지금 위치한 것을 토대로 그 다음의 높은 단계를 점차적으로 추구함으로써 드러난다.

각종의 수도계는 비유컨대 끝이 보이지 않는 위로 오르는 사다리나 계단들을 지니고 있는 것으로 가정된다. 품위는 각각의 계단에서 하나의 위치를 차지하고 있는 인간성의 측면으로 볼 수 있다. 품위는 아래가 없이는 위가 존재하지 않고, 위가 없이는 아래가 존재할 수 없는 방식으로 서로 병존한다. 그 각각의 단계는 해당 수도계의 역사적인 오류를 반영하고 있다. 한 단계에서 품위는 그 자체의 불완전성을 점차 드러내면서 그 다음 단계의 것을 성취하기 위한 발판의 역할을 한다. 이러한 종적인 상대성을 가진 품위의 경우, 한 개인은 자신이 가진 현재의 품위를 부정하지 않고는 다른 단계에 진입할 수 없다. 이 말은 종적 상대성이 있는 품위는, 횡적 상대성이 있는 품위와는 달리, 한 개인 안에서 서로 공존할 수 없음을 의미한다. 따라서 이후의 것이 이전의 것을 부정하는 방식으로 품위가 발전한다. 그 발전의 과정에서 가치수준의 변환이 일어난다. 이러한 수도계의 연속적인 상승 과정에서 실존의 서열이 형성된다.

애초부터 고정불변, 보편성, 권위, 근원, 기초, 중심, 절대에 해당하는 바람직한 인간성이 있었던 것은 아니다. 그러한 것이 있다고 믿는 것, 또는 그것을 전제하는 것이야말로 인간성에 대한 횡포이고 독단이라고 할 수 있다. 최종적으로 머무를 절대적인 중심점은 존재하지 않는다. 고정불변의 주체도 없다. 품위는 역사적으로 여러 분야에서 무수한 종류와 수준으로 출현했으며, 지금도 그리고 앞으로도 그 출현은 계속될 것이다. 흔히 우리는 교육에서 추구하는 바람직한 인간상이 무엇인가라는 질문을 던지고, 그 내용을 기술해 주기를 기대한다. 그러나 그 해답이 무엇이든지 간에 이는 대단히 무모한 독단과 환상으로 귀결될 것이다. 수도계는 나날이 팽창하고 발전되고 있기 때문에 그 종류와 수준을 어느 시점에서 확정할 수가 없다. 우리 각자는 특정한 종류와 얼마만큼의 수준에서 수도계를 제한적으로 체험할 수밖에 없다. 따라서 수도계의 최종적인 내용을 어떤 시점에서 특정한 주체가 고정적으로 규정하는 것은 무리이다. 그것들을 모두 알고 있다고 주장하는 개인이나 집단이야말로 오히려 그들이 무지하다는 점을 보이고 있을 뿐이다. 정확히 말한다면, 그는 자신이 체험하고 있는 세계를 세계의 전체로 보는 "우물 안 개구리"의 오류를 범하고 있는 셈이다.

품위가 차지하는 범위는 무진장하다고 말할 수 있다. 그 미지향과 탐구 가능성을 두고 볼 때, 그 세계들을 영문자 'X'로 표기하는 것이 적절할지도 모른다. 그러나 그 내용들이 그렇게 막연한 것만은 아니다. 한 가지 분명한 것이 있다. 각 개인들은 모종의 품위를 현재 가지고 있다는 점이다. 개인이 현재 지니고 있는 품위를 약칭하여 '현품(現品)'이라고 하자. 그러나 이는 고정된 실체가 아니라, 발전의 도상에 있는 것이다. 이와 관련하여 우리는 현품의 이전과 이후의 품위를 지칭하여 과품(過品)과 미품(未品)이라는 개념을 얻을 수 있다. 과품, 현품, 미품은 사람들이 마음속의 깨달음을 통하여 과거에 체득하고 있었으며, 현재에 체득한 상태에 있고, 미래에 체득하게 될 품위들을 대변한다.

개인에 따라 그가 체득하고 있는 품위의 범위나 수준이 다르다. 그 가운데 현품의 수준이 다른 개별자들을 우리는 '선진(the more advanced)'과 '후진(the less advanced)'이라 구분하여 부르기로 하자.[29] 선진과 후진은 극히 상대적인 개념이다. 가령 갑, 을, 병, 정이 품위의 수준의 면에서 다른 위치를 차지하고 있다고 가정하자. 그렇다면, 그 가운데 누가 선진이고 후진인가? 이 질문은 어느 수도계를 기준으로 삼느냐에 따라 상이한 답을 얻을 수 있다. 학문의 경우에 갑이 을보다 선진임에 비하여 예술의 경우에는 그 위계가 바뀔 수가 있다. 이 점을 우리는 앞에서 횡적 상대성이라는 말로 지칭하였다. 여기에 종적 상대성을 추가하면, 문제는 더 복잡해진다. 가령 앞의 예에서 학문의 경우 갑이 선진이고 을이 후진이라는 말을 했는데, 이러한 선진과 후진의 판정은 그들 두 사람의 개별자에게만 상대적으로 해당하는 것이다. 여기에 다른 사람, 예컨대, 병과 정을 추가한다면, 사태는 달라진다. 이제 갑은 병의 후진이 될 수 있고, 을은 정의 선진이 될 수도 있다.

모든 품위는 발전의 디딤돌이자 걸림돌이다. 품위는 발전의 과정에서 서로 모순되는 경로를 지양해 왔다. 따라서 위계가 다른 품위의 내용들은 서로 논리적으로 모순될 뿐만 아니라, 그 마지막의 것을 밝힌다고 하더라도 밝히는 사람의 제한된 범위에 한정된다. 또한 그 한정된 것을 누군가가 밝히려고 하는 경우에도 그것은 언어적 기술의 경계를 벗어난다는 애로에 봉착하여 그 내용조차도 타인에게 직접 소통하기 어렵다. 다만 다소 분명한 것이 있다면, 품위의 위계에 있어서 특정한 수준의 품위를 현재의 품위로 확보하고 있는 사람이 있다고 할 때, 그것을 과거의 품위나 미래의 품위로 규정하고 있는 선진과 후진들도 존재하고 있다는 점이다. 여기서 엿볼 수 있듯이 인간성을 주체적으로 실현하고 입증해 나가는 과정은 누구에게나 완결될 수 없는 영원한 작업이다.

품위는 종적 상대성을 지닌 수많은 수준에서 언제나 낡은 것을 버리고

---

29) 이런 표현 이외에도 선각(先覺)과 후각(後覺), 선배(先輩)와 후배(後輩), 전위(前衛)와 후위(後衛), 선학(先學)과 후학(後學), 혹은 상수(上手)와 하수(下手)라는 말로 표현할 수도 있을 것이다. 우리는 이런 것들을 선진(先進)과 후진(後進)이라는 말로 대표하고자 한다.

새로운 것을 택하는 나선형의 과정을 반복하며 발전한다. 그처럼 각 발전 단계에서 반복되는 동일한 과정이 교육에 해당한다. 교육계는 품위의 각 단계에서 주체가 위와 아래의 양쪽 방향으로 진입할 수 있는 두 가지 독자적인 체계로 구성되어 있다. 그 가운데 하나가 '상구교육(ascending education)'이고, 다른 하나가 '하화교육(descending education)'이다. 이들은 각각 그들 나름의 요소와 구조를 가지고 상호의존하며 협동하는 가운데 수도계의 알려지지 않은 실재를 부단히 확인하고 검증하는 계기를 우리에게 제공한다. 상구교육과 하화교육이 각각 교육의 전체구조로서 어떻게 하나의 동일성을 이루느냐 하는 문제는 다음 4장에서 상세히 설명될 것이다. 다만 여기서 강조해야 할 것은 교육이 수도계의 각 품위 사이에 개재하며 재귀적인 항상성을 지니고 있다는 점이다.

무한히 열려 있는 높은 수준의 품위를 실현하는 책임은 우리 자신에게 있다. 그 때문에 우리는 항상 우리 자신이 누구인가를 교육을 통해서 입증해 나가지 않으면 안 된다. 상구교육은 교육의 주체가 지금 자신이 확보한 품위를 토대로 다음 단계의 품위를 획득해 나가는 과정으로서 수도계적 발전 과정의 어느 단계에서나 동일하게 이루어진다. 누차 강조되었듯이 수도계에서 실현될 수 있는 절대적 품위란 존재하지 않는다. 누구나 자신의 가능성 한 가운데에 아직도 실현을 기다리는 더 높은 품위를 가지고 있으며, 그것은 미리 규정될 수 없는 비밀스러운 측면을 지니고 있다. 이것을 상구교육이라는 일련의 반복되는 활동을 통하여 점차적으로 실현태로 확장시켜 나가야 한다. 여기서 결과상 도달하게 되는 실현태로서의 품위와 그것을 실현해 나가는 일련의 활동은 엄연히 구분된다. 전자는 후자의 결과이다. 상구자는 상구교육을 통하여 어느 품위에 도달하게 될 것이고, 그 도달한 품위를 토대로 상구교육을 재개해 나갈 것이다.

상구교육의 진행과 더불어 새로운 품위가 탐색되고 확보된다. 이로 인하여 '선진'과 '후진'이라는 개인차가 불가피하게 생겨난다. 선진일수록 후진이 아직 거치지 않은 더욱 많은 단계들을 거쳐 왔다. 그러나 선진만이 아니라 후진도 각자의 수준에서 그들의 품위를 토대로 수도계를 체험하고 평가한다. 이때 선진과 후진은 품위 수준의 차이로 인하여 그들 각자의 수도계에 대한 체험과 평가를 놓고 충돌할 수도 있다. 그러한 충돌을 피하고 선진이 자신의 품위가 갖는 가치에 후진이 동조하도록 만드는 방법은 후진으로 하여금 그가 거쳐 온 상구교육의 과정을 밟도록 돕는 길이다. 이 부분이 하화교육에 해당한다. 하화자는 후진이 자신이 확보하고 있는 품위를 아직 획득하지 않았다는 사실에 유의해야 한다. 대부분 선진에게는 자명하고 간결한 것이 후진에게는 불확실하고 복잡하다. 이 때문에 하화자는 후진이 실현할 수 있는 품위를 점차적으로 실현해 나가도록 돕는 방식을 취하지 않으면 안 된다. 하화교육 역시 상구교육이 그러했듯이 수도계의 각 품위에서 동일한 과정을 반복한다.

이쯤해서 독자는 수도계와 교육계 간의 관계와 차이를 어느 정도 인식하게 되었을 것으로 믿는다. 우리가 교육에 참여하는 이유는 교육의 세계에서만 충족시킬 수 있는 순수한 감정과 가치감정 때문이다. 말하자면 교육은 수도계가 추구하는 가치와는 별도로 그 나름의 내재가치를 가지고 있다. 이처럼 수도계와 교육계는 각각 그 나름의 고유한 평가기준을 가지고 있기 때문에 이 가운데 어느 것이 더 좋은 것이냐를 그 고유한 맥락을 떠나서 보편적인 것으로 따지는 일은 부질없다. 그러나 우리가 우리의 삶을 교육을 중심에 놓고 판단할 때, 수도계는 교육을 성립시키기 위한 하나의 보조적 세계로 후퇴한다. 수도계의 품위상의 위계에서 그 서열에 의한 우열의 판정은 엄격하다. 한 단계 이상의 품위가 그 이하의 품위를 제압하고 무효화시키기 마련이다. 그러나 교육의 입장에서 볼 때, 품위의 차이란 교육을 성립시키는 하나의 조건일 뿐이며 모든 품위에서 이루어지는 교육의 가치는 원칙상 동일하다. 적어도 그런 정도의 본위상의 전환이 이루어질 수 있을 때, 우리는 교육을 교육이 아닌 것과 구분하여 교육 자체로 이해할 수 있게 되었다고 말할 수 있다.

이제 본 절의 논점을 정리해 보기로 하자. 우리는 세계를 크게 세속계, 수도계, 교육계로 나누고, 그 가운데 마지막의 것을 여타의 세계와 구분해서 규정해 나가는 방식을 취해 왔다. 세속계에서와는 달리 수도계에서 추구하는 바람직한 인간성은 어차피 미리 규정될 수 없다. 교육계는 그러한 인간성을 실현시키면서 그 실재를 확인하는 하나의 자율적인 과정이다. 우리는 모르는 만큼 상구교육에 참여하며, 설사 안다고 하더라도 그것을 아직 모르는 사람이 있는 만큼 하화교육에 참여한다. 이처럼 우리는 수도계의 품위를 확인하기 위해서 다른 인간들과 개방적으로 교섭하지 않으면 안 된다. 이러한 협력은 자기를 감추어서 지키는 술책, 책략, 위장수법, 안전의 구축이 없이 타인과 더불어 더 나은 인간성을 탐색하고 공유하려는 각오라고 불릴 수 있다. 또한 자신의 견해 및 확신과 관련하여 자기를 감추는 일이 없이 다른 인간에 의해 문제시 되도록 하는 각오로서 개현성의 의지가 포함된다. 여기에는 한편으로 각자의 독립적이고 주체적인 동화 및 자기 자신이 되고자 하는 결단이 포함되며, 다른 한편으로는 자기와 타자를 도구화하려는 외적 세력에 대한 경계와 반항이 포함된다. 이것이 바로 세속계적인 인간 형성과정으로서 사회화와 구분되는 교육의 고유한 속성인 것이다.

일거에 어떤 표준적인 인간성에 일치시키려는 사회화와는 달리 교육에서는 표준적인 인간성에 대한 사회적인 합의가 그렇게 중요한 것이 못된다. 교육에서 중요한 것은 수도계에서 거쳐야 할 단계를 충실하게 거치는 것이다. 인간의 다양한 재능과 가능성을 시험하는 비범하며 독보적인 창도자의 출현이 있었다. 그들은 상구교육의 과정을 통해서 이 세계에 존재하지 않았던 품위의 실재에 접할 수 있었다. 그 품위는 당대 일반인의 상식을 초월하기 때문에 그들의 인정을 받지 못할 뿐만 아니라, 엄청난 혹평을 받는 경우도 많다. 이 때문에 그들이 얻은 새로운 품위의 실재를 인정받기 위해서 그들은 일반인들이 상구교육의 과정을 밟아 나가도록 돕는 길을 택해 온 것이다. 이때 그들은 하화교육이 요구하는 고유한 내재율에 복종하려는 태도를 견지하였다. 만약 그들의 하화교육이 없었다면 모처럼 실현된 그들의 위대한 품위는 소멸되고 말았을 것이다. 이 때문에 교육본위론은 수도계의 매 단계마다 그리고 각 세대마다 이루어지는 교육의 고유한 구조와 규칙과 방식에 특별히 주목한다.

수도계와 교육계가 병존하는 가운데 전자의 세계체험이 후자에 힘입어 일반대중에게 보편화된다. 우리는 그러한 보편성을 획득하는 길 자체의 보편성이 무엇인지를 "교육이란 무엇인가?"라는 질문을 통하여 찾아내야 한다. 교육본위론은 어떤 한정된 수도계의 인간성을 가정하지 않고 그들을 끝없이 확인하는 과정으로서 교육을 포착하고자 한다. 그 보편타당성이 충분히 입증되지 않은 다양한 수준의 품위가 사실상 보편성을 가질 수 있는가하는 것은 교육을 통해서 검증되어야 한다. 품위의 종류나 수준은 광범위하며 그것에 대해서 알고 있는 범위는 개인에 따라 다르다. 또한 그것을 알고 있지 못한 사람에게 그것은 아직도 미지수로 남아있는 것이다. 그것을 알고 증명해 나가는 과정으로서 교육의 입장에서는 그 전체의 범위와 수준을 그것을 체득한 소수의 협소한 경험을 기준으로 구속시킬 필요가 없다. 우리는 단지 품위의 구체적인 내용에 대한 해답을 유보한 채, 그것을 인식하는 다양한 방법적 가정을 하고, 그 가운데 교육이 어떤 것인지를 부각시키려고 하는 것이다. 그러므로 실상 모든 수도계가 사라진다고 하더라도, 우리가 포착하려는 교육계만 살아 있다면, 그 수도계는 언제나 재생될 수 있을 것이다.

위의 논의를 통해서 수도계와 교육계가 서로 다른 구조를 가지고 병존하면서 협력할 수 있는 긴밀한 관계를 가지고 있다는 사실이 대략적으로나마 이해되었다면, 우리의 논의는 그 목적을 충분히 달성한 셈이다. 여기에서 대략이라는 것은 그들 사이의 맥락의 차이에 대한 감각 정도를 말한다. 더 자세한 것은 물론 본서의 나머지가 해명할 부분이기 때문에 독자는 다소 인내력을 가지고 계속되는 논의의 전개에 참여하면 될 것이다. 그러나 여기서 이러한 접근이 기존의 교육관과 어떻게 다른 것이냐 하는 점을 검토해 보는 것은 의미가 있을 것이다. 그래서 마지막으로 교육본위론과 앞 절(3.1)에서 논의한 정범모 선생의 교육론이 특별히 어떠한 점에서 다른지를 지적하는 것으로 우리의 논의를 정리해 보기로 하자. 교육본위론과 정범모 선생의 교육론은 크게 두 가지 차이를 지닌다. 하나는 행동과 품위의 차이이며, 다른 하나는 그것을 달성하는 기제로서 교육의 외연을 어떻게 규정하느냐 하는 점에서의 차이이다.

19세기의 실증주의 사조를 배경으로 하는 지금까지의 교육학은 과학주의를 표방하면서 심리학에서 사용하는 개념들을 무비판적으로 수용하였다. 그러나 이 개념들은 인류가 자신들의 존재를 상승시켜 나가는 과정에서 남긴 중요한 이정표로서의 인간성의 측면을 포착하기에는 너무도 많은 문제와 한계를 갖고 있다. 심리학은 우리 자신의 것 가운데 경험적 증거를 가지고 입증할 수 있는 측면을 다룸에 비해서 교육학은 우리들 자신이 탐색하면서 확장해 나가는 인간성의 전 영역을 포괄적으로 다룰 수 있어야 한다. 이 때문에 교육에 관한 논의를 할 때에는 심리학자들이 말하는 행동과는 다른 존재적 범주를 설정해야 할 필요성이 있다. 품위는 이전의 심리학적인 설명을 초월할 뿐만 아니라, 심리학이 제시하는 것과는 질적으로 다른 새로운 원리와 과정에 근거하고 있다. 이 점에서 나는 인간성의 이해와 관련하여 우리가 그동안 심리학으로부터 배울 수 있었던 이상의 것을 교육학이 밝혀낼 수 있어야 한다고 본다.

이해의 편의상 품위와 '행동'의 서로 대비되는 두 가지 점만을 지적해 보자. 첫째, '행동'은 주로 인간이 세상에 적응해 나가는 수단으로서의 가치를 갖지만, '품위'는 그 자체가 내재적인 가치를 지닌다. 행동의 평가는 어떤 기능을 수행하느냐 하는 객관적 기준을 요구하며, 대부분 그러한 행동을 하는 주체와는 독립적으로 이루어진다. 그러나 품위의 경우에는 그것을 탐색하거나 소지하고 있는 주체 자신의 평가가 무엇보다도 우선한다. 객관적으로 아무리 훌륭한 인간성을 구비하고 있다고 하더라도, 그것이 당사자에게 가치 있는 것으로 체험되지 않는 한 품위로서의 의미를 상실한다. 교육의 과정은 그러한 개념적 요구에 부응하여 주체가 나름대로의 인간성을 실현시켜 나가면서 스스로 좋은 경험과 나쁜 경험을 대비시키고, 그 가운데 좋은 것을 체질화시켜 나가는 것과 관련이 있다.

둘째, '행동'은 과학적 탐구를 위해 상정된 것인 만큼 그 범위가 경험적으로 명백하게 규정할 수 있는 것으로 축소되는 데 비해서 '품위'의 경우는 그 반대로 아직 그 속성이 실현되지도 않은 인간의 가능성까지를 포괄한다. 품위는 이제까지의 탐색을 통하여 확보된 것으로서 그 중간목표가 알려져 있을 뿐, 절대적 목표는 아직 알려진 바 없다. 품위의 실체성은 오직 그것을 체득한 사람에게만 드러나며, 인간이 실존으로 현존함을 넘어서서 자신이 지향하는 존재로 스스로를 변신시켜 나가는 존재인 만큼, 언제나 얼마만큼의 미궁의 여지를 갖는다. 품위와 관련된 교육의 과제는 아직 실현되지 않은 가능성을 실현시키거나, 혹은 그 실재성이 확실하게 입증되었다고 하더라도, 그것을 아직 모르고 있는 사람들에게 입증해 나가는 일이다.

정범모 선생의 교육론과 교육본위론은 인간성과 교육 사이의 관계를 규정함에 있어서 차이를 보인다. 선생은 바람직한 행동을 결과로 가져오는 계획적인 환경 혹은 프로그램을 교육으로 규정한다. 이에 따른 문제는 기능주의적 정의가 갖는 문제점과 더불어 자세하게 지적한 바 있다. 교육본위론은 품위라는 결과를 가져오는 기능적 도구라는 식으로 교육을 규정하는 안이한 경로를 회피하려고 노력해왔다. 그들 사이의 관계를 지금까지 깊이 있게 논의한 것은 교육의 구조를 밝힘에 있어서 품위라는 개념을 방편으로 이용하기 위해서였다. 교육은 품위상의 차이에 개재하는 하나의 자율적이고 항상적인 구조의 형태를 띠는 것으로 이해된다. 그렇게 규명된 교육의 입장에서 보면, 품위는 존재론적으로나 가치론적으로 교육을 위한 하나의 소재로서 전환된다.

이러한 시도는 교육학을 자율적인 분과학문으로 성립시킨다는 취지 이외에 인식론적으로 볼 때에도 이전의 교육론과는 판이한 결과를 가져온다. 심리학의 대상인 행동은 주로 경험주의적 방법에 의존하여 측정되고 평가된다. 기능주의적 도식은 그러한 경험적인 방법을 통하여 교육도 평가하려고 든다. 뒤(4.1)에 품위의 인식론적 성질을 밝힐 때 더 자세한 설명이 이루어지겠지만, 품위는 경험주의적 방법으로는 평가할 수가 없다. 더욱 중요한 것은 경험주의적인 한계를 벗어날 수 있는 방법 가운데 하나가 바로 교육이라는 점이다. 이런 통로의 계발은 한편으로 아레테와 덕의 개념을 현대화시키면서, 다른 한편으로 그것을 평가하는 인식론이나 방법론을 보완하는 데 교육학이 일정부분 공헌할 수 있는 가능성을 열어준다.

3.3. 교육의 이미지

3.3.1. 용어의 선택

우리는 이제까지 일반인이나 교육학자들이 가지고 있는 교육에 대한 생각을 부정하는 방식을 취해 왔다. 교육은 학교와 동일시될 수 없다. 교육은 또한 교육학자들이 기존의 다른 분과학문적 개념을 통해서 포착하고 있는 대상과도 다르다. 본서가 제안하려는 교육본위론은 그 자체로서 이전에 없었던 새로운 이론으로서 독자와 사전에 합의할 수 있는 개념의 체제가 아니라 앞으로 동의를 구해 나가고자 하는 개념의 체제이다. 따라서 이전의 교육관에서 교육본위론으로 전환하는 일은 그렇게 용이한 일이 아니다. 후자가 새로운 체제인 이상, 독자가 그것에 익숙해지는 데에는 상당한 시간이 걸릴 것이다.

우리가 앞에서 맥락의 전이라는 과제를 수행한 것도 이 때문이다. 아무리 단순한 생각이라고 하더라도, 그것은 우리의 두뇌에서 하나의 체제 안에 존재하기 마련이다. 우리는 어떤 정보를 얻을 때, 즉각적으로 우리에게 의미 있는 모종의 유형으로 그것을 동화시킨다. 이때 그 정보가 기존의 체제와 무관하게 접수될 경우, 그것은 단지 단편적인 정보의 기억으로 남게 된다. 대개 컴퓨터의 파일이 그런 기능을 하는 것으로 알려져 있다. 그러나 우리의 두뇌는 그 이상으로 적극적이다. 이 점에서 교육본위론은 독자가 가지고 있는 이전의 교육관에 흡수되어 버릴 위험성에 노출되어 있다. 그 곡절은 아래의 진술 속에 포함되어 있다.

> 기존의 도식을 변화시키는 일은 통상 어떤 것에 관해서 생각하는 새로운 방식을 단지 제시하거나 설명하는 것 이상을 요구한다. 새로운 아이디어를 기존의 구

> 조로 단단히 포착하기 위해서는 쇠갈고리가 필요하다. 가장 훌륭한 강의도 만약 청취자의 마음속에 있는 아이디어와 연결을 시키지 않으면, 오직 부분적으로만 이해될 수 있을 뿐이다(즉 단지 기억될 뿐이다)(Hyde & Bizar, 1989, p. 36).

기존의 도식을 변화시키는 일이 어렵다는 말은 쉽게 수긍이 가능하다. 그런데 새로운 아이디어를 기존의 구조로 단단히 포착하는 쇠갈고리가 필요하다는 말은 언뜻 이해하기가 곤란한 논리적 모순을 지니고 있는 듯이 보인다. "새로운 아이디어"와 "기존의 구조"라는 것이 서로 상반되어 보이기 때문이다. 그러나 위의 문맥이 시사하는 바는 좀 다르다. 쇠갈고리로서의 기존의 것은 변화될 기존의 도식과는 다소 다르면서도 동시에 새로 도입되는 아이디어와 어느 정도 유사성이 있는 어떤 것으로 이해해야 할지 모른다. 우리는 앞 절에서 고유한 맥락의 확보라는 과제를 수행해야만 하였다. 이하의 교육에 대한 논의는 그렇게 확보된 맥락의 토대 위에서 구축되어야 한다. 짧은 시간 내에 적은 지면을 통해서 이전에 접하지 못한 새로운 이론을 새로운 맥락에 정치시켜 이해한다는 것은 쉬운 일이 아니다. 이와 관련하여 교육본위론의 맥락을 독자의 머리 속에 안착하기 위해서는 교육본위론을 선행의 이론들과 어떤 식으로든 접맥시킬 필요가 있다는 시사를 위에 인용된 글에서 읽어낼 수 있어야 한다.

나는 그러한 취지에서 널리 알려져 있는 것이면서 독자에게도 비교적 친숙한 이론적 주장이나 연구를 하나의 거점으로 제시하려고 한다. 이때에도 문제가 된다. 교육본위론이 이미 익숙한 이론과 동류의 것이라면, 굳이 전자를 따로 제시할 이유는 무엇인가? 사실 그렇다. 그럼에도 불구하고 통상 새로운 생각을 도입하기 위하여 기존의 것을 하나의 방편으로 이용하는 경우가 많다. 후자는 통상 유추(analogies), 은유(metaphors), 혹은 직유(similes)의 의미를 발생하기 때문이다. 그러나 그런 방편으로서 은유 역시 한계가 있다는 점을 무시해서는 안 된다. 그것은 양자의 서로 다른 점을 무시하고 유사한 측면만을 부각시키기 때문이다. 교육본위론에 도입되는 모든 개념은 자체의 이론적 맥락에서 언제나 새롭게 규정된다. 이 때문에 교육본위론과 유사한 맥락을 지니는 기존의 것을 방편으로 이용하는 경우에 양자를 동일한 것으로 해석하는 잘못을 범해서는 안 된다. 그러한 위험성을 먼저 지적하면서 본 절에서는 교육본위의 맥락에 유사한 기존의 관점들을 살펴보는 순서를 밟고자 한다.

먼저 해명되어야 할 것은 교육본위론에서 사용하고 있는 용어에 관한 것이다. 한 마디로 교육본위론에서 사용하는 개념들은 이제까지 통상 교육과 관련하여 통용되어 온 개념들과는 동일하지가 않다. 서로 다른 생각을 동일한 용어로 나타낼 수는 없다는 기초적인 규정을 간과하거나 부정해서는 안 될 것이다. 상이한 생각을 동일한 용어로 나타낼 경우, 그 용어의 의미는 '모호하다(ambiguous)'는 평가를 받게 된다. 이는 별로 환영할 만한 상황은 아니다. 그렇다고 해서 모든 면에서 새로운 용어를 도입하는 데에도 한계가 있다. 같은 용어 안에 서로 다른 의미가 들어 있다면, 그 어원을 따져 나가면서 그 가운데 하나의 의미를 다른 의미와 분리시킬 필요가 있다. 그러한 전략의 하나로 교육본위론은 용어의 근원을 동양에서 찾아본다거나, 혹은 학교 중심으로 통용되는 용어들보다 더 긴 역사 속에서 찾고자 하였다. 흔히 영어의 'education'의 어원을 라틴어에서 찾고, 그것을 우리 동양의 말로 번역하는 방식을 택해 왔다. 그런 동양식 번역이 'education'을 이해하는 데 얼마만큼의 효력을 발휘하는지는 알 수가 없다. 그러나 효과가 전혀 없다면, 그러한 시도를 할 이유도 없는 것 아닌가! 그렇다면, 이제 그 말의 근원을 서양 쪽에서 동양 쪽으로 바꾼다는 입장의 선언만으로도 반대의 효과를 얻을 수 있지는 않을까?

이러한 취지에서 교육본위론은 기존에 있는 동양의 용어를 먼저 선택하고, 그것이 영어로 번역되는 순서를 밟아 나가기를 기대한다. 이는 교육의 전통에 있어서 동양이 서양에 비하여 더 깊이가 있다는 소신에 따른 것이다.[30] 이미 독자는 '세속계', '수도계', '품위', '상구교육', '하화교육'

30) 이로 인해서 내가 '동양교육'과 '서양교육'을 분리시키고, 각각에 해당하는 것 가운데 특히 전자를 강조하고 있다고 생각하면 큰 오해이다. 교육본위론은 동서고금의 보편적인 교육을 이해하고자 하지만, 이해의 편의상 그 어원을 동양의 것으로 삼는 것이 더 적절하다고 판단한 것이다. 이후의 논의에서 그 어원에 합당한 교육이론이나 교육의 사례를 서양의 것에서 제시하고 있음을 볼 수 있을 것이다. 다음 소절에서 소개하

등과 같은 낯선 용어들을 접해 왔다. 상구와 하화로 수식되는 '교육'도 이전의 것과는 다르다는 점을 공표하였다. 상구교육과 하화교육은 각각 "ascending education"과 "descending education"으로 번역하였다. 이것은 이를 테면, 영어의 'learning'이나 'teaching'과는 다른 표기법이다. 이러한 용어의 선택은 기존의 교육관과 교육본위론을 분리시키기 위함이다. 이러한 조처 혹은 방편이 하나의 쇠갈고리가 되어 독자가 이후에 본격적으로 전개될 교육본위론의 내용을 이전과는 다른 사고유형으로 받아들이는 데 도움이 될 수 있었으면 하는 소망을 가져본다.

이 점은 앞에서 그러한 용어들을 사용하기 시작할 때부터 시사한 바 있었지만, 자세한 의도에 관한 해명은 보류하여 왔다. 이제 그 용어들이 결코 새로운 것이 아니라는 점을 밝히고자 한다. 먼저 동양에서 쓰이는 '도(道)'라는 개념이 도입되었다. 이는 단지 동양에 그치지 않고 모든 인간의 삶에 편재된 보편적 의미를 가진 것으로 보았다. 물론 그것은 자체의 개념만을 가지고도 긴 논의를 할 수 있을 정도로 복잡한 의미를 지니고 있지만, 그 본래의 뜻은 인간이면 당연히 인도되어야 할 이상과 존재의 양태라는 데에 이의가 있을 수 없다. 그것의 범위는 너무도 광범위하여 한정된 기술의 범위를 벗어난다. 그로부터 도출될 수 있는 중요한 추론이 있다면, 도의 내용을 알고자 하는 사람은 스스로 그것을 체득하는 실천을 수행해야 한다는 것이다.

그와 유사한 맥락을 《중용(中庸)》에서 발견할 수 있다. 첫머리에 해당하는 말, 즉 "하늘이 명(命)해 준 것을 성(性)이라 하고, 성을 따르는 것을 도(道)라 하며, 도를 닦는 것을 교(敎)라 한다"[31]는 언급에서 우리가 특별히 주목할 핵심은 '교(敎)'라는 용어가 이 문맥에서 차지하고 있는 위치이다. 누차 강조했듯이 '도(道)'의 내용은 그 종류와 수준에 있어서 무궁무진하다. 각자는 그 가운데 극히 제한된 부분만을 알고 있을 뿐이며, 설사 얼

는 플라톤의 "동굴의 신화"나 니체의 《짜라투스트라는 이렇게 말했다》의 경우도 그렇다.

31) 天命之謂性, 率性之謂道, 修道之謂教

마만큼 알고 있다고 하더라도, 그것을 말로 충분히 기술할 수는 없다. 그런데 교육이라는 실천을 중심으로 그 수도의 오묘한 내용의 필연성을 확인해 나갈 수 있다고 보고 있는 점이 교육본위론의 취지와 절묘하게 어울리고 있다. 이 주제는 앞(3.2.4)에서 충분히 논의된 바 있다.

교육본위론의 과제는 그 '교육(敎育)'에 해당하는 부분을 이론적으로 밝히는 것이다. 교육본위론에 따르면, 교육은 크게 두 가지 하위영역을 포함하고 있다. 그것을 구분함에 있어서 나는 불가(佛家)의 대승사상가들이 주목한 부분을 원용하였다. 불가는 크게 소승불교와 대승불교로 나뉜다. 양자의 차이는 매우 미묘하고 복잡한 것이지만, 그들을 가르는 중요한 분기점은 깨달음을 추구하는 것과 중생을 구제하는 것 가운데 어느 것을 더 중시하느냐 하는 점이다. 소승의 경우는 전자를 앞세우며, 후자는 그 다음의 것으로 보고 있다. 이에 반하여 대승은 그 비중이 뒤바뀌어야 할 것을 주장했다. 그런데 "상구보리 하화중생(上求菩提 下化衆生)"이라는 용어가 두 가지의 요구를 한꺼번에 대표하고 있다. 교육본위론은 상구교육과 하화교육이 교육의 양 날개처럼 균형을 갖추어야 할 것으로 본다.

불가의 전개과정에서 새로운 불교인의 이상으로 등장한 '보살(菩薩)'이라는 존재가 우리의 교육적인 측면을 잘 대변해 준다. 석가는 "보통사람들의 공덕은 자신만을 완전하게 하고 깨끗하게 하여 구제하려는 것이지만, 보살은 모든 사람들을 완전하게 하고 깨끗이 하고 구제하기 위해서 쌓는 것(불교성전편찬회, p. 320)"으로 규정했다. 보살은 덕이 아직 완성되지 않은 상태에 있는 중생을 놔둔 채로 자신만 최상의 깨달음을 얻을 수는 없다고 보고 중생의 교화에 힘을 쓴다. 이러한 불가의 용어를 사용한다고 해서 교육본위론을 불교적인 특수한 맥락에 위치시키려고 하는 독자가 있다면, 그는 불가의 용어를 하나의 유추나 은유로 사용하려는 우리의 의도를 간과하는 것이다. 보살이라는 용어가 교육의 이해에 함축하는 바는 보다 일반적인 것이라는 점은 말할 필요가 없다. 보살의 이념은 우리의 삶에서 각자가 교육을 구현하고자 할 때 지켜야 할 생활태도이기도 하다. 교육의 특수한 맥락은 수도계에 혼자만 들어가는 것이 아니라는 점이다.

교육은 그것을 필요로 하는 이웃과 더불어 그곳을 향해야 한다. 그렇게 우리가 협력하는 한에서만 교육은 우리의 가까운 곳에서 그 특수성을 드러낼 수 있다.

동양적인 용어를 방편으로 삼아 독자를 교육본위론의 맥락으로 유도하려는 우리의 시도가 얼마나 효력을 발휘할 수 있는지는 미지수이다. 아마도 어떤 독자에게는 아직도 라틴어에 근거한 'education'과 동양의 고전에 근거한 '교육'의 구분이 크게 도움이 되지 않을지도 모른다. 그들이 'education'의 개념이 학교에서 통용되는 다양한 제도적 개념들과도 일종의 '가족유사성(family resemblance)'을 갖는 것으로 보고 여전히 이에 집착한다면, 우리의 성과는 아직도 미미하다고 할 것이다. 역사적으로 진행된 교육적인 삶의 양상은 특수한 제도적 관행으로 얽힌 명분의 대명사인 학교상황을 떠날 때 더욱 보편적인 것으로 드러난다. 그래서 그러한 독자들을 위해서 다른 하나의 시도를 해 보기로 한다. 그것은 널리 알려진 철학서에서 발견할 수 있는 이야기의 주제를 교육과 결부시켜 보는 것이다. 하나는 플라톤의 《국가론》에서 발견할 수 있는 "동굴의 신화"이며, 다른 하나는 니체의 《짜라투스트라는 이렇게 말했다》에서 발견할 수 있는 특유의 경구들이 시사하는 내용과 그 전반적인 구성에 대한 재해석이다. 이 두 가지 다른 이야기 안에는 학교에서 흔히 사용되는 교육에 대한 통속적이며, 번쇄한 용어가 전적으로 배제되어 있다. 그럼에도 불구하고 그들은 교육의 전체를 구체적으로 이해하는 데에 도움이 되는 강렬한 이미지를 갖추고 있다.

3.3.2. 플라톤의 동굴의 신화

상구교육과 하화교육으로 구성된 교육과 관련하여 우리가 가질 수 있는 한 가지 중요한 이미지는 한 개인이 어떤 낯선 경험을 하고, 그 세계가 진정 어떠한 것인지를 보통 사람들에게 알려주기 위하여 자신이 과거에 있었던 곳으로 다시 되돌아오는 과정이다. 이 여행의 과정은 신화시대에서부터 우리의 잠재의식에 반영되어 있다. 이 보편성은 캠벨(J. Campbell)이 소개하고 있는 《세계의 영웅신화(1949)》에 잘 묘사되어 있다. 영웅신화는 인간이 현존의 존재수준을 초월했다가 다시 되돌아오는 회귀의 운동을 일반적으로 구조화하고 있다. 캠벨이 말하는 영웅이란 인간이 자신의 가능성을 놓고 수직적인 상승과 하강을 거듭하는 인간적 측면을 지칭하는 것으로서 그들이 치루는 신화적인 모험의 표준적인 궤도를 묘사하고 있다. 이러한 과정 자체에 대한 이야기가 어떤 다른 이미지보다 교육본위론의 이론적인 맥락과 상통한다.

신화의 주인공인 영웅은 출생(出生), 분리(分離), 입문(入門), 회귀(回歸)라는 경로를 거쳐서 그의 작업을 수행한다. 먼저 그는 보통의 평범한 사람들과 똑같이 태어난다(출생). 그는 일상적인 삶의 세계에서 머무르지 않고 초자연적인 경이의 세계로 떠난다(분리). 여기서 엄청난 세력들과의 만남 속에서 모진 시련의 과정을 거쳐 결국 결정적인 승리를 거둔다(입문). 입문이라는 단어가 암시하듯이 이것은 일회적으로 순간에 일어나는 것이 아니라, 품위의 수준으로 간주할 만한 여러 단계의 과정을 거쳐 일어나며, 결국 그는 높은 깨달음의 경지에 도달하게 된다. 신화의 이야기는 여기에서 끝나지 않는다. 주인공은 그곳에 머무르지 않고 모험의 과정을 거쳐 얻은 것을 아래의 세계에 남아있는 동료들에게 전하기 위해서 현실세계로 되돌아온다(회귀). 이 회귀는 그에게 있어서 또 하나의 모험이 된다. 왜냐하면 일상의 사람들은 그의 깨달음을 그대로 수락하기에는 너무도 어리석은 이전의 단계에 있기 때문이다. 이 신화의 이야기는 모든 희생을 무릅쓰고 그 깨달음을 공유하는 단계에서 비로소 끝난다.

이 부분에서 독자에게 낯익은 신화가 얼른 생각날 것이다. 그것이 바로 플라톤의 《국가론》에 나오는 "동굴의 신화"이다. 이는 서양 사상사의 많은 알레고리 가운데서 가장 자주 언급되는 것 가운데 하나이다. 그런데 그것이 후대에서 교육이라는 사실을 함축하고 있는 것으로 널리 받아들여지고 있다는 점은 결코 우연이라고 보기 어렵다. 이 신화는 한편에서는 상구교육의 측면과 다른 편에서는 하화교육의 측면을 제대로 묘사하고 있다. 그 구체적인 내용을 네틀쉽(R. L. Nettleship, 1935/1989)은 이렇게 간결하게 요약한다.

> 대체로 인간은 진리와 빛으로 인도하는 길을 향해 나아가기는커녕, 그 대부분의 삶 동안에 어린아이에게나 알맞은 마음의 상태에 머무르고 만다. 이것이 플라톤이 우리에게 이해하기를 바라는 점이다. 이 상태의 인간은 동굴 밑바닥에 결박당한 채 앉아서 횃불을 등지고 오직 자신의 정면에 있는 동굴의 벽만을 바라보는 죄수의 모습과 유사하다. 살아서 움직이는 자연과 인간의 세상은 이들의 등 뒤에 있고, 이 세상에 관해 이들이 알게 되는 것이란 그 그림자의 메아리, 곧 누군가 다른 사람의 마음이 지어낸 불분명하고 허황한 모조품들일 뿐이다. 어려서부터 한 가지 일만 해온 사람들처럼 이들은 백열(白熱)같이 달아 오른 열정과 고집을 소유한 채 이 움직이는 허깨비들의 등장과 재등장이 이어지는 이 허황한 무대를 응시하며, 이들의 연속되는 등장 속에서 규칙을 관찰하고, 앞으로 닥칠 일들을 예측하는 이론을 제멋대로 지어낸다. 대다수의 사람들에게 이 상태로부터 탈출이란 없다. 왜냐하면 그들은 다른 종류의 세상을 알지 못하며, 따라서 원하지도 못하기 때문이다. 오직 어쩌다가 가끔 자연 또는 상황의 어떤 힘에 이끌려서 한 죄수가 그 사슬을 끊고 자유롭게 된다. 그는 제 발로 일어서서 주위를 살피고, 제 눈과 귀로 보고 들으며, 한 걸음 한 걸음씩 지식의 밝은 세상을 향해 위로 나아간다. 그러나 그가 옮기는 발자국마다 고통이 따른다. 처음 경험하는 실재의 세상은 그를 혼란에 빠뜨리고, 그로 하여금 환영(幻影)으로 이루어진 옛날의 세상을 그리워하게 만든다. 또 오직 과학적 진리 앞에서 현기증을 느낀다. 오직 서두르지 않는 완만한 걸음걸이에 의해서만 그는 세상을 지배하는 참된 원리들, 그리고 이 모든 원리들이 의존하는 최상의 원리에 의한 예지를 얻게 될 뿐이다. 만약 그가 인류의 무지에 대한 동정 때문에 자신이 새롭게 알게 된 것을 사람들에게 가르치려고 한다면, 그를 기다리는 것은 모멸과 적대감뿐이며, 이것은 마침내 그의 목숨마저 요구하게 된다(pp. 163-164).

동굴 안에서 그들이 볼 수 있는 것을 세계의 전부로 알고 고집을 부리는 사람 가운데 그것이 전부가 아닐지도 모른다는 생각에서 그곳을 탈출하는 사람의 경우가 묘사되었다. 결국 그는 어둠 속에서 벗어나서 빛을 보게 된다. 이것은 우리가 앞으로 더 이론적인 추궁을 해 나갈 상구교육의 과정에 상응한다. 그런데 후반부의 하화교육에 해당할 수 있는 이야기,

즉 그가 동료 죄수들을 상기하고 그들을 불쌍히 여겨 다시 동굴로 돌아가 그들에게 그가 본 새로운 세계를 가르치려고 하는 회귀의 상황은 너무도 간략히 서술되어 있다. 그 부분을 이 신화가 소개된 《국가론》에서 어떻게 묘사하고 있는지를 알아보자. 이 부분은 소크라테스에 의해서 이렇게 기술된다.

> 그렇지만, 만약에 그가 줄곧 그곳에서 죄수 상태로 있던 그들과 그 그림자들을 다시 판별해 봄에 있어서 경합을 벌이도록 요구받는다면, 그것도 눈이 제 기능을 회복하기도 전의 시력이 약한 때에 그런 요구를 받는다면, 어둠에 익숙해지는 이 시간이 아주 짧지는 않을 것이기에, 그는 비웃음을 자초하지 않겠는가? 또한 그에 대해서, 그가 위로 올라가더니 눈을 버려 가지고 왔다고 하면서, 올라가려고 애쓸 가치조차 없다고 하는 말을 듣게 되지 않겠는가? 그래서 자기들을 풀어주고서는 위로 인도해 가려고 꾀하는 자를, 자신들의 손으로 어떻게든 붙잡아서 죽일 수만 있다면, 그를 죽여 버리려 하지 않겠는가?(Platon, /1997, p. 453)

빛에서 어둠으로 옮겨 갈 때와 어둠에서 빛으로 옮겨 갈 때, 그 빛의 밝음과 어둠의 내용은 교육의 본질적인 요소가 되지 않는다. 교육의 본질적인 내용은 바로 그것을 대조적으로 드러내 주는 "자리를 옮기는 과정" 자체이다. 이 부분은 신화에서 묘사된 어느 죄수의 경우처럼 우리 모두에게 어려운 일이다. 우리가 교육에 가담하면서 독특하게 경험하는 이러한 특징에 힘입어 교육은 여타의 삶과 구분되며, 여타의 것으로 환원될 수 없는 고유한 기능을 수행하는 것이다. 흔히 철학에서 인식의 문제를 다룰 때, 고정된 시점에 묶여 있는 상태의 인식주체를 가정한다. 그러나 인식의 과제는 더 나은 인식에 도달하는 것이고, 그것은 인식주체의 변용이 없이는 불가능하다. 이 점에서 교육은 인식론적으로 매우 중요한 시사를 담고 있다.[32] 그 부분과 관련하여 하이데거(M. Heidegger, 1927/1994)의 다음과 같은 설명을 들어보자.

---

32) 이런 점을 고려하여 나는 철학자들이 제안한 인식론의 맹점을 교육에 의해서 보완할 가능성을 얻게 된다. 그것이 《학문과 교육(하권)》에서 다루어지고 있는 핵심주제이다.

이로써 플라톤이 보여주려고 한 것은 이렇다. 즉, 그림자 같은 것으로서의 어떤 것을 현실적인 것과 구별하여 인식하기 위한 가능조건은 내가 엄청난 양의 주어져 있는 사물들을 보고 있다는 데에 있는 것이 아니라는 것이다. 만일 동굴에서 살고 있는 사람들이 영원히 벽에서 보고 있는 이와 같은 것만을 좀더 명백하게 볼뿐이라면, 그들은 이것이 그림자에 불과할 뿐이라는 점을 간파하지 못할 것이다. 현실적인 것을 현실적인 것**으로**[33] 이해할 근본적인 가능조건은 태양 쪽을 보아 인식함의 눈이 태양과 같이 되는 것이다(pp. 404-405).

위의 발언은 전통적인 형이상학 전체를 뒤집어 놓은 하이데거만이 할 수 있는 깊은 통찰을 담고 있다. 실재에 대한 좀더 깊이 있는 이해는 그 실재를 있는 장소에서 열심히 바라만 본다고 되는 것은 아니다. 더욱 중요한 것은 바라보는 관점을 변화시키는 일이며, 그 변화는 인식주체 자신의 변화와 결부되어 있는 것이다. 그것이 바로 오르고 내려가는 상하의 운동으로서 '상구교육'과 '하화교육'에 해당한다.

이 신화의 알레고리에는 오해가 생겨날 수 있는 부분이 있다. 그것은 '본다'는 기술방식이다. 여기서 '듣다'는 표현을 쓴다고 해서 이 알레고리의 취지가 달라지는 것은 아니다. 얼른 생각하기에 보는 것은 '눈'을, 그리고 듣는 것은 '귀'라는 감각기관을 연상시킨다. 그러나 사실 그러한 의미의 '봄'과 '들음'은 우리가 세상을 경험함에 있어서 가장 낮은 단계의 인식을 제공한다. 그것 이상의 더 높은 수준의 경험이 얼마든지 가능하다. 플라톤은 우리들이 눈으로 쉽게 볼 수 있는 세계에서부터 지성에 의해서 알 수 있는 실재의 세계에 이르기까지 여러 단계의 수준을 나누고 있다. 플라톤은 《국가론》에서는 이른바 "선분의 비유"를 통하여 이를 설명하고 있다. 다시 소크라테스의 말을 듣기로 하자.

첫째 부분은 '인식'(지식)으로 부르되, 둘째 것은 '추론적 사고'로, 셋째 것은 '믿음'(확신: pitis)으로, 그리고 넷째의 것은 '상상'(짐작: eikasia)으로 불러 족할 걸세. 그리고 뒤의 둘을 함께 '의견'(판단: doxa)으로, 앞의 둘을 함께 '지성에 의한

33) 강조의 표시는 본문의 것

이해(앎: noesis)'로 일컫네(Platon, /1997, p. 488).

서로 다른 수준의 봄에 대한 이미지는 교육본위론에서 말하는 품위에 해당하는 것으로 볼 수 있다. 그런데 앞에서도 지적했듯이 상구교육과 하화교육은 그 가운데 어느 수준에 이르게 되는 경우 종료되는 것이 아니다. 또한 교육을 통하여 도달한 결과가 교육의 내용을 결정하는 것도 아니며, 교육의 과정을 정당화하는 것도 아니다. 본질적인 것은 도달해야 할 품위의 절대적인 수준이 아니다. 우리가 주목해야 할 점은 각각의 품위에서 교육은 동일한 형태로 여러 번 반복되는 동형성을 지닌다는 사실이다. 플라톤이 구분한 네 가지 단계는 아래 단계에서부터 위의 단계로 상승하는 순서를 밟는다. 단계의 상승과 더불어 각 단계에 속하는 사람들이 각각 세계에 대하여 서로 다르게 보고 들으며 느낄 것이다. 그럼에도 불구하고 그 품위의 발전을 가져오게 하는 과정으로서 상구교육과 하화교육은 변함없이 동일한 형태로 진행된다.

교육본위론에서 드러내려는 교육의 가장 핵심적인 부분은 바로 이것이다. 우리 각자는 그가 현재 처해 있는 품위를 중심으로 어느 위치에서나 교육에 참여할 수 있다. 교육은 그 자체로서 하나의 완결된 경험을 우리에게 제공한다. 한 단계의 교육이 끝나면, 바로 그 자리에서 다른 단계의 교육을 다시 시작할 수 있다. 이와 같은 방식으로 교육의 과정은 일생 동안 계속된다. 필요한 교육은 각 단계에서 점진적으로 이루어져야 한다는 것이 교육의 중요한 특징 가운데 하나이다. 이는 뒤(3.5)에서 교육적 시숙이라는 주제를 다룰 때, 더욱 자세하게 검토될 것이다.

3.3.3. 니체의 짜라투스트라

교육에 내포된 오름과 내림의 이미지는 다른 문헌에서도 빈번하게 나타난다. 그 가운데 하나로 이전의 철학체계를 뒤흔들어 놓은 니체(F. W. Nietzsche)의 저서가 있다. 그것은 바로 니체의 사상을 종합적으로 대변하고 있는 것으로 널리 알려져 있는 《짜라투스트라는 이렇게 말했다(1884/1983)》이다. 짜라투스트라는 고대 페르시아의 전설적인 예언자인 조로아스터교의 교조(敎祖)이다. 니체는 그의 이름을 빌어 이전의 서양사상에 대한 비판과 자신의 새로운 견해와 체험을 상징적으로 이 저서에 투영하고 있다. 수많은 비유, 상징, 은유 등이 포함된 저서의 내용은 흔히 니체의 초인의 사상, 힘에의 의지, 그리고 영원회귀의 사상과 관련하여 다양하게 해석되고 있는데, 우리는 이와는 구분되는 또 하나의 강렬한 이미지에 주목하고자 한다. 그것은 바로 교육의 이미지이다. 이는 니체 자신이 주창했던 '원근법주의(perspectivism)'의 논지[34]에도 부합한다.

우리에게 이 저서는 특별히 이중적인 의미에서 의의가 있다. 하나는 앞서 약술한 그의 사상 전체가 교육이 가정하는 인간상을 잘 드러내고 있다는 점이며, 다른 하나는 그 사상을 얻고 전파하는 짜라투스트라의 활동이 앞에서 우리가 찾고자 했던 교육의 맥락과 많은 점에서 일치하고 있다는 점이다. 니체는 그가 생각하는 옛 가치와 인간성을 의식으로부터 추방하고, 새로운 가치와 인간성에 구체적인 형상을 부여하는 과정을 교육의 형태로 묘사하고 있다. 이 사실은 니체 자신의 의도가 아닐 수도 있다. 그는 부지불식간에 자신의 삶에서 교육이 차지하는 중요한 부분을 간파하고, 이를 교육이라는 과정을 통해서 전파하는 이중의 연관성을 보여주고 있는 듯하다.

니체는 당시까지의 기독교 사상, 도덕, 허무주의적 철학 등이 비본래적인 인간을 조장했다고 보고, 그 모든 가치들을 전도시킴으로써 새로운 가치를 지닌 본래적인 인간성을 정립하고자 한다. 이것은 내면적인 의지와 강자가 되고자 하는 초인에 의해서 극복되지 않으면 안 된다.[35] 니체의

---

34) 원근법주의에 의하면, 모든 인식은 인식주체가 갖고 있는 관점에서 출발하는 것으로 인식론의 전통 속에서 언급되고 있는 필연적이고 보편적인 인식이란 존재할 수 없다.

35) 흔히 이 부분을 정치적인 권력의 문제와 결부시키는 경우가 있는데, 그것은 니체를 제대로 이해하는 방식이 아니다. 들뢰즈(G. Deleuze)의 다음과 같은 해명이 이를 잘 나타내고 있다. "니체는 권력의 문제와 관련해 가장 많이 오해되어 왔다. 우리가 권력의지를 '권력을 원하는 것 혹은 권력을 추구하는 것'으로서 해석할 때마다 우리는 니체의 사고와 아무런 관계도 없는 진부함과 마주치게 된다(/1993, p. 13)."

초인은 자신의 삶을 운명에 맡기지 않고, 스스로 결단하는 실존적 존재이다. 인간성은 확정된 것이 아니다. 니체(/1983)는 이 주제를 "인간은 초극되어야 할 그 무엇이다(p. 34)"라는 말로 표현한다. 니체가 《짜라투스트라는 이렇게 말했다》에서 거론하는 초인은 개인이 지금의 상태를 초월하여 그가 아직 얻지 못한 본성을 추구해 나가는 측면을 의미한다. 그는 초인으로의 상승을 인간의 과제로 삼지만, 절대적 상태나 궁극적 목적은 거부한다. 그에게 있어서 진리도 영원히 확립될 수 없는 원근법주의의 공간 안에 있는 것이다. 인간이 짐승에서 초인에 이르는 과정에는 많은 실험정신, 시행착오, 그리고 동적인 단계가 상정된다(Pieper, 1990).

"인간은 짐승과 초인 사이에 놓인 밧줄이다. 심연 위에 놓인 밧줄이다. 저쪽으로 건너가는 것도 위험하고, 건너가는 과정도 위험하며, 뒤돌아보는 것도 위험하고, 무서워서 멈추는 것도 위험하다(Nietzsche, /1983, pp. 37-38)." 이것은 인간성이 짐승에서 초인에 이르는 과도기에 있음을 시사한다. 그러한 변화를 가져오는 길에는 두 가지가 있다. 하나는 생물학적 진화이고, 다른 하나는 정신의 변화에 대한 진화 가능성이다. 그 가운데 니체가 부각시키려는 것은 후자이다. 그 변화는 종의 진화가 아니라, 개인의 진화로서만 가능할 뿐이다. 니체가 힘의 의지라고 할 때, 그것은 자연에서 볼 수 있는 생존경쟁 혹은 투쟁과 근본적인 차이가 있다. 그것은 정신적인 상승 또는 자기극복을 통한 초인으로의 길에 이르는 충만한 에너지이다. 힘에의 의지는 성격상 상승과 하강이라는 이중적 특성을 지니고 있다. 이들은 상보적인 것으로서, 앞으로 우리가 묘사하려는 교육의 양 측면, 즉 상구교육과 하화교육의 열정 혹은 의욕에 상응한다.

니체가 묘사하는 인간이 올라가야 할 사다리는 부귀영화와 같은 세속적인 위계가 아니라, 동물에서 신에 이르는 도상에서의 정신적인 극복의 단계들을 의미하다. 인간의 역사는 오류의 역사이다. 이러한 오류는 자기 자신을 의식한 인간이 식물로부터 시작하여 벌레와 원숭이를 거쳐서 인간 자신에 이르기까지의 계보학으로 묘사된다. 정신의 새로운 탄생의 단계를 두드러지게 나타내기 위하여 니체는 낙타가 되고, 낙타는 사자로 되며, 사자는 아기로 되는 것으로 상징화한다. 그 각각의 단계는 전통에의 순종, 전통적인 가치의 비판, 그리고 아직 오지 않고 있는 변화를 예시한 것이다. 인간의 정신이 본래적인 자기 자신을 획득하기 위해서는 이처럼 앞선 단계들을 극복해야 하는 것이다. 여기에는 상승의 가능성과 몰락의 가능성이 모두 포함되어 있다. 몰락에서 상승으로 가는 것이 살아있는 사람에게는 항상 하나의 과제로 남아 있다. 이는 우리가 앞에서 말한 품위의 개념과 일치한다.

《짜라투스트라는 이렇게 말했다》에서 니체가 강조하고 있는 다른 하나의 주제는 영원회귀(永遠回歸)인데, 그것은 결코 변화를 부정하는 개념이 아니다. 오히려 그것은 생성을 긍정하고, 늘 지나가는 것을 긍정한다. 이것은 최종적인 어떤 것을 가정하지 않고 생성이 반복되는 것 자체를 주목하는 데에 필요한 조처인 것이다. 여기에서는 어떤 종말론이나 피안에 대한 향수도 타당성을 상실한다. 짜라투스트라가 짚고 다니는 지팡이에는 뱀의 머리가 자기 꼬리를 물고 있는 형상이 새겨져 있다. 해가 지고 다음에 또 새로운 해가 떠오른다. "이 해는 새로이 흘러가고 흘러나오기 위해서는 모래시계처럼 언제나 다시 역전되지 않으면 안 된다(p. 307)." 무엇이 생성하는가? 이에 대한 니체의 해답은 은폐로부터 비은폐로의 과정인 것이다. 그것은 만물의 무조건적이며 무한한 반복된 순환운동이며, 그 운동 자체가 존재하는 것이다. 이는 정신적 변화의 각 단계가 우리가 묘사하고자 하는 교육이라는 동일한 과정의 반복을 통하여 이루어지는 것이라는 통찰을 담고 있는 것으로 해석될 여지가 많다. 영원회귀가 교육만의 속성은 아니라고 할지라도, 후자는 전자를 전제한다.

우리는 이 작품에서 니체가 전달하려는 사상의 내용뿐만 아니라, 그 사상을 합리화하는 과정으로 그가 묘사하고 있는 것에 주목할 필요가 있다. 니체의 초인의 사상, 힘에의 의지, 그리고 영원회귀의 사상은 어떻게 형성되며, 어떻게 전파되는가? 그 기본 형식은 짜라투스트라가 한편으로는 스스로 자신을 개선해 나가고, 다른 한편으로는 그가 배운 것을 민중에게, 동료에게, 그의 동물에게 설교하는 것으로 되어 있다. 이 두 가지 과정은 산에 오르는 것과 산에서 내려오는 것으로 상징화되어 있다. 짜라투스트라는 30세에 산으로 들어가 10년 동안 높은 산의 동굴 속에서 고독하게 자기반성을 통하여 사상의 성숙을 기다리다가 40세라는 성숙한 나이에 '지혜'와 '긍지'를 얻고 난 후 하산하여 인간들에게 설교를 하는 인물로 묘사된다. 보다 높은 곳에 올라가 세상과 자신의 정신을 순화시키는 위로의 상승운동은 아직도 이전의 상태에 있는 하계의 사람들에게 내려가 그가 새롭게 볼 수 있었던 것들에 관해서 설득하는 아래로의 하강운동과 대립한다. 이때 그 오름과 내려옴의 과정은 영원회귀의 논리에 맞게 몇 차례에 걸쳐 반복된다.

앞으로 더 자세한 이론적 개념이 덧붙여져서 교육의 전체양상이 드러나겠지만, 교육본위론의 한 가지 특징은 누구나 지금의 위치에서 교육의 세계에 진입할 수 있다는 점을 부각시키는 데에 있다. 자신의 품위에 모자란 점이 있으면 상구하고, 자신이 알고 있는 품위가 있으면 하화하는 것, 그것이 바로 보편적 삶의 한 가지 양상으로서 교육이다. 니체(/1983)는 짜라투스트라라는 가상 인물의 입을 통해서 이점을 적나라하게 지적하고 있다. 그는 자기 자신의 성숙된 영혼을 얻는 과정을 이렇게 회고한다. "나는 백 개의 영혼을 거치며, 그리고 백 개의 요람과 진통을 거치며 나의 길을 걸어왔다. 나는 많은 작별을 겪었다. 나는 가슴을 찢는 듯한 마지막 순간들을 잘 알고 있다(p. 127)." 다음에 그는 자신의 경험을 이렇게 공유하고자 한다. "나는 증여하고 나누고 싶다. 인간 가운데서 현명한 자들이 다시금 어리석음을, 가난한 자가 다시금 풍부함을 기뻐할 때까지(p. 31)."

각 품위에서 교육의 조건은 동일하다. 그것은 품위의 끝에서 다시 시작하면서 영원히 회귀한다. 이처럼 니체에게 있어서 교육이란 사다리를 오르내리는 부단한 운동 이외에 다른 것이 아니다. 인간성은 끊임없이 변화한다. 그러나 우리는 그 궁극적인 종착점을 모른다. 가능성에 귀 기울이고 그것을 현실화시키는 상승과 하강의 대립운동이 반복될 뿐이다. 짜라투스트라는 자기의 동물들이 자기의 부족을 한탄하면서 자기를 모범적으로 인도하는 길로 성공적으로 갈 수 있기를 소망한다. 여기에 뱀의 지혜가 필요하다. "나는 더욱 영리해지고 싶다! 나의 뱀처럼!" 뱀은 허물을 벗고, 또 허물을 벗을 때마다 다시금 새롭게 시작하는 존재이다. 그러나 뱀과 더불어 독수리의 지혜도 겸해야 한다. 독수리는 원운동을 하면서 인간의 존재의 양극적인 대립을 지양하고 위와 아래로 향상하거나 하강하면서 동적으로 자신의 동일성을 유지한다. 도달되는 모든 목표가 다시금 새로운 시작이며, 그럼으로써 우리의 향상은 무한히 계속되는 것이다.

하강이 상승보다 더 용이한 것처럼 오해되어서는 안 된다. 산으로 상승했다가 다시 하강하는 사람은 하강이 상승보다 결코 용이한 것이 아니며 더 어렵다는 것을 안다. 산에 오른 사람과 밑에 남아있는 사람 사이에는 큰 간극이 있다. "나와 그들의 거리는 멀리 떨어져 있고, 나의 생각과 그들의 생각은 다르다(p. 44)." 짜라투스트라가 산에 오르는 것을 보았던 하계의 사람들은 그의 변화에 깜짝 놀란다. 이제 그는 과거의 사람이 아닌 것이다. 사람들은 동굴의 신화에 묘사된 결박된 상태에서 벽면을 향하고 있는 사람들과 마찬가지로 그의 변화를 비웃으며 증오한다. "그들은 자기 자신의 덕(德)을 만들어 내는 자들을 십자가에 매달기를 좋아한다(p. 101)." 이 때문에 하산 이후에 짜라투스트라가 행한 첫 연설은 실패하고 말았다. 그의 하화교육의 의도가 잘못 이해되었던 것이다. 이 부분은 그의 사상 가운데 인간이 일시에 높은 단계에 오를 수는 없고 사다리의 계단을 오르듯이 점차적으로 올라야 한다는 점을 잠시 망각한 것으로 해석할 수 있다. "삶은 높이가 필요하기 때문에 여러 가지 계단이 필요하고, 여러 가지 계단을 올라가는 자들의 모순이 필요하다(p. 147)." "언젠가 나는 것을 배우고자 하는 자는 우선 서는 것, 걷는 것, 달리는 것, 기어오르는 것, 춤추는 것을 배우지 않으면 안 된다. 사람은 한꺼번에 나는 것을 배우지 못한다(p. 272)." 그렇다면 스승이 제자의 수준에 적응해야만 한다.

짜라투스트라는 이제 민중을 상대로 직접 자기의 생각을 이야기하는 것이 어리석다는 점을 깨닫고, 이를 극복하기 위하여 제자가 자신의 능력을 제대로 인식하도록 유도하려는 취지에서 가면을 덮어쓰게 된다. "아무도 나의 귀를 갖지 못한 곳에서 내가 무슨 말을 할 것인가! 여기서는 내가 말하기에는 한 시간쯤 너무 이르다(p. 240).” 높은 정신의 소유자는 이제 다시 낮은 인간이 되어야 하는 것이다. 그가 하는 말의 의미를 제자들에게 명확하게 하기 위해서 그는 자신이 변하기 이전의 옛말들에 의존한다. 자신의 말을 접어두고 상대에 따라 다른 말을 한다(p. 202). 그러자 한 사람이 이렇게 반문한다. “짜라투스트라는 왜 우리에게는 자기 제자들에게 하는 말과 다른 말을 하는가?” 이에 대해서 짜라투스트라가 대답한다. “조금도 이상하지 않은 일이다! 꼽추에게는 꼽추에게 어울리는 말로 말해도 좋다!”

후진들에 대한 참된 사랑은 그들에게 동정을 베푸는 일이 아니라, 그들을 좀더 높은 것, 위대한 것, 큰 것으로 끌어올리려는 노력을 전개하는 일이다. 스승으로서 짜라투스트라가 진정 제자에게 원했던 것은 자신에 대한 신도가 아니라 동반자이다. “나는 강가의 난간이다. 나를 붙잡을 수 있는 사람은 나를 붙잡아라! 그러나 나는 그대들의 지팡이가 아니다.” 짜라투스트라는 자신의 하화교육을 난간을 이용하는 것 정도로 생각하고 있다. 그러나 그것이 어떤 구속적인 의미를 갖지는 않는다. “그대들은 높이 올라가고 싶거든, 자기 자신의 다리를 이용하라! 그대들을 위로 ‘운반해 가는’ 일이 없도록 하라, 낯선 자의 등이나 머리에 올라타지 말라!(p. 396).” 이처럼 모든 사람은 제각기 자기 자신의 길을 오직 자력으로만 걸어가지 않으면 안 된다. 즉, 짜라투스트라는 자신의 제자가 그를 따르되 가축의 무리가 목자를 따르는 것처럼 맹신적으로 따르지 않고, 오히려 그가 그들에게 가리킨 길이야말로 자기 자신을 발견하는 유일한 길임을 인식하며 그를 따르기를 원한다. 그러니까 교육에서 중요한 것은 특정한 결과에 대한 일치가 아니라, 더 높은 곳을 향해 나아가는 방향인 것이다. 그 방향의 길을 따라 자신의 길을 가는 사람은 이후에 스승의 위치를 능가할 수 있는 것이다. 짜라투스트라는 자신이 제자를 오도했을지도 모르니 그에게 대항하라고 말한다.

제자가 스승을 부정하고 그와 동시에 스승의 품위보다 더 높은 수준을 발견하는 자율적인 존재가 되기를 촉구한다. 아마도 니체는 그가 짜라투스트라를 통해서 개진한 관점조차도 극복할 수 있는 후계자를 기대한 듯하다. 니체는 바람직한 제자의 자세를 이렇게 말한다. "언제까지나 학생으로 남아 있는 사람은 스승에게 제대로 보답하지 못한다. 왜 그대들은 나의 월계관을 빼앗아 가려고 하지 않는가?(p. 119)." 그 만큼 그는 고정된 관점보다는 그것을 넘어설 힘을 더 강조하는 것이다. "그대들은 다리(橋梁)일 뿐이다. 보다 높은 자들이 그대들을 밟고 건너가기를! 그대들은 말하자면 계단이다. 그러므로 그대들을 밟고 넘어서서 '자신의' 높이로 올라가는 자들을 화나게 하지 말라!(p. 386)." 이것은 곧 이어 다음 절(3.4)에서 우리가 논의할 "교육적 진화"와 관련하여 특별한 의미를 갖는다.

요약해 보자. 인간은 니체의 《짜라투스트라는 이렇게 말했다》의 서언 가운데 나오는 줄타기 광대와도 같이 신과 동물의 중간에 위치한 존재이다. 우리는 각자 어떠한 단계에 위치하고 있으며, 그 위치에서 교육은 항상 일어날 수 있다. 니체가 말하는 오름과 내림의 반복은 그의 '영원회귀'의 개념과 일치하는 듯하며, 이는 다시 우리가 말하는 교육과 연관되어 있는 것이다. 동일한 구조의 교육이 각각 다른 품위에서 반복된다. 이것은 우리의 상구교육의 생활과 하화교육의 생활에 그대로 대응한다. 우리가 참된 자기를 자기 초극의 행위로써 추구해 나갈 때, 초인이 실현된다. 그러나 거기에서 그치는 것이 아니라, 우리와 더불어 살아가는 타인들을 우리 자신이 체험한 길로 안내하는 과제가 우리 모두에게 남아있다. 그러한 오름과 내림의 생활은 짜라투스트라가 서너 차례에 걸쳐 보여주었듯이 영원한 순환이며 회귀인 것이다.

이제까지 우리는 인간의 삶에서 보편적으로 일어나는 교육의 이미지를 대변하고 있는 몇 가지 이야기들을 선정하여 그 줄거리를 소개하였다. 본서에서 사용하는 중심개념들의 어원, 플라톤의 동굴의 신화, 니체의 짜라투스트라 이야기들은, 아직 이론적으로 정돈된 상태는 아니지만, 교육을 하나의 통일된 맥락 안에 정치시키는 데 어느 정도 직관적 설득력을 발휘할 수 있었으면 한다. 이들은 분명 여기서 제안하고자 하는 교육본위론과 모든 면에서 일치하지는 않는다. 그럼에도 불구하고 그들은 본서의 교육본위론을 낯설지 않게 이해할 수 있게 하는 디딤돌의 기능을 할 수 있을 것으로 기대한다. 이러한 이미지를 가지고 우리는 한 걸음 더 나아가기로 하자.

3.4. 인간진화의 제반 측면

3.4.1. 형성과정 속의 존재

이제까지 우리는 비교적 미시적 관점에서 교육의 맥락을 탐색해 왔다. 미시적 접근은 항상 좁은 시야에 따르는 한계를 갖기 마련이다. 이를 극복하기 위해서 마지막으로 좀더 거시적인 틀 안에 교육을 정치시키는 방도를 찾아보자. 교육을 논의하는 일과 관련하여 긴 역사적 축에서 생겨나는 인간성의 변화를 고려하지 않을 수 없다. 지구상에 인간은 어떻게 출현했는가? 인간은 가장 밑바닥에서 시작하여 어떻게 오늘날의 양태에 이를 수 있었는가? 이 질문에 대한 해답을 얻기 위해서는 인간에 대한 하나의 정적이고 기계적인 견해보다는 진화적인 견해를 동원해야 한다. 인간의 진화와 관련하여 교육은 어떤 역할을 하였는가?

영원불멸하는 인간의 본질 혹은 본성은 존재하지 않는다. 우리는 우리 자신을 어떤 고정되고 유한한 형태와 동일시해서는 안 된다. 고정된 인간상이야말로 인간의 잠재적 가능성을 기지의 것으로 고착시킬 뿐만 아니라, 참된 인간의 모습을 은폐한다. 인간은 무한히 열려 있는 가능성이다. 역사적으로 인간은 원시인에서 현대인에 이르기까지 계통발생적인 변화를 부단히 거쳐 왔다. 개체발생적으로 보더라도, 개인은 출생에서 사망에 이르기까지 엄청난 변화를 거친다. 나이를 한 살 더 먹을 때마다 새로운 경험이 추가되기 때문에 "이만하면 됐다"는 완료의 시점이 확정될 수는 없다. 항상 새로움이 다시 등장하며, 새로운 것으로 비약하는 과정적인 연속성이 있을 뿐이다. 누구의 일생이든 그것은 우리가 가진 인간의 가능성을 모두 실현시키기에는 너무 짧은 시간으로서의 여운을 남긴다.

끊임없이 변화하는 과정에 있는 인간성을 하나의 평면으로 동결시켜 이해하려는 것은 움직이는 물체를 사진 한 장으로 이해하려는 시도만큼이나 어리석은 것이다. 인간성을 고정된 것으로 보려는 그 어떤 학문적 시도도, 교육의 입장에서 볼 때는, 사실에 반하는 것으로 보인다. 이제까지 인간의 본질이라고 규정해 왔던 것은 그것을 규정하는 특정한 사람과 그 사람이 살고 있는 시대적 상황을 반영한 것에 불과하다. 각 개인의 동일성이라는 것을 굳이 규정한다면, 그것은 끊임없이 변화하는 과정상의 어떤 것이라고 할 수 있을 것이다. 흔히 철학을 포함하는 제반 학문들이 인간의 본질을 선험적으로 확정지으려는 시도를 하였지만, 어느 것도 성공에 이르지는 못했다. 인간은 역사적 소산이며, 아직도 "형성과정 속에 있는 존재(Being-in-Becoming)"이다. 일찍이 머피(G. Murphy)는 그의 저서 《인간의 가능성(1961)》에서 이 점을 적절히 지적했다. 그의 말대로, "우리는 인간의 가능성에 대해서 한계를 설정하거나, 그의 존재가 무엇이 될 수 있다거나, 또는 될 수 없다는 식의 말을 할 수 없다(p. 31)."

흔히 우리는 인간성의 어떤 결과 X를 놓고, 그것을 초래한 모든 것을 교육으로 정의하려는 블랙박스 모형에 매력을 느낀다. 그러나 우리는 이러한 접근 방식이 교육 자체의 고유한 맥락을 찾는 데에 거의 도움이 되지 못한다는 점을 상세하게 살핀 바 있다. 우리의 삶 속에서 작동하는 수많은 세계들은 서로 연관된 체계로 되어 있기 때문에, 엄밀하게 말한다면, 인간성의 실현에 참여하지 않는 것은 이 세상에 없다. 이 단순한 사실을 인정한다면, 교육을 특정한 인간성을 가져오는 모든 과정으로 정의하는 이제까지의 시도는 결국 인간사 전체를 교육이라고 보는 구제불능의 상황만을 초래하였다는 말에 동의할 수 있을 것이다.

인간성의 변화에 작용하는 모든 기제와 과정을 망라하는 일은 불가능하다. 교육은 인간성의 실현에 참여하는 여러 과정적 기제 가운데 하나로서 나름대로의 특성을 지니고 있다고 볼 필요가 있다. 여기서 무엇인가를 규정한다는 말은 그것에 대해서 특별한 인식적 선택을 한다는 것을 의미한다. 어느 것을 선택하면 다른 것을 배제하는 것이 원칙이다. 다시 말하면 교육의 특징은 그것이 다른 것과 어떠한 차이를 지니는지를 밝힘으로써 드러날 수 있다. 여타의 과정들과 구분될 수 있는 어떤 특이한 실천으로 교육을 제한적으로 규정하는 방식을 택해 나갈 때, 교육의 정체성이 선명하게 드러날 수 있게 된다.

인간성의 진화에는 그 내용, 과정, 메커니즘의 측면에서 서로 동일시될 수 없는 과정들이 한꺼번에 뒤섞여있다. 이와 관련하여 지금까지 두 가지 상이한 경로가 제시되어 왔다. 하나는 "생물적 진화(biological evolution)"이며, 다른 하나는 "문화적 진화(cultural evolution)"이다. 그러나 이 두 가지만 가지고는 인간성을 형성하는 데에 작용해 왔던 중요한 경로들을 모두 포괄할 수 없다. 이런 뜻에서 나는 이들 두 가지 진화와 구분되는 것으로서 "교육적 진화(educative evolution)"를 추가적으로 제안하고자 한다. 교육적 진화는 문화적 진화라는 개념 속에 지금껏 감추어져 왔던 어떤 측면을 따로 분리하여 드러냄으로써 해명될 수 있다. 교육은 인간성의 측면에서뿐만 아니라, 그 과정 자체를 지배하는 법칙에 있어서 고유성을 가지고 있으며, 생물적 진화나 문화적 진화로는 설명되지 않는 인간성의 측면을 밝혀주는 중요한 요인에 해당한다.

이제부터 그 각각의 진화가 어떤 것인지를 차근차근 살펴보기로 하자. 물론 여기서 구분되는 세 가지 유형의 진화는 반드시 서로 배타적인 것은 아니며, 상호보완적이고 긴밀한 관계를 갖고 있다. 많은 부분에서 문화적 진화가 인간의 생물적 기제를 전제로 하여 이루어진다는 것은 널리 알려진 사실이다. 교육적 진화 역시 이 모든 진화를 인정하며, 많은 부분 그들을 전제한다. 그러나 생물적 진화나 문화적 진화가 교육적 진화의 충분조건은 되지 못한다. 차츰 밝혀지겠지만, 특히 문화적 진화와 교육적 진화는 인간이 인간성을 실현시켜 나가는 과정에서 인간의 자유의지의 개입과 관련하여 서로 대조되는 측면을 지니고 있다. 문화적 진화는 많은 경우에 우리 자신의 의지와는 상관이 없이 어떤 외적인 강요나 기능에 부합하도록 적응해 나가는 경로에 해당한다. 반면 교육적 진화는 인간성의 형성에 있어서 어떤 종류의 강요도 허용하지 않는 경로이다. 여기서는 인간이 자신의 본질을 결정해 나가는 주체로서의 지위가 강조된다. 보다 넓은 자유와 책임을 강조하는 교육적 진화의 개념은 비단 인간의 과거에 대한 설명에 그치는 것이 아니라, 미래의 과제와도 깊은 관련을 갖고 있다.

3.4.2. 생물적 진화

우리가 사는 지구가 크다고는 하지만 그것은 광대한 우주에 떠돌아다니는 조그마한 별에 불과하다. 우주는 약 150억 년 전에 기원하였으며, 그중 지구는 50억 년 전에 하나의 가스 상태가 굳어져 형성된 것으로 추정된다. 약 30억 년 전쯤 그 지구 위에 생명체의 탄생이라는 하나의 경이로운 사건이 일어났다. 무기질의 분자에서 어떻게 생물체계가 출현하게 되었는지에 대해서 모든 학자들이 동의할 수 있을 만큼 설득력을 지닌 이론을 우리는 갖고 있지 않다. 다만 한 가지 합의된 사항이 있다면, 식물과 동물을 포함한 모든 생명 형태는 공동의 기원을 가지고 있다는 점이다. 아마도 장구한 시간 동안 화학적 반응을 거듭한 후, 바다 속에서 단세포적인 생물체가 발생하고, 이것이 점차 주어진 온갖 환경에 맞추어 갖가지 식물과 동물의 형태로 진화해 갔을 것이다.

현존하는 생물들은 장기간 동안 어떠한 점진적 생성과정을 거쳐서 오늘에 이르렀다. 오래 전에 지구에 출현하기 시작한 생물체들 가운데 많은 것들이 멸종하기도 하였다. 화석을 통해서 드러나는 자연의 역사는 아주 먼 옛날 지구에는 현존하는 것과는 본질적으로 다른 형태의 동식물이 존재했다는 것을 말해 준다. 이들은 이제 더 이상 지구상에서 발견할 수 없는 것들이다. 이것을 설명하는 것이 바로 생물적 진화에 관한 이론이다. 오늘날까지도 생물진화의 모든 측면들을 통일할 수 있는 이론은 부재 상태이다. 자연선택을 통한 진화라는 다윈(Charles Robert Darwin, 1859)의 개념이 이 분야를 지배해 왔을 뿐이다. 다윈의 이론에 문제가 전혀 없는 것은 아니지만, 진화의 기제에 대한 어떤 새로운 견해가 출현한다고 하더라도, 진화 그 자체를 부정하지는 않을 듯하다.

생물적 진화는 유기체의 변이성이 변화하는 생활조건에 따라 어떤 것은 선택되고 다른 것은 도태되는 치열한 과정을 거치면서 이루어진다. 유기체는 환경에 대해 상대적인 자율성을 가지고 있다. 그것은 외부환경으로부터 독립하여 정체성을 유지한다. 그럼에도 불구하고 유기체의 내면상태와 외적 조건은 상관을 맺으며 서로가 서로를 규정한다. 흔히 우리가 말하는 외부의 장애는 그것을 극복할 수 없는 유기체 자체의 한계 때문이며, 우리 자신이 그것을 극복할 수 있는 능력을 갖게 되는 순간, 장애는 사라진다. 지구상에 생존하고 있는 모든 유기체는 그동안 이루어졌던 지구환경의 변화와 외부적인 장애를 극복할 수 있는 그들 나름의 독자적인 정체성을 지니기 위하여 끊임없는 시행착오를 반복해 왔다.

현존하는 생물들은 그 종류가 어떤 것이든 간에 일단 생물적 진화의 승리자들로 보아야 한다. 그러나 승리가 반드시 발전을 의미하는 것 같지는 않다. 오늘날 어떠한 과학적인 근거도 그 변화에 목표가 있다는 것을 입증해주지 못하고 있다. 진화라는 말은 그 종(種)을 지금도 유지하고 있다는 것 이상의 의미를 지니지 못한다. 생물학적으로 동물의 완전성은 그들이 지니고 있는 성적인 생식충동을 토대로 하여 생겨난다. 생식충동에 힘입어 동물은 그들이 나아가는 방향에 대하여 별반 아는 바 없이도 생성의 순환을 계속 창출해 왔고, 이를 통하여 그들 종족에 속하는 개체들을 이전보다는 나은 것으로 발전시켜 왔다. 그러한 점에서 보면, 인간은 현존하는 다른 생물체들과 더불어 적자생존에 성공한 한 가지 사례에 불과할 뿐이다. 언제 어떻게 하나의 종으로서 인간이 지구상에 출현하여 오늘에 이르렀는지에 대해서는 아직도 탐구할 여지가 많다. 추정컨대 인간의 조상은 최초에 바다생물이었으며, 자체의 형태변화를 통해서 민물조건에 적응하는 과도기를 거쳐 육지에 오르는 데 성공했을 것이다. 수많은 형태변화를 추구하면서 인간은 다른 생물의 종과는 구분되는 오늘날의 인류라는 특이한 종의 지위를 획득했을 것이다. 이러한 변모는 수억 년에 걸쳐서 이루어진 엄청난 성취이다.

환경적인 압력이나 자연도태의 법칙에 따라 인류는 대략 1000만 년이나 1200만 년 전에 생존했던 모종의 동물조상으로부터 점진적인 변화과정을 거치면서 지상에 나타난 것으로 추정되기도 한다(Hewes, 1973). 오늘날 유인원과 원숭이는 원래의 조상을 소급해 나가면 인간과 만나게 되고, 현재로서도 인간과 거의 같은 유전인자를 공유하고 있다. 우리들의 먼 조상들은 각 세대에 걸쳐 어느 정도의 변이를 겪는 가운데 어느 시점에서 유인원이나 원숭이와는 계통을 달리하면서 현생의 호모 사피엔스(Homo Sapiens)라는 생물적 종을 택했다. 그 시점은 대략 약 10만 년 전의 일로서 생물의 전체적인 진화의 역사에 비추어보면 극히 최근의 일이다. 아마도 지구가 형성되고 지금에 이른 기간을 일 년으로 친다면, 인류가 출현한 시기는 계산상 12월 31일 늦은 저녁쯤이 될 것이다.

개인은 숙명적으로 죽음을 맞이해야 하는 존재이며, 따라서 다른 생물체와 마찬가지로 자기복제라는 개체발생을 반복하면서 인류라는 종의 계통을 유지해야 한다. 이 과정에서 생물학이 설명하고 있는 것과 같은 인간의 엄청난 변화가 생겨났다. 그 변화 가운데 해부학적 특징에 해당하는 것으로 두 발로 똑바로 서서 걷는 것, 손의 사용[36], 두개골의 모양과 뇌의 크기 등을 들 수 있다. 특히 뇌의 크기와 관련하여 지구상에서 생성된 생물 형태 중 인간이 가장 지능이 발달한 것으로 알려져 있다. 인간이 다른 생물체와 구분되는 가장 특징적인 이 부분은 다음에 논의할 “문화적 진화”나 “교육적 진화”의 토대가 되기도 한다. 그러나 다른 한편으로 인간은 생물학적으로 보면 동물의 왕국에서 아마추어 상태에 머무르고 있는 측면도 아울러 지니고 있다. 인간은 다른 동물과는 달리 성긴 체모들 때문에 거의 벌거벗은 상태로 출생하여 살아간다. 신생아는 오랫동안 성인에 의존하지 않으면 생존할 수 없다. 이러한 예들은 출산하자마자 스스로 걷거나 음식물을 찾아먹고 생존할 수 있는 다른 동물들에 비해서 인간의 미숙한 점으로 지적될 수 있을 것이다.

---

36) 영장류들 중에서 아직까지는 사람만이 엄지손가락이 나머지 손가락에 이를 수 있는, 소위 대향성을 띠고 있다.

인간의 생물적인 진화는 아직도 종료된 것이 아니다. 하나의 종으로서 인류는 서로 다른 자연환경과 조우하는 가운데 그것에 맞는 각각의 인종적 진화를 여전히 거치고 있다. 예컨대, 흑인, 황인, 백인이라는 인종화(racialization)가 일어난 것은 현대인으로 진화한 이후에 일어난 현상이다(이정기, 1985). 우리가 변화하는 세계에서 살고 있는 한, 우리는 이 지구상에 있는 생물체와 함께 계속 진화해 나갈 것이다. 두뇌가 몸통보다 더 큰 인간이 어떤 시점에서 출현하지 말라는 법도 없다. 그럼에도 불구하고 생물적 진화는 인간이 변화하는 다른 과정들과 비교하면, 물리적 시간의 차원에서 참으로 완만하게 진행되어 왔다.[37)]

말 그대로 생물적 진화는 인간의 육체가 자연 도태의 법칙에 의해서 계발되었을 가능성만을 우리에게 보여준다. 생물적 유전자는 우리가 태어날 때 이미 갖추어져 있다. 만약 우리가 조상의 유전형질에 대한 정보를 정확하게 가지고 있다면, 우리는 유전의 법칙에 의해서 앞으로 출생할 후손들의 유전형질도 상당 부분 예측할 수 있을 것이다. 그러나 인간적인 존재 양태의 변화 가운데는 생물학적으로 설명할 수 없는 부분도 있다. 석기시대 이래 호모사피엔스의 유전적인 자질이 크게 변한 것은 아니다. 실제로 인간의 유전 내용은 세대가 변하여도 본질적으로는 변함이 없다. 오늘날의 신생아가 설사 수천 년 전의 석기시대에 태어났다 하더라도, 그 아이와 석기 시대 인간 사이에는 생물적 속성에 있어 별다른 차이가 없을 것이다. 그럼에도 불구하고 그 신생아가 출생한 시점이 석기시대냐 혹은 21세기냐는 그가 이후에 갖게 될 특성에 엄청난 차이를 가져오게 된다. 이 부분은 생물적 진화만으로는 설명되지 않는다.

---

37) 물론 오늘날 유전공학의 발전은 인간의 유전형질을 바꾸어 놓을 정도로 진전하였고, 생물학자와 유전학자들은 유전적 정보를 분석하여 새로운 생물을 창조하고 개량해 낼 가능성까지 예고하고 있다. 이제 신이나 자연이 아니라 인간에 의한 선택과 조작이 얼마든지 일어날 가능성이 있다. 그 비결과 의지를 가진 주체의 입장에 따라 인간의 성격이 마치 가축의 경우처럼 부분적으로 혹은 완전히 개조될 수도 있을 것이다. 그럼에도 불구하고 이런 가능성이 인간 자신에게 어떻게 적용될 수 있을지는 지금으로서 예측할 길이 없다.

3.4.3. 문화적 진화

지금까지 생존하는 데에 성공한 무수히 많은 생물들은 적어도 생존을 위한 적응의 측면에서는 동등한 지위를 유지하고 있다. 그러나 인간은 단순한 적응에 그치지 않고, 환경을 창출할 뿐만 아니라 적응에 필요한 능력 자체를 소유하고 있다는 측면에서 다른 생물들과는 커다란 차이를 보이고 있다. 인간은 여타의 유기체와는 달리 물질적인 형태로 만들어져서 주어진 것만을 그의 전부로 지니고 있지는 않다. 우리 인간은 다시 오랜 세월에 걸쳐서 후천적으로 우리 자신의 환경과 우리 자신의 인간성을 조형해 왔다. 따라서 인류의 역사는 인간이 그들 자신의 노력의 결과로서 변모해 온 기록이며, 그들이 택한 선택의 기록이다. 인간은 스스로 환경을 만들고 그 환경에 적응해 나가야만 하였다. 인간은 건물을 짓고 그것에 적응하듯이, 자연적으로 주어진 것 이상의 사회나 문화를 형성하고, 그것에 적응해 나가는 역사를 진행하고 있는 것이다.

역사의 진행과 더불어 인간은 방대한 범위의 인위적인 현실을 창조하고 실험해 왔다. 인간은 그들의 생물적 한계를 극복할 수 있는 환경을 인위적으로 만들고, 그것에 반응하는 방식으로 엄청난 변화를 보이고 있다. 이 부분은 유전에 의한 설명만으로는 부족할 뿐만 아니라, 전혀 다른 성격의 설명을 필요로 한다. 이와 관련하여 생물적 진화와는 다른 계열의 진화로서 널리 알려진 것이 "문화적 진화(White, 1959)"이다. 이제 생물적 진화보다는 문화적 진화가 더 절실하게 되었고 그 이면에는 다음과 같은 좀더 설득력 있는 가설이 놓여 있다.

> 빙하기 중간 이후 인간의 신경체계가 그 크기나 복잡성에 있어서 어떤 진보적인 변화가 있다는 가정을 지지하는 어떤 증거도 없다. 문화적 발전이 현저하게 되었고, 문화의 등장과 더불어 인간은 환경으로부터 상당한 정도의 독립성을 성취할 수 있게 되었으며, 따라서 더 이상 생존을 위한 구조적 변화를 할 필요가 없게 되었다. 이제 인간이 창조한 문화 자체가 인간의 발달에서 하나의 선택적인 요소가 되었고 종에 더 많은 변이를 가져왔다(Montagu, 1962, p. 197).

위의 인용문에서 인간의 진화와 관련하여 말하고 있는 문화란 무엇인가? 오늘날 문화인류학은 다양한 이론들을 내놓고 있다. 그러나 현재 우리가 인류의 진화와 관련하여 논의하고 있는 문화는 매우 광범위한 것으로서 대체적으로 "인간이 만든 환경"을 총칭한다. 여기에는 인간이 만든 모든 문명적 산물, 그리고 흔히 우리가 말하는 사회적 제도와 관행 등이 모두 포함된다. 물론 우리는 여기에다 인간의 모든 정신적 발전까지를 포함시킬 수도 있다. 그러나 정신적 발전은 문화의 다른 부분들과는 성격을 달리하기 때문에 우리는 문화적 진화와 관련하여 그 결과상의 동질화 과정과 적응만을 부각시키고, 정신의 자발적인 발전은 "교육적 진화"의 몫으로 따로 떼어서 설명하고자 한다.

인간은 자연의 범주에 포함시킬 수 없는 수많은 환경을 만들어 왔다. 자연을 정복하는 기술은 점차로 고급화되었다. 새로운 차원의 문화 형태, 도구, 불, 언어의 사용과 같은 문명의 수단이 도입되기에 이른다. 약 1만 년 전에 수메르 인들이 메소포타미아 지방에 최초로 위대한 문명을 만들었으며, 현재 우리들에게도 해독이 가능한 문자를 남겼다. 의・식・주와 관련된 각종 생활도구의 고안, 경제적 혁명, 크고 작은 각종 집단, 주종관계에 따른 권력의 갈등과 조정기구, 각종 사회적 기능분화와 그에 따른 제도와 조직의 형성, 초월적인 힘과 영적인 존재에 대한 신앙의 형태, 문화적인 의식과 관례 등이 출현하였다. 이들은 각각 인간의 삶에서 고유한 기능을 수행하는 것으로 인정받고 있다.

인류의 역사상 어떤 형식의 문화적인 현실도 특정한 형태로 고정되어 유지된 적은 없다. 시간을 짧게 쪼갠 뒤에 어느 한 시점에서 바라보면, 우리를 둘러싼 문화적 환경은 다소간 안정되어 있다는 인상을 주기도 한다. 다양한 생활의 형태나 여러 가지 제도, 예컨대, 가정생활, 촌락과 가옥, 금속제의 도구와 무기, 건축술, 정치, 사회적 제도, 법률, 문자의 발전 등은 장기간에 걸쳐서 유지된다. 어느 것으로 정의하든 간에 그 문화내용은 일정한 단계를 거치는 것이 특징이다. 예컨대, 일정 기간의 구석기 시대를 거쳐서 신석기 시대가 도래하였으며, 그 후에야 철기 시대가 나타났다. 이처럼 어떤 특정한 문화라 할지라도 각각의 발전단계는 전 단계의 요소를 많이 보유하고 있는 것이 보통이다. 과거는 단순히 사라진 것이 아니라, 현재 속에 발현되어 있는 모든 것과 결속되어 있다. 그러나 단계의 진행을 한꺼번에 조감하면, 그동안 엄청난 변화가 이루어져 왔음을 대번에 알 수 있다. 그 속도는 생물적 진화와 비교할 바가 아니다.

대체로 생물적 유전 형태는 인간 모두에게 거의 동일한 것으로 유지되어 왔다. 그러나 각 종족(민족)의 특수한 문화와 생활 양식은 다양한 형태로 출현하였다. 이는 특정한 종족의 문화적 발전에 지역적 환경의 차이가 작용했음을 말해준다. 이러한 문화적 진화는 선조가 만들어 놓은 것을 후대가 전승하는 방식으로 진행된다. 문화의 전승은 앞에서 살펴본 생물적인 진화와는 전혀 다른 방식으로 이루어진다. 주어진 유전자를 갖고 환경과 상호작용하는 가운데 우리가 획득하는 형질은 생물적으로 유전되는 것이 아니다. 한 세대에서 이루어진 문화나 사회조직, 그리고 그것을 유지하는 행동의 패턴은 각 세대마다 별도의 과정에 의해서 전달되어야만 한다. 각 세대의 구성원들이 전승된 문화가 요구하는 바에 맞도록 적응할 수 있는 태세와 능력을 갖추고 있지 못한 경우, 현대인도 언제든지 원시적인 삶의 상태로 되돌아갈 수 있다.

인간은 어느 시점을 계기로 문화적 동물로 진화하였고, 다른 사람과의 교섭이 없이는 생존할 수 없게 되었다. 그 교섭을 가능하도록 이에 필요한 인간성을 형성시키는 과정이 앞 절(3.2.3)에서 교육과 구분하여 논의한 '사회화(socialization)'이다. 이보다 더 포괄적인 의미의 문화라는 말을 본 절에서 도입한 이상 여기에 '문화화(enculturation)'라는 기제를 상정해도 좋을 것이다. 사회에 대한 적응과 문화에 대한 적응은 결과상 서로 차이가 날 수도 있다. 이들과 관련하여 우리가 주목해야 할 한 가지 특징은 그것이 한 개인의 생존과 불가분의 관계를 가지고 있다는 점이다. 개인은 그가 탄생하기 이전부터 생활의 일부로 존재해 온 외적 환경을 현실로 맞이하게 되며, 외적인 환경이 변화하면 그 추세에 맞추어 스스로도 변해야만 한다. 그 변화를 거역하면 생존 자체가 위협을 받게 된다.

앞에서 우리는 사회체제가 요구하는 내용이나 문화의 내용은 각기 해당 지역 특유의 자연조건에 적응한 결과이며, 그 나름의 고유한 역사를 갖고 있다는 점에서 얼마만큼 지역적인 특성을 지니기 마련이라는 점을 지적했다. 각 문화의 양상은 인종, 국가, 시대, 지역에 따라 특수하다. 한 지역에서 세속적 삶에 잘 적응하는 것이 다른 지역에서 그대로 통한다는 보장은 없다. 어느 특정한 문화에 맞도록 우리들의 행동을 적응시켜 나가는 일이 중요하다. 한 개인이 언제 어느 문화 속에서 태어나느냐에 따라 그에 맞는 적응방식을 갖추어 나가야 하는 것이다. 물론 문화적 진화는 인간이 구비하고 있는 생물적 유전의 한계 내에서 진행된다. 그러나 같은 유전구조를 가진 사람도 다른 사회문화권에서 생활한다면 그 행동양태가 전혀 다른 것이 된다. 이 점에서 문화적 진화는 생물적 유전의 한계를 넘어서는 것이기도 하다.

사회화는 기존의 지배적인 사회적 규범과 가치의 유지라는 차원에서 이루어진다. 여기서는 대개 상호주관적인 동의, 평균적인 것, 집단의 동질성, 수평적인 유대, 객관적이고 보편적인 가치나 풍속적인 가치, 기득권, 혹은 영향력 있는 세력가나 소수의 엘리트가 규정하는 이데올로기, 익명적인 무책임, 사회적 적응을 위한 내외의 불일치의 전략, 그리고 결과에 대한 책임 같은 범주들이 인간성을 결정하는 중요한 범주가 된다. 이 범주 내에서 구성원들은 갈등하고 충돌하기도 한다. 한편으로 기존의 세속계에 순응하고 고수하는 길이 있는가 하면, 다른 한편으로 그것에 저항하고 변혁시키는 길도 있다. 그러나 그 저항 역시 이를 통하여 얻고자 하는 바가 새로운 문화적 체제에 대한 적응에 있다는 점에서 그 목적은 기본적으로 특수한 체제에 대한 적응과 일치에 있다. 말하자면 설사 시대적 여건에 따라 적응의 내용을 달리한다고 하더라도, 그것은 구시대적인 경직성을 새로운 경직성으로 대체하는 것에 불과하다.

문화에 대한 동질화는 한 개인의 생애에서 초기에 비교적 급속하게 이루어져야 한다는 특징을 갖는다. 문화적 진화는 말할 필요도 없이 언제나 한 개인의 일생보다도 상대적으로 훨씬 긴 역사를 갖고 있다. 기나 긴 역사를 통해서 진화해 온 내용을 전수함에 있어서 한 개인 내에 그 역사적 진화의 과정을 재생시킬 만큼의 충분한 여유는 없다. 이 때문에 문화적 진화는 그것이 진화해 온 과정보다는 이미 이루어진 특정한 진화의 결과에 구성원들을 일치시키는 방식으로 이루어져야만 한다. 말하자면 신석기 시대인들과 동일한 유전적 상태에 있는 신생아가 문화적으로는 21세기에 적응해야 한다는 엄청난 부담을 어쩔 수 없이 짊어져야 하는 것이다. 여기서 인간의 본질이 무엇이냐 하는 것에 대한 고려는 그렇게 중요한 차원이 되지 않는다. 주어진 장소 혹은 시대의 문화내용에 대한 일치가 우선하는 가운데 경쟁의 규범, 교묘한 강제, 업적, 인위적 보상, 권력에 대한 충성 등과 같은 사회적이고 외재적인 압력이 작용한다.

생물학적으로 볼 때, 인간은 동물의 왕국에서 아주 미숙한 아마추어 상태에 머무르고 있다는 점을 앞 소절에서 지적하였다. 문화적 진화의 메커니즘은 그러한 생물적 진화의 취약점을 보완하는 중요한 기능을 한다. 인간의 생물적 적응의 범위는 제한되어 있으나, 인간은 다양한 문화적인 적응으로 그것을 효과적으로 보충하는 방법을 습득함으로써 유기체로서의 한계나 생존환경의 제약으로부터 해방될 수 있었다. 주거지를 만들고, 동식물을 길러 식량을 확보하였으며, 방한복을 걸치고 에베레스트 산을 등정하였고, 더 나아가서는 달나라에서 뛰어다닐 수도 있게 되었다. 문화적 진화의 힘은 이렇게 보면 지대하다고 해야 할 것이다.

여기에서 우리는 이런 질문을 할 수 있다. 문화적 적응을 진정 인간성 자체의 해방으로 볼 수 있는가? 그렇지는 않다. 문화적 삶의 보장은 다른 의미의 예속을 대가로 얻어진 것이다. 한 개인은 오랜 성숙의 기간을 거쳐 문화적 조건에 순응하는 가운데 생존의 양식을 내면화해야 한다. 이때 개인보다는 문화 자체의 유지에 더 큰 비중이 주어진다. 사회구성원은 문화의 특수한 내용들을 중심으로 유기적으로 결속하며, 그것을 전통으로 삼아 일체감을 고취한다. 그러나 문화의 지방성, 협소함, 편견 등에 잘 적응한 인간은 바로 그러한 틀 자체에 갇히게 된다. 사회는 명예, 인정, 권력을 미끼로 구성원에게 사회적 표준에 일치하는 행동을 요구한다. 문화의 경우도 마찬가지이다. 문화적 수단으로부터 혜택을 누리기 위해서는 그것에 일치하여 적응하는 대가를 치루지 않으면 안 된다. 이 점을 들어 문화인류학자들은 인간을 "문화의 수인(囚人)"으로 규정하기도 한다(이문웅, 1991). 오늘날 사회나 문화도 급속하게 변화하고 있고, 그것에 적응하는 일은 생존에 불가피한 문제로 등장하였다.

특정한 사회나 문화에 적응하는 일은 자율적인 것도 아니며, 우리가 진정 원하는 인간성의 향상과 연결되는 것도 아니다. 문화적 표준에 일치하는 것은 집단을 결속시키고 유지하는 데는 기능적인 효과를 가질지 모르나, 그 자체로서 많은 역기능도 포함하고 있다. 그것이 반드시 인간의 복지 혹은 인간성의 향상에 공헌하는 것은 아니라는 사실이 점차 드러나고 있다. 오히려 퇴행적이고 파괴적인 측면도 있을 수 있다. 그러나 문화에 대한 적응이 설사 인간성을 후퇴시키고, 발달을 고착화하며, 인간성을 파괴하는 부정적인 요소를 가지고 있다고 하더라도 생존을 위해서는 그것들을 불평 없이 받아들여야만 하는 것이다. 인간은 자신들이 만든 고도의 복잡한 문화적인 환경에 적응해야만 한다.

삶을 위한 인간의 기능적인 적응에 관한 논의에서 특별히 간과된 부분이 있는데, 그것은 인간이 기능적인 차원에 매몰되기보다는 삶의 의미를 추구하는 데에 더욱 능동적이라는 사실이다. 적응 자체가 수단적 지위에서 벗어나 목적이 될 수는 없다. 만약 그렇게 된다면, 인간은 자연의 법칙에 순응하는 동물의 경우보다 더 구속적인 생활에 갇히고 말 것이다. 문화적인 적응은 역설적으로 생물적 조건에 불리하게 작용하기도 한다(Dubos, 1968). 자연의 약탈, 천연자원의 고갈, 각종 환경오염, 운동부족과 영양과다에 따른 비만, 과밀한 공간, 타율에 의한 인공적인 신념과 욕망의 조작, 구조적인 빈궁 등은 실제로 생물상태의 유지를 어렵게 하고 있다. 획일화된 제도, 객관적 시간에 따른 일정, 기계화된 노동조건 등과 같은 도시화되고 기술적으로 제어된 환경 속에서 인간은 생물적 생활의 리듬과 기능을 형성해 온 자연으로부터 점점 멀어지고 있다. 이러한 상황에서 가장 성공할 수 있고 가장 번영할 수 있는 인간형이란 야성과 꿈을 잃어

버린 환경 속에서 보호는 받고 있으나 통제된 생활방법을 받아들이는 인간이다. 듀보(R. Dubos)의 지적대로 "여러 면에서 생각해 보면, 현대의 인간은 바로 다름 아닌 동물원에 갇혀 있는 야수와도 같은 신세이다(1968/1988, p. 29)." 문화적 진화의 이러한 측면은 가끔 생물적 진화와도 갈등할 수 있는 측면이다.

문화적 진화의 문제는 여기서 그치는 것이 아니다. 그 결정적인 문제는 그것이 가끔은 인간성 자체의 자유로운 실현에 장애가 될 수 있다는 데 있다. 사회적 관습이나 과거의 역사, 그리고 환경에 얽매이다 보면, 자신에게 주어지는 가능성을 자유롭게 실현시킬 기회조차 잃어버리기 쉽다. 문화활동은 국가나 사회에 예속되어 있고, 그것이 속해 있는 국가와 사회로부터 고유한 성격을 부여받는다. 그 종속의 무게는 평균에서 찾아진다. 문화는 강한 민족적, 지역적 특성을 띤다. 애국심, 충성, 경계, 소속감, 배타심으로 무장된 그러한 문화의 감옥에 갇힌 자가 그 사회나 문화의 주인이 되며, 그 전통을 정당화하는 과정에서 타자에 해당하는 다른 사회나 문화와 충돌하기도 한다. 이러한 경우에 그는 타자와 대립하거나 혹은 그것들을 자문화 중심적으로 정복하고 종속시키며 지배하고 관리하려고 든다. 이로 말미암아 우리는 자기 주관을 형성하거나 표현하지 못하고 항상 평균적인 것에 귀의하려고 드는 것이다. 이러한 일에 성공한 인간은 사실상 개성이 없는 잉여적 존재에 불과하다.

문화적 진화가 인간성에 대한 하나의 위협이 될 수 있다는 본격적인 경고의 메시지는 막상 문화적 진화의 정점에서 자신들의 우월적 지위를 찬양하던 서양의 선진국에서 현저하게 나타나기 시작했다. 그 조류는 실존철학 혹은 새로운 인간주의의 형식으로 표명되었다. 오늘날의 개별적인 인간이 인간으로서의 실존적 위치를 지키고 있느냐 하는 것은 의문이다. 실존주의자들은 오히려 그 반대라고 평가한다. 이들의 논의에서는 기술적 도구와 기계, 문명, 집단화에서 소외된 인간 등이 주제로 등장한다. 진화의 역사상 가장 풍부한 조건에서도 현대인은 항상 불안하고 무엇인가를 갈망하는 상태에 놓여 있다는 것이다. 현대의 거대한 사회에서 개인은 본래적인 자기를 망각하고, 세속적인 일상생활에 파묻힘으로써 자신에게 무책임하고 불성실한 삶을 영위하도록 강요받고 있다. 이러한 자기상실의 위기를 극복하고 본래적인 자기를 되찾기 위한 진지한 노력이 오늘날 그 어느 때보다 절실히 요망된다.

앞서의 생물적 혹은 문화적 진화에 대한 논의와는 달리 실존철학자들의 논의는 죽음을 앞 둔 유한한 일생을 가진 개별적인 주체의 문제를 제기한다. 우세한 다수 속에서 개인의 유일성을 살리는 과제가 전면에 나타난다. 나는 누구인가라는 질문과 더불어 실존적 자각에 의해서 인간 스스로 향상시켜야 할 값진 삶을 촉구한다. 어떤 사람이 될 것인가? 일찍이 키르케고르(S. Kierkegaard, 1846)는 인간의 끊임없는 생성과 가능성에 주목하였다. 그는 인간의 본질구조가 사실로부터 결과하는 것과는 지극히 정반대의 것이거나 역설적인 것, 즉 유한성과 무한성, 시간과 영원, 필연과 자유 등과 같은 양립하기 어려운 요인들의 공존이라는 양상을 취하고 있음을 자각하였다. 이에 근거하여 키르케고르는 유한, 시간, 필연 등에서 벗어나 무한, 영원, 자유를 향하여 전향함으로써 각자가 자신의 진리를 실존적으로 실현해야 된다는 점을 강조하였다. 비록 진리가 존엄한 것이라고 할지라도, 만약 그것이 자신에게 아무런 의미도 가질 수 없는 것이라면, 그것은 무의미한 것이라는 입장을 취함으로써 개인으로서 인간의 자주적이며 주체적인 능동성을 부각시켰다. 이러한 관점을 이어 받아서 하이데거(1927)는 현존재라는 개념을 도입하고 인간의 두 가지 존재양식을 구분하였다. 하나는 자신의 참된 존재 가능성을 선택하고 점유하는 본래적 존재양식이고, 다른 하나는 다수의 견해에 따라 세인의 꼭두각시가 되는 존재양식이다. 이러한 구분을 통하여 그는 현대인이 여론에 지배되는 우유부단한 상태로부터 그의 고유한 실존적 가능성으로 새롭게 깨어날 것을 촉구하였다. 이를 하이데거는 "양심의 부름"이라고 한다.

인간은 항상 생성되어 가는 도상에 있으며, 그 생성의 방향과 내용에 대해서 책임을 져야 할 입장에 있다. 이 점에 주목한 사르트르(J. P. Sartre, 1943/1957)는 인간의 본질에 대한 일반적인 진술을 거부한 바 있다. 그가 할 수 있는 하나의 인간에 대한 거의 유일한 진술은 "실존은 본질에 선행한다(p. 439)"는 것이었다. 그는 숙명주의가 적어도 인간의 실존에 관한한 진실이 아닌 것으로 보았다. 우리는 어떤 목적에 따라 만들어지지 않았고, 또 신이 창조한 것도 아니며, 그 무엇에 의해서 규제되는 것도 아니라는 것이다. 그는 이 점에서 우리가 저주를 받았다고까지 말한다. 실존은 구체적인 개별적 단독자로서 대상으로 주어진 것이 아니라, 역사적·주체적 인간의 독자적인 생존의 사실이다. 실존은 자신의 자각적 선택과 결단을 통하여 참된 자기를 보다 높은 차원에서 실현시키고 밝혀 나갈 책임이 있는 존재이다. 사르트르에 의하면, 인간은 그가 되려고 하는 것 이외의 그 어느 것도 아니다.

인간이란 생물적, 사회적, 문화적 적응 이외에 자기 자신의 정체성을 가치 있게 실현해 나가려는 강한 경향을 갖는다는 사실이 근래에 인간주의 심리학에 의해서 점차 재인식되고 있다(Bugental, 1967; May, 1969). 이들은 뒤늦게나마 자아실현이 생존 자체보다 우리에게 더 절실한 문제임을 지적한다. 매슬로우(A. H. Maslow, 1968)는 인간이 현존하는 생물적 적응 혹은 사회적 안정과 안전 속에 안주하는 것이 아니라, 설사 고통을 동반하는 일이 있더라도 자극과 도전에 대해서 창조적으로 반응하고 자기혁신을 이루려는 고차원의 성향을 가지고 있다는 점에 주목하였다. 프랭클(V. E. Frankl, 1969)은 사회적으로 명성을 얻고 성공한 사람들 가운데 이른바 "존재적 공허감(existential vacuum)"에 시달리는 사람이 많다는 것을 그의 정신치료의 경험을 통해서 지적한다. 전통이나 남이 원하는 것만을 추종하다 보니까 자신이 누구인지를 잃어버린 환자들이 마음이 공허하다고 불평한다는 것이다. 이 경우 자신에게 의미 있는 목표를 세우고, 그것을 달성하려고 노력하며, 주체적으로 평가하는 실천이 최선의 치유책이 된다.

인간의 진화를 말하면서 그것을 오직 생존을 위한 수단이라는 측면에서 조망해 온 기능주의적 관점은 시야가 극히 제한되어 있다. 인간성의 변화와 관련하여 생물적이거나 문화적인 진화의 관점에서 벗어나는 일은 인간을 바로 본다는 점에서뿐만 아니라, 인간에게 주어진 미래의 과제를 설정함에 있어서도 매우 중요하다. 인간은 다른 생물과는 달리 협소한 의미의 사회적 이해관계나 조건을 초월하여 자기본질의 최정상에 끊임없이 등정하려는 성향을 보여 왔다. 인간은 생물로서의 생존이나 사회적 적응과는 무관하게 그 자체를 실현시키는 것만으로도 충족되는 남다른 가능성을 가지고 있다. 인간은 누구나 가치 있게 살기를 원한다. 여기서 가치 있게 살기를 원한다는 말은 비단 생존의 가치만이 아니라, 현재의 상태에서 벗어나 좀더 높고 위대한 실재와 접촉하려는 초월적 가치를 지향한다는 뜻이다. 사실 오늘날 우리가 목격하고 있는 급격한 인간성의 변화에는 이러한 인간적인 특성들이 크게 작용하고 있다.

3.4.4. 교육적 진화

역사의 흐름과 격랑 속에서 그 자체로 가치를 가진 것으로 가정되는 인간적인 측면도 점차 다양하게 그리고 급진적으로 탐색되어 왔다. 이 부분은 앞에서 우리가 논의한 생물적 진화나 사회문화적 진화와는 다른 차원으로서 새롭게 설명을 요하는 사실에 해당한다. 이것이 내가 이제부터 밝히려는 "교육적 진화(educative evolution)"의 차원이다. 교육적 진화의 개념은 단지 생존의 양태나 유지만으로 규정할 수 없는 진화의 측면을 주목하여 부각시키고자 한다. 인간의 가능성은 거의 무한하며, 그 안에서 선택적인 실현이 얼마든지 가능하다. 그렇다면 우리는 어떻게 이러한 과제를 수행할 수 있는가? 이 문제에 대한 해답은 결국 교육에 있다고 보는 것이 교육본위론의 입장이다. 인간이 여타의 생명체들과 다른 점은 교육을 통해서 자기가 되고자 하는 바대로 스스로를 형성해 나가야만 한다는 사실에 있다. 이것은 앞서의 실존철학이나 인간주의 심리학자들이 기대하는 해결의 방향이기도 하다. 존재적 공허감의 문제를 제기한 프랭클(1969)의 말을 인용해 본다.

> 우리의 시대, 즉 존재적 공허감의 시대에 교육의 가장 중요한 과제는 전통과 지식을 전달하는 것에 만족하는 대신 인간이 고유한 의미들을 발견하도록 허용하는 능력을 세련되게 하는 것이다. 오늘날 교육은 전통의 노선을 따라 진행될 여유가 없고 독립되고 진실한 판단을 내릴 수 있는 능력을 유발시켜야만 한다(p. 64).

위의 글에서 프랭클은 교육을 오늘날 인류가 당면한 과제를 해결하는 방안으로 제시하고 있다. 그러나 그것은 비단 오늘날의 과제에 그치는 것이 아니다. 역사적으로 교육은 프랭클이 기대하는 바로 그러한 기능을 담당해 왔다. 교육적 진화는 역사상 언제나 진행되어 왔고, 지금도 진행되고 있다. 이것은 마치 생물적 진화가 생물학이 출현하기 이전부터도 진행되었고, 문화적 진화가 문화인류학이 출현하기 이전부터 진행되어 온 것에 비유될 수 있다. 다만 적절한 개념의 부재로 인하여 그 부분을 아직까지 주목하지 못했던 점에 문제가 있는 것이다. 교육을 통한 인간성의 진화라는 차원은 생물학과 문화인류학이 아무리 발전한다고 하더라도 이들을 통해서는 밝혀지기 어려운 것이다. 이 때문에 우리는 교육적 진화가 갖는 특징을 생물적 진화와 문화적 진화 이외의 다른 종류의 규칙성과 관련하여 독자적으로 기술하고 이해하지 않으면 안 된다.

동서양을 막론하고 문화에 순응하는 데서 초래하는 부작용을 우려하는 문제의식은 오래 전부터 있어 왔다. 그것은 새삼스러운 일이 아니다. 고귀한 인간성은 우연의 산물이 아니다. 또한 일상적 인간 혹은 문화에 의해 주조된 인간은 한계가 있다. 인간의 역사에는 어느 시점에서부터 개개인이 사회적 필요와 압력을 떠나서 서로 협력하는 가운데 자신의 인간으로서의 가능성을 자유롭게 탐색하고 그것을 끊임없이 재구성하는 과정이 시작되었다. 그것을 대표하고자 했던 것이 '품위'라는 개념이다. 교육의 과정을 통한 품위의 향상은 앞서의 생물적 진화나 문화적 진화와는 다른 점이 있다. 우리 인간에게는 아직도 실현을 기다리는 무한한 품위의 가능성이 항상 주어져있다. 우리는 그 가능성을 그것을 직접 실현시켜 나가는 가운데 확인할 수 있다. 이 과정이 바로 교육에 해당한다.

개인과 종족의 공동 진화에 작용하는 교육계는 모종의 자율적인 구조의 형태를 띠고, 수도계의 발전에 중심적인 역할을 해 왔다. 수도계는 품위의 수직적인 사다리를 통해서 인간성을 고양시키는 것을 목적으로 출현하였으며, 그 과정에서 서로 다른 수준의 품위를 가진 선진과 후진의 충돌과 긴장을 야기해 왔다. 교육은 그 갈등을 화해로 바꾸어 놓으면서 수직적 유대를 보장하는 매개 과정으로 작용한다. 이러한 특이한 인간적 현상이 지금까지 사회화나 문화화라는 개념체제의 언저리에 묻혀 학문적으로 충분히 주목받지 못하였다. 이것이 제자리를 찾도록 하는 것이 교육학도들의 새로운 과제이다. 이는 인간성의 고양과 관련하여 생물적인 진화나 문화적인 진화가 주목해 왔던 것과는 전혀 다른 역사적 사실을 새롭게 드러내는 일이기도 하다.

교육적 진화는 이제까지 설명된 생물적 진화나 문화적 진화의 설명을 배제하는 것이 아니라, 그들을 특이한 방식으로 보충할 수 있는 개념이다. 그렇다면 전자는 후자들과 어떻게 다른 것인가?

첫째, 교육적 진화는 인간이 기능성의 차원에 매몰되지 않고 다양한 인간적 역량을 끊임없이 실험하고 탐색하는 것과 관련이 있다. 생물적 진화는 생존과 생식이라는 두 가지 기본적인 조건을 만족시킴으로써 특정한 종이 보존되는 현상을 주된 관심으로 삼는다. 문화적 진화는 생물적 진화가 제공하지 못하는 인간의 생존 능력을 보완해 주는 다른 차원의 기능을 담당한다. 그러나 인간의 진화는 분명 생존가치의 보존으로서만은 설명될 수 없는 부분을 갖는다. 인간에게는 생존과는 무관하게 단지 그렇게 되는 것 자체만으로도 한 인간으로서 자신의 고귀함을 입증하고 확신해 나가도록 해주는 내적인 역량들이 있다.

품위의 특성은 그것의 내재적 가치에 있다. 내재적인 것은 자체만으로도 가치를 인정할 수 있는 것이다. 세계에 대한 이해를 추구하는 학문적 지식, 미를 추구하는 예술적 감각, 그리고 도덕적 심성 등에는 동서고금을 막론하고 공감할 만한 보편적 가치가 함축되어 있다. 그 역량들은 그것의 실현 자체만으로도 탐닉과 환희인 동시에 신성한 기쁨과 보람일 수 있다.

이러한 가치의 소중함을 증명하기 위해서 사람들은 때로는 목숨조차 서슴지 않고 바쳐왔다. 이것은 지상의 어떤 생물체에게서도 발견할 수 없는 인간 고유의 현상임에 틀림없다.

그러나 품위가 내재적인 가치를 지닌다고 말한다고 해서 그것의 외재적인 가치를 배제한다는 뜻은 아니다. 품위가 사회나 문화의 발전에 기여한다거나, 혹은 그것을 소지함으로써 사회적인 인정을 받는다고 해서 그 가치가 손상되는 것은 아니다. 역사적으로도 품위는 외적인 다양한 목적들을 위한 수단으로서 커다란 역할을 해 왔다. 다만 여기서 강조하고자 하는 것은 그러한 외재적 가치를 제외하고도 남을 만한 내재적 가치를 품위가 별도로 보유하고 있다는 점이다. 그리고 그것의 외재적 가치는 내재적 가치가 우선하는 경우에만 보장된다는 점도 아울러 주목해야 할 부분이다.

둘째, 교육적 진화의 주체는 개인이다. 식물의 씨앗은 자동적인 성장의 과정을 거쳐 나무가 된다. 그것은 어떠한 관여도 필요로 하지 않는다. 새끼고양이는 바깥의 생태에 적응하는 과정에서 어미고양이가 된다. 문화적 진화 역시 주된 결정요인은 문화이고, 개인은 문화에 적응해야 되는 객체의 입장에 선다. 이와는 대조적으로 교육적 진화는 개인에 의해서 추진된다. 교육은 자신의 가능성을 최대한으로 향상시켜 나가는 주체의 자기변형 능력과 기제에 의존한다. 이는 개인이 창조주와 같은 전지전능을 가지고 있다는 말은 아니다. 오히려 전지전능하지 못하기 때문에 자기형성의 과제가 나오는 것이다. 어리석고 저급한 인간성과 현명하고 고급스러운 인간성의 중간에서 전자로부터 탈피하여 후자 쪽으로 전진해야만 하는 의무를 개인이 주체로서 걸머진다.

교육은 개인들이 상호작용하면서 자신과 타인의 잠재가능성 가운데 어떤 것은 선택하고, 다른 것은 배제하는 가운데 더 나은 존재로 탈바꿈해 나가는 과정이다. 교육의 특징은 실존적인 다양성 밑에 흐르는 본질적인 통일성을 탐구하는 데 있는 것이 아니라, 인류의 보편적인 특징을 전화시켜 다양한 개인적인 경험을 가능하게 하는 방법을 택한다는 데에 있다.

이러한 다양성의 추구가 결국 인류 전체의 진화나 발전과 연결되는 것이다. 교육적 주체가 개인이라고 해서 그 책임이 오직 그에게만 국한된다고 생각하는 것은 잘못이다. 근본적으로 인간은 공통된 가치지향의 경향을 지니고 있기 때문에 개개인은 서로를 인간의 한 사례로 간주하면서 서로에게 그 가치가 무엇인지를 상호주관적으로 입증하고자 한다. 동료 인간과 품위의 가치를 공유하지 않는다면, 개인은 자신이 실현한 품위의 가치를 충분히 입증한 것이 아니다.

셋째, 교육적 진화의 전제는 자유다. 어떠한 자연적 혹은 인위적 제약도 거부하고, 그 자체로서 가치 있는 인간성을 주체적으로 실현하는 일이 모든 것에 우선한다. 문화적 진화가 인간을 여타의 동물들과 구분하는 하나의 경계를 만들어 주기는 하지만, 그것은 특정한 문화에의 종속이라는 대가를 요구한다. 진정한 의미의 자아실현은 얼마만큼 기존의 문화적 관례나 전통의 영향으로부터 자유로워야 하며, 그 자리를 교육적 진화가 이어받는다. 물론 인간에게 무한한 자유가 주어진 것은 아니다. 개인은 언제나 얼마만큼의 상황적 조건 속에 있다. 그 상황적 조건의 제약을 자신의 내면상태의 변화에 의해서 벗어나려는 출구가 수도계의 통로와 연결되어 있는 것이다.

그러한 자유의 성취는 개인이 상구교육의 내재율에 복종함으로써만 가능하다. 개인이 모색하는 품위는 우리 스스로의 선택과 관여에 의해서만 실현될 수 있다. 상구교육의 주체는 아직 결정되어 있지 않은 자신의 어떠한 측면을 스스로 결정하고 실현해 나가는 자유와 책임을 갖는다. 우리는 비결정적인 세계 안에서 살아가는 하나의 주체로서 우리 자신의 행위를 수행해 나갈 원칙과 원리를 형성해야 한다. 모든 인간성을 자유롭게 선택할 수 있는 것은 아니지만, 상당부분 우리의 주체적인 행위에 의해서 결정될 수 있는 미지항이 남아 있다. 그 미지항 가운데 자신을 좀더 자유롭게 할 수 있는 것을 선택하여 실현하려면, 자신의 존재에 귀를 기울여야 한다. 그러한 판단과 결정을 타인에게 맡긴다면, 그는 자신을 배반하는 셈이다.

자유의 내재율은 하화교육에도 적용된다. 하화교육은 수도계의 후진으로 하여금 그가 얻어낸 자유를 수련을 통하여 공유하려는 의도에 의해서 이루어진다. 수도계는 기본적으로 새로운 인간성의 창조와 확장에 주안점을 두기 때문에 보편적인 것이며, 그 점에서 인간은 수도계라는 공통의 장에 의해서 다시 만날 수 있다. 그러나 자신에게 가치 있는 것이 반드시 타인에게도 가치 있는 것으로 받아들여지는 것은 아니기 때문에 자신이 옳다고 생각하는 품위를 타인에게 강요하는 것은 품위의 가치를 입증하는 방법이 못된다. 그것은 마음의 해방이 아니라, 객관적 세계에 대한 종속적 일치를 가져오는 자가당착의 가능성을 갖고 있다. 하화자가 할 수 있는 최선의 방법은 후진으로 하여금 자신처럼 품위를 스스로 획득하고, 그것의 가치를 마음으로부터 자발적으로 승인하도록 돕는 것이다.

넷째, 교육적 진화는 특정한 품위의 성취보다는 그것을 성취해 나가는 각 단계에서의 충실한 교육적 체험을 중시한다. 수도계는 인간이 단지 자연의 일부로서만 남을 수 없는 자신들의 초월적 가능성 가운데 어떤 것을 실현시키고, 자신의 존재가치를 확인하는 방식을 채택하고 있다. 여기서는 물질과 생물, 생물과 동물, 동물과 인간은 존재적으로 비연속성을 지닌다는 사실이 중시된다. 인간은 그 위대함과 존귀함에 있어서 짐승과 신 중간에 있으며, 인간 사이에서도 다시 불완전성과 완전성, 비속함과 존귀함 혹은 열등함과 위대함이라는 점에서 차이가 있다. 그것이 아무리 높은 수준의 것이라고 하더라도 특정한 품위가 우리 모두가 지향해야 될 가치의 기준이 되지는 못한다. 계속 추구하는 것이 목적이기 때문에 어지간히 도달했다고 생각하는 바로 그 지점이 언제나 다시 출발점으로 변모되어야 하는 것이다.

우리에게는 누대에 걸쳐 선인들이 선별적으로 보존하여 온 수도계의 역사가 주어져 있다. 그 중 최고의 품위가 있을 수도 있다. 그러나 이는 인간이 도달할 수 있는 마지막의 품위와는 다르다. 인간적으로 당시에 도달할 수 있었던 최정상의 품위일 뿐이다. 그것을 모든 사람들이 일시에 습득하여 공유할 수는 없는 노릇이다. 그러한 품위가 있다고 당장 그것을 획득하려고 시도하는 것은 어리석기 그지없다. 또한 최정상의 품위에 도달해 있는 선진이 저 밑의 품위를 가지고 있는 후진에게 그것을 당장 전달할 수 있다는 생각 역시 어리석다. 만약 어린이들이 일시에 높은 수준의 학자, 예술가, 도덕가가 되기를 요구한다면, 어떤 결과를 가져올 것인가? 어린이들은 아무 뜻도 없이 그들의 외양을 억지스럽게 흉내만 내는 허수아비가 되고 말 것이다.

교육은 수도계의 어느 특정수준에 오르는 것에 목적을 두지 않는다. 자신이 위치한 곳에서 한 걸음 더 향상할 수 있는 여지를 찾고 그 책임을 완수한다는 데 목적이 있는 것이다. 오랜 역사를 통해서 인류는 품위의 축적과 해체의 과정을 거쳐 나선형적 상승을 할 수 있었다. 바로 그 나선형적인 반복이 교육의 동일성을 보장하며, 교육이란 나선형적인 반복의 과정에서 고유하게 체험되는 것이다. 교육의 과정이 반복되는 가운데 품위의 오름이 보장된다. 알이 충분히 성장하면 애벌레가 되고, 애벌레가 충분히 성장하면 번데기가 되며, 번데기가 충분히 성장하면 나비가 된다. 따라서 멋진 나비가 되는 방법은 처음부터 나비가 되도록 준비하는 것이 아니라, 그것이 처한 각 단계를 충실히 다져나가는 것이다. 계란이 닭이 되는 데에는 적어도 21일간의 기간이 필요하다고 한다. 교육에서도 마치 닭이 알을 품듯이 품위를 발생적으로 단계에 따라 형성할 수 있도록 그 계열과 필요한 시간을 충분하게 확보하는 것이 중요하다. 마찬가지로 아동이 장차 훌륭한 학자가 되는 길은 조숙하게 학자의 흉내를 내는 것이 아니라, 그의 수준에 맞는 발달에 충실하게 임하는 것이다.

우리는 이를 "교육적 시숙(時熟)"이라고 부르도록 하자. 교육은 자연적인 성숙이나 발달과는 달리 주체의 의도적인 자기규제와 통제에 의해서 서로가 자신의 인간성을 실현시키고 그것을 의식적으로 깨닫게 되는 과정이다. 그렇기 때문에 이 용어가 지칭하는 것은 생물적 성숙과는 구분된다. 이것은 상구라는 과정을 거쳐서 이루어지는 계열이며, 그 상구의 단계별 진전을 지칭하는 것이다. 이 점이 특정한 외부의 기준에 일치하는 것을 그 주된 기능으로 삼는 온갖 인간변화의 과정, 예컨대, 사회화, 문화화,

교조화, 혹은 행동통제 등과 교육을 구분하는 중요한 근간이 된다. 교육이 우리의 삶에 공헌할 수 있는 다양한 기능들 역시 교육적 시숙이라는 특징을 보존함으로써만 가능하다. 그 점은 매우 중요한 부분이기 때문에 별도의 절(3.5)에서 충분히 검토하게 될 것이다.

교육적 진화는 얼핏 보기에는 일시에 당대의 높은 문화적 내용을 다음 세대에게 일률적으로 일치시키는 과정을 거치는 문화적 진화에 비하여 그 속도가 상당히 더딜 것 같다는 인상을 줄지도 모른다. 그러나 그것은 몇 가지 점에서 크게 그릇된 판단이다. 문화화는 기본적으로 당대의 문화내용에의 일치를 목표로 하기 때문에 고착적이다. 이에 비해서 교육은 위쪽을 향하여 나아가는 과정을 계속하는 데에 목적이 있기 때문에, 어떠한 고정된 지점이라고 하더라도, 거기서 멈추지 않고 항상 이를 통과하여 지나가게 한다. 높은 단계의 품위는 그것이 아무리 가치 있는 것이라고 할지라도, 조급하게 이를 수용하도록 요구할 경우 맹목적인 것으로 흐르고 만다. 이에 비해서 교육은 체험의 흐름을 강조하기 때문에 가치추구라는 본질적 체험을 보장한다. 마지막으로 문화화는 다분히 외부로부터의 기준이 주어진다는 점에서 강제의 의미를 지니고 있음에 비해서 교육은 개인의 자발적인 참여를 허용한다. 이러한 이유들로 인해서 각 단계에서 교육이 충실히 진행되는 경우가 어떠한 문화내용에 대한 일치를 강조하는 것보다 오히려 수도계의 발전에 더 큰 활력을 불어 넣고 역동성을 보장한다.

교육은 수도계가 발전하는 매 단계마다 세대 간의 간극과 한 세대 내의 간극을 매개하는 과정으로서 자체의 고유한 구조와 방식으로 우리의 삶에 부단히 작용해 왔다. 우리 각자가 자신이 최선을 다해 개발해 낸 품위를 내어놓고, 그것을 공유하며, 새로운 것을 보태고, 또 검증받는 길이 교육이다. 수도계의 종류와 단계에 따른 적응의 양태에는 다소간의 차이가 존재하지만, 교육의 구조는 기본적으로 동일하게 유지된다. 교육적 성숙의 어느 시점에서든 개인은 현재 위치한 수도계의 품위를 중심으로 위로는 상구교육에 임하고, 아래로는 하화교육에 임할 수 있다. 이처럼 품위의 차이를 지닌 각 개인들이 그 나름의 교육적 협력을 증진해 나갈 때, 전체

인간은 한 개인의 노력만으로는 도저히 성취할 수 없는 품위상의 넓이와 깊이를 구축해 나갈 수 있게 된다.

흔히 후대는 언제나 선대의 미결사항이 결정된 시대에 살고 있기 때문에 "거인의 어깨 위에 앉은 난쟁이"의 유리한 점을 확보하고 있다고 말한다. 그러나 이것은 자칫 오해의 소지가 있다. 후대의 교육은 선대가 끝난 곳에서 시작하는 것이 아니라, 처음부터 다시 시작한다고 보는 것이 더 정확한 해석이다. 이 점에서 개체발생의 출발점은 언제든지 계통발생보다는 지체된다고 할 수 있다. 그럼에도 불구하고 수도계의 발전에서 개체발생이 계통발생이 거둔 성취를 앞지르게 되는 유리함은 어디에서 기인하는가? 선대에게 미지의 것들이었던 것이 기지의 것으로 밝혀져 있는 유리함 속에서 선대가 걸어간 길을 후대가 걷게 된다다는 데에 이유가 있다. 이 때문에 교육을 통한 개체발생은 계통발생적인 시간을 엄청나게 단축시킨다.

교육이 얼마만큼 활성화되느냐의 여부가 한 세대가 얼마만큼 인간적인 결함과 오류로부터 벗어날 수 있느냐를 결정한다. 선진과 후진이라는 구별은 교육이 시작될 때에만 존재할 뿐이며, 교육적 시숙의 진행과정 속에서 지양되어 버릴 수도 있다. 선진과 후진은 고정된 지위로 본래부터 주어진 것이 아니기 때문이다. 인간은 처음부터 선진과 후진으로 태어나는 것이 아니라, 교육의 행위나 활동에 의하여 선진이나 후진으로 창조된다. 대개 나이가 많을수록 노화와 기능의 저하 때문에 상구교육보다는 하화교육에 임하게 되며, 나이가 젊을수록 하화교육보다는 상구교육에 임할 수 있는 기회가 많다. 이로 인하여 이전의 품위는 세대를 거치면서 지양과 혁신의 방향으로 향상되어 나가게 되며, 후대가 선대를 앞지르게 된다. 이를 두고 흔히 '청출어람(靑出於藍)[38]'이라는 말을 한다. 이러한 품위의 역전과 교육적 관계의 새로운 전환이 빠르게 진행됨으로써 교육적 진화의 속도는 점차 빨라지게 된다.

---

38) 이를 두고 이후에 적절한 맥락에서 "교육적 반전(educative reversal)"이라는 개념으로 다시 논의할 기회(5.3.4. 교육적 관계의 종료)가 있을 것이다.

교육적 진화는 분명히 자연적인 진화와는 구분되는 것이다. 수도계는 유전과 같은 메커니즘을 통해서 생물학적으로 전승되지 않는다. 외형적인 수도계만 있고 교육이 활성화되지 않는다면, 그것은 단지 죽은 흔적에 불과하다. 교육적 진화는 품위를 실현시킬 수 있는 능력을 갖고 있는 우리가 그 능력을 어떻게 올바르게 행사할 것인가 하는 실존적인 고민과 함께 진행된다. 만약 품위에 대한 체험이 세대와 세대를 넘어서면서 반복되지 않는다면, 수도계는 마치 문화의 경우처럼 언제든 소멸되어 버릴 수도 있다. 그만큼 우리가 당연한 것으로 받아들이고 있는 수도계의 존재는 교육이 활성화되지 않을 경우, 어느 개인이나 세대에 이르러 무화될 위험이 있는 불안정한 상태에 놓여 있는 셈이다.

우리의 선조들 가운데는 스스로 엄청난 품위를 계발했음에도 불구하고 시대를 지나치게 앞서 감으로써 살아 있는 동안 자신의 이론을 인정받지 못하고 사멸한 사람들도 있을 것이다. 그들의 전승되지 못한 품위는 아직도 해독되지 않고 있는 문명의 흔적들을 통하여 스스로를 내보이기도 하지만, 이것은 역사가의 눈에 제대로 포착되지도 않고 이해되지도 않고 있다. 이러한 역사적 변고는 이것이 역사가의 상구범위 밖에 있는 것이기 때문에 생겨난다. 한때 발전을 구가하던 수도계가 교육적 검증을 소홀히 함으로써 위계상의 혼동을 경험하거나, 전수와 발전에 실패하여 명멸되고만 역사적 불행이 우리가 알지 못하고 있는 저 암흑의 장막 속에 가려져 있을 것이다. 우리가 현재 보존하고 있는 수도계는 다행히도 교육적 진화를 통하여 도태되지 않은 경우로 해석될 수 있다.

인간에 대한 고고학적인 연구가 진행되고 있지만, 인간의 역사에서 교육적 진화가 언제부터 본격화되었는지에 대한 자료는 아직 확보되지 않은 상태이다. 환경에 대한 기술적 지배라는 관점에서의 문화의 기원은 대략 약 3만 년 내지 5만 년 전의 시대, 즉 수렵시대의 어려운 기후조건에서도 생존할 수 있는 방법이 확립되었던 구석기시대로부터 연원한다. 그 후부터 바늘, 작살, 흙을 파는 도구 등이 고안되고 점차 자연에 대한 통제력을 효과적으로 확장시켜 나갈 수 있게 된 것이다. 그러한 원시 인류에게도 삶의 각박한 상황에도 불구하고 노래, 춤, 그림 그리기 등 예술활동이 있었다는 단서는 어디에서나 엿볼 수 있다. 이들은 기능적인 차원으로만은 설명할 수 없는 인간의 고유한 가치 추구에 해당한다. 그 시점이 언제일까 하는 것이 교육적 진화의 시작을 추측하는 하나의 단서가 될 수 있을 것이다.

현재로서 수도계의 교육적 진화는 일만 년을 넘기지는 않았을 것으로 추정된다. 선사 시대와 역사 시대의 오랜 여정을 지나면서도 사람들은 자신들이 갖고 있는 엄청난 잠재력을 계발하려고 하지 않았다. 인간의 전체 역사를 놓고 보면, 비교적 최근에야 그 잠재력이 실현되어 나가고 있는 듯하다. 그렇기는 하지만, 이 과정에서 인류가 보여준 놀라운 점은 각자가 스스로의 진화를 의식적으로 통제하고, 서로가 다리를 놓아 줌으로써 새로운 인류의 일원이 되도록 하는 잠재력을 발휘하기 시작했다는 사실이다. 우리가 지금까지 향유하고 있는 대부분의 수도계들을 놓고 그 역사를 소급해 보면, 불과 몇 백 년에 불과한 경우가 대부분이다. 그만큼 인간의 교육적인 진화가 더욱 활성화되고 보편화될 시점은 지난 과거라기보다는 다가오는 미래일 것으로 보인다.

기원전 5세기의 시점을 전후해서 출현하여 오늘날에도 세계 각국에 보편화된 몇 가지 수도계들이 있다. 그것들이 교육과 어떤 관계를 가지고 있는지는 그 당시에 큰 역할을 한 사대성인, 즉 석가, 공자, 소크라테스, 예수라는 인물들의 생애와 관련하여 이 저서의 후반부(제6장)에서 자세하게 검토할 것이다. 이들 수도계들 가운데서도 교육적 진화를 가장 확실히 진행시켜 온 대표적인 분야가 학문의 세계이다(장상호, 1997). 진리탐구라는 이념을 추구해 온 학문은 문화적 편견이나 대중적 신념을 벗어나 실재 자체에 대한 이해의 통로를 제시한다. 근대학문의 발달사는 당대의 보편적인 인식에 대한 저항의 역사라고 해도 과언이 아니다. 이는 교육적 진화가 문화적 진화로 설명할 수 없는 부분을 지니고 있다는 것을 입증하는 좋은 사례가 되고 있다. 각 학문의 개척자들은 동시대인들이 믿고 있는 상식, 관례, 기준 등과 자신의 경험 사이에 심각한 모순이 존재한다는 사실을 깨닫게 되었고, 무엇인가 다른 것이 존재한다는 사실을 자각하게 되었다. 그들은 그들 자신의 경험과 상식 사이의 사소한 모순도 간과하지 않았다. 그들은 이때 그 비통상적인 세계를 찾아 나서기 위하여 상식이 마련해 준 확신에 의문부호를 찍고, 뼈를 깎는 고통과 인내를 감내하는 가운데 상식으로는 파악될 수 없는 새로운 세계에 대한 인식에 도달할 수 있었다.

품위의 한 가지 종류로서 학문적 지식은 항상 수정의 준비가 되어 있다. 첨단의 학자들은 그들이 모르는 미지의 영역에 대한 호기심을 갖고 그것을 탐구하여 그들의 시야를 넓혔으며 실재에 대한 깊이 있는 개념을 마련하였다. 이들의 지식은 다시 그 경지에 이르지 못한 후진들에게 교육의 소재로서 제공되었으며, 후진들은 이를 발판으로 삼아 새로운 지식을 향해 나아갈 수 있었다. 이러한 과정이 거듭되는 가운데 학문은 비약적이라 할 만한 발전을 이루고 있다. 이제 그 발전의 속도가 너무도 빨라서 10년을 주기로 지식 전반에 대한 혁명적인 재편이 이루어지는 분야도 적지 않다. 이러한 학문 발전의 이면에는 인간이 외부세계를 통제하고 조종하기 위하여 학문을 한다는 식으로 학문의 기능성에 주목하는 관점으로는 도저히 설명하기 어려운 무엇인가가 놓여 있다. 그것이 바로 학문의 고유한 목적과 내재적 가치에 대한 우리의 추구인 것이다.

수도계의 발전은 역사 속의 개개인이 자신에게 가능성으로 내장되어 있는 본래적인 면모와 정체성을 찾으려고 각별히 노력함으로써 이루어진다. 이를 보여주는 구체적인 사례는 수도 없이 많지만, 그 가운데 한 학자의 경우를 살펴보자. 지금 우리가 논의하고 있는 진화의 문제와 관련하여 놀라운 통찰을 보여준 학자로서 찰스 다윈을 꼽을 수 있다. 우리의 논의를 시범적으로 적용하여 다윈의 삶의 여정을 생물적 진화와 문화적 진화, 그리고 교육적 진화로 구분하여 설명해 보도록 하자. 진화적 사실과 진화론은 구분되어야 한다. 한 개인으로서의 다윈은 길게는 수십억 년, 그리고 현생 인류로 한정하는 경우에는 수만 년에 걸쳐 이루어진 생물적 진화의 산물이다. 그럼에도 불구하고 그 유구한 역사에 걸친 진화 현상을 다윈이 해명한 시점은 불과 지난 세기에 속한다. 그만큼 생물적 진화와 수도계로서 학문의 교육적 진화는 다르게 진행되고 있다. 학문의 진화는 당대의 사회적 진화와는 구분된다. 이것 역시 다윈의 경우가 잘 입증하고 있다. 그는 자연도태를 통한 종의 변화라는 기본 개념과 적자생존 원칙을 1837년에 정립해 놓고도 사회적 여론이 두려워서 그것을 《종의 기원》이라는 책으로 출판하는 데에 무려 21년의 세월을 기다려야만 하였다(Hemleben, 1968). 그만큼 학문으로서의 수도계의 추구는 사회적 관행과는 긴장관계 속에서 별개로 이루어지는 것이다.

사회적으로 잘 적응한다는 것과 고귀한 품위를 갖춘다는 것은 전혀 다른 차원의 것으로, 우리는 이와 관련하여 많은 갈등상황에 봉착한다. 학문적 진리는 다수결에 의해서 성립하는 것이 아니다. 과학의 역사가 보여주는 것처럼 다수들도 오류에 빠질 수 있다. 수도의 길에 오른 사람은 사회적 관행을 따라야 한다는 것을 거추장스럽고 혐오스럽게 느낄 수도 있다. 이 경우 그는 필요에 따라 관행에 반기를 들어야만 한다. 이와 같이 상충하고 모순되는 인간적 진화의 측면을 이전에는 생물적 진화에 대비되는 것으로서 단지 문화적 진화의 범주에서 다루어 왔다는 데 문제가 있다. 다수의 "문화 속에 갇힌 수인(囚人)"은 기존 문화의 이기(利器)에 적응하는 데에 바쁘다. 첨단으로부터 낙오되지 않는 것이 생존의 논리로 작용하기 때문이다. 우리는 이제까지 개인이 급속하게 문화에 적응해 나가는 과정과 수도계의 발전을 체험의 흐름으로 재현해 나가는 교육적 진화의 과정을 개념적으로 구분함으로써 이들 사이의 혼동을 피해 왔다.

오늘날 문화적 진화의 꽃이라고 할 만한 과학기술은 과학에 기초를 둔 기술을 의미한다. 그런데 여기서 우리가 명심해야 할 것은 과학의 발전이 반드시 기술을 위한 수단적 차원이라는 측면에서 이루어진 것은 아니었다는 사실이다. 기술의 발전이나 이를 통한 문화적 삶의 구현을 겨냥하는 과학은 인간을 황폐화시키고 있다는 우려도 일고 있다. 그러나 문제는 과학에 있는 것이 아니라, 그것을 활용하는 우리 자신의 도덕적인 양심의 결여와 미숙함에 있음은 말할 필요조차 없다. 과학적 지식은 그것을 활용하려는 의도에 따라 인류에게 선용될 수도 있고 악용될 수도 있다. 발전된 기술이 있다고 하더라도 그것은 인간을 위한 것이 아니라 인간을 살상하는 도구로 사용될 수도 있다. 이런 식으로 기술문명이 발전하는 경우에는 새로운 문제들이 한없이 생겨나고 만다. 오늘날 유전공학에도 이러한 오용의 가능성이 도사리고 있다. 이것이 바로 인류의 진화를 단지 사회문화적 진화로만 보아서는 안 될 분명한 이유가 된다. 그러한 어리석음을 극복하기 위해서 여러 방안이 제안되고 있지만, 근본적인 해결은 학문적 지식과는 다른 종류의 품위, 즉 '선'을 추구하는 도덕의 품위에 의존해야 한다. 물론 이 경우 도덕의 세계가 그 자체의 자율성을 지키면서 기술적 기능의 질서와 가치에 종속되지 않아야 한다는 단서가 붙어야만 할 것이다.

3.5. 교육적 시숙

앞에서 설명한 교육적 진화는 단지 교육을 기능적으로만 보는 관점과는 구분된다. 교육적 진화에 대한 논의는 교육이라는 실재를 별도로 규정하고, 그 실재가 수도계에 주는 긍정적인 영향에 주목하는 경우에 성립 가능하다. 그렇다면 교육이라는 실재의 고유한 특성을 형성하는 요소들은 무엇인가? 그에 대한 본격적인 논의는 다음 4장에 가서야 가능할 것이다. 그러나 그 가운데서도 교육을 여타의 것과 구분할 수 있게 해주는 결정적인 요소는 교육적 시숙이다. 일상생활에서 봉착하는 경험과 교육을 통해서 가능한 경험의 차이는 후자가 품위의 발전계열에 따라 점진적으로 전개된다는 점에 있다. 교육은 각각의 품위에서 반복되는 구조를 가지고 있으며, 그 표적은 상구자의 차상품(현재 갖고 있는 품위, 즉 현품의 다음 단계에 해당하는 품위)으로 설정된다. 차상품이 한 개인에게 있어서 성장점에 해당하며, 상구의 열정이 가장 강렬하게 활성화될 수 있는 영역이다. 이러한 내재율은 상구교육의 상대편에서 전개되는 하화교육에도 적용된다.

이렇게 교육적 교섭이 가능하도록 최적 수준의 품위를 설정하는 것과 관련된 문제는 수많은 이론가들에 의해서 시사되어 왔다. 이와 관련하여 우리는 루소(J. J. Rousseau), 몬테소리(M. Montessori), 듀이(J. Dewey), 피아제(J. Piaget), 비고츠키(L. Vygotsky) 등의 주장을 선별적으로 살펴 볼 것이다. 이들은 각각 그들 나름의 문제의식에 근거하여 중요한 학설들을 제시하고 나름대로의 학풍을 만들었다. 물론 그들이 우리가 본서에서 얻고자 하는 교육학의 자율화라는 과제를 특별히 의식한 것은 결코 아니었다. 그럼에도 불구하고, 그들은 한결같이 교육의 고유한 특징들 가운데 하나인 "교육적 시숙"에 주목하였다. 차츰 밝혀지겠지만, 이 특징을 토대로 하여 교육본위론은 다음 장에서 수도계의 특정한 품위에 제약을 받지 않는 교육의 동일성과 그 내재적 가치를 규정해 나갈 것이다. 따라서 우리는 본격적인 논의에 들어가기에 앞서 교육적 시숙에 대하여 충분히 음미할 필요가 있다.

3.5.1. 루소

앞 절(3.2)에서 우리는 사회화와 교육을 분리시키려고 노력한 사람의 하나로 루소를 지목하였다. 그의 이론에 많은 문제점이 있는 것도 사실이지만, 그가 교육에 대하여 이전에는 찾아볼 수 없었던 예리한 통찰을 제시하고 있다는 사실은 부인할 수 없다. 세속에 일치하는 데서 따라오는 인간성의 타락에서 벗어나기 위하여 "자연으로 돌아가라!"고 역설하는 것은 다소간 어처구니없는 주장처럼 보인다. 그 말을 액면 그대로 따른다면, 그것은 야만으로 돌아가자는 주장과 다름없으며, 자연으로 돌아감으로써 성취할 수 있는 것은 생물적 진화 이상의 것이 되리라 기대하기도 어려운 것이다. 그러나 만약 그가 말하는 자연을 "교육적 진화"의 내규에 맞춘다는 의미로 해석한다면, 그의 주장은 교육의 본질에 접근하고 있다고 평가받을 만도 하다.

사실상 루소(/1983)가 《에밀》이라는 저서를 통해서 우리에게 전하려고 했던 사상의 핵심은 "각 단계의 발달에 충실한 교육"이었다. 그가 보기에 어린이가 단지 "미숙하고 작은 어른"으로 취급받는 것은 참으로 부당한 것이었다. 어린이는 성인과는 다른 독특한 사고구조, 흥미, 욕구를 가진 존재이다. 루소는 이 점을 통찰하고 "아이는 아이답게, 어른은 어른답게 키워야 한다(p. 36)"고 주장한다. 그런데 당대의 사람들이 그 각각의 발달 단계의 자연스러운 진행을 생략한 채, 어린이를 곧바로 어른이 되도록 준비시키는 일을 하면서 이를 교육으로 규정하고 있는 세태가 루소에게는 매우 안타까운 일이었다. "우리들은 대강 어느 정도 살며 언제 죽을지를 안다. 그러나 부정확한 미래 때문에 현재를 희생하고 속박하며, 장래의 행복 때문에 어린 시절을 불행하게 만드는 엉터리 교육은 생각해 볼 수도 없는 것이다(p. 35)." 이런 주장은 당대의 문화에 일시에 적응하기를 강요받고 있는 어린이들이 당면하고 있었던 고충을 시대를 초월하여 웅변적으로 대변하고 있다.

어린이와 성인의 품위 사이에는 커다란 간극이 존재한다. 수도계가 발전한 역사에 비추어 본다면, 그 간극은 수백, 수천 년이 될 수도 있다. 개체발생적으로 볼 때, 성인들은 그 발전의 정점에 있는 품위를 습득하는 데 적어도 10년이나 20년이 걸렸다는 것을 알고 있다. 그런데 성인들은 그것을 습득하는 데 소요된 그 긴 과정을 생략한 채, 성인 자신들의 품위를 당장 어린이들에게 전달하려고 한다. 그 결과는 무엇일까? 루소(/1983)는 필요한 만큼의 단계를 거치지 않고 조급하게 품위를 습득하도록 요구하는 것이 가져올 위험을 이렇게 지적한다. "학문 연구에 적절한 나이가 있는 것처럼 세상 관습을 아는 데도 적합한 연령이 있다. 너무 어릴 때 알게 되면 선택이나 반성도 없이 그것에 질질 끌려가게 된다. 물론 너무 그 시기가 늦어도 곤란할 것이다. 청년기를 사회와 무관하게 지낸 자가 갑자기 사회에 내던져지게 되면, 그는 일생동안 서투르고 어색한 인물이 될 것이다(p. 163)."

이처럼 조급한 생각에서 성장의 단계를 생략하는 것을 루소는 자연에 위배되는 것으로 보았다. 아무리 성인들에게 바람직하고 올바른 품위라고 하더라도, 그것을 아동이 소화할 수 없는 단계에 있다면, 그것은 교육에서 유보되어야 한다. 중요한 것은 성인의 품위가 아니라, 아동이 지금 처해 있는 각 단계의 교육을 충실하게 완성시켜 나가는 일이다. 루소는 성인들이 어린이들에게 부정확한 미래를 대비하여 알아들을 수 없는 말을 모방하도록 강요하는 것을 어린이들의 현재를 희생하는 것으로 보았다. 그 대안이 바로 어린이의 발달 단계에 적절하여 어린이가 받아들일 수 있는 교육을 하는 것이다. "아이들이 잘못을 저질렀다고 해서 곧 시정시키려고 하는 것보다는 시간을 버리는 것이 좋다. 때가 오면 그들은 스스로 잘못을 시정하기 때문이다(Rousseau, /1983, p. 31)." "귀머거리는 음향을 들은 일이 없기 때문에 음향을 거부한다(p. 132)." 이러한 후진의 과오를 보고 성급하게 책망하는 것은 교육이 아니다. "그들이 당신과 같은 수준으로 오를 수 없다면, 당신은 잠자코 그들의 수준까지 내려가야 할 것이다(p. 113)." 즉, 선진은 후진의 수준으로 내려가 어떠한 경험의 부족으로 후진이 그러한 과오를 범하고 있는지를 주의 깊게 해명하고, 그것을 극복하기 위하여 그 경험을 어떻게 필요한 만큼 단계에 맞추어 가며 보충할 수 있는지를 궁리해야만 한다는 것이다.

에밀의 교육을 논의하면서 루소(/1983)는 독자에게 이렇게 반성적 통찰을 촉구한다. "당신의 제자는 어떠한가? 그는 지루한 일과와 긴 설명의 끝없는 교리문답에 질식하기 일보직전의 상태에 있으며, 무거운 규율로 얽매여 있다. 그런 그에게 창조주의 사색은 혐오와 싫증을 느끼는 것 이상이 될 수 없으리라(pp. 156-157)." 배울 수 없는 것을 배우도록 강요하면, 결국 배움 자체에 대한 혐오감만 생긴다. 이것은 우리가 교육적 시숙이라는 간단한 내재율을 어기게 될 경우에 따르는 엄청난 손실이다. 이를 해소하기 위한 대안은 어린이들이 그들 각각의 수준에 맞는 교육의 소재를 가지고 능동적으로 상구교육에 임할 기회를 주는 것이다. "교육의 기술은 학생을 즐겁게 배우도록 하는 데 있다(p. 114)." 어린이의 특징은 과실을 범하는 데에 있다. 그것을 단번에 제거하려는 것은 현명한 방법이 못 된다. 만약 그 과실들을 아동이 접하면서 스스로 판단하고 자율적으로 극복하는 방법을 알게 한다면, 그 결과는 판이해질 것이다. 루소의 예측대로 어린이들은 그 과정 자체를 사랑할 수 있게 될 것이다.

각 단계의 교육을 충실하게 거친다는 것은 어린이들의 장래를 위해서도 매우 중요한 의미를 갖는다. 어린이들은 말할 필요조차 없이 지금 현재의 성인이 살지 못할 미래를 살아갈 사람들이다. 그 미래는 지금으로써 예측하기 어렵다. 따라서 성인의 아동에 대한 애정은 그의 관여가 더 이상 불필요할 정도의 자립심과 탐구심을 갖도록 돕는 것이라야 한다. 루소(/1983)는 호소한다. "세인들은 아이들을 보호할 생각에만 급급하지 말고, 그 아이가 성장하여 자기 자신을 보호하도록 교육시켜야 한다(p. 19)." "우리의 판단력을 〔아이에게〕 가르칠 것이 아니라, 그가 판단력을 기를 수 있도록 유도하는 것이 중요하다(p. 87)." "당신들은 진리를 가르칠 것이 아니라, 진리를 발견하자면 어떻게 해야 하는가를 가르칠 필요가 있다(p. 94)." "어린아이에게 학술을 가르친다는 것은 그렇게 중요하지 않다. 보다 중요한 것은 그에게 학술을 사랑하도록 취미를 길러 주고, 그 다음에는 학술을 학습하는 방법을 가르쳐 주는 것이다(p. 81)." 이러한 일관된 루소의 발언 이면에는 결과가 아닌 과정으로서의 교육이 갖는 역동성을 부각시키려는 그 나름의 남다르고 뚜렷한 의도가 자리잡고 있다.

3.5.2. 몬테소리

루소가 주장하는 바를 구체적인 교육장면을 통하여 구현하고 타당성을 증명한 사람 가운데 하나가 마리아 몬테소리이다. 그녀는 금세기 초에 진정 올바른 교육학자가 되기를 희망하면서 이른바 "과학적 교육학(scientific pedagogy)"을 제창하였다. 이탈리아 최초의 여성의학도인 그녀는 빈민촌의 정신박약아들과 "아동의 집(Children's House)"의 학령 이전 아동들을 상대로 자신의 교육이론을 실험하고 정립해 나간다.

나의 생각은 자연스럽고 합리적인 방법을 정립하기 위해서는 교육과 문화의

> 기초가 다져지는 유아기동안 우리가 인간을 하나의 개인으로 수없이 많게, 정확하게, 그리고 합리적으로 관찰하는 것이었다(1912/1964, p. 3).

몬테소리는 루소가 말한 "자연으로 돌아가라"고 하는 아이디어가 위험한 발상이라는 점을 지적한다. 우리는 야만인으로부터 교육의 모형을 얻어낼 수는 없다는 것이다. 대신 몬테소리는 발달 단계를 고려하는 교육을 자연스러움의 기준으로 받아들인다. 말하자면 교육의 자연스러움과 자연 자체에 교육을 맡기는 것을 확실하게 구별했다고 볼 수 있다. 우리도 앞에서 루소의 자연을 이러한 관점에서 재해석한 바 있다. 그녀는 아동들이 배우려는 의욕과 자질을 선천적으로 구비하고 있다고 믿고 특별히 아동 스스로가 주체가 되는 '자율교육(auto-education)'을 강조하였다. 성인들이 해야 할 일은 다만 아동들의 자연스러운 상구교육을 조장하는 것이다.

> 우리는 보통의 학급에서 어떤 주어진 무미건조한 사실들을 머리 속에 주입하는 교사들의 서글픈 광경들만을 알고 있다. 이런 메마른 과제에 성공하기 위해서 교사는 학생들을 꼼짝할 수 없게 만들고, 그들의 주의를 강요하는 것이 필요하다고 생각한다. 이런 교사들에게는 그의 말을 듣도록 선고된 마음과 몸을 주어진 태도 속으로 강제하는 여러 보상과 벌이 가장 효과적인 수단인 것이다. … 상과 벌은 부자연스럽거나 강요된 노력에 대한 유인책이며, 그 때문에 우리는 그들과 관련하여 아동의 자연스러운 발달에 대해서 말할 수 없다(/1968, p. 21).

학급에서의 상과 보상은 아동들의 진로를 크게 오도할 우려가 있다. 제대로 이해되지도 않은 내용을 무조건 모방하도록 만들기 때문이다. 또한 그렇게 할 이유도 없다. 아동들은 상구교육을 하려는 힘을 내부에 이미 갖추고 있기 때문에 교사는 그 힘이 밖으로 나오도록 조건을 조성하기만 하면 된다. 어디에 그 비법이 있는가? 몬테소리의 비결은 아동발달의 "민감한 시기(sensitive periods)"에 잘 부응하라는 것이다(Lillard, 1973). 여기서 민감한 시기에 부응하라는 말은 아동들의 성장 과정에서 다음 단계에 해당하는 것을 찾아서 제공하라는 뜻이며, 한 단계 위의 과제가 주어지면 아동들은 그것을 자발적으로 정복해 나가는 즐거움을 갖게 된다는 의미이다.

그렇다면 교사는 매번 각각의 개별적인 아동에게 맞는 자료를 제작하는 일을 수행해야 한다는 말인가? 그럴 필요는 없다. 교사가 할 일은 자유로운 상태에 있는 아동이 현재 어떤 수준에 있는지를 철저하게 관찰하고, 그들에게 맞는 상황을 제시하는 것이다. 그것이 유명한 "몬테소리 학습자료"이다. 이 자료는 다양한 수준의 복잡성과 난이도를 가진 자료로 구성되어 있으며, 아동들은 그 가운데 자신들에게 흥미로운 것을 자유롭게 선택하도록 허용된다. 그러한 조건만 충족된다면, 아동들은 스스로 열성적인 상구자가 되는 것이다.

몬테소리는 교육에서 아동들 자신의 자발적인 동기를 강조했다. 그들에게 안정감을 주고 매력이 있을 법한 활동, 자료, 교실 내의 분위기를 조성했다. 아동이 자신감을 가지고 능동적으로 자신의 상구교육에 임하는 것이 자연스럽다고 보았다. 조용히 한 자리에 앉아서 침묵을 지키는 아동이 오히려 교육적으로 부자연스러운 상태에 있는 것이다. 그러한 부자연스러움은 성인들의 불필요한 도움에서 비롯하는 것이다. 따라서 아동의 자발적인 상구교육을 유도하고 기다리는 인내가 필요하다. 몬테소리(/1964)는 이 점을 부모들이 경청하기를 바란다.

> 아동이 제 힘으로 음식을 먹고, 씻고, 옷을 입도록 것을 가르치는 것이 아동들을 먹이고, 씻어주고, 옷을 입히는 것보다 분명히 더 많은 인내를 필요로 한다. 이것을 알지 못하는 사람이 있겠는가? 전자는 교육자의 일이지만, 후자는 시종이나 할 수 있는 쉽고 열등한 일이다. 후자는 부모에게 쉬운 일이기는 하지만, 아동에게는 매우 위험한 것이다. 왜냐하면 그것은 발달하는 삶의 길을 차단하고 그 위에 장애물을 놓기 때문이다(p. 98).

몬테소리는 이미 이루어진 당대의 지식을 언어로 전달하는 일보다는 아동 스스로 감각적으로 경험하고 이를 통하여 주체적으로 발견하도록 하는 일을 중시했다. 물건을 만드는 공작활동과 걷고, 던지고, 계단을 오르내리고, 뛰어 다니는 운동을 장려한다. 흔히 이러한 활동들은 교실상황에서 교육을 방해하는 소란스러움으로 간주되는데, 몬테소리가 보기에, 그것이야말로 극히 위험하고 피상적인 관찰일 뿐이다. 소란스러운 활동이라고 착각하는 것이 실은 아동들의 교육활동이며, 그 자유스러운 활동은 자체의 분위기 속에서 하나의 질서를 유지하기 마련이다. 유치원에서 하나의 장난감을 가지고 어린이들 상호간에 이루어지는 자발적인 교육 안에는 성인들도 흉내낼 수 없는 그 나름의 질서가 있다는 사실을 몬테소리(/1964)는 증언한다.

> 만약 한 아이가 특별히 좋은 것을 이룩하면, 그의 성취는 다른 아이들에게 감탄과 즐거움의 원천이 된다. 〔성인들의 경우처럼〕 다른 사람의 축제를 시기하여 가슴 아파하는 기색은 찾아볼 수 없다. 한 명의 승리는 모든 아이들의 기쁨이다. 아주 자주 그들은 자신에게 모범이 되는 사람을 발견한다. 그들은 다른 사람의 행동에 질투심을 느낌이 없이 그들이 할 수 있는 것에 모두 행복해하고 만족하는 듯하다. 3세의 어린아이가 7세의 소년 곁에서 자신의 키 높이에 만족하고, 더 나이든 소년의 큰 키를 부러워하지 않으면서 평화롭게 작업한다. 모든 아이들이 가장 심오한 평화 속에서 성장하는 것이다(p. 347).

교육은 기본적으로 실천의 한 형태이며, 그것은 적극성을 요구한다. 한편에서 교사가 매번 지시하거나 조정하면, 다른 편에서 학생들은 그것에 수동적으로 적응하기만 한다. 그러나 이러한 식으로 유지되는 조용한 교실의 분위기는 오히려 교육에 대한 위험신호이다. 몬테소리의 관찰에 의하면, 아동들의 자발적인 활동은 교육의 내재율에 맞도록 진행된다. 각자의 상구활동이 타자의 상구활동을 격려하며, 앞선 선진과 뒤진 후진 사이에 활발한 교육적 교섭을 가능하게 하는 것이다. 이 증언이야말로 우리가 소중하게 간직해야 할 교육의 중요한 이미지이다. 학교에서의 교사와 학생이라는 분류는 극히 불편하고 가공적인 장벽이다. 다른 이유라면 몰라도, 적어도 교육에 관한 한, 학교 안에서 누구나 그리고 언제나 자기의 수준에서 서로를 보강하는 가운데 교육의 반려자로서 의미 있는 교류를 할 수 있다.

3.5.3. 듀이

통상 학교는 학생들에게 일률적인 기준에 일치하도록 요구한다. 학교는 교육의 제도일 수는 있지만, 그 제도가 교육일 수는 없다. 그럼에도 불구하고, 교육을 학교의 관행에 일치시키려는 힘이 강력하게 작용하고 있다. 이러한 부자연스러운 상황에 대해서 몬테소리 이상의 불편을 느낀 학자의 하나로서 우리는 존 듀이를 들 수 있다. 그는 학교에서 진행되고 있는 교육을 “전통적인 교육”으로 분류하고, 그것을 그 나름의 “새로운 교육”으로 대체하려고 하였다. 그의 생각은 학교의 현상유지를 바라는 사람들의 완강한 저항에 지금까지도 부딪치고 있지만, 그것은 그만큼 학교태와 교육 사이의 이질성을 반증하는 것이기도 하다. 그가 세상 사람들에게 드러내고자 했던 교육의 이미지가 무엇이었는지를 알아보기로 하자.

듀이가 전통적인 교육에 대해서 특히 불만을 가지고 있었던 부분은 교과서에 대한 지나친 의존이다. 대개 교과서는 장구한 역사적 발전단계를 거쳐서 이룩된 최근의 지식을 담고 있다. 따라서 학생들이 그 내용을 불과 몇 년의 짧은 기간동안에 소화해 내기를 기대할 수는 없다. 더구나 교과서의 내용은 학교에서 절대적인 기준으로 작용함으로써 자칫 이미 만들어진 틀 속에 학생들을 예속시키고 감금할 우려가 있다. 지식은 계속 발전하며, 학생들은 장차 그 발전에 참여할 인물들이다. 그러한 임무를 띤 젊은이들이 교과서의 내용을 무조건 따르기만 한다면, 이는 커다란 과오에 해당하는 것이다.

이상과 같은 분명한 이유에서 듀이(1916)는 교육을 전혀 다른 방식으로 규정하기에 이른다. 그에 따르면, “교육은 경험의 끊임없는 재조직 혹은 재구성이다(p. 89).” 여기서 말하는 경험은 살아있는 유기체와 환경 간의 적극적인 상호작용을 통하여 발생한다. 경험은 헤겔(/1988)이 도식화한 “정-반-합”의 변증법의 경우에서 보듯이 각 단계에서 반복된다. 씨앗이 환경과의 상호작용에 의해서 점차 싹이 나고, 줄기가 생기며, 꽃을 피우고 열매를 맺으면서 성장하듯이 어린이들도 교육을 통해서 좀더 나은 인간이 되어가는 것이다. 그러한 발달과정을 유의하면서 표방된 것이 이른바 "진보적 교육(progressive education)"이다.

고정된 목표라는 것은 기본적으로 살아있는 유기체의 생리와는 도대체 맞지 않는 것이다. 현명한 농부는 작물의 성장목표를 농사의 조건에 맞도록 그때그때 조정할 줄 안다. 아동의 성장을 돕는 교육도 이와 마찬가지로, 어떠한 일반적이고 궁극적인 목표라는 관념에서 해방되어, 성장해 가는 아동들의 수준에 맞도록 그때그때마다 다르게 전개될 수 있어야 하는 것이다. 교육적으로 질이 좋은 경험은 가르치는 사람이 자신의 기준에 따라 일률적으로 선정하여 따르도록 요구하는 그러한 수준의 경험이 아니라, 제자가 현재 처하고 있는 상황과 수준에 알맞은 경험이라야 한다. 다음과 같은 듀이(1963)의 비유는 이를 매우 적절히 묘사하고 있다.

> 쇠고기를 갓난아이에게 먹이지 않는다는 것은 결코 쇠고기의 자양분을 생각하지 못하기 때문이 아니다. 삼각법을 초등학교의 1학년이나 5학년에서 가르치지 않는다는 것은 결코 삼각법에 대한 불쾌한 생각을 가지고 있기 때문이 아니다. 교육적으로 성장에 도움이 되는 것은 교과 자체가 아니다. 학습자가 성취한 성장의 단계와는 무관하게 어떤 교과가 그 자체 속에, 그 자체로서 본래 교육적 가치를 지니고 있다고 할 만한 교과는 없다(p. 46).

유기체의 성장과 관련하여 어떠한 단계에서는 커다란 도움이 되었던 환경이 다른 단계에서는 오히려 성장을 저해하는 것이 되기도 한다. 이 사실은 교육에서의 목표가 고정된 것이 아니라, 유동적인 것이어야 함을 시사한다. 얼마나 많은 사람들이 지금도 이 단순한 사실을 교육이라는 이름으로 무시하고 있는가! 이 엄연한 사실을 드러내기 위해서 듀이(1916)가 고안해 낸 새로운 개념이 '가시목표(end-in-view)'이다. 이것은 마치 활쏘기에서의 과녁과 같은 속성을 지니고 있다.

> 목표는 언제나 활동을 자유롭게 하는 것이어야 한다. 모종의 과정이 종결된 상태나 결론을 미리 마음에 담아둔다는 의미의 가시목표라는 말이 이 점에서 퍽

> 시사적이다. 우리가 한 활동을 한정하는 유일한 방법은 총을 쏠 때 과녁을 장치하는 경우처럼 우리 앞에 그것이 종료되었을 당시에 나타날 대상을 앞에 세워놓은 것이다(p. 123).

듀이는 교육에서 달성하고자 하는 목표를 궁극적인 것으로 보지 않았다. 목표설정은 오히려 단지 교육을 하기 위한 하나의 잠정적인 조처에 불과하다고 생각함으로써 발상의 전면적인 전환을 꾀했다. 사냥에서 과녁은 그것을 맞출 수 있는 적당한 거리에 있어야 한다. 너무 멀거나 가까우면 사냥의 흥미가 줄어들 것이다. 진정 사냥을 즐기는 사람이라면, 한때의 목표에 해당하던 짐승이 잡힐 경우, 그 짐승을 더 이상 목표로 생각하지 않는다. 단지 그것은 더 멀리 있어서 잡기 어려운 짐승을 사냥하기 위하여 필요한 능력을 습득하는 토대로 간주될 뿐이다. 이렇게 목표와 수단이 서로 반복적으로 이어짐으로써 사냥의 본질이 실현된다. 듀이에게 놀라운 점은 교육에서 어떤 고정된 결과보다는 의도적인 지도와 방향을 중요시한 것이다. 한 단계에서 아동의 수준에 알맞은 목표를 정하고 그것을 달성한다. 그 다음에는 그보다 한 단계 높은 목표를 설정하고, 다시 한번 교육을 반복하는 것이다. 듀이는 이러한 도식 속에서 교육의 고유한 목표는 "교육을 한 번 더 하는 것"이라는 놀라운 발언을 한다. 이 탁월한 통찰은 후(3.7.3)에 논의될 "교육의 내재적 가치"에 대한 이해와 직접 관련된다.[39]

교육은 시시각각 우리 눈앞에서 전개되는 삶의 과정이지, 미래를 위한 준비가 아니다. 각자가 지금 자신을 곤란하게 만들고 호기심을 자극하는 문제를 해결해 나가는 것이 일차적으로 중요하며, 그것은 미래의 문제와는 다른 것이다. 교육은 언제나 현재 아동들이 처한 미숙한 경험에서부터 출발해야 한다. 교육은 그것에서 시작하여 좀더 성숙하고 체계적으로 정리된 것으로 경험을 계속해서 재구성하는 과정이 되어야 한다. 이처럼 문제의 수준과 해결의 수준이 점차 발전해 가면, 그 이후의 미래의 문제도

---

39) 이를 통상 기능주의 교육론자들이 말하는 "교육받은 사람"의 개념과 대비해 보라. 그들은 교육의 목표를 교육이 더 이상 필요 없는 상태에 두고 있다는 점에서 듀이가 말하는 것과 같은 교육의 내재적 가치를 부인하고 있는 것이다.

자연스럽게 해결될 것이다. 이를 거꾸로 시도하는 것은 큰 오류이다. 아동은 미래 성인의 삶이나 경험이 아니라, 자신의 현재 상태에서 출발하여 자기 자신의 문제를 찾고 그것을 추구해야 되는 것이다.

듀이의 이러한 입장은 전통적 교육론자들로부터 미숙한 아동의 무절제한 욕구에 아부하는 것이 아니냐는 식으로 비판을 받는 빌미를 제공하기도 한다. 그들은 세상에는 이미 널리 검증된 지식 혹은 흔들릴 수 없는 문화유산이 존재한다고 믿는다. 그것을 한 치의 오차도 없이 곧바로 아동들에게 습득시켜야 한다는 것이 그 비판의 골자이다. 이처럼 어떠한 일률적인 지식의 결과에만 집착하는 것은 사회화나 문화화의 관점을 대변할 수는 있지만, 교육의 입장에서 볼 때는 극히 경계해야 할 부분이다. 아동의 무절제한 욕구와 그들의 흥미를 동일한 것으로 치부하는 것은 옳지 않다. 듀이조차도 아동들이 제멋대로 자신의 현존하는 내적 성향에 의존하여 무질서하게 스스로를 표현하도록 방임하는 것은 그들의 능력을 신장해 주는 방법이 될 것이라고 보지 않았다. 듀이(1916)는 흥미가 아동이 가진 현재의 상태에서 벗어나서 더 나은 인식에 도달하려는 추진력에 해당하며, 충동이나 습관을 넘어서는 하나의 뚜렷한 질서와 방향성을 가지고 있는 것으로 보았다.

> 의문을 가지고 있는 사람, 그의 호기심을 자극하고, 그 질문을 다루는 데에 도움이 될 만한 지식을 추구할 열의를 자아낼 정도로 진정한 질문을 가진 사람, 또 이러한 관심이 효력을 발생하는 데에 필요한 장비를 마음대로 구사할 수 있는 사람은 지적으로 자유로운 사람이다. 그가 가지고 있는 자발적이고 독창적인 안목은 모두 그의 충동과 습관을 통제하는 데에 동원될 것이다. 그 사람 자신의 목적이 그의 행동의 방향을 결정지어 나갈 것이다. 그렇지 않다면 그의 표면상의 주의력, 그의 양순함, 외우고 되뇌고 하는 모든 것은 지적인 종속에 지나지 않을 것이다(p. 356).

듀이를 비판하는 사람들의 생각과는 달리 흥미나 호기심은 일시적인 충동과는 다른 것이며, 전자가 후자에 질서를 부여하고 통제하는 기능을 한다. 이 주제는 곧 이어지는 다음 절(3.7)에서 교육에 개재하는 감정과 관련하여 더 논의될 예정이지만, 우선 밝혀 둘 것은 우리가 어떤 대상에 대해서 호기심을 가진다는 것은 바로 그것을 해소하기 위해서 전심전력을 기울인다는 것을 의미한다. 세계 자체는 불확실하다. 진상이 그러하다면, 그것을 지금 알고 있는 바를 토대로 확정지으려는 것처럼 위험한 일도 없다. 교과서에서 확실성을 구하는 것은 사실상 불확실성을 회피하려는 위험하고 나태한 적응행태에 불과한 것이다.

듀이가 교육을 어떤 고정된 결과를 토대로 정의하지 않으려는 것은 이러한 이유에서이다. 듀이의 그러한 접근 방식은 수도계의 내용을 접어두고 그것을 발견해 나가는 과정으로 교육을 규정하려는 우리의 문제의식과 전적으로 일치한다. 수도계는 탐색되어야 할 어떤 것이며, 교육을 통해서 그 실체가 드러나는 것이다. 이러한 방식으로 포착된 교육은 우리의 삶에서 매우 중요한 역할을 담당할 수 있게 된다. 듀이는 당대의 철학자들이 불변하고 궁극적인 세계, 목표, 혹은 가치를 형이상학적으로 규정해 버리는 오류를 교육을 통해서 극복하는 길을 찾았다. 그것은 《철학의 재건(1948)》이라는 과제로까지 진전된다.[40]

3.5.4. 피아제

동시대에 살면서 듀이와 기본적으로 같은 생각을 가지고 있었던 저명한 학자 가운데 피아제가 있다. 서로 학문적인 교류가 있었던 것은 아니지만, 기이하게도 피아제 역시 듀이의 경우처럼 사변적인 철학에 대한 불만에서부터 그의 연구를 수행하였다(Piaget, 1965). 피아제는 철학자들이 아무런 증거도 없이 인간의 인식의 문제에 관하여 언급하는 것을 위험시하고, 어린이가 어떻게 세상에 대한 생각을 발전시키는지에 관해서 특별한 관심을 갖고 탐구하여 이른바 《발생적 인식론(/1971)》을 제안한 바 있

---

40) 듀이는 교육의 논리에 의해서 철학을 재건하려고 했는데, 교육학자들 가운데에는 철학의 논리에 의해서 교육학을 수립한다는 식으로 그 반대의 경로를 선호하는 사람이 많다. 누가 더 옳은가? 누가 교육을 더 잘 대변하고 있는가?

다. 자신이 교육학자가 아님을 강조하면서도 피아제는 그가 발견한 기본적인 사실들이 교육에서 외면되고 있는 것을 늘 안타깝게 생각하였다. 세부적인 면에서 피아제는 듀이보다 더 많은 사실을 발견하고 흥미 있는 개념을 제안했지만, 양자가 교육을 보는 생각의 골격은 놀라울 정도로 유사하다. 듀이(1963)가 기본적으로 강조했던 것은 경험의 두 가지 측면, 즉 유기체가 환경과 부단하게 상호작용하면서 자체의 경험의 연속성을 유지하는 것이었다. 듀이에 따르면 그것이 바로 성장이고, 그 성장을 유지하는 것이 교육에 해당한다. 피아제 역시 인간의 지능을 연구하면서 기본적으로 그 상호작용의 메커니즘에 주목하였으며, 그 결과 나타나는 인식들이 시간의 종축을 따라서 어떤 양상으로 발달하는지를 밝혔던 것이다.

교육에서 존중되어야 할 이 특별한 두 가지 측면에 대한 피아제의 논의는 듀이의 것보다는 더 자세하고 구체적이다. 경험의 재구성이라는 듀이의 과제가 지식의 재구성이라는 주제로 바뀌었을 뿐이다. 피아제는 지식이 단순히 정보의 집합이 아니라, 구조의 형식을 취하고 있는 점을 강조한다. 지식은 새로운 정보를 입수하고, 그 요소들을 분화시키며 재통합하는 가운데 발전한다. 분화는 우리의 내적 구조의 일반적인 측면이 더욱 세분된 요소로 나누어지는 방식으로 기존의 능력을 행사하는 것이다. 우리가 이전에는 반응하지 않았던 환경의 어떤 특성들과 유형들을 발견하는 과정에서 인지적인 분화가 일어난다. 이것만으로도 기존의 인지요소들 사이에는 불균형이 일어날 수 있다. 그 세분된 요소들은 이제 새로운 구조로 변형되지 않으면 안 된다. 그것이 재통합의 기능이다. 이때 이전의 대상은 새로운 것으로 경험된다.

피아제가 관심을 가졌던 구조로서의 지식은, 더욱 세부적인 점에서 보면, 대체로 3단계를 거쳐 형성된다. 첫 번째 단계는 저차원의 수준에서 당분간 인지적인 평형을 유지하는 것이고. 둘째 단계는 이전에 주목하지 않았거나 미치지 못했던 이질적인 자료들과 접하여 인지적 불균형이나 갈등을 경험하는 것이며, 마지막으로 그 갈등상태를 조정하면서 새로운 인지구조를 형성하는 것이다. 여기서 첫 번째 단계와 세 번째 단계의 지식은 서로 다르다. 전자는 탐구 이전의 지식이고, 후자는 탐구 이후의 지식이다. 두 가지 지식 가운데 후자의 것이 더 많은 경험내용을 가지고 있기 때문에 우리는 자발적으로 후자를 선택하게 되는 것이다.

지식이 구조이며, 그것이 점차 변한다는 것은 발달의 단계를 함축한다. 피아제의 발달단계는 기본적으로 한 단계의 불균형에서 다른 단계의 균형에 이르는 과정들이 장기간에 반복되는 가운데 나타나는 결과이다. 유아기, 소년기, 청년기를 통해서 서로 다른 구조의 형태로 나타나는 발달의 양상에 대해서는 비교적 널리 알려진 바 있기 때문에 여기서 길게 논의할 필요는 없을 듯하다. 다만 여기서 반성할 점은 학교가 그러한 발달단계를 무시하고, 이른바 공적인 지식의 수준을 반영하는 교과서적인 지식으로 청소년들을 무조건 끌어올리려는 것이 가능한가 하는 점이다. 이에 대한 피아제의 입장은 분명하다. 그것은 불가능할 뿐만 아니라, 많은 부작용을 가져온다는 것이다. 어느 TV의 대담 프로그램에서 피아제는 수학교육의 예를 들어 이렇게 촌평을 한 바 있다.

> 사람들이 더러 범하는 가장 큰 착오는 그것을 동화할 준비가 전혀 되어 있지 않은 학생들을 상대로 너무 빠르게 공식화에 도달하려는 것이다. 현대수학은 아동의 마음과 더불어 시작해야 합니다. 아동이 위상기하학, 집합이론, 구조전반에 대해서 이미 지니고 있는 뿌리와 더불어 말입니다. 그러나 만약 이 점에서 너무 조급하게 서두르고 현대수학의 방법, 즉 공식화와 공리적 방법에 의해서 최고의 현대수학을 가르치려고 하면 모든 것을 잃고 맙니다(Bringuier, 1980, p. 129).

여기서 '뿌리'란 학생들이 교육에 임할 당시 지니고 있는 지적인 구조의 상태를 뜻한다. 위상기하학의 뿌리는 피아제에 의하면, 아동의 출생 후 몇 해가 지나서부터 싹이 튼다. 그 내적인 상태가 적당하게 성숙할 때, 비로소 위상기하학의 공식화가 가능한 것이다. 그런데 성숙의 과정을 생략하고 그 발전의 끝에 있는 결과만을 강조하여 부과하면, 그 싹 자체가 죽어버린다는 의미가 여기에 포함되어 있다. 피아제의 이러한 주장은 많은 사람들에게 불만스럽다. 그 불만의 내용은 항상 천편일률적인 질문으로 이어진다. 위의 발언에 이어서 진행된 다음의 대화에 주목해 보기로 하자.

> B: 단계는 촉진될 수 있습니까?
> P: 그에 따른 어떤 이득도 없습니다.
> B: 왜 그런가요?
> P: 그 이유는 모든 사람들은 각각 그 자신의 리듬을 가지고 있기 때문입니다. 그리고 그것이 무엇인지 아는 일도 쉽지 않습니다. 가장 적당한 리듬이 어떤 것인지는 지금까지 주의 깊게 연구된 것이 없는 형편입니다.
> B: 속도는?
> P: 속도, 그렇습니다. 고양이 새끼가 대상 보존의 발견에 있어서 어린애들보다 더 빨리 발전합니다. 고양이는 어린애가 9-10개월에 할 수 있는 것을 4개월만에 할 수 있습니다. 그러나 거기서 그치고 말죠. 그러니까 어린애가 더 시간을 끄는 것은 나쁜 것이 아닙니다. 너무 빨리 진행하는 것은 이후의 동화가 맺을 열매를 축소시키게 됩니다(p. 130).

피아제의 발달이론이 교육학에서 주목을 끌 때, 항상 문제시되었던 것이 교육을 통해서 발달단계를 촉진할 수 있는 가능성의 여부였다. 기능적 결과를 중시하는 편에서는 단계의 생략, 뛰어넘기, 혹은 속도가 중요할 수밖에 없다. 이에 대해서 피아제는 그러한 시도가 무익하다는 대답을 하고 있다. 개인에 따라 발전의 속도가 다르며, 그 개별적인 리듬이 강조되어야 함을 주장한다. 그렇다면 그 단계나 리듬을 존중하면서 교육이라는 이름으로 무엇을 하라는 것인지가 궁금해진다. 이 부분에서 피아제가 늘 강조했던 것이 인식주체의 능동적인 행위이다. 그 행위는 모든 가능한 모색과 이에 상응하는 시간의 투입과 더불어 아동 스스로의 능동적인 참여를 포함할 때에만 교육적이다. 흔히 말하는 '대기만성(大器晩成)'의 효과는 이런 과정을 통하여 얻을 수 있는 것이다.

지식은 결코 외부로부터 주입될 수 없다는 것이 피아제의 입장이다. 지식은 앞에서 지적한 바와 같이 3단계의 과정을 거쳐야만 하는 데, 거기에는 인식주체가 당시 가지고 있는 지식과 불균형을 이루는 사태와 직접 대면해야 되고, 그 불균형을 스스로 해소하는 방식으로 재조정하여 또 하나의 통합된 체계를 새롭게 형성하는 활동이 포함된다. 이러한 과정은 우리가 통상 생각하는 것보다 훨씬 느리고 복잡하게 진행된다. 다음은 피아제의 계열의 연구에서 연구자들이 한 살 된 어린 아동이 하나의 플라스틱 블록과 상호작용하는 장면을 관찰하여 묘사한 부분이다.

> 그는 그의 두 손 사이로 그것을 쥔다. 그는 그것을 그의 입으로 끌어올리고, 그것을 씹고, 그것을 마루바닥에 떨어지도록 내민다. 그는 그것을 다시 집어 들어 올리고 전과 같은 단계를 반복한다. 그는 그것을 집어서 붙잡고 그것을 마루에 팽개친다. 그리고 그는 그것을 던진다. 이번에는 입을 벌려서 그것을 떨어뜨리는 것이 아니라, 아동이 그것을 손으로 던짐으로써 떨어뜨린 것이다. 몇 주가 지나서 그는 점점 증가하는 숫자, 다양성, 그리고 시각-신체적 조정의 복잡성 등 서로 다른 다양한 계열 안에서 이들 행위를 반복한다. 이 기간동안 그는 (1) 그의 눈, 손, 입, 귀, 그리고 신체적 행위를 통해서 그 물체가 가진 특성들의 어떤 것을 파악한다. 이것은 18개월 된, 더욱 구체적으로는 이 해당 아동이 가지고 있는 18개월의 지적 수준으로 파악할 수 있는 것에게만 한정된 발견인 것이다. 그는 동시에 (2) 그 특수한 대상(블록)과는 독립하여 이와 유사한 대상들에게 일반적으로 적용할 수 있는 협응행위를 만든다. 그 행위란 지각적 그리고 신체적 행동을 포함한다(Schwebel & Raph, 1973, p. 14).

이 관찰내용은 "어린이는 고양이가 단기간에 할 수 있는 것을 장기간에 걸쳐서 숙달한다"는 앞선 피아제의 발언과 연관시켜 더욱 적절하게 해석할 수 있는 부분이다. 어린이는 하나의 기능을 숙달하는 데 긴 시간을 끌지만, 고양이와는 달리 하나의 독립된 구조로서의 행위라는 것을 내면에서 창출해 낸다. 구체적인 실적의 면에서 볼 때, 발달의 속도는 고양이보다 느릴 수 있다. 그러나 어린이의 놀라운 점은 나중에 가면 고양이가 성취할 수 없는 엄청난 지적인 성장에까지 이를 수 있게 된다는 사실이다. 그것은 바로 아동은 일정 수준의 성숙에서 그치는 것이 아니라, 그 발전의 과정을 부단하게 반복하기 때문이다.

아동은 하나의 지적인 평형상태가 위기에 봉착하고, 새로운 수준의 평형상태를 구성하는 일을, 성인의 관점에서 볼 때, 답답할 정도로 느리게 지속한다. 이것이 바로 피아제가 "어린애가 더 시간을 끄는 것은 나쁜 것이 아닙니다. 너무 빨리 진행하는 것은 나중의 동화가 맺는 열매를 축소시키게 됩니다"라고 경고한 발언의 취지이다. 이는 우리가 앞에서 교육을 결과상의 기능을 강조하는 문화화나 사회화와 구분했던 취지와 일치한다. 교육은 피아제의 말대로 언제나 필요한 시간을 끌어가면서 그 내부의 논리에 맞추어 느리게 진행되어야 할 어떤 것이다. 교육을 이해함에 있어서 놓쳐서는 안 될 중요한 차별적 맥락이다.

3.5.5. 비고츠키

지식은 구조이고, 발달은 구조로서의 지식이 구성되어 나가는 것이라는 피아제의 입장은 흔히 구조주의 혹은 구성주의를 대표하는 것으로 평가받고 있다. 이미 살핀 바와 같이 피아제는 아동 스스로의 구성적 활동을 통한 발달을 중요시한다. 이에 비하여 발달의 과정에는 성인의 개입이 더 필요하다는 관점이 등장하여 최근에 "사회적 구성주의"라는 이름으로 커다란 관심을 끌고 있다. 그러한 관점의 전환을 가져오는 데 결정적인 역할을 한 인물 가운데 비고츠키가 있다. 피아제가 발달의 주된 동인을 아동 자신에게서 찾았음에 비하여 그는 사회적 상호작용에 더 커다란 비중을 둔다. 그렇다면 비고츠키의 이러한 입장이 우리가 이제까지 강조한 교육적 시숙의 이미지와는 배치되는 것인가? 이 부분을 더 심도 있게 검토하기로 하자.

비고츠키에게서 특별한 점은 그가 교육을 발달의 현상과 구분하려고 한다는 점이다. 그에 따르면, 교육은 발달 자체가 아니라 발달이 이루어지도록 그 전단에서 전개되는 모종의 과정이며, 이는 성인의 특별한 배려와 지도를 포함한다. 이러한 관점을 부각시키기 위해서 그는 이른바 '근접발달영역(zone of proximal development; ZPD)'이라는 개념을 도입하였다. 이것은 아동이 획득한 "실제적 발달수준(level of actual development)"과 성인의 지도 아래 혹은 좀더 능력 있는 또래와의 협동을 통해 더욱 발전해 나갈 수 있는 "잠재적 발달 수준(level of potential development)" 간의 거리로 정의된다(1979, p. 86). 그가 말하는 실제적 발달수준이란 피아제의 관점에서 아동이 현재 처하고 있는 발달단계로 보아도 무방하다. 그런데 비고츠키는 교육은 그 발달에 의존할 것이 아니라, 그것에 실천적으로 개입해야 한다는 점을 더 강조하여 부각시키고자 한다. 그 점에서 피아제와 비고츠키 간에는 다소 관점상의 차이가 있어 보인다. 교육은 외부의 도움이 없이 아동 혼자서 수행할 수 있는 능력을 찾고, 그 뒤에 혼자서 수행할 수 없는 과제에 그 능력을 적용하도록 하는 가운데 필요한 도움을 제공함으로써 아동의 과제수행을 돕는 일이다. 이런 점에서 그의 관점은 우리의 교육적 시숙의 개념에 더욱 구체적으로 접근하고 있는 것으로 평가될 수 있다.

> 수업은 ZPD를 생성하고 ZPD 안에서 학습이 가능해진다. 학습은 발달이 아니다. 그러나 적절히 짜여진 학습은 정신의 발달을 가져오며, 학습이 없이는 불가능할 다양한 발달과정을 활성화한다. 우리들의 가정은 학습과정과 내적 발달과정의 동일성을 말하는 것이 아니라, 그 불가분적 일체성을 말하는 것이다(Vygotsky, 1978, pp. 90-91).

인간의 발달과정에서 잠재적 발달수준은 그대로 내버려둔다고 해서 저절로 개발되는 것이 아니다. 그 점에서 비고츠키는 발달이라는 개념 대신 학습이라는 개념을 도입한다. 우리의 용어로 바꾼다면, 비고츠키는 아동 자신의 상구활동에는 그보다 더 진전을 이룬 또래[41] 혹은 선진과의 상호작용이 있어야만 한다고 보고 있는 셈이다. 선진은 ZPD의 범위 안에서

41) 여기서 '또래'라는 말은 교육에서 매우 중요한 의미를 갖는다. 우리는 흔히 가르치는 사람은 성인일 것으로 가정한다. 그것이 지나치면, 스승은 항상 완벽한 지식을 가지고 있을 것을 요구하기도 한다. 이것은 비현실적인 주문일 뿐만 아니라, 교육의 내재율과도 어긋난다. 사실 우리는 누구나 현재 위치한 곳에서 얼마만큼 하화교육에 종사할 수 있다. 어린이는 그보다 더 어린 어린아이를, 그리고 또래 가운데에도 더 앞서가는 아이가 덜 앞서가는 아이를 지도할 수 있다. 이 점에서 피아제나 비고츠키 모두가 또래의 역할을 매우 중시한다.

이제 막 성숙되려고 하는 아동의 기능을 일깨우고 활성화하는 도움을 제공해야 되는 것이다. 그렇지 못하면 아동의 잠재능력은 사장되어 버릴 가능성이 있다. 이처럼 비고츠키는 피아제가 말하는 발달을 교육과 분리시키려고 한다.

그러나 여기서 우리가 주목할 것은, 그럼에도 불구하고, 비고츠키는 학습과정과 내적 발달과정이 서로 같은 것은 아니지만, 서로 "불가분적 일체성"을 지니고 있다고 보고 있는 점이다. 쉽게 말해서 비고츠키는 교육이 발달과는 다른 실천을 의미하지만, 그 실천은 학습자가 도달한 특정한 수준의 발달을 전제하고 이를 토대로 삼는 범위에서 가능하다고 보고 있는 것이다. 교육에서 단계설정의 중요성을 강조하기 위해서 최근에 유행하고 있는 개념 가운데 하나가 이른바 "비계 놓기(scaffolding)"라는 것이다(Wood, Bruner, & Ross, 1976; Wood, 1980). 원래 이는 건물을 축조해 나갈 때 인부들이 임시적인 발판을 만들어 나가는 것을 지칭하는 개념에서 연유한 것이다. 높은 건물을 짓는 작업을 원활히 하기 위해서 일단 발판을 가설한다. 그 발판을 토대로 어떤 한 층이 건축되면, 다시 그 기점을 토대로 더 높은 층을 축조해 나가기 위한 다음 단계의 발판이 가설된다. 이처럼 높은 건물을 짓기 위해서 발판의 위치도 점차 높이를 달리하여 재조정된다. 마찬가지로 스승은 한꺼번에 제자가 자신의 수준에 이르게 한다기보다는 그 과정을 단계별로 다시 나누고, 제자가 접근하고 관리할 수 있는 수준의 의미 있는 하위목표를 점차 달성하도록 돕는 것이다.

이 부분은 무조건 높은 수준의 결과와 속도만을 강조하는 교육론자들의 관점과는 상반된다. 다음은 성인이 유아가 맞추려고 하는 어려운 퍼즐을 함께 풀면서 비계를 설정해 주는 간단한 예이다(Berk & Winsler, /1995, p. 45).

> 아동: (그림 조각을 다른 자리에 끼워 맞추려고 하며) 나는 이거 못 맞추겠어.
> 성인: (퍼즐의 아래 부분을 가리키며) 이 아래에는 무엇이 와야 될까?
> 아동: (광대의 신발과 비슷한 그림 조각들을 찾지만 자꾸 다른 곳을 탐색하며) 신발들.

성인: (퍼즐의 아래 부분을 다시 가리키며) 글쎄, 이 모양하고 닮은 것이 어디 있지?

아동: (조각을 맞추어 보고 다른 그림조각을 짚더니 어른의 얼굴을 쳐다봄) 고동색.

성인: 찾았네! (몸짓으로 보여주며) 이제 그 조각을 조금만 돌려보자.

아동: 됐다! (어른이 보고 있는 동안, 자신에게 "지금은 초록색에 맞추고", '돌리고'라고 혼잣말로 지시하며 몇 개의 조각을 맞추어 나감.)

일상생활에서 당면한 문제를 해결하지 못하거나 실수를 범하는 개인은 약점을 지닌 것으로 평가된다. 그러나 그러한 풍토는 교육의 상황에서는 역기능을 한다. 교육은 인간의 부족함을 전제로 하는 것이며, 따라서 당연히 과오나 실수가 허용되는 풍토에서만 가능하다. 일찍이 피아제는 발달을 이해하거나 촉구함에 있어서 아동이 주는 정답보다는 오답이 더 많은 정보를 갖고 있다는 점을 지적한 바 있다. 오류는 단지 서툴거나 부적절한 상구교육의 결과가 아니라, 그들의 상구교육을 돕는 최초의 출발지에 대한 정보를 준다. 비고츠키는 그 단계 위에 교육적인 실천을 추가하라는 주문을 하고 있고, 위의 상황에서 스승은 그 주문의 원칙에 따라 아동이 범하는 오류에 주목하고, 그것을 해결하는 데 도움을 주는 방식으로 하화교육을 진행하고 있다.

그러나 만약 장애에 봉착한 아동이 성인에게 보여주는 그의 발달수준과 오류에 대한 정보를 성인이 제대로 주목하지 못했다면, 위에서 묘사된 것과 같은 교육적 교섭은 그들 사이에서 전개되지 못했을지도 모른다. 스승은 제자가 발전할 다음 단계가 무엇인지에 주목하면서 자신이 수행해야 할 일들을 찾아 나가야 하는 것이다. 이때 수준을 파악하는 방법 가운데 하나가 위의 사례에서처럼 장애에 봉착하여 문제를 풀지 못하고 있는 아동의 상황을 적절히 해석하는 것이다. 그런데 스승이 제자가 오류를 범하게 되는 상황 자체를 금기시하고 질책한다면, 제자는 자신이 고민하고 있는 문제나 약점을 결코 노출하려고 하지 않을 것이다. 그러한 경우에 스승은 자신이 기대하는 정도의 성취를 제자가 아직 이루지 못하고 있다는 사실을 발견하지 못하고 넘어갈 수도 있다. 다음의 글은 이처럼 간과하기 쉬운 교육의 내재율을 자각한 어느 교사의 고백을 담고 있다.

> 나는 독해 질문을 할 때 교사용 지도서에 상당히 의존하였다. (이제) 나는 단지 어린이들이 말하는 것을 듣고 그들이 현재 어디에 있는가를 경청한다. 때때로, (어린이들이 내가 기대하는 경험적인 배경을 전혀 가지고 있지 않다는 사실을 알고) 매우 놀란다. 그래서 (나는 말하기를) "그 이야기는 그냥 잊어버리고 이것에 대해 토론하자."라고 말한다. 어떤 날에는 (나는 생각하기를) "어쩌나, 나는 어린이들이 이것을 알고 있다고 생각했었는데."라고 자각할 때가 있다(Berk & Winsler, /1995, p. 165에서 재인용).

교육이 이루어져야 할 장소에서 제자는 과오와 실수를 하기 마련이다. 그런 실수를 통하여 제자가 갖고 있는 현재의 품위가 어느 수준인지가 드러난다. 그런데 흔히 학교의 교사들은 그러한 실수를 금기시하거나 억압하는 분위기를 조성하기 쉽다. 바로 이 부분이야말로 스승으로서 교사가 저지르는 중대한 과오이며, 실수에 해당하는 것이다. 그리고 현실적으로도 얼마나 많은 교사들이 그러한 실수를 범하고 있는가? 그러나 하화교육의 경우에 제자의 과오와 오류를 금기시하는 실수는 결코 허용되어서는 안 된다.[42] 그것은 하화교육을 수행해야 할 이유 자체를 부정하는 것이기 때문이다. 스승이 아는 것을 제자가 아직 모르고 있기 때문에 하화교육의 과제가 성립하는 것이다. 스승이 하화할 내용을 제자가 먼저 알고 있다면 가르치는 일 자체가 왜 필요하겠는가? 이 때문에 아동의 현재 수준을 진단해서 그로부터 비계를 세워 나가는 일은 하화교육의 본질적 요소이다. 아동이 당면한 문제를 해결하지 않고서는, 아무리 높은 수준의 지식을 제공한다고 하더라도, 그 장애로 인해서 상구교육은 제대로 진전될 수가 없다.

---

42) 그러나 역설적으로 위의 사례에서 교사가 실수를 한 것은 어떻게 보면 다행한 일일 수도 있다. 왜냐하면 그 실수를 통해서 자신의 하화활동 자체를 개선할 수 있기 때문이다.

이제까지 우리는 교육의 동일성을 파악하는 중요한 디딤돌이 되는 교육적 시숙의 개념에 동조하는 몇 명의 굵직한 학자들의 주장들을 살펴보았다. 이러한 주장들은 앞으로 우리가 제4장에서 삶의 한 양상으로 교육을 부각시킴에 있어서 매우 중요한 전제로 작용할 것이다. 교육은 수도계의 품위 사이에서 진행되는 자율적인 과정이며, 그것은 각 품위에서 동일하게 반복된다. 그 동일하게 반복되는 전체구조의 요소가 상구교육에서의 '순차'와 하화교육에서의 '역차'라는 내재율에 해당한다. 이 부분은 온갖 종류의 행동 혹은 덕성의 획득이라는 결과에 주목하는 기능주의 교육관이나 사회화, 또는 문화화로 지칭되는 기존의 개념들과는 크게 대비된다. 여기서 살펴 본 학자들의 이론들이 독자들을 기능주의적 교육관과 사회화, 그리고 문화화라는 개념에서 벗어나 무리 없이 교육본위론의 한 가운데로 진입할 수 있도록 이끄는 근거나 이미지로 작용하기를 기대한다.

3.6. 교육활동의 실천적 성격

교육은 수도계의 각 단계에서 동일한 형식으로 반복되는 가운데 순차적으로 일어나는 과정이다. 교육활동은 그 과정상에서 전개되는 독특한 의미의 활동이라고 할 수 있다. 차츰 밝혀지겠지만, 이는 교육이 요구하는 내재율을 따른다는 점에서 여타의 활동들, 예컨대, 정치활동, 경제활동, 사회활동, 문화활동, 종교활동 등과 구분된다. 교육활동에 대한 세부적인 이해는 교육의 내재율이 무엇인지를 밝힌 연후에나 가능할 것이다. 그럼에도 불구하고 우리는 본 장에서 교육의 특수한 맥락을 한정하여 이해하는 데에 도움이 될만한 항목을 될 수 있는 데로 추가할 필요가 있다. 그러한 취지에 맞도록 본 절에서는 교육활동의 범위를 규정함에 있어서 주목할 필요가 있는 몇 가지 특징들을 먼저 살펴보는 순서를 밟도록 하겠다.

3.6.1. 언어적 소통의 한계

교육활동하면 우리는 학교에서 이루어지는 제반 활동을 연상한다. 그 가운데 가장 특징적인 위치를 차지하는 것이 언어에 의한 소통이다. 학교에서 진행되는 각종의 코멘트, 판서, 설명, 강의, 청강, 질문, 토론 등이 좋은 예이다. 언어에 의한 소통에는 교육활동의 범주에 드는 것과 그렇지 않은 것들이 동시에 포함되어 있다고 보아야 할 것이다. 그것들을 분별하는 것이 학교뿐만 아니라, 가정이나 여타의 삶의 공간에서 이루어지는 교육을 이해하는 데 도움이 될 수 있다. 먼저 교사는 그가 아는 것을 학생들에게 말로 전할 수 있다는 안이한 생각을 검토하는 데서부터 논의를 시작해 보자.

교육활동은 결코 언어적 소통으로 환원될 수 없다. 이 부분에 대한 이전의 생각을 청산하지 않고, 교육의 본질을 이해하기는 어렵다. 이에 관해서는 앞 소절에서 교육적 시숙과 관련하여 논의했던 학자들이 한결같이 공감하고 있다. 다만 단일한 범주로 넣어 교육적 시숙을 논의할 필요성에서 언어적 소통의 한계에 대한 그들의 공통된 주장을 생략했을 뿐이다. 본 소절은 그들이 강조하는 교육활동의 실천적인 측면을 간략하게 서로 묶어서 소개하고, 이어지는 소절에서는 이 주제와 관련하여 더 깊이 있는 관심을 보인 다른 몇 가지 학설들은 첨부하고자 한다.

루소와 몬테소리는 이른바 '언어주의(verbalism)'에 대한 가장 대표적인 비판론자로 널리 알려져 있다. 언어는 체험을 밖으로 표현한 것으로서 그것에 의미를 부여하는 것은 바로 체험이다. 그런데 체험은 오랜 수련을 요구한다. 선대가 어렵게 이룬 지혜나 지식을 체험을 생략한 채 언어를 통해서 전달하려는 경우가 많고, 그것만으로도 교육이 된다고 생각하는 사람들이 많다. 루소(/1983)는 이를 참으로 나태하고 무모한 시도라고 경고하였다. "내게 가장 우스꽝스러운 행동을 그리라면 어린이에게 교리문답을 가르치는 현학도를 소재로 할 것이다. 인간의 지고의 의식이 아니고서는 믿을 수 없는 신비를 어린이에게 가르쳐서 어쩌자는 것인가. 어떤 말을 되풀이해서 이해가 가능하다면, 왜 앵무새를 어린이와 함께 천국에 살지 않게 하는지 나는 알 수 없다(p. 117).”

선대가 갖춘 체험 자체는 지극히 오묘하며 대단하다. 그것을 의심할 필요는 없다. 그런데 교육의 문제는 어린이들이 그 의미를 받아들일 만한 체험적 기반을 아직 갖추지 못하고 있다는 데서 생겨난다. 이 때문에 어린이들이 이해할 수 없는 체험이나 관념을 말로 전하려고 하면 그것은 강제가 되며, 그 강제에 대한 어린이들의 대응은 말 자체만을 모방하는 것이다. 루소(/1983)는 한마디로 “말로만 하는 교육은 말 많은 인간을 만들어 낼 뿐이다”라고 단언하면서 “서적은 아이들을 불행하게 하는 제일의 도구(p. 85)”라고 규정한다. 그렇다면 그 대안은 무엇인가? 그것은 될 수 있는 한 직접적인 행동을 하도록 하고, 그것을 스스로 교정하는 기회를 갖도록 하는 것이다. 어린이들은 일정 나이가 될 때까지 책을 읽지 말고 경험에 의해 자연히 배우도록 해야 한다고 그는 주장한다. “모든 사람을 향한 유일의 것은 자연의 서적이다(p. 149).” 자연의 실물에 대해서 호기심을 가지고 관찰하도록 하거나 공장에 가서 일을 하게 하면서 왜 그 일을 하지 않으면 안 되는가를 알도록 해야 한다는 것이다. 루소가 가상적으로 정한 제자인 에밀에게 사물과의 직접적인 접촉을 하도록 하는 경험을 요구한 것은 이러한 취지를 반영하고 있다.

자연과의 접촉을 교육이라고 보는 것은 하나의 비유는 될 수 있을지언정 그 자체로서 정당한 주장이 될 수는 없다. 이 비유를 비유가 아닌 사실로 본다면, 원시인이야말로 가장 충실한 교육활동을 한 셈이다. 교육본위론의 관점에서 보면, 이 비유는 어린이 스스로가 자신의 활동을 통하여 사물이나 사건에 접하는 가운데 그 내면에서 자연적 성향이 알맞게 성숙하도록 해야 된다는 주장으로 이해될 수 있다. 몬테소리(/1964)는 바로 이러한 방식으로 루소의 주장을 더욱 융통성 있게 받아들였다. 그가 유치원 교육에서 처방한 것은 자연 자체와의 교섭이 아니라, 인공적인 장난감을 가지고 이루어지는 놀이다. 놀이활동에 그것이 교육의 내재율에 맞도록 이루어지게 한다는 뜻에서의 ‘자연스러움’을 가미한 것이다. 앞 소절에서도 소개한 것이지만, 몬테소리는 유치원생들에게 다양한 수준의 장난감 자료를 제공하고, 각 아동은 그 가운데 자신의 수준에 맞는 자료와 교섭하면서 이전보다는 한 단계 높은 수준의 과제를 풀어나가도록 유도하였다.

듀이와 피아제에 의하면, 성장이나 발달은 개인과 그를 둘러싼 환경 사이의 총체적인 상호작용을 통해서 이루어진다. 개인은 기존의 경험을 가지고 주어진 환경을 받아들인다. 그러나 일상의 사태에서는 언제나 이전과는 다른 얼마만큼의 불균형이 작용하기 마련이고, 그 불균형을 다시 조정하는 과정이 이루어진다. 이것이 그들이 말하는 '적응(adaptation)'에 해당한다. 이 적응은 환경에 대한 유기체의 피동적인 수용이라고 보아서는 안 된다. 오히려 자신의 변용에 의해서 환경을 바꾸어 놓는다는 말이 더 적합할 것이다. 좋은 예가 문제사태에 대한 규정이다. 문제란 절대적인 의미를 가지고 있는 것이 아니다. 왜냐하면, 그것을 풀 수 있는 능력이 있는 사람에게 그것은 문제사태가 될 수 없기 때문이다. 중요한 것은 한 개인이 자신의 문제사태를 해결의 사태로 바꾸어 놓을 수 있느냐 하는 것인데, 그것은 단순히 말로 이루어질 수는 없다. 이 명백한 사실을 강조하기 위해서 듀이는 "행위에 의한 학습(learning by doing)"을 주장했고, 피아제는 "능동적 방법(active method)"을 표방했다.

앞 절에서 거론된 학자들 가운데 언어의 효능에 관해서 어느 정도의 찬의를 보인 예외적인 인물로 비고츠키를 들 수 있다. 비고츠키는 교육을 발달의 현상과 구분하여 전자는 후자의 전단에서 그것을 주도해 나가는 모종의 "사회적 과정"으로 보았다. 그리고 거기에는 일정부분 언어가 중요한 기능을 할 수 있을 것으로 기대하였다. 이 부분에서 그의 견해는 어느 정도 피아제의 견해와 상충되는 것처럼 해석되기도 한다. 이들은 어린이들의 발달과정에서 사고와 언어가 어떤 관계를 갖느냐 하는 문제와 관련하여 서로 다른 가설을 가지고 있다. 피아제(1923)는 언어가 논리적인 사고의 원천일 수 없고, 오히려 반대로 사고에 의해서 구조화된다고 주장한다. 이에 대해서 비고츠키(1934)는 이들이 한동안 상호 독립적인 계열을 따르다가 어느 시기에 서로 만나 사고는 언어적인 것으로 되고 언어는 이성적인 것이 된다고 응답한다.

피아제와 비고츠키 간의 쟁점은 아동들이 발달과정에서 보이는 '혼잣말'에 대한 이론적 해석의 차이에서 비롯된다. 피아제는 혼잣말을 아동의 자아중심주의에서 비롯하는 미숙한 증세로 보고 있음에 비해서, 비고츠키는 자기행동을 스스로 지시하는 정신적 도구로서 파악하고 있다. 이러한 비고츠키의 입장은 자신의 전체적인 이론 정립에서 큰 비중을 차지하고 있다. 그는 개인의 의식을 이해하기 위해서 그것의 계통발생적 기원을 거슬러 올라가고자 하였고, 그것을 개인 간 심리적 범주(interpychological category), 즉 타인과의 상호작용 속에서 찾고자 하였다. 그에 따르면, 인간의 고등 정신기능은 처음에는 개인 간의 사회적 상호작용에서 나타나며, 나중에 그것이 개인 내 심리적 범주(intrapsychological category)로 전환한다. 이러한 맥락에서 비고츠키는 혼잣말을 전자에 속하는 사회적 언어(social speech)가 후자에 속하는 속내말(inner speech)로 전환되는 과도기적 현상으로 보고자 한 것이다.

그러나 이러한 세부적인 입장의 차이가 있다고 해서 비고츠키가 고등정신을 내포하는 문화적 상징을 어느 단계의 아동에게나 언어로 전달할 수 있다고 주장한 것으로 생각한다면 큰 착오이다. 앞에서도 검토했듯이 발달과 연접하여 교육이 이루어지는 위치를 비고츠키가 근접발달영역으로 국한시켰다는 것 자체가 아동과 성인 간의 직접적인 의사소통에는 한계가 있을 수밖에 없다는 선을 긋고 있는 것이다. 비고츠키의 개념을 현장에서 적용하는 데 앞장서고 있는 워취(J. V. Wertsch, 1985/1995)는 그 한계를 이렇게 지적한 바 있다.

> 첫 번째 수준은 아동들의 상황 정의가 성인들과 너무도 다르기 때문에 의사소통이 매우 어렵다는 것이 특징이다. 성인은 전략적인 단계들을 통해 아동들에게 지시할 수 있지만, 아동들은 대상들과 목표지향적 행위에 대한 이해가 매우 제한되어 있어서 성인의 말을 적절하게 해석할 수 없을지도 모른다(p. 182).

개인 간 심리적 기능을 개인 내 심리적 기능으로 전환함에 있어서 비고츠키가 취하고 있는 의사소통의 기제는 교육의 상황에서 크게 기대할 것이 못된다. 그럼에도 불구하고 그가 상정한 이 두 가지 범주, 즉 "개인 간 심리적 범주"와 "개인 내 심리적 범주"는 교육에서도 매우 중요한 의미를 지니고 있다. 이어지는 제4장에 교육의 조건을 다루는 가운데 우리는 품위와 관련하여 "이체이품(異體異品)의 상황"과 "동체이품(同體異品)의 상황"을 비슷한 이유에서 구분할 것이다. 그러나 그 어느 상황이든지 간에 우리가 말하는 품위 간의 차이는 언어에 의존해서 메워질 성질의 것이 아니다. 품위란 기본적으로 체험구조에 해당하며, 그것을 언어로 표현하는 데에는 한계가 있다. 그리고 설사 그것이 부분적으로 언어에 의해서 표명된다고 하더라도, 그것의 의미는 체험에서 나오는 것이기 때문에 선진과 후진 간의 해석상의 차이는 불가피한 것이다.

언어란 인간이 사용하는 도구 중에서 가장 실제적인 것이다. 이것은 일상생활을 해 나가는 데 있어서 없어서는 안 될 전달수단이다. 이러한 수단을 통해서 품위를 전달하고 전달받을 수 있다면 얼마나 편리하겠는가? 그것이 가능하다면, 오늘날 날로 발전하고 있는 온갖 표현매체와 소통기술이 교육을 대신할 수 있을 것이라는 낙관적 전망도 가능하다. 통상적인 소통은 의미를 말로 표현하고, 말을 다시 의미로 해독하는 것으로 되어 있다. 교육이 진정 그러한 과정과 동일시될 수 있는가? 그렇지 못하다는 것이 위에서 논의한 제반 이론가들의 입장이다. 교육본위론도 동일한 입장을 취한다. 아무리 언어적 소통의 기술이 발전한다고 하더라도, 그것이 교육을 대체할 수는 없다. 수년간의 발생적 시차가 있고, 또 비언술적인 체험의 단층이 있는 품위의 차이를 단순히 언어로 대신하려고 하는 경우, 서로 간에 오해가 초래되고 불평이 쏟아져 나옴으로써 이해에 도달하기도 전에 소모적인 논쟁으로 비화하고 말 것이다.

내적 체험과 외적 표현은 서로 다른 세계이다. 체험의 근원적인 현실성은 말로 표현할 수 없다. 우리가 그러한 근원성을 표상과 말로 표현하고자 할 때, 그것은 '외부세계'의 것으로 환원된다. 말과 글은 말하는 사람 혹은 저자의 손에서 떠날 때, 그것을 듣는 사람 혹은 독자들의 해석에 맡겨진다. 이와 관련하여 전달하는 사람이나 저자에게 해석상의 우선권이 부여될 수는 없다. 말을 전달받는 사람은 얼마든지 말하는 사람과는 다른 방식으로 그것을 해석하고 또 해석할 수 있다. 언어적 표현에 아무리 심오한 품위가 반영되어 있다고 하더라도, 그것의 의미는 그 말을 접수하는 사람의 수준에서 해석된다. 말은 듣는 사람으로 하여금 어떤 이미지를 그리게 하고, 그 표상으로부터 행동을 유발시킨다. 그러나 그것이 반드시 말하는 사람의 표상과 일치하는 것은 아니다. 여기서 우리는 체험을 말로 표현하여 전달한다는 것이 얼마나 어려운 일인가를 알 수 있다.

품위에 대한 직접적인 소통은 불확실하며, 모호하고, 엇나간다. 이것은 불가피하다. 더구나 선진과 후진이 공유할 수 있는 상호주관적인 영역은 제한되어 있다. 최소한 품위의 차이 사이에 개재하는 간극은 서로가 공감할 수 없고 직접소통이 불가능한 공간이다. 교육적인 상황에서 선진의 말은 후진이 상당한 체험을 거쳐야만 이해할 수 있는 고도의 추상적인 표상을 지니고 있다. 그런데 제자는 그것을 단지 그의 표상으로 추측하면서 여분의 불확실한 의미를 그 나름의 확실성으로 환원해 버린다. 여기에서 사실상 전달된 것은 없다. 다만 전달되었다는 착각만이 존재하는 것이다. 교육이라는 놀이는 말로 표현하여 곧바로 소통하거나 전달할 수 없는 상황에서 그것을 보강하는 형태로 진행된다.

언어화된 품위는 해석자의 입장에서 보면, 세 가지 다른 수준을 갖는다. 그 중 제1의 언어는 해석자가 당장 지금의 능력으로도 쉽게 이해될 수 있는 것이다. 이것은 해석자가 현재 위치하고 있는 수준 이하의 것을 표현하는 경우에 해당한다. 제2의 언어는 해석자가 현재 그의 절실한 의문으로 지니고 있는 것에 대해서 해답을 줄 수 있는 경우이다. 이것은 상구교육의 현실적인 자료가 될 수 있다. 마지막으로 제3의 언어는 해석자가 당장 그의 수준에서 이해할 수는 없으나, 상당한 정도의 자기 수련 과정을 여러 단계에 걸쳐 수행할 때에 이해될 수 있는 경우이다. 그런데 그것을 이해하거나 경청할 마음가짐이 없는 후진에게 높은 품위를 표현하고 있는 말을 하는 것은, 그 내용이 얼마나 좋은 것이든 간에, 고작해야 잔소리로 들리거나 무의미한 철자로 수용될 것이다.

통약불가능한 상태에 있는 두 사람이 서로 의미 있는 소통을 하기는 어렵다. 의미 있는 대화가 성립하기 위해서는 어느 쪽이 다른 쪽으로 이동하여 체험 수준의 공분모를 갖도록 그들 자신을 조정해 나가는 과정이 필요하다. 이 때문에 교육은 소통으로 이루어지는 것이 아니라, 그것이 실패한 곳에서부터 시작한다고 보는 편이 옳다. 선진과 후진은 서로가 소통이 되지 않고 오해를 하고 있다는 점을 먼저 확인하고 인정할 수 있어야 한다. 이러한 경우에는 교육에서 형성하고자 하는 품위 내용의 올바른 전달과 수용을 위하여 언어가 어떠한 방식으로 사용될 수 있을지도 모른다. 언어가 품위 내용의 직접적인 전달을 위해서가 아니라, 전달의 어려움을 이해하고 어디서 실패했는가를 확인함으로써 그것을 보완하는 활동을 찾아나가는 기능을 할 수 있기 때문이다.

이것을 "교육적 대화"라는 말로 지칭하기로 하자. 교육에서의 대화는 선진과 후진 상호간의 품차를 인정함으로써 언어와 그것이 선진과 후진의 수준에서 갖는 맥락적 의미를 이중화시킬 수 있어야 한다. 이 과정에서 선진은 우선 후진이 그의 말을 후진의 수준에서 어떻게 받아들일 것인가를 추정하고, 그의 말을 제대로 이해할 만한 관련된 체험을 후진이 지니도록 해야만 할 것이다. 선진이 자기만이 참되다고 주장하고 후진을 자기의 수준으로 '전향'시키려고만 시도하면, 개방적인 대화의 토대가 박탈된다. 다른 한편 후진은 선진의 말을 들을 때, 그것을 자신의 수준에서 받아들이기보다는 그의 말이 더 높은 수준의 체험을 전제한다는 점을 인정하고, 자신의 인식을 지양해 나가는 활동을 요구하고 있는 것으로 받아들일 수 있어야 한다. 후진은 선진의 말을 동등한 수준에서 이해할 수 있도록 체험을 확충하는 과정이 필요함을 알아야 하는 것이다.

교육적 대화에서는 대화의 내용이나 진행이 스승과 제자 가운데 어느 일방에 의해서 결정되거나 주도되지 않고 서로의 관계와 참여에 의해서 만들어져야 한다. 이 상호성은 스승에 있는 것도 아니고 제자에게 있는 것도 아니다. 그것은 양자의 사이에 존재하는 범주이며 요소이다. 대화는 양자가 서로 “마주 서 있는 사이”라는 영역에서 전개된다. 이 영역에서 스승이 제자를 새롭게 만들고 변화시키는 창조적인 기능이 작동한다. 이와 같은 ‘상호성’과 ‘사이’라는 조건 하에서 후진은 자신을 완전히 드러내 놓아야 한다. 대화에 참여하는 후진은 주제에 관하여 마음속에 있는 말을 주저 없이 표출할 수 있어야 한다. 말을 줄이거나 동기를 바꾸지 않고 생각한 대로 표현해서 스승이 자신의 품위를 진단할 수 있도록 도와야 한다. 대개 눈치 빠른 제자는 하고 싶은 말보다는 스승이 요구하는 생각을 짐작하고 말을 한다. 그러한 거짓된 발언은 자신의 교육적인 성장에 도움을 줄 수 없다. 스승은 제자의 숨김없는 말을 듣고 이를 토대로 제자의 수준을 진단한 뒤, 그에 알맞은 수준의 품위를 제자가 습득하도록 돕는다. 이때 스승의 말은 불가피하게 제자의 수준에 맞추어져야 한다.

이와 같은 방편에 의존해서 스승은 제자가 스스로 품위를 발견하고 터득하도록 돕는다. 여기서 스승과 제자는 언어적인 소통에 필요한 체험구조의 동질화 과정을 거쳐야 한다. 이를 통하여 제자는 자신의 수준을 극복하면서 점차 스승의 수준에 도달하고, 그때서야 비로소 스승의 수준에서 스승의 말을 이해할 수 있게 된다. 이것 자체가 바로 수도계의 언어를 습득하는 것에 해당한다. 그 후에 비로소 품위의 동조가 이루어졌는지를 추가적인 소통에 의해서 확인할 수 있게 된다. 이것은 마치 전화를 수선한 사람이 작업을 마치고 수선이 잘 되었는지를 전화를 걸어서 확인하는 것과도 같다. 말하자면, 대화에 의한 품위의 소통과 그에 따른 합의는 서로가 교육적 교섭을 통해서 동일한 품위에 도달했을 때나 가능한 후결사항이다. 그 후결사항을 선결사항으로 전제하여 진행되는 활동은 그만큼 비능률과 시간상의 낭비를 초래할 것이다.

단순히 언어적 표현을 모방하는 것과 그것이 지칭하는 체험을 구축하는 것은 전혀 별개의 일이다. ‘장미’라는 말이 장미가 가지고 있는 향기를 경험하게 하는 것은 아니다. 말로 물 한잔을 묘사할 수는 있어도 그것에 의해서 갈증이 해소되지는 않는다. 언어는 어떤 경험의 분절을 위한 수단에 불과하며, 언어의 의미를 지탱해 주는 것은 체험 그 자체이다. 대화 자체가 상대의 체험구조를 변화시킬 가능성은 극미하며, 대화 이상의 암묵적인 경험이 추가되어야 한다. 선진과 후진은 도제적인 관계를 통해서 말의 경계를 뛰어넘는 경험을 구축하는 데 도움을 주고받는 활동을 전개해야 한다. 예컨대, 실습, 실험, 관찰, 시범 등 환경과의 접촉에 의해서 체험구조를 변화시키고, 그것을 토대로 대화가 가능하도록 하는 통로를 모색하는 것이 올바른 순서이다. 이들이 진정한 의미의 교육적 활동의 중심을 이룬다.

3.6.2. 시범과 실습

이제부터 이 부분에서 더 명백한 근거를 제시하는 두 학자의 주장을 검토하는 것으로서 이 문제에 대한 결말을 짓도록 하겠다. 그 가운데 한 사람이 폴라니(M. Polanyi)이다. 그는 오랫동안 과학자로 활동하는 가운데 철학에서 규정해 온 지식의 개념에 불만을 가지고 새로운 지식의 개념을 제안하게 된다. 그는 주로 언어에 의해서 명시적으로 표명된 지식에 초점을 두어 온 전통적 인식론자들의 논의가 다분히 가공적인 것으로 보았다. 지식을 엄밀한 규칙과 측정으로 드러낼 수 있다고 생각하면서 겉으로 드러난 측면만을 중시하는 이러한 전통은 학문의 현장에서 일어나는 실상과는 동떨어져 있으며, 막상 존중되어야 할 중요한 차원을 놓치고 있다는 것이다.

객관성과 확실성의 그늘에 묻혀버린 이러한 지식의 측면을 밝혀내기 위해서 폴라니(1958)가 주조해 낸 개념이 이른바 "인격적 지식(personal knowledge)"이다. 우리들의 신체 속에서 실제로 작동하고 있는 이 지식은 겉으로 드러낼 수 없는 측면을 가지고 있다. 그 쉬운 예가 망치질의 경우이다. 망치를 사용할 때, 우리는 망치의 끝에서 일어나는 사건만을 의식한다. 그러나 그것을 진정 하나의 기술로서 작동시키는 것은 몸 전체인 것이다. 그것은 언제나 전체적으로 작용하는 것이기 때문에 세부적인 어떤 것으로 기술하기도 어렵고, 또 세부적인 것에 우리가 의식을 돌리면 망치질을 제대로 하기도 어렵게 된다. 이처럼 모든 지식에는 마치 빙산의 아래 부분처럼 우리의 의식 밑으로 잠복해 있는 부분이 존재한다. 그것은 기예나 예술의 능력처럼 노래, 그림, 그리고 글과 같은 다양한 형식으로 표현할 수 있다. 그러나 의식적으로 표현된 것이 지식의 전체를 대표할 수는 없다. 이 점에서 그것을 언어로 전달하는 것은 거의 불가능하다.

과학자들이 현상을 탐구해 나갈 때, 실제로 중요한 역할을 하는 것은 이러한 암묵적 차원이다. 학자들은 문제를 풀어나감에 있어서 기존의 인식적인 요소들과 새로운 것들을 서로 관련 지워보는 가운데 새로운 실재를 모색해 나간다. 이러한 모색은 결코 의식적인 수준에서 형식논리를 따라 진행되는 것은 아니고, "암묵적 추리(tacit inference)"에 의존한다(Polanyi, 1969, pp. 212-213). 연역적 추리는 단순히 전제와 결과라는 두 개의 명시적 명제들을 연관시킨다. 이에 비해서 암묵적 추리는 일련의 형식적 추리를 거치는 것이 아니라, 분리된 채 흩어져 있는 생각과 단서들을 모종의 의미 있는 전체로 구성하는 암묵적인 과정에 해당하는 것이다. 이처럼 단서들이 암묵적으로 통합되는 과정들은 그것의 속성상 자세하게 기술되거나 형식적으로 명시화할 수 없는 것이지만, 명시적인 추리에 결정적인 영향을 미치게 된다.

우리가 상정한 품위 역시 폴라니가 말하는 암묵적 차원을 포함하고 있으며, 교육의 과제는 서로 수준을 달리하는 선진과 후진이 있다고 할 때, 어떻게 후자의 것에서 전자의 그것으로 옮겨 갈 수 있느냐 하는 것으로 귀착된다. 그 해답은 폴라니가 주장한 바대로 이제까지 철학자들이 통상 생각했던 것과는 전혀 다른 방식으로 모색되어야 한다. 철학자들은 지식을 정확하게 말로 대표할 수 있는 방법과 규칙만 알 수 있다면, 말을 통해서 지식을 곧바로 공유할 수 있으리라고 생각한다. 그러나 우리가 품위의 암묵적인 측면을 인정하게 되면, 그 암묵적인 부분을 어떻게 강화시키느냐 하는 것이 교육활동을 규정함에 있어서 특별히 고려되어야 할 부분이다. 말만 듣고 그림을 잘 그리거나 노래를 잘 부를 수 없다는 사실은 미술이나 음악의 분야에서 널리 인정되고 있다. 실습이 불가피하다.

학문적 지식[43]도 이와 같은 실습을 통해서 우리 몸으로 체득되어야 한다는 것이 폴라니의 교육에 대한 문제설정이다. 교육에서는 제자가 스승을 찾고 전자가 후자의 인도하는 바를 따르는 실천적 활동이 선행되어야 한다. 스승의 인격적 지식에는 언어로 표현할 수 없는 모종의 암묵적인 차원이 있는 것이다. 제자가 그로부터 본받아야 할 것은 그의 언어가 아니라 그런 내면의 상태이다. 스승의 내면상태가 무엇인지를 제자는 현재의 상태로서는 짐작하기도 어렵다. 그것의 실재는 수련을 통해서 스스로 획득했을 때에만 감지할 수 있는 것이다. 이런 이유를 들어 폴라니는 교육적 상호작용에서 제자는 그 내면상태의 공감에 이르기까지 일단 스승의 권위를 믿는 것이 불가피하다고 본다.

> 모범에 의해서 배운다는 것은 권위에 복종하는 것이다. 당신이 당신의 스승을 따르는 것은 설사 당신이 그 효과를 자세하게 분석하거나 설명할 수는 없다고 하더라도, 그의 일하는 방식을 당신이 신뢰하기 때문이다. 스승을 유심히 관찰하고 그가 시범으로 보이는 현장에서 그의 노력하는 바를 본받음으로써 제자는 스승 자신에게도 명시적으로 알려지지 못한 부분을 포함하는 그 기술의 규칙을 의식적으로 얻어낸다. 그 숨겨진 규칙은 그런 정도로 자신을 죽이고 무비판적으로 다른 사람의 것을 본받는 사람에 의해서만 동화될 수 있다(1958, p. 53).

위의 글에서 '무비판적'이라는 표현은 다소 오해의 소지가 있어 보인다. 그 원뜻은 제자가 자신의 수준에서 이렇고 저렇고 판단하여서는 안 된다는 취지로 받아들여야 하며, 스승의 도그마를 맹목적으로 믿어야 한다는 것은 아니다. 일단 스승의 품위를 신뢰하지 않고는 그로부터 배우기 어렵다는 것이 교육의 특수한 조건이다. 당분간 스승을 믿고 따르는 일이 필요하다. 그러나 교육은 믿음에서 시작하여 믿음으로 끝나는 것이 결코

43) 우리의 개념에 의하면 학문적 지식은 품위의 특별한 종류를 지칭한 것이다. 따라서 이하의 논의에서 지식이라고 할 때 품위를 지칭하는 것으로 이해해도 큰 무리가 없을 것이다.

아니다. 교육적 교섭이 처음에 예상했던 결과를 가져오느냐의 여부에 따라 그 믿음은 이후에 확인될 수 있게 된다. 예상처럼 결국 제자의 상구교육이 성공적으로 이루어져서 제자가 스승의 품위를 획득했다면 그 믿음은 스스로 옳았던 것으로 판명될 것이고, 그렇지 못하다면 그 믿음은 근거가 없는 것으로 판명될 것이다.

지식의 검증방법은 늘 인식론의 주제가 되어 왔다. 폴라니의 제안은 이 부분에서 특별히 주목할 만한 점을 갖고 있다. 이제까지 과학에서는 객관적 검증을 중시해온 데 비해서 폴라니는 과학자의 전문적인 감식력과 책임을 평가의 중요한 척도로 부각시킨다. 일정 수준에 도달한 전문가들은 어떤 대상이나 조건의 가치나 의미를 평가할 수 있는 예외적인 감각을 발전시킨다. 예컨대, 의사, 포도주 감식가, 운동선수나 무용가들은 자신의 활동을 비판하는 전문가로서 행세한다. 마찬가지로 과학적 활동에서 선택은 최종적으로 과학자 자신의 개인적인 판단에 맡겨지는 것이다. 이런 방식의 제안은 교육에서 일정 수준의 품위에 대한 평가와 관련하여 매우 중요한 시사를 담고 있다. 통상 '교육평가'라고 할 때, 우리는 먼저 "객관적인 검사"를 머리에 떠올린다. 그것은 앞에서 우리가 지적한 교육학 형성의 시기, 즉 실증주의적 시대사조의 부산물로서 생겨난 것으로서 극복되어야 할 큰 오류 가운데 하나이다. 어떤 관찰이든 그 내용을 판단하는 것은 주관이다. 이 주관의 작용을 객관으로 환원시키는 것은 어떤 의미에서는 기만적인 것일 수 있다. 문제는 객관적인 증거를 어떻게 판독하느냐 하는 것이고, 그 판독의 능력은 바로 교육을 통해서 증진되는 것이다. 이 때문에 우리가 일정 수준의 지식을 교육을 통해서 체득했다면, 그에 대한 주관적인 판단 능력의 개선이 이루어져야 한다. 이 때문에 교육본위론에서는 품위에 대한 주관적 평가를 교육의 본질적 요소로 포함시키고 있다.

폴라니 이외에 교육활동의 실천성을 드러내는 데 있어 우리가 주목할 만한 또 하나의 대표적인 학자가 있는데, 그는 쇤(D. A. Schön)이다. 쇤(1983)은 건축, 경영, 의학, 법학, 정신치료 등의 각종 분야의 전문교육을 자문하는 일을 하면서 얻은 경험에 근거하여 이른바 "실천의 인식론

(epistemology of practice)"을 제창하여 종전의 교육관에 대한 혁명적 인식 전환을 촉구하였다. 그가 자신의 새로운 인식론과 대립시키고 있는 것은 이른바 "기술적 합리성(technical rationality)"이다. 이는 다분히 19세기적 실증주의의 가정에 토대를 두고 있는 관념으로서 교과서로 기술된 지식을 학교의 교실상황에서 강의하면 그것이 직업현장에 그대로 전이될 것이라는 순진한 견해를 지칭한다. 그러한 관점이 교육에서 더 이상 지속될 수 없다는 것이 쇤의 주장이다. 그는 전문가의 지식이 폴라니가 지적한 암묵적 요소를 가지고 있으며, 그것의 습득은 현장의 맥락에서 대가와 제자 간의 도제적 상호작용을 통해서만 형성될 수 있다는 점을 역설한다.

폴라니와 쇤이 지식은 언어에 의해서 전달될 수 없다는 견해에 동조하는 이유 가운데 하나는 지식을 규정하는 방식에 있어서 그들이 이전의 실증주의적 인식론과는 다른 입장을 취하고 있기 때문이다. 폴라니는 지식의 암묵적인 측면을 추가시켜 철학자들의 관행을 벗어나는 데 공헌하였다. 이와 아울러 또 하나 주목할 점이 있다. 그것은 지식이란 일종의 구조의 형태를 띤다는 점이다. 쇤은 직업에서 중요한 지식을 "체험의 틀(frame)"로 정의하고 있다. 이것은 지식을 요소들의 산술적 합이라고 보는 실증주의적 가정과 크게 대조되는 것이다. 전문지식을 숙달해 나간다는 것은 지금의 틀로는 해결할 수 없는 불확실한 영역을 다루면서 좀더 개선된 틀을 형성하는 것을 의미한다. 현재의 독특한 상황을 과거의 것에 비추어 이해하고, 과거에 행했던 절차를 고려하는 것만으로 현재의 상황을 해결하는 데 충분한 조건이 되지 못한다. 현재의 상황이 과거의 것과 유사한 점이 있다고 하더라도, 현재의 상황은 전체적인 맥락의 면에서 과거의 것과는 다른 독특한 것이기 때문에 과거의 경험에 근거한 이해나 행위절차가 어떤 결과를 가지고 올지 알 수가 없다. 이러한 불확실한 상황에서 전문가로 성장한다는 것은 그가 가지고 있는 체험의 요소를 해체하고 더 나은 체험의 요소를 갖추는 것을 의미한다.

대가(大家) 혹은 장인(匠人)들은 초년생이나 도제가 모르는 품위를 확실하게 확보하고 있다. 그러나 사태에 대한 체험의 틀 자체가 다르기 때문에 그것을 곧바로 말로 전할 수 있는 방도는 없다. 해결의 방도는 이른바 "현장의 실험(on-the-spot-experiment)"과 '실습(practicum)'이다. 현장의 상황은 전문적인 지식을 얻고자 하는 사람의 시도에 저항할 수 있고, 의도하지 않은 결과를 가져올 수도 있다. 이 경우 필요한 것은 대가와의 대화가 아니라, 현장과의 대화이다. 초년생은 스스로 자신의 이해에 근거하여 일종의 실험을 수행한 다음에 자신의 실험이 가져올 결과를 평가해야 한다. 현장 속에는 언제나 불확실한 요소가 있기 마련이며, 따라서 기대하지 않은 결과가 발견되었다면, 초년생은 자신이 행한 과거의 행위를 하나하나 반성할 수 있다. 이러한 "행위 속의 반성(reflection-in-action)"을 통해서 이전의 행위 속의 앎이 전제하고 있는 가정적 구조에서 문제가 발생했음을 발견하고, 그에 대처하는 가운데 행위의 전략, 현상에 대한 이해, 문제를 조직하는 방식 등을 다시 조직할 수 있게 된다. 이처럼 체험의 틀을 재조직하는 과정은 한번에 그치는 것이 아니라 만족할 만한 수준에 도달할 때까지 계속된다.

제자의 직접적인 체험을 강조하는 것은 상대적으로 스승의 하화교육이 갖는 중요성을 경감시키는 것이 아니냐 하는 의문을 불러일으킬 수 있다. 그러나 제자의 상구와 스승의 하화는 제로섬(zero-sum)의 법칙과는 다르게 진행된다. 서로가 다른 것을 전제하고 요청한다. 제자의 상구교육은 스승의 밀착된 감독과 조화를 이룰 수 있어야 한다는 것은 말할 필요도 없다. 스승이 취해야 할 자세를 말할 때, 숀(1983)은 톨스토이의 "좋은 스승"에 대한 정의를 인용한다.

> 모든 스승은 … 제자의 이해 내용상의 불완전함을 제자의 결함이 아니라, 자기 자신의 가르침의 결함으로 생각하고 새로운 방법들을 찾는 능력을 스스로 자신 속에 개발하는 데 혼신의 노력을 하여야 한다(p. 66에서 재인용).

하화교육에서 스승은 제자가 당면한 문제를 제자의 결함으로 보지 않고 자신의 교육활동의 결함으로 환원시킨 뒤, 자신이 보충해서 수행해야 할 과제를 찾아낼 수 있어야 한다는 것이다. 스승의 과제에는 자신의 지식을 말로 직접 전해 줄 수 없다는 특별한 한계로 인한 것도 포함된다. 그 답답한 심정을 쇤(1988b)은 제자에게 말하는 스승의 발언의 형식을 빌려 다음과 같이 표명한다.

> 나는 자네에게 자네가 알 필요가 있는 것이 있다는 점을 말할 수 있네. 그리고 자네는 내 도움으로 그것을 배울 수 있을 걸세. 그러나 나는 자네가 지금 이해할 수 있는 방식으로는 그것이 무엇인지 말해줄 수 없다네. 내가 자네를 위해 할 수 있는 것은 오직 자네 스스로 옳은 종류의 경험을 가지도록 환경을 조성하는 걸세. 따라서 자네는 이런 경험들을 할 마음가짐을 먼저 갖추어야 할 걸세. 그렇게 해야만 비로소 자네는 자네가 (우리들의 관계를) 더 계속하고 싶은지를 선택하는 데 필요한 정보를 가질 수 있을 거야. 만약 자네가 그것이 어떠한 것인지를 미리 알지도 못한 상태에 있으면서도 이 새로운 경험 속에 발을 내딛고 싶은 생각을 갖추지 않는다면, 나는 자네를 결코 도울 길이 없을 걸세. 자네는 나를 믿어야 하네(p. 93).

이 부분은 스승과 제자가 각각 자신들의 선진됨과 후진됨을 입증하는 방법과 관련하여 매우 중요한 사항을 드러내고 있다. 앞에서도 지적했지만, 어떠한 내용을 설사 스승이 말로 설명한다고 하더라도, 그것에 대한 올바른 이해는 체험이 선행되어야만 가능하다. 이러한 상황에서 제자에게 요청되는 태도 가운데 하나가 스승의 지도를 받는 동안 그를 신뢰하고 그의 지시에 따라야 한다는 것이다. 이 점을 분명히 하기 위해서 쇤(1988b)은 "불신의 의지적 연기(willing suspension of disbelief)"라는 매우 기발한 용어를 도입한다. 그는 제자가 스승에 대해서 가질 수 있는 불신을 인정한다. 그럼에도 불구하고 제자는 일단 스승의 권위를 인정하고 그를 믿어보는 자세를 갖추어야 한다는 것이다.

> 이것은 두 사람 간에 맺어진 일종의 계약과 같은 것이다. 스승은 도전을 허용하고 그의 입장을 방어할 수 있어야 한다. 이에 대한 응수로 제자는 그의 불신을 연기할 용의가 있어야 하고, 스승이 훈수를 할 기회를 주어야 한다. 즉, 제자는 스승의 훈수를 실행할 용의가 있어야 한다. 제자가 훈수를 따르기도 전에 스승이 가지고 있는 지식이 무엇이며 그것이 어떻게 정당화될 수 있는지를 충분히 설명

> 하기를 요구하면, 사태를 그르칠 위험이 있다. 이 때문에 그는 교수가 가지고 있는 계획된 의도를 믿으려는 의지를 가져야 한다(p. 94).

이것은 폴라니가 강조했던 스승에 대한 권위의 인정이라는 요구사항과 정확하게 일치하는 부분이다. 만약 상구자가 선진의 의향에 자신의 능력을 잠정적으로나마 복종토록 하는 것을 위협으로 느낀다면, 다시 말하여 선진의 권위를 불신한다면, 그는 스승으로부터 충분한 지도를 받을 수 없다. 잠정적으로나마 제자는 스승의 지도를 믿고 그 지시에 따라 실천적 반성을 수행하는 것이 선행되어야 한다. 그러나 모든 제자가 스승에 대한 불신을 연장할 용의를 가지고 있는 것은 아니기 때문에 스승 역시 제자를 지도하기 위해서는 제자에게 스승에 대한 믿음을 갖도록 별도로 촉구해야 한다.

그렇다면 그 믿음은 끝까지 믿음으로 그쳐야 하는가? 이에 대한 해답은 "불신의 의지적 연기"라는 말에서 '연기'라는 부분에 내포되어 있다. 초기의 믿음은 교육이 종료되는 상황에서 제자에게 확인되어야 할 믿음이며, 이렇게 하는 이유는 제자가 변하기 이전에는 스승에 대한 이해가 이루어질 수 없다는 불가피한 제약 때문이다. 그러한 전제하에 그들 사이에 장인과 도제로서의 상호교섭이 이루어진 것이고, 만약 그것이 제대로 이루어졌다면, 이제 제자는 스승을 이해할 수 있게 되었을 것이다. 이 단계에서 제자는 스승의 지도를 받기 이전과 이후를 대비하면서 자신의 발전을 깨닫고, 더 나아가 자신이 불신을 의지적으로 연기한 것이 옳은 것이었음을 나중에 확인하게 되는 것이다. 이 부분 역시 폴라니의 주장과 정확히 일치한다.

이제 나머지 과제는 그 믿음을 입증하는 데에 필요한 교육활동이 어떤 것이냐 하는 점이다. 여기에 언어적 소통의 한계가 있다는 점을 이미 살핀 바 있다. 그 한계를 벗어나는 것이 바로 스승 편의 하화활동과 제자 편의 상구활동이다. 각각의 전형적인 사례가 현장의 주어진 맥락에서 진행되는 스승의 '시범(demonstration)'과 제자의 "반성적 모방(reflective imitation)"[44]

이다. 상호간에 교차하는 그러한 활동을 매개로 하여 스승과 제자는 서로 떨어진 품위 간의 간극을 확인하고 그것을 이어줄 수 있게 된다. 물론 이 과정에서 모든 개인적인 경험이나 일상적 사건이나 현상에 대해서 무심코 지나쳐 버리는 것은 아니며, 그것에 대해서 항상 질문을 던지고, 분석해보며, 대안적 해답을 추구하는 언어적 상호작용이 포함될 수도 있다. 쇤(1988b)은 스승의 말이 어떤 종류의 것인지 건축설계의 디자인 기술교육과 관련하여 다음과 같은 사례를 든다.

> 스승은 많은 방식의 '말하기'를 한다. 스승은 예컨대, 건축이 이루어지는 구역의 계획을 어떻게 준비해야 되는지, 서로 다른 경사의 사용 목적을 어떻게 달리 할당할 것인지, 혹은 교차적 도안, 입면도, 계획을 어떻게 만들어낼 수 있는지에 대한 특수한 지시를 내린다. 그는 제자의 산물이나 과정을 비판하면서, "중앙지역의 면적을 고려해 보라"거나 혹은 "격자의 차원들을 눈금으로 측정하라"고 하면서 제자가 무엇을 수행해야 하는지를 시사한다. "그 지역에 서게 될 건물들의 전반적인 평면설계도를 작성하라. 나 같으면 지붕의 모양에 관해서는 지금 당장 신경 쓰지 않겠구만." 이런 식으로 스승은 제자가 어떤 것에 더 높은 비중을 두어야 할지를 말해 준다. 그는 제자가 해볼만한 실험을 제안하고, 문제들을 분석하거나 다시 정의하며, 그가 시범을 보인 과정에 대한 반성을 제공할 수 있다(p. 102).

이 인용에서 주목할 점은 스승이 제자에게 발언하는 부분이 건축기술의 내용이 아니라, 그것을 형성하는 데 필요한 제자의 반성적 실천을 촉구하는 지시의 형식을 띠고 있다는 점이다. 물론 이러한 스승의 지시 자체도 제자에게는 가끔 모호하고 낯선 것일 수 있다. 제자는 스승의 지시에 응하면서 의문을 제기하거나, 스승의 더 세밀한 지도를 요청할 수도

---

44) 여기서 모방은 있는 그대로 따라하는 것이 아니다. 이것은 제자 편에서 스승의 시범을 선택적으로 재구성하는 것을 의미한다(Schön, 1988b, pp. 107-111). 제자가 시범을 따라할 때, 그는 스승이 시범을 통해 보여주는 원래의 것과 자기 것 사이의 유사성과 차이점을 인지하면서 자기의 실험을 규제해 나간다. 이 경우 스승은 도제의 그 한계를 관찰하고 다시 제자에게 적절한 수준의 시범을 보여주면서 제자로 하여금 '원래의 것'을 새로운 방식으로 보도록 유도한다. 그런 의미에서 제자의 모방은 단순한 모방이 아니라 "반성적 모방"인 것이다.

있다. 그러나 여기서 한 가지 금기사항이 첨가된다. 그것은 제자가 스스로 실습을 통해서 충분히 문제의 품위를 체득하기도 전에 스승에게 그 내용이 무엇인지 요구해서는 안 된다는 것이다.

3.6.3. 교육어의 활용

이제까지 우리는 교육이 언어적 소통으로 환원될 수 없는 많은 실천적 활동을 포함하고 있음을 시사하는 대표적인 두 학자의 주장을 살펴보았다. 그러나 이 주제를 마무리함에 있어서 환기시키고 싶은 것은 이러한 논의가 교육의 상황에서 언어가 전혀 불필요하다는 것을 의미하지는 않는다는 점이다. 언어의 사용은 인간의 가장 고유한 특징이며, 그 기능을 교육에서 배제해야 할 하등의 이유가 없다. 앞 소절의 도입부에서 우리는 학교에서 교환되는 각종의 코멘트, 판서, 설명, 강의, 청강, 질문, 토론과 같은 언어적 소통 안에 교육활동과 그렇지 않은 것들이 동시에 포함되어 있다는 말을 하였다. 앞 소절의 마지막에서 인용한 쇤의 글 안에는 스승과 제자 사이에 이루어질 수 있는 특수한 부류의 언어적 교섭이 포함되어 있다. 본 소절은 바로 그런 주제와 연결된다.

서로 다른 수준의 품위의 내용을 직접 언어로 표현하여 전달할 수 없다는 것은 충분히 검토되었다. 그럼에도 불구하고 앞의 사례에서도 드러났듯이 언어활동이 전적으로 배제된 교육은 상상할 수 없다. 그렇다면, 교육본위론은 어떤 범위 안에서 언어적 소통을 교육활동으로 받아들일 수 있는가? 이 문제와 관련하여 우리는 적어도 두 가지 가능성을 생각해 볼 수 있을 것이다. 하나는 앞 절에서 말한 “교육적 대화”이고, 다른 하나는 본 소절의 주제인 “교육어의 활용”이다. 교육어가 무엇인지에 대한 논의는 잠시 미루어 놓고, 먼저 교육적 대화의 사례부터 살펴보기로 하자.

교육적 대화는 품위를 직접 언어로 표현하고 해석하는 것과 관련된다. 그러나 품위를 직접적으로 소통할 수 있다는 이야기는 아니다. 오히려 그 소통의 실패를 전제하면서, 그로부터 실패의 보완을 목적으로 하는 대화를 진행하자는 것이다. 스승과 제자 사이의 품위상의 의사소통은 그들의 교육적 교섭이 끝나는 시점에서나 가능하다. 그럼에도 불구하고, 교육적 교섭을 위해서는 스승과 제자 사이에 존재하는 의사소통상의 장애를 확인하는 것이 필요하다. 우리는 품위의 수준의 차이를 반영하는 제1언어, 제2언어, 제3언어를 가정했다. 이 가운데 제1언어는 제자의 현품과 동조할 수 있는 수준의 언어로서, 스승이 만약 그것을 선택한다면, 그들 사이의 의사소통에 장애가 발생하지는 않는다. 제3언어는 제자의 품위를 훨씬 벗어난 스승의 품위를 반영하는 언어로서 그것을 가지고는 제자와 직접 소통할 수 없다. 그 중간에서 타협한 언어수준, 즉 제자의 현재의 품위와 연접하는 차상품을 대표하는 제2언어는 제자가 직접 이해할 수는 없지만, 그의 상구교육을 촉발하는 자극으로서 교육적 교섭에서 중요한 역할을 한다.

그 타협의 실질적인 권능은 제자보다 스승의 편에 있다. 앞에서 교육적 시숙과 관련하여 길게 논의했듯이 스승은 제자가 처한 품위에 따라 그가 달성해야 할 과제의 수준을 융통성 있게 조절할 수 있어야 한다. 플라톤의 〈메논편〉에 나오는 이른바 "메논의 딜레마"와 유사한 상황이 좋은 예가 될 것이다. 소크라테스는 그의 산파술을 증명하는 과정에서 메논이 제기하는 당혹스러운 문제에 봉착한다. 그것은 아는 것과 모르는 것을 양분할 때, 그 어느 것도 배울 수 없다는 딜레마이다.

> 메논, 자네가 무슨 말을 하고자 하는지 알겠네. 자네는 자네가 늘어놓고 있는 것이 논쟁적이라는 걸 알고 있는가? 사람은 자기가 알고 있는 것도 또한 모르고 있는 것도 탐구할(찾을) 수 없다는 주장 말일세. 자기가 적어도 알고 있는 것을 탐구하려고 들지는 않을 것이고(이미 알고 있다면, 그런 사람이 탐구할 필요는 없으니까), 또한 모르고 있는 사람도 탐구하려고 들지 않을 것이기에(자기가 탐구해야 되는 것이 무엇인지도 모르니까) 그렇다는 걸세(Platon /1996, p. 119).

그러나 이는 우리가 가진 언어수준을 이원적으로 양분하는 데서 생겨나는 속단이다. 우리의 새로운 용어를 적용하여 이 딜레마에서 벗어날 수 있는 길을 모색해 보기로 하자. 스승이 당장 소통이 가능한 제1언어를 사용한다면, 제자의 입장에서는 배우는 바가 없을 것이고, 전혀 다른 수준의 제3언어를 쓰면 공감적 이해를 할 수 없게 된다. 여기까지 메논의 딜레마가 작용한다고 할 수 있다. 그러나 교육의 비결은 스승이 제자의 차상품(次上品)에 해당하는 제2언어를 사용하는 데 있다. 이것은 그야말로 '아리송하다'는 특징을 갖는다. 알 것 같기도 하고 모를 것 같기도 한 이 말은, 제자에게 당장 이해될 수 있는 것은 아닐지라도, 그의 호기심을 유발하는 효과를 얻게 될 것이다. 그에 대한 것은 피아제의 노선을 따르는 연구(Inhelder, Sinclair, & Bovet, 1974)에서도 이미 검증된 바 있다. 이 지점이 비고츠키가 말하는 '근접발달영역'에 해당한다는 것도 결코 우연이 아닌 듯하다. 스승은 바로 그런 수준의 언어를 선택함으로써 제자로 하여금 자신이 획득할 품위를 예상하게 하는 단서를 발견하고, 그것을 습득하는 데 필요한 자발적인 상구활동을 유도할 수 있을 것이다.

교육에서 언어의 사용을 정당화하는 다른 하나의 가능성에 대한 것은 본 소절의 주제에 해당하는 부분이다. 그것은 언어의 '활용(use)'에 관계되는 것으로서 이 경우 품위의 내용을 기술한다는 의미 이상의 언어적 기능을 가정한다는 점에서 앞의 교육적 대화와는 다른 교육적 가능성을 지닌다. 이와 관련하여 언어철학자 오스틴(J. L. Austin, 1965)의 주장은 주목할 만하다. 전통적으로 논리학과 언어철학에서는 문장, 판단, 명제 및 진술을 올바르게 구별하는 것이 중요한 과제였다. 인식론이나 의미론에서는 명제나 진술문의 진과 위(truth and falsehood)의 문제에 주로 관심을 갖는다. 그러나 오스틴은 이러한 전통적인 철학적 언어관에 대해 의문을 제기하였다. 그는 "어떤 것을 말한다"와 "어떤 것을 진술한다"는 것은 동일한 것이 아니라는 점에 유의한다. 후자는 단지 무엇을 기술하는 것이지만, 전자는 그것 이상의 다양한 기능을 수행한다는 것이다. 따라서 그는 이제까지 후자에 대한 것만을 유의하고 전자의 더 포괄적인 언어의 용도를 제한하는 것을 "기술주의적 오류(descriptive fallacy)"로 규정하였다.

철학적 관례를 떠나서 언어의 다양한 용도를 인정하는 문제는, 그에 앞서 비트겐슈타인(L. Wittgenstein, 1953)이 탁월한 통찰을 보여주었지만, 오스틴은 비트겐슈타인보다 더 상세한 부분에까지 한 걸음 더 나아간다. 오스틴은 언어의 기술적인 측면보다는 발화의 수행적 측면에 주목한다. 수행문은 행함(doing)과 관계되며, 그것을 발화하는 것은 어떤 일을 수행하는 것으로 보아야 한다. 그런 발화들은 표면적으로는 '진술문'과 같은 것으로 보이지만, 좀더 자세하게 살펴보면, '진'이나 '위'가 될 수 없는 발화라는 것이 분명해진다. 이를테면 교육에서 제자와 스승은 말로서 질의, 확신, 저지, 판결, 평가, 명령, 통보, 칭찬, 비난, 감탄, 감정표현, 허가, 요구, 요청, 간청, 제안, 설득, 추천, 경고, 비판 등의 언어수행을 할 수 있다. 이처럼 교육에서 언어를 그 기술적 측면 이외의 행하는 것으로서 활용하는 사례는 우리의 논의에서 이미 인용한 바 있다.[45)]

더 직접적인 예를 들어보자. 스승은 어떤 책의 내용을 상세하게 기술하기보다는 "그 책을 읽고 토론해 보세"라는 식으로 그를 학문의 탐구과정에 참여시킬 수 있을 것이다. 대개 그런 요구가 직접 그 책의 내용을 소개하는 것보다 교육에서 더 유효하고 좋은 결과를 가져온다. 제자는 스승에게 "다음에 제가 해야 할 일은 무엇입니까?"라고 그의 무지와 궤변을 벗어나게 해주는 인식의 도정을 지도해 주기를 요청할 수도 있다. 다른 한편으로 스승은 제자의 현존하는 품위의 수준을 평가하거나, 그가 자신의 현재 품위에 관해서 반성하고 부족함을 느끼도록 촉구하는 질문을 할 수 있다. "자네는 …을 기억하는가?", "자네 자신의 말로 그 아이디어를 표현해 볼 수 없을까?", "방금 한 말의 의미는 무엇이지?" 등이 그것이다. 이 말은 제자의 현품이 활성화되도록 자극을 주는 효과를 지닐 수 있다. "자네가 보는 유사성은 무엇이지?", "차이는 무엇인가?", "중요한 예를 들어 볼 수 있나?" 등은 아이디어를 분석하고 종합하도록 만드는 결과를 가져올지도 모른다. "어떤 이유에서 그런 결론을 얻었지?", "확신할 수 있니?", "다시 생각해 볼까?" 등은 기존의 분석과 종합을 뛰어넘어 좀더 복잡한

---

45) 비계와 관련하여 아동과 성인이 주고받은 말, 그리고 쉰의 언급을 통해서 독자는 그것이 무엇인지를 짐작했을 것이다.

아이디어로 이끌 수 있다. "우리가 어떻게 이 문제를 다루기 시작했지?", "다음에 무엇을 했지?", "그때, 어떤 난점이 있었지?", "어떤 오류가 있었지?", "어떻게 지금과 같은 해답을 얻었지?" 등은 상구교육의 과정에 대한 반성을 촉구한다. 스승과 도제로서의 제자는 이와 같은 방식으로 각각 교육적인 상호작용을 할 수 있다.

위에서 든 예 이외에도 스승과 제자는 온갖 종류의 다양한 언어수행을 할 수도 있을 것이다. 이러한 언어수행은 언어 이외의 교육활동을 수반하면서 품위의 변화에 매우 중요한 효과를 가져 올 수도 있다. 예컨대, 스승이 "남의 말만 모방하려고 하지 말고, 자신의 문제를 발견해서 그것을 풀어나가도록 하게"라는 식으로 지시하는 것은 어떤 텍스트의 내용을 직접 전달하려고 하는 것보다 교육의 내재율에 더 부합하는 활동이다. 만족한 수준의 교육이 진행된 단계에서 스승은 제자를 향해 "알고 보니 그게 아니지?"라고 묻고, 제자는 이에 "정말, 알고 보니 그게 아니군요!"라고 대꾸할 수도 있다. 그들은 이 순간 아리스토텔레스의 형식논리에서 모순에 해당하는 말을 아무 거리낌 없이 구사하고 있다. 헤겔의 변증법적 모순은 이처럼 서로 변하는 상태에서 쉽게 지양되어 가는 것이다. 말하자면 헤겔이 말하는 변증법적인 발전은 말이 아닌 교육이라는 매개활동을 통해서 자연스럽게 해소되는 것이다.

여기서 우리는 교육의 상황에서 언어활동이 그 사용의 측면과 관련하여 서로 다른 두 가지 메시지를 담고 있다는 점에 주목해야 된다. 하나는 품위의 내용을 지칭하는 언어소통을 하려는 것이고, 다른 하나는 그 품위를 형성하는 과정에서 수행할 필요가 있는 활동을 지시하는 언어를 소통하는 것이다. 전자를 언설(言說), 후자를 언교(言敎)라는 말로 구분할 수 있을지 모른다. 그 구분에 따른다면, 전자는 교육적 대화에 해당하고, 후자는 교육어의 활용에 해당한다. 우리는 언설의 한계를 지적하면서, 언교의 가능성을 시사했다. 교육의 놀이에서 스승과 제자는 서로의 이질적인 활동을 언어의 힘을 빌려 조율할 수 있을 것이다. 그럼에도 불구하고, 언교가 교육활동 전체를 대신할 수 없음도 유의해야 할 것이다. 교육어의 경우도 종국적으로는 암묵적 체험을 통해서 습득되며, 그 기반 위에서 언교가 의미를 지니게 된다. 이에 관해서는 더 많은 연구가 진전되어야 한다.

본 소절의 요지는 이렇다. 흔히 우리는 “아는 사람이 말을 하고, 모르는 사람은 그것을 들으면 된다”는 식의 안이한 도식을 교육에까지 확장시켜 적용한다. 이와 더불어 아는 사람은 적극적인 활동을 하고, 모르는 사람은 그것에 수동적으로 대응한다는 식으로 생각하는 경우가 많은데, 이는 특별히 ‘학교교육’이 가지고 있는 고질적인 이미지이다. “교육받은 사람”이라는 이론적 개념도 어느 면에서 그 도식 안에 있다. 그러나 앞에서 검토했듯이 교육은 주고받는 물건일 수 없다. 교육은 그 나름의 경계 안에서 참여자가 적극적이고 능동적인 특수한 종류의 활동을 수행하는 것이다. 교육본위론에서는 “갑과 을이 서로 교육한다”라는 말을 쓴다. 그 활동이 무엇일지는 교육 자체의 특수성에 의해서 규정되어야 할 것이다.

3.7. 교육활동의 가치

이제까지 우리는 교육본위론을 이해하는 데에 필요한 맥락을 구축하기 위한 방편으로 교육에 대한 용어의 선택, 수도계의 각 품위수준에서 단계별로 동일하게 반복되는 것으로서의 교육, 그리고 단순히 언어적 소통으로 환원될 수 없는 활동으로서의 교육 등의 귀중한 이미지를 구축해 왔다. 기존의 제반 분과학문들의 이론 가운데 교육본위론의 맥락에 어느 정도 부합하는 부분만을 발췌하여 살펴봄으로써 새로운 관점에 대한 이해를 측면에서 지원하는 방식을 취해 온 것이다. 이제 더 보충되어야 할 주제가 남아 있는데, 그것은 교육의 과정에 포함되는 인간의 감정적 측면에 관한 것이다. 이 항목이 마지막에 다루어지는 것은 그 중요성이 다른 것에 비해서 뒤떨어져서가 아니라, 앞서 논의한 교육의 이미지들과 절묘하게 연관되어 있기 때문이다.

감정적 요소가 배제된 인간의 활동이란 상상할 수 없다. 감정은 마치 엔진의 힘처럼 우리의 일상생활에 활력을 부여한다. 우리의 생활은 구조와 내용이 서로 다른 다양한 활동들로 구성되어 있다. 그들은 모종의 목적이나 목표를 갖고 있다. 왜 그러한 활동을 해야만 하는가? 본 소절에서는 그 가운데서도 "왜 교육을 하느냐?" 하는 좀더 특수한 질문을 다룬다. 이 질문에 대한 해답은 교육의 목적과도 직접적으로 관계되어 있다. 이에 대한 해답은 다양하며, 이에 따라 교육이라는 실천을 평가하는 방식도 판이하게 다르다. 교육을 여타의 세계와 특별히 구분하는 것에 주안점을 둔 교육본위론의 입장은 지금까지의 교육학의 전통에 비추어 보면, 가히 파격적이라 할 만큼 새롭다. 교육을 본위로 한다는 것은 교육적 가치의 실현을 삶의 중심부에 정치시킨다는 것을 의미한다.

3.7.1. 내재와 외재의 구분

우리는 "잘 산다" 혹은 "못 산다"는 표현을 자주 한다. 그 구분은 어떤 기준에 따른 것인가? 전자의 평가는 무수한 가치기준 모두를 충족시킨다는 것을 의미하는가? 그렇다고 대답하는 것은 일견 당연해 보이지만, 현대생활에서는 좀더 세분된 범주의 구분이 불가피하다. 점차 생활이 복잡해짐에 따라 삶의 다차원적인 양상을 인정하지 않을 수 없게 되었다. 삶의 이면에는 정치, 경제, 사회, 문화, 종교, 교육 등 다양한 종류의 세계들이 병존하고 있고, 이들은 그들 나름의 독자성을 가지며 상이한 가치와 목적을 추구해야 할 것으로 기대된다. 그들 사이에는 협력뿐만 아니라 긴장과 갈등도 일어날 수 있다. 우리는 한 분야에서 주된 관심이 되고 높게 평가받을 수 있는 것이 다른 분야에서는 무시되거나 낮게 평가받는 것을 자주 본다. 이 때문에 어느 실천영역이든 참여자가 고유한 목표를 세우고, 그것에 일관되게 자체의 실천을 반성하면서 자율적인 발전을 가져올 것을 요구한다.

이 말은 가치추구와 평가에 있어서 교육이 일반적인 범주를 벗어나 보다 특수성을 가져야 함을 의미한다. 그렇다면 교육과 여타의 세계들 간에 어떤 가치갈등과 가치병립이 가능한가? 이러한 중요한 문제가 교육학 내부에서 심각한 검토의 대상이 된 경우를 찾아보기 어렵다. 제1장에서 우리가 살펴보았듯이 이제까지 교육학은 교육과 교육 아닌 것을 구분하는 경계를 뚜렷하게 정립하는 일을 소홀히 하고, 전자를 후자의 수단으로 보는 안이한 관점에서 조망해 왔다. 그로 인하여 교육의 목적을 규정하고 그것을 평가함에 있어서 중구난방, 온갖 가치혼란, 가치전도를 자초하고 있다는 인상을 지울 수 없다. 따라서 이에 대한 해답은 앞으로 새롭게 정립해 나가야 할 과제로 남아 있다.

특정한 하나의 분과학문이 가치에 관한 논의를 독점할 수는 없다. 교육학은 그것이 대상으로 삼는 교육과 관련하여 독자적인 가치이론을 정립하고, 여타의 이론들과 서로 보완적인 공헌을 해나가야 할 것이다. 이에 대한 해답을 얻기 위해서 앞으로 수많은 연구를 진행해 나가야겠지만, 이는 무엇보다도 교육과 교육 아닌 것들을 어떻게 구분하느냐 하는 근본적인 문제에서부터 출발해야 한다. 어떤 것이 좋다 혹은 나쁘다고 평가할 때, 기본적으로 두 가지 조건이 성립되어야 한다. 하나는 "그 어떤 것"이 무엇이냐 하는 것이며, 다른 하나는 그것에 어떤 가치를 부여할 것이냐 하는 것이다. 엄격하게 말하면, 이 두 가지 질문은 서로 구분되어야 할 성질의 것이다. 그러나 교육이라는 대상을 규정함이 없이 그것에 대한 평가란 불가능한 것이기 때문에 이들 두 가지 질문은 또한 서로 관련되어 있음도 틀림없다.

서로 환원될 수 없는 삶의 특수한 양상을 구분하고, 그 세계 안에서 파생하는 가치와 그 이외의 가치를 구분하는 것이 올바른 순서이다. 각 분야마다 그 세계에 고유한 가치기준이 있다. 목표를 설정하거나 어떤 특정한 대상이나 인물을 평가할 때, 우선 그 세계 내의 입장이 무엇이냐를 변별하는 것이 중요하다. 그것을 무시한다고 할 때, 우리는 "가치기준의 범주착오"라는 말을 쓸 수 있을 것이다. 정치의 목적을 경제의 목적으로 환원시키는 것은 잘못이다. 도덕적인 범주에 따라 예술을 판단하려고 하고,

유용성의 기준을 예술에 적용하려고 하는 것은 원칙적으로 범주착오에 속한다.

그런데 불행히도 교육은 그러한 오류의 한복판에 자리잡고 있다. 교육은 하나의 삶의 양상으로서 다른 삶의 양상들, 예컨대 정치, 경제, 사회, 문화, 종교와는 구분될 수 있어야 한다. 교육은 학교의 울타리를 중심으로 그 안의 것은 교육이고, 그 밖의 것은 교육이 아니라는 식으로 구분될 수 있는 것이 결코 아니다. 그런데 이제까지 학교태를 중심으로 하는 제1기 교육학 혹은 용병학문들은 학교 안에 작용하는 모든 가치기준들을 교육의 목표와 평가를 좌우하는 지표로 잘못 인식하여 왔다. 본 소절이 교육의 내재와 외재의 구분을 문제시하는 것은 그러한 오류를 범하고 있는 교육학 내부의 사정을 치유하고, 교육을 본위로 하여 거기에서 존중되어야 할 가치를 올바르게 판별하기 위함이다.

우리의 삶의 이면에서 작용하는 이질적인 세계 혹은 활동의 고유성은 그것과 대립하는 것들과의 관계에서 그 자체의 가치론적 위치를 올바르게 정립할 수 있을 때 유지된다. 이 점은 이제까지 철학에서 이른바 "내재적 가치"와 "외재적 가치"의 구분에 의해서 취급되어 왔다. 철학적인 가치 논의는 다분히 선험적인 방법과 정당화를 따른다는 특징을 갖고 있다. 이에 비해서 심리학에서는 주로 "내재적 동기"와 "외재적 동기"라는 주제로 이를 다루어 왔으며, 다분히 경험적 방법에 의존하고 있다. 철학에서 말하는 가치와 심리학에서 말하는 동기가 어떠한 관련을 갖고 있는지에 대해서는 아직까지도 밝혀진 바가 별로 없다. 그러나 철학과 심리학이 모두 어떤 것의 내재와 그것 바깥의 외재를 구분하고 있다는 점은 단순히 우연의 일치는 아닌 것 같다. 따라서 나는 당분간 그 두 가지 논의를 동원하여 교육의 고유한 가치를 규정하는 실마리로 삼고자 한다.

삶에서 활동의 평가는 목표를 어디에 두느냐에 따라 크게 달라질 수 있는데 그것을 판가름하는 최소한의 이론적 개념구분이 존재하고 있다. 그것이 이른바 "내재적인 가치(intrinsic value)"와 "외재적인 가치(extrinsic value)"라는 척도이다(Lemos, 1994; Lewis, 1945). 내재적인 가치규정은 우리가 세계에 참여하는 이유를 그 자체에 대한 몰두, 몰아, 전념, 그 세계에 심취하는 데서 따라 나오는 내적인 만족과 보람 등에서 찾는다. 이에 비해 외재적인 가치의 규정은 대단히 복잡한 양상을 취하고 있다. 외재적 가치의 규정은 특정한 활동이 가져오는 외적인 이해타산, 보상, 또는 그 활동이 기능적 수단이 되는 측면 등에 주목하고 있다. 이는 해당 활동을 그것과 경험적으로 관계를 맺고 있는 여타의 다양한 가치들과 연관시키는 논리에 따르고 있다.

철학에서 내재적 가치와 외재적 가치를 분류하게 된 원류를 따지고 들자면, 아리스토텔레스가 《니코마코스 윤리학(/1984)》에서 전개한 'theoria'와 'praxis'에 대한 논의로까지 소급된다. 아리스토텔레스는 'theoria'의 경우는 그 자체로서 가치를 인정할 수 있는 "내재적 가치"를 가지고 있음에 비해서 'praxis'는 그것 이외의 다른 데에 유용한 "외재적 가치"를 갖는 것으로 보았다. 우선 전자의 가치를 정당화하는 아리스토텔레스의 발언을 인용해 보자.

> 이성의 활동은 관조적인 것임으로써 그 진지함에 있어서 뛰어난 가치를 지니고 있고, 그 자신 이외에는 다른 목적을 가지고 있지 않으며, 그 자신에 고유한 쾌락(이것은 그 활동을 증가시킨다)과 자족성과 한가성과 싫증이 나지 않는 성질 등을 가지고 있다. 또한 다시없이 행복한 사람에게 속하는 것으로 볼 수 있는 모든 성질이 이 활동과 결부되고 있음이 분명할진대, 응당 이 활동이야말로 인간의 가장 궁극적인 행복이라 아니할 수 없다(p. 302).

학자란 자기의 일생을 언제나 진리를 추구하는 순례자로서 규정할 수 있는 사람이다. 적어도 아리스토텔레스가 이성의 활동을 그 자체로서 행복에 해당한다고 보고 있다는 점은 이 발언에서 분명히 드러나고 있다. 그는 이성의 활동을 관조적인 것으로 보고, 그러한 삶 자체가 그에게 행복을 준다는 점을 주장하고 있다. 도구적 이성이 무성하게 날뛰고 있는 오늘날의 상황에 비추어 보면, 이러한 발언은 생소하리만큼 소중하게 느껴진다. 이것은 교육의 내재적 가치를 규정함에 있어서 매우 중요한 시사를 준다. 그러나 아리스토텔레스가 말하는 내재적 가치가 곧바로 교육의 내재적 가치를 대변하는 것은 아니다. 여기에는 몇 단계의 사고의 전환이 이루어져야 한다.

첫째, 내재적 가치는 그 각각의 세계 안에서 규정할 수 있다는 점을 유의하는 것이 매우 중요하다. 아리스토텔레스가 말하는 내재적 가치는 학문의 입장에서는 옳지만, 학문 밖의 입장, 이를테면 예술의 입장에서는 외재적인 것에 해당한다는 사실을 알아야 된다. 또한 학문이나 예술과 같이 수도계의 입장에서는 내재적인 것이 교육계의 입장에서 외재적이며, 그 반대의 경우도 성립한다. 이들을 동일시하는 것은 앞에서 우리가 규정한 '범주착오'를 범하는 셈이다. 여기에서 독자는 세계 상호간에 본위의 선택에 따른 미묘한 변화가 있다는 점을 알 수 있을 것이다.

둘째, 어떤 세계, 활동, 사건을 판단함에 있어서 내재적 가치와 외재적 가치 가운데 어느 하나만을 적용하는 것은 잘못이다. 모든 것은 양면성을 가지고 있다고 보는 것이 더 타당할 것이다. 가령 앞에서 도구적 이성이 무성하게 날뛰고 있는 오늘날의 상황을 탓했지만, 이성 안에도 그러한 측면이 있음을 부인해서는 안 될 것이다. 학문은 여타의 세계, 이를테면 세속계와 관계를 맺고 있으며, 또 경우에 따라서는 세속계를 위한 수단이 되는 것도 사실이다. 이 부분을 우리는 배제할 필요는 없을 것이다. 문제는 그 우선순위를 전도시키는 데 있다. 이 발언은 학문, 예술, 도덕, 그리고 교육의 경우에 모두 적용할 수 있다.

셋째, 내재적 가치는 어떻게 정당화될 수 있느냐 하는 것이다. 위에서 볼 수 있는 것은 어떤 것의 내재적 가치를 정당화하는 데에는 외적인 증거가 개재할 여지가 없다는 점이다. 만약 어떤 활동을 하고 있는 사람에게 "왜 그것을 합니까?" 하는 질문을 할 때, 그로부터 "글쎄, 그 자체가 좋기 때문입니다" 하는 소박한 대답을 들을 수 있다면, 그는 그 활동 자체의 가치를 체험하고 있다고 인정해야 한다. 그 정당화하는 방식은 아리스토텔레스가 그러했듯이 그것 자체를 갖는 것에서 행복을 느낀다고 하면 그만이다.

다음의 문제는 그렇다면 아리스토텔레스의 가치규정을 모든 사람들의 것으로 보편화시킬 수 있느냐 하는 점이다. 만약 그렇지 않다면, 그것은 아직도 충분하게 정당화된 것은 아니다. 여기에 선험적 주제 이상의 것을 탐구하는 학문들, 예컨대, 심리학과 같은 학문들이 공헌할 수 있는 여지가 있어 보인다. 가치란 우리의 선택을 지배하는 기준으로서 단순한 심리적인 동기 이상의 것이다. 우리는 흔히 '괴롭다'는 것과 '즐겁다'는 것이 서로 상응할 수 없는 감정으로 알고 있으나, 가치는 그 모든 것을 포괄하는 어떤 것이다. 이 점에서 가치는 심리적인 쾌감과는 구분되어야 한다. 가치는 우리에게 행복만 주는 것은 아니다. 가치는 유쾌한 것 이상의 장기적인 목표의 추구와 관련되어 있다. 많은 경우에 가치는 그것을 받아들이기에 고통스러운 면을 가지고 있다. 동기의 수준에 머문다면, 약은 사탕보다 덜 유혹적이다. 그러나 진정 약의 가치를 인정하는 사람은 "그것이 써도 달게 마신다." 이처럼 어떤 것을 함에 있어서 고통을 감수하는 것은 역설적으로 그만큼 그것이 가치 있다는 것을 입증한다.

철학에서는 가치와 관련된 사실의 문제는 '자연주의'라는 항목으로 다분히 철학 밖의 것으로 내몰고, 그에 관한 것은 심리학자 등이 해명할 경험적인 문제로 치부하기도 한다. 그러나 이 부분에서 심리학자들로부터 마땅한 해답을 얻을 수 있는 것도 아니다. 이들은 욕망, 흥미, 태도, 욕구 등과 같이 주어진 경험적 사실만을 탐구의 대상으로 삼기 때문이다. 여기서 그 중간의 연결이 어떻게 이루어지느냐 하는 문제가 제기되며, 뒤(3.7.3)에 더 자세한 논의가 있겠지만, 그 문제를 해결하는 요체는 아마도 교육에서 찾아야 할지도 모른다. 나는 이와 관련하여 다음에 심리학의 사정을 밝히고, 더 나아가 여기에 교육이 공헌할 수 있는 부분을 첨가하고자 한다. 다른 한편, 외재적 가치 역시 단지 선험적인 주장의 범위를 넘어선 증명을 요구한다. 이것은 경험적 증거에 의해서 입증되어야 할 성질의 것이다. 다만 인과적 사실의 규명과 그 사실에 적용되는 가치기준의 차이에 대한 분별 있는 배려가 수반되어야 할 것이다.

아무튼 철학의 가치론에 대응할 만한 심리학의 주제가 동기 연구이다.

심리학자들은 인간의 행동에 대한 과학적 연구를 표방하면서 어떤 행동을 하도록 이끄는 에너지가 있음에 주목하고, 이를 '동기화(motivation)'라는 주제로 다루어 왔다. 초기에는 예컨대, 기아, 갈증, 성, 고통으로부터의 회피 등과 같은 이른바 "동질정체적 동기(homeostatic needs)"에 관한 것이 주류를 이루었다. 이것은 유기체 내에 존재하는 어떤 결핍상태로부터 오는 자극에 주목한다. 배고픈 상태, 목마른 상태, 충족되지 않은 성욕, 아픔 같은 것이 바로 그것이다. 그러한 상태를 모면하기 위하여 유기체는 특정한 목적적 행동을 한다는 것이다. 그리고 어떠한 경로를 통하든지 간에, 그 결핍이 충족되면, 더 이상 행동을 유발하는 힘이 생겨나지 않는 것이 동질정체적 동기의 특징이다.

그러나 이러한 초기의 설명은 점차 다른 경향이 관찰되면서 설득력을 잃게 되었다. 그것은 바로 유기체에는 그 반대의 경향이나 동기도 존재한다는 발견이다. 유기체는 단지 외부의 자극을 감소시키려 드는 것이 아니라, 일정 정도의 불일치 자극을 추구하는 경향도 지니고 있다. 그러한 경향은 쥐나 침팬지 같은 인간보다 저급한 동물에게서도 발견된다. 이러한 발견에 주목하면서 심리학은 동기에 이른바 "비동질정체적 동기(nonhomeostatic needs)"를 추가하게 된다. 이러한 동기는 이후 화이트(White, 1959)의 "유능함에 관련된 동기화(competence motivation)", 벌린(Berlyne, 1960)의 "인식론적 호기심(epistemological curiosity)", 그리고 헌트(Hunt, 1961)의 "궁합의 문제(the problem of match)" 등과 같은 주제와 관련됨으로써 동기론의 다른 주류를 형성하게 되었다. 비동질정체적 동기는 활동 그 자체의 본질을 유지하려는 에너지와 방향성을 보인다는 점에서 흔히 "내재적 동기화"로 분류되기도 한다.

동질정체적 동기와 비동질정체적 동기들을 절묘하게 하나의 체계로 종합한 것과 같은 인상을 주는 것이 매슬로우(1970)의 "동기의 위계론"이라고 할 수 있다. 그는 인간의 동기가 상대적인 우세성의 위계로 조직되어 있다고 주장한다. 위계의 기초에서부터 상위의 것에 드는 항목들을 열거하면, 1) 생리적, 물질적 혹은 생존적 욕구, 2) 안전의 욕구, 3) 소속 및 애정의 욕구, 4) 존중의 욕구, 5) 자아실현의 욕구, 6) 인지의 욕구, 7) 심미적 욕구이다. 매슬로우는 이러한 다양한 욕구들을 크게 결핍동기(deficiency motive)와 성장동기(growth motive)로 양분하여 특징짓는다. 전자는 1)에서 4)에 해당하는 것으로서 기본적으로 앞에서 말한 동질정체적 동기의 특징들과 부합하며, 후자는 5)에서 7)에 해당하는 것으로서 비동질정체적 동기의 특징들과 부합한다. 이 위계론에서 흥미를 끄는 것은 저급의 것이 만족이 되면, 그 이후의 고급의 것이 점차 현저하게 드러난다는 점이다.

이러한 주장은 우리가 닦아 온 독특한 의미의 교육의 맥락과 어울릴 수 있는 여지가 많다. 우선 매슬로우의 동기의 분류가 대략 우리의 관점에서 생물적인 것, 문화적인 것, 그리고 교육적인 것과 관련되거나 대응하는 것으로 보인다는 점에서 흥미롭다. 그의 이론은 이 세 가지 부류의 동기를 하나의 위계로 내세우고 있다. 그는 생물적인 것, 문화적인 것, 교육적인 것의 순서를 설정하고, 이후의 것은 이전의 것이 만족될 때 현저하게 드러난다는 가설을 제시한다. 이러한 매슬로우의 설명에 따를 경우, 인간은 물질적 쾌락이나 세속계적인 보상과 이익을 떠나서 그 자체가 목적인 동기와 가치를 추구하는 경향을 지니고 있다고 해석할 수 있다.

매슬로우가 분류한 동기는 우리가 삶에서 어떤 종류의 세계에 종사하느냐에 따라 그때마다 변별적으로 드러날 수 있을 것이다. 앞(3.4)에서 우리는 자연계, 세속계, 수도계, 그리고 교육계를 분류하고, 그에 대응하는 것으로서 생물적 진화, 문화적 진화, 교육적 진화를 대비한 바 있다. 생물적인 것을 뛰어넘는 것이 문화적인 것이다. 그러나 인간으로서 진정한 자기탐색은 특정한 사회나 문화의 구속에서 해방될 수 있어야 한다. 거기에 세속적 관심과 애착이 부가되고, 또한 그에 따른 보상이나 위협이 주어진다면, 수도계의 추구는 크게 방해받게 되는 것이다. 이렇게 보면, 인간이 생물적으로나 문화적으로 적응하는 기능적인 부분, 즉 매슬로우가 말하는 "외재적인 동기화"는 우리가 접근하려는 교육과 애초부터 먼 거리에 있다. 인간성의 해방 자체를 추구하는 것이 수도계이다. 이 부분에서 우리는 그가 인간의 동기에 일종의 내재적 동기를 포함시키고 있는 중요한 이유를 발견하게 된다.

그렇다면, 그의 이론에서 교육의 내재적 동기를 발견할 수 있는 부분은 어디에 있는가? 이에 대한 분명한 대답을 우리는 아직 발견할 수 없다. 그러나 이 문제는 교육을 어떻게 개념화하느냐와 밀접히 관련되어 있다. 매슬로우는 주로 동질정체적 동기와 같은 외재적 동기를 전제로 하여 성립된 주류 학습이론의 맹점을 파고든다. 우선 그것들이 교육의 주체로서 개인의 판단을 전적으로 무시하고 있다는 것이 매슬로우의 논지이다. 그는 주류 학습이론과는 대조적으로 인간의 성장을 촉진하는 과제의 수행과 연관시켜서 새로운 학습이론을 제창하였다. 그 조건의 하나가 내재적 동기의 만족이다. 그것과 교육의 내재적 가치는 어떻게 연관지을 수 있는가? 그 문제에 대한 해답으로 한 발자국 더 접근해 보기로 하자.

3.7.2. 내재적 학습과 외재적 학습의 대비

앞 소절에서 소개한 동기의 분류는 서로 다른 종류의 학습들과 짝이 지워지는데 그것이 이른바 "외재적 학습(extrinsic learning)"과 "내재적 학습(intrinsic learning)"이다. 매슬로우(1967) 자신의 말을 들어보자.

> 외재적 학습은 당신이 당신의 주머니 속에 있는 열쇠나 당신이 집어 올리는 동전과 같이 당신 자신에게 얻어진 것을 수집하는 것을 의미한다. 외재적 학습은 다른 하나의 연합이나 다른 하나의 기술을 추가시키는 것이다. 당신이 될 수 있는 최선의 인간이 되는 학습의 과정은 이와는 다른 사업이다. 성인교육이든 어떤 다른 교육이든 간에 그것의 장기적인 목표는 우리가 사람들로 하여금 그들이 될 수 있는 모든 것이 되도록 도울 수 있는 과정이요 방법이다. 그것이 내재적 학습인 것이다. 나는 여기서 전적으로 그것에 관한 언급을 하고 있는 것이다. 그것이 자아를 실현하는 사람이 학습하는 방식이기 때문이다(p. 105).

외재적 학습과 내재적 학습은 그에 앞서 이야기한 결핍동기와 성장동기의 분류와 그대로 대응하는 것이다. 외재적 학습은 결핍동기에 근거하는 것으로서 매슬로우는 그 예로서 고전적 조건화, 연합주의, 도구적 조건화, 작동적 조건화, 그리고 '교조화(indoctrination)'나 '선전(propagandization)' 등을 든다. 이들은 대부분 외부적인 보상을 이용해서 인간이 특정한 자극에 대하여 특정한 반응을 하도록 유도하는 방법들이다. 이때 자극에 대한 반응이나 행동 자체는 학습자에게 그렇게 매력적인 것이 아니다. 오히려 매력이 없다고 보는 것이 더 적절할지도 모른다. 왜냐하면 그것을 유발시키기 위해서 외부적인 보상이 동원되기 때문이다. 학습자는 이러한 방식으로 보상을 제공하는 어떤 외부 주체의 의도에 따라 그 자신의 행동을 조작당한다고 말할 수 있다. 그러나 자아실현은 이와 같은 방식으로는 이루어질 수 없다는 것이 그의 주장이다. 우선 성장이나 인간성의 원천은 사회에서 창조된 것이 아니라, 본질적으로 개인 안에 있다. 내재적 학습은 외재적인 보상의 유무와는 상관없이 자아의 실현 자체에서 오는 심리적인 건강과 만족이 보상이 될 때 가능하다.

보상을 전제하는 학습에서는 그 자체로서 가치 있는 삶이라는 국면이 전적으로 배제된다. 이 부분은 심리학에서 개념학습과 관련하여 행동주의의 한계를 지적하는 다음의 언급에 잘 반영되어 있다.

> 심리학자들은 그 연유에 따라서 두 가지 종류의 강화(reinforcement)를 구분한다. 하나는 외재적(extrinsic)이라고 부르고, 다른 하나는 내재적(intrinsic)이라고 부른다. 오직 외재적인 것만이 관찰자가 직접 볼 수 있는 것이다. 그러나 양자는 모두 유기체의 선행하는 행동이 반복될 가능성을 증대시키는 효과를 갖는다. 행동주의자들은 관찰될 수 있는 것만을 '과학적인' 것으로 생각하기 때문에 학습 이론에서 내재적 보강을 배제했다. 이러한 배제는 체계적으로 개념학습을 무시하는 경향으로 치달았다. 그리고 그러한 교수방법의 결과는 파멸적인 것이었다 (Glasersfeld, 1995, p. 180).

특정한 행동이 획득되는 결과상의 효과만을 중시하는 행동주의자들은 내재적인 것보다는 외재적인 강화를 선호하는 경향이 있다. 외재적 강화는 그것을 눈에 보이는 징후로 고착시킨다. 외재적인 동기유발자는 학습자에게 대상 자체를 이해하려는 노력을 동기화시키기보다는 이를 단지 외재적 동기를 달성시키기 위한 수단으로만 생각하게 만든다. 그 때문에 외재적인 동기가 만족되거나 약속된 유인가(incentive)의 제공이 중단되면, 개념학습은 더 이상 진행되지 않는다. 위의 글에서 "개념학습을 파멸로 이끌게 된다"라고 항변하는 것은 바로 이런 이유에서이다. 이 말은 무엇을 의미하는가? 적어도 두 가지의 뜻이 내포되어 있다. 하나는 개념학습 자체의 고유한 정체성을 고려하지 않는다는 것이다. 다른 하나는 개념학습이 갖고 있는 자체의 매력을 도외시한다는 것이다. 그 가치가 겨우 물질적 보상을 얻기 위한 수단으로 간주되어야만 하는가?

파멸을 막는 방법은 주어진 과제 그 자체에 매력을 느끼게 만드는 내재적 강화이다. 여기에는 위의 두 가지 문제점을 동시에 해결하는 비법이 담겨 있다. 다음의 글은 적어도 교육에서 동기유발은 외재적인 것이 아닌 내재적인 것에 호소해야 한다는 취지를 잘 드러내고 있다.

> 만일 한 학생이 대수문제를 열심히 풀고 있다고 하자. 만일 그 학생이 그것을 하되 그가 그것을 꼭 해야만 하는 것이기 때문에 그렇게 하거나, 만일 부모들로부터 그가 그것을 잘 해낸다면 상당한 용돈을 주겠다는 약속을 받았었기 때문에 그렇게 한다면, 그의 동기는 인공적인 것이요, 비본질적인 것이다. 그러나 만일 그가 그 문제들에 깊은 흥미를 느껴 그것을 풀기 원해서 그렇게 하고 있다면, 그의 동기는 자연적인 것이요, 본질적인 것이다. 본질적인 동기는 그 일 자체로부터 솟아 나오는 것이거나, 그것의 자연적인 결과들로부터 솟아 나오는 것이다. 그러나 이와는 달리 비본질적인 동기는, 만일 그 일이 이루어진다면, 그것에 덧붙여질 어떤 외부적이거나 임의적인 첨가물로부터 솟아나는 것이다(Horne, 1920/1980, pp. 189-190).

여기에서 '본질'과 '비본질'이라는 개념의 대비가 이루어진 것은 그 자체로서 중요한 의미가 있다. 앞의 개념학습의 경우에 개념이 본질적인 것이고, 지금 대수학습의 경우에는 대수가 본질적인 것이다. 그리고 각각은 그 나름의 가치를 지니고 있으며, 따라서 동기도 그 자체에서 나올 수 있게 해야 한다는 주장이 성립한다. 이렇게 주장할 때, 외재적 보상에 의존하는 전통적인 학습이론가들은 그 효과상의 차이를 주장할지도 모른다. 결과적으로 그것을 달성하는 데 더 효과적인 방법이 있다면, 그것을 동원하는 것이 나쁠 것이 없다는 것이다. 그러나 이 점에 있어서도 내재적 학습론자들은 견해를 달리한다. 내재적 학습이 결과적으로도 외재적인 것보다 더 효과가 있다는 것이다.

> 새로운 문제들을 숙달하려는 동기화는 대부분 과거에 문제들에 대한 해답을 발견하는 데 따르는 즐거움으로부터 유래하는 경향이 있다. 그것은 하나의 가능성을 넌지시 알아차리고, 그것을 실현하려고 노력하고, 그것을 자신에게 적용할 수 있는 어떤 시험에도 통과하는 결과에 도달하는 흥분상태이다. 이것은 그 결과가 다른 사람에 의해서 옳다고 생각되었기 때문에 칭찬받는 것과는 전적으로 다르다. 하나의 결과가 옳다는 통찰, 그것이 만들어졌던 방식 안에 있는 논리를 이해하는 것은 어떤 외재적 강화보다도 더욱 가치 있는 것이다. 이런 자발적 특징은 거의 분명하게 더 확장하려는 소망, 그것을 새로운 맥락에서 경험하고자 하는 소망, 그리고 자신이 만족스럽게 다룰 수 있는 경험의 범위를 확장하려는 소망을 탄생시킨다. 만약 학생들이 문제에 봉착하여 그들 자신의 방식을 생각해 내고, 그들이 그 문제들을 결국 해결할 수 있다는 자신감을 얻을 수 없다면, 그들이 더 많은 것에 도전하려고 동기화되기를 거의 기대할 수 없을 것이다(Glasersfeld, 1995, p. 181).

내재적 강화와 외재적 강화를 병행한다는 식의 타협 가능성은 없는가? 예컨대, 어떤 사람이 그 자체로서 충분히 몰입할 수 있는 과제를 수행하고 있을 때 그것에 대해서 어떠한 외적인 보상을 제공한다면 어떻게 될까? 이때 동기는 배가되는 것인가? 이에 대한 해답은 예상과는 다르다. 내재적인 동기가 유발되어 있는 상황에서 외재적인 보상이 추가되면, 오히려 그것이 정상적인 발달을 오도하거나 약화시킨다는 증거들이 나오고 있다. 아동들이 스스로 선택한 적당한 활동을 하고 있는 것에 대해서 보상을 받으면, 그들은 그런 보상을 받지 않은 아동들에 비해서 그 활동에 대한 내재적 동기를 상실하였다. 피험자는 보상의 제공으로부터 자유로울 때, 오히려 도전적인 활동을 선택했다. 그러나 보상이 도입되었을 때, 그들은 도전적인 과제보다는 더 손쉽게 보상을 받을 수 있는 과제를 택하는 것이 관찰되었다. 데시와 라이언(Deci & Ryan, 1985)은 이러한 역설적인 연구결과를 다음과 같이 보고한다.

> 거의 모든 경우에 있어서, 보상은 학습을 손상시킨다. 단어를 학습하거나 개념을 형성하는 것에 대해서 금전과 같은 외재적 보상을 제공하는 것은 피험자들을 학습과제로부터 이탈시키고 학습이나 문제해결에 필요한 시간을 증가시키는 듯하다. 외재적 보상이 학습상황에 도입될 때 학습자의 관심이 학습과제로부터 보상으로 전환되는 듯하다. 어떤 정도로 학습자는 보상에 대한 저당물이 되는 것이다(p. 257).

외재적 강화와 내재적 강화를 각각 독립적인 것으로 보고, 그것을 산술적으로 합한다는 발상이 얼마나 잘못된 것인지를 보여주는 중요한 증거가 나온 셈이다. 그 중의 하나를 선택하는 것이 불가피하다는 결론이 나온다. 외적 보상을 택하는 경우, 활동 자체의 본질을 왜곡시킬 뿐만 아니라, 활동 자체가 가지고 있는 매력을 잃게 하는 역효과를 가져온다. 또한 효과를 장기적으로 대비할 때, 내재적 보상이 외재적 보상보다 더 우월하다. 그렇다면, 학습의 성과 자체가 매력이 있을 가능성이 있는 경우, 그 중 어느 것을 선택하는 것이 현명한지는 자명해 보인다.

그런데 이러한 홍미 있는 사실들도 우리가 관심을 가지고 있는 교육 자체의 내재적 가치를 규정하고 해명하는 데에는 아직 미치지 못하고 있다. 우리의 입장에서 볼 때, 가령 위의 예에서 산수나 개념 등과 같은 교육의 결과는 교육 자체와는 분리되어 규정되어야 할 범주에 해당한다. 산수에 매력을 느낀다고 하는 것과 그것을 학습하는 데 매력을 느낀다고 하는 것은 다른 범주에 속한다. 진정한 학습의 내재적 가치는 단지 수단으로 환원되지 않는 학습이라는 실체가 먼저 규정되어야 하고, 그 가치 역시 그 실체적 속성에서 비롯한다는 것이 증명되어야 할 것이다. 그 점에서 우리의 논의는 아직 미흡한 수준에 머물고 있다.

결과와는 무관한 학습 자체의 내재적 가치를 입증할 수 있는 단서가 있다면, 같은 방식에 의해서 우리는 교육이 가져오는 품위의 가치와는 무관하게 교육의 내재적 가치를 인정할 수 있는 좋은 방증을 얻는 셈이 될 것이다. 그러나 이제까지 학습 분야에서 이루어지고 있는 연구는 여전히 결과에 큰 비중을 두고 있으며, 과정 자체의 한정된 실체 규명과 그것에 따른 내재가치를 인정하는 데까지는 진전하지 못하고 있는 것이 사실이다. 다만 우리는 그러한 방향의 연구가 매우 긍정적인 결과를 가져올 수 있다는 단서는 충분히 발견할 수 있다. 그것이 최근 칙젠미할리(M. Csikszentmihalyi, 1988, 1990)가 밝히고 있는 이른바 '통류체험(通流體驗, flow experience)'이다.

이 분야의 연구는 우리의 삶에서 단계별로 적당한 경험을 중시하는 다양한 영역에 관심을 가지고 시작되었다. 그 결과 지금의 단계에서 다음의 단계로 자연스럽게 흘러들어 가는 경험은 그 자체로서 즐거울 뿐만 아니라, 그 작업에 전적으로 몰입하게 만든다는 점이 증명되었다. 산악등반, 요트항해, 소설 읽기, 시 쓰기, 그림 그리기, 조각하기 등등의 제반 영역에서 각자의 능력과 기술에 알맞은 정도의 도전을 한다면, 누구나 그 과제에서 시간의 진행을 잊을 정도의 몰입을 하게 된다는 것이다. 그는 "그것은 마치 흘러가는 물위에 떠서 운반되는 것 같이 느껴진다(1990, p. 127)"고 비유하였다. 이러한 몰입의 체험 때문에 명예나 금전적 보상 등과 같은 외재적 보상을 염두에 두지 않고도 자신이 하고 있는 활동 자체에서 보상을 얻을 수 있게 된다는 것이다.

이 통류체험의 요체는 경험의 주체가 현재 어떤 위치에 있는가에 따라 목표가 달리 설정된다는 데에 있다. 너무 쉬운 과제에는 지루함을 느끼고, 너무 어려운 것에는 불안과 좌절이 동반된다. 그러나 그 중간 정도의 알맞은 불확실성, 복잡성, 새로움을 가진 과제에 봉착할 때에는 쓸데없는 걱정, 잡념, 방해 등이 개입될 여지가 없이 그 자체의 경험에 몰입하게 된다. 그로 인해서 발전이 이루어지고 발전이 이루어지는 만큼 과제의 수준도 조정되어야 한다. 완성은 지적 안식 상태를 보장하며 당분간이나마 통일된 삶의 특징들, 즉 명랑함, 자유로움, 자신감, 기쁨 등을 준다. 그러나 하나의 완성 단계가 너무 오랫동안 지속될 때에는 최초의 신성한 기분은 사라지고, 모든 것을 당연하게 여겨버리는 상태, 무관심, 단조롭고 따분한 상태로 전환된다. 이때 다시 한 단계 더 높은 과제가 설정되면서 계속적인 발전을 추구하게 되는 것이다.

이처럼 자신의 능력을 계속 뻗어나갈 때, 이전에 찾을 수 없었던 새로운 자신을 발견하고, 외부환경과의 통일성을 경험함은 물론 자신을 잊을 정도의 독특한 몰입과 유쾌한 흥분과 같은 감정을 느끼게 된다. 이러한 연구결과는 우리가 앞(3.5)에서 논의한 교육적 시숙의 이미지와 관련되어 있다. 이 부분은 앞서 우리가 교육적 시숙의 문제를 다룰 때 살펴보았던 학자들이 지금 학교에서 진행되고 있는 교육을 바라볼 때 한결같이 답답하게 생각했던 부분이라는 것을 상기할 필요가 있다. 몬테소리가 보기에 아동은 선천적으로 자신의 수준보다는 약간 높은 수준의 품위를 얻어내는 것에 흥미를 가지게 되고 그것에 몰입한다. 그런데 성인들은 그러한 자율적인 상구교육을 막고, 대신 외재적인 보상을 개입시킴으로써 그들을 수동적인 존재로 만든다. 그것을 두고 그녀는 "아동의 자연스러운 발달을 저해한다"고 보았다. 충동과 흥미를 구분하면서 듀이는 같은 맥락에서 학생들의 현존하는 흥미를 무시하고 천편일률적인 교과서에 의존하는 교육을 비판하였다. 피아제와 비고츠키 역시 교육이 아동의 자연스러운 발달 현상을 무시하고 있는 것을 문제시하였다.

교육은 수도계의 각 품위에서 동일한 형태로 반복해서 일어나며, 그 가치는 각각의 단계에서 가능한 도전적인 "적정 체험(optimal experience)"과 관련되어 있다. 그것을 반복적으로 보장하는 것이 교육현상을 구성하는 중요한 요소이며, 그렇게 볼 때 각 단계에서 가능한 특별한 몰입은 우리가 규정하는 교육의 내재적 속성에서 비롯한다는 결론을 내릴 수 있다. 수도계의 품위는, 그것이 아무리 높은 수준의 것이라고 하더라도, 상구자가 가진 품위에 적응하지 않을 경우 몰입의 효과를 가질 수 없다. 너무 높은 수준의 품위는, 교육의 입장에서 보면, 오히려 낮은 내재가치를 지닌다. 이와 같은 방식으로 각 단계의 품위는 그것이 적용되는 방식에 따라 교육의 내재적 가치를 실현시키는 수단으로서 평가되어야 한다.

이제 본 소절의 논점을 정리해 보자. 우리는 주로 심리학에서 탐구해 온 '학습(learning)'이라는 개념을 중심으로 교육과 관련하여 매우 중요한 시사를 얻고자 하였다. 그 분석 과정에서 "외재적 학습"과 "내재적 학습"의 구분에 주목하면서, 교육을 후자의 것과 결부시키는 방식을 취했다. 그렇다면, 내재학습이 곧바로 교육이라고 할 수 있는가? 좀더 구체적으로 말한다면, 그것은 교육본위론이 밝히고자 하는 교육의 한쪽 양상인 '상구교육'과 동일한 것으로 취급해도 되는 것인가? 그렇다고 대답한다면, 우리의 주장은 일관성을 잃게 된다. 교육은 종전의 어떤 외래적인 개념을 통해서는 이해할 수 없는 고유한 현상이라는 입장에는 추호의 변함이 없다. 다만 이제까지 본 장의 논의가 그래왔듯이 기존에 이루어졌던 외부의 주장이나 연구결과를 우리의 논의를 진전시키는 하나의 은유적 방편으로 활용하고 있다는 점을 상기하자.

3.7.3. 교육의 내재적 가치

이제부터 우리는 교육학도들이 당연히 자기의 영토 안에 넣어 관리했어야 함에도 불구하고, 여태까지 불모지로 남겨 두었던 주제를 다루고자 한다. 그것은 바로 교육의 내재적 가치에 대한 인식이다. 각종 삶의 공간에서 우리가 종사해야 할 세계들이 다양한 것만큼 우리의 사는 보람도 다양하다. 어떤 특정한 세계에서 이루어지는 활동의 가치를 내재적 가치와 외재적 가치로 이원적으로 양분하여 고정적으로 규정하는 것은 잘못이라는 점을 앞에서 살펴보았다. 우리의 삶에는 다양한 세계들이 복합되어 있고, 그 세계 안에서 이루어지는 활동들은, 정도의 차이는 있을지언정, 다소간 내재적 가치를 가지고 있기 마련이다. 내재적 가치가 전적으로 배제된 활동이라면, 지금에 이르기까지 독자성을 인정받기가 어려웠을 것이다.

교육도 제반 삶의 일부로서 중요한 영역을 차지한다. 따라서 교육은 자체의 내재적 가치도 지니고 있을 것이다. 교육의 내재적 가치란, 한마디로 말하면, "교육의 다양한 기능들을 제외하고도 남는 자체의 크나큰 보람"이라고 정의할 수 있을 것이다. 진정 교육은 그 자체로서 세상 사람들로부터 사랑받을 만한 가치를 지니고 있는가? 이러한 원론적인 질문에 대해서 긍정적인 반응을 보일 사람은 많지 않을 것이다. 그 근본적인 이유는 우리가 교육이라고 할 때 그것이 무엇을 지칭하느냐 하는 데에서 체계적인 오류가 작용해 왔기 때문이다. 즉, 교육의 내재적 가치가 없는 것이 아니라, 그것을 포착할 적절한 개념이 부재했던 것이다. 교육의 내재적 가치를 규정하기 위해서는 교육의 안과 밖을 구분할 수 있는 개념이 일차적으로 전제되어야 한다. 그런데 이제까지 대부분의 사람들은 교육에 대한 부적절한 개념을 가지고, 그것을 평가하는 오류를 범하고 있다.

일반인들이 교육에 대해서 가지고 있는 부정적인 감정에는 두 가지 복합적인 요인이 포함되어 있다. 하나는 사람들이 학교생활에서 체험한 부정적인 감정을 교육과 결부시키는 것이다. 대부분의 젊은이들이 수용된 학교생활이 반드시 즐거울 수는 없다. 근래에 '학교붕괴'라는 유행어가 지칭하듯이 학생들은 학교체제를 선호하지 않는다. 학교생활은 선택이 아니라 강요된 것이며, 아마도 상당수의 학생들은 그러한 이유에서 등교를 꺼려하기도 한다. 이른바 "입시위주의 교육"으로 표방되는 온갖 형식치레, 치열한 점수경쟁, "승자와 패자"의 구분, 실패와 좌절에 따른 고통 등도 여기에 포함된다. 그러한 학교생활을 교육과 연관시키는 통념을 받아들인다면, 교육은 가능하다면 피하고 싶은 어떤 것이 되고 만다. 우리가 교육에 대해서 부정적인 감정을 갖게 되는 다른 하나의 요인은 교육을 단지 여타의 삶을 위한 수단이라는 관점에서 바라보는 교육학자들의 기능주의적 사고 때문이다. 그러한 패러다임에서 교육 자체의 내재적 가치가 인정될 여지는 애초부터 개념적으로 봉쇄되어 있다. 그만큼 이제까지 교육은 그 고유한 가치를 제대로 감식할 수 없는 잘못된 안목에 의해서 왜곡되고, 소외되고, 버림받아왔다고 볼 수 있다.

따라서 교육의 내재적 가치를 말할 때, 교육의 안쪽에 해당하는 것이 무엇이냐 하는 문제부터 반성하는 것이 순서이다. 우선 학교의 기능과 교육의 내재적 가치를 분리시킬 필요가 있다. 학교는 온갖 가치의 갈등과 절충이 이루어지는 곳이다. 학교의 기능은 그것이 위치한 시대와 장소, 그리고 여타의 특수성에 의해서 결정되며, 일률적으로 규정될 성질의 것이 아니다. 학교에 자녀를 보내는 이유는 무엇인가? 국가에서 학교에 기대하는 것은 무엇인가? 이 문제는 사실의 확인이 필요한 부분이다. 그러나 종국적으로 모든 학교는 정부, 일반대중, 그리고 여러 자격심사 기관으로부터 압력을 받아 젊은이들을 마치 규정된 제품처럼 제조해 내는 공장의 구실을 해온 것이 사실이다. 그 모든 것을 총칭하여 교육의 내재적 가치라고 규정하는 것은 어느 모로 보나 큰 착오이다. 교육의 내재적 가치에 비추어 학교의 기능을 재검토하는 것이 가치론적으로 올바른 순서임은 말할 필요조차 없다.

일반대중은 교육의 개념적인 문제에 관해서 별다른 생각을 해보지 않고, 이러한 제도적 개념에 집착할 수 있으며, 이는 양해될 수 있는 부분이기도 하다. 그러나 용납하기 어려운 것은 이제까지 교육학자들이 그런 잘못된 상식적 교육관을 교정하기는커녕 오히려 더 체계적으로 왜곡해 왔다는 점이다. 제1장에서 살핀 바와 같이 이들은 대개 교육현상 자체를 밝히는 본래의 작업을 접어두고, 교육을 다양한 기능으로 환치시키는 방식을 택해 왔다. 실체가 모호한 상태에서 교육의 외재적 기능만을 강조한 것이다. 다른 한편, 용병학문들은 오로지 교육을 제외한 모학문적 사실만을 가지고 교육을 규정하는 오류를 범하여 왔다. 용병학문으로 구성된 '교육학의 현장'에서 규정하는 '교육'은 역설적이게도 학교라는 생활공간 안에 있는 다양한 종류의 '비교육적 사실'에 해당하며, 이들 역시 교육의 내재적 가치를 대변할 수 없음은 말할 필요도 없다. 그러한 무분별한 외재적 가치에 비추어 이루어지는 이른바 '교육평가'는 교육의 내재적 가치를 철저하게 소외시켰다.

일반 사람, 그리고 기존의 교육학자들에 의해서 교육이라는 이름으로 조망되는 현상이나 사실은 교육 자체의 본질과는 너무나도 동떨어져 있다. 따라서 교육의 내재적 가치는 이러한 교육에 대한 온갖 구호와 용어, 이면에 숨어있는 가정, 허위의식, 과장, 그것의 실상과의 일치와 괴리, 의도되지 않은 부작용, 여타 이해집단의 이데올로기와의 관계 등을 폭로하고 노출하고 제거한 다음에야 비로소 인식될 수 있을 것이다. 교육본위론은 이에 호응하고자 한다. 우선 교육본위론은 이제까지 교육의 경계를 학교의 울타리로 한정해 왔던 관행을 문제시하였다. 교육은 가정, 직장, 각종 문화회관, 가상공간, 그 외에 모든 삶의 공간에서 보편적으로 일어나는 인간사이다. 그러한 교육과 구분될 영역은 여타의 삶의 양상, 이를테면 정치, 경제, 사회, 문화, 종교 등인 것이다. 그렇게 교육을 자체의 삶의 양상으로 포착하려는 것은 교육을 단지 여타의 삶을 위한 기능적 차원에서만 규정하는 경우, 필연적으로 발생하는 온갖 명분과 허상, 그리고 혼돈의 늪에서 빠져나오기 위해서이다.

교육본위론이 이전의 교육관과 다른 점은 교육을 하나의 동일성을 가진 실재로 규정하고자 하는 것이다. 교육의 안과 밖이 구분되며, 그것에 따라 내재와 외재가 구분된다. 그 경계를 이루는 것이 바로 구조이다. 차츰 밝혀지겠지만, 상구교육과 하화교육은 나름의 요소를 갖추고 있는 교육의 하위영역이다. 이들은 협동교육이라는 더 커다란 하나의 구조를 이루며, 이 경우 서로는 상대를 위한 수단으로 결합하는 양상을 띤다. 여기서 주목할 점은 교육이 그러한 전체적인 구조에서 비롯하기 때문에 각각의 요소들은 서로 연관되어 전체의 의미구성에 참여하고 있다. 말하자면, 각 요소는 여타의 요소들을 전제하며, 그러한 맥락에서만 의미를 갖는다. 이것이 교육 안쪽의 내용을 이루며, 여타의 것은 교육 밖의 것으로 배제된다.

교육은 특정한 내재율을 따르는 일종의 놀이에 비유될 수 있다. 놀이는 아무렇게나 할 수 있는 것이 아니다. 놀이를 하는 사람은 놀이의 내재율에 맞추어 자발적으로 행동하며, 그렇게 함으로써 그 놀이가 제공하는 독특한 체험을 하게 된다. 마찬가지로 교육도 그러한 자발성에 근거하고 있으며, 자체의 맥락에서 연유하는 내재율에 복종하는 경우에만 고유한 체험을 보장한다. 교육을 놀이에 비유하는 또 하나의 이유는 그것이 결코 강제적인 것이 되어서는 안 된다는 데 있다. 놀이는 즐겁고, 소비적이며, 자발적이다. 이 부분이 교육의 내재적 가치가 자리잡을 수 있는 부분이다.

교육은 바로 교육할 수 있는 사람의 것이다. 평생교육의 실제적인 시작은 유아기이며, 그 끝은 늙어서 죽을 때이다. 그렇다면 원칙상 남녀노소와 동서고금을 막론하고, 다양한 삶의 공간에서 교육의 내재적 가치가 실현되어 왔다고 볼 수 있다. 삶의 한 양상으로서 교육은 여타의 삶이 제공할 수 없는 독특한 경험을 포함하고 있으며, 그 경험 자체가 삶에서 중요한 의미를 갖는다. 이 때문에 우리는 유용성과 필요성을 위해서뿐만 아니라, 그 자체를 위해서도 교육을 할 수 있고 또 해야만 한다. 그러한 고상한 교육적 체험의 흥취와 보람의 증거는 선인들의 문헌에서도 잘 나타나고 있다. 그 가운데 하나가 《논어》에서 공자가 자신의 삶 가운데 가장 특징적인 것을 제자들이 인정해 주기를 바라는 대목이다. 그는 자신의 삶을 "아무리 배워도 싫증이 나지 않으며(學而不厭), 아무리 가르쳐도 지칠 수가 없다(誨人不倦)"[46]는 고상한 말로 술회한 바 있다.

이 사례에서 교육이 일정 수준의 지적 능력이 없으면 참여할 수 없는 것이라는 선입견을 갖는다면 큰 오해이다. 앞(3.2.4)에서도 지적했듯이 품위의 차이 안에서 교육의 놀이가 이루어진다. 교육의 입장에서 품위의 가치는 그것의 절대성에 있지 않고, 그것이 얼마나 교육의 소재가 될 수 있었느냐에 있다. 각 품위에서 이루어지는 교육은 이론상 품위의 수준에 상관없이 동일한 놀이의 체험과 내재적 가치를 갖는다. 이 때문에 교육에 대한 참여와 그에 따른 열정은 공자와 같이 높은 품위의 소유자에 의해서만 독점될 성질의 것이 아니다. 우리 내면에 잠복되어 있는 이 특수한 열정은 알맞은 조건만 갖춘다면 누구에게나 분출하는 것으로 체험될 수 있다. 이만큼 교육은 수도계적인 가치를 초극한다.

교육의 내재적 가치에 대한 논의는 이 저서의 모든 부분에서 이루어질

46) 《논어》, 술이 2.

것이지만, 우리에게 당장 중요한 것은 그러한 맥락으로 진입하는 데 필요한 은유적 쇠갈고리이다. 교육은 서로 수준이 다른 품위 사이에서 일어나며, 그 내재적 가치는 품위의 간극을 메우려는 강한 열정 혹은 사랑과 관련되어 있다. 이러한 추정을 가능하게 하는 논의의 역사는 꽤 긴 편이다. 그 중 가장 전형적인 이미지는 멀리 플라톤의 대화편 〈향연〉에서 전개되는 '에로스(eros)'의 성격에 관한 논의에서 드러난다. 풍요의 신 포로스와 궁핍의 신 페니아 사이에 태어난 일종의 정령으로 알려진 에로스의 특징이 무엇인지는 소크라테스가 디오티마[47]로부터 들은 말을 전하는 부분에서 드러난다.

> 아름답지 않은 것은 추하고, 선하지 않은 것은 악하다고 주장하지 말아요. 에로스는 선하지도 않고 아름답지도 않기 때문에, 에로스는 추하고 악할 수밖에 없다고 생각하지 말고 오히려 당신이 인정한 대로 에로스는 선과 악, 아름다움과 추함의 중간에 있다고 생각하세요(Platon /1987, p. 239).

〈향연〉에서는 에로스의 힘과 용기가 생식에 의한 생명의 연장과는 구분되는 정신의 유지와 결부되어 찬양받는다.[48] 위에서 인용된 말은 소크라테스가 지혜와 무지라는 양분법이 옳지 않다는 것을 여러 사람들에게 주장하는 가운데 이어지는 부분이다. 에로스가 중간의 존재이듯이 모든 인간 역시 중간의 위치에 있으며, 이 때문에 인간은 누구나 에로스처럼 더 나은 것을 지향하는 갈망, 소망, 열정을 가지고 있다는 것이다. 일생에서 최종적으로 도달해야 되는 완전한 지점은 없지만, 그렇다고 해서 모든 사람들이 불완전한 상태로 남아 있게 되는 것도 아니다. 다만 이 세상에는 그 오름의 정도에 의해서 차이가 나는 사람들이 있고, 그 사람들 사이에 교육적인 연대를 유지하고 강화하는 모종의 순수한 감정이 개재한다. 사실상 소크라테스의 죽음 자체가 그 순수한 감정이 얼마나 강렬한 것인

47) 디오티마가 역사상 실재한 인물인지는 확실하지 않다. 가상적 인물로 보는 견해도 있다.
48) 흔히 이야기하는 "플라톤적인 사랑(Platonic love)"이라는 용어에는 이러한 고상한 의미가 들어 있다.

지를 역설적으로 증명하고 있다.

우리가 잠정적인 방편으로 쓸 만한 또 하나의 은유가 있다. 이것은 이른바 세상 사람들에 의해서 회자되는 '교육열'이라는 개념을 해독시키는 데에 중요한 시사를 준다. 흔히 우리 사회에 팽배해 있는 '교육열'은 실상은 학교가 가지고 있는 사회적 선발에 대한 관심으로 해석될 수 있으며, 교육본위론의 관점에서 볼 때, 극히 세속계적인 범주에 드는 것이다. 그것을 교육의 내재적 가치로 순화시키는 길은 참으로 멀고도 험난해 보인다. 그렇다면 진정한 의미의 교육에 대한 열정은 없는 것인가? 이 질문에 대하여 해답을 시사해 줄 수 있는 이론이 있다. 그것은 폴라니(1958)가 "인격적 지식(personal knowledge)"이라는 주제를 다룰 때 언급한 "발견적 열정(heuristic passion)"과 "설득적 열정(persuasive passion)"이라는 개념이다.

폴라니에게 있어서 한 개인의 새로운 발견은 바로 한 단계 높은 실재에 대한 이해를 의미한다. 이것을 이루어지게 하는 가장 순수하고도 강력한 에너지가 발견적 열정에 해당한다. 그러나 그것은 개인 내부에 머물러 있을 뿐이다. 한 단계 높은 실재를 경험하지 못한 많은 사람들에게 그 발견은 발견 당사자의 것처럼 흥분을 유발하는 것으로는 아직 인식되지 않는다. 그들은 아직도 이전의 어리석은 품위에 머물러 있기 때문에 새로운 발견에 흥분하기보다는 오히려 이를 경멸하고 무시할 것이다. 이러한 경우 후진의 사고체계를 전향시키려고 하는 경향성이 설득적 열정에 해당한다.

> 설득적 열정은 발견적 열정에 뒤따르는 것으로서 발견적 열정처럼 역시 논리적인 간극에 봉착하여 드러난다. 발견자가 스스로 새로운 실재에 대한 관점에 헌신하는 정도만큼 그는 아직도 옛날의 방식으로 생각하는 타인들과 격리되어 있다. 그의 설득적 열정은 이제 모든 사람들이 그와 그 사람들 사이에 존재하는 논리적인 간극을 넘어 그가 사물을 보는 방식으로 전향하도록 이끌게끔 그에게 박차를 가한다. 이는 발견적 열정이 발견을 향해 나아가고자 하는 자신 앞에 놓여있던 간극을 넘도록 그에게 박차를 가한 것과 마찬가지이다(1958, p. 150).

이 두 가지 열정은 교육본위론의 맥락에서 볼 때, 각각 '상구열정'과 '하화열정'으로 해석해도 무방할 것이다. 교육의 내재적 가치는 바로 여기서 연유한다. 우리가 말하는 품위는 어떤 절대적인 기준점이 없다. 그것은 단지 높은 것에 비하면 낮고, 낮은 것에 비하면 높다는 정도의 상대적인 위치에 놓여있다. 말하자면 수도계에서 우리는 언제나 중간자인 것이다. 그러니까 그 준거를 어디에 두고 어느 방향을 향하느냐에 따라 우리는 상구열정 혹은 하화열정에 사로잡히는 것이다. 그러한 두 가지 열정이 또한 선진과 후진 간의 교육적 관계를 공고히 하는 접합제의 역할을 한다고 볼 수 있다.

우리가 교육의 내재적 가치에 주목하면서 그 중요성을 부각시키려는 것은 교육의 내재적 가치가 교육으로 하여금 여타의 세계와의 관계에서 자신의 정체성을 유지하도록 만드는 원천적 힘으로 작용하기 때문이다. 일단 이처럼 교육이 교육답게 우리의 삶의 한 영역으로 굳건히 자리잡을 수 있게 되었을 때, 우리는 그것이 여타의 삶에 공헌할 수 있는 다양한 기능도 생각해 볼 수 있다. 교육의 의미를 여타의 삶과 연관시켜 부여하는 이 부분은 교육이 자체의 고유한 내재적 목표의 달성과 더불어 그 밖의 세계에 자체의 중요성을 알리고 호소하는 통로이기도 하다. 그것은 어떠한 선험적인 주장을 통해서가 아니라, 마치 아스피린의 효과를 검증하는 방식처럼, 경험적 연구를 통해서 부단히 탐색되어 할 부분이다. 교육의 외재적 가치는 이루 헤아리기도 어려울 만큼 많겠지만, 그 가운데 우리가 앞에서 약속한 부분만을 지적하는 것으로서 우리의 논의를 종결하기로 하자. 그것은 교육이 수도계의 품위를 정당화시키는 가장 강력한 도구가 된다는 점이다.

수도계의 내재적 가치가 지니는 보편성을 어떻게 정당화할 수 있는가? 수도계의 내재적 가치의 보편성이나 정당화는 결국 실천적 체험, 설득, 그리고 상호간의 공감에 의해서만 가능한 것이다(Lewis, 1945; MacIntyre, 1981). 가령 수도자가 내재적 가치를 인정하고 있는 수도계에 대해서 어떤 사람이 그러한 가치를 느끼지 않고 있다고 해서 그것이 바로 그 가치의 보편성을 부정하는 증거가 되지는 않는다. 그는 앞에서 폴라니가 지적한 바와 같이 그 가치를 인정할 정도의 체험을 아직 하지 않았을지도 모른다. 그런데 이에 대한 철학에서의 해답은 앞 소절(3.7.1)에서 지적했듯이 선험적인 것에 국한된다. 경험의 문제는 심리학 같은 다른 학문의 과제라는 것이다. 그런데 내재적 가치체험은 어떤 초월적 존재에 의해서 주어지는 것도 아니지만, 본능과 같은 것에 의하여 가능한 것도 아니다. 따라서 주어진 사태의 기술이나 혹은 인과적 설명을 목표로 삼는 심리학이 이에 대한 해답을 제공해 주리라 기대하기도 어렵다.

그 대안으로 우리는 사회학이나 문화인류학이 관심을 가지고 연구하고 있는 사회화나 문화화라는 과정을 대입해 볼 수 있다. 수도계적인 가치란 자발적인 헌신과 승복을 본질로 한다. 그러나 문화화는 이미 검증이 끝난 일률적인 문화내용을 받아들이도록 강요한다. 만약 남의 눈치나 인정 혹은 강요에 의해서 수도계적인 가치를 추구한다면, 그것은 그 본질을 잃은 것이다. 이처럼 문화내용을 주입하는 것은 인간을 위해서 문화가 차지해야 할 진정한 가치를 탈색시키고, 그것을 자연화하고 객관화시키는 원인이 된다. 따라서 수도계적인 가치를 현존하는 지배적인 문화형태에 일치시키기보다는 그것이 발생하는 과정을 충실하게 체험하도록 하는 것이 중요하다. 이 부분에서 교육본위론은 이제까지 철학, 심리학, 사회학이 각각의 연구영역 구획에서 제외시키고 있는 문제를 다룰 수 있는 유리한 입장에 있는 듯하다.

교육은 그 목적이나 활동의 면에서 최고의 품위를 재생하려는 작업이 아니다. 오히려 수도의 역사에서 있었던 인물들의 상구교육과 하화교육의 경험을 수도계의 품위를 소재로 삼아 충실하게 재체험하려는 것이다. 교육적 교섭과 활동을 원활하게 하고 그 교육에 몰입하도록 하거나 만족을 느끼도록 하는 데에 결정적인 영향을 주는 가장 중요한 품위는 제자의 차상품이다. 나는 수도계를 길에 비유한 바 있다. 이 경우 그 길에서 이탈하지 않고 간다는 유일한 단서는 "그쪽으로 마음이 이끌린다"는 것이다. 그 길은 처음에도 좋고 중간에도 좋고 끝에서도 좋은 방식으로 점차적으로 그 수준이 더 높아가게 되며, 그러한 체험적 흐름을 보장함으로써 수도계도 내재적 속성을 유지할 수 있다. 그 흐름의 방향을 인정하는 것이 상구교육이다. 다시 그 보편성은 상대방으로 하여금 그만큼의 상구교육을 하도록 함으로써 확인될 수 있다. 그것을 가능하게 하는 것이 하화교육에 해당한다.

점진적인 교육적 교섭 그리고 그에 따른 교육적 시숙과 더불어 스승과 제자 사이의 품위에 대한 평가 기준의 수렴이 이루어질 것이다. 바로 이 단계에서 제자가 선진인 스승의 품위에 대해서 속단을 접어두고, 그 선진됨을 받아들였던 것이 교육을 통하여 명백한 사실로 확인된다. 제자가 스승에게 복종하는 근거는 바로 그들 간의 관계에서 이처럼 사후에 밝혀지는 품위의 우월성에 대한 확인의 과정 때문이다. 이와 같은 과정을 통해서 비로소 제자는 스승이 자신의 수행에 대해서 그동안 평가했던 바를 이해하고 납득할 수 있게 된다. 이것이 교육적 교섭을 통한 품위 가치의 보편성에 대한 증명에 해당한다. 이 부분을 우리는 후에 '자증'과 '타증'이라는 교육의 내재율로 포함시켜 다루게 될 것이다.

이제 본 장을 마무리해 보자. 우리는 이제까지 새로운 교육관을 하나의 체계로서 제시하는 데에 필요한 새로운 맥락을 모색해 왔다. 교육본위론은 이전에 없던 생각과 의견을 발전시키면서 교육이라는 고유한 실재로부터 새로운 유형을 계속적으로 탐색하고 구성해 내는 과정의 산물이다. 독자는 그것이 새로운 것인 만큼 곧바로 이해하기가 어려울 것이다. 그것을 예상해서 나는 본론에 들어가기 전에 그 의미에 접근할 수 있는 기존의 개념을 은유나 비유의 형태로 제시하였다. 그러나 여기서 주의해야 될 점은 이런 것들을 소개하는 이유는 장차 도입하려는 새로운 개념체계를 기존의 익숙한 것들과 연결시켜 이해시키려는 의도 때문이다.

정직하게 말하면, 교육본위론과 여기에서 방편적인 은유로 논의된 관점들은 어떤 면에서 공통성이 있을 뿐 전적으로 같은 것은 아니다. 각각의 이론들은 그들 나름의 고유한 맥락을 가지고 있고, 그 속에서만 이론적 의미가 도출될 수 있다. 이 점에서 여기서 소개된 이론 자체도 그들의 고유한 맥락에서 떨어져 나온 편린들이며, 그만큼 교육본위론적 관점에 의해서 이미 상당부분 곡해되어 있다고 볼 수 있다. 반대로 이후에 소개될 교육본위론은 이미 거론된 학자들의 이론으로 곡해될 소지가 있다. 교육본위론을 지금 소개된 여러 이론의 어떤 것으로 환원시키려는 그릇된 시도가 있을 수 있는 것이다. 그러나 이런 발언은 독자의 처지를 대변하는 것은 아니다. 기존의 것에 더 익숙할 뿐만 아니라, 교육본위론이 진정 무엇인지를 현재 확실히 알 도리도 없는 독자로서는 앞에서 소개된 기존의 이론들을 토대로 장차 논의될 교육본위론의 새로운 개념들을 이해해 나갈 수밖에 없기 때문이다. 그러나 현재로서 내가 주장하고 싶은 것은 교육본위론의 개념체계를 정확히 대체할 수 있는 외부의 개념은 존재하지 않는다는 점이다. 이러한 주장에 대한 독자들의 공감은 이 저서의 끝부분에서나 기대할 수 있을지 모른다.

제 4 장

교육의 양상

교육이 무엇이냐 하는 문제는 항상 심각한 의문으로 우리 앞에 열려 있다. 그것은 이론가에 따라 다르게 규정될 수도 있다. 그러나 그 열려 있음의 최소한의 조건은 그것이 여타의 삶, 예컨대 정치, 경제, 사회, 문화, 종교 등을 대상으로 삼는 분과학문의 개념이 포착하지 못한 사실을 밝힐 수 있는 이론이어야 한다는 것이다. 외래의 개념들을 원용하는 어떤 것도 교육을 이해하는 방식이 될 수 없다. 세계들의 차이는 단지 부분들이 아니라 총체적이라는 특징을 갖는다. 앞 장에서 교육이 여타의 것과 어떠한 맥락의 차이가 있을지를 여러 가지 방향에서 논의한 것은 이런 이유에서였다. 이제 그 기초 위에 우리는 교육을 고유한 양태 그대로 드러낼 수 있어야 한다. 그러나 그 작업은 그렇게 용이한 일이 아니다.

그 열려 있는 의문에 대한 하나의 해답이 교육본위론이다. 이는 학교중심의 제도적 개념, 그리고 기존의 분과학문의 개념이 교육의 양상을 드러내는 데 부적절하다고 보기 때문에 그만큼 교육을 드러내려는 개념적 거점을 확보하는 일이 궁색하다는 자각에서 비롯된 작은 결실이다. 아무런 개념의 도움 없이 교육의 양상을 드러내는 것은 불가능하다. 그 난점을 극복하는 방편으로서 나는 3장에서 품위라는 개념을 새롭게 도입한 바 있다. 본 장은 품위가 구체적으로 어떤 이론적 의미를 갖는지를 논의하는 가운데 그것이 교육과 관련을 맺는 방식에 관해 이야기하려고 한다. 이것은 품위 자체의 내용이 무엇인지를 밝히려는 의도와는 다르다. 품위의 다양성과 수준은 거의 무한대한 것이기 때문에 결과의 밝힘보다는 그것을 밝히는 과정의 밝힘이 우선한다고 보고, 교육을 그 과정의 하나로 보았다. 교육을 밝히는 것은 그 과정의 외연을 특정한 삶의 한 양상으로 한정시키는 작업에 해당한다.

이제부터 그 공백을 유의미한 개념으로 채워 넣는 작업을 하여야 한다. 큰 강물을 가로지르는 방법은 다양하다. 그 중의 하나로 우리는 다리라는 구조물의 실체를 생각해 볼 수 있을 것이다. 다리는 무엇인가? 물론 이것은 세상 사람들이 잘 알고 있기 때문에 그 해답이 분명하지만, 가령 우리가 그 이전의 상황에 처했다고 가정하자. 그렇다면 그것을 설명하는 방편으로 강물에 의해 서로 격리된 양쪽의 언덕의 조건을 이용할 수도 있겠다. 마찬가지로 우리는 교육을 이해하는 하나의 단초로서 품위의 차이를 이용하고자 한다. 품위 혹은 품위의 차이 자체가 교육의 본질적인 속성을 구성할 수는 없지만, 그 선행조건이나 결과를 논의의 거점으로 삼아 교육 자체가 무엇인지를 이해하는 경로를 취한다는 말이다.

이런 방식의 시도는 품위의 실재를 밝히는 것이 결국 교육이라는 식의 기능주의의 전철을 밟는 것이 아니냐 하는 오해를 가져올지도 모른다. 그러나 이들 사이에는 큰 차이가 있다. 학문의 방법론의 경우처럼 품위의 존재를 밝히는 방법은 무수하다. 그 모두를 교육으로 규정하려는 것은 아니다. 그 중 하나로서 우리는 교육의 양상을 더 추가시키려고 하는 것이다. 그렇게 밝혀진 교육은 오로지 품위를 밝히는 기능만을 하는 것은 아니다. 사실의 면에서나 가치의 면에서 기능을 떠나 교육의 독자적인 실재의 동일성을 보장할 수 있는 것은 바로 구조이다. 교육은 하나의 구조의 형태를 띤다. 구조의 형태란 그것을 구성하는 요소들과 그들 사이의 관련 속에서 의미를 확보하고 설명할 수 있는 것을 말한다. 그 구조에 대한 이해는 품위 혹은 품위의 차이로부터 연유하는 특이한 교육적 조건을 분석하면서 스스로 명백해지는 방식으로 진행될 것이다.

그와 관련하여 《학문과 교육(상권)》에서 이루어진 선행된 논의와 약속을 상기할 필요가 있다. 교육본위론의 맥락으로 볼 때 학문적 지식은 학문이라는 특정한 수도계의 품위로 간주될 수 있다. 그것을 탐구하고 검증하는 다양한 방법론으로서 나는 마지막 제5장에서 실증주의적 방법, 개념분석법, 현상학적 방법, 해석학적 방법, 구조주의적 방법, 그리고 변증법의 제반 특징들을 최초의 제안자나 학파를 중심으로 소개한 바 있다. 다른 한편으로 이 방법들이 역사적으로 존재했던 학문의 면모를 포괄적으로 드러내기에는 어딘가 근본적인 부분이 빠져 있음을 지적하면서 그 공백상태를 교육의 논리에 의해 재조명하고 보완할 수 있다는 약속을 한 바 있다. 그런 이전의 논의와 약속조차도 지금으로서는 단지 채워져야 할 공백에 불과한 곳에 정식으로 교육의 양상을 자리잡도록 하는 중요한 이론적 거점으로 활용될 수 있을 것이다. 한편으로 제반 방법이 품위의 실상을 인식하는 데 공헌할 수 있는 측면들을 인정하면서도, 다른 한편으로 그것들로써 충분하지 않은 부분을 지적할 수 있는 여지를 확보하려는 것이다. 부족한 부분을 채울 수 있는 것으로서 교육의 과정을 밝혀 나가는 것이 하나의 설득력 있는 효과를 발휘할 수 있을 것으로 기대해 본다.

본 장의 마지막에서 교육의 양상은 자체의 내재율을 가진 일종의 특이한 놀이의 형식으로 밝혀질 것이다. 일단 이런 방식의 새로운 이해가 가능하게 될 때, 앞에서 교육을 드러내는 데 동원된 논의의 단초는 드러난 교육의 양상과 결부하여 거꾸로 재해석될 수 있게 될 것이다. 자체의 자율적인 내재율을 가진 교육은 그 기능을 떠난 나름의 내재적 가치를 지닌 것이며, 품위의 차이는 그 놀이를 가능하게 하는 하나의 소재라는 전혀 다른 맥락상의 위상을 차지하게 된다. 교육은 한편으로 품위를 소재로 하여 진행되지만, 다른 한편으로 소재로 활용된 품위의 형성과 정당화에 도움을 준다. 《학문과 교육(하권)》의 주제인 교육적 인식론의 비법도 바로 품위의 형성이라는 교육의 한 가지 기능으로 정당화된다. 교육의 기능은 비단 여기에 그치는 것이 아니다. 그것이 여타의 세계와 관련을 가지고 있는 것만큼의 다양한 기능을 한다. 이 기능에 관한 부분은 후속하는 나머지 장에서 점차 확대되어 추궁될 것이다.

4.1. 품위의 인식론적 측면

품위는 그 자체가 탐색되는 어떤 것이기 때문에 구체적인 내용이 무엇이냐 하는 것을 먼저 밝히기는 어렵다. 그에 대한 우리의 대안은 구체적인 내용을 기술하기보다는 그것을 인식해 나가는 과정과 방법에 비중을 두는 것이다. 이제 그런 취지에서 우리는 품위를 이미 알려진 인식론이나 학문의 방법론의 맥락에서 어떻게 드러내고 입증할 수 있을지를 개략적으로 밝힘으로써 그것의 의미를 이론적으로 다소나마 한정시키는 방편을 취할 것이다. 이제 우리가 동원할 방법론은 그것이 생산하거나 발견할 지식을 알고 나서 성립된 것이 아니다. 다만 인식대상의 성질이 어떤 것일까 하는 추리 혹은 그것을 근거로 하는 탐구활동 그 자체를 반성하면서 찾아진 절차를 개념화한 것이다.

학문의 방법론 역시 종류에 있어서 다양할 뿐만 아니라 각각의 것이 완결된 것이 아님은 물론이다. 그러나 그 속성을 드러내는 것이 중요하다. 모든 인식은 선택적인 것이다. 방법은 그것이 밝히려는 대상을 제외하고 여타의 것은 은폐시킨다. 방법적 선택이 그 대상을 찾는 데 얼마나 중요한 변수로 작용하는지를 여기에서 새삼스럽게 느낄 수 있어야 한다. 우리는 앞에서 여러 차례에 걸쳐 문제시한 실증주의적 방법을 벗어나는 것에 유의하면서 품위가 경험주의 이외에 개념분석, 현상학, 해석학, 구조주의, 변증법 등 다양한 접근과 관련하여 부분적으로 규정될 수 있는 측면을 검토할 것이다. 이것은 교육본위론이 도입한 품위가 가진 다양한 인식론적 측면들을 주목하게 하는 데 도움을 줄 것이다.

품위를 학문의 방법론적인 특징으로 이해한다고 할 때, 방법론에 한계가 없다는 것을 의미하지 않는다.[1] 학문적 방법론 자체의 한계가 있는 것은 물론이려니와, 그것은 어디까지나 학문적 지식을 염두에 두고 생각해 낸 것이기 때문이다. 우리의 관점에서 학문적 지식은 품위의 한 종류일 뿐, 품위 전체를 대표하지 못한다. 이 부분은 이른바 "교육적 인식론"과 관련된 것으로서, 나는 학문적 지식을 포함하는 모든 품위의 실재를 입증하는 데에는 교육적인 실천과 증명의 절차가 필수적으로 요망된다고 본다.[2] 품위는 교육에 의해서 실현되며, 그것을 실현시킨 사람만이 총체적인 의미를 파악할 수 있다.

편의상 개별적인 인식론 혹은 방법론의 관점을 여기에서는 '측면'이라는 말로 표현하였지만, 이것은 각 방법론이 세상을 한 쪽의 측면에서 본다는 것을 의미하지 않는다. 그들은 각각 세계를 알아 가는 방법으로서 그 나름의 체계적 접근을 꾀하고 있다고 보아야 한다. 그 방법적 특징과 내규에 따라 품위를 탐구한다고 할 때, 그것은 어떤 양태로 드러날까? 이것이 본 절에서 다루고자 하는 문제이다. 결론적으로 말한다면, 그들 중 어떤 것은 품위의 본질적인 내용을 드러내는 데 일조하고 있고, 다른 것은 상당 부분 비껴나가고 있다. 품위를 이해하는 데 있어 다양한 방법들이 가진 능력과 한계를 진단하면서, 그 실재성이 최종적으로는 교육에 의해 입증되어야 할 필연성을 지적하려는 것이 본 절의 의도이다.

4.1.1. 실증적 측면

실증주의 혹은 경험주의는 자연과학의 등장과 더불어 방법론적 특징이 드러나기 시작하여 오늘날 많은 분야에 널리 적용되고 있다. 우리 자신과 독립된 세계의 존재를 확신하고, 세계를 원자적 사실로 환원시키며, 우리의 감각에 최종적인 근거를 두는 경험주의는 그 단순성 때문에 항상 우리를 유혹하는 매력을 지닌다. 그 강력한 면은 인간성조차도 자연현상의 일

---

1) 여기서 드는 각각의 방법론 안에도 다양한 갈래가 있으며, 그 중 어느 것을 참조하느냐 하는 문제가 생긴다. 그러나 이것까지를 논의하려면 끝이 없는 작업이 되기 때문에 그에 관해서는 《학문과 교육(상권)》 제5장을 참고하기로 하고, 여기서는 대략적이고 절충적인 입장을 택할 것이다.

2) 이 주제는 《학문과 교육(하권)》이 다루는 전반적인 내용이다.

부로서 설명한다는 것이다. 자연과학을 전형으로 삼아 인간을 객관적으로 탐구하려는 주도적 이념에서 출발한 심리학도 이런 특별한 인식론에 의거하며, 그 지식 역시 그런 선택에서 얻어질 수 있는 것이다. 오늘날 심리학이 밝힌 우리 자신의 다양하고 주목할 만한 측면들은 바로 그런 부분에 국한된다.

'행동'은 기본적으로 자연의 일부, 더 구체적으로 물리적 사실로 환원된 우리 자신의 측면으로 보면 된다. 행동을 과학적으로 설명하려면 원인과 결과라는 도식이 적용되어야 한다. 어떤 필연적인 요소를 형성의 원인으로 삼고, 그 결과를 하나의 법칙과 가설에 의해 예측할 수 있어야 한다. 심리학자들은 행동이 원자적 사실들의 합성물이라고 가정하며, 분해된 각각의 것이 외적인 자극과 환경의 영향을 받아 어떻게 형성되는지를 밝힌다. 인과의 방향에서 대개 환경을 독립변인으로 삼고 개인의 행동을 종속변인으로 삼기 때문에 주로 우리 자신이 환경에 의해 피동적으로 지배되는 측면이 부각된다.

모든 주관적, 의도적인 성질들을 철저히 배제하려는 것이 자연과학적 객관주의의 이념이다. 이런 원칙을 따라 심리학자들은 외재적 관찰자라는 입장에서 물리적이고 관찰이 가능한 인간의 측면을 연구한다. 이를 위해 물리학에서 쓰이는 "조작적 정의(operational definition)"라는 방법을 적용하여 왔다. 이는 눈에 직접 관찰되지 않는 어떤 사물의 속성을 드러내는 식으로 자극을 제공하고, 반응양태에 따라 그 성질이 실재함을 밝히는 것이다(Bridgman, 1958). 이는 자극과 반응 간의 어떤 보편적이고 통상적이며 불변적인 관계를 가정하는 것으로서 지능, 동기, 태도 등은 그런 방식으로 측정된다. 그렇다면 이런 인식론적 혹은 방법적 관점의 선택에 의해 밝혀지지 않는 인간의 측면은 어떻게 되는가? 이에 대한 해답은 간단하다. 그것들은 모호한 것이기 때문에 연구에서 제외하면 그만이다.

심리학이 인간에 관한 모든 것을 연구하려는 것은 아니다. 경험적으로 연구할 수 있는 것만을 연구하면 된다. 실증주의자들은 지식이 궁극적으로는 간단한 진술과 개념들의 합성물로 분해될 수 있을 것으로 본다. 진술 각각의 진리가치가 전체 지식의 진리가치를 결정한다는 원자주의는 실증주의의 한 가지 가정이다. 특정한 가설을 정하고, 그것이 타당한 것인지를 관찰 혹은 실험에 의해서 검증하고, 검증이 끝나면 지식으로 간주된다. 개별적인 법칙들이 하나하나 쌓여지면, 그것은 움직일 수 없는 확실한 지식이 된다. 이에 따라 오늘날의 심리학적 지식은 물리적 현상, 혹은 유기체로서의 인간이 환경과의 상호작용에 의해 어떻게 조형되는지에 관한 무수한 개념과 정보를 제공하고 있다.

실증주의는 또한 그 안에 특정한 이념을 내포하고 있는데, 그것은 지식이 사회의 발전을 위한 기술주의적 수단으로 작용할 수 있어야 한다는 것이다(Halfpenny, 1982). 이에 따라 연구되는 우리 자신도 그 자체로서 내재적 가치를 갖고 있는 부분보다는 대개 기능적인 측면에 한정된다. 그로부터 얻은 지식 역시 사회 전체의 이익에 봉사하는 방식으로 활용될 것이 기대된다. 말하자면 심리학에서 밝혀지고 있는 우리 자신에 관한 지식은 그것을 정의하고, 검증하고, 활용하는 방식에 있어서 상당한 부분 선택과 배제의 과정을 거치게 된다.

그렇다면 우리가 말하는 품위는 어떻게 되는가? 한 마디로 오랜 수련을 거친 깨달음에 의해서 개인적으로 확인되는 고유하고 희귀한 품위는 실증주의가 우리 자신에 대해서 가정하는 세계관과 방법적 준칙에 어긋나 있다. 이 때문에 품위는 심리학의 탐구영역에서 전적으로 배제되어 왔다고 볼 수 있다. 품위는 우리 자신의 가능성에 대한 우리 자신의 창조적 실천의 소산이다. 품위는 외부로부터의 주입이 아니라 주체의 활동에 의해 우리 자신의 가능성을 실현하고 선택해 나가면서 그 실재가 입증되어 간다. 자연과 자연과학의 차이가 바로 그 점을 말해 줄 수 있는 좋은 예이다. 많은 사람들은 자신의 품위에서 자연을 관찰하며, 자연과학이라는 학문의 세계를 발견해 낸 것이다. 자연과학적 지식은 품위의 한 종류를 구성한다. 서로 다른 수준의 품위를 가진 과학자들은 자연현상의 다른 부분을 관찰한다고 할 수 있다. 그런 의미의 품위가 단지 모든 사람의 관찰에 의존해서 발견되거나 입증될 수 있다고 생각하는 것은 너무 천진난만하다고 할 것이다.

자연과학적 지식은 그것이 인식의 대상으로 삼는 자연의 특성이 아니라 우리의 실천적 수련을 통해서 형성된 것이다.[3] 모든 인식활동은 아무 제약도 받지 않는 진공상태에서 이루어지는 것이 아니다. 자연에 대한 인식은 자연과는 달리 항상 오류가 있다. 자연과학의 역사는 그 분야의 학자들이 자신의 성찰, 자기책임, 가치판단과 가치지향을 거쳐 끊임없이 자신들의 지식에 내포된 오류를 수정하고 개선하여 왔음을 보여준다. 그처럼 오류를 극복하는 "진리탐구의 과정"을 단지 실증주의의 객관주의로 환원시켜 평가할 수는 없다. 품위의 정당화는 사실에 의한 증명보다는 적어도 사실을 바라보는 두 가지 이상의 관점을 얻고, 그 가운데 어떤 것을 더 나은 것으로 판정하는 자신의 선택적 결단과 책임에 의해 이루어진다. 이런 자연과학적 지식은 자연적 현상으로 탐구될 성질의 것이 아니라 해당 수도계에 접근하여 수련을 거침으로써만 형성되고 감지될 수 있으며, 자연적 현상을 상대로 한 예언과 인과적 설명보다는 많은 부분 인문과학적 이해의 방법을 요구한다.

적어도 실증주의적 시각에서 본다면 심리학에서 말하는 행동의 경우가 그러하듯이 품위는 환경에 의해 결정되는 것으로도 볼 수 있을 것이다. 그러나 이는 품위가 단지 환경의 수동적인 종속물이 아니라는 사실과 당장 충돌한다. 품위는 외부로부터 일방적으로 결정되는 것이 아니라 우리 각자의 적극적인 실천의 소산이다. 우리는 이미 어떤 방식으로 환경을 주체적으로 조절하는 모종의 내적인 여과장치를 가지고 있고, 환경과 접촉할 때 그 행동계열에 의도를 개입시켜 설계하고, 집행하고, 평가하는 실천적 노력을 한다. 그런 가운데 이전에 형성된 품위에 새로운 요소를 첨가시키고 수정하면서 환경과 교섭하는 방식을 바꾼다. 그 바꾸어진 양태가 다시 환경 자체의 의미를 변화시키게 된다. 다시 말하면 품위는 환경의 영향을 받지만 그 환경을 선택, 수정, 재구성한다. 그런 실천적 노력이 가

3) 나는 여기에 심리학적인 지식도 포함시키고 싶다. 이는 심리학 그 자체는 심리학자 자신들이 택한 경험주의적 인식론이나 방법만으로는 이해될 수 없다는 것을 함축한다.

미되고 나서의 환경은 이전의 것이 아닌 것으로서 우리에게 드러난다.

품위는 주체의 적극적인 참여에 의해 구성된다. 우리가 품위를 구성한다고 할 때 그것은 자극과 반응의 연합 혹은 원자적인 행동의 단편을 누적시키는 것이 아니라 세계에 대한 체험구조를 변형시키는 것이다. 체험은 실증주의적인 경험과는 대조되는 개념이다. 그것은 지적인 것, 정서적인 것, 신체적인 것을 포함하는 인간 경험의 전체성과 질적 다양성을 수용하는 개념이다. 또한 구조는 원자적 단위로 독립시켜 나눌 수 없고, 그것을 구성하는 요소들 사이의 관계에 의해 정의되어야 한다. 품위는 그것을 구성하는 요소와 그들 사이의 관계양상을 가진 세계에 대한 하나의 체험구조이다. 그 구조에 대한 배려를 생략하면 품위 전체에 대한 통일된 이해에 도달하지 못한다.[4] 품위의 요소[5]는 그와 관련된 다른 요소에 대한 고려 없이는 하등의 의미를 갖지 못하기 때문에 단편적인 품소들은 그 역동성을 드러낼 수 없다. 경험주의는 흔히 우리가 눈으로 보고 귀로 듣는 감각내용이 경험의 변화를 가져오는 것으로 가정하지만, 체험구조로서의 품위는 감각에 의해 변화되기보다는 오히려 그 감각내용을 변화시킨다.

품위는 품소들이 독특하게 결합하는 방식이며, 조합방식에 따라 다른 종류와 수준이 결정된다. 그 전체의 유형이 이 세계가 아닌 저 세계에 대한 체험, 즉 체험의 종류를 결정한다. 학문, 예술, 도덕, 기타 수도계의 다양한 종류들은 그것에 대응하는 품소들이 고유하게 결합하는 유형을 갖는다. 이들은 서로가 이질적이고 다양한 종류의 경험을 제공하기 때문에 하나가 다른 것을 반드시 배제함으로써 성립하는 것은 아니다. 이 부분을 우리는 앞(3.2.4)에서 품위의 횡적 상대성으로 지칭한 바 있다. 예컨대, 학문은 학문 나름의 고유성이 있으며, 예술은 예술 나름의 고유성이 있다. 그리고 도덕적 체험은 이 중 그 어떤 것으로도 환원될 수 없는 고유한 세계에 대한 접촉을 보장한다. '갑'이라는 자연인 안에 다양한 종류의 품위

4) 비유하자면, 마치 장기에서 마(馬)의 기능은 차(車)가 지금 어느 위치에 있느냐에 따라 달라지듯이 품위의 요소들은 전체의 유형과 수준에서 그 의미와 기능이 결정된다.

5) 품위의 요소를 이하에서는 약칭하여 '품소(品素)'라는 말로 쓰기로 한다.

가 병립할 수 있는 이유는 바로 여기에 있다.

품위는 물체와는 달리 목적론적 운동을 하며, 이 부분은 기계적 인과모형이 미치지 못하는 국면이다. 인과모형은 자연과학 안에서 생물적 현상을 설명하는 데에 있어서조차 한계가 있다. 모든 생물현상은 다소나마 목적론적 설명을 요구한다. 그것은 어떤 목적을 향해 가려는 과정에 있다. 그런데 인간의 품위가 지향하는 것이 여타의 생물적인 목적이나 동기와 다른 것은 외부적 보상에 의한 것이 아니라 스스로의 내재성에 의해 취사선택된다는 점에 있다. 품위에서 기능적으로 활용되는 외재적인 부분만을 보는 것은 이런 본질적인 부분에 대한 정당한 인식을 훼손시킨다.

품위는 본질에 더 충실하기 위해 항상 더 나은 것을 지향한다. 발생적으로 하나의 품위는 이전의 품위를 토대로 형성된다. 우리의 체험은 항상 종합되며, 발전은 그 종합이 해체되고 다른 종합에 이르는 것을 말한다. 그것은 대체로 이전 것의 분화, 새로운 요소의 추가, 그리고 재통합의 과정을 통해 이루어진다. 이런 일련의 발생적 계열에서 이전의 품위가 이후의 품위를 결정하는 데 부분적으로 참여하는 요인이 된다. 이후의 품위는 이전의 품위가 남긴 미결정적 부분들을 결정해 나간다. 경험주의적인 설명방식을 택하면, 이전의 단계가 이후의 단계를 결정한다는 해석도 가능하다. 그러나 그것은 결코 물질에 적용되는 방식으로 이루어지지 않는다. 정신과 물질, 그리고 창조적인 과정과 비창조적인 과정의 차이는 전자에서는 인과적 결과가 미리 알려지지 않는다는 점이다. 지적인 혁신은 새롭고 가치 있는 지식이 출현하는 조건에서 일어난다. 마찬가지로 높은 품위는 낮은 품위의 토대 위에 구축되지만, 새로운 것이 첨가되어 이루어지는 것이기 때문에 역사적으로 밝혀진 품위로부터 아직 밝혀지지 않은 것을 설명하거나 그 진화의 경로를 결코 완벽하게 예측할 수는 없다.

품위가 가진 또 하나의 특징이 결정주의를 적용하는 데 한계요인으로 작용한다. 상위품위는 하위품위를 토대로 형성되지만 그들의 형태는 전혀 다르다. 이것은 양의 차이가 아니라 질의 차이를 가져온다. 그것은 부분적인 개선이 아니라 전체적인 의미의 변화를 동반한다. 일단 상위품위가 형성된 이후에는 하위품위로부터 기능적으로 독립한다. 전자는 거꾸로 후자를 자체의 존재적 원리의 통제 아래 장악한다.[6] 품위의 상승은 이처럼 언제나 뒤의 것이 앞의 것을 자기 자신의 계기로 끌어내리면서 발전하는 것이다. 환언하면, 인과의 계열과 통제의 방향이 분리되는 것이다. 하위품위를 토대로 상위의 품위를 정의하거나 세부적으로 설명하거나 환원시킬 수 없는 것은 바로 이런 이유에서이다.

높은 품위에 의해 지배되는 국면은 낮은 품위의 원리로서 설명될 수 없다. 이는 품위의 차이가 나는 선진과 후진의 상호간의 이해가 어쩔 수 없이 어려울 수밖에 없다는 것을 함축한다. 선진과 후진의 결정적인 차이는 그들이 가진 품소의 차이뿐만 아니라 그것들이 조직되어 있는 방식에 있어서 비대칭적이다. 이론상 선진은 후진의 품위를 통과하였지만, 후진은 선진의 품위에 도달하기 위한 조건 혹은 전 단계에 위치하고 있기 때문에 선진의 품위를 설명하거나 예측하거나 이해할 도리가 없다. 이런 제한조건은 선진과 후진이 상대의 품위를 식별하고 이해함에 있어서도 그대로 작용한다.

품위의 소재지는 살아있는 우리 몸 안이다. 이 때문에 그것을 직접 우리의 눈으로 관찰할 방도는 없다. 우리가 관찰할 수 있는 것은 그것의 외면적인 징후이다. 경험주의는 그것을 관찰자의 주관이 배제된 상태에서 관찰하고 분석할 수 있을 것으로 가정한다. 이른바 "조작적 정의"에 의해 행동을 이해하고 평가하는 방식은 그런 가정에 토대를 두고 있다. 일정한 자극에 대해 일정한 반응을 하면, 우리가 관찰할 수 없는 어떤 속성에 대해서라도 그 누구나 수긍할 수 있는 객관적인 판단을 할 수 있다고 주장해 왔다. 과연 그런 방식으로 우리가 품위를 식별하고 평가할 수 있는가? 이 부분이 품위를 식별하고 평가함에 있어서 경험주의나 실증주의가 미칠 수 없는 부분이다. 아무리 실증주의의 방법의 준칙에 충실하다 하더

---

6) 이 부분의 성질을 변증법적으로 말한다면, 이전의 품위는 이후의 품위보다 더 많은 모순을 포함하고 있고, 따라서 다음 단계를 위해 필연적으로 지양되어야 한다는 점에서 다음 단계를 결정한다고 말할 수 있다. 이에 대한 논의는 이후에 이루어진다.

라도 후진인 경험주의자가 특정 수도계의 선진을 이해할 길은 없다는 말이다.

심리학이나 '행동과학(behavioral sciences)'은 품위를 식별함에 있어서도 필경 객관적 방법에 의존하려고 할 것이다. 객관주의는 그 자체가 내부적으로 문제를 가지고 있다. 엄밀하게 따지고 보면, 객관적 학문이란 그 자체로서 성립할 수 없다. 과학자들이 객관적인 것을 연구한다고 하지만, 객관적인 것은 가정될 수 있을 뿐, 그 자체 그대로 우리에게 직접 접촉될 수 있는 것이 아니다. 그런 것이 가능하다는 생각 자체가 하나의 주관의 산물이며, 그 내용 역시 주관화 과정을 거쳐야만 의미를 확보한다. 이 점에서 대개 객관주의가 전제하고 있는 세계에 대한 가정 자체가 어리석을 정도로 단순하다고 말할 수 있다. 객관주의자들은 중요한 발견들이 마치 우리들에게 주목되기를 기다리면서 항상 거기에 있어 왔던 것처럼 여긴다.

모든 발견은 단순한 수동적인 감각증거의 흡수가 결코 아니다. 관찰은 감각적인 정보를 수동적으로 받아들이는 것이 아니며, 감각에 의한 증거들의 단순한 복제도 아니다. 어떤 중요한 지식도 사실의 무더기 안에서 스스로 정체를 드러내지는 않는다. 그것은 자연계에 대한 상상력이 풍부한 선입견이나 기대나 예지로부터 시작된다. 발견하려는 사람의 사전 태세와 발견된 현상 간의 주파수가 맞추어졌을 때 비로소 발견이 이루어질 수 있다. 각성된 세계의식 속에서 살아가는 우리는 각 사람의 관심에 따라 이러저러한 객체들에 주의를 기울이며, 상이한 방식들로 그러한 객체들을 지각하고 평가하면서 능동적으로 다룬다. 새로운 사실의 발견은 바로 그런 것을 인식할 수 있는 우리 내부의 성숙된 품위에서 기원한다.

한 마디로, 품위의 경우 조작적 정의가 거의 불가능하다. 우선 품위에서는 특정한 자극에 대한 반응의 유형을 발견하기가 어렵다. 품위는 내재적 원천으로 인하여 외부의 사건이나 자극에 의해 예측할 수 있는 반응을 하지 않는다. 높은 품위의 소유자의 내부는 자재성을 갖기 때문에 외부의 자극이나 상황에 대해서 별로 동요되지 않는다. 설사 주어진 자극에 대해 반응한다 하더라도 그것은 비통상적인 것이며, 그 외면적인 징후는 관찰자 자신의 품위에 의한 해석의 과정을 거친다. 그것에 대한 인식은 체계적인 구조에 의해 매개되며, 따라서 품위의 차이가 있는 두 사람의 눈과 귀는 외면적 징후에 대해 서로 불일치한 증언을 하게 된다. 이때 높은 품위에 대한 평가는 비통상적인 징후나 반응을 제대로 해석할 수 있는 자질을 요구한다. 다시 말하면, 특정한 품위에 대해 합당한 관찰이나 평가를 하기 위해서는 그 품위를 습득해야만 하는 것이다.

4.1.2. 개념적 측면

품위는 몸속으로 체득된 것으로 존재하며, 그것은 말과 글, 몸짓, 그림, 소리, 행적 등 다양한 기호와 매개물을 통해서 밖으로 표현될 수 있다. 표현된 것들은 물론 표현한 사람과는 독립하여 존재한다. 품위를 가진 개인은 육체적으로는 죽지만 그의 삶의 흔적과 기록은 유지되어 지속적으로 남게 된다. 그의 표현은 역사적인 해석의 대상이다. 시대를 앞서가는 사람의 품위가 후대에 그가 남긴 흔적에 의해서 인정받게 되는 경우도 있을 것이다. 이 점에서 그 점유자는 설사 죽고 없다 하더라도 품위는 살아남아 있다는 말을 할 수 있을지도 모른다. 후세들이 그의 품위를 해석하고 발전시킬 수 있게 되는 것은 이런 유산 덕분이다. 그럼에도 불구하고 점유자를 떠난 품위를 지나치게 강조하는 것은 그것이 지닌 유기체적 성질을 이탈할 위험성을 내포한다.

표현되지 않은 것은 증거에서 제외되는 경향이 있으며, 그런 이유로 요즘 우리의 주변에는 자신을 선전하는 것이 생존의 중요한 전략이 되다시피하고 있다. 그러나 기호나 언어에 의해 품위가 나타내지지 않는다고 해서 그것의 존재가 부정되는 것은 아니다. 품위는 주체의 내부에서 객관적으로 명시화할 수 없는 일단의 특수한 사항들이 통합되어 하나의 동적인 상태로서 비가시적인 암묵성과 생명을 지니고 있다. 수도계의 모든 품위를 말로 열거해서 기술하거나 혹은 그 내용을 미리 밝히는 것은 불가능하다. 이름이나 상징뿐만 아니라 언어를 통한 묘사가 아무리 시적이고 암시적이라도 그것들은 체험을 대신할 수 없다. 하물며 그런 글의 내용을 읽는 것이 품위에 대한 실제적인 체험을 대신할 수 없다. 실재했던 품위가 흔적도 없이 사라지고, 높은 수준의 품위를 가진 사람이 당대에 제대로 인정을 받지 못하는 불행을 역사만이 침묵 속에서 지켜보고 있다.

우리는 일상생활에서 수도계적인 말을 쓰고 그 말 속에서 의미를 찾으려고 한다. 우리의 경험상 개념적 지식은 상징이나 기호로 표현된다. 탐구의 결과를 적절한 용어로 표현하거나 표상하는 것은 자연스럽다. 이 때문에 우리는 품위에 관계되는 수많은 언어를 접할 수 있다. 지금까지 우리의 논의에서 '수도계'라는 용어를 도입했으며, 그것에 접하는 우리의 내면의 상태를 '품위'라고 하고, 그 의미를 서양의 'arete', 혹은 동양의 '덕(德)'에서 찾으려고 했던 것은 좋은 예이다. 수도계를 종류별로 세분할 때 가장 전형적인 것으로서 '학문계'의 경우에는 "학문적 지식"이 있고, 그것은 '진(眞)'이라는 말로 대변되는 가치에 의해 평가된다는 식의 언급을 했다. 마찬가지로 예술계는 '미(美)', 그리고 도덕계는 '선(善)'이라는 말로 대변되는 가치를 추구하는 것으로 되어 있다. 이외에도 불가(佛家)에서 말하는 '해탈', 혹은 유가(儒家)에서 말하는 '인의예지(仁義禮智)' 등 수도계에 관한 이루 헤아릴 수 없이 많은 말과 흔적들이 바다 속의 암초처럼 솟아 있다.

여기서 씌어진 말들은 좀더 넓게 소유되고 음미될 수 있는 공적인 것으로 된다. 그것은 공동체 구성원들의 검토대상이 되며, 더욱 엄격한 로고스의 요구에 맞출 것이 요구된다. 따라서 씌어진 것들은 더욱 엄밀한 분석과 개념적 엄격성의 요구에 맞추어 조직되고, 제기되는 반박에 대해 스스로를 방어할 수 있어야 된다. 엄밀하게 말하면, 체험으로부터 유리된 표현은 물리적인 것에 불과하다. 이들은 우리의 해석을 기다리며, 그 해석에 의해서 물리적인 것 이상의 가치를 갖게 된다. 체험이 외면화되면 그 순간부터 그것은 타아의 자유로운 해석에 맡겨진다. 그것을 이해하려는 독자나 청취자에 의해 그 의미가 다시 해석되어야만 하는 것이다.

품위는 말과 글 안에 있는 것이 아니라 그것들을 쓰거나 해석하는 사람의 마음속에 있다. 말 속에서 의미를 찾으려고 할 때 우리는 자연스럽게 저자가 표현하는 의도와 독자의 해석에 있어서 일치를 기대한다. 그것이 이른바 오해 없는 소통이라고 할 것이다. 그러나 그것에 성공한다는 것은 그렇게 용이한 것이 아니다. 말이 의미하는 바의 질성(質性)과 독특한 가치는 체험에 근거해서만 감별될 수 있다. 수도계에 참여하는 사람들의 수련에 의한 수준의 변화와 선택에 의해 그 의미가 달라지는 것이 오히려 자연스러우며, 이처럼 해석의 내용이 일치하지 않을 경우 거기에는 하나의 품위가 아닌 두 가지 품위가 존재한다는 난제에 봉착한다. 언어를 통한 품위의 소통이라는 것이 어려운 데에는 이런 곡절이 있다.

"의미 있는 명제"라는 원칙에 부합하게 철학을 새롭게 정립하겠다는 명분을 내세워 등장했던 분석철학은 개념분석의 방법을 들고 나왔다. 그렇다면 이 방법은 품위를 이해하는 데에 도움이 될 수 있는가? 이미 우리가 살핀 바와 같이 그 해답은 부정적이다. 품위와 흔적, 기호, 혹은 언어는 독립적인 것이다. 품위는 우리의 체험구조이며, 체험구조를 갖는다는 것은 그것의 표현을 논리적으로 전제하지 않는다. 언어가 어떤 실재하는 외부의 세계를 재현하거나 모사한다는 초기의 분석철학의 가정은 그릇된 것으로 밝혀지고 있다. 언표의 구조와 체험의 구조는 서로 상응할 수 있는 아무런 필연성도 없다. 그것은 자의적인 것으로서 늘 불분명한 것으로 남아 있다.

실제로 언어의 의미를 결정하는 것은 외부세계의 재현이 아니라 언어를 구성하는 것들 사이의 차이와 관계에 의해서이다. 말하자면 언어의 의미는 그것에 대응하는 외부세계에 의해서가 아니라 언어적 구조의 내적 작용이 빚어내는 효과에서 생긴다. 이는 개념적 용어가 그것이 쓰이는 맥락에 따라 전혀 다른 의미를 발생시키는 것을 의미한다. 그 맥락은 특정한 시대와 사회적 혹은 문화적 공간 안에서 미리 주어진 것으로 가정할 수 있다.7) 이와 관련하여 우리는 그 맥락에 의미상으로 일치하는 모종의 과정을 거친 일군의 언어공동체를 이론적으로 가정할 수 있다. 혹은 더 좁게는 종류를 달리하는 각종의 수도계를 생각할 수도 있다. 이제 그 맥락이 전혀 다른 세계에서 그것에 부합하는 체험과 그 체험에 상응하는 언어가 출현한다. 맥락의 의미를 규정하는 것은 그것을 구성하는 개별적인 개념에서 나오는 것이 아니라 세계 전체의 구조에서 나온다. 가령, '빛'은 물리학, 예술계, 종교계에서 각각 다른 의미공간에 처하게 된다. 이 때문에 하나의 용어를 그것이 처한 맥락과 독립해서 일반적인 의미를 갖는 것으로 생각하는 것은 큰 착각이다.

언어의 속성을 감안한다면 분석철학이 우리가 쓰고 있는 언어의 의미를 확정지어 나가려는 것은 처음부터 현실과 유리된 무모한 목표로 보인다. 논리실증주의자들은 우리가 무엇을 인식할 수 있는가 하는 문제는 언어의 한계에 의해서 규정되므로, 언어의 의미와 규칙을 분석함으로써 인식의 문제에 대한 해답을 얻을 수 있을 것으로 생각한다. 그들이 과학적 언어를 분석할 때 적용했던 것은 이른바 "논리적 원자주의(logical atomism)"이다. 과학적 언어들은 보다 간단한 진술과 개념들의 합성물로서 그들의 진위를 개별적으로 검증해서 전체적인 지식의 타당성을 판단할 수 있을 것으로 보았다. 또한 이들은 개념 간의 일관성을 아리스토텔레스의 형식논리에 따라 검토하는 방식을 취했다. 그것은 원리적인 개념에서 출발하여 점차적으로 구체적인 개념으로 내려온다. 이미 알려진 일단의 신념을 전제로 삼고 그것에서 도출해낼 수 있는 결론을 찾는다. 이런 연역적인 논리가 사람들에게 호소력을 갖는 것은 기지의 것을 전제로 전개되기 때문에 그것을 사용하고 있는 사람들에게 항상 확신을 주기 때문이다.

사태를 더욱 복잡하게 하는 것은 분야별 맥락도 하나의 정태적인 상태로서 고정되어 있는 것이 아니라, 역동적으로 변화한다는 점이다. 원칙적으로 창조는 동일성보다는 변화, 일치보다는 모순에서 나온다. 똑같은 단어라 할지라도 사용되는 맥락이나 시기가 다르면 통념적으로 알고 있는 익숙한 의미에서 점차 벗어난다. 특히 수도계에서 사용하는 용어는 그것

---

7) 이것이 소쉬르(F. Saussure, 1959)가 말하는 언어의 공시적인 측면에 해당한다.

이 처음 도입된 이후 불변한 상태로 남아있는 경우는 거의 없다. 예컨대, 학문공동체에서 최첨단의 학자들은 기존의 기의(記意)에서 부정적인 요소를 발견하고 자기 자신의 창조적인 기의를 찾아내야 한다. 여기에는 불일치에 따른 불안의 단계와 용기 있는 수정의 단계가 있기 마련이다. 새로운 개념은 새로운 언어로 표현되는 것이 혼돈을 피하는 방식이다. 그러나 학문이 발전하는 단계마다 이런 관행이 허용된다면 아마도 언어의 양은 기하급수적인 팽창을 거듭할 것이고, 우리는 언어의 홍수 속에 빠지고 말 것이다. 보다 경제적인 언어의 사용은 설사 개념의 맥락적 의미가 변하였다 하더라도 이전의 용어들을 계속해서 사용하는 것이다. 이런 경제원칙의 사용에서 우리가 지불해야 할 대가는 그것들을 동격시하지 않는 부단한 경계심이다.

용어의 의미는 부단하게 변용, 보충, 대체, 발전의 과정을 거치기 때문에 고정된 근원을 찾는 것은 거의 환상이다. 모든 개념의 사용에는 다층적인 변천과 개선의 역사가 포함되어 있기 때문에 그것을 평면적으로 이해하려고 하는 것은 잘못이다. 수도계의 각 단계에서 쓰이는 용어가 이전의 것을 전승할 때, 언어의 용법은 파손되지 않을 만큼의 연속성을 유지하지만 조금씩 맥락적 의미가 달라진다. 그때마다 동일한 기표(記表)에 대한 기의의 이질적인 층이 생기기 마련이다.[8] 그들은 각각 동일한 개념을 나타내는 것처럼 보이지만, 실제로는 시간의 흐름과 더불어 서로 일관된 소통이 불가능할 정도로 그 의미가 심화되고 변질된다. 명칭 자체의 의미가 계속 변경되고 확장되면서 의미의 확정이 계속 미루어진다.[9]

논리실증주의자들이 도입한 개념분석의 방법이 품위를 이해하는 데 도움이 되기 어렵다는 결론에 우리는 도달한다. 우선 그들이 가정하는 바는 앞에서 살핀 언어의 속성을 전혀 무시하고 있다. 언어의 구조나 맥락적 의미는 분석철학자들이 택한 원자주의와 맞지 않다. 또한 형식논리학은

---

8) 가령 물리학에서 '원자', 그리고 철학에서의 '현상'이라는 개념을 생각해 보라.

9) 언어의 이런 통시적인 측면을 포착한 것이 바로 데리다(J. Derrida, 1972)의 '차연'이라는 개념이다.

알려진 품위를 되풀이하는 데 이바지할 뿐 결코 변천하는 양상을 포착하지 못한다. 수도계는 계속 발전하는 세계인만큼 품위의 의미는 정태적으로 확정되는 것이 아니라 개방적으로 연기된다. 이런 사실을 무시하고 그것들을 동일한 논리로 일관성을 따지면서 논의하면 엄청난 혼란과 혼동이 일어날 것이다.

형식논리는 추적하려는 것을 확실하고 명백한 것으로 환원시키는 자가당착의 오류를 범한다. 모든 것을 애매하거나 모호하지 않는 방식으로 정의한다는 것은 그것을 고착시키고, 그 이상의 탐구를 포기하는 것이다. 불확실과 문제의식을 가지고 있을 때 우리는 무언가 새로운 감수성을 체험할 수 있게 된다. 모호하면 무의미하다는 분석철학의 가정은 위험하다. 탐색하는 개념에는 항상 모호함이 있다. 그만큼 모든 형태의 기호의 체계는 한 번 더 해석될 여지를 남기는 것이다. 어떻게 의미상의 변천이 일어났는지를 개방적으로 추적해야 한다. 혼돈에 형상을 만들어 주기 위해서는 스스로 혼돈 속에 뛰어들지 않으면 안 된다. 주어진 품위는 속성상 언제나 중간자만 가정할 수 있기 때문에 아리스토텔레스적인 이가(二價)체계(a two-valued system)에서 단지 이후의 것이 이전의 것보다 상대적으로 높다는 비교가 허용되는 무한가(無限價)체계(a ∞-valued system)로의 전환을 포함한다. 어떤 품위는 그것을 보는 위치에 따라 서로 다르고 모순된 평가를 받을 수 있다. 한 단계의 품위는 더 높은 것에 비하면 낮고, 더 낮은 것에 비하면 높다고 말할 수 있다. 여기서 수준이 다른 품위 간에 패러독스, 아이러니, 논리적인 간극, 비통약성이 나타난다. 다만 그들은 발생적 필연성에 의해서 연속성을 유지할 뿐이다.

품차가 있는 선진과 후진은 발생적 연속선상에 있다. 선진의 사고구조와 후진의 사고구조, 그리고 그에 대응하는 언어의 차이는 총체적이다. 선진과 후진은 서로 수준이 다른 기의를 가진 기표를 사용한다고 말할 수 있다. 또한 그들은 상대의 언어를 자신들의 품위수준으로 번역해 버리는 경향이 있다. 낮은 체험수준 위에 쌓여진 무수한 고급언어들은 그것들의 체험적 의미를 상실한다. 따라서 그들 사이의 언어적 소통에 의해서 품위가 전달되거나 형성될 수 있으리라고 생각하는 것은 전도된 착각이다. 이들 사이의 합리적인 의사소통은 불가능하다. 선진의 언어는 후진에게 아직 이해될 수 없는 것이기 때문에 그렇게 큰 성과를 기대할 수 없다. 선진의 글은 불가피하게 오해될 수밖에 없다. 소통이 가능하다면 그것은 다음의 두 가지 경우일 것이다. 하나는 선진의 언어를 후진의 수준으로 낮추는 것이고, 다른 하나는 후진이 자신이 쓰고 있는 사고와 언어를 포기하고 선진의 것에 일치하는 방향으로 변하는 것이다. 이것은 결국 말과 글의 만남이 아니라 그 말과 글에 의미를 주는 체험상의 연결이 선행되어야 함을 요구한다.

품위는 언어로 대표될 수 있으나 그 언어가 바로 품위는 아니다. 아무리 언어를 앵무새처럼 흉내 낸다고 하더라도 흉내 내는 것으로써 품위가 형성되지는 않는다. 품위의 의미는 그것을 전달하려는 언어와는 무관하게 체험으로 존재하며, 언어작용에 좌우되지 않는다. 특정한 품위가 무엇인지를 알기 위해서는 그것을 체득하지 않으면 안 된다. 그런 체험적 과정을 생략한 채 정의되는 품위는 아무런 의미도 없다. 설사 말로 설명할 수 있는 체험이 있다 하더라도 그 말을 주고받는 사람들 사이에 공통의 체험이 있을 때야 말은 의미를 주고받는 소통의 수단이 될 수 있다. 이런 경우에야 비로소 언어를 통해 그 세계의 삶의 형식에 대한 이해도 가능하게 될 것이다. 체험과 더불어 언어를 배우는 것이며, 그 반대의 경로는 성립되지 않는다.

4.1.3 현상적 측면

현상학은 정신적인 것까지 자연과학적 방법으로 계량화하고 자연화시키려는 소박한 자연주의 혹은 심리학주의에 대한 경고에서 출발하였다. 이 세상에 자연으로부터 주어지는 품위는 있을 수 없다. 품위는 인간이 자신에게 주어진 가능성을 토대로 더 나은 자신을 창조해낸 하나의 작품으로서 자연의 속성을 떠난다. 이처럼 품위는 수련에 의해서만 체험할 수 있는 순수현상의 하나로서 정신적인 것의 일부를 이룬다. 이 점에서 현상학적 방법은 품위의 이해에 있어 실증주의적 방법이나 개념분석방법의 한계를 극복해야 하는 과제에 적어도 이념상 공감할 수 있는 여지를 확보하고 있다.

실증주의와 개념분석방법이 현상학적 방법과 특별히 다른 점은 후자가 어떤 객관적 절차를 강조하기보다는 탐구과정에서의 인식자의 태도변화를 요구한다는 점이다. 우리의 태도가 대상영역의 본질을 밝히는 방도를 열어준다. 현상학적 방법은 일상적인 자연적 태도를 배제하고, 현상 자체에 곧바로 접근하고자 한다. 이런 태도의 변화는 품위의 이해에도 적용되어야 한다. 아무런 반성적 과정을 거치지 않고, 그 자체로서 자명하게 드러날 수 있는 품위란 상상할 수 없다. 일정 기간 세속적 삶의 구속에서 벗어나 자기 자신을 더 높은 세계와 접촉시키려는 주체가 세계와 자신에 대한 비판과 반성의 터널을 통과해야만 비로소 품위를 이해할 수 있게 된다. 현상학에서 요구하는 다른 하나의 태도는 이전의 믿음을 의심하고 그것을 뛰어 넘고자 노력해야 한다는 것이다. 품위 역시 언제나 현재의 상태를 넘어서려는 의도를 견지하고 있을 때에만 비로소 드러날 수 있는 대상이다.

현상학은 인식대상의 본질을 구조로서 규정하고 그 전체를 파악하고자 한다. 그것의 구성 요소는 그것이 소속한 전체의 일부로서 관계를 따지고 체계적으로 정리하여 서술함으로써 그 의미가 확보되는 것이다. 실증주의의 원자적 사실에 대한 규명의 원칙과 대조되는 이 부분은 품위가 체험구조의 형태를 띠고 있다는 사실과 어울린다. 주로 의식에 의존하는 현상학적 방법에서 개별적인 체험들은 산발적인 집적이 아니며, 모든 체험들은 하나의 통일된 지향적 목적에 의해 지배를 받는다. 마찬가지로 품위는 개별적인 요소로 환원될 수 없는 하나의 단일한 대상이라는 특징을 지니며, 그것의 형성은 구성과 종합이라는 활동을 요구한다. 그 구조 밖의 것은 품위의 본질적 의미에서 가차 없이 배제된다.

품위를 귀납적으로나 연역적으로 이해하는 방식에는 한계가 있다는 점이 앞에서 지적되었다. 특히 현상학적 방법은 이런 한계를 벗어나 품위가 직관적으로 의식에 나타나는 방식을 찾는 데 유효하게 적용될 수 있다. 현상학적 방법에서 말하는 현상이란 바로 나타냄을 말한다. 현상은 그 자체를 나타낼 뿐 어떠한 다른 것을 통해서 나타나지 않는다. 품위의 경우도 그것과 연관된 어떤 것을 통해서 우회적으로 혹은 간접적으로 얻어지는 것이 아니라 그 자체의 탐구를 통해서 얻어질 성질의 것이다. 품위가 '현상한다'는 말은 인간이 지속적으로 자기 자신으로 존립하지만 항상 동일한 상태로 머무르지는 않는 그러한 본질을 가지고 있음을 의미한다.

누차 강조한 사실이지만, 현재로서 실재성의 내용을 모두 기술하거나 예측할 수 없다. 수도계의 현상을 직관하면서 사는 것이 가치 있는 삶이라고 하지만, 현상의 본질은 그것을 보기 전에 알 수 있는 것이 아니라 보고 난 후에야 안다. 현상하는 품위가 우리에게 하나의 실재로 형성되는 것은, 한편으로 현상 자체의 속성일 수 있지만, 다른 한편으로 그것을 구체화시키는 인간편의 자기변형의 주체적 실천이 있기 때문이다. 품위의 본질은 우리의 주체적인 실천에 의해 구성되어야 할 어떤 것이다. 품위는 주관적 구성물이며, 경험하는 삶의 작업수행이다. 현상으로서 품위의 실재성은 객관적인 증거로서가 아니라 그것을 구성하는 과정에서 드러난 인식주체의 명증성[10]에 의해 드러난다. 인식주체에게 명백하게 드러나지 않는 품위는 적어도 그 주체에게 있어 실재성이 입증된 것이 아니다. 이전에 추구한 적이 없는 품위는 그것을 추구하는 사람에게 항상 새롭게 출현한다. 현상으로서의 품위는 그것을 구성하는 하위의 경험들이 구비되면서 그것들이 하나로 완결된 순간에 "아하, 그렇구나!" 하는 감탄을 유발시키는 주체적 자각과 더불어 우리의 의식에 나타난다. 이것이 흔히 말하는 깨우침에 해당하는 부분이다.

현상학은 품위가 불현듯 의식으로 떠오르는 측면을 밝힌다는 점에서 공로를 높이 인정받아야 하지만, 한계도 아울러 지적되어야 한다. 자연주

---

10) 예컨대, 현상학적 작업을 수행하는 자아는 유일하게 절대적으로 의심할 수 없다는 생각이 그런 명증성의 하나이다.

의와 경험적 심리주의를 극복하려는 현상학은 유감스럽게도 자연법칙에 구속되지 않는 것으로서의 의식에 특별한 집착을 보여 왔다. 이 때문에 품위의 내용이 단지 의식작용의 일부로만 파악되는 것으로 이해될 수밖에 없다. 품위의 내용은 의식적인 것만이 아니다. 이것은 비단 인지적인 경험뿐만 아니라 정서적이고 가치에 관련된 경험들을 포함한다. 품위 자체는 하나의 체험의 형태로서 풍부한 암묵적인 내용을 가진다. 새롭게 구성되는 품위는 최종적인 형태에 있어 깨달음이라는 의식을 통해 실재성이 파악되는 것은 사실이다. 그러나 알고 보면, 의식은 체험이 형성되는 과정에서 나타나는 하나의 계기에 불과하다. 습득과정에서 주체에 의해 의식적으로 파악되거나 인지되었던 것도 일단 형성이 기정사실화된 단계에서는 차츰 무의식적 하부구조의 형태로 포섭되는 것이다.

현상학적 방법은 일상적인 삶에서 자명한 것이라고 생각되는 모든 것이 편견들이라는 가정 아래 모든 선입견에서 벗어나 직접적으로 주어진 것을 정확하고 완전하게 기술하는 것을 강조한다. 거기에는 전통과 우리 안에 남아 있는 모든 침전물들을 불명료한 편견으로 치부하는 방법적 통찰을 포함한다. 진정 우리가 모든 선입견에서 벗어날 수 있는가? 그런 가정 아래서만 품위의 인식이 가능한가? 이 부분에서 지나친 면이 있다는 것을 지적하지 않을 수 없다. 우리는 품위의 완성성과 그것의 완전성을 구별해야 한다. 인간성의 일부로서의 품위는 일거에 확정되는 것이 아니라 발생적인 과정을 거쳐서 더 나은 것을 향해 발전한다. 인간은 오류가능성이 있고, 나약하며, 또 유한하기 때문에 누구도 일생동안 품위의 최정상을 체험할 수는 없다. 단지 무한한 의미의 어떤 단계를 순차적으로 체험해 나갈 수 있을 뿐이다. 이처럼 서로 수준이 다른 품위는 각각의 단계를 거치는 가운데 시간의 경과와 더불어 이전의 것과 이후의 것 사이의 대비에 의해 밝혀지는 것이다. 깨달음이란 불변적인 것에 도달하여 종료되는 것이 아니라 항상 반복되며, 사실은 그런 체험의 흐름이 바로 수도계가 추구하는 가치의 방향과 일치한다.

우리 논의의 맥락에서 마지막으로 지적될 수 있는 현상학적 방법의 한계는 그 특징인 깨달음의 주관성을 어떻게 벗어날 수 있느냐 하는 것이다. 현상학의 입장에서 예컨대, 진리의 개념은 이 모든 수행들 속에서, 경험하는 자로서의 주관 자체로부터 결정된다. 이런 특징을 흔히 그 대안으로 거론되는 객관주의에로의 회귀를 정당화할 수 있을 정도의 결함으로 보아서는 안 된다. 오히려 현상학은 객관주의가 가지고 있는 문제를 한 차원 더 높은 수준에서 해결하고 있다고 볼 수 있다. 현상으로서의 품위는 단지 주관들 속에서만 존재하며, 주관적인 깨달음에 의해 그 실재를 확인할 수 있다. 그러나 그렇게 확인된 품위가 특정한 자아의 경험으로 끝난다면 유아주의(唯我主義)라는 비난을 벗어나기 어렵다. 그렇다면 품위의 실재와 보편성을 상호 주관적으로 검증할 수 있는 방법은 없는가? 이 문제가 어떤 방식으로든 더 추궁될 수 있어야 한다.

4.1.4. 해석적 측면

현상학적 방법과 마찬가지로 해석학적 방법 역시 당대에 지배적인 방법론으로 등장했던 자연과학적 방법을 극복하기 위한 대안으로 출현하였다. 이는 기본적으로 정신세계의 표현체들은 자연현상과는 달리 원인과 결과라는 경험주의적 도식으로 설명될 것이 아니라 오직 이해되어야 할 성질의 것이라는 점에 착안한다. 품위는 자연적인 속성이 아니라 우리가 우리 자신을 창조해 낸 것에 해당한다. 품위는 감추어진 보물과 같다. 그것은 오로지 수련에 의해서 계발되는 것이며, 마음속에 있기 때문에 겉에서 쉽게 식별되지 않는다. 그 가치는 오직 그것을 소유한 사람에게만 감식된다. 이런 입장에서 현상학과 해석학은 서로 동조한다. 다만 해석학은 우리 안에 있는 모든 선입견을 제거해야 한다는 식의 현상학적인 방법의 엄격성을 비껴나가고 있다. 해석에서 선입견은 단지 피해야 할 것이 아니라 오히려 전제된다. 더 나아가 해석학은 내면의 상태로서의 품위가 외부로 표현되었을 때, 해석상의 차이를 어떻게 처리할 것인가 하는 것과 관련하여 더 많은 고민과 배려를 포함하고 있다.

개념적 측면을 다룰 때 지적했듯이 품위는 언어·문장·몸짓·예법·행적 등의 표현체를 통해 외부로 객체화될 수 있다. 이들은 분명 물질적이며, 자연적 사실일 수도 있다. 그러나 이들은 "지각적 객체"가 아니라 "이해적 객체"로서 흔히 '텍스트(text)'라는 말로 통용된다. 텍스트는 자연발생적인 인과법칙에 의해 설명될 성질의 것이 아니라 예술작품과 마찬가지로 이해될 성질의 것이다. 이들은 한편으로 그것을 해석할 수 없는 사람에게는 의미 없는 사물로 방치된 상태에 머물 수도 있다. 다른 한편으로 표현된 것의 의미는 전적으로 독자들의 해석에 맡겨져서 이전에는 상상하기 어려운 새로운 의미를 가진 것으로 해석될 수도 있다.

텍스트의 의미는 고정되어 있지 않다. 어떤 의도로 쓰였든 간에 그것을 읽는 독자는 그들의 방식으로 해석하게 된다. 그 중 어떤 해석이 올바른 것인가? 여기에 두 가지 입장이 갈린다. 그 중 가장 통상적인 관점은 글 읽기를 할 때 저자의 의미하는 바가 무엇인지를 추적하는 것이다. 이것은 텍스트를 일종의 의사전달의 목적으로 만들어진 매개물로 의식한 것이다. 이에 비해 어떤 이해내용이 다른 것과 일치하는지의 여부에 집착할 필요가 없다는 관점이 있다. 글을 창조적으로 읽는 것을 즐길 수도 있다. 이 말은 저자가 의도하는 바를 일괄적으로 거부한다는 말은 아니다. 다만 텍스트를 통해서 그 이상의 더 의미 있는 해석이 실현될 수 있다면 그것을 들추어내는 데 제약을 받아서는 안 된다는 것이다. 이런 관점에서 보면 저자의 뜻이 옳고 독자의 뜻이 틀리다거나 어느 것이 더 잘된 해석이라는 것은 있을 수 없다. 이런 후자의 입장은 해석의 참신함에 큰 비중을 둔다고 볼 수 있다.

이런 차이에도 불구하고 모든 경우에 하나의 원칙이 수용된다는 점에서 서로 일치한다. 그것은 어떤 해석이든 체험에 기초를 두고 있어야 한다는 것이다. 해석학에서의 체험의 개념은 '살아있음(Erlebnis)'을 강조하는 것으로서 현상학에 의해 강조된 '의식'보다 훨씬 포괄적이다. 체험의 의미는 그것을 이루는 요소들의 전체적인 맥락 안에서 발생한다. 따라서 해석학적 작업은 텍스트의 개별적인 부분들을 전체와 통합시킬 수 있는 일관된 해석을 찾는 데 주력한다. 그런데 해석학에서는 이해를 위한 일반 사람들의 체험적 기반을 대개 문화나 역사의 공통적 체험에서 찾는다. 그런 선험적인 가정은 품위의 초월적인 성질을 이해하는 데 있어 평면적이라는 아쉬움을 남긴다. 우리는 품위가 구조의 연관성에 따라 횡적인 상대성과 종적인 상대성의 양면에서 더 복잡하게 고려되어야 할 부분을 지니고 있음을 지적했다.

각종의 수도계는 그들 나름으로 발전한 역사가 있고, 그 역사의 해석은 당시의 기록자의 눈높이에 맞추어져 있다. 그 안에는 품위의 종적 상대성과 관련하여 수많은 선진 텍스트와 후진 텍스트들이 있다. 그 차이들은 해석에 있어서 제약이 있음을 말해 준다. 그런 기의에서의 변화를 단지 기표의 산발적인 흔적으로 방치해 두지 말고, 발전의 방향을 잡아 체험을 복원시키는 것이 중요하다. 우리보다 높은 품위를 가진 역사적인 인물의 저술이나 예술작품에 접함으로써 그들의 품위를 직접 교류할 수 있다고 생각하는 것은 큰 착각이다. 많은 경우에 품위는 표현의 범위를 벗어나며, 설사 어떤 물리적인 매체를 통해 표현된다 하더라도 높은 수준의 품위를 반영하는 텍스트를 제대로 이해할 수 있는 인구는 한정된다. 그런 것들을 어떻게 의미상의 손실 없이 현대를 사는 우리가 복원해 낼 것인가?

이런 과제는 비단 사멸한 역사적인 인물들의 텍스트와 현존하는 우리들 사이에만 국한되지 않는다. 만약에 저자와 독자의 체험이 일치한다면, 문자화한 지식이 모든 독자들에게 똑같은 의미로 해석될 것이다. 해석학은 그런 상황을 공통된 문화체험으로 자연스럽게 해결할 수 있는 것으로 가정한다. 그러나 현실적으로 그 가정이 그대로 적용되는 경우는 드물다. 동일한 공간과 문화 속에서 같이 호흡하고 살지만, 사실상 품위의 위계에서 엄청난 차이가 나는 사람들이 공존하고 있다. 품위의 위계가 다른 선진과 후진 사이에는 공통된 체험의 기반이 없다. 이 때문에 후진이 선진의 품위를 반영하는 텍스트를 곧바로 이해하는 것은 불가능하며, 그들 사이의 품차가 클수록 해석에서 오해와 불일치의 간격은 더욱 커지게 된다.

텍스트에 대한 해석은 해석자의 수준에서 이루어진다. 별다른 노력이 수반되지 않는다면 선진과 후진은 상대의 텍스트를 오해할 것이다. 그것을 방지하기 위해 그들이 취해야 할 태도는 무엇인가? 그에 대한 해답은 텍스트가 발생된 품위의 형성과정과 관련하여 텍스트를 해석하는 방식에서 찾아야 한다. 우선 선진이 후진의 텍스트를 이해하는 방식부터 생각해보자. 해석과정에서 선진이 후진과의 비대칭성을 극복하는 방법은 원칙의 면에서 비교적 간단하다. 선진은 그가 후진의 상태로부터 지금에 이른 체험의 흐름을 일단 접어두고, 후진의 텍스트를 해석하는 태도를 취하면 된다. 반대의 경우, 즉 후진이 선진의 텍스트를 해석하는 데는 이보다 더 복잡한 절차가 필요하다. 선진의 텍스트는 해석에 필요한 체험이 아직 성숙하지 못한 후진에게 그 의미를 알 길이 없는 암호와도 같다. 그런 상태에서 선진의 텍스트를 후진의 해석에 그대로 맡긴다면 앞선 품위를 다시 후진의 것으로 후퇴시키는 결과를 가져올 것이다. 이를 예방하는 방법은 후진이 자신의 품위를 접어두고 선진의 텍스트를 정당하게 해석할 수 있을 정도의 체험의 성숙을 기다리거나 그 성숙에 도달하기 위해 별도의 노력을 하는 것이다. 그것이 이루어지는 시점에서 비로소 후진은 선진의 텍스트를 충만함 그대로의 것으로 이해할 수 있게 될 것이다.

여기에서 우리는 개념분석의 측면을 논의할 때 도달했던 결론에 다시 도달한다. 품위는 암묵적이다. 그 일부만이 의식의 차원에서 외부로 표현될 수 있다. 때문에 표현만으로 품위를 이해할 수 있는 길은 없다. 암묵적 체험을 공감할 수 있는 사람만이 텍스트의 의미를 공감할 수 있다. 해석학에서 해석되어야 할 체험이나 정신은 이미 이전에 이루어진 것들이다. 해석이란 그것을 다시 체험하는 활동에 불과하며, 해석학은 결국 해석의 기술만을 우리에게 제시하고 있다. 여기에는 다양한 가정들이 포함되는데, 한 가지 우리가 유의해야 할 것은 텍스트나 언어 자체가 선진과 후진 간의 체험의 차이를 극복해 주는 것은 아니라는 점이다. 언어에 새로운 의미를 부여하고 그것을 새로운 맥락에서 해석할 수 있으려면 체험의 보충이 불가피하다. 그 체험이란, 과학적 추상화와는 달리, 인간 경험의 전체성과 질적인 다양성을 포괄하는 의미이다.

4.1.5. 구조적 측면

현대적인 의미의 구조적 방법은 언어학이 자율성을 확보하려고 할 때 내세운 "기호체계 밖에는 아무 것도 없다"는 특별한 구호에서 연유하였다. 구조주의자들은 일견 산만한 무질서로 산재해 있는 것처럼 보이는 것들의 이면에 있는 하나의 통일성을 포착하고자 한다. 하나의 세계는 하나의 유형으로 되어 있고, 그 유형 안의 부분과 전체가 서로 그 의미를 구성하는 데 참여한다. 하나의 구조의 일부로서 바둑판 위의 바둑알은 다른 요소들과의 조합과 연결에 따라 복잡한 의미들을 산출한다. 하나의 세포는 어느 계통에 소속하느냐에 따라 다른 기능과 양태를 보인다. 구조의 내용은 이처럼 전체와 부분, 그리고 부분들 사이의 관계에 의해 규정된다. 이 점은 세계를 낱낱의 것으로 분할하고, 낱낱의 것에 대한 확실성에서 인식의 타당성을 확인하려는 실증주의적 방법이 놓치고 있는 부분이다.

인식에 있어 전체와 부분, 혹은 부분 상호간의 긴밀한 관계에 관한 사항들은 현상학과 해석학에서 가정되어 온 것이기 때문에 새삼스러운 것은 아니다. 현상학에서 대상의 본질을 구성할 때 그것의 경계 밖에 있는 어떤 것을 끌어들이지 않는다는 방법적 원칙이 준수된다. 해석학에서도 텍스트를 해석함에 있어 내면적인 부분들 상호간의 관계성을 배려하는 원칙이 세워졌었다. 우리는 이 원칙이 품위의 형성이나 그에 대한 해석의 작업에서도 존중되어야 함을 지적하였다. 구조주의적 방법은 앞에서 살핀 논의의 설명을 더욱 본격적으로 그 핵심의 위치에 놓고 더 자세하게 보충하는 것으로 이해해도 무방할 것이다.

품위는 세부적인 요소를 가지고, 그 요소가 전체를 이루어 통합적인 구조를 형성한다. 이 때문에 그것을 요소의 단순한 산술적인 합으로 보아서는 이해되기 어렵다. 각각의 요소는 그 이외의 요소, 그리고 그것이 소속한 전체에 비추어 의미를 갖는다. 이 점에서 품위는 해당되는 수도계에 대한 우리 내면의 소우주라고 말할 수도 있다. 그 소우주를 규정함에 있어 먼저 고려해야 할 항목은 그것이 포괄하는 전체의 범위이다. 물리적 구조에서 하나의 원자에서 우주에 이르기까지 전체구조의 규모는 작거나 크게 규정될 수 있다. 품위의 경우도 마찬가지이다. 가령, 학문적 지식의 경우 주제공간을 인문과학 전반, 혹은 '언어학', 혹은 "변형생성 문법", 혹은 '생성통사론' 등으로 점점 규모를 줄이면서 한정시킬 수 있다. 예술의 경우 더욱 특수하게 '회화', 그 중에서도 '유화' 등으로 관심에 따라 주제 장르를 좁게 또는 넓게 잡을 수 있다.

구조로서 품위가 가진 다른 측면은 종적 상대성과 관련하여 앞서 논의된 부분이다. 품위의 발전적 이행의 과정은 통상 실증주의가 말하는 행동의 변화와 전혀 다른 양상에 속하기 때문에 우리의 특별한 주목을 요한다. 구조로서의 품위의 개선에는 적어도 두 가지 조건이 있음을 발견한다. 하나는 구조가 변화한다는 점이고, 다른 하나는 이전의 것이 이후의 것으로 완전히 복속하는 방식으로 변한다는 점이다. 이는 변화의 대상은 다르지만 마치 유충이 나비가 되는 변태에 비유될 수 있을 것이다. 보다 정신적인 의미의 것으로서 좀더 우월한 존재의 수준에 도달하는 것을 지칭하는 것으로 '거듭남'이라는 용어가 있다.

어떤 발전의 단계에서 품위의 개별적인 소인들은 서로, 그리고 전체와의 관계에 의해서 최선의 중용과 균형을 유지하고 있다. 우리는 외부세계를 직접적으로 경험할 수는 없지만, 그것과 상호작용하고 있기 때문에 어느 계기에 경험내용에 불균형이 일어난다. 새로운 요소가 추가되거나 제거되고, 혹은 수정되거나 생략되는 경우 기존의 균형을 파괴하거나 혹은 관계 전체에 변화를 일으킨다. 이제 그것을 포함하여 균형을 유지하는 변환의 절차가 뒤따른다. 이런 일련의 과정은 실증주의에서 말하는 인과관계에 의한 설명과는 전혀 다른 종류의 설명을 요구한다.

품위의 향상은 새로운 품소들을 단지 하나씩 쌓아 가는 것이 아니라, 기존의 구조적 평형이 해체되고 그 위에 새로운 평형이 구성되는 것을 말한다. 새로운 소인들이 끊임없이 구조에 의해, 그리고 구조를 통해 처리되는 것이다. 전체과정의 맥락 속에서 품소가 서로 연관성을 맺어 어떤 평형이 이루어지지 않은 품위는 아직도 완성된 것으로 볼 수 없다. 조직적 유형은 새로운 소인들을 가공하고, 또 그것들을 체계의 구성체로 변환시키는 단계에서 그것들이 체계 밖에서는 갖지 못했던 특성을 부여한다. 이런 부분에는 철학자들이 흔히 진리의 기준으로 삼는 '정합성'의 개념이 일정 부분 적용될 수도 있어 보인다. 나는 이를 '회득(會得)'이라는 말로 지칭하고 있다.

인간의 체험은 항상 시간적인 형태에서 나타나지 않으면 안 된다. 어느 단계에서나 회득은 영구적인 것이 아니다. 이후 우리는 다양한 맥락에서 실재와 교섭하면서 그 균형이 늘 똑같이 유지될 수 없음을 알게 된다. 구조성은 해체와 재구성을 거치면서 부단히 발전되어야 할 것으로 기대된다. 어떤 가치기준의 방향을 따라 품위의 구조가 해체되고 재통합되면서 점진적으로 질적인 변화를 일으킨다는 것은 발전의 단계라는 개념을 불가피하게 만든다. 단계란 단계 내에서의 체험의 동질성을 의미하며, 이전과 이후의 것이 총체적으로 다르다는 점이 특징이다. 또 하나의 특징은 발전에서 각 단계는 발생적으로 이전의 단계를 토대로 하기 때문에 그 중 어느 단계를 생략할 수 없다는 의미가 포함되어 있다. 어떤 시기에 발전의 한 단계를 생략하면 다음 단계의 발전에 결손이 오기 때문에 그만큼 지체된다.

각 단계는 그 나름의 '완성'은 있다 하더라도 '완전'한 것은 없다. 각 단계에서 그 나름의 문제가 발생하며, 그것이 해소되면 다음 단계에 도달한다. 이로써 높은 품위와 낮은 품위의 차이는 그것이 제기하는 문제의 다과에 있는 것이 아니라 문제의 질적인 수준에 있다. 선진과 후진은 질적인 수준, 조합, 그리고 결합의 방식에 있어 차이를 대표한다. 총체적인 이질성으로 인해 서로 현존하는 그 상태로서는 상대의 품위에 대한 정상적인 공감이 이루어질 수 없다는 점은 앞에서 여러 차례 지적되었다. 그렇다면 어떤 방식으로 그들 사이에 품위상의 구조접속이 이루어질 수 있는가? 이에 대한 해답은 여러 단계의 품위상의 차이가 있는 만큼 이전의 것이 이후의 것의 토대가 되면서 필요한 만큼 반복해서 품위가 해체되고 정립되는 발생적 단계를 거쳐야 한다는 것이다. 이런 특징은 다음 소절의 주제로 이어진다.

4.1.6. 변증법적 측면

변증법(Dialectik)은 우리에게 품위의 운동, 변화, 발전의 과정을 이해할 수 있는 유용한 직관을 허용한다. 이는 모순, 불일치, 불합리함을 수용하지 않는 형식논리로부터 벗어나서 그것들을 자체의 논리 안의 필연적인 요소로 도입함으로써 이 문제를 해결한다. 이런 논법은 적어도 각 분야의 발전을 단지 합리적인 과정이나 형식논리를 적용하여 설명하려고 했던 인식론에 비해 한 단계 더 진전된 것이다. 품위의 탈한계적인 성질은 아리스토텔레스의 논리에 의해서는 설명될 수 없다. 한 단계의 품위가 붕괴되고 새로운 품위로 전환할 때, 이후의 것과 이전의 것은 각자의 관점에서 볼 때 서로에게 비합리적일 수밖에 없다. 변증법은 그런 논리적 충돌이 해결될 수 있는 가능성으로 '지양(Aufhebung)'이라는 과정을 포함시키고 있다. 모순 이전의 정립과 모순이 지양된 정립에서 후자가 진화된 형태라는 것은 개념적으로 타당하다.

헤겔(G. W. F. Hegel)은 인간의 정신이 역사를 통해서 단계적으로 발전한다는 데 주목하였다. 그의 《정신현상학(1808)》은 자연적 의식이 새로운 경험과 도야의 과정을 거쳐 참된 인식으로 진전해 가는 도정에 관한 이야기이다. 그는 이를 절대정신이 그 자신을 찾아가는 도정에 비유하고 있는데, 그의 체계에서 의식의 경험이란 자신을 타자로 경험하고 외화된 자신의 이질성을 조절하여 내면성에 복귀시켜 더 나은 자신을 정립해 나가는 것으로 되어 있다. 이와 같은 방식으로 저급한 인식의 형태가 고급스런 인식의 형태로 이행될 수 있게 된다. 절대자가 그 본질을 점차 실현해 가는 과정으로 묘사하는 교묘한 도식은 품위의 발전과 잘 어울리는 면이 있다.[11] 여기서 우리가 주목해야 할 부분은 절대자가 어떤 것이냐가

---

11) 세계사에서 헤겔의 변증법이 보편적으로 적용될 수 있느냐 하는 것에 대해서는 여러 가지 논의가 있을 수 있다. 그러나 여기서는 인류의 보편적 역사를 염두에 두지 않는다.

아니라 그것은 결국 유한자의 자기도야를 통해 인식될 수밖에 없다는 교묘한 도식이다. 우리가 품위와 관련하여 설명해야 할 부분은 바로 유한자로서의 우리의 불완전한 상태와 그것을 점차 극복해 나가는 양상의 특수성이다.

변증법은 이상에서 논의한 여타의 인식론적 입장과 어떻게 차이를 보이는가? 그리고 만약 이질성이 있다면 목하 품위의 다양한 측면을 논의하는 우리의 입장에서 어떻게 조정될 것인가? 앞서의 인식론 혹은 방법론은 관점에 따라 변증법을 거부하거나 그에 상응하는 것으로 되어 있다. 실증주의는 기본적으로 아리스토텔레스의 논리를 따르기 때문에 변증법과 상응할 수 없다. 품위는 부단하게 구조적인 변형을 하며, 이는 한 체계의 합리성으로부터 다른 체계의 합리성으로의 이행을 뜻한다. 현상학적 방법은 일회적인 명증성을 전제하기 때문에 변증법적 측면을 도외시하였다. 해석학은 변증법에서의 외화와 점유의 문제와 결부되어 있다. 해석의 발전과 관련하여 헤겔의 절대자에 대한 상정을 해석학은 부정한다. 다음에 구조주의와 변증법 사이의 관계인데, 여기에는 본질적인 갈등은 없다. 구조주의의 전체성에 대한 존중은 변증법적 사고에서 중심적인 것으로 나타난다. 다만 일부의 구조주의가 반역사주의를 표방함으로써 구조의 변증법적인 과정의 중요성을 과소평가하게 만들었다. 그러나 앞에서 강조하였듯이 분야에 따라 구조주의의 적용은 선택적으로 다를 수 있다. 우리의 물질계나 세속계가 변증법적으로 발전하느냐 하는 문제에 있어서는 이의가 있을 수 있다. 그러나 수도계의 경우에 그와 상응하는 인간적인 측면인 품위의 발전은 하나의 필연적인 규정이다. 이 규정에 일치하지 않는 한, 품위는 그 본성을 이탈한 것이다. 인류가 오랜 세월에 걸쳐서 혹은 한 개인의 일생에 걸친 수련을 통해 형성된 품위의 결과가 평면적인 구조로 정리될 수 있다면, 그것은 발전을 이룬 업적으로 평가되기 어렵다.

나무랄 데 없이 완전한 사람이란 이 세상에 존재하지 않는다. 수도계를 추구하는 개인은 항상 자신의 부족함을 느끼고 보다 높은 품위에 이르는 도정에 있다. 완전한 형태는 누구에게나 아직 성취된 것이 아니기 때문에 어떤 것도 개정과 수정으로부터 자유로울 수 없다. 품위는 한 단계에서 완성될 수는 있어도 완전할 수는 없다. 이 점에서 각 품위는 그 안에 모순과 부정의 요소가 포함되어 있다. 아무리 높은 품위라 하더라도 보다 높은 품위와 비교하면 그것은 토대에 지나지 않는다. 어떤 품위든지 간에 낮은 품위에 비해서는 위쪽에 위치하고 있지만, 위쪽의 것에 비해서는 낮음에 속하는 것이다. 변증법은 품위가 가지고 있는 이런 모순의 실재성을 인정하고 있다. 변증법에서 모순을 가지고 있는 것은 내적인 위기상황으로 해석되며, 이 때문에 그대로 남아 있을 수는 없다.

변증법은 품위의 동적인 변화, 즉 현재를 통한 과거의 단순한 연장만이 아닌, 미래를 구현하는 과정과 일치한다. 변증법에서의 경험이란 먼저 부정하는 요소, 즉 아직 우리가 가정하지 않은 그 무엇에 대한 경험으로서 지금까지의 것이 동요되고 다른 것으로 바꾸어지는 변화를 함축한다. 낮은 품소가 더 높은 품위의 것으로 대체되는 방식으로 사태가 부단하게 진전되어야 하는 것이다. 여기서 논리적으로 해결되어야 할 껄끄러운 문제가 있다. 그것은 개인이 성취한 품위는 적어도 그 안에서는 각각 그 나름의 합리화가 존재한다는 사실이다. 각 수준의 품위는 그 나름의 체험구조를 토대로 해당 수도계의 실재를 규정하고 표현하고 평가한다. 이 말은 한 품위에서 합리적인 것으로 규정된 것이 다른 품위에서는 비합리적인 것이라는 뜻이 된다. 이전의 것을 부정함이 없이 다음 단계로의 진입이 불가능하다는 점에서 각 단계는 발전의 디딤돌이자 걸림돌이라는 모순을 내포한다. 상위품위와 하위품위는 한 개인 내에서 서로 모순된다. 즉, 그들은 공립할 수 없고 서로 충돌하여 다른 어떤 것으로 변화되어야만 하는 것이다. 우리가 끊임없이 품위를 발전시킨다고 할 때는 낮은 품위의 합리성을 부정하고 그것을 좀더 높은 품위의 합리성으로 대체해야만 한다. 품위가 발전함에 따라 수도계적인 문제, 신념체계, 평가기준 자체가 통합적으로 재구성된다. 이것이 바로 변증법에서 말하는 '지양'에 해당한다. 수도계의 발달단계에서 이전의 품위가 이후의 것에 의해 부정되고 지양되지 않는다면 후속 품위는 참된 의미의 후속자라고 할 수 없다.

품위는 절대적인 기점이 없기 때문에 상대적인 대비에 의해서만 평가될 수 있다. 쉽게 말해서, 높은 단계는 낮은 단계에 비해 그 만큼 더 가치가 있다고 말할 수 있다. 그 높은 것도 더 높은 것에 비한다면 덜 가치가 있다. 이 때문에 예컨대, 학문을 해 나가는 과정에서 '진리(truth)'나 '허위(falsehood)'라는 절대적 기준은 지식을 판단하는 데 있어 부적합하다. 사실 그것은 설명의 편의를 위한 것으로서, 한 지식을 어느 수준에서 평가하느냐에 따라 진리라고 할 수도 있고 허위라고도 할 수 있는 것이다. 우리가 말하는 진과 위는 학문이라는 수도계에서 같은 뿌리를 가지고 있으며, 학문은 한때 진리라고 생각했던 것을 위라고 규정하는 방식으로 발전해 왔다. 그런 만큼 이 개념은 아리스토텔레스의 논리에서처럼 이원적 수준이 아니라 다원적인 수준에서 상대적으로 적용되는 것이 적합하다.

수도계의 전통은 날로 쇄신되고 있기 때문에 발전의 방향이 있을 뿐 종착점은 없다. 수도계의 가치는 가치의 운동, 즉 자기 자신의 생성에 의해서 확인된다. 학문의 경우에 이전의 진리를 부정하고 이후의 진리를 긍정함으로써 인식대상에 대한 진리성을 확인해 나간다. 헤겔은 이처럼 진리가 오류를 통과하여 파악되는 것으로 보았다. 다시 말하면, 진리의 파악은 좌절과 자기모순의 체험으로 매개되어 있다는 것이다. 하위품위에서 실재적인 것이 상위품위에서는 비실재적인 것으로 보인다. 하위품위에서 어렵던 것이 상위품위에서는 쉬운 것으로 감정된다. 한편의 '역경'이 다른 편의 '순경'이 된다. 이렇게 생각되었던 것이 저런 생각으로 변하고, 이전에 옳다고 생각되었던 기준이 이제는 더 이상 옳게 보이지 않게 된다. 새로운 진리의 형태가 등장하면서 과거의 것이 오류로 판명되어 소멸되는 이런 끝없는 과정을 헤겔은 "박커스祭에서의 도취경"이라고 하였다. 이와 같은 도취경에 의해서 수도계는 미리 규정된 최종적인 목표가 없이도 그것을 추구하는 주체의 선택에 의해 발전의 방향이 조정될 수 있다.

각 단계의 변증법적 진전은 "정(thesis)－반(antithesis)－합(synthesis)"이라는 사고과정의 순환성에 의해 이루어지는 것으로 설명된다. 하나의 품위 안에 있는 부정적인 것을 다시 부정함으로써 새로운 긍정에 도달한다. 그러나 품위가 긍정의 상태에서 부정을 거쳐 새로운 긍정에 도달할 때, 이후의 긍정은 이전의 긍정과는 다른 발전된 경험내용을 포함한다. 여기에 우리는 다시 유한성을 포함시킬 수 있다. 다시 말하면, 절대적인 의미의 경험이란 존재할 수 없다는 것이다. 한 개인이 가진 품위의 끝은 또 다른 시작을 의미한다. 이때 전자는 후자에로의 진입을 위한 디딤돌이자 걸림돌이다. 품위는 경험을 장래의 발전과 활동에 사용할 수 있도록 조직화하는 그러한 순서로 점차적으로 형성되고 나타난다. 이런 변증법적인 순환은 부단한 변화를 설명하면서도 그 설명 자체는 항상성을 갖는 것으로 가정되어 있다는 점에서 우리가 도출해 내려는 교육의 개념화 전략과 일면 상통한다.[12)]

이런 발전은 절대자라는 하나의 주체가 그의 유한자를 통해서 자신을 알아간다는 도식에서 설명된다. 절대자를 이해하려면 그가 거쳐 간 길을 다시 재인식해 나가는 것이 필요하다는 부분이 헤겔 변증법의 놀라운 직관이다. 이것을 동일한 주체의 계속되는 경험이 아니라, 같은 목표를 추구하지만 서로 다른 신체를 가진 개인 간의 문제에 적용할 때에는 더욱 복잡한 문제를 일으킨다. 각 단계의 품위는 그것을 가진 사람에게는 최선의 합리성인 것이며, 그것은 수도계를 인식하고 평가하는 최선의 기준 혹은 척도로 작용한다. 그렇기에 서로 수준이 다른 품위를 가진 선진과 후진이 평가의 동등성을 주장한다면 온갖 갈등·모순·충돌·오해·대립이 일어날 것이다. 결과의 면에서 그 난관이 어떻게 해결되어야 할 것인지는 분명하다. 유한한 정신의 소유자가 자기 자신의 도야를 거치지 않고 무한한 신적 정신을 파악할 능력이 있을 것이라고 보는 것은 분명 잘못된 것이다. 그럼에도 불구하고 유한자는 자체의 기준에 비추어 보면 유한자가 아니다. 여기서 양자 간의 충돌과 대립은 불가피해 보인다. 그런 불행한 대립에서 빠져나오는 길은 양자가 서로 진리를 추구하지만 그 접근의 수준에 높낮

12) 물론 후에 더 자세한 해명(6.4. 교육발전의 두 가지 경로)이 있겠지만, 교육 자체도 고정된 세계는 아니다. 그것 역시 발전을 거듭하고 있으며, 그 발전에 대한 설명을 필요로 한다.

이가 있다는 지식의 상대성을 가정하고, 후진 쪽에서 선진 쪽의 기준에 접근해서 동의해 나가는 것이 될 것이다.

어떤 실천적 처방이 그런 동의를 가능하게 할 것인가? 이 부분에 관한 변증법의 대응은 별다른 것이 없다. 그것은 사유의 형식을 밝혔을 뿐, 어떤 구체적인 활동과 절차가 그 안에 포함되어 있는지는 해명하지 않는다. 그러나 그와 관련된 실천이 전혀 없는 것은 아니다. 원래 변증법이 'dialogos'라는 희랍어에서 연유했던 것과 마찬가지로, 철학자들은 그런 경험이 일어나는 장으로 늘 대화를 생각하였다. 대립된 의견들의 토론을 거쳐 서로 모순되는 것이 올바르게 비교됨으로써 진리에 이른다는 식의 처방인 것이다. 주로 물음과 답변으로 구성된 대화, 토론, 논증, 논박, 설득 등과 같은 역설적인 언어현상에 의존한다. 이 부분은 개념분석의 방법에서 가정한 형식논리에 의한 순조로운 소통보다는 더 복잡함을 인정하고 있다는 점에서 진일보한 면이 있다. 우리는 앞서 씌어진 글과 살아있는 말의 차이를 검토한 바 있다. 대화의 가치는 고정된 의미들의 체계를 넘어서 새로운, 그리고 경우에 따라 감추어진 사태의 측면들을 들추어내는 데에서 찾아진다. 여기에서 오류가능성을 인정하는 유한한 해석들이 개방적으로 충돌하고, 확실한 것으로 간주되었던 표상이나 의견이 대화가 진전됨에 따라 뒤흔들리면서 얼마만큼의 사유의 운동과 견해의 일치가 이루어질 여지가 생기는 것이다.

그러나 여기에도 철학의 전통에서 비롯하는 특유한 낙관과 한계가 있다. 대화는 설사 아리스토텔레스적인 것을 넘어서서 헤겔적인 것에 이른다고 하더라도 선진과 후진 사이에 존재하는 체험의 단절을 해소하는 수단으로서는 불충분하다. 이 점은 변증법을 변증법적으로 설명한 헤겔의 심대한 시도가 일반인들에게 제대로 성공하지 못한 사례에 의해 잘 입증되고 있다. 헤겔의 변증법은 난해한 것으로 유명하다. 그 이유는 그것이 언술의 형태로 진술되며, 언술은 주로 형식논리에 의존하고 있기 때문이다. 논리의 일관성에 익숙해 있는 독자는 그것이 비논리적이고 반논리적인 사유의 방편이라는 인상을 강하게 받는다. 현실의 언어가 변증법적인 것이 되려고 하면 할수록, 논리학의 안목으로 보면 그것이 담고 있는 사고는 더욱 참된 사고로부터 멀어진다. 아리스토텔레스는 궤변에 대한 논문에서, 그리고 칸트(1781)는 2천 년 후의 그의 〈선험적 변증론〉에서 이 점을 입증하고자 했다. 그들에게 변증법에 나타나는 사고의 운동은 위험한 것으로 평가될 수밖에 없다. 이 때문에 헤겔의 훌륭하고 정곡을 찌르는 듯한 인식론적인 통찰이 제대로 인정받지 못하고, 이전의 단순한 인식론으로 퇴행하거나 그들의 낮은 기준에 의해 비판받는 경우도 많았다. 변증법이 모든 세계의 발전을 전제하고 있는 한, 그것 자체를 완전하고 체계적으로 전개시킨다는 것은 모순이다. 그 점에서 변증법은 그것이 주장하는 지양의 대상이 될 수 있다.

언어는 일반적인 사회의 생산물로서 사회적 지식의 교류에는 편리한 수단이 되지만, 수도계의 경우처럼 급속하게 변증법적으로 발전하는 경우에는 그 의미의 사회적인 공통기반을 가정하는 것은 위험하다. 대화 속에서의 언어는 현재적이다. 대화자는 흔히 상대방이 그의 말을 자신의 수준에서 받아들일 것으로 가정한다. 언어적인 소통이나 대화에서 그런 공통된 기반을 가정하는 한, 선진과 후진 간의 경험교류는 불가능하다. 그들은 많은 경우에 같은 용어와 언어를 쓰지만, 그것의 체험적인 기반은 전혀 다르기 때문이다. 대화에서 말하는 사람은 상대방에게 자신을 맡겨버린다. 선진은 그의 수준에서 말을 하며, 후진은 그의 수준에서 받아들인다. 여기에서 자연스럽게 오해가 일어난다. 그들에게 진정한 대화가 일어나려면, 선진이 후진의 말을 포기시키거나 혹은 후진이 자신의 말을 포기해야 한다. 이러한 귀기울임의 준비가 결여되어 있는 곳에서는 형식은 대화일지는 모르나, 실제로는 독백에 가까운 권위적인 대결만이 있을 뿐이다.

선진과 후진 간에 품위상의 일치를 이루게 하는 것은 논증이 아니라 관련된 체험의 추가와 수정이다. 흔히 진정한 의미의 대화를 처방할 때 참여자가 상대방을 바로 자신과 동등하게 자기 반성적이며 자율적인 타자로 인정하기를 요구하는데, 그 동등함에 대한 가정 자체가 선진과 후진에게 적용되는 것은 부당한 것이다. 그들은 품위의 면에서 동등하지 않다는 것이 사실이고, 그 사실을 인정하면서 차이를 줄여 상호 주관적인 합의와 동의에 이를 수 있는 방안을 찾는 것이 불필요한 갈등과 낭비를 줄이는 실천방안이 될 것이다. 그들의 대화가 제대로 이루어지려면 그들의 언어가 가지고 있는 수준의 차이를 메울 수 있는 체험의 축적과 변형이 일어나야 한다. 그것을 가능하게 하는 실천이 바로 다음에 살피려는 교육적 방법이다. 교육은 품위를 단계별로 발전시키는 데 필요한 활동이나 절차를 내부의 범주와 내재율로 포함하고 있다.

4.1.7. 교육적 측면

우리가 여기서 교육적인 측면이라고 할 때, 그 교육이 무엇인지에 대해 독자에게 아직 충분한 해명이 이루어진 것은 아니다. 그것에 관한 논의는 본 저서의 나머지 부분에서 길게 이어질 것이다. 한 가지 분명하게 말해 둘 것은 여기서 내가 지칭하는 교육은 통상적으로 세상 사람들이 생각해 왔던 것과는 다르다는 점이다. 상식에 근거한 교육관의 문제는 이미 충분히 살펴본 바 있다. 이 때문에 독자가 그들 나름의 선입견을 가지고 이 부분의 논의에 참가하는 것은 옳지 않다. 나는 품위의 인식론적 혹은 방법론적 측면을 이야기해 왔고, 그것이 품위의 실재적 성격을 분명히 드러내는 데 있어 한계와 미비함이 있다는 점을 지적해 왔다. 이제 본서에서 밝히려는 교육의 과정이 그 부분을 어떻게 보완하고 보충할 수 있는가를 미리 간략하게나마 시사하는 순서를 밟아보고자 한다. 이 부분은 한편으로 우리가 앞으로 "교육이란 무엇인가"라는 주제를 다루는 본 저서의 본격적인 논의를 전개하는 단초로서 의미가 있는가 하면, 다른 한편으로 교육학이 바로 교육의 내재율에 의해 최근 인식론이 봉착하고 있는 문제를 해결하는 길을 예고하는 의미를 지니고 있다.[13)]

품위는 자연적으로 혹은 수동적으로 주어지는 내부적인 성숙보다는 주

---

13) 이 부분은 《학문과 교육(하권)》의 전체적인 논의로 확장되어 나간다.

체의 활동에 의해서 후천적으로, 그리고 적극적으로 창조된 것이다. 여기서는 주어진 바를 다른 소여로 대체하는 것이 아니라, 아직 존재하지 않는 것을 위하여 그 소여를 지양하고, 그리하여 결코 주어져 본 적이 없었던 새로운 것을 실현시키는 것이다. 품위의 공공성을 검증하는 활동은 수천수만의 개개인에 의해 이루어진다. 역사적으로 많은 사람들이 그들의 역량이 허용하는 범위 안에서 다양한 종류와 수준의 품위를 탐색하여 점유하여 왔고, 그 탐색은 앞으로도 계속될 것이다.

맨 앞의 논의로 돌아가서 품위는 마음의 보물에 비유될 수 있다. 품위의 존재와 가치는 그것을 멀리서 관망함에 의해서가 아니라 우리의 일부로 그것을 체득함으로써 깨닫게 되는 것이다. 그 깨달음이라는 조건은 단지 품위를 학문적인 대상의 하나로 삼아 개념적으로 이해하는 것 이상의 실천을 전제한다. 체득함이 없는 품위는 누구에게도 귀속된 것이 아니며, 누구에게도 그 실재가 증명된 것이 아니다. 품위의 구체적인 실체는 그것의 형성에 참여하면서 개별적인 경험을 통해 실현하고 입증해야 될 어떤 것이라고 말할 수 있다. 그 품위 자체를 나의 것 혹은 너의 것으로 점유하도록 하는 것만이 나와 너를 포함하는 우리에게 그 실재성과 가치가 공증받는 길이다.

품위의 입증은 누구에게 독점되거나 대행될 성질의 것이 아니다. 마치 좋은 음식과 같이 인간다운 품위는 여러 사람들에 의해 탐색되고 실현되며 공유됨이 마땅하다. 역사 속에는 수도계의 흔적과 파편이 즐비하다. 아무리 바람직한 것이라 하더라도 인간 개개인에게 그 실재성이 입증되지 않은 것은 아직 무의미한 것이다. 내적인 성숙이 없이 그 세계를 접한다면, 그것은 무의미하거나 혹은 단지 객관적인 물리의 세계 이상의 것이 될 수 없다. 또한 그것에 관해서 아무리 많은 이야기를 들었다 하더라도, 품위가 자기 마음으로부터 가치 있는 것으로 수락되지 않는다면 그것은 그저 남의 말일 뿐이다. 단지 관망하는 기념물로서가 아니라 기본적인 정신까지를 오늘날에 재생시키는 것이 현재를 사는 우리 각자의 과제이다.

여기서 한 가지 사실이 분명해진다. 품위의 실재성과 위계에 대한 판단은 그것을 형성하고 획득하는 과정을 생략하고서는 충분히 이루어질 수 없다는 것이다. 이 말은 그것의 실재성을 입증하는 데 참여할 용의가 있는 사람은 그것을 실현시키려는 의지를 갖고 그런 실천 활동에 직접 참여해야 함을 의미한다. 우리 각자는 주어진 품위의 한계를 그것을 획득하여 소유하고 있는 범위 내에서 규정하며, 그것을 뛰어넘으면서 다양한 종류의, 그리고 다양한 수준의 품위를 획득한다. 만약 그런 실천이 없다면 어떠한 품위도 한 개인의 일생 동안 성취될 수 없고, 그 가치조차 알 길이 없을 것이다. 또한 제한된 범위의 품위가 실재함을 타인에게 입증하려면, 역시 그 타인이 그것을 우리와 더불어 공유하도록 하는 일이 중요한 과제로 남는다. 이 두 가지가 모두 이후에 설명할 교육이라는 별도의 실천을 요구하는 것이다. 교육은 개개의 인간이 서로 다양한 품위를 스스로 정의하고 실현하며, 그 실재성과 가치를 자신은 물론 타인에게도 내재율에 따라 입증하는 과정이다.

이상에서 소개한 제반 방법들은 많은 경우 품위 자체를 획득한다기보다는 그 요구사항을 단순히 가정하거나 전제하는 정도의 것에 그친다는 점에서 한계가 있다. 몇천 년 동안 철학자들은 우리에게 가치 있는 것이 무엇인가에 대해 계속 생각해 왔지만, 그 어느 누구 하나 명쾌하게 그것을 정의내리지 못했다. 설사 그런 정의가 이루어진들 그런 노력만으로 가치가 증명될 수는 없다. 가치 있다는 것을 판단하는 것은 사유의 문제가 아니라 직접적인 체험의 문제이기 때문이다. 가치는 이성에 의해 사유되기보다는 정열과 감동에 의해 느껴진다. 합리적인 정당화보다는 그 대상에 대해 가슴으로 느껴지는 지속적이고 집중적인 자기헌신, 그것이 바로 가치의 존재를 입증한다. 그 전제가 성립되지 않는 한 제반 방법적 접근은 불완전할 수밖에 없다. 위에서 살핀 제반 인식론적 논의가 많은 문제들을 노정하고 있는 것은 바로 그것이 발전되는 구체적이고 실천적 절차를 생략하고 진행되었기 때문이다.

앞에서 살핀 제반 방법론 가운데 품위의 발전이라는 면에서 교육과 가장 유사한 증명의 과정을 밝힌 것은 변증법이 아닐까 한다. 절대자가 유한자의 변화를 통해 자신의 존재를 입증하는 방식은 교육을 통해 후진이 선진의 품위를 인정하게 되는 과정에 비유될 수 있다. 그러나 변증법은 품위의 발전을 위한 방법론이라기보다는 발전의 해석을 위한 중요한 도식을 마련해 줄 뿐이다. 변증법은 모순의 지양을 말하면서도 지양의 근원에는 교육의 공조성이 개재하고 있음을 간과하였다. 교육의 입장에서 볼 때, 그런 모순은 교육적 주체로 하여금 서로가 상대의 수단이 되는 근원을 제시하고 있다. 뒤에 더 많은 해명이 있겠지만, 제반 교육의 특성으로 인하여 비록 선진과 후진은 수도계적으로는 비대칭적이지만 그들이 서로를 상대로 교육하는 방식으로 태도를 전환하는 경우, 즉 스승과 제자라는 교육적 관계로 만나는 경우에는 상호 조화와 균형, 그리고 대칭성을 유지할 수 있다. 스승과 제자는 품위를 단지 언어로 전달하는 것이 아니라 그런 소통이 가능할 수 있는 하부구조로서의 체험의 접속을 점차 꾀하는 관계이다. 이런 교육의 속성에 의해 교육적 측면에 대한 고려가 기존의 다른 방법론과는 다른 차원에서 품위의 실재를 입증하고 정당화할 수 있는 더 나은 근거를 제공할 수 있다.

우리는 품위의 가치를 개념적으로 논증할 수는 있지만, 그 방법으로는 그것이 지니고 있는 느낌에까지는 미치지 못한다. 더욱 구체적으로 말한다면, 모든 수도계에 대한 학문적 체험은 가능하다. 그렇다고 해서 학문계가 다른 수도계를 대표할 수는 없다. 학문계는 그 특수한 실천에 관한 한, 다른 수도계의 경우처럼 개념만으로는 파악할 수 없는 본질을 또한 지니고 있다는 것이 간과되어서는 안 된다. 각종 품위에 대해 학문적으로 이해한다는 것과 그것을 나의 것으로 점유한다는 것은 동일한 것이 아니다. 후자가 '떡'이라면, 전자는 그 떡에 대한 '그림'에 해당한다. 그림으로써 시장기를 채울 수 없듯이, 품위에 대한 학문적 이해로 품위에 대한 만족감은 얻을 수 없다. 교육은 바로 그 점유에 의해 품위의 실재를 입증하는 과정이고, 그 절차를 품위의 위계를 따지는 인식론의 불가피한 요소로 본다. 사실 이와 같은 요구조건은 품위로서의 학문적 지식 자체에도 적용된다. 학문계라는 특수한 수도계는 다른 수도계를 포함하는 대상세계의 구체적인 현실을 추상화하여 개념적으로 파악하는 체험을 형성해 나간다. 이 때문에 추상물을 하나의 개념으로 나타내는 데에는 개념화 이상의 실천이 필요하다. 말하자면 학문적 개념의 이면에는 다시 그것을 뒷받침하고 있는 체험이 있고, 그것은 단지 개념만으로 대표될 수 없는 활동과 가치와 정서적인 요소를 포함한다.

품위의 특별한 점은 그것을 아는 것에 그치는 것이 아니라, 그것을 나의 신체의 일부로 동화하고 그 상태 자체를 좋아하고 열광하는 것에 있다. 그런 실존적 기반에서 우리는 그것에 대한 가치를 평가할 수 있다. 설사 어떤 사람이 타인의 높은 품위를 서술하는 말을 외우고 있다 하더라도 그것이 체득되어 그의 존재의 일부를 이루지 않았다면, 그것은 그 개인을 더 나은 세계로 안내하기보다는 그것을 제약하는 하나의 이물질에 불과한 것이 될 것이다. 이 점에서 하나의 인식대상으로서 품위에 대해 아는 것과 그것을 나의 것으로 점유해서 그런 존재의 상태 속에 있다는 것의 차이를 분명하게 개념적으로 구분할 필요가 있다. 전혀 새로운 사실에 대한 증명은 그것을 대하는 사람의 전반적인 변화가 없이는 불가능하다. 바로 그 변화의 과정을 포함하는 증명을 증득(證得)이라 일컫는다. 이것은 자기 자신을 변형시키는 실천에 주체적으로 개입함이 없이 단지 남이 만들어 놓은 품위를 인지적으로 모방하는 지득(知得)과 엄격히 구분된다. 지득의 결과는 외부로부터 인정을 받는 데에는 효과적이지만, 다음 단계의 진전에는 도움이 되지 않는다. 품위를 지득한 사람은 마치 물건을 생산하지 못하는 소비자처럼 품위의 진정한 가치를 알기 어렵고, 다음 단계의 것을 스스로 생산할 수도 없다. 뿐만 아니라 타인들이 그것을 재생하도록 하는 실천에서도 무력하다. 그가 할 수 있는 것은 자신이 그러했듯이 타인의 지득을 독려하는 것뿐이다. 그래서 지득이 지득을 모방하는 비생산적이고 공허한 일이 일어난다.

교육은 품위가 살아있는 것으로서 몸 안에 존재적 근거를 가지고 작동하도록 하는 과정이다. 이제까지의 인식론이나 방법론이 현실 속에서 그 효과를 가질 수 있는 것으로 인정받을 수 있었다면, 그 이면에는 분명 이런 교육의 과정이 작용하고 있었음에 틀림없다. 수도계의 품위는 그것을 창조하는 과정을 거치지 않고 그 실재를 검증하기 어렵다. 품위가 하나의 체험구조에서 다른 하나의 체험구조로 변형되는 과정에 대해 변증법이 유사한 설명을 하지만, 그것은 설명의 도식에 불과할 뿐, 구체적인 실천을 시사하지는 못한다. 철학이 주로 관심을 가진 것은 언어적 소통이나 대화이지만, 이런 방식으로 품위의 상태를 기술하거나 그것을 이해하는 것은 품위에 대한 체험과 정의적 판단을 배제시킨다. 그 품위를 자기 존재의 일부로 받아들이는 선택적 열정과 책임이 동반되어야 한다. 그런 것이 가능하기 위해서는 별도의 구조를 가진 엄격한 교육활동이 필요하다. 교육에서는 그런 부분을 고유한 구조의 요소와 내재율로 포함하고 있다. 그러나 지금까지는 이 부분이 정당하게 인정되거나 이론화되지 못했다. 이것은 교육학에서 내재적 개념들을 발전시키지 못했던 저간의 사정을 고려할 때, 어쩌면 당연한 일인지도 모른다.

고압적으로 특정한 품위에 일치시킨 결과를 중시하는 문화화의 과정과는 달리, 교육에서는 단계별 진전을 중시한다. 교육은 품위가 발전한 위계적 단계를 무시하고 한꺼번에 아주 낮은 단계의 품위에서 곧바로 높은 품위의 단계로 진입할 수 있다는 생각을 거부한다. 교육적 시숙이라는 내재율은 각 단계에서 외부적 강요나 압력에 굴복하지 않고 마음속으로부터 각 단계의 품위의 가치를 수락하는 길을 열어 놓고 있다. 하나의 경험조직이 해체되고 더 나은 경험이 완성되는 데에는 많은 시간을 요한다. 처음에는 시작이 있고, 그 다음에 발전이 있으며, 마지막에 완성이 있다. 이처럼 한 단계의 품위는 교육의 시작, 진행, 그리고 종료를 규정하는 기준점이다. 그러나 그것은 완성에 불과할 뿐, 완전한 것은 아니다. 우리는 대개 우리가 바랐던 품위를 얻었을 때 그것에 대해 몹시 빠르게 싫증을 낸다. 이런 연유로 또 다른 단계에서 동일한 구조의 교육이 연속해서 진행되는 것이다.

품위향상에 대한 판단의 근거는 품위와 그것에 대응하는 세계 간의 일치가 아니라 수준의 차이가 나는 두 품위 간의 비교를 통해서 가능하게 된다. 품위에 대한 개인의 판단기준은 그가 가진 현재의 품위에 근거한다. 그러나 알고 보면 현재의 품위에 권위를 부여하는 것은 그것을 얻기 이전의 상태, 즉 과거의 품위이다. 현품에 대한 자긍심과 정당성의 이면에는 과품의 추억이 항상 남아 있다. 그것 이상으로 현품을 그 자체만으로 정당하게 평가하는 것은 어렵다. 이를 위해서는 현품을 능가하는 품위를 얻어내는 교육의 과정이 필요하다. 교육이 진행되는 가운데 품위가 변화하면 판단기준도 아울러 변화한다. 이처럼 반복되는 교육을 통해 더 높은 품위를 얻게 되었을 때, 비로소 그것이 이전의 것보다는 더 발전된 것임을 깨닫게 된다. 말하자면, 교육은 품위의 종적 상대성에 합당한 질서를 부여하는 장치를 자체 내에 포함하고 있다.

짧은 일생 동안 우리는 심오하고 고상한 것만큼 고귀한 존재로 살 수 있으며, 평범한 것만큼 비천한 존재로 살게 된다. 그러나 그것은 결코 숙명이 아니다. 교육은 아직 결정되거나 해명되지 않은 인간상을 실현하고 확인해 나간다. 이 순간에도 나에게 혹은 너에게 실현되지 않은 품위들이 교육을 통해 부단히 모색되고 있고, 우리 자신에 의해 선택되고 있다. 인간은 가능한 한 그 자체로서 가치 있는 존재양태로 살아가기를 원한다. 품위는 그런 소망에서 자유롭게 선택된 결과임과 동시에, 또한 선택의 기준이 된다. 품위는 내재적 가치성에 의해 그것을 몸에 지니고 있는 것만으로도 그 만큼의 가치를 소유자에게 부여한다. 품위는 얼마만큼의 수준에서건 간에 우리가 지녀서 좋은 것이다. 그렇기 때문에 각자는 자신의 품위로부터 자각된 보람을 느끼고, 자발적으로 그 가치를 타인과 공유하고자 하는 소명감·열정·헌신의 태도를 보인다.

우리 각자는 교육을 통해 자신에게 혹은 타인에게 바람직한 것이 무엇인지를 시험하고 실현해 나간다. 품위상의 차이는 바람직한 것을 바라거나 바라지 않는 것에 있는 것이 아니다. 바라는 것의 내용이 품위의 수준에 따라 다르게 나타난다. 후진은 선진의 과품을 현품으로 가지고 있으며, 선진은 후진의 미품을 현품으로 가지고 있다. 후진에게 바람직한 품위를 선진은 이미 가지고 있지만 후진은 그것이 무엇인지를 모른다. 이 때문에 후진은 선진이 자신에게 결여된 품위를 가지고 있을 것을 가정하고, 그를 상대로 상구교육을 해야 한다. 선진은 바람직한 품위를 이미 가지고 있지만, 후진이 아직 그 내용을 알고 있는 상태에 있지 못하기 때문에 선진으로 인정받을 수 없다. 후진에게 자신의 품위를 인정받을 수 있다면 그는 이미 선진이 아니다. 이 때문에 그가 선진임을 증명하기 위해 후진을 상대로 자신의 품위를 획득하도록 돕는 하화교육을 해야만 한다.

상구교육은 우리가 아직 체험하지 못한 품위를 현재의 품위로 환원시키는 위험을 피하기 위해 추진된다. 각 단계의 교육에서 서로 다른 품위들이 번갈아 가며 그때그때 그 점유주체에게 "최고의 가치실현"으로 경험된다. 그러나 거기에 안주하는 한 자신의 변화나 발전을 기대할 수 없다. 높은 수준의 품위에 대한 입증은 그 수준의 품위를 형성하지 않고는 가능하지 않다. 아무리 선진에게는 당연한 품위라 할지라도 그것을 처음 대하는 사람은 창조의 과정을 거치지 않고서는 획득할 수 없다. 선진의 품위는 후진에게 있어 소외된 형태로 나타난다. 선진들에게는 체험되었으나 나에게는 체험되지 못한 수도계적 가치는 적어도 후진에게는 아무 의미도 없다. 남에 의한 인정은 그 자체의 것으로 느낄 수 없다. 품위는 결국 자신에 의해 체득되고 인정을 받아야 한다. 그것을 어떻게 자신의 것으로 점유할 수 있느냐 하는 것이 상구교육에서 중요한 과제가 된다.

이제 상구자가 상구교육을 통해 선진의 품위가 최소한 자신의 경험 안에서 바람직한 것이라는 확신을 가질 수 있게 되었다고 하자. 그러나 그런 확신은 품위가 자신과 같거나 혹은 그 이상의 품위를 가진 타인을 통해서만 정당하게 평가받을 수 있다. 그런 평가를 받아낼 수 없다면, 즉 단지 자신의 확신에만 그친다면, 그것은 아집으로 끝날 위험이 있다. 아집은 자신을 속일 뿐만 아니라 다른 사람도 속이는 무서운 독소를 가지고 있다. 여기서 자신이 갖고 있는 품위의 가치의 보편화 과정이 중요한 문제로 대두된다. 우리가 특정한 품위에 대해 서로 마음으로부터 똑같이 바람직한 것으로 공감할 수 있다면, 그만큼 그것의 보편성은 증가할 것이다. 물질의 공유는 한편에서는 잃고 다른 편에서는 얻는 방식으로 이루어진다. 그러나 품위는 물질과는 달리 잃지 않고 남과 공유할 수 있다. 그것은 단지 그것을 소유할 수 있는 능력을 갖추기만 하면 누구에게나 그 점유권이 주어진다. 이것이 품위가 갖는 특이한 공환가능성이다. 그는 이제 후진을 상대로 하화교육을 할 계기를 얻으며, 그것에 성공하는 것만큼 후진이 자신의 품위에 공감할 수 있는 상호주관의 영역을 확보한다.

교육이 고립된 개인에게서 일어나는 경우는 드물다. 우리는 항상 타인과 교섭하고 있으며, 서로가 다른 세계구성을 가지고 있다는 점이 우리들 사이에 교육적 교섭을 요청한다. 상구교육과 하화교육은 서로를 전제하고 끌어당기면서 주체들이 가진 품위상의 공동주관성을 성립시킬 수 있는 가능성을 모색한다. 교육에 작용하는 특유의 내재율의 하나가 공조성의 유지이다. 그것은 후진은 상구교육에 임하며, 선진은 하화교육에 임해야 한다는 것이다. 그렇지 못할 때 상구교육과 하화교육 간의 교육적 교섭은 이루어질 수 없다. 바로 이 점이 교육을 통해 선진과 후진의 품위의 차이를 입증하는 중요한 메커니즘이다. 만약 특정한 개인들 간에 서로를 상대로 상구교육과 하화교육이 진행된다면, 상구하는 편이 하화하는 편보다 낮은 품위를 갖고 있다는 판단이 가능하게 된다. 이처럼 교육적 관계는 선진과 후진을 전제로 하면서 진행되지만, 단지 전제에 그치는 것이 아니라 과정 자체를 통해 그 전제를 입증해 나가는 절차를 포함한다.

본 절의 논점을 요약해 보자. 품위는 그 자체로서 가치 있는 것으로 우리가 애써 닦아나가야 할 바람직한 인간성을 말한다. 그것이 무엇인지를 증득하기 이전에 죄다 열거할 수는 없다. 그럼에도 불구하고 품위의 일반적인 속성은 현존하는 인식론이나 방법론에 비추어 더 세밀하게 드러날 수 있는 제반측면들을 지니고 있다. 그 어느 경우에나 만족스러운 해답은 없어 보인다. 우리는 교육이 그것을 보충할 가능성을 타진하였다. 교육을 개입시킴으로써 서로가 공공적인 책임의식을 가지고 품위의 가치, 그 발전방향 및 수준의 식별이 가능해질 수 있다는 것이다. 그런 의미의 교육은 좀더 분명하게 이론적으로 해명되어 할 세계이다. 사실상 교육이라는 것이 진정 무엇인지에 대한 논의는 이전부터 이루어진 것이 아니라 이제부터 시작되어야 한다는 것이 이 저서의 입장이었다. 이하에서부터 "교육이란 구체적으로 무엇인가?" 하는 실질적인 문제에 보다 끈질기게 접근해 나가기로 하자.

4.2. 교육적 주체

4.2.1. 국가주의의 문제

교육의 주체는 무엇인가? 이에 대한 가장 직접적이고 원론적인 답은 '교육'이다. 그러나 그렇게 말할 때 다시 누가 그것을 운영하느냐 하는 문제가 제기된다. 이 문제는 교육뿐만 아니라 정치, 경제, 사회, 문화, 종교 등의 경우에도 마찬가지이다. 다양한 삶의 양상이 존재하지만, 그것들의 속성은 그것에 종사하는 구체적인 주체에 의해 실현된다. 어떤 놀이를 하는 사람이 놀이 자체가 아닌 것은 너무도 분명하다. 바둑이라는 세계가 있고, 또한 연극이라는 세계가 있다. 그 세계들은 분명 바둑을 두고, 연극을 하는 사람과는 별도로 존재한다. 한 가지 더, 바둑을 두는 사람이 바둑을 만들고, 배우가 연극을 만드는 것은 아니다. 오히려 바둑과 연극이라는 세계가 바둑두는 사람과 연극하는 사람을 만드는 것이다. 마찬가지로 교육주체가 교육을 만드는 것이 아니다. 교육은 그것을 운영하는 주체가 내재율에 맞추기를 요구한다. 이때 우리는 그에 응하는 주체를 "교육적 주체(educative subject)", 혹은 약칭하여 '교육주체'라는 말로 지칭하기로 한다.

교육의 내재율에 따른다는 것은 바로 교육을 실현시킨다는 의미가 된다. 그런 매개체가 교육 자체에게 필요하다. 그 주체는 누구인가? 세인들에게 이 질문을 했을 때 어떤 대답이 나올까? 그 추측은 교육이 잘되거나 잘못되었을 때 그들이 누구의 탓으로 돌리느냐 하는 문제와 결부하여 쉽게 이루어질 수 있을지 모른다. 아마도 그들은 더러는 학교, 더러는 그것을 장악한 국가를 연상할 것이다. 국가는 막강한 권력의 기구를 통해 학교를 어떤 방식으로든 장악해 왔다. 이제까지 국가는 교육의 이름으로 국민을 지도하고 계도하고 교화하는 것을 정당화하였고, 국민들은 긴 학교경험을 통해 그 명분을 의심의 여지가 없는 것으로 받아들여 왔다. 그러나 대중의 무의식에 자리잡고 있는 국가주의적인 교육관에는 허점이 많다.

국가가 교육적 주체인 것처럼 인식되고 있는 것은 18, 19세기 서구에서 국가주의의 출현과 더불어 대규모로 도입된 학교제도와 교육을 동일시한 시대적 추세에 따른 결과이다. 국가는 하나의 정치적 단위이다. 그 주된 관심은 국민들에게 결속과 일체감을 창조해 내고 가족, 종족, 부락, 지역에 의해 생기는 일체감 이상으로 국가적 일체감을 생기게 하는 데 있다. 자국민의 이익을 최대한으로 보장하는 것이 국가가 존립하는 이유이다. 국가는 경우에 따라 국민으로 하여금 옳거나 그르거나 제 나라의 편을 들게 하고, 시민으로서 공통으로 지켜야 할 규칙에 일치하고, 국가를 지탱하는 인력자원의 일부로서 기능을 담당할 수 있기를 요망한다. 공립학교는 그런 국민을 양성하는 가장 효과적인 도구로 여겨져 왔다.

이런 목적으로 설립된 학교는 감옥을 닮아 있고, 또한 공장모델에 매우 가깝다. 학교 안의 젊은이들은 미리 어떻게 되어야 한다는 일정한 규범에 의해 지배받고 있고, 대량으로 생산되어야 할 대상으로 되어 있다. 공장에서 물건을 생산하기 전에 결정해야 할 것은 그 물건의 형태와 기능이다. 동일한 논리에 의해 학교라는 공장에서 생산될 인간이 어떤 것인지를 일률적으로 정하는 일이 선행된다. 그 과제를 전문적으로 수행해야 할 특별한 사람이나 전문가가 투입된다. 교사는 그 중의 중요한 부분을 담당한다. 그들은 어떤 인간이 생산될지를 결정하는 위치에는 미치지 못하지만, 미리 주문된 인간을 생산하는 데 있어서는 전문가의 능력을 발휘해야 할 것으로 기대된다. 성공과 실패는 결국 주문된 인간이 배출되느냐에 따라 결정된다. 흥미로운 것은 대개 그 성공은 국가의 공으로, 실패는 학생의 과실로 원인을 돌리는 경향이 있다는 점이다.

교육학은 이제까지 그런 학교의 기능을 합리화시키는 어용적 도구로 기능하여 왔다. 국가는 일정 수준의 인가된 자격을 갖춘 사람이 인가된 기구나 제도를 통해 교육할 수 있다는 이데올로기를 만들고, 그곳에서만 올바른 교육이 일어날 수 있다는 것을 거기를 거쳐 나오는 모든 사람들에게 철저하게 주입하여 왔다.[14] 지금의 학교중심의 교육학은 그 이데올로기를 실현하는 전문분야의 중심을 차지하고 있다. 학교교육을 담당할 교사를 대규모로 양성하는 것을 목적으로 출현한 현존하는 교육학은 한 걸음 더 나아가 국가가 요망하는 인간을 대량으로 생산하는 것을 과학적으로 지원한다는 명분을 내세우며, 이를 통하여 명맥을 유지하고 있다. 말하자면, 교육학도들은 학교가 교육하는 곳이라는 국가적 이데올로기를 수락하고 그것을 충실하게 실행하는 수단이 된 것이다.

이런 위치에 선 교육학은 교육 자체를 해명하는 데에는 별다른 역할을 하지 못하고 있으며, 오히려 교육을 외래의 사실로 환원시키는 오류를 범하고 있다는 아이러니를 제1장의 논의에서 충분하게 살핀 바 있다. 더욱 추궁해야 할 것은 그런 맥락에서 교육학이 전제로 받아들이고 있는 것, 즉 국가나 특정단체가 교육적 주체라는 전제가 정당하게 성립될 수 있느냐 하는 점이다. 여기에 또 다른 심각한 문제나 범주상의 착오가 작용하고 있지는 않는가? 먼저 지적해야 할 것은 주체로서의 국가나 단체라는 개념이 갖는 모호함이다. 개인들이 모여서 집단을 형성할 수 있다. 그러나 거기에 주체의 개념을 부여할 때 그것이 구체적으로 가리키는 것은 무엇인가? 여기에는 불확실한 부분이 많으며, 그 단위가 높아질수록 그 의미는 점차 모호한 것으로 둔갑하여 더 이상 "주체할 수 없는 주체"로 변한다. 이 때문에 실제로 집단의 주체를 연구하는 사회과학도 그것을 해명하는 데 이른바 "방법적 개체주의(methodological individualism)"라는 방편을 채택하기도 한다(Broadbeck, 1968, pp. 239-336; Nagel, 1961, pp. 535-546). 설사 개인의 범위를 벗어난 사회적 사실을 다룬다 하더라도 방법의 편의

---

14) 교육을 이른바 '공교육'과 '사교육'으로 양분하고, 후자를 지탄의 대상으로 삼아 전자를 강화하려는 근래의 풍조는 이런 신조가 얼마나 강력한 것인지를 잘 입증한다.

상 거기에 참여하는 개인을 분석의 단위로 삼아 그 실재에 접근하는 방법을 택하는 것이다.

국가는 정치권력의 한 단위이며, 권력은 자기 모습을 내보이지 않으면서 개인을 감시하고 통제하는 기제를 가지고 있다. 그런 국가의 감독 안에 들어가는 교육은 통제권을 쥔 사람들의 정치적 이익을 위한 수단으로 전락할 위험을 갖는다. 국가의 권력 앞에서 개인은 나약한 존재에 불과하며, 개인의 동의나 적극적인 참여 없이 이루어지는 인간성의 변화는 조작이다. 사실상 학교는 교육이라는 이름으로 국가권력의 기구를 유지하는 수단으로 이용되면서 점점 그 뿌리까지 위선과 거짓에 빠지고, 결국은 교육의 근원적인 목표와 모순되기에 이를 정도로 타락한 면모를 보이고 있다. 이런 양태는 권력의 단위를 소단위의 것(가정, 직장, 대중매체, 감옥, 병원, 학교, 군대 등)으로 낮춘다고 하더라도 마찬가지이다. 물론 권력이 오로지 국가에 전속하지 않고 여러 소단위의 권력들로 분산된다는 점에서 그 정도에 차이가 있을 수는 있다. 그러나 주체의 단위를 집단에 주는 한 그 안에서 이루어지는 인간성의 형성은 국가를 단위로 했을 경우와 거의 유사한 형태를 띠게 된다.

우리의 삶의 모든 영역에서 강제나 규제를 배제하는 것은 거의 불가능한 일이다. 그러나 그 사실의 인정이 우리의 삶에서 강제가 배제된 삶의 영역을 전적으로 부인하는 논리로까지 확장될 수는 없다. 우리의 논의에서 세속계가 유지되기 위해서는 구성원에게 일정 부분 일치된 행동을 요구하고 그것을 충족시키는 것이 불가결하다는 점을 인정했다. 바로 '사회화'가 그 기능을 담당한다. 사실 국가의 통제 아래 학교를 중심으로 진행된 제반 실천의 상당한 부분은 이런 과정과 밀접하게 관련되어 있다고 해석될 수 있다. 그런 과정은 늘 얼마만큼 견제의 대상이 되어야 한다. 항상 옳다고 주장하는 국가는 위험하다. 국가의 목적에 무조건 따르는 감상적이며 분별없는 애국심을 저지르는 과오가 얼마나 심각한 것인지는 역사를 통해 무수히 입증되어 왔다. 방향이 옳지 않은 국가를 종교처럼 지지하는 국민은 국가를 공룡처럼 만들고 그 지배를 받는다.

우리 자신의 가능성에 대한 실현을 전적으로 자연 혹은 사회구조에 맡겨 둘 수는 없다. 교육은 처음부터 개인의 개성이 함몰되고 상실되는 '전체(totality)'에 대한 익명적 이념을 거부한다. 교육의 세계는 주체할 수 없는 거대한 집단과 일상적 생활 속에 매몰된 우리 자신의 자기상실과 퇴폐성이 존재할 수 있음을 인정하고 그것을 극복할 길을 모색하는 주된 통로이다. 교육은 기존하는 사회의 불합리성과 다양한 형태의 일치주의로부터 개인을 구제하는 노력에 관여한다. 이런 입장은 개인이 사회구조의 영향을 받는다는 사실을 거부하지 않고도 성립되는 것이다. 사회와 개인은 상호간에 서로를 결정하는 요인이 된다. 이 가운데 교육은 사회적 결속과 통합이 아니라 인간으로서 우리가 갖추어야 할 품위를 탐색하고 개발하는 과정과 관련되어 있다. 사회에 전적으로 굴복하지 않고 그 나름의 인간성을 시험하고 검증해 나가는 위치를 점하고 있는 교육은 국가나 법의 경계와 제약을 벗어날 수 있어야 한다는 주장의 근거는 바로 여기에 있다.

그 나름의 내재율을 가진 독특한 실천영역으로서의 교육은 참여하는 주체에게 고유한 삶의 보람을 제공한다. 그런 교육에 참여하는 일과 교육이 할 수 있는 기능은 엄격한 개념적 분리를 요청한다. 이 부분 역시 사회화와 교육을 구획하는 중요한 준거의 하나이다. 사회화는 사회적 기대, 규범, 가치에 일치하는 결과가 그 과정을 정당화하지만, 교육의 경우는 반대로 그 과정 자체가 결과를 정당화한다. 이 때문에 설령 교육이 하는 기능을 완벽하고 효과적으로 수행하는 어떤 국가기구나 기계가 출현한다 하더라도 교육주체로서의 우리의 삶은 결코 배제되거나 생략될 수 없다. 어떤 사회적 체계와 기계적 장치가 교육이 가져오는 비슷한 기능을 하고 제반 효과를 얻는다 할지라도, 그것들이 인간으로서 향유하고 보람을 찾아야 할 삶의 양태로서의 교육을 대체할 수는 없다.

앞 절에서 품위는 우리들 자신에 의해 구성된 창조물임을 지적하였다. 그 가치 역시 절대적인 권위로부터 주어진 선물이나 우리의 인간적인 경험을 넘어서는 어떤 원천으로부터 연유한 것이 아니다. 그것은 우리의 실재에 대한 경험에서 나온 것이며, 그 경험을 통해서 품위의 실재를 확인한다. 인간으로서 한 차원 높은 존재로 다시 태어난 것을 어떻게 알 수 있으며, 누가 그것을 증명하는가? 이에 대한 우리의 해답은 한 마디로 "우리들 각자"이다. 우리 각자가 자신의 인간성의 향상에 관심을 가지고 주체적으로 참여하면서 끊임없이 자신을 발견해 나가는 과정 속에서 잠자는 자아의식이 일깨워진다. 여기서 '우리'라는 말은 '나'와 '너'가 하나로 통일된다는 것을 의미하지 않는다. 나의 품위의 획득이 너의 것으로 될 수 없다. 너에 의해 발견된 품위의 실재를 내가 그대로 수용할 수 없고, 반대로 나에 의해 발견된 품위의 실재가 너의 것으로 환원될 수 없다. 우리 모두는 독립된 개체로서 그들의 의미와 가치의 규정을 위해 교육적으로 교섭하는 일이 중요하다.

교육은 누가 시키는 것이 아니라 그것에 적극적으로 참여하는 능동적인 주체에 의해 향유될 수 있는 어떤 것이다. 그런 교육을 국가가 장악한다는 것은 상상만 해도 끔직한 일이다. 각 개인은 교육에 대한 특정한 권력이나 기구의 장악을 거부하고 스스로 교육적 주체가 되어 자신의 인간성의 깊이와 충만함을 개별적으로 시험하고 실현시킬 수 있어야 한다. 국가는 사람들이 교육을 하기 위한 필연적인 조건은 아니다. 이 점은 우리가 잠시 인류의 역사를 되돌아보는 것만으로 명명백백해진다. 근대 국가가 형성된 것은 19세기를 전후로 하는 최근의 역사에 속하며, 교육은 국가가 형성되기 이전부터 존재하였다. 오늘날에도 국가와 무관하게 교육은 널리 진행되고 있지만, 다만 강력한 국가적 이데올로기의 주입을 받은 사회적 관행과 통념이 그 엄연한 사실을 왜곡하고, 외면하고, 은폐하고 있다.

크고 작은 규모의 다양한 집단 안에서 교육이 진행될 수도 있다. 이와 관련하여 우리는 이후(5.3.6)에 '교육공동체'라는 개념을 도입할 것이다. 이 경우 그 집단은, 엄격하게 말하면, 교육적 주체라기보다는 교육의 환경에 속한다. 교육의 환경에 속하는 국가와 같은 정치적 권력단위는 우리의 개념체계에 의하면 개인이 주체가 되는 교육을 촉진하거나 억압할 수 있다. 교육의 환경으로서의 집단이 반드시 정치적일 필요는 없다. 환경으로서의 집단은 그 안에 다양한 요소를 함축하며, 그것들이 교육의 본질을 고양시키는 방식으로 작용할 때 비로소 교육의 긍정적인 환경으로 평가 받을 수 있다. 환경으로서의 기능을 전도시켜 그 환경이 교육을 지배하게 하는 상황을 허용한다면 그 환경의 개입은 그만큼 교육을 외재화시키는 역작용을 유발할 것이다.

교육은 결국 그것을 그것답게 관리하고 통제할 수 있는 사람의 것이다. 그런데 그 내재율에 대한 따름의 요구를 무시한다면 우리가 오늘날 일상 생활에서 접하는 것과 같은 우려할 사태가 필연적으로 일어나게 된다. 그 역작용은 이미 진행되고 있는 사태로 나타나고 있다. 공립학교의 주체로 국가가 부각됨으로써 실질적인 주체이어야 할 개인은 자연스러운 교육의 욕구를 억제하거나 박탈당하고, 극히 인위적이고 타율적으로 만들어진 '조작'의 대상이 되어 왔다. 우리가 일상적으로 자연스럽게 쓰고 있는 '교육받는다' 혹은 '교육시킨다'는 말이 그것을 잘 반영하고 있다. 국가는 교육을 하는 사람을 전문적인 제도, 기관, 사람으로 국한시킨다. 이런 주체의 전도는 지금 삶 속에 진행되고 있는 생생한 교육을 무시하거나 각 개인이 가지고 있는 교육의 역량을 무시하는 역작용을 하고 있다. 그로 인해 각 개인은 스스로 담당해야 할 교육주체로서의 본래적 역할과 기능을 망각하고, 교육으로부터 소외되는 위치로 내몰리고 있다.

이제 우리는 교육을 국가주의적 이념의 족쇄로부터 해방시켜야 한다. 교육이 정부나 소수의 통제 아래 있다고 하는 계몽주의 시대는 이미 지나갔다. 사태를 본래의 것으로 되돌려 놓아야 한다. 국가가 교육적 주체라는 말은 당위의 측면에서나 사실적으로나 타당하지 않다. 개인들은 누구나 교육할 수 있는 능력과 잠재력을 다소간 갖추고 있다. 교육은 어떤 개인으로부터 시작되며, 또한 어느 특정한 개인을 지향한다. 개개인은 스스로가 교육적 주체임을 자각하고 그에 대한 응분의 책임을 받아들일 수 있어야 한다. 다만 여러 가지 여건의 부족함으로 인해 잠재적인 능력이 억압되거나 충분히 발현되지 못하는 경우가 허다하다. 이 부분에서 국가와 정부는 개인의 교육활동을 방해하지 않고 자유롭게 허용할 수 있는 제도나 환경으로서의 기능을 수행할 수 있어야 한다.

마지막으로, 교육적 주체에서 배제할 항목에 더 추가되어야 할 것이 있다. 그것은 자연이나 물체이다. 현재 급속하게 이루어지고 각종 전자매체와 통신기술의 발전은 그것의 교육적 활용에 대해 이전의 사고와 경험을 뛰어넘어 짐작하기도 어려운 상황으로 전개되고 있다. 이에 따라 요즘은 컴퓨터에게 '선생님'이라는 말도 쓰고 있다. 이것 역시 잘못된 생각이다. 컴퓨터에는 그런 역량이 없을 뿐만 아니라, 그런 역량의 실현을 삶의 일부로 향유할 수 있는 존재가 아니다. 물질이 어떤 엄청난 기능을 하든지간에 그것은 어디까지나 우리의 교육행위를 돕는 환경이나 보조물의 지위를 벗어날 수 없다. 앞에서도 지적했듯이, "교육의 기능을 한다"는 것과 "교육을 운영한다"는 것에는 엄청난 차이가 있다. 전자는 결과지향이며, 후자는 과정지향이다. 교육이라는 과정이 있고 그것에서 결과하는 것이 있다고 할 때, 기계는 하나의 환경으로서 그 결과를 가져오는 기능을 할 수 있을 것이다. 물체나 기계는 교육적 기능을 하는 것이지, 그것 자체가 교육을 수행하는 것은 아니다.

4.2.2. 개인주체

우리는 국가기구를 통한 국민의 지배체계를 교육이라고 보는 관점을 거부하였다. 이것은 사회화의 모델에 적용될 수 있는 개념으로서 품위를 실현하고 확인하는 교육의 본래적 특성과 결코 어울릴 수 없다. 교육의 세계 안에 진입하는 참여자의 일차적인 요건의 하나는 자율적인 존재이어야 한다는 점이다. 주체는 그것 나름의 정체성을 그 내부의 조건에 의해 규정할 수 있을 만큼 독자성을 확보할 수 있어야 한다. 이와 관련하여 다양한 수준의 주체의 단위를 생각할 수 있는 여지를 전적으로 배제할 필요는 없을 것이다. 다만 앞에서 지적했듯이, 규모가 커질수록 거기에 개입되는 변수가 많아지고, 주체의 의미도 모호해지는 위험이 있다. 이 때문에 적어도 본서에서는 초개인적인 교육적 주체의 상정을 보류한다. 주체의 범위를 어떤 것으로 잡든 간에 최종적인 단계에서는 가장 분명하고 확실한 주체로 개인이 등장할 것이다.

개인을 교육의 주체로 삼는 분명한 장점의 하나는 식별이 용이하고 확실하다는 점이다. 개인들 사이의 경계는 우선 신체적으로 분명하다. 서로 다른 피부를 가지고 있을 뿐만 아니라 그 단위 안에서의 모든 과정은 뇌를 포함해서 그 나름의 자율체계로 움직인다. 우리는 세포와 기관의 자율성을 의식할 수는 없다. 그러나 그런 것들을 포함하는 신체의 전부를 '나'라고 칭할 수 있는 개체로서의 동일성은 쉽게 식별할 수 있다. 앞 절에서 논의된 품위는 이런 개개인에 의해 점유되며, 그 품위의 다양성과 차이를 전제한다. 한 개인에게 주관적인 것이 다른 개인에게는 객관적인 것이다. 이런 개인들 사이의 품위의 공유를 위해 우리는 교육이라는 세계 안에서 활동한다. 개인들의 교육활동은 결코 타인에 의해 대행될 수 없다.

이런 관점의 선택에 따라올 수 있는 한 가지 오해를 불식시키는 것이 좋겠다. 그것은 본서의 입장이 혹시 심리학적인 것이 아닌가 하는 의구심이다. 이는 개인에 관한 것은 심리학적인 것이고, 집단에 관한 것은 사회학적이라는 생각에서 쉽게 떠오를 수 있다. 그러나 이런 방식의 규정은 심리학이나 사회학을 제대로 이해한 것이 아니다. 모든 분과학문에서 그러하듯이 해당 학문이 탐구하는 사실들은 어떤 개념과 방법을 쓰느냐에 의해 결정되는 것이며, 개인은 물리학, 화학, 생물학, 심리학, 사회학, 경제학, 문화인류학 등 모든 학문의 대상이 될 수 있음을 알아야 한다. 앞서의 의구심을 가진 독자는 따라서 여기서 내가 제시하는 주체로서의 개인이 어떤 이론적 맥락에서 파악되느냐 하는 데에 더 주목해야 할 것이다. 그것이 기존의 학문체계에 의해 설명될 수 없는 만큼 그것은 교육학 고유의 것이 될 것이다.

주체로서 개인의 위상은 분과학문에 따라 혹은 학파에 따라 전혀 다르게 묘사되어 왔다. 그 가운데 우리는 교육적 주체와 관련하여 구분되어야 할 소지가 있는 부분을 먼저 정리하는 순서를 밟을 필요가 있다. 우선 데카르트식의 과장되게 자족적이고 완벽한 주체가 있다. 교육적 주체의 경우 그런 절대적인 의미의 주체를 상정하지 않는다. 사실 인간으로서 개인은 허다한 한계와 결함을 가지고 있다. 그럼에도 불구하고 그것들을 극복하는 일에 있어서 이전의 어떤 인간적인 논의에서 보다 더 많은 관심과 주목을 받아야 할 대상이 바로 개인이다. 우리가 더욱 심각히 바라보아야 할 인간적인 측면은 각자는 언제나 자신에게 부족감을 느끼며 살아가는 존재라는 사실이다. 많이 알면 오류가 적어진다는 것은 잘못된 계산이다. 오류는 그 수준을 달리하면서 늘 증가하기 마련이다. 인간은 많은 것을 알수록 그만큼 오류를 다시 범하며, 그것이 자신의 속성을 이루고 있음을 또한 깨닫는다. 교육적 주체로서의 실존적 조건이 바로 이 부분이다.

교육적 주체는 철학자들이 가끔 부여했던 절대적 혹은 부동의 주체와 구분된다. 인간에게는 초시간적이며 불변적인 본질은 없다. 교육적 주체는 이 때문에 자체의 변화를 불가피한 것으로 받아들인다. 누구나 어떤 방식으로든 변화한다. 교육적 주체는 그 변화를 단지 자연적 충동과 환경에 맡기지 않고 그것을 바람직한 방향으로 주도해 나가고자 한다. 한 개인의 발전과 자아의 실현은 오직 자신의 유한성에 대한 이해, 자신에 대한 실천적 실험, 자신의 자각, 자발적 선택에 의해 이루어질 수 있다. 이 부분에서 현존재, 즉 실존은 본질에 선행한다는 실존철학의 입장은 교육적 주체에게도 타당하게 적용될 수 있다. 실존은 그의 계산될 수 없는 비약과 비밀, 그의 모순과 충격 때문에 모든 일반화와 법칙, 그리고 항구적인 진리를 배척한다. 실존철학자들 가운데 이 부분을 강조한 나머지 자아의 자기형성을 지나치게 배타적으로 강조하는 경향도 있다. 예컨대, 사르트르(/1957)는 "하나의 기획으로서의 자아(self as a project)"를 말하면서 마치 우리가 우리 자신을 자유롭게 만들 수 있는 것처럼 주장한다.

그러나 현대생활에서 얼마만큼 자유롭고 자각적인 주체를 허용하느냐 하는 문제에 있어서 다소간 반론이 제기될 수 있다. 우리 생활의 대부분은 분명히 외부적인 세력의 강요에 의해 지배받고 있음도 부인할 수 없는 현실이다. 이런 맥락에서 주체의 한계와 무력성을 지적하는 사상이 공감을 얻고 있는 형편이다. 근래 후기구조주의를 표방하는 학자들은 이제까지 철학자들이 인식에 있어 중심점 혹은 의미부여의 절대적 근거로 삼아 온 주체를 해체하기 위해 "주체의 죽음" 혹은 '반인간주의'를 표방하고 있다. 그들은 마치 인간이 운명적으로 타자에 종속되며 결코 자율적일 수 없다는 식의 주장을 유행처럼 퍼뜨리는 데 앞장서고 있다(윤호병 외, 1992; 이정우, 1990). 이런 주장은 이전의 제약 없는 주체의 개념을 제동하는 뜻이 반영된 것으로 해석하는 것이 타당할 것이다. 그러나 그 주장을 지나치게 확장할 경우 자가당착의 딜레마에 빠진다. 그 주장이 맞는 것이라면, 그것을 주장하는 사람의 주장 역시 자신의 것이 아닌 타자의 것에 종속되어야 하기 때문이다. 인간적인 삶의 일면을 전부로 부각시키는 것은 언제나 회피되어야 할 금기사항이다.

우리는 얼마만큼 거대한 역사적 흐름과 사회적 사실의 지배를 받는다는 사실을 인정하자. 그러나 그런 사실의 밝힘이 다른 중요한 사실을 은폐하는 방향으로 진전되어서는 안 될 것이다. 우리가 그런 제한된 상황에 처해 있다는 사실이 곧 우리의 진로가 숙명적인 것이라는 결론을 허용하지는 않는다. 노예이기 때문에 영원히 노예이어야 한다는 숙명적인 논법은 기만적인 변명이다. 뿐만 아니라 그 논법을 토대로 역사에서 성취할 수 있는 것은 사실상 아무 것도 없다. 우리에게는 어려운 여건에도 불구하고 그 상황을 역전시킬 책임이 있으며, 그 책임을 완수할 인간적 실천을 활성화할 수 있어야 한다. 적어도 교육에 있어서만은 "죽은 주체"를 살리고, 개개인이 자신의 인간성에 대한 선택은 물론 타인의 인간성의 선택에 대해서도 책임을 지는 부분이 있음을 인정해야 한다.

철학이나 사회학은 그들의 이론적 맥락과 관점에 의해 인간을 보고 있으며, 그들의 특수성에 의해 교육에서 특별히 주목받아야 할 인간의 중요한 측면을 은폐하고 있다. 개인은 그가 알 수 없는 역사적, 사회적 힘에 의해 결정되는 부분과 그 한계 안에서 그가 결정하는 부분을 모두 갖는다. 교육적 주체는 특별히 이 후자의 부분과 연관되어 있다. 실존으로서의 개인에게 자신의 형성에 있어 무한정한 자유가 주어진다는 것은 현실적으로 제약된 상황에 비추어 극단적인 주장으로 보인다. 어느 때에 어떤 것이나 할 수 있는 절대적인 자유란 우리의 공상이다. 그렇다고 해서 인간은 사회학자들이 주장하듯이 거대한 사회구조의 허수아비라고만 생각하는 것 역시 극단이다. 우리는 분명 사회적 힘의 자장 속에서 생활하고 있지만, 전적으로 그런 내외적 조건의 희생물만은 아니라는 사실도 분명하다. 역사적 한계 속에 살지만, 우리는 얼마만큼 그것을 초월하여 역사를 창조하는 면도 있다.

나는 이제까지 우리가 종사하는 세계에 따라 그 종속과 자율의 범위에 있어 차이가 있다는 주장을 견지해 왔다. 상호주관적인 일치가 강조되는 세속계의 운영에서는 종속의 측면이 크게 부각될 수 있지만, 교육에서 소재로 삼는 수도계에서 참여자의 자율성과 자각을 배제한다면 그것은 아무 의미 없는 세계가 되고 만다. 교육적 주체는 수도계와 관련하여 우리 각자에게 허용되는 만큼의 제한된 자유를 최대한 활용하려는 인간의 측면이다. 허용된 자유의 범위가 얼마이든지 간에 우리 각자는 자신의 품위의 형성에 참여할 자율성, 결정, 의지, 책임을 결코 외면할 수 없다. 또한 국가나 사회는 그 제한된 자유를 가능한 한 보호하고 육성할 환경적 여건으로서 작용할 수 있어야 할 것이다. 아무런 실천을 전제하지 않고 인간이 자유롭다거나 자유롭지 않은 존재라고 주장하는 것은 참으로 나태한 태도이다. 주체의 자유는 주어진 것이 아니라 쟁취하는 것이다. 인간은 주위환경의 영향을 받지만 그 환경을 선택, 수정, 재구성 혹은 변형시켜서 자신의 능력과 소양을 고양시킬 수도 있다.

가장 핵심적인 역할을 하는 것은 물론 유기체로서의 인간 스스로의 적극성이다. 주체와 환경은 상호 의존관계를 갖는다. 일반적인 의미의 환경은 없다. 그것에 대한 우리 자신의 상태에 따라 그것은 다른 의미를 갖는다. 이는 실재가 각 개인의 경험에 의해 다른 방식으로 구성된다는 것을 의미하는 것이다. 해변의 사람에게는 밀려오는 파도의 움직임이 보이는데, 서프보드를 탄 사람에게는 정지된 파도밖에 보이지 않는다. 그런 재주가 없는 사람은 손쉽게 물구나무를 서서 세상을 바라보라. 그러면 자신이 지구의 맨 밑 부분에서 지구를 쳐들고 있는 것을 발견할 것이다. 그리고 참으로 신기하게도 온갖 식물들이 지구의 아래 부분에 뿌리를 박고 거꾸로 매달려 있음을 볼 수 있을 것이다. 말하자면 실재란 그것을 경험하는 개개인을 떠나서 일반적으로 규정할 수 없는 것이다.

외계에 대한 우리의 체험은 체험자의 내면적 수준의 범위를 벗어날 수 없다. 급한 상황에서 '불났다'라는 외침과 경고는 그런 한국말을 이해할 수 있는 사람들에게만 경고의 효과를 갖는다. 자동차는 그것을 운전할 수 있는 사람에게는 편리한 교통의 수단이지만, 그것을 운전할 수 없는 사람에게는 공간을 차지하고 있는 귀찮은 물건에 불과하다. 예술작품은 그것을 제대로 감식할 수 있는 사람에게만 예술작품으로 감상될 수 있으며, 감식력이 없는 사람은 "눈뜬 봉사"와 마찬가지이다. 이것은 "눈먼 봉사"보다 더 비참한 상황이다. 여기에는 선인들의 귀중한 서책들을 엿장수의 저울 위에 올려놓고 가치를 거래했던 나의 어린 시절의 철부지가 포함된다. 이렇게 우리 주변의 환경과 나의 관계가 상대적으로 규정될 수 있다는 것은 나 자신의 변화에 의해 세계 자체를 변화시킬 수 있다는 가능성을 시사하고 있다. 우리는 환경에 대한 생각을 바꿈으로써 그 세상을 전혀 다른 것으로 바라볼 수도 있다. 그것은 안경을 바꾸거나 혹은 자세를 바꿈과도 같다.

인간은 그를 둘러싼 환경에 굴복하거나 종속하기보다는 그것과의 부단한 교섭을 통해 자신을 더욱 유능한 존재로 쇄신하는 삶을 추구할 수 있다. 인간은 우리 자신의 변화를 통해서 주위 환경을 변화시키는 데 결정적인 역할을 할 수 있으며, 다시 그런 방법에 의해 자기 자신을 변화시킬 수 있다. 이것이 바로 우리가 전제하는 교육적 주체에게 허용된 제한된 자유이다. 이런 측면은 인간을 단지 정적인 양태, 즉 아무 실천도 하지 않고 관망하는 방식의 논의에서 배제된 부분이다. 단지 외부적인 환경의 일방적인 개입이나 강요로 인간성을 개조하려는 시도, 그러니까 인간성을 우발적인 환경이나 타아의 의도에 종속시켜 버리자는 숙명론은 우리들 자신에게 무책임한 것이다. 혹은 반대로 그런 자포자기적인 태도의 반대편에서 자기의 주체성과 효능성에 대해 꿈만 꾸고 있는 것 역시 무책임한 태도이다.

우주에 비추어 볼 때 개인은 하나의 티끌에도 비유할 수 없을 정도로 미미한 존재이지만, 그 우주의 크기를 읽는 것은 놀랍게도 그 티끌 속에서 비롯한다. 물리적 우주로서의 자연의 발견은 인간으로서의 인간 자신의 발견과 서로 연관되어 있다. 인간은 외부의 틀에 의해 만들어지는 것이 아니라 스스로 세계를 만들어 내는 창조적인 존재이다. 교육은 의미의 확대와 관계되어 있고, 또 그 의미성은 개인 자체에 의해 생산되고 감식된다. 한 개인이 사멸할 때 그의 전 우주에 대한 의미도 소멸한다. 인간의 행위가 환경을 변화시키고 환경이 행위의 새로운 구조를 형성한다. 품위도 그런 메커니즘의 특별한 양상으로 볼 수 있다. 얼른 생각하기에 인간은 모두 같은 환경 속에서 생활하고 있는 듯하지만, 그것은 실상과 다르다. 크건 작건 품위에 있어 개인차가 있기 마련이고, 그 수준의 차이에 따라 인간의 삶과 주변은 전혀 다른 양태로 드러난다. 우리 각자가 자신을 가꾸는 방식에 따라 각자는 서로 다른 세계 속에서 생활하고 있는 것이다. 이 점을 주목하며, 서로가 다른 사람에 의존하면서 좀더 참되고, 아름답고, 착한 세계와 접촉하려는 방식으로 개인과 개인 간의 교섭이 일어나도록 하는 것이 바로 우리 자신의 교육적인 측면에 해당한다. 이처럼 우주의 구조에 의해 규정되는 자연적인 위치를 수동적으로 차지하는 것으로 만족하는 대신에, 역사를 지니며 역사 속의 한 창조적인 위치를 차지할 수 있는 존재라면 누구나 교육적 주체가 될 수 있는 충분한 자격을 갖추고 있다고 보아야 할 것이다.

인간의 역사적 과정, 혹은 사회적 과정을 연구하는 학자들은 그들이 관심을 두는 현상의 영향력에 압도되고, 그것만을 주목하면서 인간 개개인의 능력을 과소평가하는 경향을 보여 왔다. 그것에 제동을 거는 입장도 있다. 최근의 구성주의자들은 집단의 성과가 언뜻 위대해 보이지만, 그것은 항상 구성원 개개인의 주체적인 세계구성에 의존하였음을 재인식시키고 있다. 그들은 사람의 인식활동은 기본적으로 바깥에 있는 세계를 기계적으로 반영하는 것이 아니라 자기생산체계의 주체적인 활동이라는 패러다임을 발전시키고 있다. 그들은 이런 맥락에서 우주까지 확장되는 진화의 이론체계에서 개인주체가 집단주체보다 더욱 중요한 위치를 차지하고 있음을 지적한다.

> 우리들 개개인은 누구나 행동의 면에서, 우리가 살고 있는 공동체보다 더 현명하고 확신에 차 있다. 다만 현재 상태에서 볼 때, 이러한 곤경(집단주체가 더 책임이 있다는 통념)으로부터 벗어날 유일한 탈출구는 개개인에게 개방된 더 높은 정신적, 심적 층위들의 강화된 재귀활성화이며, 이는 바로 이 층위에 있는 개체들 사이의 강화된 '공명'이며, 관념과 상징적인 세계 사이의 공동작용이다. 인류에게 사회적인 재편은 다른 곳이 아니라 바로 좀더 완벽한 개체들에 의해 표출된 변동들의 본질에 좌우된다. 이것은 오래 전부터 재귀조직을 말해 온 철학, 즉 불교의 메시지이기도 하다. 불교에서는 인류를 구원하기 위해서 강림하는 구세주도, (마르크시즘에서처럼) 물질적인 과정으로의 환원도 존재하지 않는다. 다만 자기 자신의 정신적, 심적인 층위들을 활성화하고 이로써 신의 경지에 도달하려고 하는 인간 자체 내에 존재하는 가능성이 있을 뿐이다(Schmidt, 1987/1995, pp. 186-187).

이런 언급은 내가 교육적 주체를 집단보다 개인으로 삼는 입장을 측면에서 잘 지원하고 있다. 글에서 "완벽한 개체"라는 표현이 있는데, 사실 교육적 주체는 전지전능의 특권적이고 절대적인 혹은 모든 면에서 자율적이고 독립적이고 순수한 것으로서의 의미를 떠나 성립한다. 교육은 허물이 없는 사람보다는 허물이 있는 사람을 전제로 삼는다. 교육적 주체는 완전한 존재가 아니고, 굳이 위치를 지정한다면, 언제나 완전과 불완전, 필연성과 제한성의 사이에 있다. 그 상대적인 위치에서 교육적 주체는 한편으로 자신의 오류와 허점을 가진 불완전한 존재임을 예리하게 자각하고, 다른 한편으로 더 나은 존재로 상승하려는 무한한 선망과 관심을 가지면서 자기에게 책임 주어진 품위를 단계별로 극복하려고 노력해야 한다.

집단이란 개개인이 모여서 이루어진 것이다. 그 힘의 강도에 있어 개인은 항상 집단에 비해 나약하다. 그러나 개인이 그가 소속한 집단에 모든 것을 내맡기는 것은 자신에 대한 존재적 책임을 포기하는 것이다. 우리 각자가 본래의 모습인 개인으로 돌아가는 것은 각자의 권한에 속하는 것이다. 집단 안의 구성원이 가진 품위의 종류와 수준에는 언제나 상당한 변이와 다양성이 있다. 그러나 집단은 자체의 동질화의 속성에 의해 그 다양성을 중앙 혹은 그 이하로 낮추는 압력을 행사한다. 그 유사성에 있어 대다수를 차지하는 중간 정도 이하의 것이 가장 큰 사회적 힘을 갖게 되며, 그것을 중심으로 집단과정이 진행한다. 이 때문에 교육이 특정한 집단, 민족, 국가의 독점물이 될 때, 구성원의 평균 이상의 품위는 그 빛을 잃고 하향화의 압력을 받게 된다. 이것은 집단의 입장에서는 불가피한 부분일 수 있다. 그러나 그것은 구성원 각자의 품위가 위쪽을 향해 동반상승작용하는 교육에게는 부당한 환경이 된다. 우리가 교육의 주체성을 집단을 구성하는 각자에게 준다면 그만큼 주체의 중심은 다원화되고, 인류는 더 많은 힘과 더 많은 품위의 창출과 품위의 상승적 공유에 협력할 수 있게 될 것이다.

후진의 품위가 선진의 것으로 발전하는 방식으로 교육적 교섭이 일어나도록 하는 일은 결코 우연적인 일이 아니다. 개인들은 서로가 상대의 환경으로 존재한다. 타아는 다른 사람의 자아이다. 갑(甲)은 자신에게는 '자아(自我)'이며, 을(乙)에게는 '타아(他我)'이다. 다른 한편으로 을은 자신에게는 '자아'이며, 갑에게는 '타아'이다. 자아가 가진 품위가 타아의 것으로 침투하는 데에 허다한 애로가 놓여 있다. 우리는 타자를 일차적으로 그의 물체성 속에서 만난다. 많은 경우 품위는 잠재된 상태에 머물고 외면화나 객관화되지 않은 채 자족한 상태로 남아 있는 경우가 많다. 이 때문에 서로가 우선 물체의 수준에서 환경으로 남아 있을 수 있다. 혹은 상대의 적극성을 인정하면서 적절한 균형에 의해 개인적으로 정의되기보다는 일방적으로 강요되는 환경 혹은 개인이 통제할 수 없는 이방적 사실로 경험될 수 있다.

내가 타인에게 물체로서 인식되는 것이 부당하듯이 타인도 나에 의해 물체로 인식되는 것은 부당하다. 따라서 그를 자아와 관련하여 이해하려고 하는 태도가 필요하다. 환경은 인간을 포함하는 모든 것이지만, 교육의 경우 인간으로서의 환경이 그 중심을 이룬다. 서로의 환경으로서 인간과 인간의 관계는 물체와 인간, 물체와 물체의 관계와는 질적으로 다르다. 환경으로서의 물체와 인간의 상호작용에서 그 관계의 양상을 조정하고 결정하는 것은 후자의 적극성이다. 그 부분에서 바로 선진과 후진이라는 양상의 차이가 드러난다. 이때 그 물체로서의 환경은 누구의 환경이냐 하는 조건부적 정의가 필요하다. 특정한 수도계 내에서 후진이 역경으로 생각하는 물체가 선진에게는 순경이 된다. 그리고 이때 선진과 후진은 그 물체와의 관계 양상에서 얼마만큼 자율성을 규정하면서 다른 품위의 점유자로서 존재하고 있다. 이 경우 선진과 후진의 관계에는, 물체와 물체의 단순한 관계와는 달리, 필연적으로 그 내부성에 상응하는 상호주관성의 형성이라는 과제가 생겨난다.

해당 수도계적인 환경과의 관계에서 선진과 후진은 서로 다른 주관성을 확보하고 있다. 그들은 각자가 획득한 품위의 수준에 따라 수도계를 서로 다르게 체험한다. 그렇다면 그 주관성은 한편에서 다른 편으로 곧바로 이관될 수 있는가? 혹은 소통될 수 있는가? 이 문제는 이미 앞 절에서 품위의 해석적 측면과 관련하여 상당 부분 해명된 바 있다. 한편의 품위는 표정, 언행, 동작, 혹은 일상의 삶의 양태로 객관화되거나 표현될 수 있다. 이 경우 표현된 것의 해석은 단순히 물체 이상의 대상으로서 해석자의 품위 안에서 이루어진다. 선진의 품위는 후진의 자아 속에서 구성되었을 때에만 제대로 이해될 수 있다고 할 때, 그들 사이의 품위상의 상호주관성은 선진이 거쳐 온 품위의 수련과정을 후진이 단계별로 재생하는 과정을 거쳐야만 비로소 성취할 수 있다. 이것을 선진의 입장으로 바꾸어 보면, 그는 후진으로 하여금 자신이 거쳐 온 단계를 반복해서 거치도록 돕는 과제를 수행하여야 한다. 이처럼 선진과 후진 간의 상호주관성은 각각 서로 다른 환경을 구성하고 전자가 거친 단계별 품위를 후자가 재구성하는 특정한 교섭활동을 거치면서 점차 확보될 수 있다.

이제 논점을 정리해 보자. 교육에 참여하는 주체를 어느 단위로 인정하느냐 하는 문제가 있다. 집단의 품위는 다분히 가공적인 것이며, 평균 이

하로 하향하여 수렴한다. 대신 개인의 세상에 대한 체험내용에는 엄청난 편차가 존재하며, 그 차이내용이 교육을 성립시키는 전제조건이 된다. 인간의 본질이란 완료된 것이 아니다. 그것은 계속 형성과정에 있는 것으로서 그 책임의 일부는 인간 스스로에게 있다. 인간성을 단지 우연에 맡기고 그것에 대한 책임을 포기하지 않는 한 우리는 어쩔 수 없이 교육적 주체의 임무를 얼마큼 버거우나 즐겁게 떠맡지 않으면 안 된다. 이 경우 타인의 존재는 무엇을 뜻하는가? 나의 독립성과 자율성의 한계인가? 혹은 나의 존재에 대한 혹은 타인의 존재에 대한 새로운 차원을 열어주는 사건인가? 나와 더불어 사는 타인은 그로부터 무엇을 얼마만큼 상구하거나 혹은 그에게 무엇인가를 얼마만큼 하화할 수 있는 나의 형제이다. 전자는 타인에 대한 나의 후진성에서 비롯하며, 후자는 타인에 대한 나의 선진성에서 비롯한다. 이 경우 각자는 교육이라는 특정한 세계가 요구하는 바를 수용하는 선택과 책임에 있어 응분의 주체성을 발휘할 수 있어야 할 것이다.

4.2.3. 내재율에 대한 심열성복

본서는 생활세계 속에 다양하고 이질적인 세계가 존재한다는 기본적인 가정에서 출발했다. 그 많은 것 가운데 우리는 세속계, 수도계, 교육계에 대한 논의를 주로 해왔다. 이들 각각의 세계는 그들 나름의 양상, 구조, 규칙, 내재율을 가지고 진행된다. 거기에 참여하는 우리들 자신이 그 세계인 것으로 생각한다면 그것은 큰 착각이다. 다양한 세계들의 본질적 특성은 우리가 그것들에 참여함으로써 비로소 체험할 수 있게 된다. 물론 세계의 종류에 따라 그것에 참여하는 한 자연인이 향유하는 자유, 능동적 참여, 책임의 비율에는 정도의 차이가 있다. 가령, 세속계의 경우 개인이 외부의 압력과 조종에 굴복하는 측면이 많다. 그 압력에서 전적으로 해방된 생활이란 상상하기 어렵다. 그러나 그런 종류의 강제성을 수도계나 교육계에까지 일반화시키는 것은 잘못이다. 이들은 우리가 자발적으로 선택해서 참여하는 세계이다. 그럼에도 불구하고, 수도계나 교육계의 경우에도 어떻든 그 나름의 규칙과 내재율이 존재하며, 이에 참여하는 사람은 그것에 복종함으로써만 참여자로서의 자격을 얻을 수 있다.

뒤(4.4)에 더 자세한 해명이 이루어지겠지만 교육은 자율적이고 독자적인 세계를 의미하며, 그 나름의 구조와 내재율을 가지고 있다. 그런 내재율은 인류가 오랫동안 교육을 하면서 발생했던 여러 가지 사건에 따라 자체의 고유한 속성을 극대화시키면서 점차 형성하고 발전시킨 것으로 보아야 한다. 교육은 한 개체의 품위상의 변화가 다시 다른 한 개체의 품위상의 변화를 야기하고, 점차 서로가 협동적으로 좀더 높은 품위를 향해 오르는 과정에 해당하는 독특한 세계라고 할 수 있다. 그 특성은 자체의 자율적인 체계 안에서 보장되며, 앞에서 지적했듯이, 예컨대 국가의 권력을 비롯해서 제반 외재적 압력에 저항함으로써 유지된다. 다시 말하면, 교육을 유지하는 것은 특정한 개인이나 국가가 아니라 그것의 내재율이다.

통상 교육이 잘되고 잘못되는 것을 특정한 주체의 속성이나 능력의 문제로 치부하는 맹점을 시정하는 데 유의할 것이 바로 이 부분이다. 국가나 개인이 마음대로 교육의 구조나 내재율을 만들거나 바꿀 수 있는 길은 없다. 우리가 특정한 개인을 교육적 주체로 규정하고자 할 때, 그것은 특정한 자연인 전체가 아니라 그가 교육이라는 세계에 특별히 지향된 양태, 즉 교육의 세계를 지배하기보다는 그것에 복종하는 측면을 지칭하는 것이다. 그는 교육 외적인 힘이나 처벌의 위협에 강요됨이 없이 내재율을 충실히 이행할 수 있는 처지에 있고, 또 그런 행위를 조장할 수 있는 입장을 취해야만 한다. 다시 말하면, 우리 각자는 교육을 제멋대로 하는 것이 아니라 그것의 내재율에 충실히 따름으로써만 주체로서의 자격을 얻게 된다. 이제 그 입장을 바꾸면, 교육은 자체의 내재율을 따르는 특별한 충복들에 의해 공간적, 시간적 우연성으로부터 독립하여 자체의 내적인 자율성을 유지할 수 있게 된다고 할 수 있다. 진정 교육의 자율성을 얻는 길은 그것의 내재율을 따르는 충복을 그 내부에 가두어 장악하는 것이다.

자연인으로서 우리 각자는 생활에서 다양한 세계와 관련을 맺고 산다.

그 경우 세계 간의 이질성에 따른 갈등을 어떻게 해결하며, 어떻게 조화시키느냐 하는 문제가 대두된다. 무엇을 위주로 사느냐 하는 점에서 각 개인은 선택에 직면하기 마련이고, 그 선택에 의해 서로의 공생을 모색할 수 있다. 자연인의 입장에서, 혹은 집단의 입장에서 우리는 일정한 소득이 있어야 생계를 유지할 수 있음은 말할 필요도 없다. 그 생활을 위주로 하는 삶으로는 아직 교육의 세계에 접근한 것이 아니다. 다시 자연인의 입장에서 우리는 특정 수도계의 정상의 품위에 도달하는 것을 중요한 목표로 삼을 수 있다. 오로지 그것에 대한 관심과 집착에 사로잡혀 있는 경우에도 교육의 경내에 아직 진입한 것이 아니다. 한 걸음 더 나아가, 교육적 주체로서 우리는 여타의 세계와 구별되는 독특한 구조와 내재율을 가진 교육의 세계와 만나야 하고, 그것에 자진해서 복속하면서 그 생활 자체를 인생의 보람으로 삼을 수 있어야 한다.

원칙상 교육은 어느 기관, 단체 혹은 개인의 전유물이 될 수 없다. 교육은 선발된 집단의 것이 아니며, 모든 사람들의 공통된 소유물이다. 그 의미를 보다 더 정확하게 구체화시킨다면, 교육은 그 내재율을 알고 따르는 사람에게 항상 열려 있는 세계이다. 교육이라는 세계는 다른 세계들과 구분되는 전혀 새로운 진입로를 가진 공간으로 볼 수 있을 것이다. 삶을 영위하고 있는 사람의 곁에는 항상 그 공간에 진입할 수 있는 기회가 주어진다. 교육하면서 생활하는 것이 여타의 것보다 더 뜻 깊고 보람찬 것이라고 여기는 순간, 우리는 교육의 문을 두드리고 있다고 볼 수 있다. 이는 다른 한편으로 우리 자신들의 여타의 관심사나 욕망을 제쳐두고 그 공간 자체가 요구하는 사항에 일치하는 행위와 전략에 따라가는 것을 의미하기도 한다. 여기에 어떤 독단, 자의, 위장, 혹은 잔꾀가 통할 수 없다.

교육이 교육적 주체를 능가한다는 메타포가 적절할지 모른다. 이는 그것이 강요된 세계라는 것을 의미하지 않는다. 강요를 받아 교육에 참여해야만 할 의무는 우리에게 없다. 교육은 권리이며, 그 만큼 참여의 자유가 주어진다. 일단 그 자유가 행사될 때, 그에 따른 고유한 의무도 아울러 수락하게 되는 것이다. 그 특성에 적합한 말이 '심열성복(心悅誠服;

voluntary obedience)'이다. 이렇게 말해보자. 교육적 주체는 교육 자체에 대해 충실한 종이 되는 것을 스스로 선택한 존재이다. 이는 자유를 실현함에 있어서도 일정한 조건의 제약이 따른다는 이치와 똑같다. 자신의 자유를 침해받지 않는 것처럼 타인의 자유를 침해해서는 안 된다는 제약이 있지 않은가. 마찬가지의 맥락에서 교육은 자발적인 참여를 허용하되, 그것을 수락한 사람에게는 그것이 요구하는 내재율에 대한 복종의 약속을 받아낸다. 그 복종의 대가는 교육이라는 놀이에 대한 풍부한 체험과 향유이다.

교육적 주체로서 우리 개체는 품위의 형성자이며, 감상자이며, 비판자이며, 최종적인 확인자가 되어야 한다. "강요된 가치"라는 개념은 정의 자체로 모순된다. 내재적으로 가치 있는 것으로 규정된 품위는 인간 이외의 절대적인 신·권위·명령·전통·권력자에 의해 주어졌거나 규정받을 성질의 것이 아니다. 품위는 가능태로 주어진 것으로서 우리 자신에 의해 바람직한 것으로 입증되어야 할 성질의 것이다. 이 때문에 그것의 실현은 항상 우리 자신의 문제로 등장한다. 개인은 비록 100년 이내에 죽음이 예정된 존재에 불과하지만, 자각적인 개체인 까닭에 스스로를 '개별자'로서뿐만 아니라 인류의 '대표자'로서 인식한다. 우리 개개인에게는 교육을 통해 스스로 품위를 실현시킴으로써 주관적으로 그것을 깨닫고 그것을 타인에게도 상호주관적으로 깨닫게 할 소명이 주어져 있다.

우리 각자는 자신들의 제한된 체험, 경직된 품위에 갇혀 있기에, 더 높은 수준의 품위로 자신을 해방시켜야 한다. 교육은 우리의 생활에서 너와 내가 품위의 향상이라는 과제를 놓고 서로가 교섭하고 공생하는 특별한 방식을 규제하는 내재율을 지닌 세계이다. 교육적 주체는 자기 자신뿐만 아니라 타인조차도 훌륭하게 만드는 데 자발적으로 참여하는 우리 자신의 특별한 양상이다. 각자가 먼저 자신의 품위를 향상시키고, 상대에게 그 품위가 향상되는 길의 존재를 입증하는 데 참여한다면 그 전체적인 집합이 곧 인간 전체의 위대성으로 입증될 것이다. 교육은 되갚음의 순환을 허용한다. 나는 타인을 상대로 상구할 수 있고, 그 타인이 나에게 하화한

대로 나 역시 하화할 수 있다. 우리 각자가 이처럼 자발적으로 교육적 연대를 이루는 데에는 많은 우여곡절을 거쳐야 한다. 그 부분을 더 추궁하기로 하자.

인간은 홀로 존재하지 않는다. 인간은 언제나 타인의 존재를 경험한다. 자아와 타아는 기본적으로 서로 같지 않다. 타아는 자아에 대한 대립으로 볼 수 있다. 그것은 나의 의지에 의해 결정되는 것이 아니라 자신의 특수한 사정과 의지에 따라 생활한다. 나와 너는 서로가 객체로서 여러 가지 방식으로 상호교섭할 수 있다. 이들은 얼마만큼 결정되면서 동시에 얼마만큼 결정하기도 한다. 극단의 경우 단지 물리적인 상호작용에 그칠 수도 있다. 혹은 서로의 공공성을 기반으로 세속계적인 상호교섭을 하는 데 그칠 수도 있다. 더 나아가, 수도계 안에서 선진과 후진으로서 서로 충돌하여 소통하기 어려운 수도계적 삶을 향유할 수도 있다. 여기에 더하여, 나와 너는 품위를 실현시키고 그 범위만큼 책임지는 교육적 주체로서 연대할 수 있다. 그 연대를 가능하게 하는 것이 바로 교육이 요구하는 최소한의 내재율이다.

교육이 단지 수도계의 각자의 삶을 무조건 있는 그대로 관용하는 것은 아니다. 인간은 모두 얼마만큼의 오류가 있고 불완전한 존재라는 것을 인정하는 관용은 필요하다. 그러나 그런 관용에 그치는 것은 아직 교육이 아니다. 교육은 그 오류에도 상대적인 서열이 있고, 그것이 존중되는 방향으로 상대의 결점을 극복하고 보완하려는 순수한 동기와 열정을 요구한다. 그 열정은 곧바로 충족될 성질의 것은 아니다. '나'의 품위상의 위대함이나 고귀함이 곧바로 '너'의 위대함이나 고귀함이 될 수는 없다. 우리 각자는 스스로 위대해지거나 고귀해지지 않고 그것을 알 도리가 없다. 또한 우리 각자는 타인을 고귀하게 만들지 않고 자신의 고귀함을 입증할 수 없다. 열정은 추동력으로 작용하여 우리로 하여금 교육의 공간 속에 뛰어들게 한다.

위대하고 고귀한 품위의 보편성을 우리 스스로의 참여와 변화를 통해 입증해 나갈 수 있다. 그러나 한 집단 안에서 '우리'라는 말은 사실상 애매하다. 교육이 하나의 공동체라는 공간 안에서 일어나는 상황에서는 구성원 하나하나로 환원시켜 설명하기 어려운 국면들이 드러난다. 인간에 관한 모든 것은 근원에 있어 결국 개별자로부터 시작한다. '우리' 이전에 '나'와 '너'가 있으며, 개별자가 모여 인간을 형성하고 인간의 보편성을 입증한다. 우리 자신에게 내재적인 가치를 가진 가능성을 실현하고 확인하는 일도 그런 경로를 거쳐야 한다. 그것이 무엇인지를 우리 각자가 소명과 헌신의 태도를 가지고 발전시키고 확인해 나가야 한다.

각기 상이한 품위로서 교육에 참여한다는 것은 하나의 가능태에 불과할 수도 있다. 그 경우 아직 교육적 주체가 된 것은 아니다. 여기 특정한 수도계의 품위의 면에서 위계가 다른 위치에 있는 '갑', '을', '병'이 있다고 가정하자. '갑'이 제일 높은 품위의 소유자이며, 마지막에 '병'이 있다. 이런 경우 이들은 수도계적인 관계에 머문다. 교육적 관계는 그 이상의 것으로 진입함으로써 성립한다. 교육의 주체를 개인으로 삼는다는 것과 그것이 단수이냐 혹은 복수이냐 하는 문제는 별개이다. 교육은 반드시 일대일의 대인관계로서만 성립하지 않는다. '병'은 '갑'과 '을'이라는 복수의 개인을 상대로 상구교육에 진입할 수 있으며, 반대로 '갑'은 '을'과 '정'이라는 복수의 개인을 상대로 하화교육에 진입할 수 있다. 한편, 중간의 '을'은 '갑'을 상대로 상구교육을 하고, '병'을 상대로 하화교육을 할 수 있다.

교육계의 하위 세계로서 상구교육과 하화교육은 그것에 상응하는 내재율을 요구한다. 그 세부적인 내재율에 복종하는 우리 자신들의 측면을 각각 '상구자(ascender)'와 '하화자(descender)'라는 명칭으로 지칭하기로 하자. 이들은 품위향상이라는 과제를 두고 그들이 할 수 있는 일을 가지고 '함께' 협동한다. 이때 서로가 어떤 내재율을 따라야 할지에 대한 논의는 제5장에서 자세하게 이루어진다. 여기서는 다만 그 내재율에 대한 심열성복의 필요성에 관해서만 논의한다. 그 필요성을 구성하는 조건 가운데 하나는 자신의 자율성을 인정받고 싶은 것만큼 타인의 자율성도 동시에 인정할 수 있어야 한다는 것이다. 이런 주체에 대한 규정은 나의 것을 너에게 강요하거나 혹은 너의 것을 나의 것으로 강요받는, 즉 하나가 다른 하나에 전적으로 종속되고 소외되고 환원되는 의미의 인간상과 크게 대비된다. 교육에 의한 품위의 공유는 타인의 것으로 함몰되지 않는 방식으로 각자의 품위를 고유하게 선택하고 선별하는 주체에 의해서만 가능하다. 이 부분을 일찍이 키르케고르(S. Kierkegaard, 1859/1980)은 "진리의 전달자는 오로지 외톨이뿐이다. 그리고 진리는 오로지 외톨이에게만 전달될 수 있다(p. 138)"는 멋진 말로 적절하게 표현한 바 있다.

상구자는 유한하고 결핍된 자신의 존재에 대한 불만에서부터 상구교육에 임한다. 그 경우도 자기 자신을 경시하거나 주체성을 포기해서는 안 된다. 자신이 주체로서 실존한다는 사실을 망각하는 것은 상구자에게는 금기이다. 우리가 바람직한 것을 추구하면서 발전한다는 것은 우리 자신의 자기통제(self-control)와 자기정향(self-direction)을 전제한다. 주체로서 우리는 자신의 의사를 스스로 결정하고 자신의 계획을 선택하며 자신의 미래를 결정하는 것이다. 품위의 실재성은 오랜 인류의 역사를 통해 계속해서 입증되어 왔고, 입증되고 있으며, 또한 앞으로 입증될 것이다. 그것을 단지 객관적 사실로 받아들인다거나 타인이 대신해서 감별해 주기를 바라는 것은 상구자의 태도가 아니다. 그 속성을 확인할 수 있는 사람과 앞으로 확인할 사람에게만 맡기는 것은 신비주의적인 회피이다. 어떤 객관적인 준거가 있다 하더라도 종국적으로 상구자 자신의 확인과 연관되지 않는다면 그 준거는 무의미한 것이다. 인류 전체를 두고 규정되는 품위도 나의 동의가 없이 규정되기 어렵다. 그들이 나의 동의의 대상이 되려면 나는 상구자로서 자신의 내부에 있는 체험의 재조정에 의해 그것의 존재를 확인하고, 감식하며, 추구해나가면서 자신의 길을 가야 한다.

다른 한편으로, 하화자는 타인에 비해 상대적으로 높은 품위상의 위치에 대한 각성에서부터 하화교육에 임한다. 하화자는 자신이 수도계적으로 다른 사람에 비해 더 풍요롭다거나 앞서 있다는 것을 전제하고, 상대적인 지위의 향상에 따른 은혜를 자기보다 더 제한성을 가지고 있는 동료인 후진에게 되돌려 주고자 한다. 이런 책임의식은 흔히 선진의 후진에 대한 대리적 간여와 지나친 간섭으로 연결되는 경우가 많은데, 이는 하화교육의 금기사항이다. 타자로서의 후진은 나로 환원될 수 없는 절대적 외재성이다. 자신의 품위는 후진에게 당장 공여될 성질의 것이 아니다. 하화는 상구를 대신할 수 없고, 다만 그것을 하도록 협조해 줄 수 있을 뿐이다. 나의 새로운 가능성에 관심을 가지고 그것을 선택적으로 실현하는 일이 중요한 것이라면, 너도 그렇게 할 수 있도록 돕는 것도 중요하다. 훌륭한 하화자는 후진의 상구능력을 믿고 그 능력을 이용한다. 하화교육은 이미 형성된 지식을 제자에게 제공하는 것이 아니라, 그것을 재창조하는 과정을 돕는 활동이다. 하화자는 후진이 그 자신의 발전에 대한 책임을 지도록 주지시키고, 후진이 그의 위치에서 스스로 쇄신의 노력을 할 수 있도록 격려하는 협조적 환경이 되고자 한다. 그 결과, 후진이 자신의 상구교육에 의해 하화자의 품위에 도달하고 공감할 수 있게 되었을 때, 하화자는 비로소 자신의 품위가 앞서 있음을 다른 사람의 확인을 통해 더 확신할 수 있게 된다.

교육에서 배제할 수 없는 다른 내재율의 예를 들어보자. 그것은 후진으로서의 상구자와 선진으로서의 하화자 간의 관계는 몇 단계의 체험상의 간격이 개입되어 있다는 사실에 대한 대비이다. 교육적 주체는 상황으로부터 완전히 자유롭거나 혹은 전지전능의 특권적 능력이 있는 존재가 아니다. 완전과 불완전의 연속선상의 중간에 위치하여 인간의 미완성의 의식에 상응하고 있다. 교육적 주체는 자기가 위치하고 있는 역사성과 상황에 항상 얼마만큼 구속되어 있다. 교육적 주체는 여기서 자신의 향상의 여지를 발견한다. 즉, 교육적 주체는 인간은 자기계획에 의해 자신을 변형시키고 이전의 한계상황에서 벗어날 수 있는 여지를 갖는다는 것을 의식한다. 그것이 바로 교육이 이루어지는 이유이다. 그 결과, 얼마만큼의 성과를 얻을 수 있을 것이다. 그러나 그것은 상황으로부터 완전히 독립한 것이 아니라 언제나 새로운 상황으로 들어가는 것이다. 여기에 교육의 여지가 또 열린다. 말하자면, 교육적 주체는 미완결의 존재로서 언제나 자신의 발전의 가능성에 대해 의욕적으로 열려 있을 뿐이다. 물론, 그때그때 품위가 완성되는 계기는 연속된다. 즉, 이전의 완성된 경험이 해체되고 다른 완성된 경험이 정립됨으로써 경험은 발전한다. 이 때문에 선진과 후진은 그들의 상호주관성을 확보함에 있어 품위의 간격만큼 여러 차례 교육의 과정을 단계별로 진행하면서 접근해야 한다. 상구자는 한 번의 상구교육에 그치지 않고 계속해서 형성되는, 그리고 그것을 주관하는 주체가 되어야 하며, 하화자는 단계별 접근을 허용하는 방식으로 상대를 도와야만 상호주관성에 도달할 수 있다.

결론을 맺어보자. 교육은 국가나 종파의 것이거나 혹은 그것들을 위한 것이 아니다. 교육에서의 국적은 민족이 아니라 인류이다. 교육은 적군이나 아군을 구분하지 않고 그들을 치료하는 적십자의 정신을 가지고 있다. 교육은 영토, 국경과 같은 지리적인 경계선, 그리고 시간의 제약을 초월해서 내재율을 존중하는 모두에게 개방되어 있다. 교육적 주체가 소속한 조국은 그가 태어난 곳이 아니라 교육이 잘 이루어지도록 허용하는 곳이다. 이처럼 국가적 단위를 벗어난 개인으로서의 교육적 주체는 국경 밖으로까지 그들의 활동을 확장한다. 그만큼 교육은 정치를 포함하는 세속적 제약으로부터 원천적으로 자유롭다고 말할 수 있다. 교육의 소재로서 품위를 선택하고 실현시킴에 있어서도 우리 자신의 자유로움이 전제된다. 교육을 구체적인 현실로 만드는 최종적인 주체는 우리 각자이다. 교육은 상구할 의지와 능력이 있거나 다른 사람들을 하화할 열의가 있는 사람들의 것이다. 여기에는 분명한 제약도 동반된다. 그것은 교육 자체가 요구하는 내재율에 대한 복종이다. 본 장에서 밝히려는 교육의 양상은 그 내재율에 충실하게 일치하는 삶, 그 이상도 이하도 아니다. 자세한 것은 차츰 더 밝혀지겠지만, 상구교육과 하화교육은 서로 대비되는 요소와 특성으로서 서로를 견인하고 이끈다. 상구할 때는 하화자의 의도에 호응해야 하고, 하화할 때는 상구자의 의도에 호응해야 한다. 상구자와 하화자는 서로가 타자를 동료로서 영입하고 기획하고 의도한 품위의 실현에 의해 함께 열광할 수 있다. 이하의 논의는 편의상 우리가 앞에서 밝힌 교육적 주체의 입장에서 교육이라는 특수한 과제에 부딪쳐 나가는 방식으로 진행될 것이다.

4.3. 교육의 상황적 조건

4.3.1. 체험적 시간과 공간의 회귀성

"다원적 실재(multiple realities)"라는 개념을 도입한 슈츠(A. Schutz, 1973)의 말을 빌리면 각종의 세계는 특이한 실재의 악센트로 나타난다. 그렇다면 교육이라는 실재는 어떤 악센트로서 교육적 주체에게 인식되며 안내되는가? 이런 질문은 교육을 주체의 입장에서 진술한다는 앞선 의도를 관철해 나가는 데 있어 매우 중요한 출발점이 된다. 교육을 다른 세계가 아닌 교육으로 구분시킬 수 있는 전반적인 특징은 본서의 논의 혹은 더 나아가 앞으로의 교육학의 발전과 더불어 드러날 것이다. 그러나 지금의 논의에서 필요한 것은 세부적인 부분의 묘사보다는 교육이라는 세계로 우리의 관심을 전환시킬 수 있는 악센트이다. 무대의 배경이 연극에서 일어날 상황을 묘사하는 역할을 하듯이, 교육적 주체가 등장할 때 이제 교육적 상황이 전개될 것임을 예고할 수 있는 독특한 배경의 장치가 있을 것이고, 그것을 토대로 교육의 문제와 해결방식의 특징을 드러낼 수 있을 것이다.

나는 교육이 우리가 통상적으로 생각하는 시간과는 다른 규정을 요구하는 상황이라는 점을 부각시키는 것에서부터 논의를 시작하고자 한다. 시간에 관한 연구는 꽤 오랫동안 여러 분야에서 이루어져 왔다(소광희, 2001). 그 중 일상인들에게 친숙한 시간은 물리적인 시간이다. 물리학자들은 일직선상으로 전개되는 무한한 시간의 경과를 가정했고, 그것은 시계라는 장치에 의해 엄격하게 측정되고 있다. 그런 개념의 시간은 물리학의 맥락에서 많은 사실을 밝힌 것도 사실이다. 광활한 우주에 이루 헤아릴 수 없는 객관적인 시간이 지나갔고, 앞으로 전개될 것이다. 이에 비추어 본다면 인간은 참으로 무력하고 무의미한 존재일지도 모른다. 다른 한편, 그 상황을 우리 인간 쪽에서 규정할 때 그 관점은 역전된다. 무력하고 무의미한 것은 인간이 아니라 "아직 생명이 없는" 물질인 우주이다. 우주는 자체를 체험하거나 해석하지 않는다. 우주의 공간과 시간의 척도도 인간에 의해 만들어진 것이다.

물리적인 시간은 근원을 알 수 없는 점에서 시작해서 그 끝을 알 수 없이 균일하게 흘러간다. 여기서는 우리 자신의 체험적 의미는 통째로 배제되어 있다. 우리가 경험하는 시간은 이와는 전혀 다르다. 조금이나마 우리 자신의 체험을 가미한 시간개념이 있는데, 그것은 현재를 중심으로 정의되는 시간이다. 우리는 통상적으로 시간은 무한하게 이어지는 "지금의 연속"으로 생각한다. 미래는 아직 도래하지 않았지만 앞으로 언젠가는 도래할 '지금'이며, 과거는 이전에 존재했던 '지금'이고, '현재'는 현존하는 지금이다. 단순한 물리적인 시간의 개념을 우리의 삶에 연관시킨 이런 시간개념 역시 기본적으로는 물리적인 특성에서 벗어나지 못하고 있다. 교육이 진행되는 시간은 과거와 현재에 걸친 직선적인 시간의 경과를 가정하는 찰나로서의 현재의 개념을 초월한다.

시간적 추이는 교육에서 기본적인 요소이다. 교육을 어떻게 규정하든간에 시간의 추이에 따른 인간성의 변화라는 사실은 외면하기 어렵다. 교육은 인간성의 진보에 대한 확신을 전제한다. 그 전제를 충족시키는 것으로서 우리는 수도계를 들었다. 그 안에서 우리는 품위의 확장, 심화, 발전을 위해 끝없는 내면의 혁명을 거치는 것이다. 그 점에서 모든 품위는 시간적이며, 그 의미는 시간적으로 결정된다고 말할 수 있다. 이때 시간은 주체가 개입되는 시간, 즉 현재, 과거, 미래로 규정된다. 그 시간은 단순한 과거의 연장으로서의 현재, 그리고 현재의 연장으로서의 미래라는 도식을 넘어선다. 품위와 관련된 시간은 서로 연속적이지만 질적으로 체험내용이 구분되는 일정한 간격과 반복의 특징을 가지며, 시간의 회귀성에서 동일성을 보장받는 교육적 실천과 더불어 품위는 더욱 발전적으로 열리고 밝혀져 나간다.

인간을 포함하는 모든 생물의 기능은 지구와 달과의 상호간의 운동이나 태양과 직결된 운동과 관련되어 있는 어떤 리듬에 따라 변동을 계속하고 있다. 그것은 하루, 한 달, 한 계절, 한 해와 같은 주기적인 시간으로

손목시계의 시침이나 달력에서 쉽게 찾아볼 수 있다. 우리의 삶은 대부분 이런 주기에 맞추어서 진행된다(Wilson, 1980). 이는 예컨대, 니체의 회귀사상에서도 찾아볼 수 있는 시간의 개념으로서 처음과 끝은 서로 꼬리를 물고 회귀한다. 영원회귀라는 개념은 니체가 드러내려는 철학적 관점을 부각시키는 유효한 요소가 되었다. 우리가 앞으로 드러낼 교육적 체험과 관련하여 새롭게 인식할 시간 역시 그에 상응하는 새로운 공간의 개념을 요청한다. 그렇다면 교육에서 설정되는 시간과 공간의 개념은 어떤 것인가? 그리고 그들은 교육의 과제와 문제해결을 특징짓는 데 얼마나 유효한 것인가?

우선 동질적 경험의 회귀성에 관한 이해가 필요하다. 우리는 시간을 순간이 아니라 일정 기간을 하나의 동질적인 것으로 경험한다. 나무의 나이테가 좋은 예이다. 나무의 나이테는 한 해를 중심으로 이전과 이후의 성장을 원형의 숫자로 구분한다. 모든 나이테가 시작하는 지점과 끝나는 지점은 일치하지만 그 핵을 중심으로 주변까지, 나이테의 공간은 중심으로부터 점차 확장한다. 그만큼 그 나무가 경험한 내용은 전혀 다른 것이다. 교육에도 이런 동질적 경험의 주기가 있다. 품위는 마치 나선형처럼 위를 향해 상승하며 발전한다. 이를 우리는 연륜(年輪)의 차이라는 말로 표현한다.

품위의 수준이 다른 선진과 후진은 설사 물리적으로 같은 시간과 공간에 있다고 할지 모르나, 체험의 부분에서는 서로 다른 시간과 공간을 점유하고 있다. 연륜에 비추어 보면, 선진은 후진보다 미래에 속하며, 후진은 선진의 과거에 속한다. 이런 환산법에 따라 그들이 차지한 공간도 재해석되어야 한다. 선진과 후진은 해당 품위의 간격의 면에서 가까이 혹은 멀리 위치하면서 삶을 영위하는 이방인들이다. 이들은 공간적으로 위(上)와 아래(下)라는 서로 다른 위치에서 상대를 바라본다. 이 사실을 그들의 준거시점과 결부시킨다면, 선진은 자신이 거쳐온 과거의 상황을 아래쪽으로 바라보고 있고, 후진은 자신이 올라가야만 할 미래의 상황을 위쪽으로 바라보고 있다고 말할 수 있다.

각 품위들은 선행하는 것이 후행하는 것의 발전을 위한 토대나 계기를 마련해 준다는 점에서 연속성이 있다고 말할 수 있을지 모르나, 체험구조의 내용은 비통약적이다. 품위는 여러 가지 독립된 소인들을 단순하게 산술적으로 더한 것이 아니라는 사실이 여러 차례 지적되었다. 품위는 어느 경우나 서로 통합된 구조의 형태를 띠고 있는 것으로서 그 실체나 경험들의 완전한 의미는 그것을 부분으로 삼고 있는 구조 안으로 통합되어야만 출현한다. 이런 연유로 품위가 다른 단계 사이에는 이미 알려진 의미와 아직 알려지지 않은 의미 사이의 근원적인 불합리, 분열, 혼돈, 모순, 갈등, 불안, 긴장이 개재해 있다. 그것은 현재의 품위와 미래의 품위 사이의 투쟁일 수 있다. 혹은 선진의 불합리가 후진의 합리로 규정되는 대치일 수도 있다. 체험구조의 차이를 지닌 선진과 후진은 그만큼 시간적으로나 공간적으로 가깝거나 멀리 소외되어 있다.

수도계는 그 끝을 예상할 수 없는 무수한 품위의 수준을 갖는다. 어떤 품위도 그 수도계를 대표한다고 볼 수 없는 상황이다. 이 때문에 각각의 품위가 그것을 소유한 사람에게는 그 수도계를 대표할 수밖에 없다. 각 품위는 어느 정도 진(眞)임과 동시에 위(僞), 선(善)임과 동시에 악(惡), 미(美)임과 동시에 추(醜)를 내포하고 있으며, 비교의 준거를 어디에 두느냐에 따라 서로 다른 평가를 받게 된다. 그것을 상위의 품위에 두면 하위의 품위는 위, 악, 추로 평가되고, 반대로 하위의 품위에 두면 진, 선, 미로 평가될 수 있다. 개인이 확보하고 있는 현품은 적어도 그에게 있어서 최선의 것이다. 그는 그것을 기준으로 삼아 수도계를 이해하고 평가한다. 그렇게 되면 같은 대상이나 상황에 대해 선진과 후진은 서로 모순되는 평가를 내릴 수밖에 없다. 이처럼 수도계의 품위 사이에는 평가기준에 있어 변증법적 긴장의 소지가 항상 내재해 있다.

서로 다른 품위를 가진 내부적인 사정을 다시 외부적인 상황에 대한 규정의 차이로 확장한다면, 그 상황은 더욱 미묘하고 복잡해진다. 우리는 품위가 외부세계와의 관계양상이라는 사실을 살핀 바 있다. 이 점을 유의하면 선진과 후진은 환경에 대한 규정을 달리하는 것으로 해석해야 한다.

선진과 후진은 똑같은 자극과 사태에 봉착하더라도 그것에 대한 규정 자체가 다르며, 따라서 그것에 대한 반응 역시 다르다. 이른바 '문제사태'가 이것을 설명하는 가장 좋은 예이다. 우리의 삶에서 객관적으로 규정할 수 있는 문제사태란 존재하지 않는다. 그것은 그것을 대하는 개별적인 사람에 대한 언급 없이 보편적으로 규정될 수 없다. 많은 경우 후진에게 있어 문제상황인 것이 선진에게는 이미 해결된 상황이다.

수도계적인 상황에 비추어 이루어진 이런 논의는 교육의 상황에서 새로운 해석의 틀을 요구한다. 서로 균열된 품위상의 공간과 시간의 차이는 교육이라는 놀이가 이루어질 수 있는 시간과 공간으로 대치된다. 세계를 바라보는 관점을 달리하면, 품위 간의 모순은 기피되어야 할 상황이 아니라 교육을 위해 맞이해야 할 하나의 계기로 전환된다. 품위의 차이에는 교육과 관련하여 매우 특이한 측면이 잠재되어 있다는 사실을 주목해야 한다. 그것은 바로 후진의 입장에서 한 단계 위의 품위로 오르려는 '상구열정(ascending passion)'과 아래로 내려가서 후진의 품위를 끌어올리려는 '하화열정(descending passion)'이다. 이것은 다시 선진에 대한 사랑과 후진에 대한 사랑으로 해석될 수 있는 부분으로서, 그것들은 우리가 여타의 이해관계를 떠나 교육의 고귀한 순수성을 유지하면서 서로가 상대의 감정을 지지하고 강화하는 교육적 연대를 가능하게 하는 원천이 된다. 교육의 과제와 문제는 결국 이런 과정을 어떻게 부각시키고 활성화하느냐에 달려 있다.

너무 갑작스러운 주제를 다루고 있는 듯하여 이쯤에서 우리의 논의를 일단 정리해 보자. 품위가 발전하는 시간과 공간은 물리학적인 것과 현격한 차이가 있다. 나는 앞에서 품위의 시간과 공간은 직선적인 것이 아니라 시작과 끝이 반복되는 회귀성을 가지고 있다는 점에 주목하고자 했다. 품위의 차이는 체험내용이 다른 연륜의 차이로 환산될 수 있다. 우리가 물리적으로 규정하는 현재 안에 생존하고 있는 사람들의 품위는 인간이 실현할 수 있는 무진장한 가능성의 폭 가운데 실현된 하나의 양태로서 과거와 현재뿐만 아니라 미래를 포함하고 있다. 현재의 품위를 기준으로 할 때 우리가 극복한 품위는 과거에 속하며, 앞으로 달성될 품위는 미래에 속한다. 같은 논리에 의해 해당 수도계에서 선진은 후진에 있어 자신이 도달해야 할 미래의 상태이며, 후진은 선진이 그의 과거에 극복했던 상태이다. 교육은 바로 그런 새로운 시간의 환산이 필요한 특이한 실재의 악센트와 상황의 맥락 속에서 진행된다.

교육은 언제나 미래와 과거가 교차하는 현재라는 시간 안에서 일어난다. 그 현재야말로 인간형성과 관련하여 과거와 미래의 내용을 창조적으로 결정하는 무대의 원점인 것이다. 지금 여기서 무엇을 하느냐 하는 것에 의해 바로 몇 초 뒤의 과거와 다가오는 미래의 전개가 달라진다. 그 현재는 일순간은 아니다. 그것은 나무의 나이테처럼 품위의 잠정적 안정성 안에서 하나의 구간으로 경험되며, 과거나 미래에의 시간의식으로 확장된다. 교육적 주체는 항상 과거와 미래라는 시점을 비교의 준거로 이용하거나 예견한다. 이와 더불어 교육적 주체가 자신의 품위나 타인의 품위를 형성해 나가는 특별한 교육적 시간의 회귀적 동일성이 태동하는 것이다. 교육은 아무리 간단한 것이라 할지라도 적어도 그 특징에 있어 시작과 끝이 있다. 한 품위가 완성되는 곳에서 교육은 끝나며, 다른 한 품위가 형성되는 곳에서 교육은 시작된다. 나무의 나이테에 비유한다면, 교육은 한 줄의 나이테를 만들어 가면서 품위의 연륜을 원심적으로 연결하고, 더 멀리 확장해 나가는 과정으로 재해석될 수 있다.

진보를 이루기 위한 상구교육에서 현재는 완전하지 못한 상태에서 완전함을 찾아 계속 찾아가는 시간이다. 따라서 상구교육은 현재를 과거의 것에 비추어 검토하고, 더 나은 미래를 예견하며 탈출하는 활동으로 이루어진다. 상구교육은 상구자에게는 현재에 의한 미래의 규정이지만, 선진에게는 과거에 참여하는 공간이다. 따라서 그는 선진을 자신의 미래적 존재로 수용하고, 그 미래를 실현하는 계획을 수립할 수 있다. 말하자면, 역사적으로는 과거의 인물이지만 그를 선진으로 삼아 상구교육에 참여할 수도 있는 것이다. 그런 시간을 통해 그는 과거와 현재에 사로잡힌 감옥에서 벗어나 더 넓은 실재를 경험하는 것을 스스로 확인하면서 그 나름의 성장과 발전의 역사를 만들어 갈 수 있다. 다른 한편으로, 하화교육은 그 반대의 시간으로 지향된다. 후진의 진보를 촉구하는 하화자는 자신의 현재를 잠시 유보하고 자신이 처했던 과거의 어리석은 상태를 회상하며, 후진의 품위를 현재의 자신의 품위 쪽으로 끌어올리는 작업을 수행한다. 이것은 선진의 과거와 현재 속에서 후진의 미래에 참여하는 특이한 공간이기도 하다. 설사 사멸한 후에라도 우리 각자는 후대에게 최소한 상구할 만한 소재를 남길 수도 있다. 이런 점에 비추어 본다면, 사멸하면 그것으로 모든 것이 끝이라는 생각은 단견이라 할 것이다.

인간은 예외 없이 죽음을 앞둔 존재이며, 교육은 그런 유한성의 범위 안에서 진행된다. 교육적 주체에게 교육은 출생으로 시작되고 죽음으로 종료되는 생물적 연속선상에서 허용되는 과제이며, 생물적인 것 이상을 초월하는 고유한 경험이다. 천문학적 혹은 진화적 시간에 비추어 인간은 한정된 생존기간을 가진 물질로서 거의 주목할 필요가 없을 만큼 짧고 덧없는 것으로 보인다. 그러나 그 시간은 얼마든지 연장될 신축성을 내포한다. 진실로 의미 있는 시간은 우리의 짧은 생애 가운데 체험하는 시간이다.[15] 체험의 시간은 얼마나 생물적으로 오래 사느냐가 아니라 그 기간을 얼마나 생물적인 것을 초월하는 것으로 활용하느냐로 환산된다. 인간은 지난 수십 억 년의 시간을 일생 동안의 체험에 의해 개관하고 변용시킬

---

15) 단순히 나와 무관하게 흘러가는 시간은 분명히 교육적 주체의 시간성과는 무관하다. 그는 사물들과 같이 시간의 흐름 속에서 단순히 피동적으로 흘러 지나가는 것이 아니고 역동적이며 창조적인 존재 능력 자체이다. 이 부분에서 잠시 하이데거(Heidegger, 1953)의 관점을 상기하는 것도 적절할 듯하다. 그에 따르면, 우리의 존재가 갖는 본질 속에는 존재에 대한 우려와 존재에로의 움직임이 있다. 인간성은 궁극적으로 상이한 방향으로 분산되는 존재를 향한, 즉 자기 자신의 존재와 나아가서는 존재 자신을 향한 현존재의 마음의 움직임이라고 할 수 있다. 진정한 의미의 자신을 발견하려는 현존재에 있어서 그가 자신의 삶의 궁극적인 이상과 목표인 존재를 향해 나아가고자 하는 진지한 내적 성향이 그의 미래이며, 그와 더불어 자신의 존재의 궁극적인 기원과 근거인 존재를 신중하게 되돌아보는 가운데 자신이 진정한 정체를 회상하고 재발견하고자 하는 마음의 움직임이 곧 과거이다. 그리고 자신의 진정한 미래와 과거를 염두에 두고 현실적인 모든 것을 이해하고 취급하는 진지한 노력이 그의 현재이다. 그러나 하이데거는 이런 존재규정과 시간의 상관성을 교육과 결부시키는 데까지는 나아가지 않았다. 우리의 논의는 그가 놓친 부분에 대한 확장이다.

수 있다. 죽음을 맞이해야 하는 인간은 언제나 "존재 불가능의 가능성"을 눈앞에 두고 있다. 그런 한정된 시간 안에서 교육적 주체는 자신의 실존과 본질적으로 연결된 존재 자체에 대한 극명한 투명성을 확보하면서 자신은 물론 타인과 교육적인 연대를 유지하여 각각 과거와 미래에 참여하는 우리들의 특이한 면모인 것이다.

'현대'라는 말은 상대적으로 사용될 수밖에 없다. 역사상 각각의 시대는 당시를 기준으로 현재를 규정하였고, 우리가 살고 있는 시대에 비추어 과거에 속해 있다. 그러나 지금-여기도 잠시 후에는 다시 과거의 사실이 될 것이다. 과거의 전통을 무시하는 것은 과거에 집착하는 것만큼이나 미숙한 태도이다. 인류의 과거가 한 개인의 과거사일 수는 없다. 인류 진보의 근원을 찾아보면 오늘날의 문명이 모든 선각자들의 유산이며, 그들이 우리들에게 준 은혜가 아닌 것이 없다. 인류의 과거가 현재 생존하고 있는 우리가 체험해야 할 미래로 다가오는 경우는 너무도 많다. 오늘날의 우리에게는 이를 이어받아 진보의 선두에서 더욱 끝없는 정진을 계속할 소명이 주어졌다. 이런 노력이 제대로 이루어진다면, 우리는 이제 후대 사람들의 미래로서의 역할을 할 수 있는 위치에 서는 것이다. 그것이 제대로 될 수 있을 때, 우리의 후대들은 오늘 우리가 선대의 은혜에 감사하듯이 우리들에게도 감사할 것이다. 이처럼 역사를 통해 과거의 선진이 교육을 통해 미래에 재생될 때, 즉 모범적인 과거가 교육적으로 반복할 가치가 있는 교육의 소재로서 기능할 때, 비로소 인류의 역사는 끊임없이 발전할 수 있을 것이다.

이제까지 나는 교육이라는 실재를 드러내는 데 필요한 최소한의 악센트로서 이전의 통상적인 시간과 공간의 관점을 새로운 방향으로 전환시키는 개념적 방편을 취해 보았다. 그것을 배경으로 삼아 교육의 세부적인 상황을 이해해 나가는 순서를 밟을 것이다. 나는 먼저 한 사람이 시간상으로 연속해서 여러 수준의 품위를 가질 수 있는 상황, 즉 동체이품(同體異品)의 상황을 분석하면서 한 개인이 상구교육을 할 때 봉착하고 극복해야 할 과제를 제시하고자 한다. 다음에 선진과 후진이 만나는 상황, 즉 이체이품(異體異品)의 상황으로 관심을 돌려 후진으로서 선진을 상대로 상구교육에 임하는 것과 선진으로서 후진을 상대로 하화교육에 임하는 것의 차이와 양자 간의 협력적 관계의 특수한 양상을 드러낼 것이다. 그리고 마지막으로, 품위의 무한정한 규정성과 복잡성에도 불구하고, 그것을 형성하고 확인하는 교육은 한정된 범위로 규정될 수 있는 간결하고 독자적인 동일성을 가지고 있음을 밝힐 것이다.

4.3.2. 동체이품의 상황

특정한 대상에 대한 우리의 체험은 통일적이며 그것은 끊임없이 흘러간다. 이 대상에서 저 대상으로 마음대로 바뀌진다거나 혹은 하나의 경험으로 단절되거나 끝나버리는 것은 체험이라고 할 수 없다. 체험은 일정한 기간 동안 대상세계에 집중하고 앞으로 진전할 수 있는 정도의 지속성을 유지할 수 있어야 한다. 이런 일관된 체험의 흐름은 물리적 시간과 구분되며, 어떠한 물리적 수단에 의해서도 측정될 수 없다. 세계체험은 단지 현재에만 관계되어 있으나 그 배후와 전면에 과거와 개방된 미래가 포진해 있다. 흐름의 방향은 그때그때의 결정에 의해 이루어지는 탐색의 방향이며, 미리 확정된 것이 아니다. 미래의 자신은 아직 결정된 것이 아니지만, 내가 결정에 참여할 수 있는 얼마만큼의 여지가 항상 남아 있다. 인간의 본연을 끊임없이 탐색하고 실현해 나가는 수도계의 주된 과제는 무능, 비천, 왜소함이라는 자신의 한계를 벗어나서 좀더 유능하고, 존귀하고, 위대한 자아로 스스로를 확장시켜 나가는 것이다.

변화는 시간적인 흐름 안의 사건이다. 인간은 항상 미래의 잠재가능성과 더불어 실존한다. 현재의 자신이 미래에도 똑같을 수 없다. 체험의 시간의 경우 몰입할 때에는 일초가 영원 같기도 하고, 수 시간이 일초처럼 지나간다. 자신을 쇄신함은 나날이 첫날인 듯이 새롭게 사는 것을 의미한다. 신봉하던 신념들이 거짓으로 밝혀지고, 선행으로 실천했던 것이 그릇된 것으로 밝혀지며, 아름답다고 느꼈던 대상이 한 꺼풀씩 그렇지 않은 것으로 밝혀져 나가는 모순의 시간적 농도가 짙은 사람일수록 긴 생애를 산다고 말할 수 있다. 훌륭하게 보낸 한 시간은 하릴없이 낭비한 하루보다 낫다. 20년을 살고도 100년을 체험할 수 있다. 역사 속에서 위인이 물리적인 시간의 구애 없이 천년만년을 살았다는 말은 결코 터무니없는 과장이 아니다.

교육을 이해하려는 우리로서 목하 관심을 가져야 할 것은 종류와 수준에 있어서 세부적인 품위의 내용이 아니라 그것들의 실재를 경험하고 확인하는 과정이다. 그 과정의 하나로서 교육이라는 자율적인 세계를 이론적으로 밝히기 위해 우리는 모든 교육적 주체가 수도계 안에서 거쳐야 하는 품위의 연속적 순서와 단계를 가정할 필요가 있다. 수도계의 실재는 역사적 과거와 역사적 미래를 지닌 역사적 현재의 통일적 흐름 속에서 개인에게 알려진다. 현재는 한편으로 과거를 자체 안에 간직하고, 다른 한편으로 미래를 예상하면서 끊임없이 발전한다. 우리는 시간의 변화에 따른 이런 인격의 발전을 품위라는 말로 지칭하여 왔다. 모든 품위는 상대적으로 이전과 이후의 지평을 함축하며 그들과의 관계에 의해 하나의 흐름을 이룬다. 여기서 한 개인을 중심으로 시점을 달리해서 품위가 그 나름의 체험의 통합성을 이룬 과거의 품위(過品), 현재의 품위(現品), 그리고 미래의 품위(未品)의 구분이 가능하다. 한 개인은 항상 현품으로 수도계에 참여하고 있으며, 그 이전에는 과품, 그리고 앞으로는 미품으로 진전해야 할 시점에 있다. 각 단계에서 주기적으로 동일한 양태로 재귀하는 과정에 해당하는 교육을 이해하기 위해 각각의 개별적인 특징을 먼저 살피는 것이 중요하다.

수도계적인 삶은 각자가 차지한 현품 안에서 이루어진다. 개인 사이에 큰 차이가 있음에도 불구하고 현품은 그것을 소지한 사람들에게 공통된 특성으로 자체를 드러낸다. 현품은 모든 외부의 불확실하고 예측할 수 없는 상황 안에서 개인에게 편안함과 자신의 정체성을 유지하는 안정적인 보호막이 된다. 외부의 환경들이 그 수준에 맞도록 동화되고 해석된다. 현품 안에서 세계는 명백함, 평범함, 익숙함, 친밀함, 절실함, 당연함, 정상,

납득할 수 있는 것 등으로 경험된다. 현품은 당장 자신이 가지고 있는 재산이며, 더 나아가 해당 수도계와 관련하여 주체가 현재로서 경험할 수 있는 최선의 것이다. 이 때문에 그것은 점유자의 기호와 선호의 기준이 된다. '진', '선', '미'를 평가하는 데, 그리고 '높다', '크다', '어렵다' 등 그 절대성을 알 수 없는 것들의 비교를 위한 잣대로 작용하는 것이다.

현품 역시 한 개인에게 있어서 절대성이 보장된 것은 아니다. 우리의 현품에 대한 정당화는 그 수준의 울타리 속에서 이루어지는 상대적이고 잠정적인 것으로 간주되어야 한다. 이 현품의 발생적 토대가 될 뿐만 아니라 그 가치를 긍정하는 비교의 준거가 되는 것은 바로 과품이다. 과품은 과거의 어느 시점에서 한 개인이 가졌던 품위로서 현품에 당도하게 된 이정표와 디딤돌의 역할을 수행한 경력이 있으며, 여기에는 아주 오래 전의 것부터 최근의 것에 이르기까지 여러 층위가 있다. 자체의 내용이 다르기는 하지만, 이들 모두는 이미 현품에 의해 헛것이거나 가짜의 것으로 판명된 것이기 때문에, 그 시효는 사실상 정지되어 있다는 공통성을 갖는다. 한 가지 남은 시효가 있다면, 가령 '어리석다', '미숙하다', '부끄럽다', '후회된다' 등등처럼 현품의 우위성을 정당화하는 비교의 준거가 된다는 것이다. 이는 개인에게 그가 점유하고 있는 현품조차도 전례에 비추어 실제로는 불완전한 것일지도 모른다는 상대적인 감각을 갖도록 하는 기능을 한다.

품위는 항상 더 나은 쪽으로 개방되어 있다. 현품에 있어서 그것은 미품으로 연결되는 통로이다. 미품은 현재의 품위에 대한 대안적 가능성, 더욱 탐색하지 않으면 안 될 가능태, 혹은 "제2의 자신"으로 규정될 수 있다. 비록 아직 실현된 것으로 확보된 것은 아니지만, 미품은 전향적 운동을 위한 잠재가능성과 표적으로서의 기대와 매력을 암시한다. 물론 미품도, 앞서 과품이 그러했듯이, 현품 바로 위의 차상품(次上品)에서부터 원거리 미품에 이르기까지 여러 층의 품위들이 있다. 그 층을 달리하는 미품들은 개인에게 아직 체험된 것이 아니기 때문에 그 실재가 규정될 수 없다는 공통성을 갖는다. 그럼에도 불구하고, 미품이 실재하지 않는다거나 그것에 대한 기대가 단지 환상에 그치는 것은 아니다. 그것은 특정한 개인에게 아직 가능성에 그치고 있지만, 그의 선진에게는 이미 실현된 것이다. 다만 그 단서를 현품으로서는 도저히 헤아릴 수 없을 뿐이다. 미품은 마치 황야, 밀림, 심해, 타향, 괴물, 야생마처럼 현재의 기준으로는 합리적인 설명이 어려운 이탈, 변칙, 불규칙성이다.

세계를 경험하는 정착점이면서 동시에 그것을 극복해야만 하는 것으로서의 이런 품위는 한 개인에게 있어 성장의 디딤돌이자 걸림돌이라는 역설을 내포한다. 과품은 현품을 출산시키는 디딤돌이 되고, 현품은 미품을 출산시키는 토대가 된다. 그 부분은 발생적 과정을 중시한 것이고, 다른 한편으로 품위는 극복되어야 할 것이기 때문에 한동안 장애물로서 작용한다. 현품은 과품을 정복한 전승지이며, 다시 미품을 향하여 나아갈 출발점이다. 현품은 자체를 그대로 보존하려는 경향을 갖는다. 그러나 현품에 어긋나는 사태는 늘 일어나기 마련이며, 그 상황의 전개는 위기이자 미품에 도달하는 기회를 제공한다. 노력하면 새로운 가능성인 미품을 실현할 수 있다는 사실이 소지자들에게 기대와 희망을 안겨준다.

개인이 현품에 의해 과거를 회고하고 미래를 예측한다고 할 때, 품위상의 불연속적인 비약과 총체적인 차이를 완충시키는 나름의 방어기제가 있다. 이것은 과거와 미래를 현재에 의해 평면화시키는 경향이다. 우리의 현품은 모든 현상을 그것에 갇힌 유리창의 평면에 진열한다. 현품 안에서의 과품의 기억은 과품 원래의 것과 같다고 보기 어렵다. 과품의 어떤 요소는 한 개인 안에 잔존할 수 있으나, 그것은 이미 현품의 위치에서 재조정된 상태로 존재한다. 말하자면, 한 개인에 있어 과품은 현품에 의해 재구성된 채 회고되는 경향이 있다. 현품에 의해 평면화되는 경향은 미품의 가능성에까지 미친다. 이상주의자들은 흔히 '이상'이라는 말로 앞으로 우리가 나아가야 할 길을 모색하지만, 많은 경우 그 이상도 현품에 제약받을 가능성이 높다. 이런 경우, 그것은 엄밀한 의미에서 미품이 아니라 사실상 현품에 근거한 이상세계의 날조로 보아야 할 것이다. 과품과 미품이 이처럼 현품의 보수적 기제에 사로잡혀 있는 한 개인은 정체될 수밖에 없다.

발전은 이상태와 현실태를 오가는 계속적인 추구의 과정, 그 이상도 그 이하도 아니다. 개념상 그들을 분리시켜 인생을 전자로 보면 삶은 꿈이고, 후자로 보면 삶은 현실이 된다. 우리는 과거의 경험을 되돌아보면서 동시에 미래의 가능성에 새로운 기대를 건다. 그러나 현실태와 이상태를 현품의 평면으로 환원시키고 그곳에 안주하는 한, 그곳은 머무르고 있기에는 너무도 지루한 지점이기도 하다. 미래의 가능성은 우리에게 예측할 수 없는 것으로 나타난다. 수도계의 체험의 흐름과 성장이 제대로 이루어지려면 우리가 말한 과품, 현품, 미품의 내용이 한 단계씩 진전하는 방향으로 끊임없이 교체되어야만 한다. 그것을 가능하게 하는 실천이 바로 상구교육에 해당한다. 상구교육의 내용이 무엇일지는 후속하는 절에서 밝혀질 것이다.

여기서 미리 정리해 두어야 할 것은 매 번의 상구교육에서 이루어지는 품위내용의 전환, 즉 회품(回品)이 이루어지는 과정과 과제이다. 상구교육은 과거의 기억, 미래의 예측, 그리고 과거와 현재가 만나는 창조적인 현재의 자유가 허용되는 시간과 더불어 일어난다. 아무 품위도 없는 데서 시작하는 상구교육의 경우는 드물다. 품위는 무에서 출발하는 것이 아니라 앞서 확보한 품위를 토대로 발전한다. 즉, 앞의 것이 뒤의 것의 기초가 되는 것이다. 과거에 의지해서만 과거와 관계를 끊을 수는 없다. 그 관계를 끊는 데에 상구교육이라는 특별한 과정이 개입한다. 이제 현재로부터 탈출해야 할 상황에 봉착하였고, 그것을 탈출하는 방도는 바로 과품에서 시작해서 현품에 이를 수 있게 했던 상구교육의 과정을 거듭하는 것이다. 이로써 미품에 이르는 상구교육은 언제나 주체의 현품에서 출발한다는 특징을 갖는다.

우리는 모든 품위가 중도적(中途的)인 것임을 이해했다. 품위는 어느 단계에 비추어 보느냐에 따라 평가가 달라진다. 현품은 과품과 비교하면 대단하게 보이고, 미품에 비추어 보면 부족해 보인다. 우리는 전자를 '후방대비(retrospective contrast)', 그리고 후자를 '전방대비(prospective contrast)'로 지칭하기로 하자. 상구교육은 이처럼 서로 다른 부단한 대비의 교차가 반복되는 방식으로 진행된다. 현품은 과품과의 비교에 의해 자신의 정당성을 확보하고 있다. 개인에 있어 과품의 기능은 크다. 그것으로부터 문제가 출현했고, 그것을 극복하는 데 있어 상구교육이 이루어졌고, 그것을 비교의 준거로 삼아 현품은 우위를 주장하고 있다. 이 단계에 오래 머물러 고착될 때 우리는 잠시나마 유사완전성의 착각에 빠질 수 있다. 그러나 품위는 불완전한 것이고 항상 수정의 여지가 남아 있다. 이 점을 감안할 때 현품에 머무른다는 것은 자신을 구속하는 것이다.

우리가 아무리 강하게 어떤 것이 진리라거나 아름답다거나 선하다고 믿는다 하더라도 그것은 태반 속에 남으려는 허구적 안전이다. 우리는 외부와 차단된 자폐적인 삶에 의해, 그리고 더러는 억압에 의해 품위의 내부적인 갈등을 피하려고 할 수 있겠지만, 그 원천은 사라진 것이 아니라 계속 존재한다. 그 해법은 결국 자신을 감금하고 있는 두꺼운 껍질과 감옥을 벗어나 다시 재생의 관문을 통과하는 데서 찾아야 한다. 상구교육에서 장애물은 필수적인 것이다. 현품이 바로 장애물이다. 미품은 그 장애물 너머에 있다. 따라서 그것을 찾고 그것을 뛰어넘을 궁리를 해야 한다. 이 궁리에 몰입할 때, 비로소 현품은 걸림돌에서 디딤돌의 기능으로 전환된다.

상구교육은 현품의 한계와 미품의 가능성 사이의 변증법적 긴장에서 일어난다. 우리가 불완전하다는 사실로부터 얻어지는 축복은 그것을 개선할 수 있는 특별한 체험을 허용한다는 사실이다. 우리는 우리가 가진 품위가 최종적인 것이 아님을 알고 있다. 최종적인 것이 아닌 이상, 그것은 지양되고 돌파되어야 할 어떤 것이다. 인간이 궁극적으로 도달할 목표는 지금으로서는 알 수 없다. 우리는 다만 그것을 지향하는 도중에 있을 뿐이다. 아무리 높은 품위를 차지하고 있다 하더라도 우리 앞에는 항상 "또 한번의 진입을 시도할 미품"이 기다리고 있다. 미품은 우리에게 문제를 일으키거나 예상에 맞지 않는 상황에서 나타난다. 그 시점에서 현품에 대한 불만과 미품에 대한 선망, 즉 전방대비가 이루어진다. 현품의 품위에 문제를 제기하는 상황에 노출되는 순간, 그것을 초월하여 앞으로 와야만 하거나 혹은 올 가능성이 있을 것 같은 상태에 대해서 주목한다. 그것이 흔히 말하는 기대, 두려움, 희망, 계획, 설계에 해당한다. 이제 상구자는 그가 처한 혼돈에서 질서를 찾고, 무의미한 것에서 뜻을 이루고, 침묵으로 하여금 해답하게 하고, 비존재로 하여금 존재가 되게 하는 실천적 작업에 들어가야 한다.

우리가 삶에서 봉착하는 문제는 객관적으로 규정될 수 없다는 점을 앞에서 지적한 바 있다. 문제사태는 바로 우리 자신의 한계에서 비롯하기 때문이다. 그 한계를 밀치고 전진하면 미품을 정복할 수 있다. 현품과 미품 사이에는 역설과 패러독스가 언제나 개재한다. 알지 못하는 것을 이해하는 상구교육은 실로 불가능한 작업이 아닌가 하는 의구심을 갖게 되는 것은 사실 안이한 형식논리를 따르기 때문이다. 미리 알려진 품위가 있어야만 교육이 가능하다는 생각은 범인의 소재가 알려져야만 탐정활동이 가능하다는 말, 혹은 예술가가 자신의 작품이 미리 정확하게 예정될 수 있어야만 창작이 가능하다고 주장하는 것만큼이나 오히려 논리상 자기 모순적이다. 아직 알려지지 않은 미품이 존재하기 때문에 우리는 상구교육에 참여한다. 비록 미품은 현품의 논리로서는 불합리한 것으로 보이지만, 상구교육이라는 실천이 제대로 이루어졌을 때 우리는 그것에 내재된 합리성을 받아들일 수 있게 된다.

여기서 우리가 한 번 더 심사숙고해야 할 사항이 있다. 그것은 한 개인에 있어 미품은 단일한 내용이 아니라 낮은 품위에서 드높은 지고의 품위에 이르기까지 다양한 층과 수준의 차이를 내포하고 있다는 사실이다. 이 점은 교육주체가 자신의 상구의 표적을 설정함에 있어서 극히 중요한 고려사항이 되어야 한다. 원칙은 간결하다. 너무 어려운 것은 좌절하기 쉽고, 쉬운 것은 이미 알고 있는 것이기 때문에 권태로운 것이다. 도전하면 성공할 수 있는 적당한 수준에서부터 도모해야 한다. 경험은 서로 중첩하는 가운데 변화한다. 품위의 중첩을 이루는 지점이 인접하는 품위이다. 계단의 오름에서 낮은 것은 높은 것의 기초로서 작용하듯이, 발전이란 살아

움직이는 것으로서 반드시 일정한 과정과 단계를 순차적으로 밟아 나가야만 하는 것이다. 그러나 실제에서 그 원칙을 지키는 일은 쉽지 않다. 그 부분은 수도계의 입장과 충돌할 여지를 가지고 있기 때문이다. 수도계에서는 높은 품위일수록 더 가치가 있는 것이기 때문에 우리는 자신이 처한 현재의 위치를 고려하지 않고 모종의 일률적이고 절대적 가치에만 집착하는 경향이 있다. 상구교육은 그런 집착에서 자유로울 수 있어야 한다.

교육은 언제나 현재라는 시점에서 진행된다. 상구교육은 미래에 좋은 효과를 주는 현재의 조건을 생각해야 한다. 그것은 결국 실현된 능력의 가장자리에서 일어나는 것이 자연스럽다. 그렇다면 현재의 상황에서 가장 적절하게 실현될 수 있는 품위는 과품과 현품의 연장선상에 있는 차상품이 되어야 할 것은 당연한 귀결이다. 차상품은 우리가 지금의 위치에서 최선의 상구교육을 했을 때 나타날 수 있는 우리 자신의 새로운 창작물에 비유할 수 있는 것으로서 지금 봉착한 좌절을 극복하게 하는 내적인 힘과 현실성을 가지고 있다. 그 힘과 현실성은 어디에서 비롯하는가? 그 해답은 새로운 것을 접할 때에는 그것에 대한 어느 정도의 친숙성의 기반이 있어야 한다는 데서 찾아진다. 미품으로서 차상품은 현품에 부합하지 않는 사건의 발생과 더불어 우리의 흥미와 관심과 유혹과 흡인력의 대상이 된다. 신비하고, 궁금하고, 현묘하고, 헤아릴 수 없는 어떤 것으로서의 매력을 갖는다.[16] '바람직하다'는 우리말은 이처럼 건실하고, 실현가능하고, 상구자 자신이 그 실현에 참가하여 몰입할 수 있는 표적설정이라는 맥락에서 쓰이는 것이 더 적합하지 않을까?

각 품위는 그 단계 나름의 문제와 해결이 있다. 이는 통상 많은 문제를 풀면 그만큼 우리의 삶에서 문제사태가 상대적으로 줄어들 것이라는 상

16) 이를 뒷받침하는 서양학자들의 주장은 이미 앞(3.6)에서 "교육적 시숙"이라는 주제로 살핀 바 있다. 우리 동양에서도 특별히 교육과 관련하여 석가는 "사람의 근기에 따라 가르친다(對機說法)"고 하여 이 원칙을 고수하였고, 공자 역시 "사람에 따라 달리 가르친다(隨人異教)"는 원칙을 강조했던 것으로 유명하다. 그 어원이 되는 사례는 뒤(6.2. 교육적 시숙의 배려)에 따로 제시하겠지만, 이것은 우리가 말하는 상구의 목표가 상구자의 현존하는 품위에 적응하면서 설정되어야 함을 말해 준다.

식과 크게 배치된다. 각 품위는 그 나름의 해결이며, 다른 수준의 문제를 내포하고 있다. 생명을 가지고 주위의 이질적인 환경과 상호작용하고 있는 한, 우리는 어떤 시점에서 현품으로 쉽게 동화하거나 해결할 수 없는 미품의 문제들과 조우하게 되고, 그것들을 해결함으로써 미품에 당도하게 된다. 이 때문에 한 단계의 문제해결에 안주하지 않고 더 새롭고, 모호하고, 신비롭고, 지금으로서 이해할 수 없는 상황에 개방적인 태도를 취하면서 한 차원 높은 문제에 부단히 접촉하는 것이 상구교육의 과제이다. 현품을 새로운 상황에 대입시켜 그것의 부적절성을 파악하는 일이 중요하다. 이것이 바로 개별화된 문제의식이며, 상구교육은 그 문제의식에서부터 활기차게 진행될 수 있다.

품위가 겹치고 연속적일 경우에 가장 강한 상구열정이 내부적으로 유발된다. 이렇게 본다면, 교육에서 일반적으로 가치 있는 것으로 규정할 수 있는 품위는 있을 수 없다. 각 개인의 현품과 그에 따른 차상품은 각각 상이할 수 있기 때문이다. '갑'에게 바람직한 상구의 표적이 '을'에게는 바람직하지 못할 수도 있다. 상구의 표적은 개별적인 것으로 규정되기 때문에 상구교육은 주체가 어떤 품위의 수준에 있든 간에 그에게 얼마만큼의 어려운 시련을 준다. 좀더 자유롭게 트인 영역으로 나아갈 출구가 미품이지만 그것은 아직 열려 있지 않다. 아니, 더욱 정확하게 표현한다면, 지금 그것이 열려 있다 하더라도 현품으로는 그곳을 통과할 수 없다. 현품이 미래를 결정하고 조정하는 상태에서는 미품은 항상 어떤 장벽의 너머에 있다. 그곳으로의 진입은 자신의 변모라는 조건에서만 가능하다.

우리는 품위가 이전의 단계를 토대로 이루어진다는 말을 했지만, 엄밀하게 말하면, 양자는 병존할 수 없으며, 이전의 것을 해체하고 새로운 것을 그 터 위에 건립하여야 한다. 품위의 구조성은 그 통과의 조건이 단순히 체험의 요소를 산술적으로 증가시키는 것과 달라야 함을 의미한다. 상구의 표적이 되는 차상품의 내용은 발견되어야 할 성질의 것이라는 이유로 상구자가 무작정 미품과의 우연적인 조우만을 기다릴 수는 없다. 상구자는 자신의 가능성의 모색과 실험을 거치면서 미품의 출현을 촉발해야 한다. 어느 창조활동에서나 있듯이, 상구교육은 미품에 대해 예측하는 과정을 포함한다. 물론 결과상으로는 현재의 판단과 예측이 상구를 통해 언제나 어긋난 것으로 판명되는 것이 정상이지만, 그런 예측조차도 우리가 견지하고 있는 현품이 가진 모순을 발견하고 그것을 수정해 나가는 과정에서 중요한 몫을 할 수 있다. 구성이나 건설이 없는 해체는 위험하다. 상구자는 사태를 가상하고, 현존한 사태에 변화를 주고, 가설을 검증하고, 가정을 수정하는 이런저런 방향의 시행착오를 감수해야 한다. 한정된 범위의 예측을 토대로 한정된 범위의 부분적인 계획이 세워지면서 상구활동이 실행되며, 그 계획과 실행은 예측할 수 없었던 사태에 봉착하여 계속해서 수정되고 보완되는 과정을 거치게 된다.

여기에서 현품과 미품의 체험소가 혼재하면서 서로 충돌하게 된다. 그 사태의 해결은 논리학이나 형이상학에서 가정하는 것처럼 격렬하지 않다. 이 부분이 상구의 미묘한 기능이자 매력이다. "알고 보니, 그게 아니다"라는 표현에서처럼 개인 안에서 일어나는 논리적인 모순은 하나의 것이 다른 것에 의해 지양됨으로써 참으로 유쾌한 방식으로 해소된다. 현품에 수정을 가하면서, 그리고 차상품에로의 진입에 필요한 체험요소를 추가시키는 과정에서 양자 간의 구분이 큰 덩어리로 자연스럽게 이루어진다. 그 대비는 차상품의 체험소들의 전체와 부분이 점차 전반적인 유형에 접근하여 하나의 완성된 체험구조의 형태로 형성됨으로써 더욱 분명해진다. 이로써 미품의 가능성이 하나의 실현태로 드러나게 된다.

이것은 단지 한 개인 내부의 변화에 그치는 것인가? 그렇게만 본다면 우리는 그 사태의 의미를 충분하게 감식한 것이 아니다. 그 변화는 단지 한 개인의 변화에 그치는 것이 아니라 개인이 접하는 세계의 변화에까지 확장된다. 이것은 다른 말로 하면, 품위의 향상은 우리 자신과 해당 수도계의 새로운 관계의 정립으로 해석될 수 있다. 상황의 변화와 우리 자신의 변화는 독립된 것이 아니라 서로 연관성을 가지고 있으며, 그 어느 것 하나로 근원을 돌릴 수 없는 새로운 의미를 창출한다. 새로운 것의 출현은 맹인에게 이루어지는 개안에 비유될 수 있다. 맹인에게 있어 이 세상은 색깔이 없다고 말할 수 있다. 그러나 바꾸어 말하면, 세상에는 이미 색깔이 있음에도 불구하고, 이전에는 그것을 바라볼 능력이 맹인에게 없었다는 해석도 가능하다. 아무튼 미품에 해당하는 체험의 재조직에 도달함은 그에 상응하는 세계의 변화를 수반한다.

우리는 앞에서 상구교육의 과정에서 서로 차이가 나는 품소들이 혼재한다는 말을 했다. 이들은 같은 체험구조로 융합될 성질의 것이 아니다. 그렇다면 상구교육 이전에 가졌던 품위와 상구교육에서 얻은 품위 가운데 하나를 선택하여야 한다. 선택의 근거는 어디에 있는가? 그 해답은 우리 자신의 정직하고 절실한 체험에 의해 쉽게 구해진다. 품위의 평가는 어떤 것이건 간에 그것을 점유한 사람들에 의해 이루어지는 것이 원칙이다. 현품을 기준으로 미품을 평가하는 것은 부당하다. 왜냐하면 미품은 아직 성취되지 않은 수준이기 때문이다. 이제 상구교육을 통해 이전의 품위와 이후의 품위의 실체가 밝혀졌다. 그들은 서로 모순대립하기 때문에 상구자는 어쩔 수 없이 그 중의 하나를 선택하도록 강요받는다.

이때 자연스럽게 작용하는 것이 후방대비의 기제이다. 품위는 절대성을 가정할 수 없기 때문에 비교의 준거를 어디에 두느냐에 따라 다르게 평가된다는 점을 수차에 걸쳐 밝혔다. 상구교육 이전의 상구자는 그 판단의 기준을 현품에 두었다. 현품에 의한 현품의 평가는 마치 정답의 기준에 비추어 본 정답의 경우처럼 오류가 있을 수 없다. 현품은 상구교육에 의해 그것이 정정된 이후에만 오류로 나타난다. 상구자는 현품의 문제를 계기로 상구교육에 참가했으며, 그것이 해소된 상태에 이를 수 있게 되었다. 이때 상구자는 그가 한때 어느 정도의 서투른 상태, 미숙한 상태, 혹은 과실이 많은 상태로 상구교육에 임했음을 상기할 수 있게 된다. 그것은 단지 기억으로만 남을 뿐 다시 돌아갈 수 없는 자신이며, 또한 상황이다.[17] 이처럼 상구교육 이전과 이후의 품위 평가는 그 이후의 품위를 기

17) 이런 상황이 적절한 비유가 될지 모르겠다. 수영을 할 수 있는 사람이 물 속에 빠져 죽을 수는 없을 것이다. 그러나 의지에 의해 어느 정도 수영할 수 있음을 보류할 수는 있을 것이다.

준으로 이루어진다. 말하자면, 상구교육에 의한 품위의 개선은 바로 비교의 기준 자체의 개선을 동반하기 때문에 항상 그 비교는 상구교육 이후의 품위에 유리한 쪽으로 종결된다.

이처럼 현품을 패배시키고 차상품에 승리를 안겨주는 사람이 곧 훌륭한 상구자라고 할 수 있다. 차상품의 가치는 그것을 감식할 만한 내적인 자격을 갖추지 않고는 이해할 수 없다. 그러나 이제 수도계의 체험구조가 이중화됨으로써, 그리고 상구교육 이전의 체험구조와 상구교육 이후의 체험구조의 대비에 의해 후자가 전자의 것보다 개선된 것임을 깨닫게 된다. 이런 상태에서 우리는 더 이상 이전의 품위에 매달릴 수 없게 된다. 왜 그런가? 이것 역시 가끔 불필요한 공론(空論)의 주제가 된다. 다시 강조하지만, 그것은 인간이 본질적으로 가치를 추구하는 존재라는 분명한 사실에 토대를 두고 있다. 같은 조건이라면, 우리는 더 나은 것을 취사선택한다. 그것이 가치와 그 선택 간의 필연적인 관계이다. 스스로 고귀해지지 않고 고귀한 가치를 알 수 없다. 그에 대한 근본적인 처방이나 최종의 재판관도 존재하지 않는다. 오로지 우리 각자는 차상품을 내부에서 실현시킴으로써 우리가 지향하는 '진', '선', '미' 등의 수도계적인 가치의 존재를 상대적으로 체험한다. 상구자는 마지막 단계에서 더 존귀한 자신을 발견하고 나서 차후에 자신의 그 성취에 대해 열광할 수 있게 된다. 이를 두고 우리는 상구자가 새로운 품위의 가치를 '자증(自證)'했다고 말한다.

이제 자증의 의미를 회품(回品)과 결부시켜 보자. 길게 설명했듯이, 이것은 과품, 현품, 그리고 미품의 내용이 한 차례 전향적으로 바꾸어지는 상황이다. 상구교육 이전의 현품과 상구교육을 한 후의 현품은 같을 수 없다. 전자는 이제 상구자의 과품이 되었으며, 후자는 이전에는 미궁이었던 미품이 실현되어 그의 실천적 통제 아래 자명하게 된 것이다. 한 개인이 점차 더 높은 품위를 점유해 나갈 때, 한때 진리를 대표했던 품위가 우리의 상승과 더불어 허위로 변하고, 예술계에서 한때 아름다움을 대표했던 품위가 우리의 상승과 더불어 추함으로 변하고, 도덕계에서 한때 선을 대표했던 품위가 악으로 변한다. 이처럼 상구자가 점차 현재의 수준을 높이면서 그것에 비추어 과거의 것을 폐기하고 과거사를 새롭게 조명해 나갈 때, 남은 것은 과거의 아집과 집착으로부터의 단절과 버림이다. 그렇다고 해서 모든 것이 버려지는 것은 아니다. 무집착과 버림의 미학을 가능하게 한 그것, 즉 상구교육은 그대로 남아서 반복된다.

상구교육은 계단의 경우처럼 품위의 각 단계에서 동일한 형태를 이루며 반복되는 구조이다. 끊임없이 발전하는 사람은 한 단계의 상구의 종말이 다음 단계의 시초임을 조만간에 깨닫는다. 인생은 그릇의 크고 작음에 따라 받아들임이 많기도 하고 적기도 하다. 그러나 그 수준에 상관없이 현품의 유사완전성과 결핍감은 등가적이다. 위대한 사람이 자신을 위대하게 느끼리라는 생각은 비천한 사람들의 착각이다. 어떤 수준에서 상구교육이 이루어지든 간에 최초의 후방대비 감각은 더욱 무뎌지면서 이전의 현품, 즉 지금의 과품은 현재의 품위로 환원되는 방식으로 점차 기억에서 멀어져 간다. 이제 그 현품의 진부함이 다른 한 번의 교육적 기대로 전환된다. 차상품에의 도달은 과품에서 현품에 이르는 방식과 활동의 미래적 투사에 의해 가능해진다. 이것이 바로 전방대비이다. 상구자는 자신이 도달한 곳을 떠나 넘어가는 방랑자이다. 그는 품위의 해체와 발전적 재건이 어떻게 이루어지는 것인지를 알고 있다. 이로써 상구교육은 그것이 끝나는 지점에서 다시 시작되는 것이다. 그러나 계단의 경우처럼 그 시작과 끝의 지점은 날로 높아지면서 이전의 품위와 점차 거리가 멀어진다.

불완전이라고 하는 것은 인간의 숙명이며, 이 때문에 상구교육은 계속되지 않으면 안 된다. 차상품이었던 것이 현품으로 실현되는 순간, 그 현품은 다시 다가오는 미품에 진입하기 위한 토대가 된다. 이것은 두 가지 중요한 가치론적 사실을 함축한다. 하나는 차상품이 상구교육을 통해서 습득되면, 그것은 "있어야 할 것(it ought to be)"에서 "있는 그대로의 것(as it is)"으로 변전된다는 것이고, 다른 하나는 상구교육에서 각각의 품위는 끊임없이 목적과 수단으로 교차된다는 것이다. 그것이 실현되기 이전에는 목표가 되며, 그것이 실현된 이후에는 수단이 된다. 그러니까 수도계의 가치인 진-위, 선-악, 미-추는 양극을 나타내는 것으로서 도달할 수 있는 종착점이 아니라, 거기에 도달하는 과정을 교도하고 열정을 불러일으키는 원천을 지칭하는 데 불과하다. 한 개인이 그것을 단계별로 계속 상승해 나갈 때, 지금보다 더 높은 품위는 그 고귀함을 드러내고, 지금보다 낮은 품위는 그 비천함을 드러낸다. 그릇된 것, 사악한 것, 아름답지 못한 것 등은 그런 전향적 과정에서 인간이 극복한 결함에 대해서 부과한 명칭이다. 결국 수도계의 고유한 가치의 정향이 품위 간의 대비에 의해 이루어지는 것이다.

인간은 누구나 지금의 품위를 개선하면서 점차 완전에 접근하려는 거역할 수 없는 진화의 흐름을 타기를 원한다. 이것이 수도계에 대한 우리의 가치지향이다. 그 방향은 예정된 것이 아니라 찾아가는 것이다. 물론 상당한 부분은 우리들의 선인들에 의해 이미 검증이 됐다는 역사적 사실이 있다. 그러나 그 사실이 초보자의 가치추구를 대신할 수는 없다. 수천, 수백 명의 선인들이 거쳐 간 발전의 길을 초보자로서 다시 걷는 것은 우리가 누릴 수 있는 최고의 기쁨이자 보람이다. 불행히도 그런 보람으로부터 소외되는 사람도 많다. 중요한 이유의 하나로 우리가 가진 현품의 위치, 그리고 회품의 주기에 대한 개별성을 무시하는 것을 들 수 있다. 생체의 주기와 리듬을 어기는 시간을 강요하는 것이 비인간적인 생활일 수 있는 것처럼 교육의 개별적인 리듬을 어기는 것 역시 비인간적이다. 평생에 걸친 가치추구라는 말이 건전하게 살아나려면 상구의 리듬을 존중하는 것이 무엇보다 중요하다. 시작점과 속도를 고려해야만 한다. 교육은 주관적인 시간의 주기에 의해 규정되며, 개인의 능력, 소재, 혹은 과제의 특성, 기타 외부의 상황에 따라 교육의 리듬[18]은 느리거나 빠를 수 있다. 이 때문에 시계시간의 법칙에 따라 일률적으로 진행시키면 그것은 물리적 사실의 세계로 환원되어 본질을 잃게 된다.

이런 문제는 우리가 다음에 논의할 하화교육과 관련하여 특별히 주목

---

18) "교육의 리듬(the rhythm of education)"이라는 용어는 결코 새로운 것은 아니고 이미 오래 전에 화이트헤드(A. N. Whitehead, 1929)가 도입한 바 있다. 그러나 그 맥락이 우리가 여기서 쓰는 것과 정확히 일치하는 것은 아니다.

해야 할 부분이다. 상구교육은 '독행상구(獨行上求)'와 '매개상구(媒介上求)'로 구분할 수 있다.[19] 이 구분은 상구교육이 하화교육과 더불어 진행되느냐의 여부에 의한 것이다. 타인의 지도 없이도 우리는 많은 것을 상구할 수 있다. 인류 역사에서 없었던 초유의 품위를 돌파하는 사람들은 불가피하게 이런 형태의 상구교육에 의존했다. 앞서의 논의는 바로 그런 상황을 전제로 하여 상구교육을 드러내려고 하였다. 그러나 우리의 주변에는 이미 자신의 미품을 소유한 선진(미래에 자기가 되고자 하는 인물)이 있으며, 가능하면 그들의 지도를 받을 수 있기 때문에 독행상구는 오히려 예외적인 것이다. 매개상구의 유리한 점은 선진에 의해 이미 탐색된 길을 간다는 점이다. 이 말은 결코 하화교육이 상구교육을 대신해 줄 수 있다는 말이 아니다. '창조'라는 말을 이 세상에서 최초의 것을 만드는 것으로 생각한다면 그런 의미의 품위는 오직 독행상구에서만 가능하다. 그러나 이미 타인이 알고 있는 것조차도 그것을 처음으로 파악할 때는 최초의 창조와 같은 과정을 거쳐야만 한다. 창조성에 대한 기준의 문제를 다루면서 하우스만(C. R. Hausman, 1981)이 제시한 다음의 글은 매개상구에서도 독행상구와 같은 의미의 창조적 과정이 필요함을 시사한다.

> 한 어린이가 곱셈표를 배우는 경험을 생각해 보자. 그런 학습은 통상 창조적인 것으로 보지 않는다. 그러나 그 어린이의 지식은 분명히 그에게는 새로운 것이다. 그의 지식은 처음으로 동일성을 터득하는 것으로 되어 있다. 그런 어린이의 학습과정은 그러므로 창조적인 것이 아니라고 할 수 있는가? 그 기준에 따르면 그 어린이가 매우 제한적인 방식으로나마 창조적인 것으로 간주되는 것이 일리가 있다는 것은 사실이다. 그는 문제의 새로움이 극히 한정되어 있고 개인적인 한, 그리고 발견에 따르는 방향의 감각이 보장되어 있고 의도적인 노력이 있는 한, 창조적이다(p. 86).

---

19) 이 구분을 이전의 나의 글(장상호, 1991)에서는 '일차상구'와 '이차상구'라는 말로 나타내기도 하였다. 그러나 '일차' 혹은 '이차'라는 말은 그 자체로서 의미가 없기 때문에 '독행'과 '매개'라는 말로 그것들을 대체한 것이다. 용어의 교체에 따른 혼돈이 없었으면 좋겠다.

여기서 분명하게 할 점은 하화교육은 상구교육의 충분조건이 아니라는 사실이다. 최초의 창조이건 재창조이건 창조는 역시 창조이며, 이 점에서 독행상구와 매개상구 사이에 큰 차이가 있을 수 없다. 선진에게는 알려진 것이지만 후진인 나에게는 알려지지 않았기 때문에 그것은 나에게 있어서 창조적인 것이다. 그런데 재생도 상구자의 입장에서는 창조라는 기본적인 사실이 매개상구의 경우에 흔히 무시되기 쉬우며, 그로 인해 상구교육의 요건인 출발점으로서의 현품과 상구의 리듬에 대한 충분한 배려가 이루어지지 않는 경우가 많다. 이 점은 교육에서는 허용될 수 없는 가장 큰 오류에 속한다. 이제부터 이에 관한 이해를 확충시킬 수 있는 또 하나의 주제에 진입해 보기로 하자.

4.3.3. 이체이품의 상황

개인하면 흔히 우리는 "창문 없는 단자"를 연상한다. 역사적으로 볼 때 이 연상은 수정을 요한다. 개인은 과거의 사람들과 종적인 유대를 가지고 있으며, 동시대인들과 횡적인 유대를 가지고 생활하고 있다는 것은 엄연한 사실이다. 삶의 대부분은 개체 간의 상호교섭의 형태로 존재한다. 그럼에도 불구하고 서로 다른 피부로 분리되어 있는 개인의 내면을 투명하게 비추는 통로는 차단되어 있다. 이로 인해 우리는 서로가 상대에게 객체인 상황 속에서 교섭한다. 우리 각각은 개별성을 지니고 있으며, 똑같은 복사물로서의 개인은 실재하지 않는다. 겉으로 보기와는 달리 내면은 서로 다른 품위를 차지하고 있다. 교육은 이런 사람들끼리의 관계라는 상황이 전제되며, 그로 인해서 해결되어야 할 독특한 문제나 과제가 등장한다.

우리의 역사 안에는 우연의 요소가 많다. 그것이 반드시 수도계의 발전의 진로를 따라가는 것은 아니다. 더구나 품위는 유전의 경로를 거쳐 후대에 전달되지 않는다. 품위는 선천적으로 주어진 것이 아니라 우리 자신에 의해 후천적으로 체득된다. 이 때문에 현대인이 품위에 있어 무조건 역사상 이전의 어느 때보다 더 발전된 상태에 있다고 생각하는 것은 아주 잘못된 편견이다. 물리적으로 같은 시간과 공간 속에 살고 있다 하더라도 다른 품위를 갖는 사람은 체험으로 볼 때 다른 시간과 공간에서 생활한다고 말할 수 있다. 역사적으로 과거에 태어나서 생활한 사람들 가운데 현대인보다 품위의 면에서 앞선 경우가 많고, 현대인이 그들보다 체험의 면에서 더 과거적으로 살고 있는 경우도 있다. 오늘을 사는 사람들이 더 높은 품위를 향유했던 선인들에 대해 주목하고, 그들의 품위를 재생하는 가운데 자신의 삶을 재정립하며, 장차 진정한 자아의 완성에 이르기 위해 노력할 수도 있다.

원시시대의 미숙한 어린이들에서부터 그 시대의 최정상의 품위를 가진 사람에 이르기까지 한 시대에는 여러 사람들이 함께 생활한다. 품위의 면에서 현대의 어린이는 훨씬 과거에 속하기 마련이며, 성인의 품위에 도달하는 데 상당한 시간을 필요로 한다. 이런 계산방식을 따른다면, 현대의 성인과 어린이는 각각 서로 다른 수준의 체험의 시간과 공간의 간격을 차지하고 있는 셈이다. 선진과 후진의 경우에도 같은 논리가 적용된다.[20] 선진은 후진에게 있어 시대를 앞서가는 사람이고, 후진은 시대를 뒤따르는 사람이다. 선진은 후진에게 있어 미결정된 미래가 기결된 상태이다. 다른 한편, 후진의 품위는 선진에게는 이미 효력이 정지된 것이다. 이것을 무시할 때 시대착오가 일어난다. 그들은 물리적으로 가까이 있다 하더라도 체험의 공간에서 높고 낮은 층위를 차지한다. 마치 다른 층계의 경우처럼 위와 아래의 불평등한 삶을 영위하는 것이다. 품위의 속성상 선진은 위에서 아래 상황을 빤히 내려다 볼 수 있지만, 후진은 아래에서 위의 상황을 알아볼 방도가 없다.

선진과 후진은 동일한 사태에 접해서도 그것을 다르게 규정하고, 느끼

---

20) 생물학적인 나이와 품위의 수준은 반드시 비례하는 것이 아니다. 한 자연인을 놓고 보더라도 전자의 증가와 더불어 후자는 퇴행할 수도 있다. 이 말은 앞 소절(4.3.2)에서 가정한 과품, 현품, 미품의 논의와 모순되는 것이 아니냐 하고 의아해할 사람이 있을지도 모른다. 그러나 이 경우 우리는 한 자연인을 지칭하기보다는 그의 수도계적 측면에만 주목하고 있다는 점을 유의할 필요가 있다. 말하자면 그 부면의 정상적인 발전을 전제하면서 상구교육의 과제를 규정하는 방식을 택한 것이다.

고, 평가한다. 이들 사이에는 '진'과 '위', '선'과 '악', '미'와 '추' 등과 같은 가치언어뿐만 아니라, '어렵다', '무겁다', '위대하다', '확실하다' 등과 같은 용어의 사용에 있어서도 의사소통의 어려움이 따른다. "갑은 어려운 문제를 잘 풀고, 을은 쉬운 문제를 못 푼다"는 말을 누군가 한다고 할 때, 우리는 거기에 어떤 객관적 준거가 있는 것처럼 느낀다. 그러나 기실 이것은 그 발언자의 특이한 입장을 드러낸 것에 불과하다. 정확하게 말하면, 이 발언자는 갑과 을의 중간품위에 속하는 병에게 해당하는 말이다. 갑에게 있어서 쉬운 것이 병에게는 어렵고, 을에게 어려운 것이 병에게는 쉬운 것이다. 어떤 과제를 준다고 할 때 그것에 대한 부담에 있어서 하나를 맡겨도 무겁다 할 사람이 있고 백을 맡겨도 가볍다 할 사람이 있다. 위대한 사람은 자신을 위대하게 느끼지 않으며, 그것은 위대하지 않은 사람들의 상대적인 평가일 뿐이다. 선진에게 확실하게 보이는 것이 후진에게는 그렇게 보이지 않는다. 선진에게 확실한 실재성을 갖는 것이 후진에게는 아직 가상에 불과하다.

이는 얼른 보기에 사람들은 같은 세상에 산다는 통념과 전혀 다르다는 점을 부각시키기 위함이다. 선진과 후진의 이와 같은 경험의 차이를 퇴계는 그의 〈도산십이곡〉의 제8곡에서 다음과 같이 극적으로 대비하고 있다.

> 뇌정(雷霆)이 파산(破山)ᄒᆞ야도 농자(聾者)ᄂᆞᆫ 몯 듣ᄂᆞ니
> 백일(白日)이 중천(中天)ᄒᆞ야도 고자(瞽者)ᄂᆞᆫ 몯 보ᄂᆞ니
> 우리는 이목총명(耳目聰明) 남자(男子)로 농고(聾瞽) ᄀᆞ디 마로리.

인간에 관한 얼마나 깊은 통찰인가! 이 노래는 보는 것과 듣는 것, 두 가지 서로 다른 차원을 두고 선진과 후진을 규정하고 있다. 여기에서 후진은 귀머거리와 눈먼 봉사에 비유되고 있다. 이것은 분명 비유에 불과하다. 퇴계가 드러내려고 하는 것은 신체적인 것이 아니라 우리 내면의 품위이다. 보다 정확하게 말하면, 그는 눈 감고도 아름다움을 느낄 수 있는 사람과 눈을 뜨고도 아름다움을 감상할 줄 모르는 사람을 대비하고 있다. 각 개체는 이처럼 소질과 환경의 면에서 다양하고 상구교육에 참여하는

정도에 있어 차이가 있다. 그로 인해서 다수의 개체가 모인 곳에서는 다양한 수도계에서 서로 다른 품위의 차이가 생겨난다.[21] 자연인 '갑'과 '을'은 수도계 X와 Y에서 선진과 후진으로 서로 교차될 수 있다. 여기에 온갖 수도계, 예컨대 학문과 바둑, 혹은 학문의 세계 내에서도 하위의 것인 물리학과 경제학을 대입해 볼 수 있을 것이다. 그때마다 그들 사이에 개재하는 시간과 공간상의 차이는 달리 규정되어야 할 것이다.[22]

이를 더 정확하게 묘사한다면, 품위상의 무수한 단층들이 수준과 발생적인 고리를 잃어버린 채 무질서하게 흩뿌려져 있다고 보아야 한다. 개인은 자신의 품위에 의거하여 삶을 영위하며, 이때 거의 불가피하게 현품에 의존한다. 현품에는 유사완전성이라는 것이 있다. 한 품위를 얻고 나서 그 분야의 완전한 상태에 도달한 것으로 잠시나마 착각한다. 그 수준의 정도와는 상관없이 현품이 그것을 소지한 당사자에게는 해당 수도계의 품위를 판단하는 최선의 기준이 된다는 점은 누구에게나 어쩔 수 없다. 각자는 현품에 대해 최고의 자긍심과 신뢰감을 가지고 저마다 자기의 품위수준을 반영하는 진, 선, 미를 절대적이고 영원한 것으로 주장한다. 이처럼 서로 자기의 품위를 확신하는 선진과 후진이 현품의 동등함과 정당성을 주장할 때 '고압제(oppression from above)'와 '저압제(oppression from below)'의 현상이 일어난다.

> 이체이품의 상황에서는 품차에 따른 긴장과 갈등의 소지가 높아진다. 동체이품의 경우 과품은 현품에 의해 쉽게 제압된다.[23] 그러나 이체이품의 경우, 그들은 설사 품차가 있다고 하더라도 과품과 현품의 관계가 아니라 현품과 현품의 관계가 유지된다. 이들은 현품의 속성에 의해서 자아의 품위를 타아에 투사하며

---

21) 선진과 후진은 특정한 수도계에 대한 언급이 없이는 그 의미가 불충분하다는 점을 여기서 다시 한 번 상기하자.

22) 여기서의 논의는 그 중 어느 하나를 중심으로 선진과 후진을 구분하고, 그들 사이에 교육이 이루어진다고 할 때 어떤 애로를 극복해야 하는지를 다루고 있다.

23) "한 개체 내에서 과품은 전적으로 파괴되거나 없어진다기보다는 정복된 짐승처럼, 강을 건너고 나서의 배처럼, 타버린 밧줄처럼, 이미 알려진 뉴스처럼 순치되거나, 새롭게 보존되거나, 무력해지거나 싱거운 존재가 된다(장상호, 1991, p. 18)."

> 동등한 유사완전성[24]을 행사한다. 여기서 선진과 후진 사이에 크게 고압제와 저압제라는 두 종류의 긴장과 갈등이 일어난다. 선진은 후진에게 그들의 품위에 맞는 사고유형·행위·소망·흥미·계획·표준·이상·범주·생활양식을 투사하며 거기에 일치하기를 주장한다. "눈 있는 자는 보라!"고 하며 보여주고, "귀 있는 자는 들어라!" 하고 외쳐 댄다. 이것이 고압제이다. 그러나 후진에게는 그것이 보이지 않고 들리지 않는다. 오히려 그들의 주장은 후진에게 낯설고 새로운 것이며, 그들의 품위에 충격을 주기 때문에 거부반응을 일으키고 의심·증오·복수·적대의 대상이 된다. 그들의 눈과 귀에는 오히려 선진이 어리석게 보이며, 선진의 품위를 그들의 품위에 일치시키려고 한다. 이것이 저압제이다. 저압제와 고압제의 직접적인 충돌은 불행한 결과를 가져온다. 선진은 '귀 있는 자는 들어라!"고 외친다. 후진은 그들의 품위를 훨씬 넘어서는 그 선진을 십자가에 못 박아 버린다. 그때 그 선진이 할 수 있었던 것은 '저들을 용서하여 주십시오. 저들은 저들이 하고 있는 일을 모릅니다'라고 중얼대는 것 외에 다른 할 말을 잃는다(장상호, 1991, p. 20).

품위의 차이만큼 선진과 후진 사이에는 상호주관성의 공백지대가 존재한다. 아무리 노력을 해도 당장 후진이 옳게 이해하고 해석할 수 있는 품위는 자신이 점유하고 있는 현품에 그치기 때문에 그보다 더 높은 품위는 그에게 있어서 가상에 불과하다. 그의 현품에 따르는 가상은 선진의 현품과 판이한 것이다. 이 점에서 선진과 후진 사이의 오해는 불가피하다. 후진은 선진을 그가 이미 성공적으로 극복했던 예전의 어리석음으로 끌어내리려고 한다. 이에 비해 후진의 품위에 대한 선진의 이해는 이론상 가능하다. 그럼에도 불구하고 선진의 그가 거쳤던 품위에로의 역행이나 전도는 그렇게 용이하지 않다. 우리는 상구교육에 의해 근본적인 변형을 이루었을 때 과품을 그 자체가 아니라 변형된 것에 부합하게 새롭게 규정해 버리기 때문에 과거의 경험을 그대로 추체험한다는 것 자체가 어렵게 된

---

24) "각 품위는 그 자체의 상대적 완전성을 가지고 있다.… 현품은 자존의 핵이고 근기(根氣)이다. 자존의 극치는 유사완전성으로 나타난다. 주체는 잠시나마 자신이 완전으로 향하는 영원한 '중간자'에 불과함을 잠시 망각하고 정상의 경험을 만끽한다. 내가 믿는 바가 진리요, 내가 느끼는 바가 미이며, 내가 행하는 바가 선이다. 그러나 그는 현품에 안주하는 것만큼 정체하며 완전성을 주장하는 것만큼 불완전함을 드러낸다(장상호, 1991, p. 17)."

다.[25] 후진의 품위는 선진에게, 대개 자신의 역사와 무관한 것으로, 잘못되었다거나 혹은 부정되어야 할 것으로 경험된다. 이 때문에 후진과 선진의 직접적인 만남은 불신, 이질감, 증오, 건방짐, 모순, 갈등, 분열, 대립, 적대, 냉담, 무시, 격리[26]로 이어질 위험이 있다.

이런 불행은 우리의 삶에서 어떤 방식으로든 극복되어야 할 상황임에 틀림없다. 선진이 후진의 품위에 복종하는 것은 수도계의 퇴보를 의미한다. 그것은 후진들 자신에게도 큰 손실이다. 수도계의 가치는 누구에게나 소중한 것이고, 그것은 오직 선진이 그 이하의 모든 후진을 제압하는 범위 내에서 활력을 갖는다. 그렇다고 해서 선진의 품위가 후진이 지금 위치한 현품의 상황에서 자동적으로 공여되거나 공유될 수 있는 것은 아니다. 품위는 외부의 관찰자나 이방인의 시각이 아니라 몸소 체험으로 느끼고 그 자체에 내주함으로써만 실감할 수 있는 것이기 때문에 객관적인 방법과 절차에 의해 소통되거나 이해될 수 없다. 이런 상태에서 선진이 후진으로 하여금 당장 자신의 고답적인 품위에 일치하기를 요구하는 것은 무모하다. 선진과 후진이 서로 자신의 품위에 갇혀서 자기주장을 고집하는 한 다툼은 결코 풀릴 수 없다.

대부분의 인간관계의 불행한 측면은 그런 상황에 대한 몰이해에서 비롯한다. 이런 인간의 한계상황을 이해하고 우리가 우리 자신은 물론 타인을 대할 수 있다면 얼마나 좋을까? 그 해법은 있다. 선진과 후진 사이의 체험의 공감대를 이루어낼 수 있는 교육적 교섭이다. 그러나 이런 매개적 과정에의 진입은, 앞(4.2.3)에서 이미 살폈듯이, 교육이 요구하는 그 자체

25) 이 현상은 "개구리 올챙이 적 모른다"는 격언에 잘 함축되어 있다. 예전에 자신도 어린이였다는 것을 이해하는 성인은 드물다. 자신의 품위가 많은 단계를 거쳐서 발전해 왔으며, 후진이 그만큼의 상구를 반복해야만 자신의 품위에 이를 수 있다는 사실을 망각하는 것이다. 이를 두고 "개구리 망각증세"라는 용어를 써도 좋을 듯하다.

26) 선진의 품위상의 우위는 후진에게 곧바로 식별될 수 있거나 인정될 수 있는 것이 아니다. 후진에게는 선진의 품위에 더 문제가 있어 보일 경우가 많다. "세상풍습은 죽은 성인은 찬양하고 살아있는 성인은 박해한다"는 말이 있다. 선진의 품위는 후진의 품위에 의해 시험당한다. 역사를 되돌아보면 지나치게 앞선 지식이나 작품은 다수에 의해 그것이 보편화되지 않았다는 이유 때문에 의심을 받았으며, 심하면 박해, 추방, 거부, 금지로 이어지는 경우도 있었다.

의 내재율에 복종할 수 있는 범위 안에서만 허용된다. 교육적 주체가 되기 위해서는 선진과 후진은 이체이품의 상황을 동체이품의 상황으로 그들의 사고와 태도를 전면적으로 전환할 수 있어야 한다. 선진의 품위에 대한 후진의 판단과 선진의 품위는 동일한 것이 아니다. 마찬가지로 후진의 품위에 대한 선진의 생각과 후진 자신의 품위 역시 반드시 일치하는 것은 아니다. 이것은 엄격한 의미에서 선진과 후진의 현품이 만들어 낸 상대의 품위인 것이다. 사태를 보다 정확하게 드러낸다면, 후진의 현품은 선진의 과품이고, 선진의 현품은 후진의 미품에 해당한다. 그렇다면 후진은 선진을 상대로 상구교육에 진입할 수 있으며, 반대로 선진은 후진을 상대로 하화교육에 진입할 수 있다.

이들 사이에 이루어지는 이 단계의 교육적 교섭은 품위상의 차이에 대한 가정을 전제로 출발하였다는 한계가 있다. 그 가정은 실제로 틀리거나 맞을 수 있다. 그러나 그것은 가정 자체로 그치는 것이 아니다. 교육에는 그 일차가정을 이차적으로 검증하는 참으로 미묘한 장치가 내장되어 있다. 먼저 자연인 갑과 을은 일차가정을 전제로 후진이 선진을 스승으로 모시고 상구교육을 하고, 선진이 후진을 제자로 삼아 교육적 교섭을 진행할 수 있다. 스승은 자기의 현품을 얻은 상구교육의 과정을 상대에게 반복하도록 촉구하고, 제자는 그의 지도를 따른다. 그런 교섭이 실제로 무리없이 진행되어 선진과 후진이 서로 품위상의 공감대에 도달할 수 있게 되었다면, 일차의 가정이 옳았음이 이차적으로 확인되는 것이다. 그렇지 못할 때, 그 가정은 재검토되어야 할 것이다.

후진이 상구자가 되는 데 필요한 입장의 전환이 무엇일지를 좀더 세부적으로 살펴보자. 원칙상 선진의 품위는 후진의 미품에 해당한다. 미품이 현존하지 않는다는 말은 그것을 점유하지 않은 후진에게만 적용될 수 있다. 그러나 후진의 입장에서 그 미품은 알 수 없는 상태이다. 이때 상구자는 미품이나 선진에 대해 손쉬운 해석과 속단을 유보해야 한다. 그에게 있어 미품은 무한·영원·전능·고귀함의 원천이며, 심오함과 풍요성의 지표이다. 그것에 대한 제2의 자신으로서의 기대, 그렇게 되고자 하는 부러움과 경외감, 접근하여 알고 싶은 짝사랑과 궁금증, 수수께끼로서 배우고 싶은 매력을 가질 수 있어야 한다. 그것은 몇 겹의 문을 열고 들어가 보아야 이해할 수 있는 대상으로서 단순한 모방이 아니라 자신의 거듭남에 의해 비로소 도달할 수 있다. 이 전체적인 태도의 전환을 우리는 편의상 선진에 대한 '명적응'이라는 말로 표현할 수도 있겠다.

하화자에게도 이에 대응하는 입장의 전환이 요망된다. 후진의 품위는 원칙상 선진의 과품에 해당한다. 우리의 과품에 대한 기억은 정확할 수 없다. 동체이품에서 과품과 현품의 예리한 대비는 상구교육이 종료되는 시점에 가까운 데서 일어나며, 그 이후 과품은 현품 속에서 용해되어 버리기 때문에 그 대비는 사라져버리고 그런 경험을 했다는 현재의 기억만 남는다. 다시 세계가 평면 속에서 고정된 형평을 당분간이나마 유지하는 것이다. 이 때문에 선진에게 있어 후진은 과거 자신의 품위를 가진 사람이라는 판단과는 다른 방식으로 드러난다. 선진에게 있어 후진은 서투름, 어리석음, 갇혀 있음, 단순함, 조야함을 가지고 있으면서도 그것 자체를 인정하지 않는 잘못을 저지르고 있다. 그런 후진을 가장 잘 이해할 수 있는 방식은 그 품차의 영역에 속하는 경험을 무화시키는 것이다. 그런 것은 현실적으로 기대하기 어렵기 때문에 선진은 그가 후진의 품위에서부터 지금에 이른 사다리의 높이에서 다시 역행해 내려갈 수 있어야 한다. 후진의 오류는 선천적인 것이 아니라 후천적인 경험의 부족과 미숙, 순진무구, 철부지에서 비롯한 것으로 관용할 수 있어야 한다. 이것은 자신의 품위도 더 높은 선진에 비하면 마찬가지라는 연관성에서 쉽게 도출할 수 있는 태도이다. 자신의 품위가 자존심의 핵을 이루듯이 후진의 품위도 후진 자신에게는 자존심의 핵이다. 이 때문에 후진의 품위를 당분간 존중하는 것도 중요하다. 그것을 토대로 자신이 처했던 과거에 묶여 있는 후진에 대해 측은지심을 가지고 하화교육에 임할 수 있다. 이때 선진은 후진에 대한 '암적응'의 과제에 봉착한다.

후진의 명적응과 선진의 암적응이 그들 사이에 교육적으로 협동할 수 있는 계기를 만든다. 이로써 후진과 선진은 서로를 교육의 파트너로 삼아 교육적인 교섭을 하는 상황으로 진입할 수 있다. 품위의 차이에 잠재된 에너지인 '상구열정'과 '하화열정'이 활성화됨으로써 앞에서 살핀 선진과 후진의 이질성과 대립이 사라진다. 이런 새로운 결속은 동체이품의 상황에서 논급한 독행상구와는 다른 매개상구의 양상에 대한 논의를 가능하게 한다. 독행상구든 매개상구든 기본적인 구조에 있어서 큰 차이는 있을 수 없다. 우리는 교육에서 창조와 재창조 사이에 별다른 차이가 없음을 앞 소절에서 지적하였다. 독행상구의 상황에서와 다른 것은 이제 상구자는 선진의 증언으로부터 감추어져 있는 미품의 불확실하고 의문스러운 것에 대한 다소의 확신을 보장받을 수 있다는 점일 것이다. 미품에 대한 해답은 이미 그것을 현품으로 가지고 있는 선진에게 실재한다. 이것만으로도 선진은 상구교육의 전방을 밝게 비추고 있다. 여기서 상구자는 선진을 상대로 미래에 닥쳐올 곤경에 대한 대비를 할 수 있다. 그러나 매개상구가 선진의 현품을 단지 모방하거나 복사할 수 있는 유리함이 있다는 생각은 잘못된 것이다. 복사라는 것이 단지 흉내를 내는 것으로 해석한다면 그것은 가능한 일인지 모르지만, 그것은 말 그대로 품위의 복사물일 뿐, 품위 자체는 아니다. 진정한 의미의 품위에 대한 가치체험은 그것을 형성하는 과정을 주재하는 자립적 능력이 동반될 때 가능하다. 매개상구에서 중요한 것은 미품으로서의 선진의 품위 자체가 아니라 그것을 얻는 선진의 상구교육 자체인 것이다. 이 때문에 매개상구에서 진정 모방해야 할 것은 선진의 품위가 아니라 그 품위를 얻는 데 동원된 상구교육이다.

이체이품의 상황과 관련하여 우리가 더 논의해야 할 것은 하화교육이다. 이 하화교육을 어떻게 특징짓느냐에 따라 그것을 동반하는 매개상구의 의미도 달라질 수 있기 때문에 그 조건에 대한 언급은 매우 중요한 부분이 된다. 하화교육의 조건을 이런 특수한 문제에서부터 접근해 보자.[27] 아무리 높은 품위를 얻었다 하더라도 타인의 인정이 필요하다. 그러나 이것은 후진에게는 원천적으로 불가능한 일이다. 후진은 선진의 품위를 육

---

27) 이와는 다른 조건의 설정에서 우리의 논의를 더욱 포괄적으로 전개할 수도 있지만, 여기서는 단지 편의를 따른 것이다.

안으로 확인할 길이 없기 때문에 선진의 판단에 동조하거나 수긍하지 않는다. 후진은 선진의 품위를 아직 제대로 감별할 만한 품위를 갖추고 있지 못하기 때문에 그것은 후진에게 오히려 생소하고 혼란스럽게 보인다. 이때 하화교육은 선진이 후진에게 자신의 품위가 후진의 것보다 우위임을 입증할 부담과 관련하여 규정될 수 있을 것이다. 선진은 후진의 인식 수준을 그대로 고정시켜놓은 상태에서 자신의 품위가 우위임을 입증할 수 없기 때문에 후진의 품위에 변화를 유도해야 한다. 앞에서 우리는 상구교육에서 품위의 자증이라는 부분에 대해 설명한 바 있다. 이 상황에서 선진이 자신의 품위에 대한 우월성을 확인한 것은 상구교육을 통해서였다. 그렇다면 후진에게 변화를 유도하는 방법 역시 그런 원칙에서 어긋나서는 안 될 것이다. 이제 선진은 자신이 과거에 하찮은 오류에서 좀더 높은 수준의 품위를 발견하기 위해 거쳤던 상구교육의 과정을 상기하고 그것을 후진들에게 재생시킴으로써 자신이 그들의 미래로서 작용할 수 있는 방법을 택할 수 있다. 이처럼 선진이 후진의 품위를 높여주고 그것을 근거로 자신의 품위가 상대적으로 후진의 품위보다 높았음을 진정으로 깨닫게 하는 것을 '타증(他證)'이라고 한다. 이것은 하화교육을 통해서 가능한 것이다.

기본적으로 선진이 후진의 상구교육을 촉진하는 요소로 구성되어 있는 하화교육은 수도계의 품위를 향상시키는 기능의 측면에 있어서 상구교육과 공유하는 바가 있을지도 모르나, 그 구조나 활동내용은 전혀 다르다. 하화자는 자신의 과품에 속하는 후진의 품위를 부정되어야 할 것으로 보지 않고 그것을 자신의 현품을 재창출해 내는 점진적 단계의 하나로 활용할 수 있어야 한다. 이것은 선진이 현품의 유효성을 포기하고 이미 과거에 극복한 과품의 위치로 되돌아가는 것을 의미한다. 현품을 숨기고 과품을 드러내는 가면을 씀으로써 선진은 후진의 품위와 만날 수 있다. 그 단계에서 시작하여 후진이 하화자의 현품에 이를 수 있는 각 단계의 매개상구를 안내하고 촉구하는 것이다. 이런 실천을 거쳐 후진이 선진의 품위를 획득할 수 있을 때 비로소 선진과 후진은 품위에 대한 상호주관의 공감대에 이를 수 있게 된다.

특정한 수도계의 품위를 소재로 하여 선진인 자연인 '갑'과 그 후진인 '을'이 각각 상구교육과 하화교육을 하면서 교육적인 교섭을 하는 양상을 '협동교육(educooperation)'[28]이라고 한다. 상구자는 자신의 미품을 가진 선진을 발견하고 그의 상구교육을 반복하는 경로를 거친다. 그의 상구교육은 언제나 그가 처한 현품의 단계에서 이루어진다는 점을 항상 의식하고 그것을 주체적으로 조절할 필요가 있다. 다른 한편으로, 하화자는 후진의 품위를 자신의 품위와 어긋난 갈등의 요인으로 해석하기보다는 교육이 이루어져야 할 공간으로 본다. 하화교육은 후진의 상태가 어떤 것인지를 정확하게 포착하고 그 단계에서부터 지금의 상태에 이르기까지의 경험을 고려하고 그것을 후진에게 촉구하는 것이다. 이처럼 품위상의 시간과 공간의 차이를 단계별로 점차 줄여 나가는 시간과 공간이 바로 "교육적 시간"이고, "교육적 공간"에 해당한다.

후진과 선진 사이에는 멀거나 가까운 품위상의 시간과 공간의 간극이 있다. 협동교육에서 특별히 주목할 만한 것은 각 교육적 주체가 상대를 자신의 현품으로 직접 만나는 것을 보류한다는 점이다. 교육적으로 볼 때, 수도계에 대해 동일한 체험을 하는 시간은 바로 그들이 동일한 체험의 시간을 공유하는 시점이다. 상구자와 하화자는 서로 다른 수준의 품위를 가지고 있으며, 이들은 그만큼 서로 교육을 통해 이해할 수 있는 시간의 간격을 가지고 있다. 그 시간의 공백을 매우는 충분한 교육적 실천이 양자 모두에게 이루어져야 한다. 품위의 향상은 언제나 긴 시간을 요하기 때문에, 교육에서는 빠른 속도보다는 여유 있는 시간을 확보하는 것이 필요하다. 한 알의 사과를 수확하려면 꽃피우고, 열매를 맺고, 익기를 기다려야 한다. 닭의 알이 병아리로 태어나는 데에는 일정한 부화의 기간을 견디어야 한다.

---

28) 교육의 고유한 특성은 '상구교육'과 '하화교육'이 상호작용하는 국면에서 드러난다. 'education'의 중간에 'opper'라는 다섯 문자를 추가시킨 'educooperation'이라는 표기는 이런 특성을 나타내기 위해 만든 것이다.

이를 두고 우리는 "교육적 시숙"이라는 말을 도입한 바 있다. 이 개념은 필요한 단계와 경험의 연속성을 존중하고 상구자의 회품의 주기를 융통성 있게 재조정하기 위해 삽입하는 모든 요소를 포함한다. 상구자가 당장 실현할 수 없는 수준의 품위를 실현하거나 실현시키려고 하는 것은 모두 구속이고, 환영이고, 미혹이다. 하화자는 자신의 품위상의 우수함이 후진에게는 일정 정도의 점진적인 상구교육의 반복을 거쳐야만 이를 수 있는 귀착점임을 인식할 필요가 있다. 협동교육에서 교육적 주체가 만나는 품위상의 접점은 항상 상구자의 차상품이다. 차상품은 하화자의 입장에서 상대의 자존심을 손상시키지 않으면서 그의 적극성을 활용할 수 있는 최선의 교섭지점이다. 거기로부터 상구자의 회품의 주기와 진도를 고려하여 필요한 단계를 거쳐나가야 한다. 상구자와 하화자 사이의 품차가 클수록 필요한 교육의 주기도 증가할 것이다. 이처럼 서두름과 꾸물거림의 중간을 유지하면서 이루어지는 품위의 향상만이 그 가치에 대한 자발적인 승복과 공감을 보장할 수 있다.

4.3.4. 동일한 교육의 반복

복합적인 삶 중 교육이 진행되는 상황은 우리 모두가 자신 혹은 타인의 품위의 향상이라는 과제를 수행하는 것과 밀접한 관계를 갖는다. 인간은 무능과 유능, 비천과 존귀, 왜소함과 위대함의 양극적 긴장상태의 사이에 놓여 있다. 수도계의 가치추구란 그 가운데 한 편에서 다른 편으로 우리 자신의 위치를 이동하는 것을 의미한다. 이를 간편하게 정리하는 수단의 하나로 우리는 동체이품과 이체이품의 상황을 상정하였다. 동체이품이란 체험구조의 차이·평가기준의 차이·외부환경의 차이·교육이 필요한 시간의 차이를 포함하며, 그 차이를 과품, 현품, 미품으로 구분할 수 있다. 이에 비해 이체이품이란 그것을 가진 주체의 차이를 더 포함한다. 이것은 다시 선진과 후진이라는 용어로 구분된다. 이런 품위 혹은 품위상의 차이에 따른 제반 문제는 교육을 이해하는 전제조건으로 활용되었다.

각자가 인간으로서 갖추어야 할 품위를 서술하라고 요구하면, 그 내용은 거의 무한대로 확장될 것이다. 그러나 그것을 획득하여 그 실재를 확인해 나가는 교육의 내용은 그보다 훨씬 한정되어 있다. 사실 교육은 수도계의 품위를 곧바로 자신의 것으로 간주하는 것을 거부하는 사람들이 수행하는 활동이다. 그 활동을 위해서는 품위의 발전적 계열이 하나의 요청사항이다. 교육의 고유한 특성과 내용은 또 다른 관점에 의해서 새롭게 채워져만 하는 어떤 것이다. 교육은 품위의 종적 수준의 차이를 적극적으로, 그리고 건설적으로 매개하는 특정한 열정과 활동이 작용하는 세계이다. 그 고유한 과정에 악센트를 주어 주목할 수 있을 때 비로소 수도계와는 별도로 존재하는 교육의 세계를 이해할 수 있다.

체험의 시간은 물리적 시간과 다르게 나선형으로 진행된다. 교육은 그 나선형의 진행에서 반복되는 모종의 과정에 해당한다. 이론적으로 볼 때, 교육은 수도계의 각 품위에서 동일한 과정으로 반복된다. 후진이 상구교육을 하는 데 따라야 할 내재율은 기본적으로 선진의 것과 다를 바 없다. 다만 소재로서 그 출발점이 다를 뿐이다. 상구교육을 촉진하는 하화교육의 내재율도 후진과 선진간의 구별이 있을 수 없다. 교육은 결국 품차에 잠재된 특별한 열정의 활성화에 의해 자체적으로 추진된다. 그 사이에는 앞선 품위에 도달하려는 상구열정과 뒤진 품위를 끌어올리려는 하화열정이 있으며, 이들이 만나 서로가 상승효과를 가지면서 교육 자체에 몰입하려는 내적인 힘으로 작용한다. 이렇게 품위의 각 단계에서 진행되는 과정과 그 과정 자체에 몰입하는 우리 자신의 순수한 성향에 우리의 관심을 돌릴 때, 각 단계의 품위는 이전의 수도계적인 가치기준과는 전혀 다른 차원의 기준에 의해 평가된다. 이제 품위는 이론상 그 수준에 상관없이 동일한 교육적 가치를 갖는다고 말할 수 있다.

우리가 도달해야 할 궁극적인 품위는 없다. 품위에는 끝없는 깊이와 높이가 있다. 낮은 품위 아래 더 낮은 품위가 있고, 높은 품위 위에 더 높은 품위가 있다. 각 품위는 거쳐가야 할 중간목표일 뿐, 거기에 머물거나 최종적인 것으로 착각해서는 안 된다. 우리는 시작과 끝이 없는 과정에서 현재 어느 수준의 품위를 확보하고 있다. 선진과 후진의 구분은 상대적인 것이다. 앞서가는 선진 위에 더 앞서가는 선진이 있고, 뒤따르는 후진 뒤에 더 뒤진 후진이 있다. 이 때문에 우리는 비교의 준거를 어디로 잡느냐에 따라 특정한 수도계에서 누구나 얼마만큼 선진임과 동시에 얼마만큼 후진인 것이다. '갑'은 '을'에게는 선진이지만, '병'에게는 후진일 수 있다. 이런 이질성은 그 차이만큼 서로 교육적 관계를 맺을 수 있는 가능성을 가지고 있기 때문에 교육을 위해 하나의 축복이다.

품위의 차이는 어떤 것에 주목하느냐에 따라 통일과 분리, 화합과 갈등, 화해와 충돌이라는 전혀 다른 결과를 가져온다. 이들 사이의 분리, 갈등, 충돌은 불필요하고 소모적인 것이다. 이 상황을 더불어 사는 공동체 혹은 세속계적 상황의 관점에서 보면, 그런 대립과 충돌은 소통이 가능한 동료의 확보와 집단응결력의 유지를 위협하는 요인이 될 수 있다. 그것에 대한 하나의 대응은 인간들 사이의 차이를 재앙으로 보고, 그 과정은 어떠하든 공동체 구성원들을 균등하거나 일치된 기준에 수렴하도록 만드는 것이다. 여기에 흔히 학의 다리를 잘라 오리 다리에 잇거나, 산을 헐어 골짜기를 메우는 무리가 작용하기도 한다. 이 과정을 우리는 앞에서 사회화 혹은 문화화와 결부하여 설명한 바 있다. 이런 대응은 진정한 의미의 수도계적인 통일, 화합, 화해의 해법이 될 수 없다. 선진과 후진 사이의 품위상의 분리, 갈등, 충돌의 가능성에 대한 다른 하나의 대응은 그것을 교육이 이루어지는 공간과 시간으로 전환시키는 것이다. 선·후진의 위계질서는 인정되고 유지되어야 한다. 그것을 무시하는 수도계의 발전은 상상할 수 없다. 선진은 적어도 해당 수도계에서 풍요를 대변함에 비해 후진은 결핍을 대변한다. 우리에게 절실한 과제는 결핍에서 풍요로 옮겨가는 데 있어 양자 간의 협력이다. 그 운동을 매개하는 것이 우리가 이제까지 살펴 온 교육이다.

선진과 후진의 품차는 후진의 입장에서는 상구교육이 가능한 공간이고, 선진의 입장에서는 하화교육이 가능한 공간이다. 이 말은 우리 모두는 어떤 품위상의 위치에 있든 간에 언제나 상구교육과 하화교육이 가능한 존재임을 의미한다. 교육은 품차가 있는 곳에서는 어디에나 필요하며, 교육적인 삶은 그만큼 우리 모두에게 언제나 도전적인 과업으로 남아 있다. 교육적 주체는 교육이 그에게 요구하는 내재율에 따름이라는 자체의 전환을 통해 그 과업을 성공적으로 수행한다. 그에게는 자신을 앞서가는 다수의 선진들과 그를 뒤따르는 다수의 후진들이 있다. 그는 자신의 품위수준에 이르지 못한 후진이 자신의 품위를 당장 이해하리라고 기대하지 않는다. 또한 그는 선진의 수준에 이르지 못한 자신이 선진의 품위를 당장 이해할 수 있을 것으로 기대하지 않는다. 인간들 사이의 소통불가능에 대한 인내와 관용이 필요하며, 그 차이를 교육적인 화해와 이해의 형태로 바꾸어 놓는 지혜가 요청된다.

교육은 항상 자신이 가지고 있는 현품에서 출발한다. 상구교육은 누구에게나 자신이 가진 현품의 불완전함을 인정하는 데서 출발한다. 이 인식은 품위의 높낮이를 불문하고 누구나 평등하게 가질 수 있다. 이것이 시인되면 불완전함은 절망이 아니라 희망과 도전의 가능성으로 받아들여진다. 더 나은 품위는 이미 선진에게 선취된 것이다. 전방대비가 그것을 암시한다. 선진의 품위를 자신의 품위로 격하시키고 그의 하화교육을 기대하는 것은 자가당착이다. 그것을 극복하는 것이 바로 명적응이다. 그것을 좀더 구체적으로 기술하면, 선진의 품위상의 우월성에 대한 조건부적 신뢰를 보내고 선진이 취했던 상구교육의 길을 일단 따라가는 것이다. 이것은 바로 자신이 가진 현품과 미품 간의 불필요한 경합과 갈등을 피하고 미품에 승리를 부여하는 과정이기도 하다.

상구교육과는 대조적으로 하화교육은 누구나 자신이 가진 현품의 우수함을 자긍하는 데서부터 출발한다. 이런 인식 역시 품위의 높낮이를 불문하고 누구나 평등하게 가질 수 있다. 이것이 인정되면 다음에는 그의 후진이 자신이 확보한 품위를 획득할 수 있다는 신념이 뒷받침되어야 한다. 하화는 항상 그 주체가 이미 실현한 품위의 아래 영역에서 이루어져야 한다. 후방대비가 그것을 암시한다. 이제 남은 과제는 암적응이다. 그것은 자신이 도달한 지점을 보여주기보다는 거기에 이르는 데 필요한 단계를 역류하여 제자의 위치에 도달하고, 후진에 대한 직속상관의 매력과 권위를 확보하면서 그 자리로부터 자신이 도달한 곳에 이르는 길을 안내하는 "살아있는 이정표"의 구실을 하는 것이다. 선진의 품위는 그것을 아직 실현해 보지 않은 후진들에게는 비실재적이고 환상적인 것으로 보이지만, 그것이 그들에게 실현되었을 때는 실재하는 사실로 변한다. 하화자는 후진들의 상구교육을 촉구함으로써 자신과 동일한 자격으로 자신의 높은 품위가 실재한다는 증거를 보여주고자 한다. 이런 방식으로 선진에게 승인된 가치가 후진에게도 보편성을 확보한다.

우리 모두의 교육적 주체성은 그렇게 할당된 각자의 교육을 충실하게 실천하는 데서 살아난다. 교육은 수도계의 모든 품위에서 동시에 진행될 수 있다. 누구나 자신의 위치에서 위의 품위를 소재로 얼마만큼의 상구교육을 할 수 있고, 아래의 품위를 소재로 얼마만큼의 하화교육을 할 수 있다. 교육의 이런 양면적인 연대와 결합은 선진과 후진 사이에 일어날 수 있는 품위상의 제반 갈등을 건설적으로 해소할 수 있게 할 뿐만 아니라 후진의 품위를 선진의 품위로 발전시키는 기능을 한다. 그러나 그 기능은 어디까지나 교육 고유의 내재율에 적응하는 태도상의 전환이 주는 혜택임을 결코 잊어서는 안 될 것이다. 교육에는 늘 거쳐야 할 단계가 있다. 각 단계는 일정한 수준의 품위가 완성되는 것을 의미한다. 알맞은 범위의 품위상의 불협화가 교육파트너로서의 매력과 교육적 가치를 보장한다. 교육은 그것을 최대한으로 증대시키는 방식으로 각각의 수준과 단계에서 동일한 형태로 반복되어야 하며, 그 과정을 거치면서 상구교육과 하화교육이 접속하는 품위는 낮은 쪽에서 좀더 높은 쪽으로 점진적인 방식으로 이동해 가는 것이다.

4.4. 협동교육의 구조

4.4.1. 교육의 내용

우리는 이제까지 교육이라는 하나의 자율적인 세계에 이르는 통로 혹은 맥락을 포착하는 데 많은 지면을 할애하였다. 그곳에 이르는 길을 일반인의 통념과 기존의 교육학적 개념이 은폐하고 있기 때문에 새로운 개념과 용어의 도입이 불가피하였다. 이제야 비로소 하나의 자율적인 세계로서 교육 자체가 무엇인지를 밝힐 수 있는 기반이 조성된 셈이다. 자율적인 세계란 그것과 여타의 세계 간의 분명한 경계가 있다는 것을 의미한다. 그 경계를 기준으로 교육의 안쪽과 바깥이 확연하게 구분될 수 있다. 자율적인 체계로서 "교육의 내용"은 이 중 후자의 것에 속하는 것(외재성)을 배제하고 남는 전자의 것(내재성)에 속하는 것들을 지칭한다. 그럼에도 불구하고, 그 용어가 교육학 분야에서 전혀 다른 의미로 쓰여 왔기 때문에 다시 한번 그릇된 관념을 바로 잡는 데서부터 우리의 논의를 시작할 수밖에 없다.

이제까지 교육의 내용과 관련하여 혼란스러운 결과를 가져온 데에는 그것을 교육의 결과로 환원시키는 기능주의적 통념이 작용하였기 때문이다. 흔히 교육의 내용이 무엇이냐 하는 질문이 주어지면 그것은 십중팔구 교육에서 전달하고자 하는 내용이 무엇이냐 라는 질문으로 받아들여진다. 어떤 사람들은 국어, 수학, 과학, … 하는 식으로 이른바 "교과의 내용"을 들 것이고, 다른 사람들은 이른바 "교육받은 사람(the educated person)"을 내세울지도 모른다. 이처럼 중구난방이다. 한 가지 공통점이 있다면, 그것은 교육 밖에 속하는 것을 교육의 내용으로 잘못 지칭하고 있다는 것이다. 이런 인식방식은 교육을 바라보고자 하는 우리의 시야를 가리는 안개로 작용했을 뿐만 아니라, 교육의 목표를 설정하고 평가함에 있어서 가치전도를 일으키게 하는 주된 요인이 되어 왔다.

이제까지 교육학에서 교육 자체의 내용을 구명하려는 노력 없이 기존의 학문분야의 것을 끌어당기는 범주착오의 경향이 있어 왔음을 제1장에서 충분히 다루었다. “교육의 내용”에 대한 그릇된 개념도 그런 교육학의 태생적 한계와 전통에서 비롯한 것이다. 교육학자들은 교육을 자율적인 세계의 하나로 보기보다는 하나의 과제, 예컨대, 바람직한 인간을 길러내는 데 동원되는 수단이라는 관점을 취해 왔다. 바람직한 인간이란 항상 분야마다 중요한 관심사로 규정하고 있으며, 교육학자들은 다양한 분야에서 논의된 것으로 교육의 내용을 환원시킴으로써 그들이 마땅히 구명했어야 할 별도의 어려운 과제를 이렇게 저렇게 기피하여 왔다. 이것이 근원적인 해결책이 아닌 것은 말할 필요도 없다.

인간사는 매우 복잡해서 많은 것들이 혼재하며, 그들은 서로 원인과 결과라는 복잡한 관계로 얽혀 있다. 이 세상에는 다른 것들과 전혀 관계함이 없이 분리된 사건, 사물, 세계란 사실상 존재하지 않는다. 그런데 특정한 인과적인 것만을 주목하여 쌍방을 규정하는 방편을 택하는 경우가 많다. 농작물과 농사, 산과 등산, 도시와 여행, 범인과 탐정, 물고기와 그물, 화물과 자동차 등이 좋은 예들이다. 가령, 농작물이 무엇인가 물으면 농사를 지어서 얻은 소득이라고 하고, 다시 농사가 무엇이냐고 물으면 농작물을 생산하는 과정이라고 하면 그만이라는 식이다. 이런 방식은 단지 두 가지 항의 관계만을 의식한 논리적 순환론에 의존하고 있기 때문에 모든 것이 자명해 보인다. 그러나 좀더 깊이 생각해 보면 문제점이 드러난다. 이런 해법은 각각의 실체가 가지고 있는 본질이 아니라 오직 기능에만 주목하고 있다는 문제를 갖고 있다. 또한 그 기능조차도 각각이 양자의 관계 이외에 여타의 것들과 관계를 맺는 부분들을 간과한다. 농작물과 농사의 내용이 동일한 것이 아닌 이상, 그들은 양자의 관계뿐만 아니라 다른 여타의 것들과도 관계를 가질 수 있다. 가령, 농작물은 음식과 관계를 가질 수 있고, 농사는 경제활동과 관계를 맺을 수 있다. 이 경우 농작물과 농사는 그들 사이의 기능적 관계를 떠나 각각 그 자체로서 이해될 수 있어야만 한다.

한 가지 원인과 결과에 토대를 둔 기능주의적 정의는 관계항의 내용을 규정하는 일을 교묘하게 회피하는 것 이상이 될 수 없다. 그 한계를 극복하는 방법은 관계하는 실체의 본질을 기능과는 독립하여 독자적으로 파악하는 것이다. 그 한 가지가 바로 현상 자체의 구조를 이해하는 것이다. 구조를 파악하는 원칙은 먼저 그것과 관계되는 모든 것들은 외재적인 것으로 간주하여 고려에서 제외하고, 그 실체 자체가 어떤 것인지에 대해서만 주목하는 것이다. 위의 예에서 농작물과 농사, 산과 등산, 도시와 여행, 범인과 탐정, 물고기와 그물, 화물과 자동차가 그 자체로서 어떻게 다른지를 구조적으로 밝혀야 한다. 그들이 총체적으로 전혀 다른 실체라는 것이 용이하게 밝혀질 수 있다면 우리는 그런 유형의 실재가 어떤 기능을 하며, 어떤 결과를 가져올지에 대해 더 세부적이고 책임 있는 논의를 전개할 수 있게 된다.

하나의 실재를 구조로 파악한다는 것이 무엇을 의미하는지를 자동차의 경우를 예로 들어 설명해 보자. 어떤 사람이 "자동차의 내용이 무엇인가?"라는 질문을 던졌다고 하자. 이 질문을 받아들임에 있어서 두 가지 서로 상이한 태도를 보일 수 있다. 하나는 그 내용을 자동차가 싣고 다니는 물건의 의미로 받아들이는 것이다. 기능주의적 접근방법이 이런 부류에 속한다. 그 문제점은 앞에서 이미 지적한 바 있다. 다른 하나의 태도는 그 내용을 자동차 자체에 국한시키는 것이다. 이 두 번째 방법이 우리가 대안으로 삼고자 하는 구조적 접근이다. 후자의 접근방법을 택하는 절차는 판이하다. 먼저 자동차와 자동차 아닌 것의 구분이 이루어진다. 그리고 후자는 일단 탐구에서 제외된다. 그 가운데에는 자동차가 싣고 다니는 물건들이 포함될 것이다. 다음에 자동차 자체로서만 남는 것에 우리의 관심을 집중한다. 이때 자동차 자체의 고유한 내용이 무엇인지가 드러날 수 있게 될 것이다. 참고로 오늘날 자동차는 대략 2만 개의 부품으로 구성되어 있는 것으로 알려지고 있다. 그 부품이 무엇인지를 밝히는 것이 중요하지만, 그것만으로 자동차의 실체는 파악된 것이 아니다. 각각의 부품은 부품회사에서도 쉽게 발견될 수 있기 때문이다. 따라서 그 부품들이 어떤 방식으로 서로 관계를 맺으면서 자동차라고 하는 실체의 전체를 구성하고 있는지를 밝히는 작업이 이루어져야 한다. 그것이 불가능하다면 그 부품들은 자동차의 부분이라고 할 수 없기 때문이다.

이런 엄격한 방법은 결국 자동차가 가진 고유한 내용을 드러내 줄 것이다. 우선 그것은 그것이 싣고 다니는 물건의 내용과 전혀 다른 종류의 것이라는 점이 분명해질 것이다. 이런 비유를 드는 것은 우리가 제3장에서 교육의 맥락을 규정해 나감에 있어 잠시 수도계를 이용했던 방편을 극복하려는 본 절의 과제와도 일맥상통하기 때문이다. 통념의 수준에서 말하면, 교육은 무엇인가를 상구하고 하화하는 것이다. 그 결과로서의 내용은 자동차에 싣고 다니는 물건에 비유되며, 그 과정은 자동차에 비유될 수 있을 것이다. 자동차에 대한 비유를 잘 이해한 독자라면, 자동차에 싣는 물건의 내용이 자동차의 내용이 아니듯이 수도계의 내용이 결코 교육의 내용이 될 수 없다는 것을 이해할 수 있을 것이다. 그렇다면 그 교육의 내용은 무엇인가? 만약 그것이 규명될 수 있다면, 교육이 기능하는 바는 우리가 생각하는 것 이상으로 다양하다는 것을 알게 될 것이다.

이 비유에서 더욱 흥미로운 점은 우리가 자동차의 내용을 알기 위해 그것이 싣고 다닐 물품에 대한 내용을 죄다 알거나 열거할 필요가 없다는 것이다. 물건이나 물체는 자동차에 의해 운송된다. 우리는 운송할 품목을 아는 대로 자세하게 열거할 수 있을 것이다. 그러나 자동차를 이해하는 방법으로 그런 작업을 한다면 그는 참으로 어리석은 사람이 될 것이다. 우선 그렇게 열거할 수 있는 품목은 언제나 한계가 있다. 또한 그것들을 운송하는 도구는 자동차만이 아니다. 수레나 기차도 될 수 있다. 자동차의 내용을 보다 현명하게 아는 방법은 오히려 자동차에서 그런 물건들을 모두 제거하고, 자동차 자체가 어떤 부속으로 구성되어 있으며, 서로 어떤 관계를 가지고 있는지를 탐구하는 것이다.

그럼에도 불구하고, 그 관계 가운데 우리가 특정한 것을 언급하는 것은 설명의 방편으로서 그리 무용한 것은 아니다. 가령, 특정한 물건들은 잘 알고 있지만 그것을 실어 나르는 자동차를 모르는 '갑'이 있다고 가정하자. 그가 자동차를 아는 것은 그렇게 쉬운 것은 아니다. 그 장면에 자동차는 없지만 자동차의 내용을 아는 '을'이 있다고 가정해 보자. 그 경우, 을은 갑이 물건에 대해 가지고 있는 이해를 거점으로 삼아 자동차가 어떤 것인지를 해명하는 간접적인 방법을 취할 수 있다. 물건들을 싣고 운반하는 것이 자동차이다. 그런데 물건들은 자동차에만 실려 다니는 것은 아니다. 그렇다면 다양한 운송도구 혹은 수단들 중에 자동차가 갖는 특징은 무엇인가? 이렇게 따지고 들어가면, 자동차의 특징이 다소나마 드러나게 될 수도 있다. 그런 설명방법은 독자와 나와의 관계에서도 성립될 수 있을 것으로 본다.

교육의 내용과 교육의 결과는 개념상 동일할 수 없다. 한 마디로, 품위의 내용은 교육에 의해 결과하는 어떤 것으로서 교육의 내용에 포함될 수 없다. 정상적인 논의라면, 교육이라는 원인을 구성하는 것이 따로 있고, 품위는 그에 따른 특수한 결과라고 보아야 할 것이다. 그렇다면 그 원인으로서의 교육의 내용은 무엇이며, 그 결과로서의 품위의 내용이 무엇인지를 분리시킬 수 있어야 한다. 아직도 기능주의적 교육관의 집착에서 벗어나지 못한 독자 가운데에는 이제까지 품위라는 소재를 중심으로 이루어진 교육의 논의를 따라 그 선후의 문제를 들어서 반문할지도 모른다. 품위의 내용이 밝혀져야만 교육의 내용이 밝혀지는 것이 아닌가? 천만의 말씀이다. 예를 들어보자. 탐정활동은 범인을 알아야만 규정할 수 있는 것이 아니다. 범인이 밝혀지고 난 후의 수사나 탐정이라는 것은 오히려 무의미하다.

교육의 입장에서 볼 때, 수도계의 품위는 항상 얼마만큼 미궁의 것이다. 그것들에 대한 기존의 규정에 의존하거나 그것을 기다리면서 교육을 규정하려고 하는 것은 그 작업의 끝없는 지연을 정당화하면서 그것의 수행을 포기하려는 구실에 불과하다. 사실상 우리는 각종의 수도계에서 밝혀지고 있는 품위의 전체내용이 무엇인지를 지금으로서는 알 도리가 없다.[29] 그것을 포괄적으로 기술할 수 있다고 하거나 그것을 과제로 삼는

29) 최종적인 상태를 안다는 것을 헤겔식으로 말한다면, 그것은 유한자가 절대자를 기술하는 오류를 범하는 셈이 될 것이다.

사람이 있다면 그는 불가능한 것을 기대하고 있는 셈이다. 기껏해야 그의 시도는 그가 경험한 극히 유한한 품위를 벗어나기 어려울 것이다. 그러나 교육에서 실현하고자 하는 품위의 범위는 한 개인의 유한하고 특수한 경험을 초월한다. 수도계의 종류와 수준은 무진장하다. 각종의 품위, 각 수준의 품위의 부분적인 실재성은 역사를 통해 과거에서 현재에 이르기까지 다소 밝혀진 바 있고, 지금도 밝혀지고 있고, 앞으로 무한하게 탐색되고 밝혀질 것이다. 설사 그것들이 밝혀진다고 하더라도 그것을 논리적으로 열거한다는 것 역시 언어도단이다.[30] 먼저 품위는 언어로 기술할 수 없는 암묵적인 부분을 갖는다. 또한 매 단계 상이한 품위의 내용은 지양의 과정을 거쳐서 형성되기 때문에 논리적인 일관성을 가지고 진술하는 작업 자체가 불가능한 일이다. 여기에 교육에서 어떤 품위가 바람직한 것이냐 하는 것은 특정한 교육주체와 무관하게 일률적으로 규정될 수 없다는 난관이 추가된다. 일회의 교육을 통해 실현시킬 수 있는 품위는 상구교육의 주체가 현재 위치하고 있는 품위보다 한 단계 높은 품위이기 때문에 서로 다른 품위수준에 있는 '갑'과 '을'에게 교육적으로 바람직한 품위는 서로 다르고 모순될 수도 있다.

품위의 내용에 대한 우리의 이해와 기술이 제한받을 수밖에 없는 어려움이 있는 것에 비해, 교육의 내용은 한정적이며 일반적인 이해가 가능하다는 것이 교육본위론의 입장이다. 우리는 앞 절(4.3)에서 그 단초를 이미 시사한 바 있다. 교육은 그 결과로서의 최종적인 근거를 요구하지 않는다. 그것은 인간이 성취할 수 있는 모든 경험의 피안에 존재하는 것이 아니다. 거듭 말하지만, 인간이 자신의 위대성을 탐색함에 있어 항구적인 거점은 있을 수 없다. 인간이 완전으로 향하는 과정으로서의 교육에서 완전한 것은 그렇게 중요한 것이 아니다. 교육은 항상 잠정적인 거처로서 수도계의 각 단계에서 시작하여 다음 단계에서 종료되는 일련의 나선형적인 과정을 반복하면서 일어나는 "영원한 회귀"의 형태를 띠며, 그 시작이 곧 끝으

---

30) 이와 관련하여 "도라고 알려진 도는 참다운 도가 아니다"라는 노자의 말은 참으로 적절한 함축을 내포하고 있어 보인다.

로 되는가 하면, 또한 끝이 시작으로 이어진다.

특정 수도계에서 어떤 단계의 것이건 간에 그것은 얼마만큼 상구하고 얼마만큼 하화할 여지가 있으며, 그 교육적 작용은 동일하다. 다만, 그 시작과 결과로서의 품위의 내용이 달라질 뿐이다. 이렇게 보면, 결국 품위의 내용이 무엇이냐 하는 문제도 교육의 내용을 먼저 밝힘으로써 더욱 현실적으로 풀려진다고 볼 수 있다. 즉, 품위의 내용이 교육에 의해 규정되고 있다는 말이 더 적절하다. 물론 교육만이 품위의 내용을 결정한다고는 볼 수 없다. 그러나 그 존재의 증거는 결국 교육에 의해 얻어질 수 있는 것이다. 그러므로 만약 품위의 내용을 알아야만 교육을 할 수 있다거나 혹은 교육의 내용을 알 수 있다면, 그 순서가 오히려 뒤바뀌진 경우라고 할 수 있다. 특정한 품위의 내용이 무엇일지가 궁금해서 상구하는 사람에게 그것이 무엇일지를 먼저 밝힐 것을 요구할 수는 없다. 상구교육의 표적은 상구자에게 미묘하고 심오하고 고귀한 것으로 설정되었다가 명백하고 별것이 아닌 것으로 알려지게 된다. 그런데 미리 그 표적을 알고 있다면 그것은 알아야 할 이유가 없을 것이다. 또한 그 존재를 모르는 사람들에게 하화교육을 통해 차츰 그것의 존재를 입증하려는 하화자에게 그 내용을 미리 상대방에게 밝혀주라고 요구하는 것도 이치에 맞지 않는다. 이처럼 교육의 입장에서는 무엇을 상구하고 하화할 것인가를 먼저 규정하는 일은 본질적인 것이 아니다. 우리가 주목할 부분은 교육적 주체가 각자 처한 위치에서 품위의 내용을 주장하고 입증하는 과정의 메커니즘이다. 그런 의미의 교육의 내용은 그것을 통해서 알아가야 할 각 단계의 품위의 내용과는 확연하게 구분된다.

교육의 내용을 탐구하는 해법은 현상학과 구조주의에서 찾을 수 있다. 그 점을 이렇게 요약해 보자. 어떤 대상세계를 이해한다는 것은 그것을 구성하는 많은 요소들을 통일적으로 연관지어 파악할 수 있는 표상이나 개념을 갖는다는 것을 뜻한다. 앞에서 지적했듯이 자동차의 내용은 그것이 싣고 다니는 물건을 제거했을 때 드러나는 어떤 것이다. 교육의 고유한 내용 역시 그것 이외의 것을 모두 제거했을 때 드러날 수 있을 것이다.

그 다음에는 그 요소끼리의 관계가 문제이다. 모든 얼굴에는 눈과 귀가 붙어 있지만, 그것 하나하나만을 별개의 것으로 주시하고 다른 것을 아울러 보지 않는 사람은 얼굴을 식별할 수 없다. 이 때문에 이들을 항상 서로 연관지어야만 전체를 이해할 수 있게 된다. 교육에 대해서도 요소로 환원될 수 없는 전체가 밝혀질 수 있어야 할 것이다.

교육은 그것을 구성하는 요소들을 하나로 묶을 수 있을 때 비로소 자율적인 세계의 하나로 드러날 수 있다. 교육의 현상을 밝힌다는 것은 내부의 본질적인 것, 즉 그것을 구성하는 여러 가지 요소가 무엇인가 하는 점과 그 요소들이 어떤 관련을 가지고 전체를 이루는가를 구명하는 것을 의미한다. 이론상 교육의 구조에서 모든 요소들은 상호의존적일 것으로 가정된다. 이 때문에 기본적인 요소들의 상호관계에 더 큰 관심을 기울여야 한다. 교육의 제반 요소들이 무엇이며, 그들이 어떻게 서로 관계하는지를 밝히는 것이 교육을 이해하는 데 있어 필수적인 과제이다. 그 세목들을 초월하여 한꺼번에 그들이 하나의 통합된 의미로 전환할 때 비로소 우리는 교육현상을 이해하게 되었다는 말을 할 수 있다. 그런 의미의 교육의 내용에 대한 본격적인 탐색은 이제 겨우 출발선에 있다고 보아야 할 것이다.

4.4.2. 수레바퀴모형

가장 일반적인 말로 정의한다면, 교육은 수준이 다른 품위를 연결짓는 하나의 독특한 과정적 실재라고 할 수 있다. 이제 그 과정이 어떤 것인지를 경계지울 수 있는 구조가 무엇인지를 밝혀내야만 한다. 교육이 진정 고유한 삶의 한 양태라면 그것은 하나의 자율적인 체계로 해명되어야 한다. 우리는 대략 교육이 위치한 지점으로 수도계의 각 단계에서 시작하여 다음 단계에서 종료되는 일련의 나선형적인 과정을 지목하였다. 우리는 수도계가 사다리형의 위계를 가진 것으로 가정했고, 교육은 수도계의 종류와 수준에 관계없이 각각의 단계에서 동일한 형태로 진행되는 것으로 보았다. 시작과 끝의 매개된 결과로서 품위는 다르지만, 그것을 형성하고 매개하는 과정으로서 교육의 양태는 동일하다는 것이 교육본위론의 기본 입장이다.

크게 보아 교육은 두 개의 날개를 갖고 있다. 하나는 상구교육이다. 상구교육은 활동주체가 광대하고 신비로운 세계와 접하면서 자신의 실현된 품위의 가장자리 끝인 차상품이 어떤 것인지를 밝혀 나가는 과정이다. 이 과정을 거쳐 우리는 우리들 자신 속에 묻혀 있거나 잠재된 방대한 인간적인 보물과 능력을 찾아 실현시키고 우리 자신의 위대함을 깨닫는다. 다른 하나의 과정은 하화교육이다. 이것은 선진이 그가 받은 은혜를 후진들에게 되돌려 주는 과정이다. 이는 품위의 공여보다는 후진이 그것을 재창조하는 상구활동을 촉구함으로써 가능해진다. 이로써 후진이 자기의 품위를 수용하고 그 이후 동의할 것인지 아닌지에 관해 합의를 이룰 수 있다. 이처럼 교육은 수도계적인 품위를 따라 하-상운동과 상-하운동의 양면을 포함하는 독특한 삶의 형태이다.

협동교육의 이중운동으로서 상구교육과 하화교육은 서로를 요구하면서 상호 호응한다. 독행상구와 매개상구를 구분하였는데, 이 중 매개상구는 하화교육을 전제한다. 이 세상에 전적으로 새로운 것은 드물다. 자기 이전의 사람들이 이미 수행한 상구교육의 과정을 참고하여 그 노선을 따른다는 점에서 독행상구보다는 매개상구가 더욱 보편적인 것으로 보인다. 다른 한편, 하화교육은 상구교육과 대응하는 구조를 택함으로써 역사적으로 후자와 공생하는 형태로 발전하여 왔다. 공생의 관계라는 점이 그들은 결국 동일한 것이라는 그릇된 결론으로 나아가서는 안 된다. 하화교육의 속성은 상구교육과의 관계와 그것에 주는 영향에 의해 결정되는 것이 아니다. 자신의 품위를 스스로 향상하는 상구교육과 자신의 품위를 타인에게 재생산하는 하화교육은 그 용이성과 어려움에 있어 어느 것이 가볍고 무거운 것은 아니다. 또한 그들은 서로 다른 맥락에서 많은 복잡성과 도전적인 요소를 가지고 있으며, 어느 것이 다른 것으로 환원될 수 없는 그 나름의 내재적인 목적과 형태를 가지고 있는 것으로 보아야 한다. 이처럼 교육계의 한편에서는 한 품위의 소지자가 다음 품위에 오르는 상구활동이 이루어지고, 맞은편에서는 그보다 낮은 품위에 있는 후진을 위로 끌어올리는 하화활동이 이루어진다.

협동교육은 상구교육과 하화교육이 그들의 이질성에 의해 서로 결합하고 적응하는 형태를 말한다. 이들이 서로 보완하면서 출현하는 새로운 실재는 그것을 구성하는 상구교육과 하화교육으로 단순하게 환원시켜 설명할 수 없는 하나의 교육의 총체, 즉 협동교육을 구성한다. 그들이 서로 맞은편에서 진행될 때 그 어느 하나로 환원시켜 설명할 수 없는 실재를 구성하면서 공생의 체계 안에 포섭된다. 한편으로 각각의 체계는 자신의 자율성의 일부를 상대적으로 희생하지만, 다른 한편으로 그 대가로서 더 상위의 체계에 참여할 수 있게 된다. 그리고 그 상위체계는 여타의 환경 속에서 새로운 차원의 자율성에 도달한다.

그 체계 혹은 구조 자체가 바로 협동교육의 고유한 내용이라고 보아야 한다. 그 구조라는 것이 무엇인가? 그에 대한 해답에 앞서 분명히 해야 할 것은 완전한 구조란 존재할 수 없다는 점이다. 만약 여기서 드러내려고 하는 교육이 항구적이고 고정적인 의미의 것이라고 말한다면, 우리의 논의는 자가당착에 빠질 것이다. 누차 강조했지만, 교육은 확정된, 안정된, 정적인, 완성된, 정의할 수 있는, 형이상학적으로 주어진 것을 가정하지 않는다. 모든 것은 끊임없이 자체의 정체성을 형성해 나가고 있다는 사실은 교육 자체에도 적용된다. 교육의 실재는 부단히 변전하면서 어떤 방향으로 형성되고 발전하는 과정 중에 있고, 이 때문에 그것을 평면적으로 제시하거나 최종적인 형태로 제시하는 것은 오류이다.

교육의 구조를 이론적으로 확인해 나가는 교육학 역시 형성과정 중에 있다고 보아야 한다. 교육학을 종결시킬 역량이 있는 어떤 사람도 가정할 수 없다. 그 작업은 항상 불확정성을 가지고 진행되고 있으며, 그것은 미래에도 마찬가지일 것이다. 다만 교육학자로서 일차적인 과제는 어떤 방식으로든 자신들이 이해하는 교육에 대한 구조를 상정해야 한다는 것이다. 여기에 어떤 통일된 관점을 기대할 수는 없고, 현실적인 기대가 있다면 단지 지금의 교육학의 형편보다는 더 나은 교육학이 가능하다는 것을 입증하는 상대적인 발전 정도일 것이다.

그렇다면 교육의 구조는 도대체 어떤 것인가? 그에 대한 해답은 우리가 인식에 대한 목적을 어디에 두느냐에 따라 다르다. 마치 한 사람과 다른 사람의 얼굴을 구분하듯이 목적이 개별적인 것들을 변별하는 데 있다면, 각각의 특징이 드러날 만큼 세부적인 요소들의 총괄적인 부분에 대한 자세한 기술이 필요할 것이다. 빠진 것이 없는 완결된 구조란 이상에 불과하다. 어느 경우나 조금은 생략하는 것을 피할 수 없다. 다른 하나의 목적은 단지 교육과 교육 아닌 것의 차별화에 큰 비중을 두는 것이다. 이 경우에 그 구분을 가능하게 하는 최소한의 요소와 관계를 밝히는 것으로서 충분할 것이다. 사실 특정한 사실의 구조에 대한 연구는 후자의 것에 그치고 있다.

목하 교육의 정체성을 밝히려는 우리의 논의에서 필요한 것은 교육이 여타의 세계와 구분되는 최소한의 요소와 그들 사이의 관계에 대한 규정이다. 더 이상의 세부적인 묘사는 설사 가능하다 할지라도 오히려 논의의 핵심을 빗나가게 할 위험성이 있다. 앞서 우리는 품위와 관련하여 수도계의 존재를 가정하였다. 이처럼 서로 긴밀한 관계를 갖는다는 것은 서로 다르다는 것이 전제되는데, 우리의 작업에서 그 다름을 드러내는 방식으로 교육의 구조가 밝혀질 수 있다면 우리의 목적은 상당 부분 달성되었다고 볼 수 있다. 수도계의 품위는 교육 자체의 본질을 구성하지 못한다. 다만 그 본질을 품위라는 소재를 중심으로 기술할 수 있다는 관점을 취할 수는 있다. 이런 입장에서 나는 근래에 "협동교육의 수레바퀴모형"[31]을 제안하여 쓰고 있다(장상호, 1994b). 이제부터 그것을 예시해 보기로 하겠다.

수레바퀴는 그 자체로서 우리의 목적에 비추어 상징성을 갖는다. 수레

31) 이것은 정확하게 말하면 상구교육과 하화교육이 서로 상호교섭하는 이른바 '협동교육(educooperation)'에 해당하는 모형이지만, 교육의 동일성을 주장하려는 지금의 논의에서 그 특수성은 크게 문제될 것이 없다.

가 운반하는 물건이 어느 것이든지에 상관없이 그것을 운반하는 수레의 본질은 바뀌지 않는다. 바퀴의 요소는 그것이 부속된 전체의 차체나 그것이 실어 나르는 물건과는 독립된 요소인 철, 목재, 고무로 되어 있으며, 그것이 조합되어 굴러가는 바퀴라는 이차적 성질을 갖는다. 그것은 또한 그것이 부속되는 어떤 것을 부단하게 움직이게 한다는 특징을 갖는다. 마찬가지로 교육은 자체의 요소들로 구성되어 있으며, 수도계의 품위와 분리시켜도 동일성을 유지할 수 있다. 이런 교육의 입장에서 보면, 모든 수도계의 품위는 단지 실어 나르는 물건이나 사람에 비유될 수 있으며, 그 물건이 하찮은 것이냐 혹은 대단한 것이냐가 수레의 본질을 구성할 수 없듯이, 수도계의 품위 수준이 교육의 본질을 결정하지는 못한다.

구조의 결정적인 특징은 전체가 있고, 그것을 구성하는 요소의 의미가 서로 간의 관계에 의해 규정된다는 데 있다. 그 요소들의 의미는 구조 전체 밖의 외재하는 사실에 의존하지 않는다. 말하자면, 그것이 가진 요소들 사이의 차별적인 조합과 관계가 그 고유성을 규정한다. 핵심은 교육의 수레바퀴가 내포하는 구조적 형태이다. 구조는 단순하거나 혹은 더 복잡하게 묘사될 수 있다. 그러나 많은 요소를 추가시키는 것이 중요한 것이 아니라 오직 변별할 수 있는 요소들만을 선별하는 것이 중요하다. 더 나아가 그들을 어떻게 조합하여 하나의 고유한 활동의 범주로 포함시키느냐 하는 과제를 해결해야 한다.

협동교육은 상구교육과 하화교육의 요소를 가지고 있으며, 이들 각각은 그들의 하부요소를 가지고 협동교육이라는 전체 속에서 상응한다. 그 구조적인 특징은 〈그림 4.1〉에 나타나 있다. 이 모형에서 상구교육은 자리, 혁신, 존현, 순차, 자조, 자증, 그리고 하화교육은 이타, 보수, 존우, 역차, 원조, 타증이라는 각각 서로 대립하는 6가지의 요소를 지니고 있으며, 이들은 서로 불가분의 것으로 연결되어 또 하나의 상위구조 내에서 공존하는 양상을 드러내고 있다. 각각의 요소들은 여타의 요소들과의 관계에 의해 연대적인 의미를 갖는다. 그것은 상의관계(相依關係)와 대위관계(對位關係)로 구분된다.

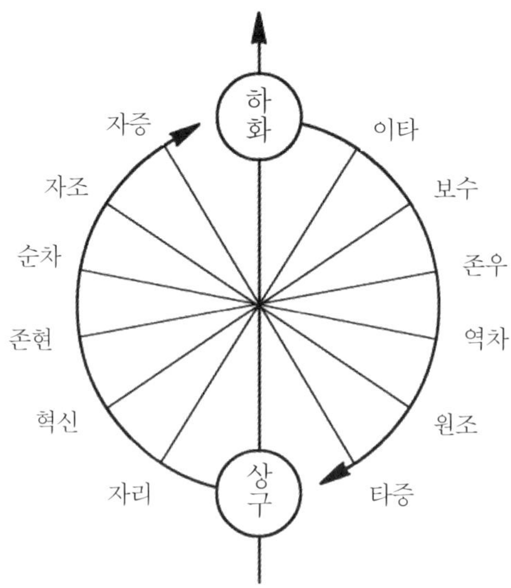

〈그림 4.1〉 협동교육의 수레바퀴모형

상의관계는 교육의 한 하위영역 안에서 서로의 의미규정에 공조하는 관계이다. 상구교육과 하화교육 각각에서의 상의관계는 〈그림 4.1〉에서 좌측과 우측으로 나누어서 화살표 방향으로 구분되었다. 그 요소는 행위의 동기, 변형의 방향, 품차의 양해, 단계의 배열, 협동활동의 형식, 품차의 입증이라는 6가지의 하위요소를 가지고 결합되어 있는 양태를 보인다. 이들은 각각 서로가 다른 것을 함축한 것으로 보아야 한다. 즉, 행위의 동기는 그 여타의 것을 전제한다. 그리고 그들을 정확히 갈라놓을 수는 없다 하더라도 진행의 과정에서 대개 후항이 전항을 전제하고 있다는 점에서 논리적인 계열성을 갖는다고 말할 수 있다.

다른 한편, 대위관계는 각각의 요소에서 상구교육과 하화교육이 서로 상반된 요소를 가지고 결합되어 있는 양태이다. 대위관계는 〈그림 4.1〉에서 서로 대각선으로 연결되어 있다. 이들은 그 이질성으로 인해 상호호응하면서 하나의 견고한 공조체계를 구성한다. 그들의 관계는 마치 음과 양의 관계처럼 한편이 독자성을 주장할수록 상대편의 독자성을 더욱 살아나게 한다. 상구교육과 하화교육의 세계는 서로 대비된 특성으로 상호간에 환경으로서 영향을 주면서 개별적인 것으로 환원시킬 수 없는 협동교육이라는 전체적 의미를 구성한다고 볼 수 있다. 이 사실은 역으로 여기에서 제시되는 각각의 요소에 대한 의미가 그것들이 이루는 전체의 관계의 망에서 형성된다는 것을 의미하기도 한다.[32)]

우리는 다음에 〈그림 4.1〉에서 제시된 협동교육의 구조를 간결하게 설명하되, 먼저 상의적인 차원을 들고 그 안에서 서로 대위적인 위치에 있는 상구교육과 하화교육의 요소를 서술하고자 한다. 그 방식은 편의상 교육적 주체, 즉 상구자와 하화자가 각각 따라야 할 내재율의 형식을 빌리기로 한다.

가. 행위의 동기 (motive of action)

품위는 인간의 무한한 가능성이다. 교육은 기본적으로 그것의 실현 그 자체로서 가치를 인정받을 수 있는 품위의 향상에 대한 열정과 책임이라는 행위의 동기를 갖는다. 그것은 품위의 차이를 줄이려는 에너지로 작용한다는 점에서 동일한 것이지만, 상구교육과 하화교육은 내용상 '자리(自利; self-love)'와 '이타(利他; altruism)'의 차이를 보인다. 상구교육은 교육주체가 자신의 결핍됨을 풍요의 것으로 대치하려는 자기사랑의 동기에서 출발한다. 즉, 상구교육에서는 먼저 자신의 구제가 주된 관심이다. 이에

32) 이런 관계에 의한 의미창출의 부분은 구조주의적 관점의 창안자인 소쉬르(1959)에 의해 철저하게 지켜진 원칙이다. 그는 용어의 의미가 두 개 이상의 용어가 형성하는 전체차원에서 발생되는 것으로 보았다. 이들 관계 가운데 연사적인 관계(syntagmatic relationship)와 계사적 관계(paradigmatic relationship)를 제시한 바 있다. 그 중 연사적인 관계는 언어의 통시적 측면으로서 개개의 낱말이 앞과 뒤에 오는 낱말과 순서라는 관계에 있으며, 그 여러 사물을 '의미'할 수 있는 많은 언어적인 능력을 이러한 위치배정에서 찾을 수 있을 것으로 보았다. 다른 한편, 계사적 관계는 언어의 공시적인 측면으로서 각각의 낱말은 그 시점에서 나타나지는 않았으나 나타날 수도 있는 다른 낱말들과도 관계한다. 즉, 특정 낱말이 선택되지 않았다는 사실에 의해 선택된 낱말의 의미를 정의하는 데 도움을 받을 수 있다. 이런 모형으로 본다면 상구교육과 하화교육은 6가지의 연사적 요소들과 그 각각에서의 2가지의 대비되는 계사적 요소들의 관계에 의해 서로 의미상의 공조체제를 이루고 있다고도 말할 수 있다.

비해, 하화교육은 후진에 대한 연민과 헌신을 토대로 이루어지는 사랑의 형태를 취한다. 한 개인의 존재 하나가 다른 사람들의 해방에 기여하고, 더 나아가서는 세계의 구원에 기여하는 것이다. 이것은 어떻게 보면 확대된 자아로서 '우리'에 대한 관심과 책임일 수도 있다.

나. 변형의 방향(direction of transformation)

어떤 것에 대한 경험의 완전한 의미는 요소들이 구조 안으로 통합되어야만 비로소 성립한다. 마찬가지로 체험으로서의 품위는 항상 하나의 조직, 체계, 구조로 우리에게 다가온다. 하나의 품위의 요소를 추가시킨다는 것은 그것이 하나로 그치는 것이 아니라 기존의 것과 새로운 관계를 맺는 것이며, 그 관계는 기존의 것과 새로운 것 상호간에 변화한다는 것을 의미한다. 상구교육과 하화교육은 품위의 구조를 변형시키는 작업이라는 점에서는 동일하지만, 변형의 방향에 있어 '혁신(革新; renovation)'과 '보수(保守; conservation)'로 대비된다. 상구교육은 자신의 품위의 한계와 결핍함을 예리하게 지각하고, 친근했던 것을 해체하고, 이질적인 것을 수용하여 새로운 품위를 구성함으로써 그들을 극복하는 과정이다. 이에 비해, 하화교육은 자신의 품위의 충만함을 인정하고, 그것에 상대의 이질적인 것을 자신에게 친근한 것으로 포섭하고 동화시키는 과정이다.

다. 품차의 양해(pre-acceptance of the level-difference in transtalent)

개인은 자신이 가지고 있는 현재의 품위에 비추어 세계와 타인에 대해 인식하기 마련이다. 교육은 그 주체로 하여금 현재의 품위를 접어놓고 상대의 품위에 접근하여 교류하려는 태도를 교육주체에게 요구한다. 여기서 '존현(尊賢; wisdom-respecting)'과 '존우(尊愚; foolishness-respecting)'의 대비적 조화가 필요하다. 상구자는 현재로서 상위품위나 그것을 가진 선진을 이해할 수 없기 때문에 그의 품위를 존중하고, 그 현묘함에 대해 속단해서는 안 된다. 하화자 역시 후진의 품위를 당분간 존중해야 한다. 후진은 선진에 비해 어리석은 것이 특징이지만, 후진 자신에게는 그것이 결코 어리석게 느껴지지 않는다. 그가 현재 지니고 있는 품위는 현재로서는 그에게 최선의 것으로서 자존의 핵을 이루고 있다. 따라서 하화자는 상구자가 다른 대안적인 품위를 습득하기 전까지는 상구자가 가진 지금의 품위를 이해하고, 시인하고, 공감해야만 한다.

라. 단계의 배열(arrangement of stages)

모든 경험은 시간 안에서 일어나며 시간의 제약을 받는다. 교육에서 실현하고자 하는 품위는 유동적이다. 교육은 그 가운데 반복되는 일련의 특별한 경험에 속한다. 거기에는 하나의 방향이 있을 뿐, 영구적으로 종착하는 지점이 있을 수 없다. 여기서 과정을 생략하고 열매만 거두려는 조급한 태도는 모든 것을 그르친다. 교육은 경험의 연속성을 고려하여 장기적인 안목을 가지고 단계적으로 이루어져야 한다. 상구교육과 하화교육의 과정은 각각 '순차(順次; progressive order)'와 '역차(逆次; regressive order)'의 양태로 대응해야 한다. 상구자는 일시에 최선의 품위를 구하기보다는 항상 차선의 것을 표적으로 하여 전진해야 한다. 다른 한편, 하화자는 자신이 가진 현재의 품위가 구축되어 온 과거를 단층적으로 심도 있게 회고하고, 후진이 위치한 품위까지 역진하여 그곳에서부터 하화교육을 추진해야 한다.

마. 협동활동의 형식(forms of cooperative activity)

선진과 후진 간의 상호침투나 교육적인 이해는 형식논리를 초월하는 적극적인 활동을 요구한다. 상구교육은 현재 알지 못하는 것을 알아가는 것이며, 하화교육은 아직 모르는 사람을 알게 한다는 역설을 포함한다. 이 딜레마를 극복하기 위해 '자조(自助; self-help)'와 '원조(援助; helping others)'라는 대비된 활동의 조화가 필요하다. 상구자는 스스로 문제의 발견, 새로운 가능성의 탐색, 체험의 재구성 등 스스로 자신과 싸우는 어려운 실천을 수행해야 한다. 다른 한편, 하화자는 그가 이미 상구를 통해 후진보다 높은 품위를 얻었지만, 상구자의 그것을 대행할 수 없는 입장에 놓여 있다. 그가 할 수 있는 과업은 촉매로 작용하여 상대편의 활동과 에너지를 활성화시키는 것이다. 그는 적당한 거리에서 문제를 일으키고, 이미 알고 있는 답을 모르는 척하고, 상대편의 호기심을 자극하고, 미래를 예고하는 등 제반 길잡이의 역할을 해야 한다.

바. 품차의 입증(validation of the level-difference in transtalent)

품위의 판단은 충분한 증거에 근거해야 한다. 교육에서의 가치판단은 우리 자신의 변화에 따른 새로운 자신의 발견을 통해 이전과 이후 간의 상대적인 대비에 의존한다. 교육은 내재적인 가치를 발전시키고, 확인하고, 정당화시키는 절차를 내장하고 있다. 여기서 상구교육에 의한 '자증(自證; self-awareness)'과 하화교육에 의한 '타증(他證; inducing other's self-awareness)'의 대비적 조화가 상호주관적 증거의 제시에서 중요한 역할을 한다. 상구자가 한층 더 높은 품위를 획득하고 나서, 이전의 품위가 갖는 어리석음과 새로운 품위의 고귀함을 스스로 깨닫고 그것에 마음으로부터 우러나오는 찬의를 보이는 것이 자증이다. 이에 비해서, 하화자가 선진으로서 후진을 자신의 품위수준에 가깝게 올려주고, 그의 품위가 후진의 것보다 높은 것임을 추후에 깨닫게 하는 것이 타증이다. 타인이 얻어낸 품위를 나를 통해서 확인하는 자증과 나에게 얻어진 품위를 타인을 통해 확인하는 타증의 두 가지 입증이 일치할 때, 그 품위의 보편적 타당성은 더욱 확실하게 보장된다.

위에서 간략하게 살핀 교육의 요소들은 다시 제5장에서 더욱 자세하게 논의될 것이다. 목하 이 단계에서 우리가 주목해야 할 것은 교육이 총체성에 의해 여타의 비교육계와 구분되는 양태이다. 이제 우리는 교육의 내부와 그 외부를 가르는 뚜렷한 경계를 가진 모형을 갖게 되었다. 서로 다른 구조를 가진 하위요소로서 상구교육의 세계와 하화교육의 세계는 서로 불가분의 관련을 가지고 있지만, 각각 구분될 수 있는 분명한 하위구조를 가지고 있다. 상구교육은 자리, 혁신, 존현, 순차, 자조, 자증이라는 요소로 구성되어 있고, 하화교육은 이타, 보수, 역차, 원조, 타증이라는 요소로 구성되어 있다. 이런 교육의 제반요소들은 서로 분리되어 고려될 수 없을 정도로 불가분의 상관관계로 결합되어 있다. 상구교육과 하화교육의 요소는 각각 일련의 관계를 맺으면서 서로의 의미규정에 참여한다. 그 하나의 의미를 다른 것과 독립하여 규정하기 어려운 것은 한 요소의 의미가 여타의 요소들의 맥락에서 성립하기 때문이다. 상구교육과 하화교육 사이의 상호작용의 형태인 협동교육의 경우, 그것은 각각의 산술적인 합 이상의 전체를 구성하며, 개별적인 것 이상의 더욱 복잡한 과정을 포함한다. 이들은 서로 공고하게 결합하여 상승작용(synergy)을 일으킨다. 여기서 상승작용은 교육에 참여하는 각각의 기여의 합보다는 공동노력의 결과가 더 크다는 것을 의미한다. 이러한 내재율의 필연성이 자율적으로 인정될 때, 교육은 교육다움을 유지할 수 있고, 교육의 바퀴는 온전한 형태로 정상의 궤도를 따라 움직일 수 있다.

4.4.3. 교육적인 삶

고유한 의미에서의 교육적인 삶이란 교육주체가 임의의 수도계를 소재(素材)로 삼아 상구교육과 하화교육에 참여하는 것을 의미한다. 이 언명에서 주목할 사항은 수도계가 이제는 교육의 수단이라는 기능적 위치에서 고려되고 있다는 입장의 전환이다. 수도계가 교육을 위한 수단으로 변한 것이다. 장구한 인류의 역사를 통해 발전한 무수한 종류의 수도계가 언제나 현재적인 세계로서 우리에게 늘 개방되어 있다. 교육은 그 중 하나를 선택하는 방식으로 진행된다. 선택된 소재는 교육활동을 일관성 있게 진행하는 중요한 축의 역할을 한다. 그것을 벗어나면 교육은 지리멸렬하게 될 것이다.

교육은 소재로서 선택된 수도계의 품위수준이 점차 확장되고 심화되는 방향으로 진전된다. 이때 교육은 어느 수준에서나 동일한 형태로 일어날 수 있기 때문에 품위의 절대적 위치는 중요한 고려사항이 될 수 없다. 품위의 차이에는 언제나 그들을 연결시키는 교육이 들어설 공간이 있다. 교육주체는 품위의 관문이 요구하는 수수께끼를 푸는 열쇠를 가지고 그것을 오르내려야만 한다. 상구교육은 우리 각자가 수도계에서 차지하는 현재의 품위수준을 중심으로 한 단계 더 높은 품위에 진입하는 과정이고, 하화교육은 타인의 진입을 촉구하는 과정이다.

교육적인 삶이 위로는 상구교육을 추구하고 아래로는 하화교육을 추구한다고 말할 때, 우리가 소재가 되는 수도계의 특정한 품위의 상하에 진입하는 것을 연상하는 독자가 있다면, 그는 우리가 애써 이해하려고 했던 교육의 맥락을 아직도 잘못 알고 있는 것이다. 위로는 상구교육을 추구한다고 할 때, 그 위의 방향은 우리가 말한 자율적인 의미의 상구교육의 세계에 진입하는 것을 의미한다. 마찬가지로 아래로는 하화교육을 추구한다고 할 때, 그 아래의 방향은 우리가 말한 자율적인 의미의 하화교육의 세계에 진입하는 것을 의미한다. 뒤에 곧 설명하겠지만, 그 세계의 진입은 각각 고유한 의미의 체험을 보장한다.

품위의 절대성은 가정될 수 없기 때문에 어떤 것이든 간에 그보다 높은 것에 비하면 낮고, 그보다 낮은 것에 비하면 높다. 전자의 경우는 상구교육이 가능한 공간이고, 후자의 경우는 하화교육이 가능한 공간이다. 모든 사람은 누구나 다양한 수도계에서 현품의 위치를 차지하고 있다. 사람들은 상대적인 대비에 의해 언제 어디에서나 상구교육과 하화교육을 선택할 수 있다. 자신의 품위와 타자의 품위를 비교하고 그의 것보다 낮은 것이라고 판단되는 상황에서는 그를 상대로 상구교육에 임할 수 있고, 반대로 더 높은 것이라고 판단되는 상황에서 그를 상대로 하화교육에 임할 수 있다. 〈그림 4.2〉와 〈그림 4.3〉은 교육적인 삶이 한 개인 내부에서, 그리고 서로 다른 교육적 주체 사이에 보편화될 수 있음을 각각 도식화한 것이다.

두 그림은 이른바 "가르치는 사람"과 "배우는 사람"을 어떤 절대적 기준에 의해 따로 갈라놓는 우리 주변의 상식과 이데올로기[33]가 얼마나 허구적인 것이며, 우리의 교육에 대한 참여를 제약하고 있는가를 여실하게

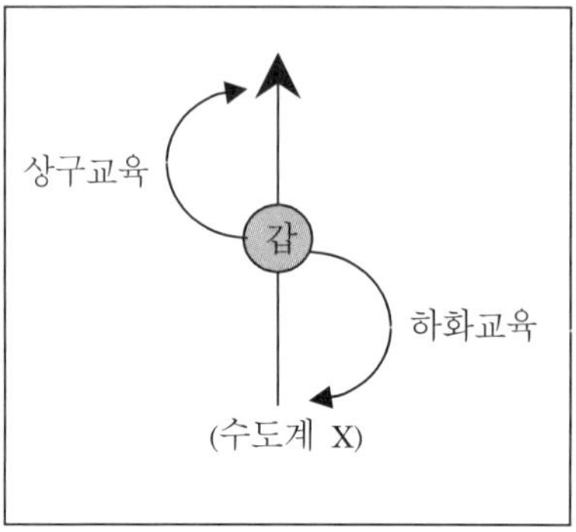

〈그림 4.2〉 개인 내 교육

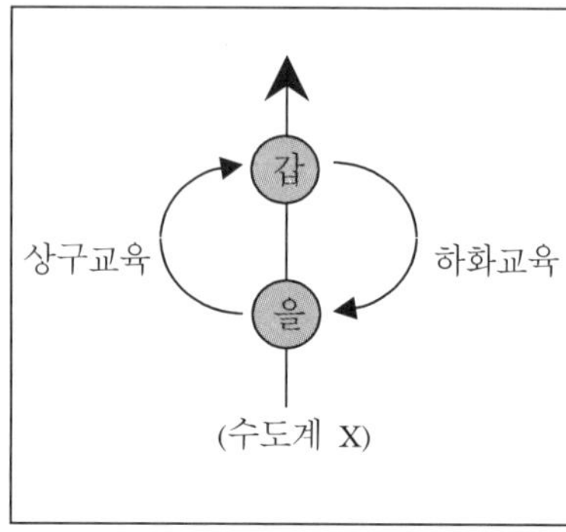

〈그림 4.3〉 개인 간 교육

보여준다. 수도계는 오류의 크기를 심각하게 문제 삼는 세계임에 비해, 교육계는 오류와 불완전의 절대적인 크기보다는 그것을 극복하고 줄여나가는 과정에 큰 비중을 두는 세계이기 때문에, 교육은 수도계의 품위수준과는 상관없이 어느 수준에서나 추구할 수 있는 독특한 삶의 양상이다. 이런 통찰은 다음에 인용하는 도산십이곡(陶山十二曲)의 마지막 노래(제12곡)에 적절하게 함축되어 있다.

> 우부(愚夫)도 알며 ᄒᆞ거니 그 아니 쉬운가?
> 성인(聖人)도 몯다 ᄒᆞ시니 그 아니 어려운가?
> 쉽거나 어렵거낫 듕에 늙는 주를 몰래라.

교육에의 진입은 수도계의 각 품위에서 동등하게 허용된다. 특정한 품위에 그 어떤 우선권도 주어질 수 없다. 모든 인간은 수도계의 품위수준과는 별개로 교육에 참여함에 있어서 차별이 있을 수 없다. 앞의 노래는 그런 교육의 가능성에 대한 가장 간결한 언명이 포함되어 있다. 능력이 뛰어난 성인들은 어려운 문제도 잘 푼다는 말은 틀린 것이다. 그에게도 어려운 문제는 어렵다. 그러니 퇴계와 같은 대가도 스승을 모시고 상구교

---

33) 여기에는 분명 모종의 정치적인 이해관계가 개재했을 것이다. 여기서는 그것에 대한 논의를 생략한다.

육을 할 수 있다. 또한 어리석은 사람은 쉬운 문제조차 풀지 못한다는 말도 틀렸다. 그에게도 쉬운 문제는 있기 마련이고 그것은 쉽게 푼다. 이 때문에 그는 그보다 더 어리석은 사람을 제자로 삼아 하화교육을 할 수 있는 것이다. 이러한 상대주의적인 안목이 있었기 때문에 퇴계는 평생을 통해서 상구하고 하화하면서 늙어 가는 줄도 모르고 교육적인 생활을 즐길 수 있었던 것으로 보인다.

교육의 양 날개로서 상구교육과 하화교육 사이의 긴밀한 협력에 관한 사항은 오래된 고전의 내용에서도 늘 접할 수 있다. 우리의 선인들은 상구교육과 하화교육을 따로 생각하지 않고 언제나 동시적인 과정으로 파악하였다. 교육을 구성하는 두 요소로서의 상구교육과 하화교육은 개인 안에서든 혹은 개인 간에서든 서로 필연적인 관계를 가지고 있다. 〈그림 4.2〉에 나타났듯이 우리는 반쯤 상구교육하고 반쯤 하화교육하면서 생활한다. 이때 상구교육과 하화교육은 서로를 강화하고 서로에 의해 강화된다. 그것을 잘 반영하고 있는 말이 《예기(禮記)》의 〈학기편(學記篇)〉에 나오는 '교학상장(敎學相長)'[34]이다. 이는 한 개인 내에서의 상구교육과 하화교육의 조화를 잘 드러내고 있다. 하화하는 일은 상구하는 일의 반이다. 충분히 하화할 수 없는 것은 충분히 상구한 것이 아니다. 누구에게나 상구하다 보면 그처럼 하화하고 싶어지고, 남에게 하화할 때 자기가 지니고 있는 지식이 넉넉하지 못한 것을 절실하게 느끼게 되어 열심히 상구하게 되는 것이다.

상구교육과 하화교육의 상부상조의 관계는 〈그림 4.3〉에서와 같은 개인과 개인 간의 협력관계에서도 찾아볼 수 있다. 두 명의 개인은 교육활동을 통해 서로 결속할 수 있다. 훌륭한 상구자는 상대의 하화열정을 불

34) "비록 좋은 안주가 있다고 하더라도 먹어 보지 않으면 그 맛을 알 수 없다. 또한 지극한 진리가 있다고 해도 배우지 않으면 그것이 왜 좋은지 알지 못한다. 따라서 배워 본 이후에 자기의 부족함을 알 수 있으며, 가르친 후에야 어려움을 알게 된다. 앎이 부족한 연후에 능히 스스로를 반성하게 되고, 지혜가 곤란한 연후에 능히 스스로 강해질 수 있는 것이다. 그러기에 가르치고 배우면서 더불어 성장한다고 말하는 것이다."(雖有嘉肴 弗食 不知其旨, 雖有至道 弗學 不知其善, 是故學然後 知不足, 敎然後 知困, 知不足然後 能自反也, 知困然後 能自强也, 故曰 敎學相長.)

러일으키고, 훌륭한 하화자는 상대의 상구열정을 불러일으킨다. 이로써 그들은 서로가 상대를 적극적으로 이용할 수 있는 것이다. 서로 다른 개인들 간의 상구교육과 하화교육이 서로를 강화한다는 점을 지칭하여 인용되는 고전적인 말이 있다. 그것은 《아함경(阿含經)》에 나오는 '줄탁동시(啐啄同時)'[35]이다. 여기서 '줄(啐)'은 병아리가 껍질 밖으로 나올 때 달걀 속에서 껍질을 쪼는 것을 말하며, '탁(啄)'은 이것을 감지한 어미 닭이 병아리가 밖으로 나오도록 돕기 위하여 밖에서 부리로 달걀껍질을 쪼는 것을 말한다. 이처럼 병아리와 어미 닭의 협동이 있어야만 비로소 병아리가 껍질에서 나올 수 있다. 병아리가 하나의 생명체로 탄생함에 있어 알 안의 병아리와 알 밖의 어미 닭이 서로 호흡을 맞춰 협동하는 양상을 표현한 말이 교육에서 제자의 상구교육과 스승의 하화교육 사이의 긴밀한 양상을 나타내는 비유로 쓰여 왔다.

교육은 모든 품위에서 동일하게 진행된다 하더라도 결과는 시작된 품위와는 다른 품위를 얻는다. 교육의 수레바퀴가 돌아가면 교육의 소재인 품위의 수준은 한 단계씩 올라가고, 회품과 변형의 횟수가 많아질수록 품위의 수준은 끝없이 상승한다. 이렇게 보면, 교육은 수도계나 세속계의 입장에서 볼 때 엄청난 수단적인 가치를 갖는다고 말할 수 있다. 교육을 통해 수도계가 위와 아래로 확장될 수 있으며, 이러한 교육의 역량에 의해 세속계를 포함하는 여타의 부문에서 많은 긍정적인 효과를 가져올 수 있을 것이다. 그러나 교육을 오직 수단적인 가치로만 치부할 때, 우리는 교육의 내재성과 그로부터 비롯하는 삶의 고유한 가치, 즉 내재적 가치를 묵과하는 큰 오류를 범한다.

선남선녀 사이에 애정이라는 강렬한 감정과 충동이 있듯이, 수도계의

35) "비구들이여, 또 비유하면, 암탉이 알을 안았을 때에 혹은 열흘이나 혹은 열이틀 동안 때를 따라 그 동정을 살펴, 혹은 시원하게 혹은 따뜻하게 애호하더라도 그 안는 닭은 이렇게 생각하지 않는다. 즉 '나는 오늘이나 내일이나 혹은 뒷날, 입으로 쪼고 발톱으로 까서 병아리를 편하게 나오게 하리라'고. 그러나 그 암탉이 그 알을 잘 알아 때를 따라 애호하면, 그 병아리는 저절로 편안히 나오게 될 것이다(동국대역경위원회, 잡아함경 2:350-351)." 이 비유의 또 다른 점은 그 협동이 "교육적 시숙"에 따라 결정적 시기에 이루어져야 한다는 것을 함축하고 있다.

품차를 대변하는 선진과 후진 사이에는 교육적 열정이 잠재되어 있다. 그것을 우리는 상구하고 화화하려는 열정이라고 규정한다. 상구교육의 열정은 한 사람이 현재 가지고 있는 품위와 그 다음 차례의 품위 사이에 개재하는 순수한 에너지로서 이것을 기반으로 더 높은 품위를 추구하기 위한 상구활동을 충전시킨다. 하화교육의 열정은 높은 품위를 가진 선진이 낮은 품위의 후진과 자신 사이의 품위의 간극을 줄이려는 에너지로서 하화활동을 충전시킨다. 이 두 가지 상이한 열정이 상승작용하여 '교육열정'을 창출하며, 이들은 교육적 유대의 내재적인 에너지로서 작용한다.

교육열정은 오직 교육적인 삶 자체에서만 충족될 수 있다. 열정이란 무엇을 위한 수단이라는 관점에서 볼 수 없고, 그 자체의 활동에 내재된 가치를 인정할 수 있는 경우에만 허용되는 용어이다. 만약 어떤 사람이 교육적 경험 자체에 보람을 느끼고 그 안에 몰입하기를 선택한다면, 그는 분명히 교육적인 맛을 가치의 수준에까지 승화시키고 있다고 말할 수 있다. 인간이라면 누구나 상구하고 하화할 욕구와 가능성, 그리고 열정을 가지고 있는 것으로 가정된다. 이 두 가지 열정은 성숙한 동물들의 맹렬한 발정처럼 이질성에 의해 서로 상대를 유혹한다. 하나의 생명체를 탄생시키기 위해 암컷은 씨를 받으려고 하고 수컷은 암컷의 몸에 씨를 뿌리려고 한다. 그 생명체가 우리의 맥락에서 품위에 해당한다고 보면 된다. 파괴적인 인간관계가 범람하고 있는 우리의 삶에서 이런 열정에 토대를 둔 교육적 관계는 얼마나 소중한 것인가! 그 가능성을 실현시키는 것만으로도 인간생활은 잠시나마 살 만한 가치가 있다. 교육의 세계에 무수한 장애물이 있고, 그 자체가 우리의 역량을 시험하는 도전이다. 그것을 극복하고 그 극복 자체에서 삶의 독특한 맛을 느낄 수 있다.

교육은 그것이 가져올 수 있는 다른 대가를 떠나 그 자체로서 충분히 몰입, 탐닉, 홍취, 보람, 희열을 느끼며 종사할 만한 내재적 가치를 지니고 있다. 그것들이 우리의 삶에서 중요한 부분으로 주목받을 정도로 교육학이 그 나름의 독자적인 발언을 하지 못하고 있는 상황이 아직도 불만스러운 현실로 남아 있다. 앞(3.7.3)에서 《논어》에 반영된 공자의 말, 즉 "아무리 배워도 싫증이 나지 않으며, 아무리 가르쳐도 지칠 수가 없다”라는 말을 인용한 바 있다. 이는 공자가 교육적인 삶을 일생동안 즐겼음을 암시한다. 공자처럼 인류의 스승으로 우리의 기억에 남아 있는 소크라테스의 경우는 어떠한가? 《변명》에서 그는 자신의 삶을 이렇게 술회한다. “대화를 통해 자신이 상대보다 무지한 자임이 드러나면 그에게 열심히 배우려고 하였고, 반대로 자신이 상대보다 뛰어남이 드러나면 그에게 열심히 가르치려고 하였다.”

그렇다면 교육의 내재적 가치는 저 위대한 현인들에게서나 실현되는 것인가? 그렇지 않다. 그들이나 그보다 훨씬 뒤진 미천한 어린이들이나 마찬가지이다. 다만 그들의 차이는 교육의 출발점이 다르다는 것뿐이다. 그 출발점을 존중하고 그것을 고려하는 한, 교육은 누구에게나 열렬한 호응을 받기 마련이다. 어린 아동들조차 성장하는 데 호기심을 가지고 적극적으로 참여하는 자연스러운 성향을 가지고 있다. 그들은 정력적으로 새로운 영역을 탐색하면서 자신들의 능력을 시험하고 확장시키는 일에 매달린다. 뿐만 아니라, 그들이 경험한 것을 알지 못하는 친구들에게 알리는 데에도 적극적이다. 그만큼 그들은 거의 본능적으로 서로의 발전에 대해 상호적인 책임을 공유하고 있다.

이런 사실에 대해 의혹을 가지고 있을 독자를 위해 하나의 가상적인 실험의 예를 들어보겠다. 우리의 실험대상은 4~5세 정도의 두 명의 건강한 어린이이다. 〈그림 4.4〉에서 보듯이 그 가운데 한 명(편의상 그를 ‘학순이’라고 하자)에게는 눈가리개를 씌우고, 다른 한 명(편의상 그를 ‘교돌이’라고 하자)에게는 입가리개를 씌운다.

학순이의 놀이과제는 눈을 가린 상황에서 앞에 놓여 있는 제반 생활의 소도구들(예컨대, 학용품, 장난감, 기타 소품 등)을 식별해 내는 것이다. 다른 한편, 교돌이는 그것을 단지 구경해야 하며, 설사 학순이가 실수를 하더라도 그것을 알려주어서는 안 된다는 지시를 받는다. 그 경우 어떤 일이 벌어지겠는가? 학순이의 놀이는 지속될 것인가? 지속된다면 그 이유는 무엇인가? 교돌이는 약속대로 학순이가 실수를 하더라도 단지 방관만 하

〈그림 4.4〉 교돌이와 학순이의 교육놀이

고 있을 것인가? 혹은 기회가 있을 때마다 무언가 상대에게 조언을 할 것인가? 그 이유는 무엇인가? 그것은 한 마디로, 그 자체가 즐거운 활동이라는 데서 찾을 수 있다. 여타의 설명은 오히려 그 자체에 몰입하려는 열망에 비추어 구차스러운 것이 되고 만다. 아마도 누구나 공감할 수 있는 이런 가상실험을 통해서 간접적으로나마 증명할 수 있는 것은 상구와 하화하려는 열정은 남녀노소를 막론하고 인간 모두의 기본적인 성향의 일부이고, 교육은 우리 자신을 통해 그 자체로서 몰입할 만한 내재적 가치를 실현한다는 사실이다.

고유한 의미의 교육적인 욕구는 오직 교육에 의해 충족될 수 있다. 그것을 다른 수단에 의해 충족시키려고 한다면 그것은 근본적으로는 내재적 경험이라고 할 수 없다. 교육적 주체는 교육이라고 하는 특정한 세계를 개척하고 발전시키는 우리 자신의 특이한 일면이다. 교육은 우리에게 교육에서 요구되는 삶에 대한 가치와 희망, 그리고 좌절과 괴로움을 체험하도록 허용한다. 교육의 구조, 혹은 그 구조로서의 내용을 가진 세계에 대한 이해에 도달한 우리의 입장에서는 이제 고유한 의미에서의 "교육적인 체험(educative experience)"이라는 것이 무엇인가라는 질문에 대한 해답을 구할 때가 되었다.

우리가 어떤 것을 경험한다고 할 때, 그것은 범위가 넓든 좁든 간에, 그것에 대한 전체를 경험하는 것을 말한다. 교육의 세계에 종사한다는 것은 우리가 이제까지 검토한 제반 요소로 구성되는 세계의 맥락 속에 들어간다는 것을 말한다. 교육을 구성하는 상구교육과 하화교육은 각각 시작과 끝이 있으며, 〈그림 4.1〉의 수레바퀴 모형에서 상구교육의 요소들은 좌편에 열거되어 있고, 하화교육의 요소들은 우편에 열거되어 있다. 상구교육과 하화교육은 각각 그것을 구성하는 제반 소인들이 서로 분리됨이 없이 하나로 연관관계를 맺을 때 비로소 교육주체에게 현상으로 드러난다. 이렇게 체험의 요소는 그것보다 더 큰 체계의 일부가 되고, 그 본연의 정체성을 얻게 되면 "상구교육의 체험"과 "하화교육의 체험"이라는 서로 다른 "하나의 체험(an experience)"을 구성한다. 결코 다른 어떤 체험으로 환원되거나 설명될 수 없는 독특한 현상들은 이전의 기능주의적 교육관에 의해 은폐된 우리 자신의 고유한 체험이다.

체험이란 이해되는 것이 아니라 그 속에 빠지는 것이다. 하나의 체험은 총체적인 것이고, 세분한다는 것은 불가능하다. 그리고 많은 부분 언술의 경계를 넘어서기 때문에 어떤 언어를 써서 어떤 방식으로 표현하든 간에 미진하기 마련이다. 교육은 독자적인 종류의 교육적인 체험과 감정의 진폭을 촉발시킨다. 교육의 어떤 부분이 특정한 기쁨과 고통, 그리고 보람을 일으키는지는 말로 설명할 수 없다. 그러한 체험이 없는 사람은 그 표현이 주는 전체적인 의미에 공감하기 어려울 것이다. 그런 한계에도 불구하고, 그 특징이 무엇인지에 대한 개략적인 것을 다음에 열거해 보고자 한다. 자세하게 나누어진 언급들에서 교육을 통해서만 경험할 수 있는 어떤 독특한 느낌에 독자가 공감할 수 있다면, 이런 나의 서투른 시도가 무모하거나 황당한 것이 아님이 증명될 것이다.

가. 상구교육의 체험

상구교육에 대한 내재적 체험은 상구자가 현품의 재구성이라는 일회의 나선형적 상구과정에 주체적으로 참여하면서 느끼는 고유한 체험들을 한데 묶어 총칭한 것이다. 이것은 다음과 같은 단편적 징후들의 복합물이다.

- 자신의 한계와의 접촉: 주변의 환경과 상호작용에서의 부적합; 우주 안에서의 세계의 광활함; 알지 못하고 있는 사실에 대한 앎; 불확실한 경계와의 접촉; 문제의 근원은 자신
- 더 나은 자신에 대한 동경: 자신의 가능성에 대한 믿음; 더 높은 단계에 오르려는 도전; 미래에 대한 호기심, 기대, 희망; 열정, 흥미, 도전을 끝없이 분출시키는 과제의 발견
- 새로운 자신의 탐색: 자기반성의 고뇌; 낯선 환경이나 인물과의 만남; 해결될 과제의 설정; 새로운 존재양식의 실험
- 카오스와의 조우: 명료성, 일관성, 조화의 상실; 무질서, 혼돈, 당황함, 방향상실감에 따른 좌절과 방황; 격심한 진통, 갈등, 번민; 자신감의 상실
- 양극적 경험의 교차: 불확실성에 대한 불안과 매력; '신비'와 '숙달'; 자신에 대한 왜소함과 위대함; 겸손과 오만; 고통과 기쁨의 교차; 모순에 대한 사랑
- 패러독스 체험: 눈뜬장님이라는 역설; 피조물이자 창조자; 자신이 자신에게 거는 싸움; 자신은 범인이자 그것을 찾는 탐정; 기지로서 미지의 예측
- 재정립: 옛것의 파괴와 새것의 건설; 죽은 자의 부활; 자신이 만든 속박 속에서 해방; 삶의 중심(重心)이동; 변화 속에서 정착지의 발견; 불확실성과 안개의 걷힘; 번뇌와 갈등이 꺼져버린 평온한 상태
- 일시적 고양: 새로운 지혜에의 눈뜸; 화려한 변신; 허물을 벗고 그 허물보기; 불연속적인 시간의 경험; 환경의 재정의; 익숙한 것이 소원하게 느껴지고 소원했던 것을 익숙하게 느낌; 신비했던 것과의 혼연일체; 희열; "신이 내 안에 있다"는 과대망상
- 원점회귀: 성취 뒤의 허망감; "알고 보니 쉽고 단순하다"; "이것 때문에 그렇게 헤매었나?"; 현재의 하찮음; 머문다는 것의 권태와 구속감; 더 많은 무지와의 만남; 채워지지 않은 실존의 목마름

나. 하화교육의 체험

하화교육에 대한 내재적 체험은 일회의 나선형적 하화과정에서 가지는 고유한 체험으로서 다음의 복합적인 징후의 총체로 나타난다.

- 과거와의 만남: 익숙한 이질성과의 접촉; 변하지 않은 옛 고향에 온 느낌; 시대착오적인 관점과 판단과의 충돌
- 상대적 우월감: 소경과 귀머거리 속에서 자신의 온전함; 상대적인 유능함; 자신의 탁월함을 충분히 인정받지 못함에 따른 고립감
- 구세주적 사명: 확대된 자아로서의 '우리'; 나보다 못한 사람들에게 도움을 준다는 시혜의식; 상황의 내부를 개선하는 사랑
- 패러독스 체험: 봉사에게 보여줌; 벙어리와의 대화; 무식자에게 알려줌; 자신에게는 바람직하지 않은 것과 타협하고 그것을 권장함
- 산파의 동고동락: 상대의 소질과 재능에 의존; 자신이 할 수 있는 것을 대신해 줄 수 없는 답답함; 상대의 호응에 대한 갈망; 상대의 에너지의 이용; 상대의 문제풀이에 대한 기다림; 상대의 보조에 맞춤
- 억울함의 감내: 끊임없는 몰이해와 오해의 대상; 모르면 모른다고 하고 가르쳐 알게 하면 당연하다는 불평의 감수; 자신의 위대함을 아직 인정하지 못하는 상대와의 생활; 상대의 낮은 가치기준에 따라 부당하게 평가받음
- 공감적 세력의 확보: 상대의 이질성을 자신의 것으로 동화; 자신의 동화를 통한 자신의 확장; 인간의 위대성의 공유; 오해와 고립성의 모면
- 환경의 개선: 상대의 능력을 높이고 그들의 인정을 받음; 인간의 유약함을 강함으로 교체; 좋은 이웃의 확장과 저변확대; 더 나은 공생의 조건 조성
- 정신적 삶의 연장: 미래에의 참여; 타인의 생명을 통한 생물학적 죽음의 연장; 자신이 닦은 정신적 체험의 보존

앞의 항목은 교육적 체험에 비추어 불충분한 진술이라는 것은 말할 필요도 없다. 그럼에도 불구하고, 이런 체험은 그 정도는 다를망정 남녀노소를 막론하고 누구나 생활 속에서 흔히 발견할 수 있고 공감할 수 있는 것이 아닐까 한다. 이것은 오직 교육이라는 세계에 입문함으로써만 가질 수 있는 체험이라는 점에서 독특하다. 이런 고유한 체험을 배제한 인간적인 삶이란 상상할 수 없다. 그런 만큼 이것은 소중한 것이고 의미 있는 것이다. 수도계에서는 최고의 품위를 가진 사람에게만 최고의 영광이 주어진다. 이에 비해, 교육계에서는 원칙상 수도계의 어느 품위에서나 같은 정도의 보람과 만족을 줄 수 있다. 교육의 일차적인 목표를 교육을 교육답게 하는 데 두어야 할 이유가 여기에 있다. 우리가 교육의 내재적인 필연성과 내재적 가치에 응분의 관심을 가질 수 있을 때, 교육은 그 교육다움을 유지할 수 있고, 교육의 수레바퀴는 자율적으로 정상의 궤도를 따라 진전하게 될 것이다. 더 나아가 정상적인 교육의 내재적인 과정이 생활에서 전개될 때, 우리는 더 넓은 의미의 과외 소득도 기대할 수 있다는 것은 말할 필요가 없다. 우리의 삶에서 교육의 고유한 공헌은 앞으로 계속 밝혀질 미지의 항이다.

요약하면, 교육의 양 날개인 상구교육의 세계와 하화교육의 세계는 서로 다른 요소를 가진 세계이며, 그들 나름의 고유한 체험과 내재적인 가치를 추구한다. 이처럼 서로 다른 구조와 목표를 가지고 있기 때문에 그 중 어느 것이 더 소중하다거나 우위에 속한다는 말은 할 수 없다. 상구교육과 하화교육은 그 우위를 따질 수 없이 대등하다. 이것은 하나의 수도계에서 후진과 선진 간의 품위상의 우열을 가지는 관계와 대조된다. 상구자와 하화자는 그들의 교육적 관계에서 주인과 노예라는 투쟁적이고 종속적인 관계가 아닌 평등성을 가지고 있다. 그것들을 같은 차원에 놓고 그 우열을 평가해서는 안 된다.

상구교육과 하화교육이 고유성의 측면에서 서로 이질적인 목표를 추구한다는 언급을 그들 사이에 협력할 가능성을 배제한다는 의미로 받아들여진다면 사태를 매우 잘못 이해한 것이다. 오히려 그 반대이다. 교육은 품위의 종적 상대성을 적극적으로 매개하는 활동으로 구성되어 있다. 품위의 간극에도 불구하고, 더 나아가 그 간극을 자료로 그것을 지양하는 하나의 매개적 협력체가 형성된다. 더욱 정확하게 말한다면, 교육의 상황은 품위에 따른 수도계적인 경합을 그것이 가진 협력적 속성에 의해 극복한 상황이라고 말할 수 있다. 한편으로 두 가지 과정은 그 나름의 내재적인 목적과 구조를 가지고 그 어느 것으로 환원될 수 없는 전체를 구성하면서, 다른 한편으로 이들은 상호 호응한다는 사실을 놓쳐서는 안 된다. 앞에서 "대위적 관계"라고 말한 것이 그 점을 드러내기 위해 선택된 용어이다. 상구교육과 하화교육은 마치 배우자를 발견하여 상반된 음양의 대비에 의해 짝을 짓는 것처럼 이질적으로 대립하면서 상호간에 의존하고 있다.[36] 이 때문에 서로 협력함이 없이는 교육적인 상호작용이나 고유한 의미의 교육적인 체험은 불가능하다. 이처럼 고유한 교육의 세계에 더 큰 비중이 주어질 때, 우리는 선진과 후진이라는 수도계적인 경쟁 관계에서 상구자와 하화자라는 공생적 협조관계를 선택하는 것이다.

상구교육과 하화교육은 각각 그 나름의 내재적 목표를 추구하면서 동시에 서로가 상대의 수단이 되기 때문에 협력하지 않으면 안 된다. 이들은 서로가 상대에 이로운 구조를 갖춤으로써 상대의 활동을 위한 수단의 역할을 하기도 한다. 목적의 측면에서 말하자면, 이들은 서로가 자체의 목적임과 동시에 상대를 위한 수단으로 결속되어 있다. 상구교육이 잘되면 그만큼 하화교육이 잘되며, 반대의 경우도 마찬가지이다. 한편으로 상구교육의 성공은 하화교육의 성공과 직결되고, 다른 한편으로 하화교육의 성공은 바로 상구교육의 성공과 직결된다. 그러나 이 점을 하나를 다른 것으로 기능적으로 환원시키는 방식으로 해석하는 관례로 되돌려 이제까지의 잘못을 정당화시키는 근거로 사용해서는 안 될 것이다. 우리가 각별히 유의할 것은 이들이 상대를 지원하고 강화시키는 기능을 할 수 있는 것은 서로가 다른 것에 환원되지 않고 그 자체의 자율성을 유지함으로써

36) 대립적인 공존관계를 변증법의 전문적인 용어로는 상호 매개한다고 말한다.

만 가능하게 된다는 사실이다.

4.4.4. 교육의 놀이

우리는 이제까지 고유한 의미의 교육이라는 것이 무엇인지 대략적인 윤곽을 파악하려고 하였다. 교육의 한 가지 두드러진 특징은 자연적인 현상을 초월하고 있다는 점이다. 자연 안에는 교육이 존재하지 않는다. 또한 자연을 대하고 연구하는 방식으로 교육을 밝히기도 어렵다. 교육은 문화의 경우처럼 인간에 의해 부단히 창조되고 발전되어온 세계이다. 그러나 문화라는 범주는 그 나름의 특징을 지니고 있는 것이기 때문에 다시 혼돈의 우려가 있다. 그래서 본 소절은 교육적인 삶의 양식을 가볍게 그 나름의 내재율이 있는 놀이라는 측면에서 살펴보고자 한다.

내가 여기서 교육을 놀이에 비유하는 것은 그것이 우선 강제적인 것이 되어서는 안 된다는 점을 드러내려는 것이다. 놀이는 즐겁고, 소비적이며, 자발적이다. 이 말은 놀이를 아무렇게나 할 수 있다는 것을 의미하지 않는다. 그 자발성에는 그 자체의 활동이 요구하는 내재율에 스스로 복종하는 조건이 따른다. 놀이는 놀이를 하는 사람의 의식으로부터 독립된 그 나름의 구조를 가지고 있다. 놀이의 각 요소는 여타의 요소들을 전제하며, 그런 맥락에서만 의미를 갖는다. 놀이를 하는 사람은 놀이의 내재율에 맞추어 자신을 표현하며, 그렇게 함으로써만 그 놀이가 제공하는 독특한 체험이 가능하다. 교육도 그런 자발성에 근거하고 있는 것이며, 그 자체의 맥락에서 연유하는 내재율에 복종함으로써만 고유한 체험이 보장된다.

놀이 안에 내재율이 있다고 할 때, 그것은 사회적인 약속체제 이상의 것이다. 우리는 서로 합의를 통해 이런 저런 약속체제와 제도를 만들고, 그 안에서 충돌 없이 살아간다. 그러나 놀이를 규제하는 것은 단순히 관습이나 제도가 아니라 그 놀이가 요구하는 본질에 충실하게 접근하는 것으로서의 내재율이다. 장기짝이 장기판에서 갖게 되는 의미는 장기짝의 재료나 형태에 의존하지 않는다. 우리가 장기를 둘 때 반드시 물리적인 강압이나 사회적인 합의 혹은 압력 때문에 장기짝을 옮기는 것은 아니다. 장기짝에 의미를 부여하는 것은 그럴 수밖에 없는 놀이의 규칙이다. 말하자면 장기짝은 내부적인 규칙 때문에 옮겨지는 것이다. 그 놀이규칙을 따르지 않고 자기 마음대로 옮기면 그것은 장기가 될 수 없다. 교육도 교육일 수밖에 없는 어떤 내재적인 필연성을 추구하며, 그것을 따름에 의해 비로소 우리는 교육적 주체로서의 자격을 얻는다.

놀이를 한다는 것은 참가자가 전혀 다른 현실의 공간과 시간에 들어감으로써 성립한다. 실제로 놀이를 위해 우리는 흔히 체육관이나 운동장 등 새로운 공간을 만들고 그 안에 들어가기도 한다. 여기서 놀이의 본질을 이루는 것은 그런 눈에 띠는 물리적 특징이 아니라 그것에 유관한 범주와 그것에 수렴하는 태도상의 전환이다. 단순한 물리적인 것 이상의 특수한 맥락과 시간과 공간에 들어감으로써 놀이를 하는 사람은 자신들의 여타의 관심사나 욕망을 접어두고 놀이 자체의 목적에 자신을 맡긴다. 교육은 언제나 그리고 어느 삶의 공간에서나 그 내재율에 복종하고 성실하게 임하는 사람들에게 열려 있다. 놀이의 목표와 요구사항들은 놀이하는 사람에게 행위와 전략을 갖도록 요구한다. 교육 역시 참여자들에게 우선하는 권위를 가지고 그들이 지켜야 하고, 적어도 부분적으로나마 그들의 목표와 마음의 상태를 규정하는 일련의 규칙과 원칙을 가지고 적절한 태도와 반응의 범위를 정해주기까지 한다.

놀이의 경우처럼 교육에도 성공과 실패가 있으며, 그 가능성이 교육에 대한 우리의 참여를 진지하게 만든다. 이때 성공과 실패를 오로지 그것이 가져오는 결과와 결부시킨다면 교육의 본질과 가치를 제대로 이해한 것이 아니다. 놀이에서 성공을 나타내는 “잘 놀았다”라는 말은 그 놀이에서 결과상으로 이겼다는 것만을 의미하지 않는다. 설사 놀이에서 졌다고 할지라도 그것에 참여하는 과정에서 그 자체의 속성, 즉 내재율에 복종하면서 고유한 경험을 하고 그것에 만족하는 것만으로도 놀이의 내재적 목적은 달성된 것이다. 교육의 목표를 규정된 특정한 결과에 두는 것은 참으로 천박한 발상이다. 특정한 결과가 성취되었을 때 비소로 교육이 성공한 것으로 규정한다면, 혹은 그것이 성취되지 않았을 때 실패로 본다면 교육은 더 효과적인 수단으로 대체될 수 있음을 함축한다. 교육이 그 정도의 값어치 밖에 없다는 것인가? 교육의 내재율이 지켜질 때 순수한 의미의 교육적 체험이 가능하다. 이처럼 교육적 주체가 놀이로서의 필요한 내재율을 따르면서 교육의 세계 안에 머무르면서 삶을 향유하는 것 자체를 그 놀이의 성공으로 규정할 수 있다. 그럴 경우 그것에 따르는 부수적인 결과는 이루 헤아리기 어려울 정도로 많을 것이다.

교육과 교육 아닌 것을 구분하고자 할 때 흔히 그 활동이 의도된 것이냐 아니냐를 따지는 경우가 많다. 그것이 의식적인 것이냐 혹은 무의식적인 것이냐를 구분의 기준으로 삼는 것이 어떤가 하는 견해도 있어 보인다. 그러나 이런 차원은 그렇게 중요한 것이 아니다. 이제까지 살폈듯이 교육을 교육답게 하는 것은 고유한 맥락과 내재율이다. 놀이는 처음부터 끝까지 의도나 의식의 주도 아래 진행되는 것은 아니다. 마찬가지로 교육은 역동적인 상황에 임하여 그 내재율을 실현시키는 것으로서 미리 하나부터 열까지 계획될 성질의 것은 아니다. 많은 경우 교육은 그 자체에 몰입하는 동안 오히려 주체의 의식에서 떠나 있으며, 마치 호흡의 경우처럼 그것이 의식의 수준으로 떠오른다면 오히려 제대로 되지 않는 문제사태일 가능성이 많다.

우리가 굳이 교육을 의도와 결부시키고자 한다면, 그 의도의 종류에 더 큰 의미를 부여해야 할 것이다. 그 가운데 우선 교육과 구분하여 변별적으로 다루어야 할 부분은 세속적 의도이다. 교육과 세속은 불가분의 관계를 갖는다. 그럼에도 불구하고, 세속적 차원과 맥락은 교육의 본질적인 속성의 일부를 이룰 수 없다. 권력을 획득하고, 부를 추적하고, 명예를 추구하는 것은 우리 자신의 중요한 부분을 차지하고 있다. 문제는 그런 방식으로 훌륭한 인간성을 모색하기 어렵다는 데 있다. 그런 차원들이 중요하게 작용하는 정치, 경제, 사회적 상황이나 맥락은 교육의 상황과는 상당한 거리가 있다. 이런 것들이 현저한 차원으로 등장하고 그것들이 우리의 주된 관심이 되어 의식될 때, 우리는 이미 교육이라는 놀이의 세계에서 상당히 이탈하고 있다고 보아야 할 것이다.

교육의 놀이를 하는 소재는 품위이다. 품위의 차이 안에서 교육의 놀이가 가능하다. 선진과 후진이라는 규정 자체가 이를 기준으로 이루어진 것이다. 그런데 그 차이에 대한 규정 자체가 이것에서 저것으로 마음대로 바꾸어진다면, 선진과 후진이라는 위치도 그때마다 재조정되어야 하기 때문에 그들 사이의 교육적 상호교섭에 교란이 일어난다. 이것이 바로 특정한 수도계를 교육의 소재로 삼는다는 원칙을 이탈해서는 안 될 이유가 된다. 특정한 수도계에서 선진과 후진은 우열을 놓고 서로 경합하는 관계이다. 그 경합이 주된 차원으로 의도되거나 의식된다면 그들은 아직도 고유한 의미의 교육의 세계에 진입한 것이 아니다. 만약 선진과 후진이라는 수도계적인 인간의 범주나 차원이 우리의 의식의 전면에 부각된다면, 그것 역시 우리가 말하는 교육의 놀이라는 맥락과 멀어지는 사태로 보아야 한다.

교육의 본질적인 차원이나 범주는 존귀와 빈천 간의 종적 관계가 부각되는 수도계적인 차원을 벗어나서 이루어지는 특수한 협동이다. 물론 선진과 후진이라는 전제가 필요하지만, 그것은 교육적 교섭을 위한 하나의 방편의 의미로 전환될 수 있어야 한다. 선진과 후진은 수도계적인 품위의 우열을 떠나 그들의 교육적 협동을 위해 서로를 필요로 한다. 후진은 선진을 통해서 상구할 수 있고, 선진은 후진을 통해서 하화할 수 있기 때문이다. 이것은 새로운 세계에로의 진입을 허용한다. 이제 중요한 것은 세속과 수도의 차원을 넘어서서 상구자와 하화자의 범주를 지켜낼 수 있어야 한다. 그것이 현저한 차원과 맥락으로 받아들여질 때 비로소 우리는 협동교육의 놀이마당 안에 머무를 수 있다.

두 자연인이 특정한 교육놀이를 할 때 해결해야 할 첫 번째 과제는 어느 편이 상구교육하고 어느 편이 하화교육할지를 결정하는 것이다. 이때 교육적 공조는 이들 사이의 특별한 조합을 요구한다. 교육은 한마디로 선택된 소재에서 후진(the less advanced)이 상구교육을 하고, 선진(the more advanced)이 하화교육을 하는 놀이이다. 그것이 제대로 이루어졌을 때 이들은 각각 '제자(jeja)'와 '스승(seuseung)'의 위치를 얻는다.[37] 상구자(ascender)와 제자, 그리고 하화자(descender)와 스승이라는 용어에는 약간의 뉘앙스의 차이가 있기 때문에 그때그때 적절한 용어의 선택이 필요하다. 후자는 수도적인 선후진의 차원이 함축되어 있음에 비해, 전자는 그것을 배제하고 오직 교육의 내용만을 부각시킨다는 특징이 있다.

협동교육은 이인삼각(二人三脚)의 상황이다. 스승과 제자의 교육적 교섭에서는 서로가 다른 사람에게 의존한다. 이 말은 서로 보조하는 활동이 불가피하다는 것을 의미한다. 교육에 참여하는 주체의 가정, 태도, 활동이 공조되지 않는다면, 교육이라는 놀이에 참여하는 일이 불가능하다. 스승은 제자의 상구교육에 의존하며, 제자는 스승의 하화교육에 의존한다. 여기서 한 가지 분명하게 이해할 점은 그런 협동은 상구교육과 하화교육이 자체의 속성과 내재율에 충실할 때 보장된다는 사실이다. 상구자와 하화자가 각각 따라야 할 서로 다른 내재율이 있다. 이것은 서로 이질적인 것임으로 말미암아 결속할 수 있는 성질을 가지고 있다. 한편에서의 상구교육과 다른 편에서의 하화교육이 동시에 이루어질 때, 서로가 상대에게 적응하는 최선의 방식이 된다. 이것은 마치 서로 동질적인 부부보다는 서로 이질적인 부부, 즉 가장 남편다움과 가장 아내다움을 유지하는 부부가 고유의 특성을 지킴에 의해 서로 친밀하게 결속하는 것과 같은 이치에 비유될 수 있다.

이제 본서의 내용을 마무리하자. 우리는 교육을 삶의 한 양상으로 파악하는 시각을 확보하고자 하였다. 이런 시도는 동서고금을 통해서 진행되고 있는 교육의 특성을 해방시킴과 동시에 자율적인 교육학의 정립에 불가결하다. 그러나 그 작업은 용이한 것이 아니다. 그 내용 역시 방대하다. 본서의 경우에도 겨우 원래 계획된 내용의 절반의 이야기에 그쳤다. 그

---

37) 여기서 논의하는 스승과 제자를 나타내는 영어의 적절한 용어를 찾는 데 어려움이 있다. 이것을 mentor와 mentee, master와 apprentice, tutor와 tutee, teacher와 student로 번역하는 것을 생각해 보았으나, 그 어느 것도 적절하지 못하게 느껴 그냥 우리나라의 말을 영어로 표기하는 방식을 택했다.

나머지는 《중권 II》에서 이어질 것이다.

우리의 일상적인 삶에서 교육적인 교섭이 얼마나 보장되고 또한 고양될 수 있느냐 하는 것이 나머지로 다루어야 할 심각한 문제이다. 서로의 인간성을 앙양시키는 인간적 유대의 범위가 넓고 만연할수록 우리의 삶은 "교육의 유토피아(edutopia)"에 접근한다고 볼 수 있다. 상구하고 싶을 때 마음껏 상구하고, 하화하고 싶을 때 거리낌 없이 하화하는 것, 이것은 상당부분 우리의 노력 여부에 달려 있다. 먼저 올바른 인식이 그 실천을 선도할 수 있는 조건을 갖추어야 할 것이다. 이 부분의 상세한 이야기는 《중권 II》에 담겨 있다. 교육의 자율성이 보장된다는 것은 어떤 상태를 지칭하는가? 교육이 발전한다는 것은 무엇을 의미하는가? 그 방법에는 어떤 것들이 있는가? 마지막으로 우리는 그 발전의 성공여부를 어떻게 평가할 것인가? 이어지는 논의에서 우리는 이런 문제를 더 자세하게 추궁할 것이다.

참고문헌

김형효(1989). 《구조주의의 사유체계와 사상》. 서울: 인간사랑.

노희관·이용남 편(2000). 《교육학의 새로운 패러다임》. 서울: 교육과학사.

동국대학교 역경위원회 역(1992). 《잡아함경(2)》. 서울: 동국역경원.

불교성전편찬회(1985). 《불교성전》. 서울: 동국대학교 역경원.

서울대학교 교육연구소 편(1998). 《교육학 대백과사전》, 제1권. 서울: 하우동설.

소광희(2001). 《시간의 철학적 성찰》. 서울: 문예출판사.

송영배 편저(1997). 《제자백가의 사상》. 서울: 현음사.

신용국(1993). 《교육사상사》. 서울: 양서원.

신용국 외(1983). 《한국교육학의 성장과 과제》. 한국정신문화연구원 연구논총 83-14. 서울: 한국정신문화원.

오천석(1964). 《한국신교육사》. 서울: 현대교육총서출판사.

윤호병 외(1992). 《후기구조주의》. 서울: 고려원.

이문웅(1991). "인간과 문화: 인류학에서 본 인간". 장회익 외. 《인간이란 무엇인가》. 서울: 민음사. 131-174.

이상임(2002). 《공자와 아리스토텔레스》. 서울: 범조사.

이용남(1997). 한국 교육학의 두 전형 비교. 《교육원리연구》, 2(1), 97-110.

이용남 편(2002). 《교육학과 교육》. 서울: 교육과학사.

이웅백(2000). "배움과 가르침". 서울대학교 사범대학 동창회보, 제126호, 2-3.

이정기(1985). 《인류의 백만년사》. 서울: 정음사.

이정우 편역(1990). 《구조주의를 넘어서》. 서울: 인간사.

이홍우(1991). 《교육의 개념》. 서울: 문음사.

이황(/1985). 《증보 퇴계전서 5》. 서울: 성균관대학교 출판부.

임채우 역(1997). 《왕필의 노자》. 서울: 예문서원.

장립문(1989/1995). 《도》. (권호 역, 서울: 동문선).

장상호(1977a). 《행동과학의 연구논리》. 서울: 교육출판사.

장상호(1977b). 《행동과학의 문제와 방법론》. 서울: 교육출판사.

장상호(1980a). "행동통제의 사회적 윤리". 《교육학연구》, 18(2), 72-108.

장상호(1980b). 《인간행동과 자유》. 서울: 교육과학사.

장상호(1983a). "교육과학의 좌표". 신용국 외. 《한국교육학의 성장과 과제》. 한국정신문화연구원 연구논총 83-14. 서울: 한국정신문화원. 365-401.

장상호(1983b). "교육과학연구의 국내동향". 신용국 외. 《한국교육학의 성장과 과제》. 한국정신문화원연구논총 83-14. 서울: 한국정신문화원. 403-460.

장상호(1986). "교육학의 비본질성". 《교육이론》, 1(1), 5-53.

장상호(1990). "교육의 정체혼미와 교육학의 과제". 《교육이론》, 5(1), 21-64.

장상호(1991). "교육학 탐구영역의 재개념화". 《교육학연구》, 91-2. 서울대학교 사범대학 교육연구소.

장상호(1993). "학문공동체의 지적 풍토에 관한 소고". 《서울대학교 사대논총》, 제47집, 25-59.

장상호(1994a). "교육적 방법론". 《교육국가의 건설: 교육의 세기와 기초주의》. 청뢰 한기언 박사 고희기념 논문집. 서울: 양서원. 281-321.

장상호(1994b). "또 하나의 교육관". 이성진 편. 《한국교육학의 맥》. 서울: 나남출판. 291-326.

장상호(1996). "교육적 관계의 인식론적 의의". 《교육원리연구》, 1(1), 1-50.

장상호(1997). 《학문과 교육(상): 학문이란 무엇인가》. 서울: 서울대학교출판부.

장상호(1999). "교육적 반전의 내재율에 비추어 본 고대희랍의 교육삼대". 《교육원리연구》, 4(1), 1-62.

장상호(2000). 《학문과 교육(하): 교육적 인식론이란 무엇인가》. 서울: 서울대학교 출판부.

정범모(1955a). 《교육심리 통계적 방법》. 서울: 풍국학원.

정범모(1955b). 《교육평가》. 서울: 풍국학원.

정범모(1956). 《교육과정》. 서울: 풍국학원.

정범모(1968). 《교육과 교육학》. 서울: 배영사.

정범모(1987). 《미래의 선택》. 서울: 나남출판.

정범모(1990). "자아실현과 교육". 《대한민국 학술원 논문집(인문과학 편)》, 제29집, 51-81.

정범모(1997). 《인간의 자아실현》. 서울: 나남출판.

정범모(2000). 《한국의 교육세력》. 서울: 나남출판.

조용환(1997). 《사회화와 교육》. 서울: 교육과학사.

최성욱(1988). 《학교와 교육의 관계를 통하여 본 교육사회학의 학문적 성격 고찰》. 서울대학교 대학원 교육학과 석사학위논문.

한국교육개발원 편(1979). 《교육발전의 전망과 과제》. 서울: 교육과학사.

한국교육개발원 편(1986). 《2000년을 향한 국가장기발전구상: 교육부문》. 서울: 민족문화문고 간행회.

한국하이데거학회 편(1998). 《하이데거의 언어사상》. 서울: 철학과 현실사.

Aristoteles.(/1984). *Ethica Nicomachea*. (최명관 역. 《니코마코스 윤리학》. 서울: 서광사).

Austin, J. L.(1965). *How to Do Things with Words*. New York: Oxford University Press.

Berelson, B.(Ed.)(1963). *The Behavioral Sciences Today*. New York: Harper & Row Publishers.

Berk, L. E. & Winsler, A.(1995/1995). *Scaffolding Children's Learning: Vygotsky and Early Childhood Education* (홍용희 역. 《어린이들의 학습에 비계설정: 비고스키와 유아교육》. 서울: 창지사).

Berlyne, D. E.(1960). *Conflict, Arousal, and Curiosity*. New York: McGraw-Hill.

Bloom, B. S.(1956). *Taxonomy of Educational Objectives, Handbook 1. Cognitive Domain*. New York: David Mckay.

Bobbitt, F.(1918). *The Curriculum*. Boston: Houghton Mifflin.

Borman, K. M.(1990). Foundations of education in teacher education. In W. R. Houston(Ed.). *Handbook of Research on Teacher Education*. New York: Macmillan Publishing Company. 393-402.

Bridgman, P. W.(1958). *The Logic of Modern Physics*. New York: The Macmillan Company.

Bringuier, Jean-Claude.(1980). *Conversations with Jean Piaget*. Chicago: The University of Chicago Press.

Broadbeck, M.(Ed.)(1968). *Readings in the Philosophy of the Social Sciences*. New York: Macmillan Publishing Co.

Bugental, J. F. T.(Ed.)(1967). *Challenges of Humanistic Psychology*. New York: MaGraw-Hill.

Campbell, J.(1949/1989). *The Hero with a Thousand Faces. Bollingen Series XVII*. New York:

Prinston University Press. (이윤기 역. 《세계의 영웅신화: 아폴로, 신농씨 그리고 개구링 왕자까지》. 서울: 대원사).

Capra, F.(1977/1979). *The Tao of physics: An Exploration of the Parallels between Modern Physics and Eastern Mysticism*. New York: Bantam Books (이성범 · 김용정 역. 《현대물리학과 동양사상》. 서울: 범양사 출판부).

Castanenda, C.(1968/1986). *The Teaching of Don Juan - A Yaque Way of Knowledge*. (류시화 역. 《돈 후앙의 가르침》. 서울: 청하).

Clifford, G. J. & Guthrie, J. W.(1988). *ED School*. Chicago and London: The University of Chicago Press.

Comte, A.(1854/2001). *Discours sur l'ensemble du positivisme*. (김점석 역. 《실증주의서설》. 서울: 한길사).

Condorcet, M.(1795/2002). *Esquisse d'un tableau historique des progrès de l'esprit humain*. (장세룡역. 《인간정신의 진보에 관한 역사적 개요》. 서울: 책세상).

Crittenden, P. J.(1980). Neutrality in education. *Educational Philosophy and Theory*, 12(1), 1-18.

Cronbach, L. J. & Suppes, P.(1969). *Research for Tomorrow's School*. Toronto: The Macmillan Company.

Csikszentmihalyi, M. & Csikszentmihaly, C.(Eds.)(1988). *Optimal Experience: Psychological Studies of Flow in Consciousness*. New York: Cambridge University Press.

Csikszentmihalyi, M.(1990). *Flow: The Psychology of Optimal Experience*. New York: Harper Perennial.

Culler, J. D.(1984). *Ferdinand de Saussure*. London: HarperCollins Publishers Ltd.

Curtis, S. J. & Boultwood, M. E. A.(1975). *A Short History of Educational Ideas*. London: University Tutorial Press.

Dave, R. H. (Ed.)(1978). *Foundations of Lifelong Education*. Oxford: Pergamon Press.

Darwin, C. R.(1859/1970). *The Origin of Species*. (Introduced and abridged by Philip Appleman). New York: W·W· Norton & Company.

Deci, E. L. & Ryan, R. M.(1985). *Intrinsic Motivation and Self-Determination in Human Behavior*. New York: Plenum Press.

Deleuze, G.(1983/1993). *Nietzsche and Philosophy*. (신범순 · 조영복 역. 《니체》. 서울: 인간사랑).

Derrida, J.(1967/1973). *Speech and Phenonmena and Other Essays on Husserl's Theory of Signs*.

(David Allison, Trans.). Evanston: Northwestern University Press.

Derrida, J.(1972/1994). *Positions*. (박성창 편역. 《입장들》. 서울: 솔).

Dewey, J.(1916). *Democracy and Education*. New York: The Macmillan Company.

Dewey, J.(1948). *Reconstruction in Philosophy*. Boston: Beacon Press.

Dewey, J.(1963). *Experience and Education*. New York: Collier Books.

Dubos, R.(1968/1988). *So Human an Animal*. (김용준 역. 《인간이라는 동물》. 서울: 탐구당).

Duncker, K.(1945). On problem solving. *Psychological Monographs*, 12(270).

Durkheim, E.(1895/1964). *The Rules of Sociological Method*. (S. A. Solovay & J. H. Mueller, Trans.). New York: The Free Press.

Durkheim, E.(1922/1988). *Education and Sociology*. (이종각 역. 《교육과 사회학》. 서울: 배영사).

Eisner, E. W.(1985). *The Art of Educational Evaluation: A Personal View*. London: The Falmer Press.

Eliade, M.(1969). *The Quest: History and Meaning in Religion*. Chicago: The University of Chicago.

Feyerabend, P.(1975). *Against Method: Outline of an Anarchistic Theory of Knowledge*. London: NLB.

Flitner, A.(1982). Educational science and educational practice. *Education*, 25, 63-75.

Frankl, V. E.(1969). *The Will to Meaning*. New York: New American Library.

Glaser, R. (Ed.)(1978). *Research and Development and School Change*. New York: John Wiley & Sons.

Glasersfeld, E.(1995). *Radical Constructivism: A Way of Knowing and Learning*. London: The Falmer Press.

Glennerster, H. & Hoyle, E.(1973). Educational research and educational policy. In W. Taylor(Ed.). *Research Perspectives in Education*. London: Routledge & Kegan Paul. 211-253.

Goodman, N.(1978). *Ways of Worldmaking*. Indianapolis: Hackett Publishing Company.

Halfpenny, P.(1982). *Positivism and Sociology: Explaining Social Life*. London: George Allen & Unwin.

Hanson, N. R.(1961/1995). *Patterns of Discovery: An Inquiry into the Conceptual Foundations of Science*. (송진웅 · 조숙경 역. 《과학적 발견의 패턴》. 서울: 민음사).

Härnqvist, K.(1973). The training and career structures of educational researchers. In W. Taylor(Ed.). *Research Perspectives in Education*. London: Routledge & Kegan Paul. 45-89.

Harrow, A. J.(1972). *A Taxonomy of the Psychomotor Domain: A Guide for Developing Behavioral Objectives*. New York: David Mckay.

Hausman, C. R.(1981). Criteria of creativity. In D. Dutton & M. Krausz(Eds.). *The Concept of Creativity in Science and Art*. Boston: Martinus Nijhoff Publishers. 75-89.

Hegel, G. W. F.(1808/1988). *Phänomenologie des Geistes*. (임석진 역. 《정신현상학 I, II》. 서울: 지식산업사).

Heidegger, M.(1927/1994). *Die Grundprobleme der Phänomenologie*. (이기상 역. 《현상학의 근본문제들》. 서울: 문예출판사).

Heidegger, M.(1953/1989). *Sein und Zeit*. (전양범 역. 《존재와 시간》. 서울: 시간과 공간사).

Hemleben, J.(1968/1999). *Charles Darwin*. (권세훈 역. 《다윈》. 서울: 한길사).

Herbart, J. F.(1806/1988). *Allgemeine Pädagogik aus dem Zweck der Erziehung abgeleitet*. (이근엽 역. 《일반교육학》. 서울: 연세대학교 출판부).

Hewes, G. W.(1973). *The Origin of Man*. (권이구 역. 《인류의 기원》. 서울: 탐구당).

Hirst, P. H.(1966). Educational theory. In J. W. Tibble(Ed.). *The Study of Education*. London: Routledge and Kegan Haul. 29-58.

Hirst, P. H.(1974). *Knowledge and the Curriculum: A Collection of Philosophical Papers*. London: Routledge & Kegan Paul.

Hirst, P. H.(Ed.)(1983/1988). *Educational Theory and Its Foundation Disciplines*. (최원형 외 공역. 《교육이론과 그 기초학문들》. 서울: 문음사).

Hirst, P. H. & Peters, R. S.(1970). *The Logic of Education*. London: Routledge & Kagan.

Holt, J.(1972). *Freedom and Beyond*. Harmondsworth: Penguin Books.

Horne, H. H.(1920/1980). *Teaching Techniques of Jesus*. (박영호 역. 《예수님의 교육방법론》. 서울: 기독교문서선교회).

Hunt, J.(1961). *Intelligence and Experience*. New York: Knoph.

Husserl, E.(1950/1970a). *Die Idee der Phänomenologie*. (W. P. Alston & Nakhnikian G., Trans. *The Idea of Phenomenology*. The Hague: Marinus Najihoff).

Husserl, E.(1954/1970b). *Die Krisis europaischen Wissenscaften und die transzentale Phänomenologie*. (David Carr, Trans. *The Crisis of European Sciencies and Transcendental Phenomenology*.

Evanston: Northwestern University Press).

Hyde, A. A. & Bizar, M.(1989). *Thinking in Context: Teaching Cognitive Processes across the Elementary School Curriculum*. New York: Longman.

Illich, I.(1971/1986). *The Deschooling Society*. (김남석 역. 《교육사회에서의 탈출》. 서울: 범조사).

Illich, I.(1973/1979). *Tools for Conviviality*. (김남석 역. 《공생의 사회》. 서울: 범조사).

Illich, I.(1981/1988). *Shadow Work*. (박홍규 역. 《그림자 노동》. 서울: 분도출판사).

Inhelder, B., H. Sinclair, & M. Bovet(1974/1974). *Apprentissage et Structures de la Connaissance*. (S. Wedgwood, Trans. *Learning and the Development of Cognition*. London: Routledge & Kegan Paul).

Kant, I.(1781/1995). Kritik der reinen Vernunft. (최재희 역, 《순수이성비판》, 서울: 박영사).

Kierkegaard, S.(1846/1941). *Concluding Unscientific Postscript to the Philosophical Fragments*. (D. Swenson & W. Lowrie, Trans. Princeton: Princeton University Press).

Kierkegaard, S.(1859/1980). *The Point of View for My Work as an Author: A Report to History*. (임춘갑 역. 《관점/현대의 비판》. 서울: 종로서적).

Krathwohl, D. R., Bloom, B. S. & Masia, B. B.(1964). *Taxonomy of Educational Objectives, Handbook 2. Affective Domain*. New York: Macay.

Kuhn, T. S.(1970). *The Structure of Scientific Revolutions*. Chicago: The University of Chicago Press.

Lagemann, E. C.(2000). *An Elusive Science: The Troubling History of Education Research*. Chicago: The University of Chicago Press.

Lemos, N. M.(1994). *Intrinsic Values: Concept and Warrant*. New York: Cambridge University Press.

Levi-Strauss, C.(1958/1963). *Anthropologie Structurale*. (Claire Jacobson & Brooke Grundfest Schoepf, Trans. *Structural Anthropology*. New York: Basic Books).

Lewis, C. I.(1945). *An Analysis of Knowledge and Valuation*. La Salle, Illinois: The Open Court Publishing Company.

Lillard, P. P.(1973). *Montessori: Modern Approach*. New York: Schocken Books.

Lortie, D. N.(1975/1993). *School Teacher: A Socological Study*. (진동섭 역. 《교직사회: 교직과 교직의 삶》. 서울: 양서원).

MacIntyre, A.(1981). *After Virtue: A Study in Moral Theory*. Notre Dame, Indiana:

University of Notre Dame Press.

Maslow, A. H.(1967). Self-actualization and beyond. In James, F. T. Bugental(Ed.). *Challenges of Humanistic Psychology*. New York: MaGraw-Hill. 279-286.

Maslow, A. H.(1968). *Toward a Psychology of Being*. New York: VanNostrand Reinhold Company.

Maslow, A. H.(1970). *Motivation and Personality*. New York: Harper.

May, R.(Ed.)(1969). *Existential Psychology*. New York: Random House.

Mezirow, J.(1991). *Transformative Dimensions of Adult Learning*. San Francisco: Jossey-Bass Publishers.

Mialaret, G.(1985). *Introduction to the Educational Sciences*. Geneva: UNESCO.

Montagu, M. F. A.(Ed.)(1962). *Culture and the Evolution of Man*. New York: Oxford University Press.

Montessori, M.(1912/1964). *The Montessori Method*. (A. E. George, Trans.). New York: Schocken Books.

Moore, T. W.(1974/1984). *Educational Theory: An Introduction*. (박종삼 외 공역. 《교육이론서설》. 서울: 문음사).

Morrish, I.(1967/1987). *Disciplines of Education*. London: Allren & Unwin. (이용남 역. 《교육이론의 선구자들》. 서울: 교육과학사).

Murphy, G.(1961). *Human Potential*. New York: Basic Books.

Nagel, E.(1961). *The Structure of Science*. London: Routledge & Kegan Paul.

Netttleship, R. L.(1935/1989). *The Theory of Education in Plato's Republic*. (김안중 역. 《플라톤의 교육론》. 서울: 서광사).

Nietzsche, F. W.(1884/1983). *Also Sprach Zarathustra*. (황문수 역. 《짜라투스트라는 이렇게 말했다》. 서울: 문예출판사).

Nietzsche, F. W.(1887/1982). *Genealogie der Moral*. (김태현 역. 《도덕의 계보》. 서울: 청하).

Nyberg, D. & Egan, K.(1981). *The Erosion of Education: Socialization and the Schools*. New York: Teachers College, Columbia University.

Oakeshott, M.(1933). *Experience and Its Modes*. London: Cambridge University Press.

Oakeshott, M.(1962). *Rationalism in Politics*. London: Methuen.

O'Connor, D. J.(1957). *An Introduction to the Philosophy of Education*. London, Rouledge & Kagan.

O'Connor, D. J.(1972). The nature of educational theory. *Proceedings of Philosophy of Education Society of Great Britain*, Vol. 6. Blackwell.

Ornstein, A. C.(1977). *An Introduction to the Foundations of Education*. Chicago: Rnd McNally College Publishing Company.

Perry, W. G.(1970). *Forms of Intellectual and Ethical Development in College Years*. New York: Holt, Rinehart & Winston, INC.

Peters, R. S.(1983/1988). Educational philosophy. In Hirst, P. H.(Ed.). *Educational Theory and Its Foundation Disciplines*. (최원형 외 공역. 《교육이론과 그 기초학문들》. 서울: 문음사).

Peters, R. S. & White, J. P.(1973). The philosopher's contribution to educational research. In W. Taylor(Ed.). *Research Perspectives in Education*. London: Routledge & Kegan Paul. 93-112.

Peters, R. S.(1977). *Education and the Education of Teachers*. London: Routledge & Kegan Paul.

Piaget, J.(1923/1974). *The Language and Thought of the Child*. (Marjorie Garbain, Trans.). New York: New American Library.

Piaget, J.(1965/1971). *Insight and Illusions of Philosophy*. (Wolfe Mays, Trans.). New York: New American Library.

Pieper, A.(1990/1994). *Ein Seil geknüpft wischen Tier und Übermensch: Philosophische Erläterung zu Nitzsches erstem "Zarathustra"*. (정영도 역. 《니이체의 짜라투스트라에 대한 철학적 해석》. 대구: 이문출판사).

Platon(/1987). *Apology*. (황문수 역. 《소크라테스의 변명 · 크리톤 · 파이돈 · 향연》. 서울: 문예출판사).

Platon(/1996). *Menon·Phaedo·Republic*. (박종현 역. 《플라톤: 메논 · 파이돈 · 국가》. 서울: 서울대학교 출판부).

Platon(/1997). *Republic*. (박종현 역. 《국가 · 정체》. 서울: 서광사).

Polanyi, M.(1958). *Personal Knowledge: Towards a Post-Critical Philosophy*. London: Routledge & Kegan Paul.

Polanyi, M.(1969). *Knowing and Being*. Chicago: The University of Chicago Press.

Rousseau, J. J.(1762/1983). *Emile*. (강인성 역. 《에밀》. 서울: 한국출판문화공사).

Reimer, E.(1971/1981). *School Is Dead*. (김석원 역. 《인간 없는 학교》. 서울: 한마당).

Richmond, W. K.(1975). *Education and Schooling*. London: Methuen & Co Ltd.

Ryle, R.(1949). *The Concept of Mind*. New York: Barnes & Noble.

Sartre, J. P.(1943/1957). *Being and Nothingness*(Hazel Barnes, Trans.). London: Methuen.

Saussure, F. de. (1959/1990). *Course in General Linguistics*. (최승언 역. 《일반언어학 강의》. 서울: 민음사).

Schmidt, S. J.(1987/1995). *Der Diskurs des Radikalen Construktivismus*. (박여성 역. 《구성주의》. 서울: 까치).

Schneider, B.(1989). Tracing the province of teacher education. In T. Popkewitz, S.(Ed.). *Critical Studies in Teacher Education*. New York: The Palmer Press. 211-241.

Schön, D. A.(1983). *The Reflective Practitioner*. New York: Basic Books.

Schön, D. A.(1988a). Coaching reflective teaching. In P. P. Grimmett & G. L. Erickson(Eds.). *Reflection in Teacher Education*. New York: Teachers College, Columbia University. 19-30.

Schön, D. A.(1988b). *Educating the Reflective Practitioner*. San Francisco: Jossey-Bass Publishers.

Schutz, A.(1973). *Collected Papers I: The Problem of Social Reality*. (edited and introduced by M. Natanson). The Hague: Martinus Nijhoff.

Schwebel, M. & Raph, J.(Eds.)(1973). *Piaget in the Classroom*. New York: Basic Books, Inc.

Shils, E.(1981/1992). *Tradition*. Chicago: University of Chicago Press. (김병서 · 신현순 역. 《전통》. 서울: 민음사).

Shostrom, E. L.(1967). *Man, the Manipulator*. Neshilville: Banton.

Sills, D. L.(Ed.)(1980). *International Encylopedia of Social Sciences*. New York: The Macmillan Company & The Free Press.

Simpson, K.(1982). The identity of educational theories. *Educational Philosophy and Theory*, 14(1), 51-59.

Smith, W. C.(1978). *The Meaning and End of Religion*. London: Harper & Row.

Taylor, W.(1973). *Research Perspectives in Education*. London: Routledge & Kegan Paul.

Tibble, J. W.(Ed.)(1966). *The Study of Education*. London: Routledge & Kegan Paul.

Tibble, J. W.(Ed.)(1971/1981). *An Introduction to the Study of Education*. (이용남 외 공역. 《교육학개론》. 전남: 전남대학교 출판부).

Tillich, P.(1969). *What is Religion?* New York: Harper Torchbooks.

Travers, R. M. W.(1973). Educational technology and related research viewed as a political force. In Travers, R. M. W.(Ed.). *Second Handbook of Research on Teaching*. Chicago: Rand McNally College Publishing Co. 979-996.

Tyler, R. W.(1949). *Basic Principles of Curriculum and Instruction*. Chicago: The University of Chicago Press.

Vygotsky, L. S.(1934/1985). *Thought and Language*. (신현정 역. 《사고와 언어》. 서울: 성원사).

Vygotsky, L. S.(1978). *Mind in Society: The Development of Higher Psychological Processes* (M. Cole, V. John-Steiner, S. Scribner, & E. Souberman, Trans., & Eds.). Cambridge, Mass.: Harvard University Press.

Walton, J.(1974). A confusion of contexts: The interdisciplinary study of education, *Educational Theory*, 24, 219-229.

Weber, M.(/1949). *The Methodology of the Social Sciences*. (E. A. Shils & H.A. Finch, Trans., & Eds.). New York: The Free Press.

Weiler, H. N.(1983). West Germany: Educational policy as compensatory legitimation. In R. M. Thomas(Ed.). *Politics and Education: Cases from Eleven Nations*. Oxford: Pergamon.

Wertch, J. V.(1985/1995). *Vygotsky and the Social Formation of Mind*. (한양대사회인지발달연구모임 역. 《비고츠키: 마음의 사회적 형성》. 서울: 정민사).

White, L.(1959). *The Evolution of Culture: The Development of Civilization to the Fall of Rome*. New York: McGraw-Hill.

White, R. W.(1959). Motivation reconsidered: The concept of competence. *Psychological Review*, 66, 297-333.

Whitehead, A. N.(1929). *The Aims of Education and Other Essays*. New York: The Free Press.

Wilson, C.(1980/1994). *The Book of Time*. (권오천·박대희 역. 《시간의 발견》. 서울: 한양대학교출판부).

Wittgenstein, L.(1953/1978). *Philosophical Investigations*. (G. E. M. Anscomebe, Trans.). Oxford: Basil Blackwell.

Wood, D. J.(1980). Teaching the young child: Some relationships between social interaction, language, and thought. In D. R. Olson(Ed.). *The Social Foundations of Language and Thought*. New York: W. W. Norton & Company. 280-296.

Wood, D. J., Bruner, J. S. & Ross, G.(1976). The role of tutoring in problem solving. *Journal of Child Psychology and Psychiatry*, 17(2), 89-100.

찾아보기 — 인명

ㄱ

갈릴레이(Galilei, G.) 220, 233-4
거드리(Guthrie, J. W.) 58, 84, 88, 96, 157, 159, 163
공자 328, 383, 451, 545, 591
굿맨(Goodman, N.) 246, 293, 294-5
글래서(Glaser, R.) 95
글래서스펠트(Glasersfeld, E.) 441, 443
글레너스터(Glennerster, H.) 94
김형효 243

ㄴ

네이글(Nagel, E.) 506
네틀쉽(Nettleship, R. L.) 346
노자 320, 326, 574
노희관 210
뉴턴(Newton, I.) 233-4
니버그(Nyberg, D.) 309
니체(Nietzsche, F. W.) 15, 342, 344, 350-356, 532
다윈(Darwin, C. R.) 360, 384-5
대이브(Dave, R. H.) 146

ㄷ

던커(Duncker, K.) 142
데리다(Derrida, J.) 111, 287, 475
데시(Deci, E. L.) 444
데카르트(Descartes, R.) 512
뒤르켐(Durkheim, E.) 38-41, 115, 149, 150, 196
듀보(Bubos, R.) 369, 370
듀이(Dewey, J.) 55, 387, 394-399, 411, 446
들뢰즈(Deleuze, G.) 350

ㄹ

라그만(Lagemann, E. C.) 43-5, 55, 59, 80, 119
라이머(Reimer, E.) 143-4, 157
라이언(Ryan, R. M.) 444
라일(Ryle, R.) 89
라프(Raph, J.) 402
레드필드(Redfield, R.) 59
레모스(Lemos, N. M.) 434
레비스트로스(Levi-Strauss, C.) 243
레위스(Lewis, C. I.) 434, 454
로스(Ross, G.) 405
로티(Lotie, D. N.) 91
루소(Rousseau, J.) 310-1, 331, 313, 387-91, 409-10
리치몬드(Richmond, W. K.) 139
릴라드(Lilard, P. P.) 391

ㅁ

매슬로우(Maslow, A. H.) 372, 438-41
매이(May, R.) 372
매킨타이어(MacIntyre, A.) 325, 454
머피(Murphy, G.) 358
메지로(Meziro, J.) 294
모리쉬(Morrish, I.) 21
몬타구(Montagu, M. F. A.) 364
몬테소리(Montessori, M.) 387, 390-4, 409-10, 446
무어(Moore, T. W.) 74
미알라레(Mialaret, G.) 41

ㅂ

바젠탈(Bugental, J. F. T.) 372
버크(Berk, L. E.) 405, 407
벌린(Berlyne, D. E.) 438
베렐슨(Berelson, B.) 274
베버(Weber, M.) 34
베이컨(Bacon, F.) 265
벨(Bell, A.) 222
보오맨(Borman, K. M.) 116
보베(Bovet, M.) 428
보빗(Bobbitt, F.) 254
보울트우드(Boultwood, M. E. A.) 5, 21
브랭게(Bringuier, J.) 401
브로드벡(Broadbeck, M.) 506
브루너(Bruner, J. S.) 55, 405
브리지만(Bridgman, P. W.) 258, 464
블룸(Bloom, B. S.) 258
비고츠키(Vygotsky, L. S.) 403-8, 411-2, 428, 446
비자(Bizar, M.) 340
비트겐슈타인(Wittgenstein, L.) 429

ㅅ

사르트르(Sartre, L. P.) 371, 513
석가 328, 343, 383
소광희 530
소쉬르(Saussure, F. de) 151, 287, 582
소크라테스(Socrates) 226, 326, 328, 383, 427, 452, 592
손다이크(Thorndike, E. L.) 55
송영배 319
쇤(Schön, D. A.) 45, 48-9, 89, 90, 116, 422-3, 425, 429
쇼스트롬(Shostrom, E. L.) 318
수피스(Suppes, P.) 25, 52
쉬외벨(Schebel) 402
쉴즈(Shils, E.) 329
슈나이더(Schneider, B.) 18, 24, 57
슈미트(Schmidt, S. J.) 518
슈웨벨(Schwebel, M.) 402
슈츠(Schutz, A.) 180, 205, 305, 530
스미스(Smith, W. C.) 302
신용국 5, 6, 21
실즈(Sills, K. L.) 106
심프슨(Simpson, K.) 109
싱클레어(Sinclair, H.) 428

ㅇ

아리스토텔레스(Aristoteles) 233-4, 326, 430, 435, 436, 476, 488, 491, 493, 494
아이스너(Eisner, E. W.) 92
아인슈타인(Einstein, A.) 233, 234
에건(Egan, K.) 309
엘리아데(Eliade, M.) 302
예수(Jesus) 328, 383
오스틴(Austin, J. L.) 428-9
오천석 251
오코너(O'Connor, D. L.) 7, 74
오크쇼트(Oakeshott, M.) 89, 293-4
온슈타인(Ornstein, A. C.) 25
와일러(Weiler, H. N.) 94
왕필 319-20
우드(Wood, D. J.) 405
워취(Wertsch, J. V.) 412
월튼(Walton, J.) 114-5, 185, 281
윈슬러(Winsler, A.) 405, 407
윌슨(Wilson, C.) 532
윤호병 243, 514
이문웅 369
이상임 325
이용남 210, 246
이응백 205
이정기 363
이정우 514
이홍우 196
이황(퇴계) 321, 555, 588
인헬더(Inhelder, B. H.) 428
일리치(Illich, I.) 141-3, 146

임채우 320

ㅈ

장립문 319
장상호 7, 9, 18, 31, 40, 74, 91, 96, 105, 113, 144, 149, 158, 177, 184, 209, 210, 213, 220, 226, 232, 235, 246, 264, 266, 274, 287, 293, 383, 552, 556-7, 579
정범모 196, 248-80, 304, 336, 338
제임스(James, W.) 55
조용환 309

ㅊ

최성욱 105
칙젠미할리(Csikszentmihalyi, M.) 445

ㅋ

카스테나다(Castaneda, C.) 321
카프라(Capra, F.) 312, 322
칸트(Kant, I.) 286, 494
캠벨(Campbell, J.) 345
커티스(Curtis, S. J.) 5, 21
컬러(Culler, J. D.) 151
코페르니쿠스(Copernicus, N.) 220, 286
콩도르세(Condorcet, M) 17
콩트(Comte, A.) 97-8, 253
쿤(Kuhn, T.) 209, 211, 233-4
크라드올(Krathwohl, D. R.) 258
크론박(Cronbach, L. J.) 25, 52
크리텐덴(Crittenden, P. J.) 128
클리포드(Clifford, G. J.) 58, 84, 88, 96, 157, 159, 163
키르케고르(Kierkegaard, S.) 371, 527

ㅌ

타일러(Tyler, R. W.) 59, 258
태일러(Taylor, W.) 25, 59, 64
톨스토이(Tolstoi, L. N.) 422
퇴계 ☞ 이황
트래버스(Travers, R. M. W.) 95
티블(Tibble, J. W.) 24-5
틸리히(Tillich, P.) 302

ㅍ

파이어아벤트(Feyerabend, P. K.) 210
페리(Perry, W. G.) 28
폴라니(Polanyi, M.) 87, 89, 417-24, 453, 455
프랭클(Frankl, V. E.) 372, 374
플라톤(Platon) 326, 342-5, 347-8, 427, 452, 542
플리트너(Flitner, A.) 94
피아제(Piaget, J.) 55, 387, 398-403,

406, 411-2, 428, 446
피터즈(Peters, R. S.) 7, 25, 60-72, 75-7, 80, 106, 161, 196
피퍼(Pieper, A.) 351

ㅎ

하우스만(Hausman, C. R.) 552
하이데거(Heidegger, M.) 207, 347-8, 371, 536
하이드(Hyde, A. A.) 340
하프페니(Halfpenny, P.) 97, 253, 465
해로우(Harrow, A.) 258
핸슨(Hanson, N. R.) 288, 297
핸퀴비스트(Härnqvist, K.) 58
허스트(Hirst, P. H.) 7, 25, 72-5, 161
헌트(Hunt, J.) 438
헐(Hall, G. S.) 55
헤겔(Hegel, G. W. F.) 394, 430, 488-9, 491, 493, 573
헤르바르트(Herbart, J. F.) 37-9
헴레벤(Hemleben, J.) 385
호일(Hoyle, E.) 94
혼(Horn, H. H.) 442
홀트(Holt, J.) 144, 145-6
화이트(White, J. P.) 75-7, 106
화이트(White, L.) 364
화이트(White, R. W.) 438
화이트헤드(Whitehead, A. N.) 551
후설(Husserl, E.) 135-6, 169, 178, 189
휴즈(Hewes, G. W.) 362

찾아보기 — 주제

ㄱ

가르침 18, 145, 178, 204-5, 235-6, 239-40, 308, 442
가시목표 395
가치 431-47
- -갈등 433
- -기준 13, 209, 271-2, 329, 432-4, 437, 487, 565, 596
- -전도 11-14, 271, 433, 569
- -중립성 34, 380, 551, 564
- -추구 161, 380, 432, 551, 564
- 교육적- ☞ 교육
- 내재적- ☞ 내재
- 외재적- ☞ 외재
- 학문적- ☞ 학문

강화
- 내재적- ☞ 내재
- 외재적- ☞ 외재

개념 206, 238, 278, 282, 471-7
- -분석 473, 475, 484
- -의 모호성 207, 255, 290, 341
- -의 혼동 110, 131, 290, 307
- -적 필연성 77
- 교육의- ☞ 교육
- 제도적- ☞ 제도

개인주체 376, 511-21, 518, 533
개종 209, 233
객관
- -성 232, 275, 417
- -적 지식 235
- -주의 266, 464, 470, 481

경영학 61, 105, 162, 165
경제
- -계 135, 276, 281, 299-301
- -학 42, 57, 62, 70, 76, 86, 100, 116, 171-2, 242, 275, 300, 305, 512, 556

경험

-의 연속성 399, 476, 533, 564, 584
-의 재구성 394, 399
-주의 197, 232, 258, 266, 280, 282, 285, 462, 466, 469, 481
계보학 15-6, 26, 351
고압제 556-7
공간
교육적- ☞ 교육
체험적- ☞ 체험
공교육 17, 110, 122, 506
공학
교육- ☞ 교육
유전- ☞ 유전
과거 125, 140, 239, 247, 260, 331, 344, 366, 421, 443, 491, 501, 531-53, 584, 596
-의 품위 331-2, 501, 533, 539-53, 564
과목
교양- ☞ 교양과목
교직- ☞ 교직과목
과학
-적 교육학 37, 390
-주의 269, 280, 337
사회- ☞ 사회과학
인문- ☞ 인문과학
자연- ☞ 자연과학
행동- ☞ 행동과학
관계
계사적- 582
대위- 580-1, 598
상의- 580-1
연사적- 582
인과- ☞ 인과관계
관찰 9, 222, 233, 288-9, 297, 346, 391, 393, 402, 417, 419-20, 425, 441, 464, 469, 471
괄호침 178, 180
교과
-목 23-4, 47, 51, 64, 88, 104
-교육학 46-7, 54
-서 22, 251, 258, 394, 398, 421, 446
교사 17, 46, 53, 92, 178, 250, 263, 407
-양성 2, 5, 18, 23-4, 35, 37, 48-9, 51, 56, 58, 78, 85-93, 98-9, 112, 166, 210, 249, 281
교수(teaching) 20, 39, 91, 269, 441
교양과목 24, 176, 183
교육
-공동체 509
-공학 27, 271
-과학 7, 9
-받은 사람 187, 188-9, 271, 396, 431, 569
-발전 11-2, 14, 87, 95, 492
-본위론 238, 241, 246-9, 253, 257, 264, 273, 276-80, 285,

294-7, 301-8, 327, 335, 349, 353, 373, 387, 408, 410, 413, 420, 426, 431, 447, 450, 453, 456-7, 459, 574, 577
-사회학 14, 25, 42, 64, 88, 108, 158, 210, 224, 256, 273
-세력 260, 262
-실천학 7
-심리학 6, 25-6, 42, 46-7, 64, 88, 108, 158, 160, 220, 237
-어 426-31
-연구 6, 44, 75-6, 116, 123-6, 129-208, 235, 255, 263, 281, 291, 301-2, 306-8, 327, 336, 408, 431, 456-9, 574, 577
-열 255, 453, 591
-원리 118, 219
-의 개념 104-12, 193, 196
-의 공간 532, 535, 587
-의 과학화 253, 265, 280
-의 구조 580-6
-의 기초학문 25, 116-7
-의 내용 565, 569-76, 603
-의 내재율 165, 176, 278, 324, 325, 335, 377, 386, 393, 404, 407, 430, 456, 495, 504, 521-9, 582-6, 601
-의 내재적 가치 264-5, 272-3, 276, 279, 334, 387, 396, 435, 440, 444-57, 461, 590-3
-의 놀이 430, 450-1, 461, 524, 534, 599-604
-의 동일성 278, 387, 408, 450, 460, 564-8, 579
-의 리듬 401, 551
-의 맥락 114, 185, 245-457, 439, 572, 587
-의 목표 121, 254, 258, 266, 270-1, 396, 434, 569, 598
-의 소외 5, 23, 27, 67, 113, 137, 156, 157, 215
-의 소재 338, 384, 389, 451, 455, 461, 529, 537, 586, 590, 602
-의 양상 459-604
-의 왜곡 10, 87, 104-12, 130, 137, 160
-의 외재적 가치 271, 279, 454
-의 유토피아 604
-의 은폐 10, 22, 45, 71, 89, 99, 104, 113, 128, 130, 137, 147, 182, 208, 215, 569
-의 이미지 339-357, 394, 431
-의 자율성 128, 191, 408, 522, 569, 576
-의 정상화 100, 102
-의 환경 509
-이론 6-7, 61, 72-7, 108-9, 188, 198, 203-8, 264, 390
-인류학 108, 224
-인적자원부 11, 165-6, 178

-적 가치 67, 395, 432, 565, 568
-적 공간 532, 535, 563, 587
-적 관계 38, 382, 454, 498, 503, 526, 566, 591, 597
-적 교섭 235, 387, 393, 406, 416, 420, 427, 455-6, 503, 509, 519, 558-9, 563, 602-3
-적 기능 141, 143-6, 268-80, 449, 461, 511
-적 대화 415, 426-28, 430
-적 반전 381
-적 방법 232-40, 495
-적 사실 6, 36, 38, 70, 78, 113, 115, 119, 130, 152, 155, 159-64, 169, 202, 206, 216, 231
-적 삶 168, 175, 586-99
-적 상황 406, 530-68
-적 시간 535, 563
-적 시숙 379-81, 386-409, 446, 456, 500, 545, 564, 590
-적 연대 381, 452, 534, 537, 591
-적 이해 4, 8, 37, 66, 76, 103, 120, 123, 137, 148, 156, 186, 238, 304, 567
-적 인식론 235, 239, 460-1, 463
-적 주체 268, 278, 377, 498, 504-30, 535-9, 559, 563, 575, 582, 587, 593-4, 600
-적 진화 356, 359-65, 373-87, 439
-적 체벌 66-7
-적 체험 209, 235-6, 378, 451, 532, 594-9, 601
-철학 6, 25, 42, 64, 88, 108, 220, 252, 256, 273
-평가 20, 88, 162, 206, 254, 258, 266, 270, 274, 420, 449
-프로그램 266, 269
-학 ☞교육학
-학과 ☞교육학과
-학자 ☞교육학자
-행정학 25, 88, 224, 273
-현상 2, 5, 10, 19, 68, 104-5, 107, 113, 137, 150, 152, 169, 187-93, 206, 277, 304, 446, 576
-현장 18, 21, 78-80, 91, 97, 103, 179, 264
-활동 20, 206, 279, 393, 408-57, 500, 510, 586, 589
교과- ☞교과
교양- 73
상구- ☞상구교육
입시위주의- 448
자율- 391
잘못된- 4, 108, 174, 222, 270
전통적- ☞전통
직업- 18, 49, 89
진보적- 395

공- ☞공교육
사- ☞사교육
평생- 146, 210-1, 451
하화- ☞하화교육
협동- ☞협동교육
교육학 3, 39, 42, 61, 275
-의 근본문제 1-128, 103, 147
-의 목적 86, 97, 277, 506
-의 역사 5, 19, 26, 35, 55, 102-3, 119, 127, 154, 173, 183, 291, 306, 306
-의 영세성 52, 59, 120, 212, 241
-의 자율화 38, 113, 117-8, 127, 152, 169, 175, 191, 212, 214, 222-5, 246-7, 256-7, 264, 273, 275, 278, 387
-의 정상화 102
-의 정체성 4, 6, 27-48, 64, 85
-의 종속된 전통 15, 37, 79, 97, 102, 113, 183, 198, 256
-적 지식 239, 282, 297, 305
과학적- ☞과학
제1기- 210-8, 215-9, 226-9, 241-2, 434
제2기- 210-27, 236-9, 21
교육학과 16, 25, 43, 45-8, 52, 57, 78, 80, 100, 104, 115, 117-8, 137, 209, 211, 215, 219, 222, 226, 256
-의 폐쇄 58-60, 64, 123
서울대학의- 3, 12, 117, 213, 219
교육=학교태 21, 36, 47, 132-9, 144-5, 151, 168, 246, 252, 394, 434
교육학자 3, 11, 13, 18, 21, 25-7, 35, 48, 55, 60, 71, 80, 84, 88, 91-3, 101-3, 107, 112, 116, 126, 137, 147, 154, 157, 172, 174, 181, 205, 213, 224-7, 234, 255, 271, 276, 306, 390, 449, 570, 578
-의 항변 60-6
진짜- 218
가짜- 156, 218
교조 30, 32
-화 269, 318, 380, 441
교직
-과목 22, 24, 46, 49, 54, 80, 88, 90-1, 116, 166, 183
-의 수행 90, 93, 171
교학상장 589
구성주의 286, 403, 717
구조
-언어학 243
-접속 487
-주의 32, 197, 201, 243, 404, 462, 465, 489, 513, 575, 582
-주의인류학 243
-주의적 방법 193-8, 483
자율적인- 152, 218, 295, 322,

375
지식의- ☞ 지식
협동교육의- ☞ 협동교육
국가 2, 143, 250, 265, 278-9
-발전 250, 260-1, 271
-주의 17, 101, 251, 259-60, 278, 504-11
-체제 17, 56, 121, 135
근대- 249
권력 143, 265, 298-9, 301, 313, 318, 350, 365, 368, 505, 507, 522
근접발달영역 403-4, 412, 428
기능
-적 고착 142, 144
-적 자율성 189
-적 접근 188, 189, 269
-적 정의 76, 193
-주의 106-8, 187, 254, 258, 270, 272, 276, 278, 291, 309, 327, 338, 372, 396, 460, 569, 570
-주의교육관 108-9, 187-9, 268, 270, 272, 276, 280, 291, 322, 327, 338, 396, 408, 448, 460, 569, 571, 594
기술적 합리성 88-90, 92, 421
기술주의적 오류 428
기의 475-6, 483
기표 475-6, 483
기호 218, 294, 325, 471-2, 485, 540
깨달음 5, 47, 176, 237, 331, 343, 345, 465, 480-1, 496

ㄴ

내재 432-40
-변인 301
-율 136, 165, 176, 240, 266, 324, 335, 377, 386, 389, 407-8, 450, 456, 461, 495, 497, 500, 503, 510, 521, 525, 528, 559, 565, 582, 599, 601
-적 가치 106, 189, 231, 261, 164, 272, 276, 312, 328, 337, 375-6, 396, 440, 434-6, 444, 447-54, 590
-적 강화 441-4
-적 동기 434, 438-40, 442-3, 434
-적 보상 443-4
-적 필연성 600
-적 학습 440-7
논리
-실증주의 474-5
-적 원자주의 474
형식- 304, 418, 430, 474-6, 493, 544, 584
논점
-상위 110, 155
-이탈 77
놀이
-의 내재적 목표 601

교육의- ☞교육

ㄷ

대기설법(對機說法) 545
대비
전방- 542-3, 550, 567
후방- 542, 548, 550, 567
대응설 289-90
대학
-공동체 50, 54, 57, 60, 67, 78, 80, 82, 85, 123, 127, 159
연구중심의- 53, 57-8, 64, 84, 96
종합- 44-53, 57-8, 61, 80, 84-86, 116, 119, 137, 157
대화 111, 209, 229, 415-7, 422, 493-5, 500, 592, 596
교육적- ☞교육
덕(德) 319, 325-7
도(道) 312, 319, 320, 326, 329, 342
도구적 이성 189, 435-6
도덕 29, 34, 74, 310, 312, 328, 350, 375, 385-6, 433, 467, 472, 459
도산십이곡 321, 555, 588
도야 588-9, 492
도제
-관계 23, 91, 421, 424
-제도 23
독행상구 ☞상구
동기 437
-의 위계론 438
-화 438, 442
결핍- 439, 440
내재적- ☞내재
동질정체적- 438-40
비동질정체적- 438-9
성장- 439-40
외재적- ☞외재
동어반복 109
동일성 41, 191, 193, 209, 316, 333, 354, 358, 404, 474, 512, 531, 535, 538, 552, 580
교육의- ☞교육
동체이품(同體異品) 413, 537-53, 556, 559-61

ㄹ

리듬
교육의- ☞교육
발달의- ☞발달

ㅁ

매개상구 ☞상구
맥락
-의 추상성 114
-의 혼동 114, 291
교육의- ☞교육
이론적- ☞이론

메논의 딜레마 427-8
명적응 560, 567
명제 6-8, 29, 76, 89, 91, 109, 184, 204, 282-3, 285, 418, 473
-적 지식 89, 91
모방 23, 389, 391, 410, 416, 430, 499, 560-1
반성적- 424, 425
모순 22, 40, 54, 83, 140, 270, 304, 332, 340, 354, 430, 469, 474, 488, 490, 494, 533, 549, 554, 574, 595
목표
-달성모형 268, 270-1
가시- ☞가시목표
교육의- ☞교육
전도된- 14, 95
무지 13, 77, 95, 190, 217, 253, 346, 429, 452, 592, 595
-의 자각 8, 170, 226
문제
-사태 5, 64, 76, 411, 534, 544, 601
학교- ☞학교
실제적- 87, 175, 212
문화 20, 39, 57, 95, 108, 133, 135, 190, 247, 281, 301, 313, 317, 365, 376, 382, 388, 390, 414, 439, 483, 599
-의 수인(囚人) 369, 385
-인류학 69, 70, 104, 106, 151, 302, 365, 369, 374, 455
-적 진화 359, 362-77, 380, 384-5, 439
-화 322, 366, 375, 379-80, 397, 403, 408, 455, 500, 566
물리
-적 시간 363, 530-1, 565
-학 16, 20, 70, 151, 211, 298, 305, 312, 322, 464, 474, 530, 534
미(美) 329, 472, 533
미국교육연구학회 43, 117
미래 3, 12, 84, 130, 145, 148, 219, 260, 310, 331, 360, 373, 389, 490, 527, 531-53, 562, 585, 595
-의 품위 331-2, 501, 533, 539-53, 559, 561

ㅂ

박사
교육학- 79
철학- 79
반인간주의 514
발달 307, 362, 364, 369, 379, 388, 392, 395, 400, 403, 411, 443, 446
-단계 389, 391-401, 404, 490

-수준 403-5
-의 리듬 401-2
-이론 401, 403
발생
-적 연속성 476
-적 인식론 398
개체- 357, 362, 381, 388
계통- 357, 381, 412
방법
-론 9, 30-1, 149, 192, 197, 224, 232-3, 235, 241, 260, 266, 339, 360, 462-3, 481, 499, 503
-적 개체주의 501, 506
-적 다원주의 233
교육적- ☞교육
능동적- 411
비합리적- 233
자연적- ☞자연
학문의- ☞학문
배움 145, 178, 204-5, 235, 237, 240, 308, 389
범주착오 4, 11, 15, 105, 110, 131-9, 147, 154, 173, 313, 433, 436, 570
변인
내재적- ☞내재
독립- 188, 464
외재적- ☞외재
종속- 274, 464
변증법 32, 232, 266, 294, 430, 461-2, 469, 488-95, 497-8, 500, 533, 543, 598
보강 107, 116, 393, 414, 441, 443
보살 343
보상 127, 174, 301, 318, 368, 391, 435, 439, 441, 443, 445
내재적- ☞내재
외재적- ☞외재
분과학문 1, 10, 24, 44, 51, 57, 63, 65, 71, 87, 100, 110, 113, 126, 130, 136, 149, 183, 194, 207, 224-5, 275, 284, 291, 512
-의 이중종속 15
-의 조건 27-33, 42, 73, 224-5
자율적인- 1, 31-2, 70, 127, 148-54, 158, 207, 283, 295, 301, 338
분석철학 6-7, 205, 232, 273, 474-6
불교 343, 518
불신의 의지적 연기 423-4
비계 놓기(scaffolding) 405-7, 429

ㅅ

사교육 110, 506
사범
-대학 45-58, 60-1, 64, 78, 84, 89, 112, 120, 160, 265
-학교 18, 23, 49, 50-1, 55-6, 64, 78-9, 84, 88

사실
  교육적- ☞ 교육
  사회적- ☞ 사회
  심리적- ☞ 심리
  외래적- 36, 71, 99, 100, 104, 130, 183, 190, 246
  우연적- 77, 201
사회
  -계 135, 281, 299-300, 515
  -과학 1, 40, 44-5, 59, 76, 94, 106, 180, 189, 256, 273, 506
  -재생산 105, 108-9
  -적 사실 38-41, 71, 104-5, 115, 140, 149, 155, 180, 253, 301, 506, 514
  -적 구성주의 403
  -적 제도 101, 112, 365
  -적 지식 177, 494
  -학 21, 25, 38-42, 47, 62, 69, 73, 98, 104, 116, 149-50, 158, 173, 196, 273, 302, 312, 455, 514
  -학자 38-9, 55, 64, 74, 309, 515
  -현상 289, 291, 300
  -화 39, 196, 269, 308-13, 317-9, 322, 335, 366-7, 379, 387, 397, 403, 408, 507-8, 511, 566
산파술 427
삶
  -의 공간 36, 126, 133-5, 138, 141-2, 157, 168, 409, 447, 450, 600
  -의 다원성 30
  -의 양상 128, 133-35, 138, 144, 158, 176, 192, 247, 277-8, 281, 297, 301, 344, 450, 504, 588
상구
  -교육 235, 308, 333-5, 342-3, 348, 351, 356, 377, 380, 386-91, 406-7, 414, 420, 422, 426, 427, 440, 446, 455-6, 502-3, 526, 535-53, 542, 552, 557, 560, 567, 575, 577, 580, 583, 587-98, 602
  -열정 351, 386, 454, 534, 546, 561, 565, 590-1, 593
  -자 333, 386, 392, 424, 446, 502, 526-9, 535, 544, 549, 550, 559, 561-4, 574-5, 582-5, 589, 590, 594-5, 597, 602-3
  -체험 594-5
  독행- 552-3, 561, 577
  매개- 552-3, 561-2, 577
  이차- 552
  일차- 552
상구보리하화중생 343
상대성 294, 493
  -이론 234
  종적- 198, 292-5, 330, 332, 483,

486, 501, 598
횡적- 194, 292-5, 300, 329-32, 467, 483
상식 2, 18, 30, 32, 35, 45, 62, 68-9, 73, 99, 101, 111, 124-5, 149, 167, 177-82, 202, 205, 207, 215, 315, 383, 449, 498, 587
상호주관 177, 313, 315, 317, 367, 377, 414, 503, 515, 520, 524, 529, 557, 562-3, 585
생물
-적 진화 355, 359-61, 360-4, 366, 368, 370, 373-4, 374-5, 384, 387, 439
-학 21, 70, 173, 298, 351, 361, 368, 374, 554, 596
생존주의 58, 85
생활세계 40, 67, 70-1, 133, 135, 153, 177, 192, 252, 263, 277, 295, 521
선(善) 329, 386, 472, 533
선분의 비유 348
선입견 31, 57, 229, 451, 470, 480-1, 495
선전 201, 233, 235, 269, 318, 441, 471
선진 235, 332-5, 370, 375, 379, 381, 389, 393, 404, 413-7, 424, 454, 469, 470, 476, 483-4, 492, 498, 501, 519-20, 525, 532, 552-64
성장 44, 311, 313, 376, 386, 388, 390-5, 399, 402, 411, 416, 422, 439, 532, 541, 589, 592
세속계 301-2, 305, 309, 313-7, 334-5, 439, 453, 439, 489, 507, 515, 521, 566, 590
소통
-의 패러독스 205
언어적- ☞언어
의사- 177, 233, 411-2, 427, 477, 555
수도계 302-6, 309, 310-36, 375, 377-88, 398, 408, 416, 431, 436, 439, 446, 454-6, 466, 472-6, 480, 483, 489-92, 498, 500, 515, 520-3, 531, 533, 538-40, 542, 549, 556, 563-6, 576, 581, 586-8, 597, 602
수레바퀴모형 576-86, 594
수인이교(隨人異敎) 545
숙명론 516
순차 408, 580-1, 584-5
순환론 187, 193, 199, 258-9, 275, 570
스승 265, 321, 354-56, 404-7, 415, 419-31, 456, 498, 559, 588, 590, 603
스포츠 304
시간

-의 회귀성 530-2
물리적- ☞물리
체험적- ☞체험
시대사조 17, 122, 253, 263, 420
시범 23, 91, 116, 417-26
신비주의 320, 527
신화
동굴의- 342, 344-9, 354, 356
영웅- 345
실습 23, 90-1, 417-26
반성적- 90-1, 166, 422
실재 9, 32, 133, 144, 150, 181, 226, 230, 237-8, 255, 272, 279, 285, 300-1, 304-5
다원적- 175, 305, 530
실존철학 275, 370-1, 373, 513
실증주의 32, 39, 89-90, 97-8, 173, 209, 249, 253, 263, 265-6, 273-89, 292, 337, 420-1, 463-71, 478, 485, 489
실천
-적 인식론 90-1, 420
-적 지식 89
-적 지침 74, 161, 165
반성적- 90, 98, 425
실험 122, 208, 236, 274, 269, 302, 312, 315, 320, 351, 375, 390, 417, 422, 465, 513, 546, 592, 595
심리
-적 사실 7, 41, 47, 70, 155, 160, 190, 464
-학 6, 13, 25, 38-40, 44, 47, 55, 61, 66, 69, 88, 104, 164, 168, 266, 273, 302, 337, 372, 434, 437, 441, 447, 455, 464-6, 470, 512
-학주의 477, 480
인간주의- ☞인간주의
심열성복 521, 523-4, 526

ㅇ

아레테(arete) 325, 326-8
악순환 53, 88, 100, 103, 163
암적응 560, 567
야누스적 적응 78-83, 157-61, 163
언교 430-1,
언설 430
언어
-공동체 413, 473
-수행 429-30
-언어수준 414, 427-8
-의 사용 104, 365, 426, 428, 475
-적 소통 233, 409-17, 424, 426, 430-1, 473, 476, 494, 500, 555
-주의 409
-철학 287, 428
-학 57, 151, 154, 243, 287, 485
이론적- ☞이론

일상적- 19, 179, 204, 207, 307
제 1- 414, 427-8
제 2- 414, 427-8
제 3- 414, 427-8
언행불일치 92
에로스(eros) 452
역차 408, 580-1, 584
연구
교육- ☞ 교육
순수- 87, 158
응용- 95, 158
학교- ☞ 학교
학제- ☞ 학제연구
연구와 개발(R & D) 86, 95-6, 98
연속성 235, 357, 399, 475-6, 533, 584
열정
발견적- 453
상구- ☞ 상구
설득적- 453
하화- ☞ 하화
영원회귀 350, 352, 356, 532
예술 45, 304, 312, 328, 436, 467
오류 5-6, 30, 66-72, 115, 291, 351, 381, 406-7, 525, 573, 588
-가능성 3, 52, 480, 493
기술주의적- 428
자연주의- ☞ 자연
제 1차- 66, 69, 71, 89, 133, 136, 189, 252
제 2차- 66, 71, 75, 89, 127, 155, 252
제 3차- 66, 72, 75, 89, 137, 156, 252
오리엔탈이즘 205
외재 300, 432-40
-변인 301
-적 가치 12, 14, 261, 271, 312, 376, 434, 454
-적 강화 441, 444
-적 동기 434, 440, 442, 444
-적 보상 442, 444-5
-적 학습 440-7
용병학문 24, 26, 41, 44, 47-8, 62, 71, 90, 97-8, 103-6, 108, 111, 115-20, 133, 136, 155, 160, 176, 187, 210-3, 240, 246, 252, 273, 434, 449
용어
-의 선택 307, 339-44, 603
동양의- 341-3
원근법주의 350-1
원자주의 258, 266, 282, 465, 474-5
원조 580, 584, 586
유교 326
유사완전성 543, 550, 556-7
유아주의 481
유전 366-8, 382, 553
-공학 259, 363, 386
유한자 489, 497, 573

응용 21, 78, 158, 217, 242
-학문 29, 34, 36, 83-8, 128, 161-4, 167, 170, 243, 282
이데올로기 30, 94, 108, 121, 188, 271, 367, 371, 450, 506, 587
이론 8, 195-6, 288-9, 297, 307
-적 맥락 10, 111, 114-5, 204, 207, 249, 278, 292, 300, 340, 512
-적 반성 14, 21, 85
-적 언어 205
-적 연대 240
-적 전환 287
-적 태도 136, 180
이류잡학 52, 52, 64-5, 82, 127, 151, 242
이성
-의 활동 435
도구적- 189, 435-6
이음동의(異音同意) 105
이중기준 41, 73, 78, 150
이차검증 559
이체이품(異體異品) 413, 538, 553-64
이타 261, 580-2, 586
이해(理解) 194, 466, 481
교육적- ☞ 교육
이해집단 43, 45, 102, 116, 237, 450, 588
인(仁) 326, 328
인간
-의 가능성 303, 324, 330, 337, 357-8
-의 진화 357, 365, 372
본래적- 350
종으로서의- 360-3
인간주의
-사회학 275
-심리학 261, 275, 372-3
-철학 275, 370-2
반- ☞ 반인간주의
인과관계 107-8, 188, 274-5, 322, 324, 437, 464, 468, 482, 486, 570
인문사회과학 45, 63, 152, 159, 243, 343, 466
인식론 15, 30, 45, 89, 209, 232, 249, 266, 286, 292, 307, 338, 347, 350, 420, 462-504
-적 호기심 438
교육적- ☞ 교육
발생적- ☞ 발생
실증주의- ☞ 실증주의
실천적- ☞ 실천
인종화 363
일차가정 559
입신출세 260, 271, 299, 309, 351

ㅈ

자리 117, 580, 582, 585
자문화중심주의 307
자아실현 109, 260-1, 264, 267, 270, 272-5, 304, 309, 317, 372, 377, 439, 441
자연
  -계 297, 298, 305, 311, 439
  -과학 1, 84, 100, 159, 232, 253, 267, 288-9, 297, 303, 463-6, 468, 477, 481
  -도태 362, 385
  -선택 360
  -적 방법 387, 391
  -적 태도 178, 180-1, 205, 315, 318, 478
  -주의오류 6-7, 437, 477
  -현상 236, 253, 277, 291, 311, 463
자유 377-8
자율성
  교육의- ☞ 교육
  교육학의- ☞ 교육학
  상대적- 361
자조 580, 584
자증 456, 549, 562, 580, 585
저압제 556-7
적응 35, 80, 107, 161, 167, 208, 252, 267, 298, 309, 323, 337, 354, 359, 364, 380, 393, 398, 411, 446, 545, 578, 603
  명- ☞ 명적응
  암- ☞ 암적응
  야누스적- ☞ 야누스적 적응
전문
  -가 3, 21, 23, 91, 99, 112, 140-1, 145, 274, 420-1, 422, 505
  -기관 20, 140-1
  -제도 141
전통 17, 19, 23, 38, 41, 51, 53, 65, 78, 85, 116, 169-70, 184, 187, 199, 213, 314-5, 329, 352, 374
  -적 교육 393
절대자 488-9, 492, 497, 573
정-반-합 394, 491
정보 30, 61, 94, 122, 185, 209, 226, 285, 308, 339, 363, 399, 406, 423, 463, 465
정상 28, 46, 133, 299, 443, 557
  비- 100, 299, 315, 317
정상화
  교육의- ☞ 교육
  교육학의- ☞ 교육학
정의 76, 108, 193, 203, 227, 270, 358, 396, 412, 425, 465, 467, 497, 520, 524, 531, 570, 578, 582
  기능주의적- 338

조작적- ☞조작
정책
-목표 11, 13-4
-연구 11, 13, 93-7, 99, 116
-자문 86, 93-5, 166
정초주의 231-2
정치
-계 135, 281, 298-301
-적 장식물 46, 48-54, 56
-적 혁명 209
정합설 289-90
제도 99, 599
-적 개념 103, 133, 181, 251, 344, 449, 459
사회적- ☞사회
학교- ☞학교
제자 354-5, 389, 395, 405-6, 414-7, 419-31, 451, 455, 498, 528, 559, 568, 589-90, 603
제자백가 319
조건화 266, 269-70, 322
고전적- 441
도구적- 441
작동적- 441
조작
-적 정의 258, 266, 464, 469
행동- ☞행동
존우 580-1, 583
존재
-양식 317, 595
-적 공허감 372-4
본래적- 371
실존적- 351
현- ☞존재
존현 580-1, 583, 585
종교 29, 116, 128, 134, 195, 218, 247, 281, 301, 318, 434
종속
-의식 45, 198
-주의 217, 302
이중- 15
종합대학 44-5, 58, 80, 84, 91, 116, 119, 137, 157, 159
-의 빈민굴 57
주관 199, 232, 286, 420, 467
상호- ☞상호주관
주체
-의 죽음 514
개인- ☞개인
교육적- ☞교육
집단- ☞집단
줄탁동시 590
증득 239, 499, 503
지득 499
지식
-의 구성 234, 285, 293, 399-400
-의 구조 233, 400
-의 단편화 63, 65, 70, 185
-체제 31, 172, 209, 234, 246, 282, 287

객관적- ☞객관
교육학적- ☞교육
명제적- ☞명제
사회적- ☞사회
실천적- ☞실천
인격적- 417, 419, 453
학문적- ☞학문
지양 488, 490, 543, 547, 574, 598
직관 45, 119, 139, 192, 256, 479, 488, 492
직업
-교육 18, 49, 89, 90-1
-학교 17, 23, 45, 49, 61, 78, 85, 89, 91
진(眞) 472, 533
진리 329, 491
-의 기준 182, 289-90
-탐구 15, 26, 29-30, 113, 137, 161, 174-5, 223, 231, 277, 383, 466
진화
교육적- ☞교육
문화적- ☞문화
생물적- ☞생물
종의- 351
집단 32, 101, 210, 222, 233, 271, 506, 518
-과정 519
-주체 518
짜라투스트라 342, 344, 349-57

ㅊ

차상품 386, 427, 455, 540, 545-9, 577
차연 475
철학 25, 42, 44, 55, 64, 70, 75, 115, 196, 257, 266, 282, 302, 344, 347, 417, 434-5, 437, 514
-의 재건 398
교육- ☞교육
분석- ☞분석
실존- 275, 370-1, 373, 513
언어- ☞언어
인간주의- ☞인간주의
체득 83, 331, 342, 419, 426, 471, 477, 496, 553
체벌 63
교육적- ☞교육
체험 409, 413, 472, 482, 594
-구조 136, 287, 308, 329, 413, 416, 421, 467, 490, 500, 533, 549, 564
-의 흐름 380, 385, 480, 538, 542
-적 공간 530
-적 시간 530-8, 554, 563, 565
교육적- ☞교육
암묵적- 431, 484
적정- 446
통류- 445

초인 350, 351, 356
추리 197, 233, 462
암묵적- 418
연역적- 418
취미 304
침묵의 음모 216, 222

ㅋ

커리큘럼 23, 50, 60, 81, 88, 116, 162, 212, 254, 258, 263, 266, 274
-의 단편화 52
-의 사회학 82
-의 심리학 82
-의 철학 82

ㅌ

타증 456, 562, 580-1, 585
태도
-의 전환 600
이론적- ☞ 이론
자연적- ☞ 자연
현상학적- ☞ 현상
텍스트 482-4
통류체험 445

ㅍ

패러다임 89, 233, 282, 448, 518
-의 교체 209-43, 286
평가
-기준 161, 329, 334, 490, 533, 564
교육- ☞ 교육
품소 467, 486, 490, 533, 548
품위 325, 327-338, 349, 352, 374-86, 420, 426, 446, 462, 484, 512, 520, 524, 527
-의 인식론적 측면 462-504
-의 차이(품차) 334, 336, 380, 388, 413, 451, 460-1, 469, 487, 503, 533-4, 556, 560, 566-7, 587, 602
과거의-(과품) ☞ 과거
미래의-(미품) ☞ 미래
현재의-(현품) ☞ 현재
집단의- 521

ㅎ

하화
-교육 235, 308, 333-5, 341-2, 349, 354-6, 378, 380, 406-7, 422, 455-6, 502, 526, 538, 552, 561, 567, 577, 580, 583,

587-9
-열정 351, 454, 534, 561, 565, 589, 591, 593
-자 378, 526-9, 536, 560, 562, 564, 568, 582-5, 590, 603
-체험 594, 596
학교 122, 133, 139, 142-3, 145, 431
-개선학 161-6, 243
-문제 37, 87, 100, 159, 163
-연구 134, 140, 148, 154-70, 176, 194-5, 210-1
-의 기능 143-4, 162, 449, 506-7
-제도 2, 24, 105, 123, 140-1, 156, 181, 505
-체제 10, 22, 251, 266, 448
-태 ☞ 교육=학교태
공립- 17, 20, 84, 96, 101, 108, 143, 249, 253, 505, 510
사범- ☞ 사범
신- 249, 251, 259
직업- ☞ 직업
학문 304-5, 312, 436
-공동체 2, 25, 32, 43, 49, 54, 65, 88, 102, 137, 205, 225, 241-5, 328, 475
-발전 28, 174
-의 대상세계 31, 171, 201, 228, 230, 288
-의 목표 29, 34
-의 방법 224-5, 460-1
-의 영세성 52
-의 우열 8
-의 자율성 19, 32-33, 38, 50, 125, 172, 302
-적 가치 164, 231
-적 지식 20, 29, 57, 68-9, 93, 117, 125, 149, 375, 384, 419, 461, 472, 498
기초- 25, 40, 165
때까치- 101, 213
모- 13, 44, 47-8, 51-5, 59, 79, 82, 101-4, 111, 120, 127, 127, 136, 155, 157, 183, 196, 198, 212, 227, 242, 449
분과- ☞ 분과학문
순수- 34, 79, 158, 161, 163-4, 167, 170, 175-6, 223, 243
신생- 40, 115
외래- 2-3, 6, 10, 14, 23, 25, 37, 40-1, 45, 63, 72, 82, 110, 119, 146, 179, 182-7, 246, 285, 302, 307
용병- ☞ 용병학문
응용- ☞ 응용
자율적- 243, 283-4
정체불명의- 4, 27-48
학생 10, 20, 50, 56, 95, 104, 143, 165, 176, 178, 250, 259, 265, 356, 389, 446, 505
학습(learning) 269, 404, 447

변형적- 294
자율- 20
-이론 440-7
-하는 방법 390
내재적- ☞내재
외재적- ☞외재
자율- 20, 178
행위에 의한- 411
학제연구 29, 33-4, 36, 42, 47, 63, 65, 71, 104, 114, 127, 136, 285
학교에 대한- 36, 66-7, 75, 103, 132, 135-7, 151, 154-9, 168, 275
한국교육개발원 11, 13, 95
합리주의 92, 232, 477
해석 234, 258, 292, 412, 414, 426, 471-2, 481-4, 559
-학 231, 461, 481, 484-5, 489
해탈 328, 472
행동 254, 256-8, 265, 266, 270, 274, 301, 336-9, 402, 408, 438, 464, 466, 468, 486
-과학 165, 254, 261, 273-4, 470
-조작 318, 322, 441
-주의 261, 322, 441
헤게모니 38, 45-9, 104, 126, 159, 211-3, 240
혁신 21, 125, 203, 303, 329, 372, 381, 468, 580, 583
현상
-학 178, 192, 201, 205, 232, 381, 479, 481, 485, 489, 575
-학적 태도 178
-학적 환원 136
교육- ☞교육
사회- ☞사회
자연- ☞자연
현재 239, 330-1, 366, 388, 421, 478, 490, 494, 531-53, 595
-의 품위 330-2, 386, 407, 427, 501, 533, 539-53, 587
현존재 371, 513, 536, 539
협동교육 450, 563, 569, 577, 586, 602-3
-의 구조 580-6
호기심 170, 174, 193, 226, 311, 396, 399, 410, 428, 438, 585, 595
호모사피엔스 363
환경 32, 139, 269, 274, 302, 316, 338, 361, 364, 394, 411, 417, 464, 515-27, 534, 564, 582, 595-6
회귀성 532, 534
시간의- ☞시간
회득 487
회품 542, 549, 551, 564, 590
후기구조주의 513
후진 112, 235, 332-5, 375, 381, 413-7, 469, 477, 484, 493,

498, 502, 520, 528, 532, 554-64, 577, 583
홍미 388, 397, 437, 446, 545, 595
힘의 의지 350-1

저자 약력

장 상 호

서울대학교 교육학과 졸업(1959~1963)

동 대학원 교육학과 석사(1965~1967)

한국행동과학연구소 연구원(1968~1970)

미국 Stanford University 대학원 박사(1970~1974)

서울대학교 교육학과 교수(1974~2005)

현 서울대학교 명예교수

현 삶과교육연구소 소장

shchang@snu.ac.kr

저서

≪행동과학의 연구논리≫, ≪행동과학의 문제와 방법론≫, ≪인간행동과 자유≫, ≪발생적 인식론과 교육≫, ≪학습의 인간화≫, ≪교육학 탐구영역의 재개념화≫, ≪인격적 지식의 확장≫, ≪학문과 교육(상권): 학문이란 무엇인가≫, ≪학문과 교육(중권 I): 교육이란 무엇인가≫, ≪학문과 교육(중권 II): 교육본위의 삶≫, ≪학문과 교육(중권 III): 교육연구의 새 지평≫, ≪학문과 교육(하권): 교육적 인식론이란 무엇인가≫, ≪인간주의 교육≫(역), ≪오류가능성의 교육적 의의≫(역), ≪교수, 학습, 그리고 의사소통≫(역), 기타 다수의 논문과 공저

학문과 교육 【중 1】

초판 1쇄 발행 2005년 11월 30일
초판 9쇄 발행 2021년 4월 10일

지은이 장상호
펴낸이 오세정
펴낸곳 서울대학교출판문화원

출판등록 제15-3호

주소 08826 서울 관악구 관악로 1
대표전화 02-880-5252 | 팩스 02-889-0785
도서주문 02-889-4424, 02-880-7995
이메일 snubook@snu.ac.kr
홈페이지 www.snupress.com

ISBN 978-89-521-1989-6 94370
978-89-521-0671-1(세트)